THE EXPANSION OF EUROPE 1415—1789

欧洲的扩张
1415-1789

[美] 威尔伯·科尔特斯·阿博特 著

王志超 译

上

重庆出版集团 重庆出版社

图书在版编目（CIP）数据

欧洲的扩张1415—1789 /（美）威尔伯·科尔特斯·阿博特著；王志超，黄晓博译. — 重庆：重庆出版社，2024.2
ISBN 978-7-229-17509-2

Ⅰ.①欧…　Ⅱ.①威…②王…③黄…　Ⅲ.①欧洲—历史—1415-1789　Ⅳ.①K502

中国国家版本馆CIP数据核字（2023）第035702号

欧洲的扩张1415—1789
OUZHOU DE KUOZHANG: 1415—1789

［美］威尔伯·科尔特斯·阿博特　著
王志超　黄晓博　译

出　　品：	华章同人
特约策划：	卓文天语 ZWTY BOOK
出版监制：	徐宪江　秦　琥
责任编辑：	李　翔
特约编辑：	张　坤
营销编辑：	史青苗　刘晓艳
责任印制：	梁善池
封面设计：	X BOOK DESIGN QQ-191827505

重庆出版集团
重庆出版社　出版
（重庆市南岸区南滨路162号1幢）
嘉业印刷（天津）有限公司　印刷
重庆出版集团图书发行有限公司　发行
邮购电话：010-85869375
全国新华书店经销

开本：880mm×1230mm　1/32　印张：32　字数：713千
2024年2月第1版　2024年2月第1次印刷
定价：148.00元

如有印装质量问题，请致电023-61520678

版权所有，侵权必究

| 前 言 |

实际上，在对近现代历史进行新的综合之时，似乎有必要尽可能清晰地阐明这样做的理由。这些理由主要基于当下以及下一代的需要来考察这些历史的视角。很明显，我们正处于一个许多旧的模式已经落伍的历史发展阶段；同时，我们也正在进入一个新的时代，在这个时代中，我们似乎有必要更广泛，甚至更深入地看待过去以及塑造了现代世界的那些力量。

从这一角度来看，我们需要把三个要素结合起来，以便为理解过去五百年间发生的事情和我们今天所面临的形势提供适当的基础。首先是欧洲各民族的社会、经济和思想发展与他们的政治事务的联系。其次是东欧各国出现的进步以及欧洲人在海外的活动。最后是过去与现在的关系——现代生活的各种因素如何进入欧洲思想和实践的潮流，以及它们如何发展成我们所熟悉的形式。这部作品的目的就是尽可能地将这些要素结合起来，在对欧洲人活动的叙述中注入一种统一感（无论这些活动在何处以何种方式表现出来），并基于这些要素勾勒出现代文明在诸多层面发展的故事。

吉本写道，历史不过是关于人类的罪行、愚蠢和不幸的记录。而这种悲观的判断往往被历史的研究者们所接受，或许也常常被历史的创造者们所证实。对于像吉本这样将其才华都用于叙述一个规模宏大之社会其政治秩序衰亡史的人来说，做出这样的判断并不奇怪。对于任何时代的任何阶段那些只关注纯粹政治细节的学者们来说，可能也不会例外。然而，吉本的论断不能被当作研究人类活动的永恒指南，否则，要么历史是错误的记录，或者人类根本发展不到现在。本书所要讨论的时期尤其如此。书中所记录的不是一个文明的衰落和灭亡，而是兴起。

仅从下文的陈述中就可看出，当中有许多在各种研究著作中使用过的材料，但这些材料并没有被普遍地认为是欧洲历史的一部分。本书不仅改变了我们看待历史的角度，也多少改变了我们所熟悉的传统历史叙事作品的结构比例。按照这里所提出的这种观点，许多运动、许多人物，尤其是许多事件，都缩小到相对无足轻重的地步，但许多不被重视的或被排除历史之外的事件，则被置于历史的重要位置上。

在我们叙述那些影响了历史发展总体方向的事件、引起了变革的运动以及那些或领导或起主导作用的个人的时候，显然，选择成了问题。没有人可以自命他所选取的史料或他所认可的观点是最重要的，其他人亦是如此。然而，（挑选那些重要史料的）努力并非是徒劳的。因为我们很清楚，一群有才华的学者以其全部的能力和勤奋挖掘出了历史的遗迹，我们只有对这些成果进行认真的解读，才能利用他们的学术成果贯通古今。如果这种尝试是要提出一种新史观，而其中的史料、方法和目的引发了人们对历史问题的新兴趣，那么它所耗费的时间和辛劳就都是值得的。

最后，可以公平地说，这部作品并没有可供证明或反驳的论题。它没有有意识地提出道德问题，没有试图寻找历史的"意义"，也不涉及第一动力或终极目标。它不会像"天命"学派那样尝试证明上帝创造了人类；它没有为民主政治、理性主义或中产阶级的优越性提供简要说明，也不会去捍卫它们所记载的那些进步。作品唯一的目的就是尽可能地展示事物的本来面目。作品的叙述本质上是动态而不是静态的；作者并非有意成为古董爱好者，因为他本人关心的不是过去，而是未来。本书认为历史的进程中，并非每一步每一个时段，事物都会有最理想或最正确的发展和结果。然而，就目前而言，世界已今非昔比，它变成了一个更适合人类生活的地方，这一事实要归因于我们所说的进步。因此，本书旨在陈述历史，点出当中较为突出的、多变的脉络，并在现有的条件下阐释其偏离的过程及原因。我希望，在描述了现代世界形成的历程之后，再用1/3的篇幅对本书加以补充，讲述从法国大革命时代到现在[1]的历史过程。

在这种情况下，提到这本书的另外一个特点可能是恰当的。书中有一系列地图，旨在构成本书内容的一部分，而不仅仅是对作品的内容加以说明。在选择这些地图的时候，我们在某种程度上是要说明有关事件和相关人物是如何创造了这段历史的，以及他们做了什么，最后的结果是什么，而不仅仅是纯粹的装饰材料。

---

[1] 本书成书时代，也就是第一次世界大战时期。——译者注

这里，必须要对慷慨帮助过我的人表达谢意：哈佛大学的哈斯金斯教授通读了全书的校对稿；哈灵助理教授审读了西属美洲部分；皮特曼博士审读了与英属北美殖民地有关的内容；同时要感谢耶鲁大学图书馆的工作人员，他们总是应我的要求而找出相关的材料放到我的面前；最重要的是要感谢我的妻子，没有她的支持，我不可能完成这部作品。

威尔伯·科尔特斯·阿博特
1917年12月12日于纽黑文

导 言

本书的目的，就是要在规定的范围内，尽可能全面地描述一场巨大的运动。几乎从所有方面来说，这场从14世纪末延续到19世纪初的运动，是迄今为止人类历史上最重要的事件。它没有遵循一个简单、直接、精心计算、井然有序的过程。就像大多数我们称之为"进步"的现象一样，这是一种彼此不同且往往对立的力量所产生的相当混乱和复杂的互动过程，而不是有意识地通过精心策划和安排而实现一个明确目标的过程。它在欧洲内部的发展，就像它在欧洲外部的扩张一样，伴随着几乎不间断的武装冲突，这些冲突并不亚于思想和理想的冲突，并几乎制约着它历史的每一个阶段。

如果没有这些武装冲突，新观念就不可能获得胜利，欧洲列强在其他大洲的土地上扩张便不可想象。然而，**如果没有推动并伴随着欧洲政治扩张的思想和物质上的发展，欧洲影响力的扩张，是不可想象的事情。**

当时的欧洲人并没有维持所占遥远土地的绝对军事优势，欧洲军队的数量与当地民众的数量相比，显得微不足道。他们之所以能够征服这些地区，更多的还是凭借欧洲人在物质和思想武器上的压倒性优势。如果没有这些优势，他们对人类所产生的影响，就将会像帖木儿和成吉思汗一样，不过是昙花一现。

归根结底，欧洲扩张的重要性不仅在于扩张过程中所采取的大胆行动（尽管这些行动很重要），也不仅在于那些被欧洲控制的地区（尽管这些地区包括地球表面2/3以上的土地）；还在于人类智力、能力和资源的无限扩张，它既是原因，又是伴生物，也是后果。

因此，欧洲的扩张不完全等同于欧洲在海外的征服，也不与欧洲内部人民与统治者之间争夺权力的冲突完全一致。欧洲的扩张不仅是指人类在智力、经济和精神上的发展，而且包括将军和国王的那些更为暴力但更少建设性的活动。

欧洲的扩张包括了人类生活舒适度的提高以及人类能力的更为惊人的增长，正是这些能力的增长彻底改变了人类的生存条件。欧洲的扩张涉及知识的扩张，知识的扩张立即改变了人们的思想和生活状况，尤其值得注意的是它将人们长期忽视的古典世界的成就渗透到欧洲的生活之中，并推动了科学知识的发展。

科学带来了发明，欧洲近现代文明取得的快速发展，在很大程度上是由于欧洲人在创造、调整和改进各种手段以扩大人类智力和体力方面所具有的超越迄今所有其他种族的能力，以及利用自然法则和资源的能力的稳步增强。

除了欧洲的物质和思想进步，政治变革不仅逐渐改变了各个国家的边界，还改变了欧洲各民族的生活条件和生活观念。因为在很大程度上，使文明成为今天这个样子的诸多力量都依赖于它们。在一些细节上考虑海外扩张所起的作用也同样必要，因为其他大陆的发现和开发极大地增加了人类的资源，这种发现和开发在促进人类智力方面起了很大作用，并在世界事务中开创了新的局面。

事实上，欧洲大陆仍然是所谓欧洲历史的中心。然而如果有人考察今日的世界状况或者它在下一世纪呈现的面貌，显然任何一个欧洲民族的历史都不能忽视那些曾经年累月地在人类活动之中占据主流地位，而且也越来越倾向于成为我们身处其中的"大欧洲"之一部分的庞大社会。

在陈旧的社会和思想体系的废墟上，开拓未知的疆域，奠定新天地的基础，这是一项前所未有的挑战。它始于欧洲冒险者首次在欧洲大陆以外站稳脚跟、欧洲的学者复兴了长期受到忽视的希腊罗马文化，直到第一个海外欧洲社会脱离了与旧世界的政治联系、人们召唤自然的力量来征服自然的时候——发明和使用蒸汽的时代。

它既受前者的推动，也受后者长期发展的制约。然而，两者都不是完全独立的现象，它们都揭示了在这种活力和智力扩展背后的巨大成就和深厚的文化背景。无论其影响如何不可感知，近代以来欧洲文明的发展都打破了把人与历史以及与周围世界分隔开来的屏障，并使它的大规模扩张成为可能。

因此，考虑用许多不同的因素来解释近现代世界的构成因素是必要的。很明显，随着人类历史的展开，人类社会的发展并非沿着单一的线索前进。那种最微不足道的事件引发巨大的影响的情况，并不鲜见，比如说，与政治领域相隔最为遥远的一些影响，汇合起来却导致了政府的最大改变。人类为其活动和环境所创造的条件，无论是大是小、重要与否，都需要一种解释，而这种解释所蕴含的广泛性和复杂性不亚于由人类无限多样的力量所产生的有机体。

| 目 录 |

第一章　中世纪的终结 / 001
第二章　知识扩张的开端：文艺复兴 / 037
第三章　领土扩张的开端：地理发现的时代 / 077
第四章　现代政治的开端：民族国家王权的兴起 / 106
第五章　欧洲政治：意大利战争 / 131
第六章　西班牙和葡萄牙 / 149
第七章　文艺复兴和宗教改革 / 180
第八章　欧洲：宗教改革和政治 / 206
第九章　海外的欧洲 / 228
第十章　欧洲的社会和智识：现代科学和资本主义的发端 / 251
第十一章　特兰托大公会议时代 / 286
第十二章　腓力二世时代和宗教战争 / 307
第十三章　冲突的形势 / 330
第十四章　无敌舰队 / 343
第十五章　伊丽莎白时代：英、荷对东方的侵略 / 354

第十六章　16世纪末的欧洲　/ 379

第十七章　荷兰的崛起　/ 401

第十八章　英国、法国、荷兰在美洲　/ 428

第十九章　三十年战争　/ 450

第二十章　新英格兰殖民地、荷兰和西班牙殖民地帝国的衰落　/ 471

第二十一章　现代哲学和科学思想的开端　/ 497

第二十二章　《威斯特伐利亚和约》和英国革命　/ 528

第一章
中世纪的终结

一

谈到使某段历史区别于另一段历史的关键转折点，1453年不可不为我们所注意。就在这一年，奥斯曼土耳其人攻占了君士坦丁堡，英格兰与法兰西之间的百年战争宣告终结，因此，这一年常常被人们视作欧洲历史进程中重要的转折年份之一。这很合理。东罗马帝国首都的陷落一事本身很重要，它让欧洲事务的重大转变并达到高潮的戏剧性愈发突出。随着这一事件的发生，已经被东部的鞑靼人、马扎尔人和保加利亚人，以及西部的摩尔人入侵的欧洲世界的边界进一步被压缩了。

拜占庭帝国作为罗马的政治继承者和希腊的智识继承者，曾是连接古代世界的纽带以及对抗外部侵略的堡垒。离边界更近的国家之人被吓坏了，因为在他们看来，不止是他们，甚至整个欧洲，都有可能为生存而被迫与新侵略者作战,就像他们曾经与匈人和萨拉森人作战一样。

土耳其人的入侵行动并没有因为欧洲对这种冲突的准备不足而减少。当时,几乎欧洲事务的每一个领域都在经历着从腐朽的中世纪主义向新的、未经尝试的思想和行动形式,甚至是语言形式的混乱过渡,这种混乱的过渡似乎给避免迫在眉睫的危险带来了些许希望。

基督教会自身处于内讧之中,东方教会和西方教会之间的早期分裂早已不可调和,并让希腊正教会和罗马天主教会成为死敌。最近,西方教会的内部争斗进一步破坏了基督教世界的团结,有两位甚至三位互相敌对的教皇要求信徒们效忠。除此之外,坚持不懈的宗教改革者们还在不断地谴责教会的种种弊端和教会成员的行为不端,这也为宗教局势增添了另外一种混乱因素。

除此之外,还有政治体制的混乱。在中世纪产生的两种主要制度,即帝国主义和封建主义,后者几乎完全压倒了前者。封建主义把欧洲变成了一个程度不一的独立国家综合体,这些国家的大小和状况千差万别。这些国家被各种纽带捆绑在一起,让欧洲看起来强大,但实际上软弱无力,还充满了无休止的争斗。

只要封建原则和封建习俗盛行,就不可能建立强大的王国,更不用说建立一个欧洲帝国了。只要封建主义强加给社会的贵族和非贵族之分还在维持,只要欧洲还按照横向而不是纵向划分开来,只要各国骑士与其他国家的骑士拥有共同的利益,而非与自己的附庸拥有共同的利益,社会就不可能进步。

二

然而，如果说君士坦丁堡的陷落使欧洲在政治、宗教和社会上的混乱达到了高潮的话，那么，同样发生于1453年的卡斯蒂永之战和英国什鲁斯伯里伯爵及沃里克伯爵反对英国政府的叛乱则几乎同等重要地揭示了当时的状况。

卡斯蒂永之战结束了英国为维持其在欧洲大陆的势力而断断续续进行了一百年的漫长战争，什鲁斯伯里伯爵及沃里克伯爵的叛乱则开启了被称为"玫瑰战争"的痛苦内战。在英王室两个分支家族的激烈冲突中，这片土地在整整三十年的时间里不曾享受和平。事实上，即使在不列颠群岛，英王室也远未享有至高无上的权力：苏格兰仍然是独立并充满敌意的；爱尔兰除了靠近海岸的一段狭长地带，只在名义上是英国的属地；而威尔士人，尽管在政治上与英格兰实现了统一，却远没有被英国化。

不列颠群岛的状况在很大程度上就是整个欧洲的状况。伊比利亚半岛仍然被摩尔人的国家和基督教国家阿拉贡、卡斯蒂利亚、纳瓦拉和葡萄牙搞得四分五裂。而在一百多年来断断续续的战争中饱受摧残的法国，则正在将英国侵略者赶出除加来以外的所有领土；但是，西部的布列塔尼、安茹以及一些势力较小的封建领主，南部的普罗旺斯，东部的勃艮第，仍然保留着独立地位，这极大地限制了法兰西国王管辖的土地和权威，而被称为法兰西人的人群在语言和习俗上的巨大差异，也使得法兰西民族尚难以形成。

法国国王的主要竞争对手勃艮第公爵，只是在名义上承认王国的宗主权以及作为王国领土的一部分，他正忙于获取独立地位和扩大领地。勃艮第公爵想要建立一个介于法兰西与德意志之间的王国的梦想注定要失败；但是，在梦想持续的过程中，它挑起了无休止的争端；而且，它给东边神圣罗马帝国之和平制造的麻烦，一点也不比给西边卡佩王朝之野心制造的麻烦少。

事实上，中欧已经在形式上实现了统一。在神圣罗马帝国皇帝的名义下，现在的德国和奥地利的大部分地区被统一起来；在早些时候，皇帝的宗主权已经扩展到意大利北部的部分地区。神圣罗马帝国皇帝恢复和巩固对意大利半岛的古老主张，埋下了长期血腥对抗的种子，这种对抗与发生在法国和西班牙的场景一样，将困扰欧洲数个世纪之久。

但是，皇帝的权威在任何时候都会受到紧急的事务，以及他本人的性格和实力的限制。他的权威只是名义上的，尽管他有时能把它变成事实，无论它对人们的思想有多少无形的影响，但在欧洲的事务中，它一直都是一个可变的参量。**帝国的权力已经衰落，它的力量与其说建立在古罗马帝国模糊的传统上，不如说建立在拥有这一头衔的哈布斯堡家族的世袭领地上。**

帝国发现勃艮第并不是它要面对的唯一问题，因为在15世纪中期，中欧的内部纷争并不比西欧国家少。由于皇帝的软弱和哈布斯堡家族的衰落，帝国的权力已经堕落到如此地步，以至于波西米亚和匈牙利终于获得了独立地位。而且匈牙利已经开始了扩张，不久就会占领奥地利首都。在这种普遍的混乱之中，即使较小的国家，也会狮子大开口，而这种要求在较为平静的时期是不可能得到姑息的。

然而，皇权尽管虚弱，但仍是德意志数以百计享有实质独立地位且常常小到不可思议的德意志邦国之间联合的唯一纽带。这些小邦国的权利和权威互相冲突，行政管理乱成一团，而大部分领主都虚弱不堪。在这种情况下，诸侯、贵族、城市和政区结成联盟，以保护或扩大它们的利益。

更大、更有野心的邦国，比如"选侯国"——统治者拥有选举皇帝资格的邦国——利用这种情况扩大自己的领土和影响力，代价则是牺牲较小的邻国甚至牺牲帝国本身的利益。一些尝到统一甜头的邦国，如勃兰登堡，采取了长子继承制和领地不可分割的政策，这将在未来给它带来巨大的回报；于是，所有邦国都进入了一个动荡不安、冲突不断的时代。

按照常理推断，南欧和东欧的情况只会比欧洲大陆其他地区更糟。在意大利，北方的小国家、中部的教皇国和南部的两西西里王国之间的争斗，只是在土耳其人的威胁之下暂时得以平息。只有邻国内部的不和才能使意大利免遭外国的干涉，而意大利混乱的局势对欧洲和平的威胁不亚于对意大利人自身的威胁。

与此同时，位于地中海东部的威尼斯和热那亚的大片领地已被土耳其人夺走，这一战利品甚至比黑海和巴尔干诸省更具诱惑力，它们都一个接一个地落入侵略者手中。

至于黑海以北的地区，则出现了另一个野心家。两个世纪前，蒙古人占领了这片大草原，并让更北边的斯拉夫公国向其朝贡。从那时起，由于内部纷争，鞑靼部落的实力逐渐衰落，而从附庸国中崛起的斯拉夫国家，现在正忙于以俄罗斯和波兰—立陶宛的名义巩固他们的领地。

然而当它们摆脱了鞑靼人之后，就不得不面对土耳其人了；它们与哈布斯堡家族在接下来的二百多年时间里将会展开竞争，并将赢得不同程度的胜利，从而成为对抗亚洲的堡垒，也就是类似于刚刚陷落的君士坦丁堡在近一千年里所扮演的那种英雄角色。

三

这就是当时的欧洲所面临的政治形势，土耳其人攻占君士坦丁堡，去除了他们完全统治巴尔干半岛的最后一道障碍。但是，在这场使欧洲人逐渐主导世界的长期冲突中，欧洲大陆并非独自对抗土耳其人、阿拉伯人和蒙古人。尽管欧洲疆域内的政治混乱和失序很严重，但土耳其人并不是欧洲唯一甚至不是最危险的敌人。

对于欧洲人的未来而言，不那么引人注目却更为广泛和深入的问题是人们的思想和社会状况、无知和愚昧、贫困和陋俗。当时的人们显然也没有能力取得较高水平的成就和智力成果。如果欧洲要崛起，这些是首先要消除的障碍。因此，有必要详细地描述一下欧洲当时的社会、经济和思想状况，以便我们能够理解摆在欧洲面前的问题，了解欧洲从中世纪到现代的发展过程。

很可能在公元9世纪到11世纪之间的某个时间点，欧洲人抵达了古典时代与现代世界之间之文明的最低点。他们在11世纪初所面临的处境很容易理解，那是日耳曼部落征服罗马帝国所带来的不可避免的结果。

这些日耳曼人在闯入古典世界的时候，虽然用尽了全部的力量和美德，所获得的不过是最基础的文明。他们是杰出的猎人和士兵，他们把造就自己的许多品质和制度带到了新的环境中。他们对基础的技术行业分工知之甚少，对高等艺术的了解比他们已经征服的大多数民族要少得多。他们自己作为统治阶级，并作为驻军掌握了被征服的土地数代人之久；他们与被征服地区缓慢地融合着。

因此，他们成为贵族、土地的主人、劳役或其他种类税收的征收者、司法的主持者和政府的控制者。他们的领袖变成了贵族，他们的追随者变成了自由人，被征服的人口变成了大量的农奴甚至是奴隶。

结果，随着日耳曼入侵者在公元4世纪和5世纪的到来，可能是欧洲历史上迄今为止最舒适和最豪华的上层阶级中所盛行的生活模式，即罗马帝国晚期的生活模式，在欧洲绝大部分地区消失了。在半野蛮征服者的粗陋生活中，物质和智力的需要都降到了很低的水平；如果日常生活水平是一种文明标准，那么，欧洲文明作为一个整体在罗马帝国灭亡后就急剧衰落了。

尽管日耳曼诸民族对人类活动的许多方面，例如政府、艺术、文学以及科学和宗教，都做出了巨大贡献，然而欧洲文明从他们入侵的第一次冲击中恢复过来的速度确实极为缓慢。**他们进入罗马帝国后所建立的社会基本上是军事和农业社会，以自我为中心，自给自足，非常倾向于被称为排他主义的组织形式，也就是地方利益凌驾于总体利益之上的组织形式。**

有若干因素妨碍日耳曼诸民族模仿被其颠覆的那个组织化和文化程度都更高的生活和思想模式：首先是征服者对自身习俗的坚持以及对被征服者的蔑视，其次是征服者后来的宗教信仰切断了他们与自己异教历史的联系，最后是征服者用于塑造自己的环境。最后这一点，实际上是整个欧洲社会重新组织化的前提条件。

随着一波又一波的民族迁徙浪潮席卷欧洲绝大部分地区，伦巴第人在意大利继承了哥特人的事业，诺曼人紧随法兰克人进入了法国，丹麦人和诺曼人反过来使盎格鲁-撒克逊人统治了英格兰。紧随着这些日耳曼人之后的还有来自亚洲的游牧部落，很多力量都在重塑着欧洲人民的生活。

四

渐渐地，罗马基督教会的影响取代了异教以及从东部君士坦丁堡的希腊正教会到西部凯尔特基督教会等对立的基督教派的地位。社会逐渐分裂成两个阶级：贵族和非贵族、所有者和佃户、领主和农民。政府逐渐倾向于将自己与土地的所有权联系起来；而且，**随着中世纪的继续，封建制度逐渐在整个欧洲大陆蔓延开来。这是一种以占有土地为基础的社会和政府组织形式。**

在这种社会里，下层阶级被束缚在土地上，并向他们的领主寻求保护、公平和某种程度的秩序，这是他们耕种领主的土地和追随领主作战的回报。反过来，领主也要向上级大领主承担服兵役的义务，至少从理论上讲，这条封建链条最终通往国王本人。在实践当中，这种制度常常成为私人战争和掠夺的借口；而且，以骑士制度为中心的所有高尚特征一直都是对共同和平的威胁，也是在广大地区建立稳定政府的最大障碍。

此外，封建制度是遍布西欧的大量地产或庄园的产物。在这些庄园里居住的大多是小贵族，他们中的许多人和他们的前辈一样，拥有一座或多座城堡，这些城堡为了防御目的而建造，周围是佃户的小屋，形成了独立的、几乎完全自给自足的社会和经济单位。

在有利于军事目的或便于贸易的地方出现了城镇，很多城镇甚至可以追溯到前罗马时代。这些城镇有城墙和护城河，就像城堡一样。随着时间的推移，宏伟的修道院遍布于整个欧洲大陆，修道院周围就是它们所代表阶级的领地。在修道院周围，就像在城堡周围那样，常常会发展起不少小村庄。

大地主、贵族和神职人员这样的上层阶级，不仅拥有土地，还拥有结构简单的农业社会所具备的那些重要公共设施，例如磨面的水磨、修理制造工具和盔甲的铁匠铺、烘烤面包的烤房。在领主的指挥下，佃户们维护道路，并通过让他们接触到外部世界的小商贩和集市来拉动贵族和修道院领地内的贸易，进而向这两个阶级缴纳税费。

渐渐地，城镇从这种封建领主统治中解放出来。那里的工商业主要通过市政委员会或行会来运作。实际上，这些市政委员会或行会是劳动力或资本或两者兼有的协会，是由从事同一行业的人，诸如纺织工、铁匠、皮革匠和金匠组成的紧密团体，他们因行业和利益的不同而被严格区分开来。

在许多情况下，较大的城镇在一开始就与入侵者达成了协议，或者从名义上的封建领主那里赢得了一定程度的独立，从而通过自己的市政委员会进行管理，代价是向封建领主进贡。商人们从城镇前往城堡、修道院和村庄，参加大大小小的集市。**在整个中世纪，集市是商品交易的主要通道，那里聚集了当时人们所能见到的资本、物资和技术。**

但是，贸易乃至制造业都受到一些特定制度的阻碍，这些制度在某种意义上成为与占据主导地位的农业和封建因素一样的阻碍。行会在促进生产的同时也限制了生产。贵族保护城镇，同时对经过他们领地的商人征收苛捐杂税。在少数几个中心城市之外，其他地方都没有大企业融资所需的资本积累，即使有积累，以现代的眼光看，也微不足道。最重要的是，城镇之间没有巨大的共同商业利益。中世纪欧洲的狭隘远超现代人的想象，除了一个小阶层，没有多少人能够远离罗马文明崩溃带来的经济混乱。

在封建制度下逐渐形成的社会和思想环境，在改善人民总体状况上所起的作用，比这种制度所产生的政治体系还要小。 由于对自己狭窄疆界之外的世界了解不多，需求也少，因此，这些通过征服产生的封建庄园，对于它们的领主来说，完全可以自给自足。

这种封建庄园助长了地方上的争斗，导致了几乎持续不断的私人战争，从而阻碍了和平艺术的传播——和平艺术的发展是进步的主要源泉；在一个由它们所构建的社会中，人们对思想的需求几乎可以忽略不计。结果便是，人们对依靠用他们自己的原材料无法生产出来的产品的渴望极小，对和平安定的渴望也同样如此，即使这种和平可以使人们能够专心从事生产和商业活动，以满足或创造对生活品质的需求。

通过贸易和旅行等相互交流而产生的观念和欲望，其发展更加缓慢；而贵金属的稀缺、普遍交换体系的缺乏或任何具有长远经营目标企业的缺乏，则进一步阻碍了经济的发展。

五

实际上，更为古老的文明社会传统仍然在没有完全被侵略者淹没的地区或在神职人员中间徘徊着。通过训诫和榜样,这些神职人员鼓励现世的人们追求更高水平的物质生活,同时为未来的世界做好准备。

在中世纪,这种更为古老的生活传统以及希腊罗马文化,在蛮族入侵后得以在拜占庭帝国和意大利(更少一些)保存下来。但在欧洲几乎任何地方,那些高级品位和习惯充斥的都是异国情调的东西。在中世纪早期,几乎所有地方的商业、手工制造业,甚至农业都处于初级发展阶段;尽管在接连不断的入侵冲击后取得了一些进步,但总的来说,**人们在公元12世纪时的生活和处理事务的水平都要低于公元1世纪。**

尽管同样人数的中世纪武士可能会在武器装备方面而不是在纪律方面优于罗马军团,但和平艺术却并未与战争艺术保持一致的步调,更不用说与罗马的政治制度、法律、文化相比了。

此外,日常生活水准也出现了巨大的倒退,尽管这种倒退并不均衡。许多带来舒适和奢侈享受的古代设施不但没有被继续使用,反而变得"不为人所知"。大多数普通的手工艺也随着文明生活设施的废弃而被一道废弃。

在公元5世纪到11世纪之间的"黑暗时代",欧洲人的确脱离了野蛮阶段,但他们缺乏很多手工技艺,而这种技艺正是晚期罗马世界的特色。

在纺织和金属加工等基础工业中,纺织业取得了一些进步。欧洲人已经比较了解用羊毛和亚麻来织布的知识,但用丝绸和棉花来织布仍然超出了欧洲的资源和技术范围。尽管欧洲人已经广泛使用盔甲和冷兵器,但炼钢技艺仍然掌握在阿拉伯人手中;托莱多与大马士革共同保守了阿拉伯人的秘密，直到以米兰工匠为代表的意大利工匠打破这一垄断。

在建筑方面，城堡和大教堂显示了它们为战争和宗教服务的非凡能力，但穷人的茅屋见证了农民的生活条件和牛马无异；即使是富人的家具，也几乎没有超过纯粹的蛮族水准，只有东方标准或古典影响的残余才提供了一种代表更高级形式的生活方式和生活品位。

在其他许多领域，情况也是如此。饲养绵羊的技术就像蔬菜种植技术一样，几乎消失。下水道随着烹饪和清洁水准的下降而消失；而且，**在西罗马帝国灭亡后的一千多年里，欧洲可能没有修过一条像样的道路**。

六

应该有不少人了解希腊、罗马文明，因为它们的遗迹仍然装饰着半个欧洲大陆。然而，古典时代的文学、学术、艺术乃至手工艺，到12世纪时已经被埋葬了太长的时间，以至于欧洲很少有人或没有人知道它们的存在，更不用说有能力复制它的任何成就。

在蛮族征服和日耳曼入侵者皈依基督教带来的诸多不幸后果中，与古典文化的背离可能是最严重的。因为欧洲被迫几乎从零开始建立一个新的社会结构，在许多重要细节上得不到来自历史经验的帮助。

这种情况不完全由于封建制度的局限，也不完全由于执行封建主义的人的无知。与过去的成就失去联系，在一定程度上要归咎于在许多领域仍然是中世纪推行文明开化的重要组织——罗马教会。

如果说封建主义的主要影响是造成政治混乱，罗马教会对西欧转型施加的主要影响就是宗教组织上的统一。这一组织将其起源归功于拿撒勒的木匠耶稣之教诲，将其开端归功于加利利的渔夫彼得之才干，但到了15世纪，罗马教会已经发生了巨大的变化，当初使徒建立的那个微不足道的组织，已经将使徒的信仰和著作传遍了地中海世界。

基督教在早期分为两大教会：东方正教会（希腊教会）和西方正教会（罗马教会），其中心一个位于君士坦丁堡，另一个位于西罗马帝国的旧都。尤其是西方正教会，在一批精明强干和具有献身精神的领导者的率领下，已经发展成一个不比旧帝国差多少的组织，旧帝国统治世界的传统已扩展到宗教领域。

罗马教会使维斯瓦河以西的欧洲诸民族都皈依了它的信条；它把领土和行政管理网络扩展到了教会的"新罗马帝国"的每一个角落。如果封建主义用领主权和庄园覆盖了欧洲大陆，从而造成了分裂割据的局面；罗马教会就用大主教、主教、神父以及大教区和小教区构成的制度，将每一个地区和每一个人都直接绑定到了这个新的统一体上，该统一体堪比它所继承的那个政治有机体。

除此之外，罗马教会还增加了修道院制度，这一制度让它的世俗或地方神职人员充实起来；而且，在中世纪接近尾声时，漫游的传教士或托钵修士的团体又使这一制度得到了强化，这些人补充了正规修士和教区神职人员的工作。

所有这些人在纪律和教义上都服从于教皇，梵蒂冈声称，教皇作为基督教世界的主要裁判者，地位要高于欧洲大陆的世俗君主们。罗马再次成为西欧的"首都"，统治着人们的思想和信仰，其集权程度之高、效率之快，并不亚于一千年以前它所行使的政治权力，即使是那种更世俗的权力，也达不到这种程度。

在教会的统治下，罗马成为世界之都再次变成了现实，就像在罗马共和国和罗马帝国时期一样。意大利仍然是欧洲大陆上最文明的地区，欧洲所获得的知识、艺术和精神资源都来自于意大利，因此，教会的奇妙组织把这些资源从罗马传播到教皇治下的各个地区。这一切也在很大程度上加强了对其臣民的精神控制。

罗马的政治权力在蛮族的军队面前崩溃了，但教会却征服了蛮族。在更广泛的意义上，基督教信仰在蛮族入侵后的欧洲各民族之间维持了一种共同的生活标准和思想标准。它在帝国制度和部落制度之间、在罗马人和日耳曼人的理想和实践之间起到了连接作用，使欧洲在某种程度上结合这两者，形成了一种新的政体和社会形式。

尽管教会反对古典和蛮族世界的异教，但它保护了古代文化里的一些与基督教信仰和实践没有冲突的内容。它延续着拉丁语作为受过教育的欧洲人的通用语言的地位。它以基督教教会法规这样的改进形式保留了罗马的法律传统。它通过书写艺术保持了知识传播的活力；它是音乐和建筑的赞助者，而且在某种意义上，它也是文学的赞助者。

在神学上反对异教思想之前，人们对希腊语的研究衰落已久，但亚里士多德的影响作为欧洲智识缓慢前进的主导性力量仍然继续存在着。在维吉尔因为同样的原因而被遗弃很久之后，他写作所用的语言成了欧洲大陆各民族交流的工具，这样便维持了一种统一性；如果没有拉丁语，这种统一性便不复存在。

在其他许多方面，教会为文明的延续和进步发挥了作用。修道院清理和改良了大片土地，并实行罗马的管理制度。修道院和大教堂一样继续主持并鼓励学校和它们所能承受得起的教育；它们还为艺术家、建筑师和抄写员提供了就业机会；它们为那些追求知识和宗教生活的人提供了避难所。修道院为旅行者提供招待，为穷人和病人提供救助。教会还保存了古代的手稿，即使它并不在意这些手稿。

它努力遏制封建纷争和私人冲突，对中世纪统治者直接和间接施加压力，千方百计地改善了由日耳曼征服者建立的残暴和未开化的统治。如果没有教会的软化和它对蛮族开化所做的努力，黑暗时代将仅仅是野蛮的，或许欧洲永远也不会从古代世界的崩溃中恢复过来。

七

尽管有这么多的贡献以及物质、思想和精神上的影响，教会开始成为进步之阻碍的时代还是到来了。信仰压过了理性，曾经保存和增进思想成就的力量（如果不是唯一的力量的话）变成了欧洲思想和精神前进的障碍。

随着教会统治范围越来越大，它却变得越来越狭隘了。神学成了它在思想上的主要关心对象，逻辑成了它主要的智力武器，未来的生活即使不是它关心的唯一问题，也是它的主要问题。

在所有未被神学思想触及的领域，它是一种善的力量；但随着其教义发展成为不容置疑的教条，随着其世俗力量和财富的增加，其思想开放程度就不可避免地下降了。自然之谜变成了上帝的秘密，成为不可解的问题。权威成了调查研究的敌人；真正的信仰不仅成为异端邪说，而且也成为与它所征服的异教一样的不共戴天之敌。

结果，古典时期的著作首先被忽视，然后声名狼藉，最后被禁。因为对科学方法和成果所知甚少，人们也遵循同样的路线，不得不将全部知识的来源和重点都放在《圣经》及其注释上面，并将其作为唯一的灵感源泉，而教会成为思想和信仰问题的唯一仲裁者，它的决议成为指导人们生活和思想的原则。

此外，无论它的起源多么神圣，它的信仰多么正确，教会也很容易产生那些对任何不受有效批评制约的人类组织都不可避免的弊病。通过忠实信徒们的馈赠，教会得到了所统治土地上的相当一部分财富；作为一个从不会破产的公司，它的永久性产业将大量的土地和财富移出了流通和公共服务领域，从而限制了世俗统治者的力量和手工业的发展。

最后，这样一个组织自然会要求人们以同意它的原则和惯例作为成为社会一员的资格，从而几乎在生活的每一个方面都滋生出一种墨守成规的惯性，不仅阻碍了精神活动的发展，而且阻碍了智力活动甚至物质活动的发展。

因此，中世纪后期的欧洲不仅受到封建制度的限制，而且还受到极端教会主义的阻碍。一个注重灵魂和服从而不是思想和研究的组织，永远不会产生人类进步所依赖的智力成就。在这一进步成为可能之前，有必要用多样性的原则取代一致性的观念；在这种替代中，孕育着革命的种子，而这场革命将重塑世界。

然而，在15世纪初，在欧洲事务或欧洲文化层面，并没有足够的力量能够确保社会或政治革命的发生，能够预示伟大的精神或教会变革的事物就更少了。事实上，除了像伊比利亚半岛南部1/3的地区或黑海北部广袤大草原这样的偏远地区，欧洲大陆在名义上仍然是基督教的世界。也许在某种意义上，它比现在更执着于基督信仰。

但是，除了教会对人们思想控制的逐渐弱化，不管它对欧洲人的精神生活方面有多大的贡献，影响有多么深远，早期教会为促进物质文明所做的艰苦工作即将结束。在这一领域，教会基本上完成了自己的使命。教会给那些颠覆了古代文明的野蛮人带来了残留的文化和艺术之光，而这些早已成为欧洲经验的一部分。

八

教会不仅停止了对欧洲大陆的知识进步继续做出重要贡献，也不再是欧洲繁荣的重要影响因素，尽管它曾经是——那时，它不仅是改良农业、排干沼泽和饲养牛羊的使徒，也是推进知识和文学、教授和推行道德律令以及宣传新的纯洁信仰的使徒。

当教会将其影响扩展到几乎每一个社会领域的时候，它也给自己所保存下来的文化打上了独特的印记，给做出颇多贡献的文明附上了它的品质所固有的缺陷和德行。随着15世纪中叶的迫近，面对欧洲逐渐改变的品位和习惯，在许多人的心目中，教会的缺点比优点显得更突出。

在一个不断变化的世界里，教会仍然处于一种相对滞后的状态，它对传统的僵化和死板的坚持，使它与新的时代精神相背离。就像封建主义一样，它已经过时了；除非像当时的政治制度一样开始适应新思想和新环境，进而呈现出新的形式和精神，否则，它会发现自己与当时的大潮流（如果不是普世趋势的话）发生抵触只是一个时间问题。

这种情况在许多领域都表现得很明显。在建筑方面，中世纪那种向往天堂的哥特式尖端拱门的辉煌和格纹式石头的奇迹，确实超越了古典时期的三角形楣饰和半圆形拱门。但是，雕刻艺术的最大成就、更高层次的哥特式雕刻显示出的令人赞叹的美感和技巧，以及中世纪艺术家们所特有的怪诞表达方式，尽管都有着古怪和可怕的奇幻魅力，却绝不能与菲狄亚斯[1]和普拉克西特利斯[2]的成就相媲美。

事实上，中世纪的工匠在两个方面更胜一筹：一是他们对自然的热爱，这种热爱体现在他们所有的石头和金属作品的装饰上。二是他们不仅精于建筑的雕刻，而且精于制作金银器和锻铁。在这两个方面，他们的成就可谓空前绝后。

但绘画艺术却不是这样。不管材料是否合适，也不管材料是否主要掌握在那些受宗教影响的人手中，石匠和铁匠的成功与画家稚嫩的努力之间已形成了一条鸿沟。大教堂和手稿的精美构图甚至无

---

[1] 菲狄亚斯（前480—前430），被公认为最伟大的古典雕刻家，被认为是世界七大奇迹之一的宙斯巨像以及帕特农神殿的雅典娜巨像，都是他的代表作品。——编者注
[2] 古希腊古典后期雕塑艺术的代表人物，活跃时期为公元前370—公元前330年。唯一存留的作品是大理石雕像《赫耳墨斯与小酒神》。——编者注

法与罗马别墅装饰师的壁画相比，更不用说与阿佩莱斯①及其继任者的失传杰作相比了。

在每一个领域，形式化的教会主义都变成了最高原则，用墨守成规代替对真实生活的观察，而这种做法就是所有时代绝望工作的首要特征，它只会产生野蛮行为，没有任何前途可言。对这些工人来说，世界是没有钥匙的，因为他们为自己建造了牢房，并把自己永远关在里面。只有新思想和新行动带来的新鲜力量才能拯救世界，只有回归自然和拒绝因循才能使文明和艺术存续下来。

九

如果说这种情况在生活的物质方面表现得极为明显的话，那么在生活的其他方面也有同样的表现，甚至更为突出。像文学一样，音乐也被强迫为教会服务，被限制在单一的发展轨道上，而不是最适合它的多重空间和魅力的轨道上。

由于所有的聪明才智都集中于宗教以及对一种更纯粹信仰的召唤，神父们的著作在风格和内容上都很贫乏。随着除亚里士多德哲学以外古希腊罗马哲学的消失，随着教会影响的加强和狭隘化，非基督教哲学逐渐在人们的知识结构中空缺。

那些一心要为上帝对待人类的方式做辩护的教会历史学家，更

---

① 古希腊著名画家，据说曾是亚历山大大帝的宫廷画家，而亚历山大大帝只要阿佩莱斯为他画肖像。《阿弗洛狄忒从海中升起》是他最著名的作品，但已失传。——编者注

无法取代李维、塔西佗、希罗多德和修昔底德的地位。晚期拉丁诗人粗劣的浮夸和奇迹剧的粗劣想象，都无法代替维吉尔和荷马、希腊三大悲剧家、阿里斯托芬、贺拉斯和品达、卡图卢斯和萨福的不朽魅力。

甚至作为教会知识和精神存在基础的《圣经》，也像古代名著被中世纪大量的神学作品所埋葬一样，被注疏家们的注释所淹没。最后，亚里士多德的形式逻辑，被一种专注的热忱补充到神学之中，现在变成了经院哲学，其贫瘠的帝国疆土扩张至人们的头脑，即使这提升了他们的智力，却也使他们的思维方式变得僵化。因为尽管经院哲学对智力进步做出了种种贡献，但也使人们脱离了生活的现实，使他们相信：只要凭借自己的智力，不经观察，不用任何实验，也不借助于包含所有这些东西的视觉和常识，就能获得真理。

在这种情况下，学习古典文学或许可以拯救欧洲人。但是，随着被认为是异教作品而遭到怀疑，那些包含古代智慧的手稿往往被忽视或抛弃，或只被修道院编年史家或会计所使用。

学者退化为学究。科学迷失在炼金术或占星术的泥沼中，成为宗教信徒们诅咒的对象。哲学被神学压倒，现实的世界让位给未来的世界，神学成为学者们关心的主要问题。思辨代替了调查，文字代替了事实，而心灵则努力从自身获取知识和智性，但这种知识和智性只能来自于理性之外。因此，11世纪欧洲人的无知是最严重的，因为他们的理智极为有限。

他们对伟大的科学遗产几乎一无所知，而这些遗产恰恰是欧洲人现存智力高地的显著特征。他们对自己居住星球的无知，与对自己起源时间的无知一样。更严重的是，他们对所看到的天空以及自身的复杂有机体的惊人无知。除了对水、土、空气和他们用纤弱的力量从这些元素中提取出来的产物，以及与其他国家人们微弱的联系有肤浅的了解，自然和艺术对于他们而言几乎是同等神秘之物。

伊斯兰教虽然倾向于阻碍造型艺术和图画艺术在其信徒中的发展，尤其反对再现人的面孔和形体，却把自然王国留给了它的研究者。

但在信奉基督教的欧洲，情况却恰恰相反。罗杰·培根是13世纪的一位修士，被誉为"科学之父"，他的学识并没有让自己因"运用物理化学的邪术与魔鬼打交道"从囚禁中解脱出来。与他同时代的医生和占星家阿诺·维尔纳夫认为，医学与慈善事业以及为宗教服务一样，都能讨上帝的欢心，然而他也未能免于教会的谴责。

人们不知道更不关注自然法则，因为他们把所有的自然现象都归结为一个全能的、不可思议的神的直接行动。教会是至高无上的，在教会和大众的成见被改变、征服之前，所有揭示宇宙秘密的进程都被有效地阻止了。

在这种情况下，生物学及类似的学科不存在，也就不足为奇了。就像阿拉伯人一样，化学的基础科学还处于炼金术士们将碱基转化为贵金属的点金石阶段。医学在阿拉伯人手中已经发展出一些医疗方法，但在缺乏解剖学、生理学和治疗学知识的欧洲人中，医学所能依靠的则是最浅陋的老妇人草药医生或研制出能媲美中非神汉们的神奇化合物。外科手术也好不到哪里去，对人体器官的了解也仅仅是一些关于它们特性和用途的怪诞兼具误导性的幻想。

考虑到欧洲所处的"黑暗时代"（这一点尤为重要），关于人类疾病的主题并不是一个能让我们怀着愉快期待的主题；然而，考虑到它对现代文明的影响，有必要对人类曾经忍受并从中逃离的那些疾病给予极大的重视。

在历史上，人类可能从未像中世纪那样受到流行病的折磨。在生活习惯上，欧洲人已经超越了相对健康的野外生存阶段，却没有学习到居住在坚固拥挤堡垒环境中的文明教训。公共卫生和个人卫生是最简单的医疗手段，但人们对它们一无所知。人口流动往往会传播疾病，而战争则让流行病和受伤进一步增加了人口的死亡和残疾。其结果是一连串瘟疫的发生，其灾难性和悲惨程度让人难以形容，也令人难以想象。麻风病、坏血病、流感、麦角病，尤其是黑死病，使欧洲大陆的人口大量死亡；更糟糕的是，成千上万的幸存者失去了劳动能力。

这场灾难有多严重？可以从下面一个事实加以判断：据计算，地球人口的1/4，也就是约6000万人死于14世纪的黑死病[1]。奇怪的是，由于种种原因，这种可怕的瘟疫似乎在新知识兴起和发现新世界的那些年里消失了。然而，地理大发现也给欧洲带来了几乎同样致命的新疾病，如东方的腺鼠疫和西方的梅毒。

多年来，医学的发展几乎跟不上疾病的发展。尽管欧洲的健康状况在16世纪可能有所改善，这是清洁程度的进步以及医学科学的新方法、新知识和新疗法的进步所带来的成果，然而它们仍然远远低于后来的较低标准。

---

[1] 关于黑死病的死亡人数及其占全球人口的比例，人们因依据的资料不同而数据也多有差异。——编者注

15世纪在两个方面对健康状况的改善做出了很大的贡献。一是制定了检疫原则,建立了普遍的或局部的检疫所、检疫站或麻风病人安置区。通过这些措施,许多危险和具有高度传染性的疾病,尤其是麻风病得到了遏制,甚至被根除。另一个是习惯的改善,改变生活习惯虽然缓慢,健康水平却得到了逐渐的提高,道德的改善也与之类似。

十

科学依赖于数学,而数学在东方国家中已经取得了不小的发展。在欧洲人那里,数学本身不过是最简单的算术运算,还有一些简单的平面几何知识;数学符号与其说是智力过程的表达,不如说是占星术的符咒。

同时,阿拉伯人的天文学正在赢得新的胜利,欧洲关于天体的知识则受困于人类感官的局限以及地球中心论和造物主唯一感兴趣的神学。迷信还使欧洲人的天文观更加扭曲,它不满足于在地球上居住的各种各样的超人生物,从仙女到妖怪,从小精灵到地精,从女巫到侏儒,还从星星中看到了决定人类命运的因素。地理学在欧洲学者手中也成了一种完全无用的东西;关于欧洲以外的世界,甚至欧洲大陆大部分地区的知识,都成了不可获知的东西。人们对地球是圆形的概念,甚至一无所知。

人们与来到欧洲边境的东方民族进行战争或贸易,或从西部海岸眺望大西洋彼岸,但是,除了从异教徒手中夺回基督教圣城耶路撒冷的努力,以及偶尔有一些冒险者或拥有献身精神的人到北大西洋的荒野中探险，欧洲人都未曾尝试深入了解外部世界的秘密。

对于这样的事业而言，欧洲人的装备太差了。他们的航海知识极其浅陋。航海仍处于沿岸航行阶段。指南针有一半是作为导航工具而为人所知，一半则是作为黑魔法而为人所畏惧，完全没有作为一种科学工具而被广泛使用。

当时的船在尺寸、吃水和结构上都不是为大洋上的长途商业航行而设计的，而且水手们还得学习转弯或者逆风航行的技术。虽然被视作航海技术创始人的北欧人拥有的令人难以置信的勇气和航海技术，已经使他们航行到欧洲大陆沿岸并横跨大西洋到达格陵兰甚至美洲大陆，虽然大胆的渔民可能已经发现了纽芬兰，然而这些勇敢精神却对商业和对他们同胞的启蒙贡献甚微。他们对长远进步的贡献更少，因为他们像老鹰或鱼鹰那样只是偶尔到大洋彼岸的陌生地方，而不像人类征服或迁徙那样稳步前进。

因此，束缚欧洲的，除了政治和教会的限制，还有对自然界的无知，而自然界的神秘和力量比任何人类敌人都更令人恐惧。没有掌握关于地球的知识和资源、关于天空的知识、自然的法则、人类自身的结构和能力以及前几代人的智慧，人数相对较少较弱的欧洲人想要进行海外扩张几乎不太可能；而且如果这些问题不能被克服，他们的扩张行动就不会有长效的结果。

欧洲人的海外探索，无论在概念上还是结果上，都比随之而来的任何武装和利益冲突重要得多。为了进行海上冒险，船长们几乎招募了人类活动每一个部门的人员，包括学者和科学家、商人和投机者、统治者和征服者、探险者、发明家、工程师、哲学家和神学家。他们的成就在于扩展了欧洲人的能力，而不是摧毁自己的同胞——尽管这样的事时有发生,在于提高人类的理解能力和行动能力,在于对新的思想和权力领域不少于新土地那样的征服,让人类成为环境的主人而不是仆人。

欧洲要发展,至关重要的一环,除了知识和能力的提高,还应该采取措施摆脱政治和宗教组织的束缚,赋予个人主动性及自由行动的能力,从而为人才提供一个比封建制度和中世纪教会更加开放的通道和更广阔也更安全的施展空间。

欧洲人民在这个即将结束的时代所遭遇的种种不利条件中,有三个是最不利于进步的:挑起党派意识和私战的社会政治组织,一种很大程度上受神学和教会限制的思想习惯,一种相对快速、简单、安全地交换商品和思想之便利性的日趋消减。每一种因素都以各自的方式迫使人们服从于全体的或地方的权威,因此造成了物质和智识上的停滞。它们不仅妨碍了古代罗马世界所特有的统一性和流动性,还在欧洲多样性的各个方面几乎都妨碍了欧洲的发展,滋生了一种地方主义,这种地方主义长期以来几乎一直是欧洲在每一个领域取得进步的主要障碍。如果支配中世纪的精神占了上风,如果它能够粉碎遭受痛苦最烈的阶级和个人所发出的抗议,欧洲就很难走出其所处的僵局。

十一

但对于欧洲和世界来说,幸运的是,中世纪后期酝酿了一场在思想和政治事务方面的革命,这场革命被认为可以与一千年前欧洲大陆由于蛮族入侵而进入的另一个发展阶段相比。因为在君士坦丁堡陷落前的近三百年里，反抗传统的精神，就像探索宇宙奥秘的冲动一样，一直在稳步增长。

在反动力量、无知和迷信的沉重负担中，一场巨大的变革正慢慢地积聚力量，随着15世纪的到来，这些力量开始在许多方面清晰地显现出来。渐渐地，事情变得很明朗，不久或晚些时候，它们必定与权威精神发生尖锐的、决定性的冲突，而这场冲突的结果将决定世界的未来。人们甚至有理由相信，新势力会占据上风。

无论15世纪中期欧洲的政治形势多么令人绝望，但它并不像看上去的那样毫无希望。在这样的绝望和纷争中，尽管某些因素目前造成了混乱，而不是复兴，却提供了更多的实现稳定的希望。在王室的雄心壮志中，以及更大程度上在他们等级之外的势力中，除了那些造成混乱的势力，还有其他势力正渐渐加入权力的争夺。在教会强制推行的教会统一性的表象下，还有一些其他力量正在发展，这些力量已经威胁到罗马基督教世界的统一。这些因素的成败决定着改革甚至革命的可能性，这种可能性不仅存在于智识上，也存在于心灵上。

复兴运动在政治之外的领域表现得更加明显，甚至在某种程度上突破了宗教的限制。早在12世纪，某些复兴就在智力领域开始了，这至少会在欧洲历史的某个阶段激发出革命来；这一运动在随后的几个世纪中不断壮大，到君士坦丁堡陷落时，它已经成为欧洲世界的主要力量之一。

在14世纪，先是意大利，然后是整个欧洲，都感受到了但丁的影响，他在自己天才的火焰中融合了古代和中世纪的传统，从而描画出了关于地狱、炼狱和天堂的壮观景象，这便是《神曲》三部曲。这部划时代的作品让人想起了过去，渗透了哲学和神学以及他对自己所处时代社会和道德的义愤，预言了一个光明的未来。他还有一部关于君主制的作品和一部献给他的理想情人贝特丽丝的情诗集《新生》，后者给文学领域带来了新的冲击，也给初生的意大利语或"土语"带来了推动力，从而冲击了长期以来拉丁语作为文学语言的统治性地位。

在他之后，薄伽丘的趣味故事集《十日谈》逗乐了14世纪的人们，它在世界文学中得到了一个永久的位置。这些故事受到彼特拉克十四行诗的启发，彼特拉克使意大利语和欧洲文学进入了一个新的发展阶段。

与此同时，在法国，从12世纪开始的这段时期见证了《诺曼人传奇》和《玫瑰传奇》的兴起，它们遵循了游吟诗人的骑士故事模式，并使法语而不是普罗旺斯语成为法兰西的民族语言。傅华萨的《闻见录》也起到了同样的作用，它使英法战争的重大事迹变得不朽。

在德国，史诗《尼伯龙根之歌》和《古德龙》保存了古代日耳曼人生活的传说和传奇；在法国和英国，则掺入了查理曼及圣骑士们的故事，以及亚瑟王和他的骑士们不懈寻找圣杯的传说。抒情诗人和游吟诗人的作品立刻给语言和文学的精神注入了新的活力。

在英国，《农夫皮尔斯》中的皮尔斯形象表达了受压迫者的抗议，这将成为未来社会进步的动力；而富有人情味和幽默天赋的乔叟，在他的《坎特伯雷故事集》中，将文学与生活紧密地联系在一起，并使英语像法语和意大利语一样，变成了一种文学语言。

同时，斯堪的纳维亚人修订了《萨迦》（维京诸神和英雄们的传奇以及英雄故事集），为复兴运动提供了另一种元素，以至于欧洲人在15世纪初发现他们已经拥有足以取代所有被遗忘古典名著的作品，而且至少在对大众的吸引力上，已经远远超过了教士们的成就。

欧洲人发现他们的新语言也同样有力，虽然这些语言有破坏通用拉丁语所保持的统一倾向，却为一种已经停止更新的语言提供了它永远无法发展出来的表达方式和发展机会。

的确，拉丁语远没有绝迹，长期以来，它一直是整个欧洲大陆学者之间交流的媒介。但丁用拉丁语写了他关于君主政体的论文；像罗杰·培根这样的学者和科学家也用拉丁语来呼吁反对神学教条；像威克里夫和胡斯这样的改革者也用拉丁语努力唤醒他们的同胞，反对教会机构滥用权力。

但是，未来属于各民族方言。正是在它们身上，新文学运动才有了意义，成就突出的布道家才对他们的同胞有了吸引力。这些布道家把《圣经》翻译成本民族方言读给自己的同胞听；《圣经》以不同的语言形式出现，这不仅是最重要的文学和语言学事件，还第一次打破了旧神学和新神学之间的鸿沟，而这种鸿沟同样是一个信仰和理智的新时代到来的决定性特征。

十二

从12世纪所谓欧洲文艺复兴到15世纪中期，欧洲的进步绝不局限于文学。在这一时期，在日常生活事务中，人们几乎已经准备好迎接在君士坦丁堡陷落时就在欧洲事务的各个领域中出现的过渡状态。这在很大程度上是习惯改变的结果，我们常常称之为进步。尽管与古代世界的商业活动相比，中世纪早期相对停滞，但5世纪和

12世纪之间的贸易和交流其实也取得了相当大的进步。

世界发展得很慢,这是真的,但它确实在前进。十字军东征开始于随后的年代,促进了西方人对自己之前很少见到的东西的认识。确实,因为上述原因,我们可以说一个新时代开始了;因为十字军东征把商品、思想以及同样重要的东方浪漫传奇注入了西欧的地方风格之中。这一过程在后来的时代继续并扩大,直到欧洲至少对黎凡特和北非熟悉起来,并对这片土地以外的产品有了一些概念。

因此,虽然15世纪的欧洲人在许多方面都不如罗马帝国时期的欧洲人,但他们准备制造、使用和享受许多5世纪的罗马皇帝所不知道或被他们所鄙视的东西。他们之间以及他们与亚洲的商业交流有所增加,而十字军对地中海东部的征服以及随之而来建立殖民地的活动,也为商业的交流提供了条件。

对外国产品的需求,几乎在任何时候都是文明进步的一个确凿无疑的衡量标准,它一直都在稳步增长着。来自阿拉伯人的医学,让欧洲人在使用的许多药物上都仰仗于东方。制作香水的材料、抄写员使用的颜料、制作法衣所需的材料,以及制作器皿所用的贵金属和石材,使教会密切依赖这一贸易。

香料改善了乏味的中世纪饭食或使食物能够保存下来;颜料丰富了单调的色彩;香水掩盖了不卫生状况;棉花、细布和丝绸美化或掩盖了中世纪女继承人的丑陋,并增加了所有有购买能力的人们的生活舒适度;金银、珠宝、象牙和装饰品,源源不断地流入欧洲,增添了贵族、淑女和教士们的生活趣味;直到最后,曾经几乎无法获得的奢侈品在某种程度上被欧洲人认为是必需品,而贸易的潮流便一代人又一代人地扩大起来。

与此同时，商业和制造业也相应地在西方发展起来。英格兰羊毛、法国亚麻、波罗的海毛皮，都极大地提升了人们生活的舒适度和豪华度，它们依次经过织布工、毛皮装饰工、商人，尤其是扮演中间商角色的低地国家商人的手。北方的兽皮和动物油脂，以及在斋戒日给虔诚教徒的食欲和良心带来安慰的鱼，都为这种商业活动增添了色彩。木材、石油、龙涎香和其他在寒冷气候下生产的商品，在整个欧洲都比昂贵的东方产品有着更广泛的需求。

一个世纪接一个世纪，在遥远的亚洲和东方港口之间往返的商队变多了；与它们一起往来于这些港口和南欧繁忙城市之间的船队，不少于沿着罗讷河或穿越阿尔卑斯山前往北方贸易中心的运货四轮车。市场和交易会的数量及重要性都在增加。城镇在各地建立并繁荣起来。北方市民和南方商人的财富以同样的比例成倍增长。

一个全新的商业世界逐渐在中世纪早期形成的封建和教会制度中占据一席之地，以一种新的精神使中世纪的军事和农业特征变得富有生气。在15世纪中期以前，商业世界的气息几乎已经出现在上层阶级和中产阶级生活的每一个领域。

十三

商业的兴起最重要的影响是知识的进步。**在君士坦丁堡陷落之前的几个世纪里，知识进步的动力很大程度上归功于财富和贸易的增长。**商队、船队和马队给欧洲各地带来了比商品更珍贵的思想，也带来了对更大世界及其事务的认识，还有对人和政府、法律、宗教以及对中世纪欧洲思想范围之外知识的了解。

在这样的影响下，知识分子的视野不知不觉地扩大了，也出现了一些封建或教会经验难以解决的问题。由此而产生了一个阶级，他们与其说依靠旧社会相互之间的关系，不如说是依靠自己的技能和积极性，用理性而不是诉诸权威来解决这些问题。这种商业元素越来越不受旧的关系和旧的程序的束缚，它已经变得足够富有和强大，不仅要求自己有一定的独立性，而且在远远超出纯商业范围的领域，如政治领域、智识领域，甚至宗教领域，让商业思想的声音被倾听。

因此，**一种新的教育力量——大学，最先出现在了意大利这个在东西方贸易中占据主导地位的欧洲码头之上，并非偶然**。在南方，萨莱诺医学院引领着潮流。在北方，在十字军东征的交通要地创建的繁荣城市——它们还参加了教皇与皇帝之间爆发的政治和宗教冲突（中世纪后期多是这样的冲突）——之中，博洛尼亚法学院诞生了。在其影响范围内的其他城市也迅速效仿起这一榜样。

从那里开始，这一热潮蔓延到了整个欧洲大陆。巴黎是神学研究重镇，也是神学大师阿贝拉尔、托马斯·阿奎那的故乡，布拉格大学和牛津大学以及它们散布在欧洲的分支机构和追随者，也是巴黎智力天才的独特产物。

在很大程度上，大学是由大教堂学校发展而来的，并经常受到宗教团体，尤其是多明我会和方济各会的支配。这些团体能够在那里迅速地招募成员，并有力地强化它们的教义。它们是那些学术原则的代表，这些原则既能提高智力，又能僵化头脑。然而，尽管有种种缺点，大学从其影响开创欧洲文化新时代的时期到15世纪，都是文明长期发展所依赖的那些知识进行保存、增加和传播的最大单一性力量。有了大学，教育虽然没有完全从教会中解放出来，但至少已经从修道院里开始崛起。

在教会里，没有一个部门比建立在教会法基础上的司法部门对日常生活事务有着更大的影响力了；因此，**在大学建立后开创新局面的所有因素之中，没有比民法典的创立影响更深更远的了**。这项工作主要以拜占庭皇帝查士丁尼在公元6世纪编纂的法典为基础，由博洛尼亚的法学家对其加以研究和注释。它为人们提供了一种适应世界日益扩大的需求并相对独立于教会影响的法律制度。

长久以来，教会的力量对教育事务都比较宽容，或许是因为没有非教会力量能够威胁到教会对教育的垄断地位，从而打破这种垄断使人们能够在民法体系起主要作用的教会之外找到工作。

研究法律的灵感及其最初的重要性主要来自它所起的作用。法律能够在意大利北部为帝国的势力及地方的势力与教皇发生冲突时提供服务，对商业世界也有着类似的价值。

与此同时，在这些意大利城市里，除了这种新的知识力量，还出现了一种银行和信贷体系，这种体系同样传遍了整个欧洲大陆，甚至传到了不列颠群岛。在那里，人们仍以伦巴第街（伦敦）的名称保存对它的记忆。

也是在那里，新的知识力量接触到另一股与之相当的力量，这股力量来自北欧市民，他们的活跃程度不亚于南方的银行家和商人。这就是汉萨同盟，一个商业城镇的大联盟。为了扩大和保护成员的利益，汉萨同盟将其权力扩展到北部和东部的偏远地区，远至卑尔根和诺夫哥罗德的中心地区。汉萨同盟所签订条约的约束力远达那不勒斯和里斯本，欧洲大陆一半的城市都被它的贸易商行所覆盖。在那里，就像在伦敦一样，它曾经强大的象征——杆秤——仍然使人们怀念它不复存在的辉煌。

通过这些途径，在政治上四分五裂的欧洲，逐渐被教育、金融和商业关系网所覆盖，这种关系网同教会本身的纽带一样密切，甚至更为广泛。在15世纪中叶之前，这些都在欧洲大陆的文明复兴中得到了体现，其影响力几乎不亚于与之相伴而生的文艺运动。

这就是已经开始破坏我们称之为"中世纪"的社会组织基础并开始为新社会奠基的主要力量，在新社会赫然出现在人们眼前之前，旧的结构正不知不觉地发生变化。

在15世纪中期，教会仍然是欧洲世界最具影响力的单一力量。它那庞大的组织，遍及西欧的每一个角落，一直完好无损。它拥有巨额的财富。它几乎完全控制了人们的思想和意识，通过出生、洗礼、结婚、死亡和葬礼等一套圣礼制度与人们最神圣的私人事务建立了密切的关系。它控制了教育和大部分司法程序。这一切都还没有受到削弱，这让它拥有无穷的力量。

尽管封建制度开始在政治领域面临君权的竞争，但它仍然和教会一样具有强大的力量，在日常生活事务上的影响力几乎不比教会逊色。它限制了阶级之间的沟通，几乎在世俗活动的每一个领域都使进步的道路变窄，还在限定知识成就的范围方面强化了教会的影响。

十四

然而，中世纪社会古老且宏伟的大厦已经发生了一些变化，这些变化虽然看起来不起眼，但已经威胁到了中世纪赖以存在的生活和思想体系的完整性。在很大程度上，这些变化是由三种力量在几乎整个中世纪和几乎所有的社会阶级中运转而实现的。

第一种是冒险精神。这种精神不仅在体力上，而且在智力上促使人们寻求新的经验，在打破单调生活的欲望的驱使下，为获得新的感觉带来的纯粹乐趣而勇敢地面对未知事物。第二种是对更多舒适的渴望，这种更高级的形式就是我们所知的奢侈，并且在其最终的范围内转向追求色彩、形式和声音的美，这一切发生在艺术、音乐以及文学领域。第三种是个人和社会之间的内在竞争，从中产生的不仅是现实的冲突，而且是制造、拥有或成为比世界上其他地方更美好、更伟大事物的激励。

这样的力量，再加上其他不那么自私的人——无论是传教士还是改革者，或是一心一意追求完美的创造天才——衍生出了进步的要素，所有这些长期以来都趋向于建立一种涉及社会和思想的新秩序。

这些不同的力量始终在某种程度上活跃着，然而，它们取得的成果并不总是完全取决于自身。社会组织的共同利益，无论是政治的、教会的、社会的还是经济的，都必须得到考虑；而且这个组织从来没有完全站在变革的一边，还常常完全反对进步。

尽管这个时期即将结束，但对于西欧绝大多数人来说，遵守一套严格的信仰和实践体系是和平的代价，甚至是生存的代价。屈从于几乎同样严格的政治和社会机构，曾经是那些非贵族阶级实现上升之机会所要付出的代价。尽管随着时间的推移，一些更勇敢或更幸运的人能够反抗或逃走，某些群体也想方设法从其他群体获得了安全保证，但对于有才华的人来说，仍然没有开放的上升通道，各个阶层和个体也缺乏一般性的言论自由，而开放的上升通道和一般性的言论自由正是现代文明世界的试金石。

获得言论自由是欧洲人发展的第一步,也是最重要的一步;从某种意义上说,思想解放已经开始了。

最后,科学和机械发明给这个运动提供了助力。就在土耳其人准备将他们的征服推向高潮的几个月里,荷兰和德意志的工匠们开始采用一种新的工艺,即用活字印刷术在纸上复制手稿。随着阿拉伯人的到来,纸从东方传入欧洲,其制造和使用在14世纪传遍了整个欧洲大陆。**印刷术对书籍制作方法的特殊改造,结合了印刷机和字模的使用,使世界发生了革命性变化,这标志着一个比君士坦丁堡陷落更重要的时代的到来。**

欧洲第一次可以迅速而廉价地广泛传播知识,因为"虽然在谷登堡发明活字印刷术①之前,少数人已经有了书籍,但直到活字印刷术出现,知识和智慧才能叩开每个人的大门"。

教皇给那些志愿前去与土耳其人作战的人们发放印刷的赎罪券,颇能作为这个时代的象征。我们至今仍在享受这一划时代创新的残光余韵。最重要的是,采用这种新技术印刷的第一本书籍是《圣经》。随着《圣经》活字印刷版本的问世,它的这种形式很快为众多的平信徒②所接受。随后,神学便呈现出一种新的面貌。可以毫不过分地说,教会对精神垄断的崩溃要追溯到它的主要灵感和权力来源转移到别的机构而非自己手中的那一刻。

---

① 活字印刷术最早在中国北宋庆历年间由毕昇(约971—1051)发明,后来,谷登堡(?—1468)发明了西方活字印刷术。——编者注
② 平信徒与神职人员相对,是基督教中没有教职的一般信徒,其特点在于"在俗性",又称"教友"。——编者注

随着印刷术的普及，其他一些变化也直接或间接地趋向于同样的目的。首先是一种新的战争工具——火药[1]——被采用，然后它传播到了整个欧洲。**火药彻底消除了全副武装的骑士和半武装的步兵之间的不平等，这对社会的重要性不亚于它在军事发展史上的重要性。与此同时，它使欧洲人赢得了相对于其他大陆诸民族的优势，这在世界近现代史上被证明是一个决定性因素。**

火药给欧洲人带来的优势，也随着航海技术的改进而得到加强。罗盘、星盘、科学航海图和地图的制作，同样伴随着对海洋的征服而不断发展，并以同样的比例刺激着火药武器的发展。这反过来又使越来越多的人可以在更大的空间内发挥自己的才干。

因此，欧洲的智识和进取心在各个方面都得到了激发和推动，达到了一千年来前所未有的程度。中产阶级，由于人类能力的巨大提升而受益。每一项新发明不仅为数以千计的人开辟了新的生活方式，同时也摧毁了成千上万人的生计。它拓宽了生活的基础，扩展出了大量的机会，并拓宽了欧洲人的视野。此外，它为那些创造并享受这种新的存在基础的人们提供了全新的活动空间。

随着影响力不逊于文艺复兴和地理大发现的新发明的出现，欧洲进入了一个新的发展阶段。在这些因素的推动之下，一个现代的世界得以发端，另一代人将会看到很多预言得以实现。

---

[1] 火药为中国的四大发明之一，春秋时期已在民间应用，唐朝末年被应用于军事。在12、13世纪传入阿拉伯国家，然后从阿拉伯国家传入欧洲。——编者注

第二章
知识扩张的开端：文艺复兴

1200—1500

一

贸易的兴起以及与商业扩张、战争连绵相伴而生的法律、金融、行政、教育等活动，在诺曼人征服英格兰到君士坦丁堡陷落的数百年间，并没有耗尽欧洲人的精力。财富的增加和随之而来的闲暇使得人们能够获得和欣赏生活必需品之外的东西，这对远离账房和法庭的领域产生了影响；而且，尽管欧洲在其历史进程中目睹了拜占庭帝国的首都从欧洲人手中消失的那个世纪将经历巨大的政治变革，但在重要程度上，这些变革还是让位于智力和品位的非凡发展。在那个时期，文学、学术和艺术之美使整个欧洲大陆充满了令人振奋的成果。

这场运动被称为"文艺复兴"或"重生"，因为在这一运动中所表现的，不仅是对中世纪形式和实践的阐述，还是一个思想以及外在表现都截然不同的新世界。思想内容和方法的改变、艺术品位和工艺革命之所以重要，不仅因为它们在知识和审美上获得了胜利，还揭示了一个事实，那就是欧洲拥有了能够取得最高成就的人才并准备进入一个更新和更大的发展阶段。

二

这场运动早在君士坦丁堡陷落之前就已经开始了，它在意大利表现得最为突出。欧洲大陆上没有哪一个地区像意大利那样与古典文明的成就有着如此密切、不间断的联系，而这一新的运动又在很大程度上取决于古典文明的影响。

在意大利，人们可以看到古典文化的遗迹，可以发现一种即使在中世纪最黑暗的时代也从未完全消失的知识传统。那里有最早的财富中心以及随之而来的悠闲和奢侈的生活；最早大学的出现；摧毁了旧的思想和语言形式、旧的艺术和文学形式的影响，第一次用渴望创造和享受新生活的社会品位、生活模式和表达模式，来取代中世纪的标准。

意大利与东方的知识进步及成就有着长期的联系。阿拉伯文明曾对意大利半岛南部产生了强有力的影响，而正是在那里，欧洲第一所医科大学萨莱诺医学院被建立起来。阿拉伯文明还深刻地影响了神圣罗马帝国皇帝腓特烈二世的辉煌宫廷，在13世纪，这既是正统基督教王国的奇迹，亦是耻辱。

此外，拜占庭凭借其精心珍藏的古典世界传统，在意大利数代人的眼中折射出一种学术的光辉，这种光辉在东罗马帝国动荡的政治变迁中得以保留下来。

意大利还在它复杂的社会中注入了日耳曼元素。在此之前，意大利是神圣罗马帝国的一部分，由于政治或商业的吸引，成千上万的日耳曼移民拥入意大利半岛的北部。

因此，从各个方面讲，意大利乐于接受各种不同文化的影响，这不仅表现在它对新思想的接受能力上，而且表现在它对高雅生活的品位上，就这一点而言，它已经超过了欧洲大陆的其他任何地区。

这种乐于接受不同文化的态度并不是完全有利的，因为历史已经证明这也是造成政治动荡的祸根。在罗马帝国灭亡后，意大利一直是接连不断的入侵者的战利品。早期在意大利建立了哥特王国和伦巴第王国的日耳曼征服者、法兰克人以及后来的德意志皇帝们，先后统治了这个半岛。

与此相关的还有意大利各邦之间的敌对、贵族的野心以及使半岛人民随时准备邀请外国征服者干预的动荡状态。拥护皇帝者和反对皇帝者、归尔甫派和吉伯林派之间的斗争，使中世纪的意大利变得混乱不堪；而随着15世纪的到来，阿拉贡家族和卡佩家族开始争夺意大利的霸权，斗争又变成了民族国家和王朝之间的竞争。

因此，意大利并不是要在政治上成为欧洲大陆或者欧洲南部的领袖——在欧洲南部，这种新的竞争首先被感觉到，那是要对欧洲进行彻底变革的冲动。更确切地说，意大利北部的民族中开始出现一种文化，这种文化一度使意大利成为欧洲知识和艺术的女王。

15世纪初，教皇从一百多年来削弱其权威、危及其至高无上地位的被迫流亡和宗教分裂中解脱出来，开始致力于建立拥有世俗权力的教皇国家；与此同时，重新确立罗马在智识和信仰上的统治地位。

三

威尼斯和热那亚，虽然与土耳其人的战争失败了，但仍然保持了很大一部分商业实力以及东山再起的能力。最重要的是，随着15世纪的结束，像锡耶纳、佛罗伦萨、比萨这样的城邦和它们的追随者，进入了一个动荡的时代。

这是僭主的时代。对于中世纪大部分时间里都是为了支持和反对德意志人统治的派系斗争来说，贵族的无限争斗和这些小团体内部各种因素的对立，将被国王们和政治体之间的竞争所取代，而这些政治体无意识地推动了非政治、非宗教、非商业利益的兴起。

在米兰，斯福尔扎家族取代维斯孔蒂家族成为城邦的统治者；在锡耶纳，彼得鲁奇成为城邦的领导者；在摩德纳是埃斯特家族，在佛罗伦萨是美第奇家族，他们将经济优势转变为政治霸权；而威尼斯和热那亚则保留了寡头统治，寡头从精英公民群体中选出。

在每一座城市，民众的赞同权都被交到绝对统治者手中，贵族们实际上被剥夺了优势地位，而这种地位在其他国家带来了封建主义中最有害的东西，这让意大利的城邦贵族们倾向于到其他领域寻求在政治领域中被剥夺的东西。就这样，意大利的商业中心摆脱了封建政治体系中无知的氛围，尽管存在着种种缺陷，它们还是成为艺术和知识的重镇，就像它们长期以来都是欧洲大陆的金融中心一样。

对于这些地区的居民来说，仅仅积累更多的财富似乎并不是他们终极的奋斗目标，他们追求的也不仅仅是身体上的舒适。在君士坦丁堡陷落之前的一个多世纪里，他们已经转向了除了商业和政治以外的其他方式来满足他们对更充实生活的渴望。他们采取了艺术和学术的形式。对遍布周围的古典文明遗迹逐渐增加的兴趣，使他们很早就开始收集和保存那些更美丽和更有趣的文物——它们从贪婪的野蛮人、狂热的偏执者以及将古希腊罗马建筑用来烧石灰的无知者们的毁灭中幸存了下来。

彼特拉克这样的古典主义者，佛罗伦萨的艺术大师尼科利这样的收藏家，以及奥里斯帕这样的学者——他从君士坦丁堡带回了数百部古希腊手稿——都为这场运动做出了贡献。美第奇这样的君主，以及贵族和商人，都用这些历史文物装饰他们在每一座都市里建造的大型公共建筑。

那些饱学之士也在向同一个目标努力，大学为他们提供了用武之地，吸引着他们前来效劳。像但丁、彼特拉克这样有影响力的个人成长于古典而非教会的传统之中，后来又受到了千方百计来到意大利或者通过学生让自己的思想进入意大利的拜占庭学者们的滋养，从而形成了一个精通古典文化的群体。通过从古典世界汲取的灵感以及来自复兴的智力活动的刺激，他们已经开始发展新的语言和新的文学表达形式、新的思维、理想的生活。

四

这还不是全部。随着财富的增加，人们开始追求舒适和奢侈，这在很大程度上是进步的动力。财富不仅造就了王公贵族，还造就了赞助人。最开始在建筑领域，然后在较小的艺术和手工艺领域，都出现了一批杰出的艺术家和工匠，通过自身的技艺满足了人们提高品位和生活标准的需求。他们取得了一系列成就，这些成就为意大利北部的每一座城市增添了教堂、宫殿和公共建筑，至今仍令欧洲世界羡慕不已。

早在14世纪，乔托就在意大利为一种新的绘画流派奠定了基础，并设计了佛罗伦萨的钟楼，它的布局和装饰都达到了意大利哥特式建筑的顶峰。比萨大教堂和斜塔，威尼斯的宫殿和圣马可大教堂，米兰的大教堂，博洛尼亚的钟楼，热那亚、锡耶纳和其他几十个稍小的城镇一起见证了当时欧洲无与伦比的社会财富和品位。这些建筑将哥特式风格转变为文艺复兴时期的风格，并成为欧洲大陆建筑艺术的典范。

创造它们的天才曾在其他相关领域寻求成功。佛罗伦萨洗礼堂的铜门，"简直就是天堂之门"，它只是画家、雕塑家、金匠吉贝尔蒂杰作中最杰出的一件。佛罗伦萨的皮蒂宫和菲奥里的圣玛丽亚教堂同时见证了布鲁内莱斯基的才华；而多纳泰罗那些令人叹为观止的雕像，则展现了古典范本带来的灵感，并为这一复兴的艺术注入了新的动力。

这些显赫的名字为15世纪上半叶的意大利建筑和雕塑增添了光彩。但是，这种非凡艺术天才的爆发绝不局限于意大利，也不局限于石头和青铜作品。

在整个北欧，风格各不相同的美丽校园也印证了当地人对哥特式风格的同等热爱，如牛津大学莫德林学院气势恢宏的塔楼和文森斯小教堂，都建造于同一时期。然而，即使在这些地方，也存在着即将到来的变化的证据。在哥特式建筑长期统治的最后几年，开始出现了一些极高贵、极美丽的建筑。在英国，便是所谓"垂直式"建筑正在转向更为华丽的类型；而在法国，则是火焰式风格的兴起。

过度的精雕细琢是衰颓的标志，而它已经开始了。当哥特风格在15世纪被罗马风格所取代时，便预示着另一个时代的到来。

在建筑和造型艺术为欧洲增添光彩的同时，绘画也得到了更大程度的改进。尽管中世纪的许多作品都很漂亮，但壁画装饰和绘画却远远落后于该领域古典时期的成就，与中世纪建筑师的作品相比更是逊色太多。颜色丰富、装饰明亮的手稿，讲究技巧的文字书写，凯尔特风格的织物设计，伦巴第的壮丽和法国修士的想象力都用在了绘画的修饰上面，但也远不及古希腊和古罗马人曾经精通的绘画艺术。

原因不难找到，尽管修士艺术家们付出了全部的努力和虔诚，但他们最精心绘制的人物毫无生气，最精心绘制的风景也都是平面的。而且，除了这些雕虫小技以及在那个时期后期教堂的罗马式装饰设计，中世纪的人对绘画技巧几乎一无所知。

但随着14世纪结束15世纪开始，情况发生了变化。在欧洲十个中心城市里，几乎同时出现了一批画家，他们决心以更大的规模和更逼真的形式，描绘出他们想象中的圣徒和天使的面孔及形象。毫无疑问，纺织技术的改进和永久光滑石膏表面的制造，新颜料的引入和大规模生产以及混合颜色方法的发现都起了作用。有了这些物质准备，文艺复兴时期的天才艺术家们开始挑战宙克西斯和阿佩莱斯的成就。

事实上，更早时期涌现于意大利北部、佛兰德斯、西班牙和德意志等地的画家群体，在观念和表现手法上都是相当粗陋的，他们不同于中世纪前辈们的地方在于：他们的视野更广阔、色彩更多样，在题材和新材料的组合上都有其独创性。

随着14世纪的发展，艺术作品的数量随着技术的进步而增加，对这类作品的需求也增加了。从博洛尼亚开始，绘画在伦巴第及周围各邦传播，直到意大利北部从米兰到费拉拉的几乎每一座城市，都在鼓吹着自己的绘画代表着一个"流派"；与此同时，从那不勒斯到荷兰，人们理解了这种新的表达方式，欧洲大陆出现了许多画室。由此，一股新的艺术洪流涌入欧洲人的生活之中。

对线条和色彩的日益关注提高了绘画技巧。随着15世纪的到来，这种改进变得越来越明显。如果有人把修道院的艺术与近代世界已习以为常的艺术做个比较，他就会发现，除了色彩问题，绘画已经发生了三大变化：一是精确绘画法，二是我们所说的透视法，三是明暗对照法，也就是阴影的艺术。在很大程度上，将这些元素应用到绘画领域是15世纪画家们的贡献。他们在这个方向上的努力，就像他们在颜色上的实验一样，是很不一致的，也不总是获得成功。没有一个人能在自己的作品中结合所有在这些领域接近完美者的技能，但他们开始解决那些问题，而解决这些问题又是另一代人取得成功的原因。

他们的成就不止这些。"现代风格"的先驱马萨乔的成就，把绘画提升到了一个新的水平。从造型艺术中，他学到了对帷幔的处理技巧，从自然本身学到了"对空间和景观的感觉，让他的人物站在一个为他们准备好的世界里"。在弗拉·菲利普·利皮和他更著名的学生波提切利手中，另一种元素通过越来越多的艺术家群体得以传播，其中贝利尼、曼特尼亚和佩鲁吉诺是最杰出的艺术家。

虽然在某种程度上缺乏后来欧洲艺术家的技术完美性，但他们对构图和色调的巧妙改进，他们在宗教艺术中注入的诗意元素，他们的简单和温柔，尤其是他们创作的人性化特点，带来了一场精神和目标上的革命，这场革命对绘画未来的意义比他们所能取得的技术进步更为重要。随之而来的是平面装饰形式主义、死气沉沉的修道院艺术的终结。此外，由于雕塑家和金匠的成就、陶土和造型艺术家的珐琅（他们与德拉·罗比亚斯一样，在这些材料中找到了新的表达媒介）的强化，艺术立刻变得更具装饰性，也更接近生活了。

五

这些艺术的赞助人绝不局限于任一阶层。事实上，贵族和从商的王公们很快就认可了古代经典作品复兴带来的精神激励。而且从一开始，新艺术和新学术就在教会权贵之中找到了最强有力的支持者。这些人在名义上是教会官员，实际上是拥有自己所属阶层品位和标准的意大利贵族，他们在教会里为那些天才找到了用武之地，让那些在他们祖先手中曾统治世俗世界的天才们，就像他们现在在精神事务中指导半个欧洲的命运一样施展其才能。

他们的资助范围并不局限于古董收藏、艺术品、碑文、手稿以及被长期忽视的历史遗迹。他们几乎同样热切地拥抱新一代艺术家的成就；而他们的鼓励又为艺术家们提高艺术水平提供了新的动力，并使他们为当权者服务。

但这并不是我们称之为文艺复兴的伟大运动的全部，它的成就和影响也不仅仅局限于意大利和欧洲西部。当艺术家们的成就达到卓越的新高度时，文人和学者的成就也在以同样的速度增长。随着对古典遗存的收集和研究从单纯的业余爱好发展成为许多人严肃对待的事务，欧洲与其过去的隔阂便一个接一个地瓦解了。艺术家、建筑师、雕刻家和金属工为欧洲生活带来了新的美学元素，而一群新的古物研究者为欧洲大陆奠定了实现知识进步的宝贵基础，其中一个人可以被视作杰出的代表。

他是罗马教廷的秘书波焦·布拉乔利尼，大约在1414年，他被派往康斯坦茨完成一项使命，当时的教会试图解决罗马天主教的长期大分裂问题。他在那个时代最杰出学者的训练下对希腊语和拉丁语的掌握、作为誊写员的天赋以及使他与意大利具有类似头脑的人们建立联系的品位和能力，使他把注意力转向从西欧的隐秘之地寻找古典手稿中去。为了搜寻这些被埋葬和遗忘，以及被保存在修道院图书馆中的手稿，他奉献了自己的才华、财富和生命。从康斯坦茨开始，他游历了瑞士的修道院及其毗邻地区。他从圣加尔修道院得到了昆体良论雄辩术的论文手稿；在朗格勒大教堂得到西塞罗为凯基纳辩护的演说手稿，而且，从其他资料中找到更多可以说明这位杰出的罗马演说家生平的材料。

不同领域的著作手稿都落入了这位勤奋且幸运的收集者之手。瓦勒里乌斯·弗拉库斯的《阿尔戈船英雄纪》，韦格蒂乌斯的《罗马军制》，费尔米库斯的《数学》，塔西佗、李维、阿米亚努斯·马塞里努斯的历史作品，西利乌斯·伊塔利库斯的诗歌，维特鲁威的古代建筑著作，科鲁美拉的农学著作以及其他许多作品，都是他探索的成果。

他并非孤军奋战。当他忙于从法国和德意志的修道院图书馆和仓库中复兴罗马世界的知识时，其他人则在君士坦丁堡搜寻希腊手稿，这些手稿的收藏成了文学风尚的重要潮流之一。

从这些地方出发，手稿成百上千地涌入西欧，在那里被誊写、编辑和印刷。通过他们的书信可以知道，商业巨头们对这些东西的渴求不亚于对一般商品的渴求。于是欧洲出现了一种收集、买卖和复制这些经典作品的新职业。古代的文化瑰宝就是通过这些人代代相传的。

学者奥里斯帕把索福克勒斯和埃斯库罗斯的劳伦提亚努斯手抄本带给尼科利。在费勒弗的文集中，收录了大多数希腊诗人、从希罗多德到波利比乌斯的历史学家以及亚里士多德的著作，还有德摩斯梯尼、埃斯基涅斯和吕西亚斯的演说辞。

毫无疑问，随着这些知识进入欧洲，智力发展进程出现了新的活力。因为这些手稿所带来的灵感并不局限于它们的直接拥有者，抄写者们也会通过他人之手传播这些作品的复制品；最重要的是，意大利各地都建立了图书馆。科西莫·德·美第奇先在威尼斯，然后在佛罗伦萨建立了规模宏大的收藏馆；梵蒂冈开始对扩大手稿库感兴趣；而像博学的乌尔比诺的费德里戈公爵和红衣主教贝萨里翁这样的个人，为汇集和保存古典世界的知识财富贡献了他们的时间和钱财。

这使欧洲人看到了过去的远景和新的探索途径。对于那些厌倦了狭隘的神学争论、对神学的枯燥已经失去耐心并渴望得到新信息和新思想的人们来说，每年都有新的宝藏被挖掘出来。

结果，欧洲不仅出现了一个新的学者群体和新的职业，随着希腊人的哲学、学术和文学再次成为欧洲人的主要知识武器，教育也发生了缓慢的变革。

几乎同时，君士坦丁堡的陷落和印刷术的发明改变了欧洲大陆的政治和思想状况，文艺复兴获得了新的动力。在土耳其人到来之前，希腊学者带着手稿以及比西欧更优秀的学术来到意大利，乃至北欧。

印刷术很早就由德意志人传入意大利。这项技术在意大利得到了很大的发展，并发现自己在古典学术领域拥有足够的活动空间。**1462年，拿骚的阿道夫攻占并洗劫了美因茨。这一事件堪比君士坦丁堡陷落，使印刷术和印刷工人散布到整个欧洲，从而给印刷业和学术都带来了新的刺激。**[①]

对于任何地方来说，印刷术都提供了一种文化的传播媒介，这种媒介对于新知识和一般意义上的人文主义传播是至关重要的。新建立的出版机构源源不断地出版书籍，由欧洲大陆正在崛起的学术力量编辑，这些书籍将古代世界的成果交到欧洲人手中，为它提供了永久性的存在形式和在手稿誊写时代不可能拥有的大量读者。

[①] 阿道夫（二世）攻入美因茨时，西方活字印刷术的发明者谷登堡正生活在这座城市，所以才有"印刷术和印刷工人散布到整个欧洲"的说法——虽然当时阿道夫二世赐给年金，聘用谷登堡本人在宫廷工作。——编者注

六

这就是人文主义,或者说是新知识,在15世纪通过学者们的活动在欧洲大陆找到了传播渠道的过程。事实上,它并没有长期局限于意大利。在阿尔卑斯山另一边,法兰西和德意志、英格兰和荷兰的学者们正热烈地投身于同样的事业;与此同时,一些贵族也效仿意大利贵族,就像用自己首屈一指的图书馆充实了牛津大学的格洛斯特公爵汉弗莱那样,至少都拿出了一部分才华和财富来从事文明的事业。

与此同时,这一事业在一种新的组织形式中得到了表达和支持,这种组织形式对文化的作用就像长期以来大学对教育的作用一样。这就是学会,由那些志愿把自己的时间、精力和财富奉献给学术、文学以及科学成果的探求和出版的人们组成的协会组织。

这一运动建立在苏格拉底和柏拉图的古代模式的基础上,在此前两个世纪就以各种形式开始了,现在在意大利北部取得了成果。从此,学会慢慢地传遍了整个欧洲,直到每一个重要的国家或城市都建立了这种制度。学会的存在和赞助鼓励了各种形式的智力活动的发展及保存,并因此成为欧洲各民族生活和进步中的一个强有力因素。

在这一重要的发展过程中,正如在艺术领域那样,佛罗伦萨从一开始就扮演了重要角色,并且随着美第奇这样的金融家族成为国家的领导者,尤其在被称为"伟大的洛伦佐"的统治时期,这座城市变成了欧洲的知识之都。那些社团中最早也最强大的就是所谓"柏拉图学园",由科西莫·德·美第奇创立,在洛伦佐统治时期得以发展壮大。学者费奇诺被请来担任柏拉图主义团体的会长、大祭司或教主。柏拉图主义现在开始挑战亚里士多德学说长期以来至高无上的地位。

柏拉图著作的翻译开启了欧洲智力发展的新纪元，使这位伟大哲学家的理想主义、想象力、美学、哲学思想与他对手（亚里士多德）的物质、逻辑体系傲然并立。**可以毫不夸张地说，随着柏拉图主义被引入欧洲思想界，一场革命就开始了，其影响不亚于发现大西洋彼岸及更远的世界。**

其他元素也从这个学园找到了进入欧洲人思想领域的途径和主题。波利提安努力复兴古典文学的黄金时代，在他手中，新拉丁运动获得了新的美感和力量。在新知识和旧正统之间，皮科·德拉·米兰多拉在希伯来神秘哲学中寻求基督教奥义的来源和证据，他对学术和神学的结合推动了一种研究方法的兴起，即使用历史学的批判方法来分析信仰的基础。来自百名学者之手的各种版本的古典文本、注释、批评、模仿、评论，彻底改变了欧洲思想的发展进程和特质。

在这样的影响下，文艺复兴呈现出新的生命力。主导中世纪教育体系的三科——语法、逻辑、修辞，四学——算术、几何、音乐和天文，连同法学、医学和神学，构成了中世纪心智训练的课程，现在都得到了发扬光大和解放。

文学也受到了类似的冲击，沿着上个世纪散文和诗歌先驱们已经指出的道路走得更远。这种新知识在许多领域都产生了实际影响。在那不勒斯的阿方索二世的庇护下——当时他正与教皇发生冲突，瓦拉应用历史批判方法考察了教会的俗世统治权赖以存在的基础文件，证明了长期以来被认为是教会世俗统治权权威文件的

《君士坦丁的赠礼》是伪造的。

与此同时，随着古典范本再次出现在欧洲人的面前，人们的品位也发生了变化，这深刻影响了欧洲人生活和思想的每一个方面，其结果中最引人注目的是人的具体特征以及进入天才领地之外更高层次思想的变化。

在君士坦丁堡陷落五年后，埃涅阿斯·西尔维乌斯·皮科洛米尼登上了教皇（庇护二世）的宝座。他的名字与现在居于统治地位的古典潮流相对应。他在教皇领地里发现了明矾矿，从而发家致富；他试图阻止进攻土耳其人的十字军东征；他凭借《波西米亚史》《腓特烈三世传》、地理学专著、恋爱诗和神学小册子等多种作品而在文坛声名鹊起。第一位"自觉地把科学的历史观运用到对历史事件的解释和安排中"的作家登上教皇宝座，标志着思想发展进入了一个新的阶段。这样一个人物被提升为教会领袖的位置，比任何情况都更能说明欧洲人价值观的变化。

但是，在文艺复兴萌芽时期，意大利并未独享辉煌，它对文学艺术的钟情也非独一无二。在阿尔卑斯山的另一边，"诗盗"维庸把那些比较注重形式的诗歌类型，如十九行韵体诗、宫廷颂歌、三节联韵诗和十三行回旋诗，做得更加完美，这些诗歌与意大利十四行诗一起变成了诗歌的范本。

当歌曲获得新生，脱去了旧世界的装束，
感觉它的旋律在她变了色的嘴唇上消失了。

通过同样的媒介——新法语，历史学家康明承担起了傅华萨和蒙斯特勒莱的责任,记载了没落骑士们的最后功绩。在德意志,最后一批游吟诗人,也是第一批现代诗人,举办了他们别具一格的竞赛。在英格兰,马洛礼复活了亚瑟王和他的圆桌骑士的传说。作为拉丁基督教最高尚一面的表达,《效法基督》出自一位谦卑的莱茵修士托马斯·肯培之手;作为一本关于基督教生活的劝诫手册,它开启了安慰人类疲惫心灵的漫长历程。没有什么能比这些作品更能体现从旧到新的转变了。它是一个回顾骑士冒险故事和修士自我牺牲精神的时代的产物,即使这个时代正在酝酿着巨大的文学、艺术和科学成就,而这些成就将会主动地(可能无意识地)摧毁统治已久的精神王国的基础。

七

在这些力量中还加入了另一个因素,即教会内部改革精神的发展。正是在这个时代的意大利北部地区,教会的统治者们竭力复兴他们在现世的统治权,从教会和道德束缚之下解脱出来的思想领袖们亦然。人们听到了吉洛拉谟·萨伏那洛拉的声音,他是一位佛罗伦萨修士,以雷霆之势抨击教会和俗世的邪恶愚蠢,并预言了即将到来的巨变。

这一警告没有得到多少重视,在此后1/4个世纪里,对教会的反抗活动没有成为推动欧洲大陆复兴之伟大运动的一部分。当时,欧洲似乎满足于政治运动和艺术、学术和文学之复兴所带来的美好享受。

在15世纪后半叶,虽然欧洲人忙于各种各样的事务,但文艺复兴的精神却在悄无声息地向前发展，准备在欧洲新一幕的戏剧中扮演自己的角色。

在一个方向上，文艺复兴没有发展出一种反对教会教条主义的哲学。这一间接影响确实是巨大的，但如果文艺复兴运动更认真地对待古典思想，很可能会发展出一些更切实可行的打击教会权威的方法，就像几个世纪后的理性主义一样，理性主义使自己的追随者超越教条和启示，以一种更合理甚至更合乎逻辑的态度对待生命的意义及问题。文艺复兴运动错过了这一机会，与此同时，更紧迫、更实际的问题似乎需要立即加以关注。

如果文艺复兴仅限于艺术和文学或者古典学术领域，它可能会被证明与产生它的力量一样没有长久的优越性。如果没有一些更实质性的因素，没有某种力量把这种能量的爆发与日常事务联系起来，它可能就会把自己消磨在一知半解、无聊乏味的赞助者的贫乏智力之中，消磨在伴随着单纯欣赏而来的各种陈腐和无力的琐碎之中。

如果文艺复兴没有受到两种力量的影响而得以保存下来，它很可能会退化成那种曾把人引入经院哲学荒漠中的类似学科。这两种力量，一种是新文学倾向于脱离教会的权威，并将自己与相关联的世界联系起来，而不是与纯智力或神学的抽象概念联系起来；另一种是科学知识的进步，它同样把人们的注意力从无法解决的无限和绝对的问题转移到了更具体的世俗问题上。

八

如果说中世纪的欧洲遭受了社会既定体系的破坏，以及智力过程的中断或转向古典科学那样毫无成果的方式，那么它遭受的损失几乎不亚于古代世界物质结构赖以存在的实用知识的损失。**然而，随着古典学术的复兴，欧洲不仅恢复了古老文明的思想，还恢复了对古老文明的运用。**

在考古学复兴所发现的文献中，有关于战争和航海、建筑和园艺、天文学、数学和数十种同样重要之事务的论文，这些论文即使没有对思想做出贡献，也至少对未来数代人的习惯产生了影响。这些信息被添加到来之不易的经验知识里，从而有助于欧洲踏上新的前进道路；与此同时，**欧洲的学者们提出了新的生命哲学，文人和艺术家们提供了新的成就和理想，冒险者们开创了通往新世界的航路。**

在实践和科学方面，这种进步最早和最大的表现之一是数学革命。非常典型的是，中世纪早期保留并传授了欧几里得的定理，但没有保留他的证明过程。数学的算数运算在算盘上得到了最高表现。数学的几何学初级知识被限制在，也保留在为测量员和建筑师所用，或为占星家所用的不太有用的服务上。但是，随着新航海的持续需要和古典手稿不断被发现，情况发生了变化。渐渐地，古希腊罗马的知识从经验和阿拉伯书籍中得到了补充。更重要的是，数学被学者们所掌握，并被注入了一种研究精神，而这种研究精神确保了数学的发展。

数学发展的范例出现在德意志。维也纳的波伊巴赫的杰出作品引起了欧洲科学家的注意，因为这些人逐渐了解到托勒密的贡献，而后者是古代天文和地理知识的集大成者。在波伊巴赫之前的很长一段时间，数学和天文学的复兴就已经开始了。所谓《天文学大成》，是阿拉伯人从亚历山大城地理学家的著作中翻译过来的，早在12世纪就被纳入到欧洲的知识范围之内；对地理学和航海有着不可估量价值的三角学，在长期受冷落之后，得到了抢救和复兴。波伊巴赫总结了前辈们的工作。

在继承了波伊巴赫事业的学生中，除了那些不太有名的，还有一位名叫约翰·缪勒的，他有一个更为著名的名字"雷格奥蒙塔努斯"。他曾求学于意大利，后来成为纽伦堡公民。在那里，他和他的伙伴富商瓦尔特，一起出版书籍并建造天文仪器，使修正阿拉伯算法也就是所谓阿方索星表有了可能。公元13世纪以来，阿方索星表成为欧洲人研究天空的基础。

在这些学者的手中，地图绘制作为有学问之人的追求又复活了，地理学和天文学一起发生了革命性的变化。新的时间测量方法、赤纬表、星表，在欧洲迅速发展的智力资源中占据了一席之地。

无论是古典学术、艺术和文学，还是世俗知识，尤其是科学知识，都同样受惠于印刷术。它使得人们不仅可以记录学者们的研究成果，而且书籍的数量之大确保了这些研究成果可以永久留存下去，还使同一领域互相隔绝的劳动者们可以获得这些论著。这让学者的成果可以迅速在欧洲大陆传播开来，而社会的进步也愈发的迅速和稳定。

很快，人们就能看出印刷术提供的服务有多么重要。《圣经》是第一本从印刷厂印出来的书籍。印刷术为经典的传播和神学的发展提供了强大的帮助。由考古学家收集并由学者编辑的古典杰作源源不断地从意大利的那些出版机构印了出来，这些学者和印刷商人一样，在很大程度上得感谢学园的支持。

没过多久，人们对地理的兴趣就在地理学领域产生了数量惊人的文献作品。从出版机构获得的最早的书籍是庞波尼乌斯·梅拉的宇宙学著作《世界概述》、托勒密的巨著《地理学》，在十多年的时间里，这两部著作至少出现了三个版本。同年，马可·波罗的游记让欧洲读者欢欣鼓舞；此后不久，编造旅行者故事的滥觞——约翰·曼德维尔爵士的书——开始印刷。最后，皮埃尔·戴利的作品是老派学者为了使中世纪的学说与新天文学协调而做的最后一次绝望的尝试，这标志着教条的理论与新发现的事实之间长期争论的结束，欧洲决绝地转向了现代宇宙论。

可能会有人质疑，在欧洲大陆的每一位读者都能接触到《圣经》和古代思想流派的种种刺激下，这些科学著作对知识进步的影响是否有《圣经》和古典学术作品那么大？在印刷这一领域，所有的新知识运动都找到了共同的基础，印刷成为西欧诸民族之间的共同纽带；与此同时，教会开始失去它曾经作为欧洲诸民族集会场所的独特地位。

九

德意志地理学家，意大利学者，各地的商人、贵族、神职人员和平信徒，凡是有学问的人，甚至只是有好奇心的人，都把注意力转向了人类奋斗的新领域。**一千年来，学术和世俗文学第一次与神学家的言论平起平坐，平信徒开始在欧洲大陆的学术生活中发挥作用。**

这一点尤为重要，因为在过去的几个世纪里，这个阶级在欧洲社会和经济中逐渐占据了更重要的位置。诸如汉萨同盟这样的商业组织和大宗商品商人的发展，并不是整个大陆非贵族元素发展的唯一证据。同样重要和强大的是手工业者协会，它们把自己的起源归于同一时期；比商人崛起更重要的是制造业阶层的崛起，他们为前者生产了商品。

这些商业组织和阶层的崛起几乎完全是城镇发展的结果。前面已经说过，大部分封建庄园都有自己的工匠，这些工匠的粗陋手艺，因为家庭的自给自足特性，足以满足人们相对原始的社会需求。而城镇在早期就发展出了更高的技术水准和更大规模的生产。

制造业发展的早期阶段，主要的领域集中在织造和金属加工业。它们采用了手工劳作体系，也就是工人们主要在自己家中进行手工纺织、皮革修整和缝制、武器及防具制造、金银打制以及类似工作。

制造业发展最早出现的变化之一就是中世纪工业方法的逐渐改变，以前最重视成品的品质，手艺只被看作是个人的修养，并没有流程化，而现在工艺流程被看作整个生产过程的核心。对曾经饲养、纺线、织造、染色的家庭手工业来说，它们继承了使每一个过程成为其存在基础的手艺。简陋的铁匠铺继承了更加专业化的工艺，其中包括锻铁，把铁变成钢，然后分别用钢制造出刀刃、刀鞘和刀把，然后再通过不同工匠和作坊继续锤炼、加工和抛光。

在此基础上，中世纪后期出现了一种分配组织形式，同时也是商业和社会组织形式，即行会。它旨在维持公正以及确保其成员拥有平等的机会，限制和规范生产，保持商品价格和质量。从这一点来说，行会离垄断就差一步。在接下来的几个世纪里，垄断成了大多数制造业和商业活动的特征，这与个人试图变得优秀的努力或推出新方法形成对立。到了15世纪，这种对立已经很明显了；除了人们努力把自己从教会和封建垄断的统治中解放出来，那些未被行会承认的个人，也在尝试突破有组织的劳动和资本特权的束缚，从而实现行业的解放。

到15世纪中叶，一个强烈的趋势就是在生产者和单纯的商人之间涌现出一个新的阶层，即中间商或承包商。在所谓"商人阶级"中，有相当一部分是由他们发展而来的，正如之后从金器商之中发展出来的银行家那样。

一般来说，这个促进者是所谓"输出"制度的产物，在这种制度下，制造商收集原材料，将其分配给工人，然后售卖产品。这种体系，与行会也有一定的联系，在多方力量的反对下，它缓慢地发展起来，直到成为商业相关行业中一支强大的力量。

它也与另一个因素密切相关，这一因素在这个领域代表着中世纪与近现代的主要区别之一，即市场问题，它在很大程度上决定了工业的发展。

在早期，限制市场发展的因素除了欧洲大陆的政治混乱，另一个就是交通困难了；直到在更广阔的地区建立了稳定的和平，而且人员货物的流动性日益增长，贸易才有了比较大幅度的发展。欧洲仍然需要一个更强大的机构来保护贸易，它不可能在未来一个多世纪里摆脱大商业组织提供的安全保障，直到政治组织接手这一任务。

到目前为止，在这些商业协会之外，贸易很大程度上仅限于相对局部的地区，机构的组织是按照市场规定的路线进行的。哥白林家族的第一批成员有可能已经建立大型染布厂，并通过自己的产品发财致富。富格尔家族的第一批成员可能已经成为纺织厂的大老板、行会首脑、所在地区的实际垄断者,甚至成了银行家。

但总的来说,制造业和其他组织形式一样,保留了它所继承下来的局限性特征。在反对这些局限性的一开始,新的生产形式和市场就播下了手工业革命的种子,这对于欧洲的扩张来说,其意义不亚于当时的智识和精神的发展。

这些能力的巨大发展主要归功于中产阶级,而他们也相应地从中受益。每一项新发明都为人们提供了新的谋生手段,无论对于那些职业已经被摧毁的人,还是对于成千上万的其他人来说,都是如此。随着人们视野的拓展,对于那些同时创造并享受新生活基础的人们来说,新的活动领域会不断出现。在这一切的刺激之下,现代世界开始显现,下一代人将看到他们的许多期待得以实现。

这场伟大的运动被称为"文艺复兴",它其实早已经开始了;它的第一道光芒曾照亮14世纪的欧洲,被称为"人文主义"。它现在开始挑战长期统治人们头脑的经院哲学。与此同时,政治、商业,甚至宗教,或者更恰当地说,神学和教会,都显示出即将发生变化的迹象。"让世人恢复博雅文化的一般能力,成为人类更高层次生活的一部分。"当一个民族在寻求生存问题新的解决方法时,在私人生活以及公共生活中,古代世界的例子都为他们提供了新的知识基础以及精神和物质上的新方法。

十

在这一发展过程中,有一种知识很快就与古典学术相媲美了,在吸引力和重要性上甚至有所超越。这便是地理学。世界上任何一个时代,即使是最保守的少数人,也很少会让过去的主张(无论它多么强大)压倒现在更紧迫的要求或未来的希望。

在15世纪达到顶峰的文艺复兴运动,也不会例外。因为有一些东西重新激发了人们对过去的兴趣,他们不仅渴望知道过去发生了什么,而且想要知道现在发生了什么;了解到艺术、文学和哲学毋庸置疑的魅力和重要性,人们更加专注于日常的实际事务。因此,**在从旧到新的过渡中,没有什么比13世纪到16世纪的地理科学所取得的进步更具有代表性了**。

十一

在此之前,欧洲人对世界最广泛的了解是在罗马帝国时期获得的。斯特拉波在公元第一个世纪首先对地理学知识进行了汇集。一百五十年后,亚历山大城最伟大的古代地理学家克劳狄乌斯·托勒密再一次做了汇集,当然在最著名的古代地图中,这些知识绝不是完美的。关于地中海、红海和黑海地区,这些地图上的描绘是最准确的;但是欧洲北部海岸几乎没有被标出,甚至不列颠群岛也被歪曲到几乎认不出来。

总的来说,托勒密对所谓"有人居住的世界"的详细了解,在南边的极限是苏丹南部和尼罗河上游一带,罗马人曾经到过那里;在东边的极限是锡尔河,亚历山大大帝曾经到过那里。除此之外,他还知道一些更遥远的地方。幸运岛在西边,他据此向东计算经度;南边有月亮山;还有帕米尔高原;甚至还有丝绸之乡赛里斯，其实就是东方的中国。他在地图上标出了亚洲的三个南部半岛。但基于希腊商人的所谓《红海周航记》，尤其是地理学家马里纳斯记载的更早前的地图，显然不被托勒密所了解，但却比他的地图向我们揭示了更多的地理知识。

最后，由于一个长期以来使航海家感到沮丧的错误，这位伟大的地理学家用一块"不知名的南方大陆"把非洲和东亚连接起来。这就把印度洋变成了一个像地中海一样的内海，自然让人觉得没法往东航行了。

尽管古代的地理知识有种种缺陷，但它绝不可以被轻视。蛮族突然而猛烈的入侵冲击，使后来的人们对这种知识的渴望和需要都减少了。托勒密的传统在很大程度上被忽视、扭曲或遗忘了。当它复活的时候，托勒密所做的一个很大的改进和所犯的两个严重错误也随之复活了，而且有时候，错误被证明比正确的东西更有价值。

亚历山大城的地理学家设计了一套经纬度测量系统，巧妙而有用；但是，由于经纬度的计算是建立在不全面的知识基础上的，度数被算得太大了，结果地球的周长变得太小了。仅从幸运岛的未确定位置向东推算，西欧和东亚之间的距离明显大大缩短了，以至于后来的人们受到误导，开始了一次原本不可能的航行。

在托勒密关于连接非洲和亚洲的大陆概念被证明是错误的很久之后，"不知名的南方大陆"的传说仍诱使人们进行探索，在某种意义上，南极大陆的发现证实了他们的探索，而在另一种意义上，澳大利亚的发现则是对他们探索的奖励。

即使有这样的中断和这些错误，当地理学开始复兴时，它以托勒密的地图和计算方法为基础，结合一代又一代获得的新知识，让15

世纪的地图相当准确地呈现了欧洲和亚洲大部分地区的地理位置。

但是，就像蛮族入侵后教会掌握的其他知识分支一样，地图学与其说是一门科学的复兴，不如说是一种好奇心的复兴。托勒密的地图描绘出一个圆形的世界，以辽阔的海洋为界，并将耶路撒冷作为世界的中心——这是他根据《以西结书》中的一段话，也有《诗篇》的证明："主耶和华如此说，这就是耶路撒冷，我已经把她置于她的人民中间，周围环绕着他们的土地。"正如《创世纪》中所说，天堂在东方。最西边是海格力斯之柱①。东北是神话中歌革和玛各的故乡，与欧洲隔绝。根据中世纪的传说，亚历山大大帝为了堵住凶猛的亚洲异教徒部落穿过山脉进入欧洲而建造了大铁门。

这种混合了神学和神话的观点，是创造它们的学派离奇的象征，破坏了地图作为旅行者指南或帮助人们了解真实世界的所有用处。在亚历山大城旅行家科斯马斯·因迪科普琉斯泰斯令人称奇的作品中，他根据《圣经》文本重建了子虚乌有的世界。此后，地理学的堕落迅速而彻底。世界有时被描述为"O"中的"T"，"O"和"T"中的线条表示环绕陆地的大洋、地中海、顿河和尼罗河；而空白的地方则是陆地，它们是欧洲、亚洲和非洲。各个地区的轮廓正式确定；大自然的面貌被可怕怪物的特征所取代；那些从来没有人见过的土地，如亚马孙人的土地，都被记载下来；为了完成和修饰他们的作品，地理学家们"用大象填充了城市的空白"②。

---

① 现实中直布罗陀海峡两岸耸立的海岬。——编者注
② 14、15世纪，非洲内地对于欧洲人来说是一片未知的空白，所以只好用野生动物来填充地图的空白。——编者注

十二

如果欧洲人对外部世界的认识完全局限于这些方面,甚至如学者们长期以来所设想的那样,那么,15世纪的地理大发现无疑就是一个奇迹。然而,地理知识并未被限制于修道院之内。一个世纪又一个世纪,朝圣者、旅行者、商人和水手,不受托勒密和修士地图制作者的影响,他们穿越欧洲,进入亚洲,并将由此获得的信息记录在编年史、行程表和图表中,缓慢而坚定地奠定了新的知识基础。

公元4世纪初,君士坦丁大帝的母亲圣海伦纳前往耶路撒冷,在那里发现了圣墓和真十字架,从那时起,前往圣地的朝圣变得越来越频繁。像舍伯恩主教希格尔姆、阿尔弗雷德大帝派往耶路撒冷的著名使者,以及在印度被奉为圣人的圣多马一样,许多人都进行了漫长的旅行,而且"非常成功,会令今天的人们感到吃惊,他们回家时带来了各种奇怪和珍贵的石头,它们仍保留在教堂的纪念物之中"。

从公元5世纪到11世纪,随着基督教在北方的传播,朝圣者的人数不断增加。前往耶路撒冷朝圣的行动很快就被第一次十字军东征所刺激并改变,因为这次东征将耶路撒冷掌握在了基督徒手中。

12世纪,像巴思的阿德拉德和基辅的丹尼尔这样的人,从东罗马帝国和阿拉伯世界旅行归来,他们获得的信息甚至比希格尔姆的珠宝还要珍贵。十字军东征让欧洲的武装力量开始与异教徒接触,但十字军并非唯一与东方接触的欧洲人群。为了与萨拉森人作战,挪威海盗们穿过罗斯地区到达黑海,或者通过西班牙周围进入地中海。冒险者们，如英国海盗戈德里克、挪威的西格德和埃德加·埃塞尔雷德，相继掠夺摩尔人在里斯本的据点，迅速地缩小了伊斯兰教的势力范围，扩大了基督教世界的认知边界。

即使在更早的几个世纪里，人们对欧洲以外世界的兴趣和活动也不局限于东方。在第一次十字军东征之前，北欧人已经发现并定居于冰岛和格陵兰岛，甚至到达了北美洲的东海岸；阿尔弗雷德在他翻译的奥罗修斯的著作中提及那些"住在人类疆域最北边"的坚定船长欧特雷和伍尔夫斯坦，涉及他们在北方和东方的航行以及到芬兰最北端的探索。

然而说到底，主要是东方唤醒了由宗教、贸易和好奇心所激发的类似兴趣。关于不为基督教世界所知的奇怪故事、超自然的怪物的故事、令人惊奇景象的故事、令人难以置信的财富故事，这些故事同与它们不可避免地交织在一起的清醒的事实一样，甚至更多地对人们有着类似的吸引力。

随着十字军东征的持续，从11世纪到14世纪，近东变得和欧洲大部分地区一样为人们所熟知；13世纪初，一系列与欧洲历史无关的意外事件，一度让欧洲人对远东地区充满好奇心和探索欲望。这便是在成吉思汗及其继任者领导下蒙古人的征服运动。他们与从德意志到中国的广大区域内的每一个民族作战。蒙古人甚至准备了一支庞大的舰队去攻打日本；他们的帝国疆域辽阔，从太平洋到第聂伯河，后来又延伸到波斯、亚美尼亚和小亚细亚。

欧洲各国对蒙古大军压境感到恐惧，许多人认为这是歌革和玛各诸民族通过长久以来阻止他们的亚历山大之门侵入欧洲的。但是，蒙古人的征服随着他们占领黑海北部大草原而停止，他们一旦建立了政权,就证明他们绝不是西欧人的敌人。相反,他们还打破了许多由那些敌对小部落所制造的旅行障碍。一旦进入其辽阔的边界,旅行者便发现他的旅程相对顺利和安全,能够直达亚洲的绝大部分地区。

与此同时,蒙古人与突厥人不同,他们甚至还从西方寻找基督教传教士。正是由于蒙古人的入侵,长驱直入的突厥人才没有越过多瑙河。

此外,"当上帝派遣鞑靼人到世界的东方去屠杀别人并被别人屠杀的时候,他也将他忠实的、受尊敬的仆人多明我和方济各派往西方,启发、指导和创建信仰"。

在这两种情况下,远东和西方的关系完全改变了。尤其是方济各会修士开始了与蒙古人的交流工作。大约在13世纪中叶,普兰诺·卡尔平尼作为教皇英诺森四世的使者被派往蒙古大汗王廷的所在,带回了关于中国的消息。十年之后,威廉·吕布吕基斯也从法国国王路易九世那里领受了类似的任务,带回了关于日本的消息。一些传教士在蒙古定居,一些人到达了中国;其中一位,约翰·孟德高维诺[①],甚至以所谓北京大主教而闻名。

另一些人则去了印度,那里的圣多马圣祠和一群聂斯托利派基督徒长期以来一直吸引着朝圣者。在14世纪的第一个二十五年里,波尔德诺内的修士奥多里克从印度、锡兰、苏门答腊、爪哇、婆罗洲和交趾支那出发到中国去,又从西藏回来,可能还访问了拉萨,

---

[①] 约翰·孟德高维诺(1247—1328),方济各会会士,生于意大利萨莱诺,元朝时(1294)抵达北京传教,建立教堂并用蒙文翻译《新约全书》。——编者注

有一段时间还有一位爱尔兰修士詹姆斯做伴。

大约二十年后，为了回应中国大汗向教廷派出使团，教皇本笃十二世派出乔瓦尼·德·马黎诺里率领的使团，穿越亚洲来到北京，数年之后，又通过奥多里克走过的路线回到欧洲。

在中亚和印度，这些旅行者不仅看到了古老的基督教聂斯托利派的遗迹，还看到了在他们之前殉道的传教士的遗迹。在西亚和中国，奥多里克为自己的教团找到了立足之地。在印度，马黎诺里参观了由塞维拉克的约旦努斯，也就是圣化的哥伦布姆大主教在奎隆建立的教堂。

当基督教和伊斯兰教在黎凡特展开争夺的时候，教会正努力在更遥远的地区建立自己的信仰。对于许多寻找那片土地的人来说，一个最引人注目的传说激发了他们的兴趣，这个传说曾吸引人们前往未知的世界。

那是关于祭司王约翰的故事。约翰是一位基督教的君主和教士，根据传说，他拥有一个王国，其方位不定，从月亮山到喜马拉雅山甚至更远的说法都有。这一传说的起源可能在公元12世纪或13世纪，显然是混合了阿比西尼亚和印度聂斯托利派这些实际存在的基督教社区和或多或少的神话王国卡拉昆仑元素。它与成吉思汗的功绩相混淆，并被时间、距离不断地重复放大，也得到了被声称是由祭司王约翰写给西方基督教统治者的书信所强化。

这个故事将时间和环境的变化都排除在外。君士坦丁堡陷落三十年后，一位葡萄牙国王派遣使者前往东方，要将自己的亲笔信交给这位传说中的君主，尽管他的真实存在短暂而模糊，但三百年来一直主宰着欧洲人的想象力。

十三

然而,尽管传教士们提供了大量的知识,但他们对关于亚洲的知识和与亚洲的联系所做出的贡献却不及紧随其后的商人们。在蛮族征服欧洲后不久,地中海地图的重绘和欧洲道路地图的修复工作就开始了;事实上,这类实践性知识很可能比大多数种类的学问更少地受到干扰。

随着朝圣活动、商业活动和十字军东征建立的近东与欧洲各国之间联系的加强,这些信息逐渐得以传播和被记录下来,并在与阿拉伯人的接触中得到进一步的印证与丰富。富有冒险精神的欧洲人找到了穿过东方异教障碍的道路;就像传教士一样,带回了与贸易成果一样珍贵的信息。

尽管就像今天的商业机密一样,这些信息都被小心翼翼地保护着,但毫无疑问,至少在意大利北部的商人们中,一些人拥有道路地图、行程表、文字手册和货币比价表,这些都是对从佛罗伦萨到北京的旅行者有用的资料。

除了意大利北部商人穿过中亚平原与中国以及布哈拉和撒马尔罕等中转贸易中心建立的长距离贸易体系,其他的商业线路还延伸到南方和东方。从威尼斯、热那亚、马赛和其他较小的港口出发的船只穿梭于地中海东部沿岸的城市。这些地方,从亚历山大城到贝鲁特,从士麦那到君士坦丁堡,形成了商队路线的出口,把印度和更远地方的产品带到这里。

从亚历山大城穿过苏伊士或者沿着尼罗河南下,越过沙漠之后就到达了萨瓦金或马萨瓦;或者再往南走,利用骆驼将货物运到船上，这些船只从这些港口出发，通过亚丁湾进入印度洋，抵达印度海岸贸易中心马拉巴尔。从贝鲁特穿过大马士革到巴格达，再到巴士拉和波斯湾，从那里坐船通过霍尔木兹海峡，再到印度，这是另一条重要的贸易路线。

或者通过陆路，从巴格达来的商人穿过波斯，经过德黑兰或伊斯法罕，再经过阿富汗或俾路支斯坦到达印度；而从这些遥远的地方，还有一些路线可以穿过小亚细亚北部到达士麦那或君士坦丁堡。

从印度西部或马拉巴尔海岸富裕的贸易城市，船只驶向更遥远的东方，爪哇、苏门答腊、香料群岛[①]，通过这条连接东西方的细长贸易路线到达中国。

事实上，由于这种不稳定贸易路线的漫长和艰难，交易只能局限于最珍贵和最容易携带的商品，这是很自然的；同样自然的是，利润必须与距离和风险成正比；因此，在欧洲人看来，东方是一片资源无限的土地；这些有着陌生名字和拥有稀有物产的遥远城市，似乎就是梦想中的地方，拥有无法想象的财富，充满浪漫和机遇。就这样，关于亚洲拥有不可思议和无法估量之财富的传说就早早地出现了，在后来的岁月里，这些传说激发了欧洲人的冒险精神。

在这样的激励下，无论事情的发展有多么缓慢，关于东方和前往东方道路的知识，随着岁月的流逝，不知不觉地增加了，同时也增加了获得印度财富的欲望。

[①] 香料群岛：一般指东印度群岛。——编者注

这些冒险者中最有影响力的人物给我们留下的故事，揭示了到13世纪末的时候，这些知识有多么的丰富。他就是威尼斯人马可·波罗，他的旅行记录标志着自托勒密以来地理知识的最大进步，而且几个世纪以来都受到类似冒险精神的启发。

在13世纪末，马可·波罗的两个叔叔开始了他们的商业冒险。他们去了君士坦丁堡，从那里前往克里米亚，再到布哈拉，最后到了大汗的首都，然后又到了贝加尔湖南部或东部的某个地方。经过九年的漂泊之后，他们回到罗马，向教皇提出了大汗的请求，派遣100名传教士前往东方传教。

这可能是罗马教会赢得东方最早也是最好的机会，但却被忽视了。在家里待了两年之后，马可·波罗一家再次前往东方，途经霍尔木兹、呼罗珊、阿姆河、帕米尔高原、大戈壁和开平府①。

他们将年轻的马可·波罗带在身边，而马可·波罗引起了大汗的注意，让他加入了蒙古人的军队。作为顾问和外交官，他为蒙古君主服务了二十年，在亚洲大部分地区执行政府命令，直到13世纪末，他厌倦了自己的工作，便返回了威尼斯。

回国不到三年，他在威尼斯和热那亚之间的战争中指挥一艘军舰作战时被俘。他被投入监狱，来自比萨的鲁斯蒂恰诺正好是他的狱友。此人用法语将从这位威尼斯人口中听到的非凡故事写了下来，并凭借自己不比作者冒险故事精彩程度差多少的文笔使这一故事进入了西欧人的东方知识体系，从而开启并刺激了他们对东方的

---

① 开平府，1256年春，忽必烈在今内蒙古锡林郭勒盟正蓝旗境内兴筑新城，名为开平府。1263年，升开平府为上都。——编者注

兴趣。

《马可·波罗游记》的成功催生了很多模仿者，其中最受欢迎的，也许是除闵希豪生男爵之外最杰出的炉边冒险者约翰·曼德维尔爵士所写的那本亲切而又造诣非凡的书（《爵士游记》）。在这种事实和虚构的双重驱动之下，传教士们的事业，尤其是商业活动，被越来越多地引向了这片神奇的土地。马可·波罗从那片土地带回了大量的财富，足以使他赢得"百万先生"的美名。

尽管欧洲人对西方的兴趣缺乏强大的宗教动机，也缺乏从印度或中国获得巨额财富的前景，但在西方海洋，对未知事物的迷恋和东方海洋一样强烈，而且利润也不容轻视。除了在格陵兰岛定居的挪威人，吃苦耐劳的西欧渔民可能很早就发现了纽芬兰海床，但关于这片黄金渔场的知识长期以来都是秘密，原因与人们隐瞒通往东方的道路是一样的。

西方人无论在商业中缺乏什么，都能在传说中得到弥补。在北大西洋的某个地方漂浮着移动的圣布伦丹岛。从柏拉图和阿里斯托芬的时代起，人们就梦想着非洲以西的某个地方有一个叫做亚特兰蒂斯的岛屿大陆，它将自己的文明传播给西方世界，并沉入以它名字命名的海洋（大西洋，Atlantic）中。

幸运岛以西的某个地方，坐落着传说中的安蒂拉岛或七城岛，岛上的七座城市拥有人们想象不到的文明和财富，蕴藏着丰富的黄金。此外，据说有人去过这个位于西方的世界。在12世纪的某个时候，威尔士王子马多克因内战被赶出家园，在那里找到了避难所。后来，他带着令人惊奇的消息回来了，然后再次出海，并带着他的许多同胞一起去往这片新的土地。

意大利的泽尼兄弟在拜访法罗群岛或设得兰群岛的国王时,在这位国王的指引下,他们找到了大西洋彼岸的土地,那片土地富饶、人口稠密、高度文明,他们返回后给人们讲了关于那片土地的故事。真实度最高的是冰岛文学作品《萨迦》中所说的故事,即雷夫·埃里克森和他的发现,他在文兰[①]建立了定居点。

十四

但是,比所有东方和西方的传说,甚至比商人或传教士的旅行更重要的是,航海技术的进步促进了新地理学的发展。古代和中世纪的水手们面临的最大问题是如何在看不见陆地的开放海域里沿着一条固定的航线航行。诚然,在天气晴朗的时候,他们可以利用太阳或北极星,但在阴天的时候,他们不得不与海岸或岛屿保持联系,或者纯粹依靠运气。

然而,至少早在12世纪,就有人开始使用一种简陋的罗盘,即浮在水中一根麦秆上的磁针。这最初被视为巫术,后来逐渐从人们对超自然的恐惧中解放出来并得到改进。到了14世纪,罗盘采取了一种指针的形式,指针悬挂在一个固定在卡片上的枢轴上,卡片上标示着方位。这一装置不仅给航海带来了革命,而且彻底改变了地图绘制,因为它使制图者能够比以前更精确地确定海岸线、河流和道路的方向,以及国家、城市和自然地貌的相对位置。

除此之外,水手们还用一种粗陋的方法——十字杆——来测量

[①] 文兰,加拿大东北部大西洋沿岸森林地区。——编者注

太阳或星星的高度。在15世纪,一种更精确的仪器——星盘——开始被广泛应用于同样的目的。随着天文数学、太阳赤纬表和计时设备等辅助手段的逐渐发展,海上航行的范围和安全性大大提高了。

这方面的知识有不少来自阿拉伯人。阿拉伯人的地理知识经历了与欧洲人的地理知识相同的命运,尽管他们的知识进步是由独特的科学精神所改变的。事实上,阿拉伯人的迷信演变出了关于西方海洋的狂野传说,那是夜色下泛着绿光的海洋,里面住着可怕的岩石魔鬼,撒旦的手从海浪中伸出来抓住无礼的入侵者;在南方的土地上,太阳暴烈地照射着大地,使人类无法生存;在那里,河流里流淌着滚烫的水;在那里,可以找到一种巨大的怪鸟,鸟的爪子可以抓住两头大象。

但是,《天方夜谭》中关于磁石山会把靠它太近的船中的铁都吸出来然后淹死船上所有乘客的传说,却没能阻止阿拉伯人使用磁铁片为他们的船只导航的行为。他们关于星辰的知识来源于长期的沙漠生活,与占星学关系不大,以至于他们没有从中发展出科学和实用的天文学,也不能用他们长期在海上航行中所使用的技术来指导自己穿越茫茫的沙漠。

此外,由于阿拉伯半岛位于东西方和南北方之间,作为欧洲、亚洲和非洲进行大规模运输贸易的中间商,阿拉伯人享有无可匹敌的优越地位。因此,通过商队和舰队,他们成为印度、波斯、黎凡特、苏丹、撒哈拉和南欧之间的重要媒介。大马士革、巴格达,尤其是亚历山大城,成了东西方贸易的重要中心;而各种商品、关于热带世界以及东西方的知识、日益改进的航海技术之所以能够进入欧洲,很大程度上都应该归功于阿拉伯人。

从中获利的首先是南欧人。早在12世纪中叶，最杰出的阿拉伯地理学家西西里岛的伊德里西，在诺曼国王罗杰二世的资助下完成了他的地理学杰作。从那时起，阿拉伯人的影响力在商业最为繁荣的南欧地区就一直保持着强劲的势头。

事实上，十字军东征并未像人们所想象的那样严重削弱了这种联系。即使是规模最大的那些战争也很少长时间地抑制商业活动，而且，除了冲突发生的当地或真正卷入其中的国家，商业活动似乎和往常一样进行着。而且，利润常常战胜信仰。在北非的大多数港口，意大利的大家族都有自己的工厂。有时就像在休达发生的一次著名的事件那样，热那亚人帮助萨拉森人击退了一支十字军舰队，基督教和异教商人联合起来抵抗宗教狂热分子。

因此，为了商业利益，水手们获得了各方面的知识；他们将这些知识、他们的货物清单都体现在他们所走过海岸的航海图上，地中海世界尽在他们的图解航海指南里面，而且这些航海图的范围和精确度越来越大、越来越高。在13世纪后半叶出现了这一活动的著名产物，就是所谓《加泰罗尼亚地图》，它总结了前人对地中海世界的认识，并成为后来图解航海指南的范本。这种影响一旦确立，就逐渐在更正规的科学地理学中发挥作用。

14世纪中叶以前，马略卡岛的安杰利科·杜尔塞尔特以图解航海指南为蓝本，绘制了一幅世界地图，以近乎现代的精确方式描绘了地中海海岸线。大约三十五年后，另一个马略卡人克雷斯奎兹将马可·波罗关于远东地区的知识补充了进去。

有了这样的创新，与发现联系在一起的地理学，现在又与天文学联系在一起，开始再次呈现出既准确又科学的面貌。虽然地球是圆的这个问题还没有进入实际事务的范畴，但对这个问题的考量已经不会太远了。

当水手和地理学家们为了实用目的，忙着对已知世界进行测绘时，科学家们借助希腊—罗马人和阿拉伯人关于天空的知识，忙着把天文学从占星术的荒谬中拯救出来；将对星星的研究从预言和占卜转变为数学科学。直到17世纪，哥白尼体系才被广泛了解，直到它被相当广泛地采用，中世纪的宇宙观念才可以说被推翻了；但到了15世纪中叶，许多最受欢迎的传说都被打破，这开辟了通向更真实的新天空概念和新地球认知的道路。

十五

因此，当欧洲自身在政治事务中四分五裂，脆弱而易于遭到攻击，被亚洲人夺去不少领土并似乎还要失去更多领土的时候，其知识力量的复兴却正在走向高潮，而这一力量的复兴必将使欧洲人实现进步、增强实力并采取进攻行动。

欧洲之所以采取进攻行动，在某种程度上是由于土耳其人获得的胜利。只要蒙古帝国继续存在、阿拉伯人控制着通往南亚的道路，商路就不会改变。但土耳其人的政策与蒙古人和阿拉伯人的政策有很大的不同，商业虽然继续经营着，然而再也没有达到拜占庭帝国时期的规模。

土耳其人攻占君士坦丁堡实际上关闭了通往东方的一扇门。由于他们的活动让地中海世界几乎处于持续不断的战争状态，他们随后对陆地和海洋的进一步征服在欧洲和亚洲之间建立了一道障碍，直到除埃及以外几乎没有其他通道。威尼斯和热那亚的前哨阵地一个接一个落入土耳其人手中，尽管这两座骄傲的城市都在与土耳其竞争，但考虑到这些城市内部的斗争，这是一场必败的竞争。

在早期，商业、教育、金融和知识复兴的领导地位，无疑都由意大利掌握着。但是，面对不断变化的环境，在君士坦丁堡陷落之后，日益明显的是：无论新的地理学和探索运动的成果如何，无论现在提出什么样的解决方案，好处都不会属于长久以来执欧洲商业之牛耳的那些城市。这些城市的商业霸权已经在劫难逃，曾经把它们提升到如此高度的辉煌力量，在与不可避免的事件进行徒劳的斗争中被消耗掉了，或者被转移到别的地方了。

无论是北方还是南方，商业城市国家和贸易联盟的时代已经过去。随着它们的衰落，意大利和地中海地区在欧洲商业和政治中的主导地位也逐渐式微。取而代之的是其他类型的组织，即民族国家和各种形式的商业公司，它们兴起于旧秩序的废墟之上。在这些组织中，有一种已经在这场使世界发生革命性改变的运动中萌发。**引领欧洲政治和商业扩张的国家不是威尼斯，也不是热那亚，而是葡萄牙，正如意大利引领知识进步的新时代一样。**

君士坦丁堡的陷落加剧了旧秩序消亡的危机，但在那场大灾难发生的近四十年前，一系列同样重要但不那么引人关注的事件已经开始召唤一种新秩序。

从意大利开始，人们已经开始研究古典文明的奥秘，从而在拘泥于教规的欧洲思想界激起了一种对较少关注的那些问题的兴趣。从伊比利亚半岛传来了一股推动欧洲权力和知识向同样神秘的领域扩张的力量，而这股力量推动的那些领域从直布罗陀海峡开始，远远超出了罗马世界的知识和中世纪人的想象。

来自不同国家、目标截然不同而且彼此还完全不了解的富有冒险精神的学者和战士们，已经开始深入这些几乎同样遥远和未知的地区。学术和探险这两股势力，虽然来源迥异，却有意无意地结合在了一起，这两股势力的影响，将激起一股探索和扩张的浪潮。

第三章
领土扩张的开端：地理发现的时代

1415—1498

一

无论与大陆事务中的其他运动有何关系，在15世纪，欧洲民族国家所在的地区中没有哪个比伊比利亚半岛的发展更活跃，也没有哪个地方比伊比利亚半岛更早出现结果。

这一发展的每个阶段都长期受到外来种族的制约。七百年前，伊斯兰教的势力横扫直布罗陀海峡，而这个海峡的名字仍然延续着其阿拉伯领袖的名字（Jebir al Tarik）。他们征服了西班牙的西哥特王国，然后越过比利牛斯山脉，在遭到法兰克人的打击之前，已经深入到卢瓦尔河，被击败之后又退到伊比利亚半岛。

但是，七百年来，那些基督教国家对阿拉伯人发动了经年累月的战争。这些基督教国家在伊斯兰教势力的第一次进攻中幸存于北部和西部的山区，但它们最终将阿拉伯人的领土压缩到了半岛最南部的小国格拉纳达。

与此同时,这些国家已经上升到小王国的级别。纳瓦拉王国的规模和处境并未出现大的变化,但是,阿拉贡王国已经把它的势力扩展到埃布罗河、大海、群岛之上,甚至扩展到了意大利南部;与此同时,卡斯蒂利亚王国联合莱昂王国夺回了西班牙中部高原。在西面,波尔图的小公国,与它在塔霍河南部征服的地区一起,组成了葡萄牙王国。

二

在15世纪初的半岛国家中,葡萄牙已经扩张到了它现在[1]的边界;然而,葡萄牙的状况并不太好。弱小、贫穷、人口稀少、饱受战争摧残,强大的对手卡斯蒂利亚王国切断了它与欧洲大陆的联系,切断了它在陆地上扩张的希望。面对卡斯蒂利亚王国,葡萄牙甚至难以保持独立地位。它小而破碎的领土尽管适合防御,但对促进国家统一和积累财富都没有太大的好处。湍急的河流使它无法与内陆地区连通,狭窄的山谷占据了大部分适宜居住的土地,只有在下游地区才适宜大规模耕作。

除了自然条件的限制,农业还进一步受到王室、贵族、教会和强大的军事骑士团所拥有的大型地产的阻碍。这些大地产限制了小型地产的增长,但是它们本身的生产力并不高。此外,葡萄牙的制造业几乎可以忽略不计,制造的产品也不值一提。

---

[1] 指作者写作本书的1917年。下同。——编者注

在海上，葡萄牙的地位更重要，因为它的渔业有一定地位。在六个港口中，最好的是主要城市里斯本，它是地中海与北欧之间的一个非常稳定的停靠港和贸易港。里斯本的商业虽然在规模上未必有多重要，但影响却很深远；并且随着舰队的活动，葡萄牙人也接触到了其他航海民族，尤其是热那亚人、英格兰人和佛兰德斯人。

葡萄牙在与这些航海民族的交往中获益甚多。从14世纪开始，当热那亚人曼努埃尔·佩森赫组建葡萄牙海军的时候，葡萄牙就开始依靠"水手的故乡"（热那亚的美称）来管理船只。

葡萄牙从英格兰那里得到的好处更多且更长久。早在12世纪中叶，英格兰军队就帮助葡萄牙人从摩尔人手中夺回了里斯本；二百四十年之后，两国签订了一系列条约，最重要的是，葡萄牙国王若昂一世娶了冈特的约翰之女菲莉帕，她也是后来继承英国王位的亨利四世的姐姐。在盟友英格兰的帮助下，葡萄牙终于击退了卡斯蒂利亚王国的侵略，并即将进入其最辉煌的历史时期。

在葡萄牙王国步入辉煌的历程中，大西洋群岛[①]落入其手中，岛上原有的人口有很大一部分来自尼德兰，而尼德兰的统治者勃艮第公爵娶了若昂一世和菲莉帕的女儿。

15世纪初，当葡萄牙国王摆脱了卡斯蒂利亚人的威胁后，发现除了大海和摩尔人——至少这些机会总是触手可及——他的巨大精力找不到其他出口。虽然阿拉伯人的势力早已被从葡萄牙领土赶到海峡对岸的据点，如阿尔齐拉、丹吉尔等，尤其是号称"整个

[①] 指马德拉群岛。——编者注

地中海的钥匙"的休达，它仍然是葡萄牙海岸和商业的威胁，也是格拉纳达摩尔王国的后援。现在，这里将成为世界上一项壮举的发生地。

若昂国王的儿子们都是骑士时代的人，将这一情况视作进行一次大冒险的良机。国王没有举办骑士授衔仪式上昂贵而无用的比武活动，而是被说服对非洲进行一次真正的军事远征；为了达到这个目的，他召集臣民对摩尔人发起了一场新的十字军运动。准备工作在声势上与这次行动的重要性是相称的。各国的冒险者都蜂拥到他的旗帜之下，以便分享荣耀和战利品。

1415年7月，当他英国的内侄亨利五世正准备应对阿金库尔战役时，根据记载，一支拥有100艘战船和8万人的大型舰队带着英勇的王后菲莉帕临终时的祝福起航，奔向休达。在率领着势不可挡的军队奔向这座城市之后，葡萄牙国王就像他的英国亲戚七十年前在克雷西一样，将战争的重担和荣耀都留给了儿子们。经过一天的激战，这个地方最终落入葡萄牙人手中；当地统治者逃跑，城堡投降，欧洲的政治扩张开始了。

休达的陷落标志着欧洲事务的一个转折点，这并不是因为它是一个与众不同的开始或一场大灾难，而是它为一场影响深远的运动提供了新的动力和方向。 在远征开始时，它是欧洲大陆许多地区已经衰落的封建主义的回声；在远征的过程中，葡萄牙也不过是穿越了海峡与摩尔人国家继续进行长期持续的冲突，这些摩尔人国家在数个世纪里消耗着葡萄牙人的能量并在它们的边界困扰这个半岛上的其他国家。

三

关于这次征服最重要的一点是，在这场影响深远的征服运动中产生了葡萄牙历史上一位非常重要的人物，即年轻的亨利王子。当时他只有二十岁，是若昂国王与菲莉帕的第三个儿子，他可以说是这场征服运动方向的指引者。对于亨利王子来说，攻占休达就是一项命中注定的使命，他与他的哥哥们一同为他们在这次军事行动中的表现而获得了爵位。现在他被任命为新征服地区和南部以葡萄牙人为主的阿尔加维地区的总督。

在这些因素的刺激下，亨利王子制订了一个新的计划。当时，欧洲人知道的世界最南端是非洲西部海岸的博哈多尔角；除此之外，就像整个北非一样，这片土地上的贸易和相关知识都掌握在阿拉伯人手中。那里有被认为是尼罗河西部支流的塞内加尔河，人们认为通过它可以找到一条通往东方和那里不为人知的基督教民族的道路，甚至可以到达传说中的祭司王约翰的王国。一旦越过海角，他们还可以得到丰富的贸易机会，并有希望在东方基督教国家的帮助下，从侧翼和后方对伊斯兰教势力发动进攻。最后，他渴望把基督教的信条传播到世界上的每一个地区。

因此，年轻的王子梦想着发动一场更大规模的十字军运动和缔造一个更强大的葡萄牙。在这种强烈的信念下，他承担了一项在他的领导下日益欣欣向荣的工作。在若昂国王发动远征后的近五十年里，欧洲扩张的历史只不过是这位王子生活的故事。

亨利的事业取得了进展，尽管并不迅速。休达顶住了敌人的反扑，他在那里收集了关于其他地区的信息；地图绘制者和数学家致力于收集、组织和阐述地理学和天文学知识。

为了对付地中海单层甲板大帆船难以应付的大西洋巨浪和洋流,欧洲人鼓励建造更大更坚固的装有方形帆或大三角帆的帆船,这些船后来发展成为著名的轻快商船。为了在迷雾、黑暗和未知海洋中开辟一条航线,不受海岬和地图上未标明的海岸的影响,欧洲人引入和改进了各种导航设备,尤其是测量时间和距离、计算经纬度、确定位置和方向的装置。

里斯本和科英布拉的大学得到了发展。为满足冒险事业的特殊需求,新的港口得以规划;而承诺的奖励也刺激了商业的和发现事业的发展。

另外,在葡萄牙西南角的萨格里什,即神圣海角,一间书房、一处天文台和一座小教堂在这里被修建起来。七个世纪前,基督徒在阿拉伯人入侵之前逃离这里,并埋葬了圣文森特的遗体。在那里,亨利王子计划建造一座与加的斯相抗衡名为"王子城"的城市。正是在那里,他开始了对阿拉伯人的反击,以及对异教徒和未知势力的讨伐。

年复一年,他派出船只沿非洲海岸航行。穿过诸多岛屿,为"永远不会费心去一个没有确定获利希望的地方"的商人指明道路;为了上帝的荣耀和葡萄牙的利益,努力去了解"这些异教徒的势力到底延伸到多远"。事实上,"航海家"亨利王子并不是第一个梦想探索非洲的人。从远古时代起,他早期探险所指向的大部分岛屿就经历了被发现、被遗忘然后再次被发现的过程。休达被攻陷的十多年前,一个诺曼骑士让·德贝当古在西班牙政府的支持下,占领了罗马名为"加那利"(狗岛)的群岛,这个名字证明了欧洲人在很久以前就了解了这一群岛。自从托勒密在他的地图上标记出了幸运岛，许多人都在寻找前往那里的道路。

在德贝当古之前一百三十多年，热那亚人马洛切洛就已经发现了这一群岛，并用自己的名字命名了其中的一座岛屿。七十年后，教皇把该群岛赐给了一个西班牙人——塔尔蒙德的唐·路易斯；几乎与此同时，一支来自葡萄牙的探险队也到达这里，提出了对该群岛的领土要求。

当亨利王子开始其探险事业的时候，西葡双方对所发现土地的权利一直处于争议之中；德贝当古的侄子把自己对加那利群岛的所有权卖给了西班牙和葡萄牙，这使得争议变得更加复杂。争议持续了近一个世纪，最终以有利于西班牙的决议确定了群岛的归属。

但是，尽管在这里被人抢占先机，亨利王子在同一区域内的其他地方还是比较幸运的。他开始自己的事业不久，他的两名船长若昂·贡萨尔维斯·扎尔科和特里斯唐·瓦斯·特谢拉就发现了加那利群岛以北的一处无人居住的群岛。一个是他们在海难中找到避难所的地方，他们称之为圣波尔图；另一个被称作德塞塔；第三个也是最大的一个，它的名字也成为该群岛的名字，即马德拉岛或森林岛，因为岛上被森林所覆盖。

这其中还有一个故事：七十年前，一对恋人，罗伯特·马辛和安妮·阿尔塞特或称多塞特，在从布里斯托尔乘船私奔后，被抛弃在这里的沿岸地带，最终死在了那里。他们船上的水手逃到了非洲和阿拉伯，被贩卖为奴，据说扎尔科从领航员那里第一次知道了这座岛屿，他在那位年迈的领航员脱离自己的长期监禁返回塞维利亚时捉住了他。

这个故事是无稽之谈，但真实历史的浪漫程度不遑多让。新领土由国王授予亨利王子，又由他授予发现者。按照规定，新领土上的教会收入归于基督教团，其产出，如果既满足教会又满足国家的要求，就要在未来的所有者和耕种者之间平分。马德拉群岛的北部给了扎尔科，中心在马希科，其浪漫的名字源自马辛；丰沙尔与德塞塔所在的群岛南部给了特谢拉。而圣波尔图则被授予了一个名叫巴尔托洛梅乌·佩雷斯特雷洛的人，若干年之后，他的女儿嫁给了热那亚的一位名叫克里斯托弗·哥伦布的冒险者，此人日后会名声大噪。

这就是授予私人殖民地行为的开端，在这样的激励下，海外开发进展迅速。移民被招募过来，森林被摧毁，土地都变成了葡萄园和甘蔗种植园。从克里特岛引进的玛尔维萨葡萄生产出了一种著名的葡萄酒，它的名字就来源于马德拉群岛；这些物产，连同做家具和房屋的木材、蜂蜜和糖，构成了殖民地的主要产品。这是欧洲大陆以外第一个，也是多年来最具影响力的定居点，它大获成功，以至于三十年内定居的人口就达到了800人。

在这种激励下，亚速尔群岛或猎鹰群岛，就像它们长久以来虽然知名却被忽视了的同伴一样，在亨利王子的努力下，永久性地变成了欧洲的势力范围。在这些岛屿中，只有一个格拉西奥萨岛是被葡萄牙人开发的，其余岛屿则被来自尼德兰的居民占领，如定居于特塞拉岛的布鲁日的约书亚、弗洛勒斯岛和科尔沃岛的范德哈根，以及法亚尔岛的约伯·范·修特，这些人在当地扎下根来，日久天长，就给这一群岛带来了"佛兰德斯群岛"的名字。

但是，占领区区岛屿只是葡萄牙人的开胃菜。从一开始，吸引

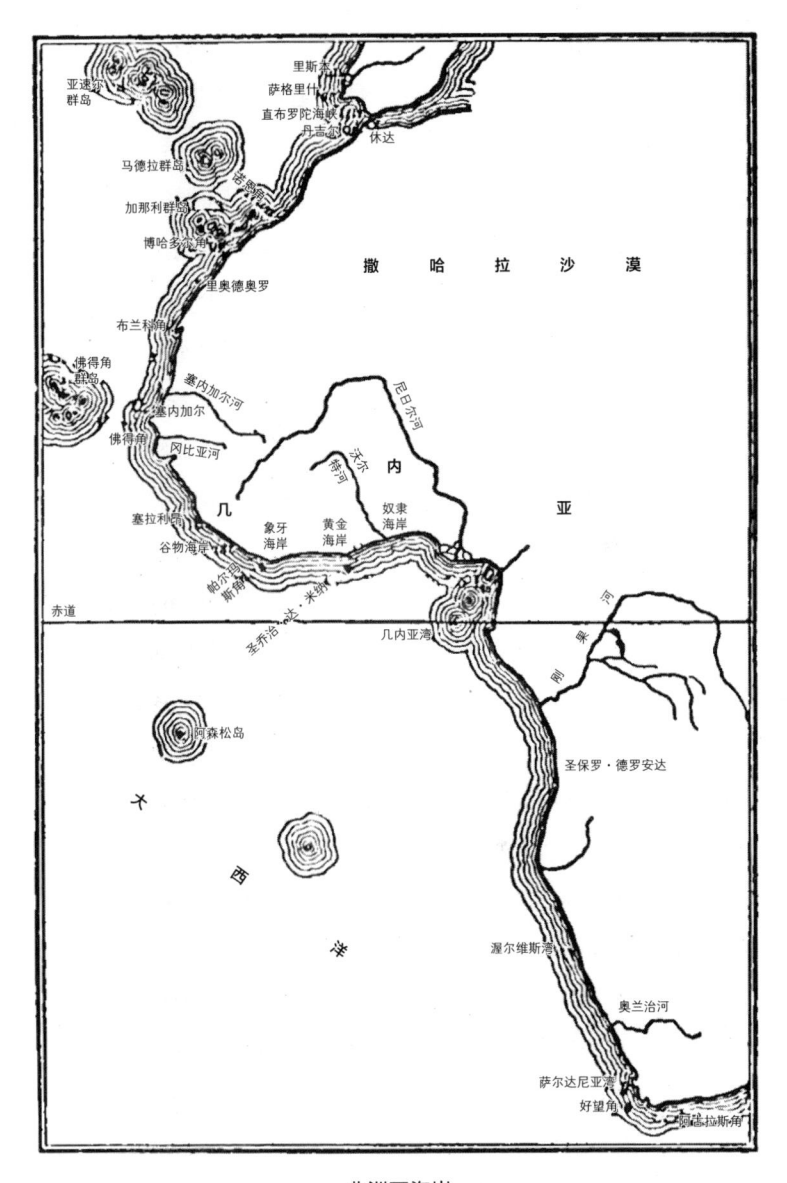

第三章 领土扩张的开端：地理发现的时代　085

非洲西海岸

他们注意力的就是大陆。然而，在大陆上，就像在大西洋一样，他们几乎不能被视为开拓者；早在13世纪，多利亚和维瓦尔第的热那亚大家族就曾派遣他们的桨帆船沿着西非海岸寻找新的贸易领域，至少到达了诺恩角；而且，早在亨利王子时代之前，意大利、法国和西班牙的船只就已经到达了博哈多尔角。然而，探索的步伐也止于这个海角。大海角，一直延伸到大西洋深处，由危险的浅滩和变幻莫测的海风洋流守卫着，事实证明，它是进一步向前探索的障碍，比阿拉伯传说里的怪物还要可怕。

四

许多年来，亨利王子付出了巨大的努力也没能前进一步。但是，随着他的哥哥"旅行家"佩德罗从欧洲其他地区游侠归来，带来了关于陌生国家和民族的故事、航海图、地图和书籍，其中包括《马可·波罗游记》，葡萄牙人因此而加倍努力。在一次失败之后，亨利王子的仆人吉尔·埃阿尼什终于绕过了博哈多尔角，并于1434年驶进了更远的大海。两年后，葡萄牙船只到达并渡过了里奥德奥罗河河口，也就是黄金河。随着他们船只的到来，巨蟒石、沸腾的河流和撒旦之手这些欧洲人曾认为是真实的事物都退到了传说领域，关于南方的真正知识开始出现了。

这样的成功带给他们获得巨大而迅速回报的希望，然而就在这时，由于国内的政治形势和在丹吉尔一次失败的尝试，探险大约中断了五年。当亨利王子重新启动他的事业时，探险已经呈现出了一种新的形式。他的一个仆人，安东尼奥·贡萨尔维斯，在埃阿尼什的航行活动过去七年之后,航行到里奥德奥罗去寻找海豹皮和海豹油,并在那里抓住了两个非洲土著。努诺·特里斯坦也加入了他的队伍,并继续航行到布兰科角,并效仿前者的榜样,把非洲俘虏带回了葡萄牙。这个细微的事件并没有被大家所忽视。

亨利王子从教皇那里得到了一道诏书,用于赦免那些参加新十字军之人的罪行;他从哥哥佩德罗(现在为摄政王)那里得到了一份特许状,允许他垄断非洲的贸易并可获得其中1/5的利润,于是亨利王子开始给私人的探险颁发执照。以前依靠他的资源进行的冒险事业,现在吸引了许多追逐利润的人。第一批参与奴隶贸易的拉各斯人取得了成功,受到鼓舞,其他人争相分享他们的特权。据说,在五年之内,40艘船把1000多名奴隶运到葡萄牙,"其中大部分人转向了真正的救赎之路"。

第二步是对热带地区进行"开发"。为了给葡萄牙及其殖民地提供廉价的劳动力,使他们能够在炎热的气候下忍受欧洲人无法忍受的艰苦劳动,并使异教徒的原住民皈依基督教,猎奴开始与种植园相伴而生。如果说对利益的贪婪很快就压倒了传教理想,那么至少亨利王子在世时,还在尽其所能地遏制卑劣的行为,保持高尚的动机。

不管这一事业在道德层面上的影响如何,不管它未来会带来什么样的恶果,毫无疑问,葡萄牙目前从这一新事业中获得了极大的好处。在大西洋殖民地和非洲的贸易已经刺激了经济形势,而黑奴贸易的出现又进一步改善了经济形势。农业和商业有了新的生机。因战争和劳动力缺乏而受损的财富积累开始复苏。

探险事业也受到了相应的刺激。扎尔科的侄子探险至佛得角，并在阿尔金湾建立了一个据点来保护这一地区。贡萨尔维斯被任命为加那利群岛的兰萨罗特岛总督，他努力使这座岛屿与卡斯蒂利亚王国所占岛群保持隔离状态。随着亨利王子的侄子继位为阿方索五世，对北非摩尔人的讨伐再次兴起；在君士坦丁堡陷落后的第二年（1454），亨利王子的垄断特权又得到了强化：教皇颁布诏令，不经葡萄牙人的许可，任何基督教徒都不得在诺恩角与几内亚海岸之间从事贸易活动。

威尼斯人卡达莫斯托，几年之后在新领地航行，留下了这个正在形成中的殖民帝国活力和成功的生动画面。他在任何地方都能看到葡萄牙的力量和活力，以及它迅速发展的希望：海上点缀着葡萄牙的船只，岛屿和大陆上有葡萄牙的定居点和贸易站，航海事业的推动者充满了建立一个新社会的愿望和雄心。

大航海运动的目的和性质已经发生了变化。紧随着威尼斯人的步伐，亨利王子的船长迭戈·戈麦兹被委托去探索十五年前就被诺里兄弟发现的佛得角群岛，并被指示搜集黄金产地的信息，以及打通驶往非洲东部尤其是印度的航线。因为随着岛屿开发和西海岸贸易的成功，大西洋和非洲扩张的梦想不可避免地扩大为绕过非洲到达亚洲的愿望。

亨利王子没有看到他漫长探险生涯中的至高目标，因为戈麦兹尚未完成使命，他的主人就去世了。这位葡萄牙王子一生事业的目标，始于他的座右铭所表达的精神："一定要建立丰功伟业！"这句话很适合做他的墓志铭，因为它记录了他如何努力"穿越海洋，开拓了当时欧洲人还没有能力到达的西非地区，并让后来者能够环航非洲大陆到达东方遥远的海岸"。这句座右铭与其说是他一生的成就，不如说是一种预言和希望。

虽然埃拉·莫罗接触的地图记录了他给欧洲知识带来的新东西，但他那个时代的人还没有成功地通过海洋到达亚洲；他的发现无疑是他的活动带来的主要成果。作为一名战士、科学家、政治家和殖民地，亨利王子奠定了一个帝国的基础，并为帝国的未来指出了道路，这不仅决定了他自己国家的未来，也决定了整个世界的未来。

五

亨利王子的去世几乎没有影响葡萄牙人的行动，他们在加紧完成他的计划。阿尔金被加固成为一个要塞，从那里出发而进行的连续远航到达了塞拉利昂和贝宁湾。几内亚贸易的局限迫使他们必须沿着非洲海岸向南开拓500里格[1]；而在更近的地方，经过八年的努力，葡萄牙人在非洲西北部的势力得以巩固，他们攻占了阿尔齐拉和丹吉尔。与此同时，费尔南多·波到达了至今仍然以他的名字命名的岛屿[2]，而埃斯科巴和圣塔伦则穿过了赤道。

取得了这些成就，通往东方的路似乎可望又可即。但是，与卡斯蒂利亚王国的战争又一次打断了葡萄牙人前进的步伐，更严重的是，南半球星空上的奇异星座不能为他们提供导航，这在一段时间

---

[1] 里格（League）为陆地及海洋的古老的测量单位，陆地上的里格小于海洋上的里格，海洋上常取1里格≈3海里（1海里≈1.852千米），相当于5.556千米。——编者注
[2] 1973年改名为"马西埃岛"，1980年改名为"比奥科岛"，至今沿用。——编者注

内阻碍了葡萄牙人前进的道路。

若昂二世即位后,这两个难题都得到了解决。葡萄牙与卡斯蒂利亚达成了和平协议,而黄金海岸由圣乔治·达·米纳加以保护;若昂二世还成立了皇家地理委员会来弥补星盘和航海图的不足。对海外探索的探讨,还召唤到了外国的援助。

各种各样的冒险者和活动家被葡萄牙人的冒险事业所吸引,纷纷拥向里斯本。来自纽伦堡的德意志商人兼地理学家马丁·贝海姆,他是法亚尔岛总督范·修特的女婿,给葡萄牙带来了德意志制图家和数学家的最新成果。图书馆学家兼地理学家托斯卡内利从佛罗伦萨寄来了一封信和一张世界地图,上面标明了亚速尔群岛以西的陆地,并暗示那里有一条通往亚洲的航路。马略卡岛和梅诺卡岛则贡献了至今在那里非常繁荣的地图绘制传统。

这些援助很快就有了成果。在新国王即位的四年里,迭戈·卡姆和贝海姆发现了刚果并到达了渥尔维斯湾。又过了两年,巴尔托洛梅乌·迪亚士到达了非洲的最南端,克服了"风暴角"(后来被重新命名为"好望角")那令人费解的逆风,然后又越过那个不容易通过的岬角,向前航行了500英里,这让前往印度的道路变得通畅。通过这一功绩,亨利王子的愿望圆满地完成了。

一个巨大的机会看似唾手可得,然而葡萄牙人却再次不可思议地失去了它。原因有三:被怀疑和恐惧所困扰;沉溺于东方强大君主(祭司王约翰)的幻想;也许是受到国王健康状况恶化的阻碍,王室会议决定要竭尽全力确保已取得的成果。

葡萄牙从修士朝圣者,以及阿拉伯人和黑人的消息提供者那里寻求进一步的信息,试图取道塞内加尔深入到祭司王约翰的王国,最后派了两个人,佩罗·达·科维良[①]和阿方索·德·派瓦,带着写给祭司王约翰的信件取道埃及前往印度。

与此同时,非洲西海岸被葡萄牙收入囊中。葡萄牙人沿着海岸竖立石柱,上面刻有葡萄牙人的纹章,写着发现者的名字和日期,并在当地酋长领地之上建立了保护国。西班牙声明放弃对几内亚的统治权,作为回报,葡萄牙放弃了对加那利群岛的声索;它们从教皇的手中,确认了之前被授予的特权。

在采取这些预防措施的同时,葡萄牙国王的信使经开罗到达了亚丁。从那里,派瓦乘船前往阿比西尼亚[②],但从此失踪了。科维良到达了卡利卡特[③],并经过索法拉和东非返回,在开罗得知同伴的死讯;之后,他转道前往阿比西尼亚,寻找祭司王约翰。他到达阿比西尼亚,受到热情的接待,在那里结了婚并定居下来,半是客人,半是俘虏,直到去世。

但在此之前,他通过一位犹太商人从开罗寄回一封信,信中写道:"如果你们坚持往南走"——他当时不知道迪亚士的探索成果,"将会走到非洲尽头。当船只到达东面的大洋时,可以寻找索法拉和月亮岛(马达加斯加岛),会找到领航员带着船只前往马拉

[①] 科维良是葡萄牙探险史上一位传奇人物,他曾到过印度,并写信回葡萄牙,指明了后来探险者达·伽马的航海路线,并介绍了中国的丝绸和瓷器。后来他定居埃塞俄比亚,三十年后,葡萄牙使者见到他时,他已娶了一个当地女人为妻,生活舒适,但没有自由。——编者注
[②] 阿比西尼亚,即埃塞俄比亚。——编者注
[③] 卡利卡特,是印度南部喀拉拉邦的一座城市,也即郑和下西洋时所到过的"古里"。——编者注

巴尔。"有了这份情报，葡萄牙似乎应该立即采取下一步的行动。

但即使是这种得到明确肯定的希望也没有打动葡萄牙政府。除了授予特塞拉岛领主费尔南·多尔莫斯安蒂拉"群岛或大陆"的权利（前提是他发现了这一传说中的土地），那些推动向西航行以到达东方之人的要求，就像迪亚士的成就或科维良的信件那样，都没产生什么影响。在葡萄牙和它的国王从长期的昏睡中醒来之前，一件大事改变了整个世界。这就是跨大西洋航道的开辟和西半球大陆的发现。

六

这一探险事业，无论在观念和结果上多么惊人，都是在它出现的时代环境中自然成长起来的东西。15世纪，阿方索五世在海外的辉煌成就吸引了大批冒险者来到葡萄牙。在阿方索五世统治接近尾声时，一位年轻的热那亚人克里斯托弗·哥伦布来到了里斯本，当时他二十五岁到三十岁之间的样子。他的父亲是一位织工兼旅店老板，而他自己有航海经历，学会了一些制图和航海知识。在里斯本，他与圣波尔图岛的被授予者佩雷斯特雷洛家族联姻，从而提高了他的社会地位，在某种意义上，也为他的事业奠定了基础。

正如哥伦布所声称的那样，他航行到过英国，或许到了冰岛，当然去过他居住数年的圣波尔图，也应该去过非洲，传言称他曾在非洲出席过圣乔治·达·米纳的奠基礼。无论如何，在他那默默无闻的早年生涯中，某种东西使他意识到，在当时已知最西端的岛屿之外，还可以找到其他陆地。

这种信念不是他的独创，也不局限于他的头脑。就像上一代人认为有一条绕过非洲的海路一样，许多人还持有这样的看法：向西航行就能找到陆地——大规模的群岛和岛屿之外的亚洲。托勒密的传说，加上关于新大陆的记载、水手的传说和旅行家的故事、安蒂拉和亚特兰蒂斯的古代回忆、七城岛和圣布伦登岛的传说、北欧人发现文兰的故事——他一定在什么地方听说过其中的一些或全部。也许就像传说记载的那样，一个不知名的领航员，曾经从他自己的航路上被海风吹到了西方的新大陆，而他的这个秘密只有这位热那亚人知晓。

也许他的信念建立在托斯卡内利的信上，这封信到了他的手里，据推测这就是他离开葡萄牙的原因。无论真实情况如何，在抵达里斯本大约八年后，这位意大利探险者向葡萄牙国王道了别。托斯卡内利的信中表达了四点意思：地球是一个球体；除了亚洲和欧洲之间的那部分，其他的地方也被世人所知晓；而这部分的长度大概不超过整个圆周的1/3；一次长途航行中间可能要经过几个群岛。

根据传说记载，王室委员会秘密派遣了一艘船去验证这个说法，在这艘船空手而归之后，哥伦布对葡萄牙人的口是心非感到非常厌恶，便离开了这个国家。

如果是一个比哥伦布缺乏激情和毅力的人，这次的拒绝很可能会中止他的努力；然而，幸运的是，实现梦想成为一种磅礴的激情，使哥伦布能够克服挫折和嘲笑。他离开葡萄牙，带着计划去了热那亚，而他的兄弟巴尔托洛梅奥把这个计划提交给了英格兰国王亨利七世。但这两个国家都没有回应，他们似乎已走入穷途末路。除了威尼斯，所有在海上占据重要地位的国家都拒绝了他，只剩下曾经拒绝过他一次的西班牙国王了。这最后一个是他唯一的希望,在他的朋友拉比达修道院院长、曾担任过伊莎贝拉女王的听告解神父佩雷斯的支持和鼓励下,他决定再试一次。

从某种意义上说,那个时机是恰当的。自从哥伦布第一次去葡萄牙,西班牙的局势已经发生了翻天覆地的变化;在他和西班牙命运的危机中,发生了一件决定双方命运的大事。这就是对格拉纳达摩尔人据点最后一次的进攻,终结了阿拉伯人在伊比利亚半岛的势力。

在赶走宿敌之后,因胜利而欢欣鼓舞的西班牙国王几乎是至高无上的了,他对新冒险的热情并不比西班牙的骑士们少。这就是哥伦布现在所要效力的国家和宫廷的状况。他的事业几乎因他的过分自负而失败,而不幸并没有让他学会谦逊。但是,在摩尔人要塞被攻陷四个月后,他的坚持得到了一份授予他"海军元帅"头衔以及几乎垄断他可能发现之任何土地所有权利和利润的特许状。

有了西班牙政府授予的特许状,在巴罗斯资本家——主要是平松家族——的支持下,船只和船员都被召集起来。1492年8月3日,他乘坐排水量100吨①的"圣玛丽亚号"从巴罗斯起航,同行的还有马丁·平松指挥的排水量60吨的"平塔号"以及文森特·平松指挥的排水量50吨的"妮娜号"。船员由86人组成,主要来自巴罗斯,但至少包括一名英国人和一名爱尔兰人。

这支小舰队在加那利群岛休整之后,于9月3日从那里起航,

---

① 这里英语原文为"a hundred tons"(100吨),但有"100吨""120吨""130吨"各种说法。——编者注

横渡大西洋中未知的海域。船员们都怀着莫名的恐惧和暴动的念头，只有哥伦布才能让这些不情愿的追随者们继续沿着航路前进，直到10月12日凌晨2：00，"平塔号"上的瞭望员罗德里戈·德·特里亚纳看到了陆地上的灯光，船队便向灯光处驶去。天亮的时候，冒险者们发现他们在一个名叫瓜纳哈尼的小岛附近，这个小岛是随后发现的巴哈马群岛中的一个。在几个友好而半裸的原住民的陪同下，他们登上了这座小岛，以西班牙的名义占领了这个地方，并把它叫做圣萨尔瓦多岛。

他们从那里起航，发现了其他岛屿。其中最大的一座岛屿，哥伦布认为它是中国大陆上的一个省，为了纪念西班牙公主而将其命名为胡安娜岛。在拥有了许多名字如菲尔南迪娜岛、圣地亚哥岛和爱娃·玛丽亚岛之后，它又恢复了土名古巴岛。接下来被发现的是后来被称为圣多明各和海地的岛屿，他称海地为伊斯帕尼奥拉。这个群岛的名字——安的列斯群岛——呼应了安蒂拉[①]的传说。

西印度群岛的发现让他的错误继续下去，因为哥伦布确信自己已经到达亚洲。"圣玛丽亚号"失事后，他把几个水手留在了伊斯帕尼奥拉，让他们在那里建立了一个名叫纳维达德的小定居点，便急于将他发现的情况带回西班牙。在他获得特许权十一个月后，他带着成功的证据回来了。

他如此匆忙是有必要的。与他同时代的贝海姆当时在纽伦堡完成了一个体现最新地理知识的地球仪，并提议进行一次像哥伦布那样的航行，但是他的行动太晚了。凭借自己敢想敢做的气魄，这

[①] 安蒂拉是传说中大西洋上的一个神秘的小岛。——编者注

位热那亚冒险者抢先于他的对手，摧毁了当时最先进的地理学概念，使西班牙在海洋扩张方面赶上了葡萄牙通过漫长而艰苦的努力才获得的进步。正如他的盾形纹章后来铭写的那样，"哥伦布给卡斯蒂利亚和莱昂王国带来了一个新世界"。

七

如果说葡萄牙人的地理发现动摇了欧洲的中世纪精神，哥伦布的冒险则似乎要将这种精神摧毁。在贸易和商业的平衡上，这种影响在当时的一段时间内总体上不太明显。从他的航行中，这位发现者带回了一些土著、一些金子和一些西半球的奇特物产；在一代人的时间里，这代表了那次航行对旧世界物质资源的贡献。但对欧洲人的思想，这种影响是直接而深远的，对欧洲政治的影响稍次。教会经上千年形成的关于大地和人类的观念一下子就瓦解了。

到处都有精明的人怀疑、轻视或否认哥伦布宣称自己找到通往东印度群岛路线的说法。但是，地理学、天文学和神学思想，仍然被一系列全新的推论和假设所取代或修改，同样重要的是，因为真理还不为人所知，在许多方面的判断仍然被搁置起来。

在公共事务方面，哥伦布地理大发现的第一个结果是打破了葡萄牙对探险活动的实际垄断。由于他的发现所导致的新形势，有必要立即重新调整对欧洲以外土地统治权的要求。大约四十年前，教皇尼古拉五世作为基督教世界的仲裁者，向葡萄牙确认了他们拥有从博哈多尔角到东印度的领土。现在，教皇亚历山大六世把亚速尔群岛以西100里格以外的所有土地划归西班牙，他现在加上了"以及到印度的东部地区"。葡萄牙提出了抗议。第二年（1494），西葡两国签订了《托尔德西里亚斯条约》，把分界线又向西移了270里格，纠纷暂时平息，西班牙全力投入到开发新大陆的事业中来。**随着葡萄牙人的地理发现，欧洲历史上的地中海时代结束，海洋时代开始了。**

不管哥伦布的地理发现对欧洲有什么影响，它对哥伦布所效忠国家的影响是直接而巨大的。征服摩尔人的胜利使国王兴奋不已，他渴望进一步的探险。这片土地上满是受过战争训练的人，他们憎恨异教徒、勇敢、爱冒险、贫穷，而现在格拉纳达被攻克了，他们突然没有了目标。对于这样一个社会来说，一个新世界就像是来自天堂的礼物。

通过私人贷款的支持，国王从教会的什一税以及前一年没收的被驱逐出西班牙的犹太人的财产中弄到了第二次远航的经费。新招募的船员蜂拥而至"海军元帅"的旗帜下，在返航六个月后，哥伦布率领17艘船、1000名船员、200名志愿者再次出航。而且到了海上之后，这一支队伍又意外地增加了300名藏匿者。

这些船只带出去的不只有人，还有西班牙的马、绵羊、牛、蔬菜种子、谷物、葡萄藤和果树，以及山羊、猪、鸡、橘子、柠檬和瓜子，尤其是加那利群岛上的甘蔗——他们曾在那里休整，这些构成了旧世界送给新大陆的第一份礼物。之所以带这么多东西，是因为在新世界里，欧洲人的这些生活必需品奇缺。而且，如果国王预见到女性殖民者的需求，也许西班牙扩张最黑暗的篇章就不会被书写下来。

在航行途中，他们发现了一座新岛屿多米尼加。他们回到伊斯帕尼奥拉后，没有发现纳维达德的踪迹，那里的定居者无疑死于土著之手。随后，一个新的殖民地伊莎贝拉被建立起来，它既是西班牙文明的一种形式，也是后来殖民地的一个范例。街道和广场都布置好了；在简陋的棚屋中间，矗立着用石头建造的公共建筑，以及军火库、仓库、堡垒、医院和教堂，这些都是西班牙权力的象征，预示西班牙政府将在这个新环境中树立它的权威。

但疾病、对黄金匮乏的失望、内部不和以及与土著的冲突接踵而来，公众舆论开始反对这种冒险。当哥伦布在古巴、牙买加和伊斯帕尼奥拉南部探险两年后回到西班牙时，他不得不为自己的权利而辩护，恢复已经动摇的信心，并为他的殖民地招募新的定居者，为此他不惜任何手段，甚至从监狱招募罪犯。

在哥伦布再次启程之前，其他国家也进入了这一领域。有一个名叫约翰·卡博特的人，他出生于热那亚，在威尼斯入籍，后来在里斯本学到了新地理学知识之后，在布里斯托尔定居下来。在那里，由于亨利七世的特许，1497年夏天，他带着18个人横渡了北大西洋；六个星期后，他看到了陆地，很可能是布雷顿角岛。他带着这样的发现回到了英国，接受了"海军元帅"的头衔，从皇家金库中得到了10英镑的赏金，从布里斯托尔海关得到了20英镑的养老金，并获得了另一次航行的许可。

但是第二次航行的结果并不太清楚（如果有的话），他的探险生涯对地理学和英国对北美洲的领土要求的权威性做出了一定贡献，对他的儿子及同伴塞巴斯蒂安的命运也有影响，后者命中注定要在之后的岁月里有所作为。

八

葡萄牙的情况则大不相同。西班牙的成功使葡萄牙振奋起来，葡萄牙的海外冒险随着曼努埃尔一世的继位而复兴。如果给曼努埃尔一世一个恰当的称号的话，就是"幸运者"。葡萄牙的一支舰队准备探索通往东方的航路，为了确保成功，舰队做了最充足的准备。舰队有三艘大船和一艘运输船，共计160人，由宫廷里精明强干、经验丰富的绅士瓦斯科·达·伽马指挥，在迪亚士和科维良经验的指导下出发了；与此同时，卡博特也开始了欧洲有史以来最具影响力的航行之一。

达·伽马的小舰队在佛得角群岛休整之后，勇敢地驶入了大西洋，在好望角以北100英里的圣赫勒拿湾登陆之前，一共航行了九十三天。在11月份绕过了好望角之后，达·伽马在一个叫做纳塔尔的地方度过了圣诞节。由于遭遇了暴雨、狂风、洋流以及船员暴动的耽搁，达·伽马错过了原来规划好的停船点索法拉；由于已经深入海洋，便也错过了其他比较合适的港口；后来又被充满敌意的赞比西、莫桑比克、蒙巴萨土著所击退。在找到一位友好的苏丹以及一位领航员带他穿过印度洋之前到达了马林迪。在经过二十三天的航行后，舰队终于停靠在印度的卡利卡特，此时距离达·伽马离开葡萄牙已经一年多了。卡利卡特是印度西部马拉巴尔海岸的主要港口，也是这一地区香料贸易的主要中心。

葡萄牙人前往的地方是由一条山脉分隔的海岸线，这条山脉被称为西高止山，也就是所谓"通往印度的阶梯"。五个世纪前，当哲罗王国在这里解体时，一群小国已经建立起来，并一直维持到现

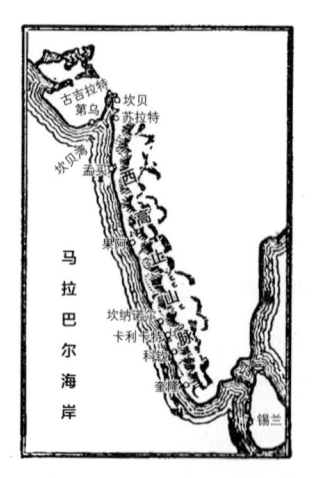

马拉巴尔海岸（印度西海岸）

在。它们分布在孟买到科摩林角一线：果阿、坎纳诺尔、卡利卡特、科兰加诺尔、科钦、奎隆，它们共享着这片长条状的狭窄土地、主要资源和港口，它们的主要收入来源于转口贸易：远东商人和阿拉伯商人在这里交易，后者会将来自亚洲的商品通过桨帆船和商队运到欧洲边界一带，在那儿把商品交到热那亚人或威尼斯人手中。

葡萄牙人当时和此后很长一段时间对印度内部事务和状况几乎一无所知。南部是印度教的维贾亚纳加尔王国，北部是伊斯兰教的德里帝国，它们与那些无足轻重的小国一样，都不为当时的葡萄牙人所知。很久以后，葡萄牙人才知道伊斯兰教的苏丹对坎贝湾的看法，而他们也即将体会到苏丹的嫉妒和敌意。

事实上这是他们面临的主要挑战。他们已经侵入阿拉伯人垄断的商业领域，并威胁到了伊斯兰教势力。阿拉伯-伊斯兰教的势力在过去数百年里已经征服了北非和西班牙,并扩张到印度的北部和西部,不经过战争,很难让阿拉伯人放弃所拥有的贸易垄断地位。

阿拉伯商人让他们的代理商密布于印度的海岸,用船只填满了印度的港口,他们的护航舰队覆盖了印度洋。他们的信仰也跟随着他们前进,从马六甲到亚历山大港,莫不如此。他们已经成为占统治地位的商业力量,经过几个世纪的苦心经营,马拉巴尔已经成为阿拉伯贸易帝国的中心。他们一点也不褊狭,所到之处,印度教徒、犹太人、波斯的帕西人、基督教聂斯托利派教徒和穆斯林都可以与远东地区的信仰互相宽容,相处融洽,这是商业关系带来的好处。但在一点上,他们下定了决心:不让另一个国家,尤其是欧洲的基督教势力,成为他们贸易上的竞争者。

葡萄牙人闯入了这个建立已久的圈子,立刻挑战了阿拉伯人的信仰和经济地位,但也立刻感受到了他们的敌意。葡萄牙人刚一上岸,摩尔商人就与当地政府官员合谋驱逐或消灭他们。卡利卡特的统治者,即所谓扎莫林(海王公),受到了这种影响,开始反对葡萄牙人,只有好运和葡萄牙领导者的能力才使他们免于被毁灭。

达·伽马受到了骚扰和侮辱,几乎被部下出卖。他忍辱负重,沉默不语,最后,他避开了等待他的厄运,去了邻近的坎纳诺尔城,把船装满。就这样,通过马林迪又绕着非洲,踏上返回的航程。"手里拿着汲水器,嘴里唱着圣母玛利亚",精疲力竭的船员们把他们饱受风暴摧残、漏水的船只带到了亚速尔群岛,损失了近2/3的人员,其中包括达·伽马的弟弟。

当他们再次停靠在里斯本的塔霍河口时,距离他们出发已经过去两年半了。如果说他们经历的危险和困难是巨大的,而幸存者得到的回报则是与这种苦难相称的，因为利润是远航成本的六十倍。达·伽马被授予爵位，葡萄牙国王也得到了"埃塞俄比亚、阿拉伯、波斯和中国的征服、航海和商业之王"的头衔，这既是所获成就的符号，也是一个预言。在整个葡萄牙，不断举行盛宴和公众感恩节来庆祝达·伽马的归来；因为亨利王子的梦想终于实现了，葡萄牙人看到通往财富和权力的道路向他们敞开了。

九

但是葡萄牙人的欢庆并没有在欧洲其他地方得到回应。**达·伽马的探险对欧洲思想的影响要小得多，但对当时局势的影响却远远超过了哥伦布**。的确，热那亚人发现了一个新世界，但它广袤、人烟稀少的土地和完全未开化的海岸和森林，再加上一些奇珍异宝和稀有树种以及足够刺激人们产生更多欲望的黄金、珍珠、染料木，一个动荡的殖民地和一些无与伦比的神奇故事集（在哥伦布发现新大陆六年后，这些故事成为他的成就产生的全部成果），在这位葡萄牙人的首次航行所带来的前景面前，都是微不足道的东西。

达·伽马并没有探索广阔的热带海洋和海岸，至多找到了半裸的原住民，也没有带着殖民者和生活必需品到一个挣扎的殖民地中来，他驶进了一个安全的港口，那里汇集了三大洲的商业贸易往来。他所遇到的文明在许多方面都可以与他所属的文明相媲美。这片土地虽然人口稠密，禁止殖民，但提供了无限的贸易机会，也带来了几乎难以置信的利润。

葡萄牙人对广袤的印度内陆所知甚少，也不太关心；对自己所面临的困难，他们也毫不在乎；他们几乎没有征服土地的意愿，也没有更多这样的机会；他们唯一的兴趣是寻求一个稳固的立足点，控制亚洲与欧洲之间的贸易，取代阿拉伯或意大利的商人，成为整个欧洲必须向其购买商品的中间人。

因此，早期的差异不仅决定了葡萄牙和西班牙之间竞争的雄心，也决定了欧洲政治扩张的类型以及欧洲人在东西方的影响。这还不是全部。它对欧洲各大贸易中心（意大利商站排成一条长线，向东延伸），对威尼斯和热那亚，甚至对北欧汉萨同盟的城镇网络来说都有影响。过去的商业贸易都要艰难地通过各种壁垒来进行，此前在黎凡特和意大利之间进行的大部分贸易，后来被转移到埃及或里海北部，尽管不得不向征服者进贡，损失甚大，但还在继续着。

对于商人们来说，一旦更有眼光的人意识到哥伦布的发现之重要性，就会发现西班牙和葡萄牙之间其实并没什么区别。欧洲人对打通与东方的贸易路线并不存在什么担忧，但是，当达·伽马远航归来的消息传来时，意大利的市议会和行会里人们的心都沉了下去，妇女们在街上哭泣。因为他们之中最迟钝的人都能看出，除非在某种程度上遏制住葡萄牙人，否则他们那些古老的商业中心即将毁灭。

迎接打击的方式各不相同。首当其冲的威尼斯人有一段时间甚至与埃及联手击退葡萄牙侵略者。佛罗伦萨和热那亚、北方的富商以及汉萨同盟的城镇，都忙着分享利润；从许多地方来的无证冒险者有时会成功地找到受到严密保护的通往东方财富之路。长期以来，由于亚洲游牧部落的成功入侵，欧洲商业和征服活动的出口都被关闭，而现在它在另一个地区被打开了，欧洲急于享受它带来的利润，并从侧翼和后方打击破坏它的宿敌。

15世纪行将结束时发生的这些重大事件，决定了欧洲未来的发展方向。在政治世界中，中央集权专制成了西方各民族国家间的主流。在更广泛的国际关系领域，这些大国发现自己处于争夺更优越地位的竞争中，意大利的纷争为它们雄心勃勃的计划提供了一个出口。

与此同时，以意大利半岛为中心的知识运动，同时面临着将首都设在那里的教会机构的攻击以及西班牙与葡萄牙的地理发现对世界之范围和内容惊人的揭露。同时，欧洲生活的各个部门都从这些不同的中心开始了一项新的运动。

15世纪始于葡萄牙人在非洲的探险活动及对古代文明的发现，中期经历了土耳其人攻占君士坦丁堡的冲击，最后终于一场浩浩荡荡的征服和探险运动，这场运动为欧洲人发现了一个新世界，为他们带来了一个前所未有的机会：他们可以运用前面数代人殚精竭虑加强和维护的那些品格及资源实现自己的梦想。

关于这一点，有一个引人注目的例子。**在罗马帝国灭亡与发现美洲之间的岁月里，欧洲在人口的大规模迁移中是被动的，而不是主动的。我们把这种迁移称为"流浪"或"迁徙"。**的确，在欧洲的边界之内，发生了巨大的变动，彻底改变了欧洲民族的分布。北欧人和十字军已经稍稍越过了它的疆界。但是，亚洲对欧洲的压力要比欧洲对其他大陆的压力大得多。鞑靼人、芬兰人、阿拉伯人、马扎尔人、土耳其人和保加利亚人占领了欧洲的大片领土，并在实际上减少了曾经由所谓欧洲诸民族控制的地区。

然而一切都变了。从葡萄牙和西班牙进入海外大陆到今天，世界事务的主导性因素就是欧洲的侵略。如果说中世纪和近现代历史之间有什么区别的话，那就是人口迁移的情况发生了逆转。欧洲不再是移民的目标，而是移民的起点。这在很大程度上说明了欧洲在诸大洲中地位的变化，以及我们所知的现代政体的特征和情况。

第四章
现代政治的开端：民族国家王权的兴起

1400—1517

一

克里斯托弗·哥伦布和瓦斯科·达·伽马的功绩决定了中世纪欧洲与现代欧洲之间的决裂，这种决裂已经在文艺复兴时期露出端倪，并以君士坦丁堡的陷落作为起点。中世纪发展的终章是横跨大西洋的通道及新大陆和通往非洲、亚洲贸易发源地道路的发现，这些发现不仅彻底改变了欧洲人生活的经济基础，而且对当时欧洲人的头脑产生了革命性的影响。这些发现沿着特定的思想和行动路线加速前进，同时让其他活动的终结近在眼前。新的发现开辟了新的贸易渠道，开辟了新的贸易领域，同时也打击了意大利的商业霸权，使其再也无法恢复。在刺激了以科学和调查为基础的智力活动的同时，这些新发现破坏了以教条和天启为基础的神学思辨。

最后，这些发现波及了当时来看最不相干的欧洲大陆政治。这些发现改变了欧洲国家之间的关系，使欧洲强国开始接触陌生的土地和民族，以及迄今为止欧洲人从未拥有过的制度和趣味；但这还不是这些发现带来的最大和影响最为深远的结果。因为欧洲人在遥远异域建立的新社会，受到了当地特殊环境的影响，既像又不像欧洲社会本身。不管欧洲人对他们现在进入的地区有多大的影响，反过来，这些地区人们的行为和状况也带给欧洲人几乎同等的影响，而他们的后代在那些遥远国度受到的影响更大。欧洲人的头脑不但被一个辉煌过去的展现所激发，也被一个充满未来的前景所激励，而这个前景正是由这些发现所开启的。

然而，这些更广泛和更深层的问题还很遥远，当时人们更关心的是一个近在眼前的问题——欧洲政体的发展。正是在欧洲学者和冒险者的活动使欧洲的知识和力量得到了广泛扩张的那些年里，欧洲人一直致力于改革他们政治生活的理论和实践。

在与文艺复兴和地理大发现结合在一起并在多事的15世纪为现代世界奠定基础的诸要素之中，不能忽视的是民族国家和国际关系逐渐发展成为一个体系，无论这一体系在这时有多么简陋和不成熟，都接近于我们已经习惯了很久的那个已经大大不同于中世纪的体系。在15世纪结束之前，这一运动发展的速度如此之快，以至于欧洲已经转型为民族王权集团，而且正在向专制主义快速前进，欧洲大陆的地图就像政治事务的组织一样，开始呈现出一幅我们并不完全陌生的样子。

二

这一发展与文艺复兴和地理大发现几乎是同步的。就在波焦·布拉乔利尼退出康斯坦茨大公会议转而收集古代手稿的同一个月，葡萄牙国王若昂一世已经开始筹备对休达的远征，而他的内侄英格兰的亨利五世则开启了英法百年战争的最后一个阶段——这场战争已经持续了3/4个世纪。在攻陷休达三个月后，阿金库尔战役的胜利使法国北部落入亨利五世之手，他与法国公主的联姻使他成为法国的摄政王和法国现任国王的继承人。

有一段时间，英国国王的夙愿似乎将要实现，即英法两国由一位国王来统治。但是，七年之后，亨利五世的去世使这一想法化为南柯一梦。从他虚弱的儿子、继承人亨利六世登上英国王位的那一刻起，英国在法国的事业注定要失败。尽管英军进行了顽强的抵抗，他们的统帅贝德福德公爵也具有卓越的能力，但战斗还是接连失利。随着圣女贞德的出现，在狡猾的勃艮第公爵的谋划下，在被认为是上帝神迹干预的栋雷米农家女孩（贞德）的激励和天才将领的指挥下，法国人开始不断收复失地。就在君士坦丁堡落入土耳其人之手的同时，卡斯蒂永战役粉碎了英国人在法国的势力，只保留加来作为他们雄心的象征。

英国人在欧洲大陆的霸权之崩溃，并不完全因为殉道的农家少女贞德的介入，也不完全因为英国军队缺乏勇气；法国人的成功也不完全因为他们的卓越美德或军事能力；而是随着战争的进行，英国陷入了一场内乱，来自兰开斯特家族的国王实力孱弱，无力遏制这场内乱。与此同时，法国人民因对侵略者的共同仇恨而团结在一起，并在他们的国王查理七世身上发现了一种我们称之为民族精神的共同习俗和共同目标。卡斯蒂永战役一经打响，这两种不同力量的影响就在两国之间显现出来了。

英国国王的精神失常和一个继承人的出生，使约克和兰开斯特两大家族的斗争达到了高潮：一个家族觊觎王位，而另一个家族想要保住王位。约克公爵在国王复位后被废黜了摄政之位，他拿起武器反抗国王，开始了一场毁灭性的战争，即所谓"玫瑰战争"，这场战争在整整一代人的时间里耗尽了英国人民的精力。

与此同时，在查理七世的统治下，法国走向了统一并初步建立了强有力的政府。法国建立了常备军，并通过征收固定的税来维持这支军队；高卢主义的教会也不服从罗马教皇的统治；随着这些改

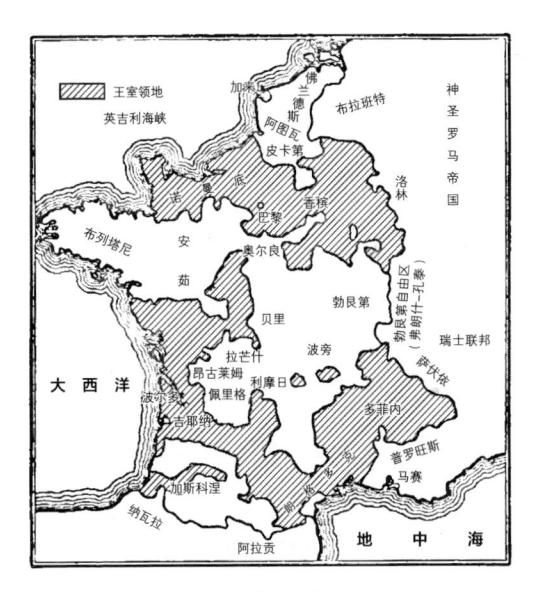

1453 年的法国

革以及对英战争的胜利，巩固领土和王权的斗争贯穿于整个15世纪的法国。

查理七世的继任者是他的儿子路易十一，路易十一精明的统治使法国实力不断增强，疆域不断扩大。他从阿拉贡王国买下了鲁西永的边境要塞；在索姆省诸城镇和诺曼底建立起了王室的权威；尽管在勃艮第和西班牙的帮助下，强大的贵族联盟反对他扩张王权的政策。最后，当勃艮第公爵"大胆的查理"鲁莽地尝试在瑞士和法国拓展自己的边界时，不幸兵败身死，而精明的法国国王则以获得勃艮第的继承权而宣告他长期的努力以胜利结束。安茹和巴尔已经掌握在他的手里；现在，吉耶纳和勃艮第的一部分土地都被并入了他的领土。最终，他的儿子与布列塔尼的安妮联姻使他的事业达到了顶峰，新法兰西王国已显雏形。

与此同时，博斯沃思原野之战——玫瑰战争的最后一场战役——使理查三世丢掉了性命，也使约克家族失去了王位。作为战利品，英国王位由来自都铎家族里士满的亨利继承，他建立了一个新的王朝，并通过与约克家族的女继承人联姻巩固了自己的王位，从而再次统一了英格兰。因此，几乎在同一时刻，英国国王和法国国王作为老对手发现自己处于相同的境地，他们先前的内部分歧已消除了大部分，他们的力量在大幅增加的王室权威之下得到巩固，准备利用新赢得的权力来推行专制主义。

如果欧洲仍然处于之前一代人所面临的同样境地，英国和法国力量的复苏很可能会重新挑起他们之间在三十年前刚刚结束的冲突。但是政治就像社会的其他方面一样，在这段时间里发生了巨变。在南方，卡斯蒂利亚和阿拉贡两大敌对家族之间的长期冲突——在中世纪的大部分时间里都存在并使基督教国家的利益出现分化——通过与摩尔人的战争而结束。此外，在博斯沃思原野战役的六年前，随着信仰天主教的斐迪南登上阿拉贡的王位，西班牙各个王国的命运终于统一到了一起，因为他娶了卡斯蒂利亚王国的女继承人伊莎贝拉公主。当此之时，英国和法国在欧洲政治中各自占据了他们后来保持了几个世纪的地位，而终于实现了统一的西班牙王国转而寻求终结半岛南部仍在持续的与伊斯兰国家的长期冲突。

三

这还不是全部。除了这些民族国家王权的兴起，还有两个事实对15世纪的欧洲影响巨大：一个是奥得河以东的强大邦国的发展；另一个事实是，中欧地区抵制了将土地集中在中央集权君主政体下的冲动，并将那些较小的地方主权长久保留下来，而欧洲大陆其余地区的目标就是将它们合并成为更大的政治有机体。

在两个事实中，第一个事实暂时更为重要。在西欧转变成为现代人更熟悉的政治单位的同时，东部这些地区也在类似的冲动之下开始了融合和中央集权化的过程。这一过程不仅创造了政治实体，而且让它们接触到了欧洲的主流事务，它们即将在其中起到越来越大的作用。因此，在相当大的程度上，这些发展都促进了欧洲的扩张，但局限于欧洲自身的地理范围之内。

现在开始在欧洲政治中占据一席之地的土地是奥得河以东的大片森林和平原。这一地区大体上被斯拉夫人占领，或者至少被斯拉夫人所控制，这些斯拉夫人与西部的凯尔特人和中部的日耳曼人一起，共同组成了欧洲三大民族集团，欧洲民族大体上都可以划入这三大民族之中。

三大民族集团要成为欧洲体系的一部分，最需要的就是国家组织上的进步。在形成后面的挪威、瑞典和丹麦王国的数个世纪之前，斯堪的纳维亚诸民族就已经组织起来，他们一直以不同于后来的关系存在着。斯堪的纳维亚民族在欧洲历史上已经通过大规模的迁徙做出了巨大贡献，结果就是在欧洲大陆的北部边界建立了他们的公国和侯国。他们建立了诺曼底，征服了英格兰，从格陵兰岛到西西里岛，在海岸和岛屿上散布着他们的定居点和征服后形成的国家。

中欧和西欧已经发展出了自己的社会和管理制度。**在15世纪初，东欧是唯一一个在某种程度上仍然游离于欧洲主流社会之外的地区。因此，东欧进入欧洲主流圈子，对欧洲历史的重要性不亚于西欧政治和文化的发展或欧洲势力在海外的扩张。**

端倪其实早已显露。在挪威和丹麦入侵西欧的同一世纪，也就是勇猛的海上武士赢得他们的第一个战利品然后在法国和不列颠群岛获得立足点的同时，他们的瑞典表亲在处于原始和无组织状态的斯拉夫人中，尤其在波罗的海的东部和东南部地区找到了用武之地。当罗洛在法国建立诺曼底公国、古斯鲁姆在不列颠建立东盎格鲁王国的时候，一群瑞典冒险者在东欧建立了自己的侯国、公国和自由城市，并组织起了好几个互相敌对的邦国，如特维尔和普斯科夫。

诺夫哥罗德和莫斯科以及它们的宗主基辅公国，早期的活动通常表现为彼此之间以及与邻居之间的战争。它们长期的争斗被蒙古人的入侵所打断。在13世纪，蒙古人横扫了中亚大草原以及东欧平原，把黑海和里海以北的广阔平原都纳入自己的统治之下，并把斯拉夫诸小国削弱为仅相当于一个小村庄的邦国。从那以后，这些国家之间的斗争又增加了一场与蒙古人政权的长期而激烈的冲突，就

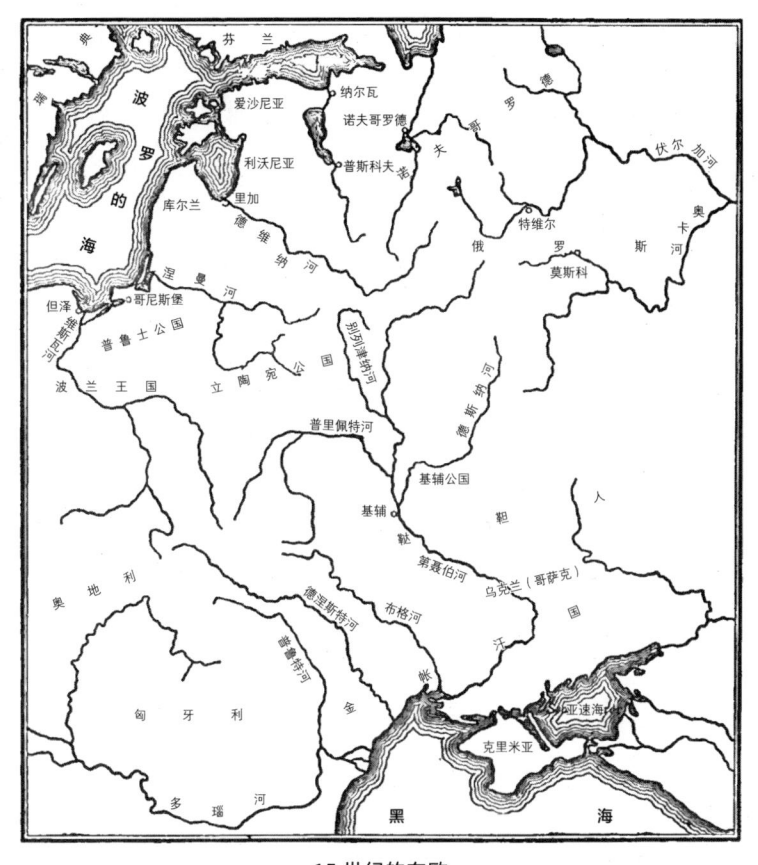

15世纪的东欧

像伊比利亚人与东方的摩尔人之间的斗争。在15世纪开始时，这场斗争已经把莫斯科公国置于斯拉夫公认之独立捍卫者的地位，这给了它在斯拉夫诸邦中的优势地位。

随着这些不同元素的逐渐发展，还有几乎持续不断的战争带来的有利结果，波兰和立陶宛这两个组织松散而且都和鞑靼人有冲突的王国，发现它们在北方面临着瑞典的压迫，而在西方则面临着德意志人的压迫。于是，这两个王国在雅盖隆家族的统治下实现了联合，这使得它们注定要度过二百年的联合王国岁月。

在13到14世纪，日耳曼人的条顿骑士团和宝剑骑士团在波罗的海南岸已经征服了相当多的土地，将他们的权力扩张到了波兰人、普鲁士人、利沃尼亚人、爱沙尼亚人、温德人以及占领那些地区的类似蛮族部落之中。立陶宛的大部分地区都落入了条顿骑士团手中。但是，在阿金库尔战役和休达战役的前五年，条顿骑士团在坦能堡战役中被波兰人和立陶宛人打败，遭受重创。由于这一灾难，再加上被之前打败了所有十字军的同一势力削弱过，条顿骑士团停止了领土扩张。

这就是15世纪初东欧的形势。1240年，蒙古人摧毁了基辅；八十年后，立陶宛人又征服基辅；这使得莫斯科公国成为罗斯人的领袖，与此同时，波兰人将立陶宛这片有争议的土地纳入自己的统治之下。

这并非东欧全部的情况。当维京人在西部定居、瑞典人在东部定居的时候，在遥远的南方，一个与芬兰人结盟的图兰部落，也就是所谓马扎尔人，征服了被人们称作匈牙利的地区。他们在那里建立了自己的王国，从此，他们的命运与邻国的命运交织在一起，并在14世纪末一度与波兰联合于一位国王的统治之下。

除此之外，斯拉夫人的另一个分支，也就是被称为捷克人的民族，占据了我们所知的波西米亚地区，直到在休达战役和阿金库尔战役所开始的15世纪初，一直在那里维持着岌岌可危的独立。

四

如果欧洲的历史仅仅依赖于对这些因素间无休止冲突的叙述，那么它与一部关于风筝和乌鸦之间战争的编年史没什么分别，而与敌对狼群之间为争夺更好的狩猎场而进行的斗争差不多。但这一进化的过程，还有其他因素的参与。在公元1000年左右，希腊教会和罗马天主教会的传教使团开始想方设法前往东部的新征服地，正如五百年前罗马教会和凯尔特教会的使团向西欧的法兰克人和盎格鲁-撒克逊人传教，以及在更近的时期向本土及更远征服地的斯堪的纳维亚人传教那样。最终，俄罗斯和立陶宛皈依了希腊教会，波兰、波西米亚、匈牙利皈依了罗马教会。这种与君士坦丁堡和罗马联系的发端，就像教会在西欧的早期活动一样，促进了我们所谓文明的传播，其影响并不亚于信仰和道德的进步。

第二个影响是贸易。随着作为人口和权力中心的一些城市的建立（始于诺夫哥罗德，往往兴起于原始居民组成的城镇或村社），商业发展起来。先是它们内部的交易，然后是与邻国的贸易，因为它们越来越多地需要外部的产品。而汉萨同盟的那些精明而有进取心的商人很快就找到了能给自己提供毛皮，以及提供森林和渔业产品的人。就这样，在几个世纪的时间里，兴起了一种繁荣的贸易，这种贸易甚至比教会的服务更能使这些原始的民族文明起来，因为他们先接触到物质产品，然后才逐渐接触到西欧的知识进步。

在这一点上，欧洲东西部之间的斗争也起了作用，因为他们必须了解自己的敌人。尽管由于蒙古人的入侵，斯拉夫人的发展受到阻碍，但他们也因此进入到不断扩大的欧洲文化圈之内。

事实上，斯拉夫人在社会和政治组织上远远落后于西欧各民族，与文化上的落后程度一样。他们的农民维持着村社或者"米尔"的原始组织，这种组织在欧洲其他地区已经被其他类型的土地所有制和耕种方式取代。他们的统治阶级和行政管理、他们的习惯和品位中有一种明显的野蛮精神。

直到15世纪，莫斯科统治者仍会没收外国商人的货物，从而把贸易事业从自己的领土上驱赶出去。波兰贵族有可能将其佃户降至农奴的状态，而在此前一百年的时间里，英格兰的农奴制已经基本消失了。在西欧消失了近两个世纪之后，封建主义和骑士制度在波兰仍然很强大，而它们对俄罗斯几乎没有任何影响。因此，对于斯拉夫诸民族来说，就像对于欧洲自身一样，他们进入欧洲事务的圈子，标志着欧洲大陆的政治和文明在发展进程上迈出了一大步。

西欧最早的代理商是斯堪的纳维亚的征服者，后来是德意志人，但他们无论是商人还是冒险者，都以渴望的目光注视着斯拉夫诸民族和他们的领土。坦能堡战役的影响还没显现出来，神圣罗马帝国就拿起了从条顿骑士团手中掉落的剑。通过在奥得河下游建立一个边区，以保护在这一地区的德意志人不受可能发生的入侵。在12世纪，帝国把这一地区授予了巴伦施泰特或阿斯坎尼亚家族。此后，它又落入巴伐利亚的路德维希的手中，又从那里转入奥地利，现在又换了主人。

现在占据这些有争议土地的强国，它的发端是非常简单的。除了其他活动，康斯坦茨大公会议支持霍亨索伦家族的一位腓特烈，就是纽伦堡伯爵，拥有皇帝授予他的领土。他后来又成为勃兰登堡边区的边疆伯爵，受命在北部边界抵御斯拉夫人。作为后来被称为普鲁士地区的统治者，这一家族从此开始了它的历史，开始在欧洲政治中占有一席之地。

哈布斯堡家族在多瑙河沿岸已经享有了一个半世纪的类似地位，二十三年后，哈布斯堡家族通过征服波西米亚人将其边界深入德意志境内，并设法当选为神圣罗马帝国皇帝。三百年来，虽历经坎坷，但哈布斯堡家族一直保持着男性血统和选举的连续性。在这些变动之后，波兰—立陶宛的君位落入雅盖隆家族，而罗斯的君位则落入留里克家族，韦廷家族则成为萨克森的统治者，斯堪的纳维亚诸王国也统一在丹麦-挪威的王权之下。就是通过这样的方式，东欧各国开始形成，而15世纪就是在这种情形下开始的。

没有什么比这两个斯拉夫大国在同一时期的比较更能说明在这一多事时期起作用的敌对政治原则之间的区别了。当欧洲其他国家趋向于专制主义时，波兰贵族的权力却在不断地扩大，以此对抗国家的集权倾向。

波兰议会开始压倒国王，并立法支持控制议会的那个群体。结果很快就显现出来：不仅农民陷入了农奴制的大萧条，而且中产阶级也被剥夺了他们早先享有的些许政治权利。由于战胜了地位低于他们的人，贵族们得意洋洋，转而反对王室，颁布法律禁止国王未经他们同意就宣战，并自行决定了政府活动的实际方向。更糟糕的是，他们为自由否决的权利奠定了基础，这种权利通过使国会的全体同意成为颁布法律的必要条件，让有益的立法变得不可能，使得国家日益衰弱下去。

15 世纪后半期的中欧

在波兰建立了一套使自己在日后沦为欧洲强国宰割对象之体系的同时，位于它东边的邻国却通过一种完全相反的政策崛起了。随着伊凡三世的即位，一个与路易十一统治法国时期相似的时代开始了。

伊凡三世第一次努力针对的是自由城市诺夫哥罗德，在他即位十六年后，这座城市被莫斯科大公国所征服。在特维尔、梁赞陆续被征服后，普斯科夫的属地都落入伊凡三世手中，这就为征服后者的城市国家铺平了道路。随着金帐汗国势力的衰落，伊凡三世抓住机会摆脱了蒙古人的枷锁。

最后，伊凡三世娶了拜占庭帝国末代皇帝的侄女索菲娅·帕列奥罗格为妻，这位公主正在莫斯科公国躲避土耳其人的迫害。**伊凡三世从拜占庭公主那里知晓了"独裁统治的秘密"。他采用双头鹰作为权威的象征，同时也代表了他要继承被土耳其人消灭的拜占庭帝国的雄心，这就决定了之后四百年里他的政策就是要全力收复被土耳其人攻陷的君士坦丁堡。**在此基础上，他又制定了一部法典，并由此开始建立一种王权凌驾于贵族和农民之上的绝对权力体系。

就这样，同英国和法国在同一时期所追求的目标一样，莫斯科政权被巩固为一个俄罗斯王国，它既是拜占庭帝国的学生，又是拜占庭帝国的假定继承人，它信奉拜占庭帝国的宗教，并由此渴望获得拜占庭帝国在欧洲东部的遗产。

五

这种追求国家统一的精神在德意志也一样明显。在15世纪，德意志的历史尽管缺乏后来展现的那些激动人心的战争和外交情节，尽管没有获得东方邻国和西方邻国所赢得的那种胜利，却也展露出了控制邻国事务的同等野心。到了15世纪中叶，经过长期的冲突，哈布斯堡家族最终失去了对阿尔卑斯山西侧狭小领土的控制，这些领土被以瑞士的名义合并成一个共和国，从那时起一直保持独立，几乎没中断过。

但随着马克西米利安一世于发现美洲的次年（1493）即位，哈布斯堡家族的损失在某种程度上得到了补偿，因为他获得了阿尔卑斯山东侧的蒂罗尔地区以及匈牙利王国和波西米亚王国的继承权，此后，这两个王国就一直处于哈布斯堡家族的控制之下。马克西米利安一世将这些领土与人们所熟知的奥地利及奥地利阿尔卑斯地区连在一起，再加上他从士瓦本继承而来的零星土地，从而奠定了哈布斯堡王朝的基础。之后的四百多年，哈布斯堡家族都在欧洲大陆的历史中扮演着重要角色。

与此同时，他还努力将他行使不同程度宗主权的地区置于帝国更直接和更有效的控制之下，目标是达到他在自己直接统治区内的权威水平。和同时代的其他国王一样，他努力使自己的帝国头衔具体化，并在他的统治范围内建立集权化的政府，帝国的领土紧挨着意大利，最需要这样稳定的统一。

他像其他的国王一样宣扬并努力维护着公共和平，也像他们一样，设立了一个议事会、一个帝国内阁、一个上诉法庭，后来还设立了一个所谓枢密院，试图以此平息下级统治者们无休止的争吵，并将他的权威扩展到他们的领地之上。在此基础上，他努力建立了帝国的税收系统和共同的货币体系；他还建立了地方行政单位，也就是所谓"行政区",他认真地尝试在皇权之下建立真正的统一帝国。

德意志的中产阶级和其他国家的中产阶级一样,对这种企图并不反感,但在那些自私、分散的小统治者中则激起了强烈的反对,无论是马克西米利安一世本人的权威、品格,还是支持他的力量,都不足以克服这种反对力量。在这些问题上,在他卷入意大利事务的外交政策上,他的深远计划破灭了。

在他所有的计划中,只有将哈布斯堡家族与勃艮第、波西米亚-匈牙利和阿拉贡王国联合起来的政治联姻最终获得了成功。通过这一计划,他为他的孙子、帝国继承人查理五世奠定了世界帝国的基础。事实证明,这是他对欧洲历史下一阶段的主要贡献。

在这个多事的15世纪,英格兰、法兰西和西班牙、奥地利、俄罗斯及波兰都开始呈现出它们在日后保持的面貌。而且,这一时期的国家统一和王朝势力的影响是无孔不入的,这些影响甚至渗透到了教皇的势力范围。

在16世纪初欧洲世界展露出来的各种表象中,最典型的莫过于朱利安诺·德拉·罗韦雷的所为,他后来登上教皇宝座,即尤里乌斯二世。在他叔叔西克斯图斯四世的训练下,他精通外交和管理方面的技巧,他不仅在名义上也在事实上成了教会的王储。当波吉亚家族和斯福尔扎家族合伙欺骗了他们的对手德拉·罗韦雷家族,让罗德里戈·波吉亚坐上教皇宝座,成为亚历山大六世时,未来的尤里乌斯二世跑到法国国王查理八世那里避难,并煽动他入侵意大利进行报复。

这位德拉·罗韦雷家族最著名的教皇,像任何一位世俗君主一样,为解放教皇的世俗权力,为家族增加财富而进行斗争、谋划和谈判。教皇国摆脱了外部势力的压力，并借助法国和神圣罗马帝国的援助降服了威尼斯，而这两个国家的势力又被他以娴熟的外交手段逐出意大利。如果尤里乌斯二世是一位世俗君主，他完全有可能成功地统一意大利，而那也正是他的渴望。

即使壮志未酬，但他不仅表露出使他成为那个时代重要政治家的品质，而且也展示了当时正在重塑欧洲大陆的精神。考虑到15世纪以及之后的教皇们所做出的各种政治的和教会的行为，具有同等重要性的是教会与教皇之间的竞争，前者试图通过议事会来限制教皇的权力，而后者则决心尽可能地保持独裁。

借助于这些事件的影响，到16世纪初，五个强国在欧洲崛起：西班牙、法兰西、英格兰、俄罗斯和奥地利。其中四个是基于新的民族国家原则，其中至少有三个准备在机会来临时与葡萄牙在大西洋上争夺霸权。尽管民族各不相同，但它们有一个共同的愿望，那就是要用某种新的政府形式来取代封建制度。

至于封建制度，在它的正面影响消失后，欧洲人忍受它的负面影响已经太久了。对于那些遭受无政府状态之苦的人来说，只有一种补救办法，那就是从这种不满的精神中看到扩张权力之机会的统治者们所提供给他们的方法，建立一个中央集权政府。这个中央政府能够而且愿意阻遏私人战争和地方冲突，因为这些冲突到目前为止一直是阻挡和平和艺术发展的主要障碍。基于这一信念，他们欢迎建立一个王权政府，将具有相同语言、习俗、传统和共同利益的民族聚集在一起，组成更大更强的单位。民主之于19世纪意味着什么，专制之于16世纪亦如是。

然而它远非绝对的专制，尤其在西欧。**欧洲民族国家的王权专**

制一方面基于那些王室扩张自身权力的渴望和野心，另一方面也基于中下层的同意，因为他们在君主独裁中看到了内部和平和安全的保证，这对于物质和社会繁荣必不可少。在任何地方，尤其是商业领域，人们都支持国王日益增长的权威，以及不断扩大的政府权力，因为这种权力强大到足以遏制地方小统治者们迫在眉睫的反叛威胁。为此，他们愿意牺牲自己微弱的自由；为此，他们愿意承受国家赋税和国家间战争的负担；因为他们意识到，新的国家之安全、新的国家之伟大无论有多么模糊，他们都是其中的一分子，尽管很卑微。

六

与此相关的是迅速增加的权力范围以及限制问题。对于那些已经在民众反对封建组织和新生民族精神之中看到了攫取更大权力之机会的君主们来说，具有头等重要性的问题自然就是权力的范围问题了。

几乎无一例外，实现革命后的欧洲各国都见证了最普遍和最自然的政治手段的兴起，即一个由世俗或教会统治力量将权力赋予它们在政府中的发言人组成的委员会。但新的民族国家王室会议与之前的封建政权至少在一个重要方面有所不同——它代表的是国王而不是贵族。长期以来，将国家官职分配给那些拥有对国王至关重要的财产的人是必要的措施；但是，新王权的持续趋势是，减少贵族群体的人数和影响力，因为这个群体长期以来都在使公共事务朝着有利于他们自己和损害人民的方向发展。因此，王室会议就倾向于将效忠国王的人纳入进来，并致力于维护国王的利益，而不是国家其他群体的利益。随着王权扩张到了中世纪贵族特权领域之内，司法权被国王垄断，国王的议会成为法律的来源，他的法庭成为正义的源泉。

地方政府的发展也遵循了类似的轨迹。在贵族辖区之外，或代替贵族辖区的地方，出现了国王的官员，他们维护和平、收税、审理案件并代表中央政府。在很多情况下，地方法庭和议事会都建立在王权的基础之上，因为王权创造了它们。

尽管中世纪贵族奉行的地方主义与新王权集权倾向之间的冲突长期悬而未决，但新的专制主义逐渐取代了旧的专制主义。只要国家得到更好的管理，并且更加平等地影响到所有地区和所有阶级，中央集权就会得到越来越多的支持，在两个世纪里，它实际上在欧洲大部分地区废除了旧的去中心化的封建制度。

只有在中欧的德意志和南欧的意大利，封建制度发现自己与这里的君主更为匹配。这些君主虽然秉持着与更大统治者们（国王乃至皇帝）相同的原则，但同样不愿意将自己的利益与帝国政府的利益融合在一起，也无力扩大自己的小国以接纳整个民族。

这就是16世纪初民族国家王权对政治实践的贡献；而且，无论时间和环境如何变化，民族国家王权一直存在，直到被更强大的力量取代，因为专制主义原则是人类政府最古老和最基本的原则之一。

七

但是，除了建立与之密切相关的无限政府的问题，还需要考虑另一个因素。除了议事会，几乎每一个欧洲国家都有另一个从过去继承来的顾问机构，它们在政府事务中发挥了一定的作用。在法国是三级会议，在西班牙和葡萄牙是议会，在英国是国会，在波兰是贵族议会，在匈牙利是所谓圆桌会议，它们都在政府运行中起到一定的作用，但会因为它们所代表之阶级力量的强弱而有所不同。

王室面临着建立绝对权力的机会，并发现了两股需要镇压或安抚的力量；根据其处境和实力，王室开始调整与贵族和平民的关系。议事会成为王室权威的主要动力源，现在正尽可能地转变为一个政府机构，而不仅仅是大贵族的咨询机构；王室在国内各地都设立了类似的机构，使王权能够直接影响全国各地。随着王室机构成为政府各部门的核心，任何非民众会议所拥有的更普遍权威都会从属于更高的权力。

国王越来越少地征求议事会的意见。随着王权的增长，议事会越来越被忽视，直到这一机构几乎成为一种微不足道的力量。英格兰可能是个例外。议事会越来越少地被召集起来，尽管它的成员和它所代表的阶层也常常进行暴力抗争，反对这种忽视甚至消灭每个欧洲国家都曾拥有的那种民意机构的最后代表的行为。16世纪见证了这些机构的逐渐衰亡。

因此，尽管作为一种政府原则的封建制度被削弱给平民带来了巨大的利益，但与此同时人们尤其是大多数城镇都失去了曾经享有的一些权利。在民族主义精神的刺激下，欧洲开始了漫长的绝对王权实验，作为摆脱封建专制的代价，为了王朝的利益，民众的自由被牺牲了。

最明显的例子出现在西班牙。信仰天主教的斐迪南二世继位后，为卡斯蒂利亚、阿拉贡、那不勒斯以及哥伦布发现的新大陆设立了一系列议事会。这立即限制了大贵族和教会的权力，而大贵族和教会曾在前任国王们那里组成顾问团，把国王在国家事务中的地位降到了更低的位置。

除此之外，在西班牙人手中，还增加了另一个因素，部分是由半岛的局势决定的，部分是由当时的局势所产生的精神决定的。在13世纪为肃清异端而设立的宗教裁判所，在英国没有产生任何影响，在法国有很小的影响，在德意志和东欧影响更小，它的主要据点在意大利。但在斐迪南二世统治时期的西班牙，宗教裁判所被重新组织起来，成为王室和教会统治的工具。

宗教裁判所最初的活动是针对一般的异教徒，但是，它很快就变成了一种有用的武器，用来对付那些倾向于采纳新的思想原则（无论是宗教的还是政治的）并威胁到旧秩序的人们。它的神秘、恐怖刑罚以及几乎每日都会宣布有人被烧死的火刑场，使其变成了恐怖统治的象征，专门对付那些胆敢忤逆当权者的人，从而加深了西班牙与欧洲自由文化之间的鸿沟。

无论宗教裁判所在西班牙证明了它对王权多么有用，但它在欧洲其他地方却没有任何影响力。但是，斐迪南二世内心的政治冲动之强烈并不亚于同时代的其他国王。在英格兰，亨利七世与同时代的西班牙人几乎走了同样的道路，尽管英国的国会过于强大，无法像西班牙议会那样被对待，但国会已经失去了在兰开斯特家族掌权时期所享有的大部分权力。同样的，从法国到俄罗斯的其他国家的君主也走上了同样的道路，为了巩固自己的领土，他们转而使自己的权力变得更加绝对。

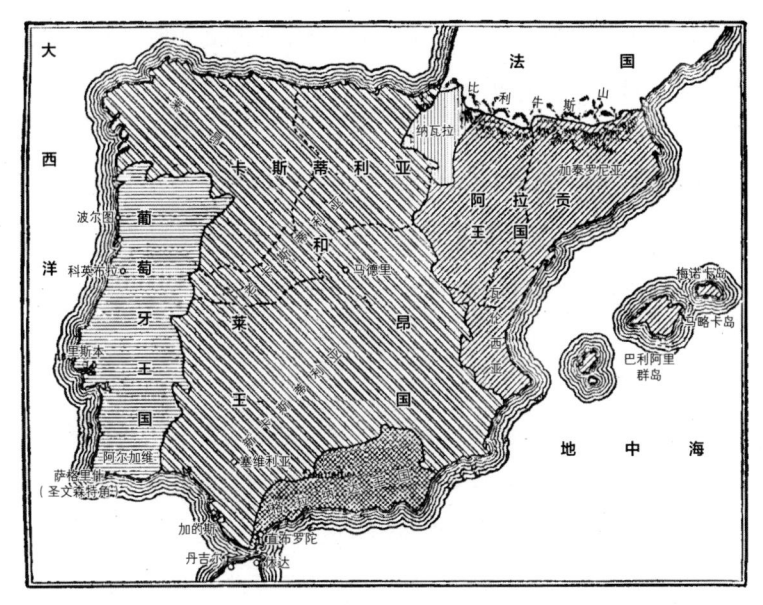

1453年的伊比利亚半岛

除此之外，还有另一个几乎同样重要的因素，即所谓王室联姻。在各种方法中，王室联姻确保了无可置疑的王权以及各个民族国家的领土合并，现在它又开始指引欧洲的政治命运。

通过这种方式，卡斯蒂利亚与莱昂和阿拉贡联合起来；通过这种方式，布列塔尼并入了卡佩家族的领地；通过这种方式，亨利七世确认了他对英国王位的要求；通过这种方式，哈布斯堡家族的领地得到了巩固。

因此，扩大这种方式的应用范围便是很自然的了。亨利七世刚登上英格兰王位，就开始了与阿拉贡王室和苏格兰王室的联姻，这对后世影响巨大。伊凡三世刚开始吞并相邻的斯拉夫国家，就走上了同样的道路。无论马克西米利安一世在仿效他同时代国王以巩固帝国的权力方面有什么失败之处,但在联姻上,他却是最幸运的国王。他自己与那位勃艮第的倒霉蛋"大胆查理"的女继承人联姻,从而为哈布斯堡家族带来了勃艮第的大部分领土,其中包括莱茵河和斯海尔德河的河口地区,也就是我们称之为尼德兰的地区。他的儿子与西班牙女继承人的婚姻使他的继承人统治了之前的任何一位国王都未曾统治过的广大领地。[1]

八

当意大利学者和葡萄牙冒险者为欧洲的智识和野心开辟了新的道路时,欧洲大陆的统治者在政治领域掀起了一场革命,这场革命的重要性不亚于航海者和文人的成就,甚至更为壮观。尽管各国的情况和问题不同,但各国统治者所采取的方法及结果基本上是一样的。对于所有的国王来说,根本问题都是用强大的中央集权取代封建制度,将直辖领土和贵族领地控制在同一家族手中,并在尽可能大的范围内建立对同民族人民的王权,树立王朝统治。简而言之,欧洲的分裂是纵向的,而不是横向的。

在中欧,实现这种民族王权却要困难得多。无论王室的政策如何成功,无论其统治下的土地如何集中,在一个方向上,哈布斯堡家族注定要失败。在这里,王朝统治压倒了民族原则,享有主权的

---

[1] 马克西米利安一世的长子腓力为奥地利、勃艮第、尼德兰的统治者,他与伊莎贝拉女王和斐迪南二世的女儿胡安娜联姻,这使得腓力和胡安娜的儿子查理五世统治了包括西班牙、奥地利、德意志、勃艮第、那不勒斯、撒丁岛、西西里岛、尼德兰以及西属美洲等广大的领地。——编者注

实体不断聚集，而这些实体过了一代人的时间就变成了欧洲世界赞美或恐惧的对象。

在英国和法国，以及西班牙、葡萄牙和俄罗斯，民族观念成为主要的驱动力，而王朝利益无论多么重要，都成了次要因素。但在德意志和意大利，由于分裂成了无数小国，民族利益和帝国利益都未能占据上风。没有一个家族，甚至哈布斯堡家族也不能主导这些地区，让四分五裂的小国团结起来；这些地区仍然远离当时的统一运动。结果，这些地区的人民失去了这个机会，除了正在瓦解的封建势力，所有人都热切地拥抱这个机会，以确保拥有更广泛的主权基础，拥有更大的实力、机会与和平。

尽管中央集权制度在不久的将来会显现出种种弊端，但现在兴起的民族国家王权为普通民众提供了最公平的安全保障，这是欧洲自普世帝国的梦想在封建主义的现实面前消失以来所未见过的东西。在这些新王权的野心基础之上，欧洲的政治活动从此发生了重大转向。

新的民族国家王权所表现出的精神及其将精力投入的方向是由两种力量决定的：一种是年轻而有活力的政治组织在自己的疆界之外寻求新的权力领域的倾向，这在政治史上一直是一种活跃的因素；二是欧洲某些地区的混乱状况，为邻国统治者的野心提供了诱人的机会。因此，民族国家成熟的标志是一场欧洲大战的开始。

这场大战爆发的地方就是意大利半岛，虽然它在当时正引领着欧洲大陆沿着知识和艺术成就的新道路前进。意大利的主要对手是西班牙和法国这两个迄今为止最能体现民族国家王权原则的国家。在查理八世与布列塔尼的安妮联姻并最终统一法国后不久，他就宣称对意大利领土拥有主权,并在意大利人的邀请下,把文艺复兴运动的中心变成了欧洲大陆的战场。因此,作为最终造就民族国家王权长达一个世纪的统一和专制运动的首要后果,一场以各种形式持续了三百年之久的冲突开始了,最后竟然未能实现使意大利变成阿尔卑斯山以北某些强国之附庸的目标。

第五章
欧洲政治：意大利战争

1492—1521

一

很明显，在欧洲人充分认识到哥伦布发现新大陆的意义之前，欧洲大陆的国际事务遇到了危机，而导致民族国家形成的长期发展即将产生一些非同寻常的变化，这些变化既与西方世界的发现无关，也与正在形成的新政治有机体的内部状况无关。

在哥伦布首次航行归来的次年，马克西米利安一世登上了神圣罗马帝国的皇位；第二年，法国的查理八世率军越过阿尔卑斯山入侵意大利。随着这些事件的发生，欧洲历史的另一个时代开始了，这个时代几乎在所有方面都与过去不同，并注定产生最深远的影响。结果，接下来的1/4个世纪成了欧洲政治发展中最重要的时期，查理八世的计划和哥伦布的地理大发现一样，开启了欧洲历史的新篇章。

二

　　整个欧洲大陆的形势，尤其是意大利的形势，在许多方面都有利于法国国王的计划，但同时也使他冒险行动的成功盖过了问题。随着对摩尔人的征服、斐迪南二世在位时期君主专制主义的发展以及对西方世界的发现，西班牙也准备好了进一步的征服并积极参与欧洲大陆内部的争斗。尽管谨慎而精明的亨利七世一心巩固国内的权力，但英格兰并不完全反对在这一领域发挥作用。皇帝马克西米利安一世想娶已成为法兰西王后的布列塔尼的安妮的计划被挫败后，他不仅想为自己遭受的耻辱报仇，还想从莱茵河沿岸的土地上得到更丰厚的补偿。

　　与此同时，意大利半岛的局势预示着这样一种冒险最终成功的希望比较渺茫，无论它在眼前能取得怎样的政治胜利。当时的意大利处于无政府状态，此后的几个世纪都是如此。威尼斯、米兰、佛罗伦萨、热那亚和萨伏依，还有一些次等的小国如帕尔玛和皮亚琴察、曼托瓦和费拉拉，都在争夺半岛北部的统治权；而中部的教皇国和南部的那不勒斯王国加剧了这个仿佛受到诅咒一般的半岛的四分五裂。

　　人们的心中不仅没有意大利，也没有意大利人，不惜一切代价取得成功的信条早已取代了任何爱国主义情感，甚至取代了居民们对自己所居住城市或国家的爱国情感。因为在意大利，就没有党派之争不占据主导地位的地方，哪怕是小邦国。

　　多年来，这片土地上到处都是雇佣军。对于他们来说，战争是一种职业，背叛只是一种生意。叛乱和阴谋、长期争斗和暗杀、小规模战争，都已司空见惯；背叛和抛弃，长期以来都是天才们的命运，他们在审美天赋上取得了最高的成就，在公共和私人道德上却表现出了最低的品质。

年轻的法国国王就陷入了这样一个旋涡之中，他的梦想是扩张领土，甚至想通过讨伐土耳其来重建耶路撒冷王国。因此，他以举国之力发动了一项他的财源、他的学识和他的准备都无法应付的冒险事业。没过多久，事实就证明了，无论他将这个四分五裂的敌人打败多少次，要征服意大利或其中任何一部分，都是任何一个欧洲国家在英国人被赶出法国之后所乐于从事的最疯狂的冒险事业之一。然而，就像英国人企图占领法国领土所遭遇的挫折一样，法国人在一百年中浪费了巨大的时间、精力、生命和财富，这种野心不但徒劳，而且代价高昂。

意大利人自己的内讧也同样愚蠢。土耳其人占领了奥特朗托，从威尼斯可以看到他们的营火；然而，无论是土耳其人的威胁，还是法国人的愤怒，都未能阻止这个动荡的半岛上家族与家族、邦与邦之间的激烈争斗。当那些雄心勃勃的主教们更热衷于扩大其家族影响和自己世俗权力而非教会的精神需要之时，意大利就更无法保持宁静了，因为他们会与地方势力竞争，并争相出卖组成了欧洲最有文化团体的那些人的利益。

三

意大利战争的漫长历史组成了欧洲历史上最辉煌的浪漫主义和最贫瘠的章节之一。一项更明智的政策本可以使查理八世反对马克西米利安一世对弗朗什-孔泰的图谋，并从斐迪南二世手中夺取鲁西永，从英格兰手中夺取加来，这样就可以保护法国的边境不受敌人的侵扰；但是，卢多维科·斯福尔扎娴熟的外交手腕把他从这些有用的政策中吸引了出来，转而追求难以捉摸、代价高昂的意大利冒险。

对于他的国家利益来说，还有什么政策比为了腾出手来进行意大利冒险而将塞尔达涅和鲁西永送给斐迪南二世、把弗朗什-孔泰和阿图瓦交给马克西米利安一世更具灾难性呢？为了夺回这些轻易送出去的地方，法国人后来耗费了无数的生命和钱财。

查理八世之所以对意大利主权提出要求，主要是他的奥尔良家族第一继承人的身份，该家族凭借来自被逐出米兰的维斯孔蒂家族的女继承人的血统，想要统治这个富裕的地区。除此之外，还有安茹家族对阿拉贡王室控制的那不勒斯王国更为古老的要求，他们与阿拉贡王室一起瓜分了安茹的古老土地，法国王室只保留普罗旺斯和安茹本身。

但是，让查理八世发现机会的不是这些难以说清楚的统治权利，而是米兰与那不勒斯之间的争斗。这种争斗是相当激烈的，而那不勒斯、佛罗伦萨和米兰的三方同盟，在哥伦布发现新大陆和洛伦佐·德·美第奇去世的那一年破裂，这使意大利向入侵者敞开了大门。精明但目光短浅的米兰公爵，为了对付他的那不勒斯对手，首先向马克西米利安一世寻求帮助，随后转而敦促法国国王维护他对那不勒斯的权利，为了得到查理八世的帮助，他不惜使意大利乃至整个欧洲都陷入战争。

尽管自身放荡无能，查理八世早期的行动还是为他的野心给出了一个公允的回报。他的军队是杂牌军，包括法国军队、瑞士雇佣军和德意志雇佣军，从阿尔卑斯山隘口拥入他盟友的领土，然后兵不血刃地进入了托斯卡纳。皮耶罗·德·美第奇急忙向入侵者投降，但他的顺从很快就使他失去了王位，而查理八世冒险的第一个结果就是使这位佛罗伦萨统治者沦为流亡者。

法国国王把比萨从佛罗伦萨的统治下解放出来后，就去了佛罗伦萨，向这座城市索要赎金；接着又去了锡耶纳，随后又去了罗马。在那里，教皇亚历山大六世被迫放弃了与那不勒斯的同盟关系，把一部分教皇领地割给查理八世。从那里，法国人开始向主要目标那不勒斯发起进攻。那不勒斯的统治者阿方索二世不受欢迎，性格怯懦，他退位逃到了西西里岛，王位则留给了他的儿子费兰特。经过一番全力的反抗，费兰特被自己的将军们出卖，步了父亲的后尘。就这样，在五个月的时间里，法国军队几乎没有受到任何激烈的抵抗，就已经占领了那不勒斯，并控制了意大利。

如果查理八世有他父亲的能力，即使他不是半岛的主人，也会从这样成功的冒险中得到很多东西。但是他志大才疏，生活放荡，尤其是他和他的追随者所表现出来的对意大利人的公然蔑视，激起了半岛人民的反抗。他刚得到自己的新资产，马上却要失去它。

米兰统治者后悔将法国人带进意大利，并开始担心自己的安危。教皇向来对法国国王不友好，还担心查理八世可能会召开一次大公会议，就在人们的劝说下选择继续抵抗。威尼斯人一开始是中立的，并乐意看到自己的邻居陷入困境，现在却担心自己会被法国人统治。在意大利以外的欧洲统治者中，西班牙的斐迪南二世则怀疑法国在觊觎他在西西里的领地；与此同时，马克西米利安一世因瓦卢瓦家族的优势地位而感到不安，也想打击一下法国人的势力。

因此，查理八世的战利品还没到手，就因自身的无能而让一个强大的联盟形成以挑战他的权力。皇帝和教皇、西班牙、威尼斯和米兰联合组成了威尼斯同盟；于是，法国国王在加冕之后，就匆忙

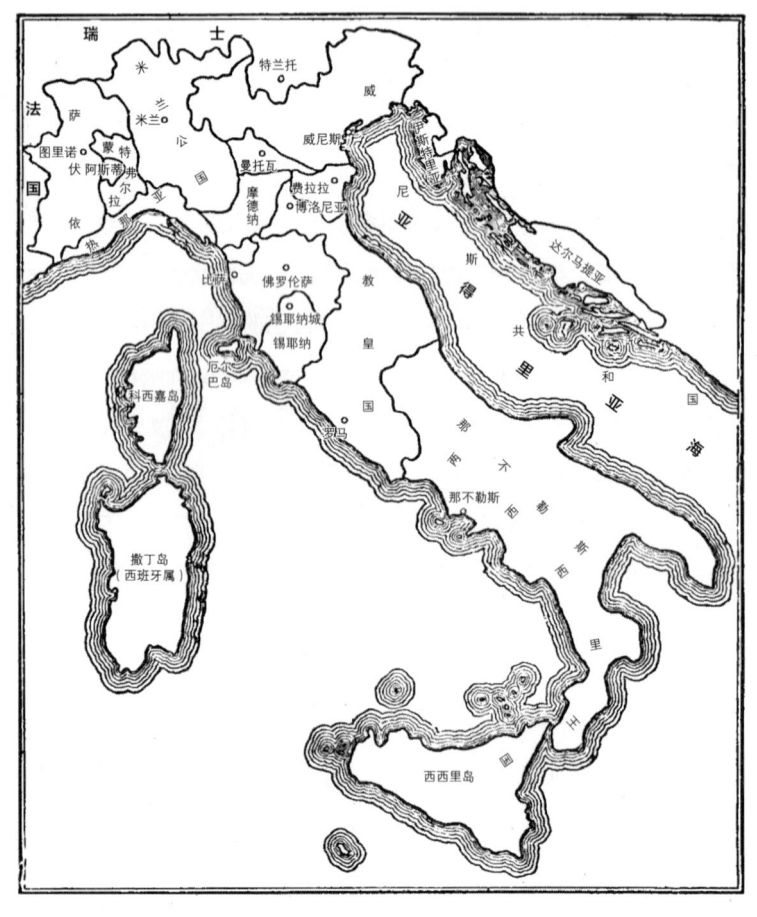

15 世纪末的意大利（1494）

实施了耽搁已久的撤退行动。只是忠诚的佛罗伦萨、米兰不愿看到意大利人赢得对侵略者的彻底胜利以及反对他的同盟军纪败坏，才使法国军队免于全军覆没的命运。

随着军队的撤离，查理八世的征服成果消失殆尽，而留在意大利的驻军也被迫投降，军官被驱逐，他的权威也随之终结。在他所有的收益中，只有佛罗伦萨割让给他的城市还保留着，在接下来的几年里，他把这些城市变卖了。这次冒险的唯一后果就是一直忠于他的意大利邦国——佛罗伦萨——被削弱了。

一个多世纪以来，欧洲大部分地区的精力都被耗费在这件事上，但要确定它的责任比例，即使有必要，也不容易。参与这一冒险的法国国王的固执和野心，支持这一冒险事业的人们的热情（用错地方了）以及引狼入室的意大利统治者们的愚蠢叛变行为，所有这些因素掺和在一起，造就了这场耗费无数人力、物力、财力和鲜血却成果寥寥的冒险。几代人都没有从惨痛经验中吸取教训，因为这段漫长冒险的第一章成了整个故事的一个模式。

四

在远征意大利四年后，查理八世去世了，他给继任者路易十二留下了一个坏榜样和一场持续不休的战争，而这两者都被这位新国王热情洋溢地继承下来。和他的前任一样，路易十二把弗朗什-孔泰交给了马克西米利安一世，急吼吼地再次开启在意大利的冒险。和以前一样，意大利欢迎入侵者。此前随着法国人的离去，威尼斯同盟早已分崩离析。教皇和威尼斯与法国结盟，路易十二就这样孤立了他的目标,也就是邀请他的父王前来干涉那不勒斯的卢多维科·斯福尔扎,然后再次入侵意大利。

一开始,路易十二获得了很大的成功。和以前一样,萨伏依为他提供免费的通行;和以前一样,他得到了瑞士雇佣兵的援助;就像佛罗伦萨之前驱逐皮耶罗·德·美第奇一样,现在由于不同的原因,米兰人迫使卢多维科·斯福尔扎向神圣罗马帝国皇帝寻求庇护。米兰向法国投降,热那亚也随之投降,威尼斯和法国毫不费力地占领了意大利北部的大部分地区。

与查理八世冒险的相似之处还不止于此。法国人又派了自己的军官来负责占领事宜,意大利人再次被激怒。路易十二进入半岛六个月后,卢多维科带着一支军队回来了,法国人失去战利品的速度与赢得它们的速度一样快。接着,路易十二又增加兵力,打败了卢多维科,收复了米兰,并准备征服那不勒斯。

但在这里,路易十二遇到了一个更危险的敌人。西班牙的斐迪南二世对法国的野心充满了嫉妒之情。他早些时候曾警告查理八世不要在这个方向上走得太远;在法国撤军后,他恢复了阿拉贡王室那不勒斯的王位。最终他和路易十二在那不勒斯问题上达成了妥协,并以那不勒斯的费德里戈与土耳其人签订的条约为借口,法国国王和西班牙国王同意一起瓜分那不勒斯的土地。

《格拉纳达条约》是此后在欧洲政治中发挥重大作用的那些瓜分条约之滥觞,王朝原则在国际事务中以此种形式发挥作用,直到它在某种程度上被民族精神所取代。根据条约中的条款,整个地区及生活于其上的居民从一个家族的统治之下转移到了另一个家族的统治之下,就像一个人卖掉他的农场和牲畜一样。随着封建原则延伸到更广阔的领域，很明显，除非有其他力量来制约它的活动，否则不幸的人们不过是把封建制度换成了国家农奴制而已。

该条约几乎立即生效。教皇谴责那不勒斯国王与土耳其人达成协议，并将其视为基督教世界的敌人。教皇欢迎法国人，法国军队侵占了那不勒斯北部地区；西班牙人在征服了格拉纳达的"伟大的统帅"贡萨洛·德·科尔多瓦的率领下，从那不勒斯南部登陆。不幸的那不勒斯王室无计可施，被迫流亡。然而这一切还没完成，征服者们却发现彼此之间存在不可调和的矛盾，于是一场性质非凡的法西战争开始了。

一方面，这场战争继承了古老的骑士精神，这种精神在比武和个人决斗中得以体现，并把帕雷德斯和巴亚尔的名字加入了骑士勇士的行列，为传奇故事增添了辉煌的篇章。另一方面，它开创了伟大职业军人的时代，法国的德奥比尼和西班牙的贡萨洛都成为了军事英雄的典范。因此，当中世纪的骑士精神在最后的光辉中燃烧起来时，欧洲进入了王朝主导的国际竞争的新阶段。

从一开始，结果就没什么疑问，法国人被赶出了那不勒斯。法国与神圣罗马帝国争夺勃艮第领土的斗争使马克西米利安一世成为路易十二的劲敌，这分散了他的精力和军力。尽管在第一次战败后，法国国王又在意大利尝试了两次致命的冒险，甚至成功地吞并了热那亚，但那不勒斯仍然掌握在斐迪南二世手中。

康布雷同盟由法国国王、神圣罗马帝国皇帝、西班牙国王和教皇组成，目的是掠夺威尼斯在欧洲大陆上的财产。这个同盟见证了王朝政策的另一个行动，还展示了自查理八世入侵以来推动意大利政治的那种精神，这种精神在几代人的时间里一直是这种长期斗争的独特性所在。

随后，康布雷同盟反过来让位于由教皇、斐迪南二世、威尼斯和瑞士所组成的神圣同盟，而建立这个同盟的目的就是赶走法国人。这一同盟粉碎了路易十二的野心；在他死后，他留给继任者弗朗索瓦一世的，只是从查理八世那里继承的雄心勃勃但徒劳无益的外交政策。

五

这些都是欧洲政治领域的主要事件，在这些年里，西班牙和葡萄牙取得并巩固了它们在欧洲以外的领地，而文艺复兴则将欧洲大陆最优秀的精神变成智慧和艺术的胜利。就其最终结果而言，意大利战争的徒劳程度不亚于当时戏剧性的局势。这场战争遏制了威尼斯在欧洲大陆上的野心，随着同一时期土耳其人对威尼斯在亚得里亚海据点的袭击，两者共同将威尼斯长期以来的霸权推到了崩溃的边缘。意大利战争最终确认了阿拉贡的斐迪南二世为那不勒斯国王，并使教皇命运多舛的世俗权力发展到了顶点。路易十二和马克西米利安一世把战争的遗产传给了后代，并将法国与哈布斯堡家族长达三百多年的武装冲突引入欧洲事务之中。

除了这些毫无益处的结果，意大利战争对世界进步也没有什么贡献，同一时期的波斯在伊斯玛仪一世即位后与土耳其的战争至少在一定程度上缓解了奥斯曼帝国对欧洲世界施加的压力。在文明的形成过程中，意大利战争的重要性远远不及俄罗斯南部金帐汗国的解体，以及随之而来的蒙古人对莫斯科人宗主权的丧失，这些都发生在同一时期。除了西班牙人和葡萄牙人在欧洲以外的活动，意大利政治上的这些令人眼花缭乱的变化，连同交战各方当时的利害关系，都是无足轻重的；与同时代欧洲大陆的智力进步相比，意大利的混战是可鄙的。

更重要的是，欧洲那些强大的统治者们都在努力统一他们的领土，增加王室的权力。不管是像马克西米利安一世那样失败了，还是像斐迪南二世、亨利七世、查理八世和伊凡三世一样成功了，他们都完成了两件事。他们在打破中世纪封建贵族的政治势力方面付出了很大的努力，并将绝对王权下的民族主义理想摆在了欧洲的面前。最终，除了德意志和意大利，民族主义王权国家变成了整个欧洲的模式。

从那以后，欧洲大部分的政治活动就围绕着这种即将诞生的最早的国际关系（实际上只是名义上的）而转动。实际上，这些国家仍然是王朝式的，并不是真正意义上的人民的，但它们开启了从中世纪到现代政体的转变，就像随之而来的思想革命和海外扩张一样，标志着一个新时代的开始。因为即使在徒劳无功的意大利冒险中，在统治者身上也显露出一种精神，这种精神从那时起一直支配着人们的政治能力，这种精神是一种难以捉摸但非常强大的力量，我们称之为民族性。

六

正如导致欧洲进入现代世界的其他很多运动一样，在这一发展过程中，亨利八世在1509年登上英国王位之后的十二年成了一段非常特殊的时期，因为在欧洲的统治者中间发生了不少人事和政策上的变动。

在亨利八世登上英国王位四年之后，"教皇国的创始人"，也就是野心勃勃且勇猛好斗的尤里乌斯二世，被洛伦佐·德·美第奇的儿子、奢侈和热爱享乐的利奥十世所取代，他将很多使佛罗伦萨成为文艺复兴中心的特质也带到了他的新职位之中。

他还没有来得及给教皇的权力贴上新的印记，笃信天主教的斐迪南二世和路易十二就告别了尘世，将他们各自的王国和意大利的长期斗争留给了他们的继承人——精明而冷静的卡洛斯一世和虚荣招摇的弗朗索瓦一世。三年后，马克西米利安一世的孙子、西班牙国王卡洛斯一世继承了神圣罗马帝国的皇位，他又被称为查理五世。至此，欧洲几乎同时出现了三位年轻而又雄心勃勃的君主，

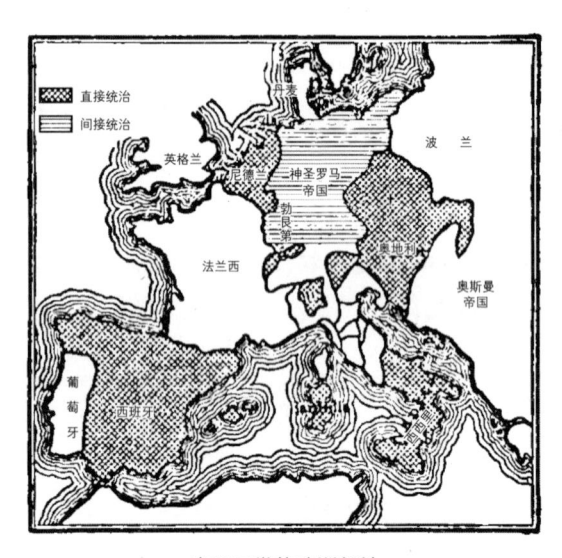

查理五世的欧洲领地

他们的关系决定了下一代人的政治命运,并开始了新的力量和政策调整。

其中最重要也最引人注目的就是神圣罗马帝国皇帝查理五世。尽管亨利八世的统治对英国很重要,弗朗索瓦一世的统治对法国很重要,但欧洲大陆的状况和领土的继承不可避免地使查理五世成为欧洲事务的焦点。他从母亲那里继承了西班牙、美洲殖民地和西西里岛,从父亲那里继承了哈布斯堡家族领地和勃艮第的领地。结果,他统治了欧洲有史以来最广阔的疆域。他长期统治的成就影响到了各个方面。欧洲大陆因为这个世界性的统治者而颤抖,当时的人们称他为"世界的主人",并非没有来由。

在他的领地内,宗教改革刚刚兴起;他的权力先被用来保护教皇,后又用来攻击教皇,最后颁布了宗教和平法令(《奥格斯堡宗教和约》)。他的儿子与葡萄牙公主联姻,使他影响到了葡萄牙的未来。他的姨母被亨利八世强迫离婚,使他的命运与英国人改变信仰之间有着紧密的联系。半个意大利都成了他家族的领地,他参与了这个长期以来纷争不断的半岛上所有复杂的政治活动。

为了与到处伸手的查理五世相抗衡,法国的弗朗索瓦一世进行了终身的斗争并发动了四场大战。为此,弗朗索瓦一世还寻求势力复苏的土耳其的援助,土耳其当时已经征服了埃及并开始吞并欧洲古老的地中海前哨——威尼斯商栈,再一次向基督教世界施加压力。查理五世因此而两次入侵非洲,两次与土耳其人作战,西班牙和神圣罗马帝国因此成为对抗奥斯曼帝国的堡垒。当他的臣民征服了新大陆,绕着地球航行时,宗教和政治、欧洲事务和殖民事务,部分地在他手中紧密地结合在一起。

实际上，当时几乎没有人感觉到即将移交给他和整个欧洲人民的责任之重量，新君主们继位的几年间都陷于从过去继承来的斗争之中。如果说在欧洲领导权改变的这八年历史中，有什么状况最让人惊讶的话，那就是欧洲的统治者们普遍对即将到来的变革迹象一无无知或漠不关心，而这些迹象在每一方面都已十分明显。

在国际政治领域，意大利战争具有其早期的重要性。英国国王刚刚登上王位，就被卷入这些错综复杂的事件当中。他加入了所谓神圣同盟，该同盟由尤里乌斯二世建立，旨在将法国人赶出意大利。教皇授予他"最虔诚的国王"之称号，并说服他恢复争夺在法国的领地那种过时而无效的政策。在马克西米利安一世的帮助下，亨利八世向路易十二发动进攻，并在吉纳盖特赢得了马刺会战的胜利。

当亨利八世不在国内的时候——意大利冒险的有害影响开始传播开来——苏格兰那位不幸的詹姆斯四世在法国人的怂恿下入侵了英格兰，落得个在弗洛登原野战败身死的下场。因此，以两个王国联合起来为结局的漫长历史在不知不觉间迈出了第一步。

法国采取了同样的做法。弗朗索瓦一世刚刚加冕，就开始推行他的前任遗留给他的意大利政策，在他漫长而好战的统治时期的前五年，他一直在追求那种虚幻的统治权。与查理八世和路易十二一样，他一开始也取得了成功，马里尼亚诺战役的胜利，让热那亚和米兰都落入他的手中。然而战争还没结束，卡洛斯一世当选为神圣罗马帝国皇帝的消息就给法国带来了自阿金库尔战役以来其所面临的最大威胁。

在两国漫长的边境上，从争论不休的纳瓦拉王国到意大利，再到莱茵河沿岸，法国与哈布斯堡家族发现它们几乎在每一个地方都处于敌对状态。查理五世凭借他在大陆上的领地、海外的领地和自己家族的联盟，处处打击法国人。除了个人野心，弗朗索瓦一世有充足的理由担心这个世界性的君主国的扩张以及独立法国的灭亡，这并不奇怪。因此，在第一次意大利战争归于平静后，他就将一生的精力用在了与查理五世的斗争上。

不过，在这些年轻的统治者看来，欧洲真正的发展潮流，并不在这场大冒险之中，正如不久后发生的事件所证明的那样，这场冒险是与过去而不是未来有关的。新的统治开始了，就像旧的统治结束一样自然。就这些君主而言，除了亨利八世为了当选神圣罗马帝国皇帝和为他的顾问红衣主教沃尔西争取教皇职位所做出的努力外，欧洲政治的发展似乎没有什么显著变化，专制主义的进步继更大的国家得以巩固之后，算是一个例外。

七

然而，如果对这位年轻皇帝在其漫长多事的统治生涯中所卷入的事件做一个最简短的概括，便能揭示出一个事实，即欧洲历史上没有哪段时期会像这段时期一样如此具有划时代的意义，而这位皇帝在当时则是世界上最令人瞩目的人物。

在那个时代，人们对教皇权威的反抗不仅动摇了教会的根基，还动摇了政治和社会的根基，人们分裂成敌对的宗教派别、武装阵营，更持久的是思想派别的对立。那代人见证了帝国的力量一次又一次地努力统一德意志，而民族专制主义的精神与它的对手一

表1 1500年—1600年的哈斯布斯家族

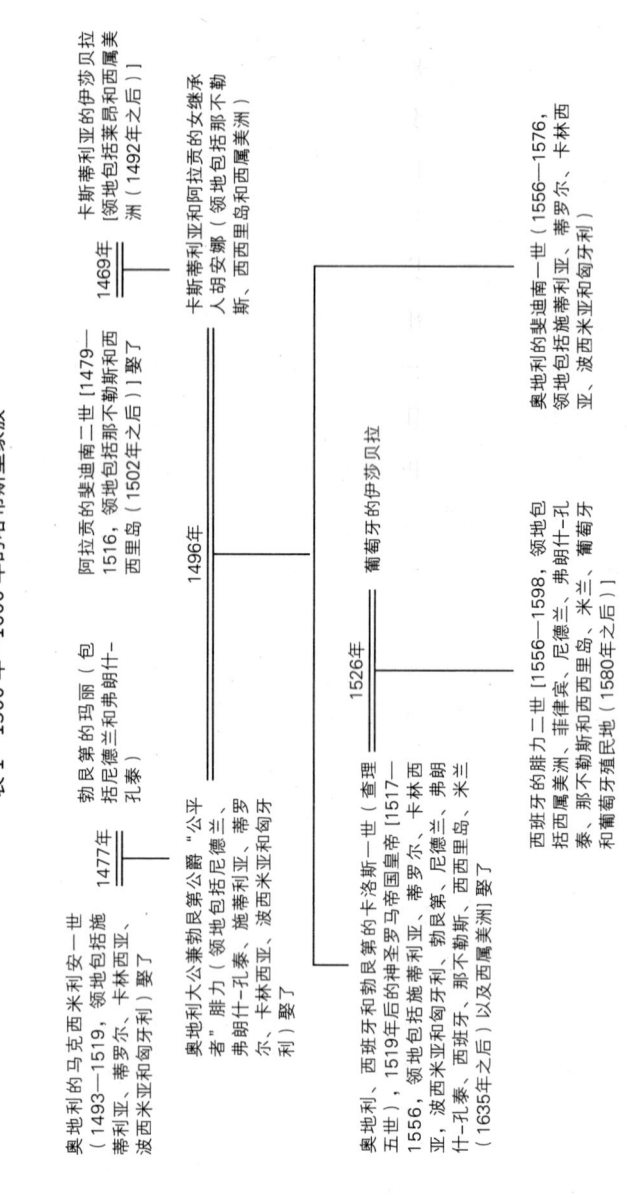

```
奥地利的马克西米利安一世 ─┬─1477年─ 勃艮第的玛丽(包
(1493—1519, 领地包括施            括尼德兰和弗朗什-
蒂利亚、蒂罗尔、卡林西亚、           孔泰)
波西米亚和匈牙利)娶了
                │
奥地利大公兼勃艮第公爵"公平        阿拉贡的斐迪南二世[1479— ─┬─ 卡斯蒂利亚的伊莎贝拉
者"腓力(领地包括尼德兰、         1516,领地包括那不勒斯和西      [领地包括莱昂和西属美
弗朗什-孔泰、施蒂利亚、蒂罗       西里岛(1502年之后)]娶了       洲(1492年之后)]
尔、卡林西亚、那不勒斯、波西              │1469年
米亚和匈牙利)娶了                │
         │─────1496年─────┤
         │                  卡斯蒂利亚和阿拉贡的女继承
         │                  人胡安娜(领地包括那不勒
         │                  斯、西西里岛和西属美洲)
         │
奥地利、西班牙和勃艮第的卡洛斯一世(查理 ─┬─1526年─ 葡萄牙的伊莎贝拉
五世,1519年后的神圣罗马帝国皇帝[1517—
1556,领地包括施蒂利亚和匈牙利、蒂罗尔、卡林西
亚,1519年后包括蒂利亚和匈牙利、勃艮第、尼德兰、弗朗
什-孔泰、西班牙、那不勒斯、西西里岛、米兰
(1635年之后)以及西属美洲)娶了
         │
西班牙的腓力二世[1556—1598, 领地包 ─┬─ 奥地利的斐迪南一世(1556—1576,
括西属美洲、菲律宾、尼德兰、弗朗什-孔        领地包括施蒂利亚、蒂罗尔、卡林西
泰、那不勒斯和西西里岛(1580年之后)        亚、波西米亚和匈牙利)
和葡萄牙殖民地(1580年之后)]
```

次又一次地撕裂欧洲大陆。

人们看到了大量贵重商品和金属的流入，旧的贸易流转向新的渠道，资本的增加改变了欧洲世界的经济基础。在欧洲大陆之外，人们看到东方的阿拉伯商业帝国被葡萄牙所取代，西半球的辉煌文明被西班牙发现并摧毁，一艘船就能环绕世界，"每年都有新的奇迹和新的土地出现"。

随着欧洲历史舞台的中心从地中海转移到大西洋，亚洲和美洲的重量被置于欧洲的天平上，欧洲的平衡被永远地改变了。

随着对历史的发掘以及宗教改革运动的蔓延，欧洲大陆的精神和思想基础发生了深刻的变化。活在当代的征服者的事迹远远胜过传奇英雄的事迹，学者、文人、艺术家和工匠的成就开始挑战古代世界的成就，这刺激了欧洲人的思想和想象力，促使他们向往新的冒险。

与此同时，在这些新影响的压力下，中世纪社会和思想的陈旧框架崩溃了；而欧洲则集中力量发展出一套新的体系取而代之。以土地和实物为基础的旧的服务和交换原则，已被货币和日薪、劳动力及资本的原则所取代。这一运动部分已经开始，并在很大程度上得到来自海外的巨额财富的推动，几乎抹去了早期的政治和金融的标志物，为新经济奠定了基础。

从腐朽的封建和帝国政权中产生了民族国家政府。除了希腊正教会和罗马天主教会，新教也开始崭露头角。两个世纪的奋斗目标逐渐实现，欧洲在思想和实践上逐渐世俗化，思想上的扩张和领土上的扩张一样深刻而广阔，当时人的头脑也从中世纪的概念和实践转向现代世界的理想。

如果这还不足以吸纳欧洲的精力,那剩余的精力便会在主权国家争夺霸权的激烈斗争以及应付土耳其人的进攻中催生出重大的成果,事实证明,土耳其人的军事行动对欧洲造成的破坏几乎与基督教世界统治者的野心一样大。

这些对抗自有其的意义,因为它们与欧洲的形成过程是密不可分的,它们带来了欧洲的分裂,而这种分裂大体上就是民族国家和国际关系的基础,并使现代欧洲成为今天的样子。尽管民族国家的原则具有无限的复杂性,而且长期的冲突也改变了欧洲的边界,但总的来说,民族国家体系已证明自己比所取代的那个在理论上统一实际上却混乱不堪的体系更可取。就这一点来说,正如其他社会活动的表现一样,15世纪和16世纪为另一个时代奠定了基础。

第六章
西班牙和葡萄牙

1498—1521

一

如果历史本身主要集中于那些在任何时候都会吸引人们注意力的事件，而不管它们对未来的意义，很显然，意大利战争将会成为从洛伦佐·德·美第奇在1492年去世到西班牙的卡洛斯一世在1519年继位并成为神圣罗马帝国皇帝之间1/4个世纪的所有历史记载的主旋律。但如果我们考察的对象是具有永恒价值的问题，那么，在那些年里，西欧强国开辟通往亚洲和美洲道路的活动要比德·富瓦、巴亚尔乃至"伟大的统帅"贡萨洛·德·科尔多瓦本人的成就更显眼，更不用说与他们所服务的主人在欧洲大陆所实施的一般政策相比了。

因为那些冲破长期把欧洲与外部世界隔离开来之小圈子的国家所面临的问题，从某种意义上说，就是欧洲以外世界的未来。冲破小圈子的国家所要面临的问题已经表现出一种要坚持到底的两面性。一方面，这些进行海外开拓的国家的任务是维持和改善已经获得的地位；另一方面，它们之间古老的竞争也延伸到了地球上最遥远的角落。因此，这些国家急于加强和扩大它们在海外的势力；同时为了尽可能多地获得这一巨大遗产的所有权，它们也相互制衡。

二

这场竞争最重的担子首先落在了那个在西半球开路的人身上。哥伦布并不反对扩大自己活动的范围，然而这样的活动对于他来说是极为不幸的。处境的艰难、西班牙人的缺乏经验以及他自身能力的欠缺，均使成功变得无望。他的支持者们叫嚣着要为自己的投资索要回报；国王无视他的特许权利，为别人颁发航海许可，而殖民者们的贪婪和暴力激怒了土著。哥伦布无力平息骚乱，只好在探险中寻求庇护；就在达·伽马前往马拉巴尔运载香料，萨伏那洛拉在佛罗伦萨殉教的时候，他开始了自己的第三次远航，并发现了一个新岛——特立尼达和南美洲大陆，以及一条巨大的河流——奥里诺科河。

但是，哥伦布对自己从事的冒险之意义的理解，就像他对新殖民地的财富和秩序的理解一样少。他遇到了一艘由富有而强大的新大陆人乘坐的船，但这并没有给他带来什么启发。他把一船土著作为奴隶送了回去，但这也受到了质疑，很快又被送了回来。一位被误认为可以严格执行纪律的人博瓦迪亚，受命前去恢复秩序。博瓦迪亚把哥伦布及其兄弟抓了起来并戴上镣铐，将他们作为殖民地和平的破坏者带回了西班牙。

虽然哥伦布后来被释放了，他身体所受的创伤也大部分得到了治疗，但从那以后，这位海军元帅就渐渐陷入了他当初发迹时的默默无闻之中：他的名声保住了，却失去了财富。他性情自负，不切实际，在实际事务上缺乏经验，既非征服者，又非管理者，他无法控制自己所唤起的那种精神，于是世界抛弃了他。直到最后，他仍然只是个探险者。

到了晚年，哥伦布又成了一个神秘主义者，并把精力都花在维护自己的权利免受侵犯和寻找新的土地上面。他又进行了一次航行，那是他的第四次航行。在这次航行中，他发现了洪都拉斯，并沿着大陆海岸向南越过赤道。1504年的晚些时候，他回到了西班牙，发现西班牙已被派系斗争所撕裂。数个月后，他去世了，而当时几乎没有人注意到这个消息。

哥伦布发现的世界其实是他自己从未了解过的。对于他来说，那些地方就是亚洲；然而最后，它们都成了另外的地方。长期航海和辛勤工作损害了他的健康，他的精神似乎也受到压力和他的成就所带来的巨大刺激之不良影响。令他感到痛苦的是，即使得到再多的报酬，他都觉得远远配不上自己的成就，于是他开始被一种更古老的宇宙起源的梦想所困扰。

在他看来，大地是梨形的；奥里诺科河是一条生命之河，从反映出模糊的天堂传说的中部地区流出；他自己是救世主的信使，也是上帝秘密的宣示者。当然，他的想法并不是他所独有的；像卡布拉尔这样的独立发现者紧随其后，也获得了成功。**很明显，如果哥**

伦布未曾发现新大陆的话，这个功业很可能会由其他人作为第一个向全世界展示横渡大西洋和大西洋彼岸陆地的人来完成。这一点，是他与其他发现者的显著区别。

哥伦布最初的功绩注定使他成为那一时代最杰出的人物，但他的品格和能力与他所创造出来的局面并不相称，导致对美洲的认知和进一步的殖民开发落到别人手中。

紧随其后的是一群漂洋过海寻找财富的冒险者、有执照的探险者，最主要的是他的同伴；余下的是没有执照的闯入者，他们对王室和特许状都不屑一顾。在达·伽马返回的那一年，鲁莽的骑士奥维达和哥伦布的地图制作者胡安·德拉科萨就开始了他们的航行。与他们同行的还有**商人冒险者亚美利哥·韦斯普奇，此人后来的作品使欧洲人注意到了新大陆，而它产生了如此广泛的影响，以至于根据一位德意志地理学家的建议，人们用他的名字"亚美利加"（America），而不是新大陆发现者的名字"哥伦布"为这片土地命名。**

这些冒险者将发现的委内瑞拉基督教化，而这一地区明显与威尼斯有某种相似之处。这支探险队将200名巴哈马土著作为奴隶带回了家，而其他人进行的类似的探险活动也紧随其后。阿隆索·尼诺的家族曾为哥伦布第一次航行的"尼娜号"提供物资；文森特·平松是"尼娜号"的老指挥官；迭戈·莱佩和哥伦布以前的领航员罗尔丹；还有一些或知名或无名的人；在寻找黄金、珍珠以及通往亚洲的海上通道的过程中，为哥伦布带回的关于新世界的知识添砖加瓦。

但无论是哥伦布还是他的继任者们，都没有发现传说中的海峡。在西方世界,当哥伦布去世的时候,西班牙人只知道加勒比群岛和南美洲的北部海岸。对北边的大陆,内陆那些富裕的帝国,以及更遥远的海洋,他们几乎一无所知。

如果说西班牙人对新大陆的认识进展缓慢,那么他们建立殖民地的进程就更为缓慢了。在他们已经遇到的所有土著部落中,朴实的阿拉瓦克人可能是欧洲人遇到过的最温和与最落后的民族,他们的居住地覆盖了南部大陆的绝大部分地区。但即便是这些人,也憎恨这些粗野的冒险者的残酷压迫。

这些冒险者显然不适合公正地开发新世界,也不会为新世界或他们自己的国家带来持久的利益。冒险者之间经常爆发冲突,但他们与总督之间的冲突要比与当地居民之间的冲突少一些。直到尼古拉斯·奥万多成为总督,也就是在第一次发现新大陆约十年后,殖民地真正的社会和经济秩序才开始形成。即便如此,建立殖民地的进程仍然极其缓慢。

事实上,在伊莎贝拉岛和圣多明各岛附近已经出现了一些较小的定居点;流水的冲刷也冲出了一些金子;同时,用土著或黑人开垦的土地为农业提供了空间,甘蔗的引进又给农业发展提供了新的动力。

三

随着西班牙在美洲殖民的第二个十年的开始,另一种情况在很大程度上决定了这项活动的未来。由于哥伦布发现新大陆造成的紧急情况,西班牙国王被迫采取措施管理美洲事务,他任命塞维利亚教士胡安·罗德里格兹·德·丰塞卡为殖民地总代理人，因为他在近十年来一直担任实质上的殖民大臣。现在，随着塞维利亚成为殖民地事务管理的中心，这个精明的教士作为西班牙海外帝国的财务负责人，他的职权开始扩张到了全能的贸易之家——它模仿葡萄牙人的印度之家，同时开始控制邻近王国的东方贸易。

贸易之家的成立是为了监督所有的贸易和许可证、商船和货物，但到奥万多的时候，王室议事会发现有必要制定一份政府规划纲要。总督坐镇殖民地中心城市圣多明各，有权管理西印度群岛事务和美洲大陆上未指定的事务，维持秩序，向土著传教而不是虐待他们，强迫他们在矿山劳作但确保他们得到工资，驱赶犹太人和摩尔人，进口黑人奴隶，并为王室保留开采出来一半的黄金。

连同总督一起派出的还有一名法官、十二名方济各会修士和一群士兵，就这样，随着官员、教士和军队这三个永久要素的到来，正式的政府机构在新大陆建立了。

随着政府机构的建立，殖民地最棘手的劳动力、土著和黑奴问题开始出现。在这些问题上，没有哪个国家比西班牙考虑得更多。神学家们被召集来讨论印第安人是否拥有像欧洲人那样的灵魂，或者一半的灵魂，抑或根本没有灵魂，因为这将决定他们的身份和前途；当他们被确定有真正的灵魂后，政府便会采取措施来拯救他们，并保护好他们的身体。那些被送到西班牙的印第安人很快被送了回来，并通过了法律，将当地人置于政府和教会的保护及控制之下。

传教工作开始了。更多残酷的习俗被废止，禁止进贡女孩和无偿强迫劳动，禁止向他们出售武器和酒，允许他们做生意、耕种土地和养牛。此外，在西班牙人的监督下，土著酋长将保留他们原有的权威；在每个地区，在教士的监督下，印第安人可以选择他们自己的镇长或法官、会计或律师以及市政官或行政长官。

简而言之，新臣民将得到保护，实现基督教化，并尽可能地实现文明开化；而西班牙的市政体系被扩展到新世界，希望它能立即产生一种像西班牙那样的文明——如果不是一种社会的话。这就是欧洲人在美洲开疆拓土的最早计划。

这是一个宏伟的理想，但是为执行这些计划而颁布的法律本身就揭示了实现这些计划存在的根本困难，它使热心于热带地区殖民开发的道德层面的人们与醉心于其经济层面的人们之间产生了很大的分歧。当地民族不愿意或不适应欧洲征服者设计的制度，宗主国政府发现自己的计划受到了这一种状况的阻碍，而这种状况已成为热带政府管理的常态。

与黄金相比，殖民者不太关心正义问题，他们的目标是利润，而不是文明或拯救。 祖国离他们很远，土著就在他们身边；他们努力在快速致富的进程中逃避、忽视或蔑视法律。他们所构建的社会是一个占统治地位的种族将其经济力量建立在一个较弱阶级劳动的基础之上，就像后来在同一领域的大多数殖民活动一样，建立在奴隶制的基础之上。

在父亲第一次航海十七年后，迭戈·哥伦布作为圣多明各的总督出航时，西班牙帝国的模型已经铸造出来，而这一帝国模型在某种程度上成为后来所有其他国家开发热带地区的样板。

四

在西班牙进入美洲的第一个二十五年里，它对迅速扩大的欧洲势力范围所做的贡献微不足道。与葡萄牙在东方取得的成就相比，几乎不值一提。因为随着达·伽马的归来，他的同胞已经从昏睡中苏醒过来，他们在随后二十年里的行动成了世界奇观。

紧随他的抵达，葡萄牙人预测西班牙人会发现他们梦寐以求的从西方通往亚洲的海路，他们采取的第一个行动就是派遣探险队去寻找传说中的西北通道。因此，加斯帕尔·德·科特雷亚尔沿着北美洲的北大西洋海岸对纽芬兰、拉布拉多、"布列塔尼人之地"和"鳕鱼之地"进行了探索。在达·伽马的第二次航行中，作为长生妄想的第一个受害者，他丢掉了性命。他并不是唯一一个被托付这项任务的人，葡萄牙人绘制的关于这一地区的世界地图，其范围不断扩大，从而记录了现在不为人知的探险者们在无望的探索中所付出的努力。

这些努力并不完全是徒劳的。在达·伽马航行之后不到两年，佩德罗·阿尔瓦雷斯·卡布拉尔受命率领一支由13艘船和约1200人组成的葡萄牙舰队前去夺取东方的贸易。他们在巴尔托洛梅乌·迪亚士的领航下向西南方走了很远，以便避开几内亚通道（或偶然或故意），随后看到了平松在三个月前所抵达陆地之外的土地。他将其命名为圣克鲁斯，宣称它属于葡萄牙，并派了一艘船回来，带回了发现它的消息。随着船队的前进，葡萄牙最大的殖民地巴西被置于王国的保护之下，西班牙刚刚建立的垄断在西半球被打破了。

卡布拉尔在印度的出现也同样重要，因为这开启了一个扩张及欧亚关系的新篇章。他强迫卡利卡特扎莫林准许葡萄牙建立一个商栈。但是欧洲在东方的第一个商栈很快就被它的阿拉伯敌人摧毁了；很明显，葡萄牙必须战斗才能在它梦寐以求的重要贸易中分得一杯羹。卡布拉尔下定决心开战，他在卡利卡特击沉了摩尔人①的十艘船，随后航行到科钦，在那里得到了一船货，并建立了代理点，然后返回家乡，鼓动他的同胞们参加新的十字军东征。

在他到达里斯本之前，另一支葡萄牙军队已经和卡利卡特开战。在返回葡萄牙的路上，他与达·伽马强大的舰队相遇而过，达·伽马的舰队要为曾经的遭遇复仇，同时要为他的主人声张在印度洋的贸易权利。达·伽马率舰队沿着非洲东海岸航行，准备横穿印度洋，驶抵马拉巴尔。他下令舰队炮击了基卢瓦，强迫其进贡；俘获并烧毁了开往麦加的朝圣船和从科罗曼德驶来的运米船；达·伽马迫使马拉巴尔海岸的统治者授予他贸易垄断权，并放弃他们与卡利卡特及埃及的联系，从而为西方和遥远的东方之间的第一次大冲击埋下了引线。

在这些事件的刺激下，葡萄牙人把所有的精力都投入到了追求荣耀和财富的英勇冒险中去；而阿拉伯贸易强国则与卡利卡特联合起来保卫它们的商业和信仰。这场血腥的冲突以宗教战争中的英雄表现和可怕的残忍事件为标志，愈演愈烈。一支又一支舰队，"成群的海上雄鹰，渴望着战利品"，急忙向东方挺进，舰队载着冒险者们，"为财富和战争而疯狂"。

---

① 摩尔人，为殖民时代的葡萄牙人对印度及附近穆斯林的通称。——编者注

战争的运气以令人眼花缭乱的速度从一边转向另一边，直到被称为"葡萄牙的阿喀琉斯"的杜阿尔特·帕谢科在科钦的英勇防御使运气转向了葡萄牙一边。扎莫林被打败了，他的部分城市被摧毁；"葡萄牙人的复仇"指向了敌对的阿拉伯人和他们的土著盟友；马拉巴尔的伊斯兰教势力被粉碎。从贸易航行到永久驿站，从商业竞争到圣战，葡萄牙在八年内成了印度洋上最令人恐惧和憎恨的势力，堂而皇之地控制了东西方海上贸易的通道。

但葡萄牙很快发现，自己打败了一群对手，却不得不面对更加危险的对手。利益相关的印度世界以及远在其疆界之外的每一个国家都被鼓动起来抵抗葡萄牙人的威胁。印度西北部第乌附近的伊斯兰教邦国；埃及的阿拉伯苏丹，他的收入减少，他的信仰受到入侵者的侮辱；土耳其人，甚至威尼斯人都被号召起来反对这些胆大包天的冒险者们。然而这并没有吓倒葡萄牙人。

苏丹威胁教皇，他们要毁掉巴勒斯坦的圣殿和圣墓，但葡萄牙国王反驳教皇使者说，在对付异教徒方面，欧洲没有谁比他的臣民表现得更英勇，没有任何一个伊斯兰国家能抵抗新的十字军东征。葡萄牙人不但没有退却，反而扩大了他们的征服计划。

为了实施这个计划，弗朗西斯科·阿尔梅达被派往东非海岸建立永久基地，并在那里为前往印度的船只提供固定的导航服务。他的第二个任务是在马拉巴尔打击阿拉伯人的势力，这项任务已经由他的前任完成了大部分。第三项任务是推翻穆斯林对印度洋的统治。为了加强他的力量，也为了表明葡萄牙已经改变了的政策和永久性目标，他被委任为印度总督，因为现在的葡萄牙人渴望掌握印度洋的控制权以及通往印度洋的道路。

为了达到这个目的，葡萄牙派出了一支舰队永久驻扎在那里，并制定了夺取航道要冲的计划；通过占据亚丁控制红海，占据霍尔木兹控制波斯湾，占据马六甲控制马六甲诸海峡以及通往香料群岛和更远的亚洲的道路；并在马拉巴尔建立殖民地首府。

阿尔梅达对这些意义深远的计划并不完全同意。在他看来，只要控制海洋，就足以对抗从卡利卡特到开罗的伊斯兰势力，后者也正联合起来想要一举击溃葡萄牙人。对于他手下那些人来说，即使这个任务，似乎都难以完成，然而经过他们最令人难以置信的努力，任务最终还是完成了。

阿尔梅达短暂的总督任期几乎充满了连续不断的海上冲突，他勇敢的儿子洛伦索奋勇当先，连续三年击溃了扎莫林的军队，并迫使锡兰投降，最后在奋力阻击救援卡利卡特的埃及联合舰队和北印度各国军队时战败身亡。在他死后一年（1509），第乌战役就为这位年轻的英雄报了仇，并使葡萄牙获得了印度洋一百年的控制权。通过此战，葡萄牙奠定了它在东方的权力基础。

五

随之而来的是帝国的政策和控制问题。葡萄牙人已经成立了一个殖民地办事机构"印度之家"来管理贸易事务；佛罗伦萨、热那亚、奥格斯堡、纽伦堡和尼德兰的商人已经开始分享利益。

在阿尔梅达担任总督的第一年，作为新政策和新战争的预兆，阿方索·德·阿尔布克尔克和特里斯坦·达·库尼亚被派到了印度。在发现了那个至今仍以特里斯坦·达·库尼亚命名的岛屿

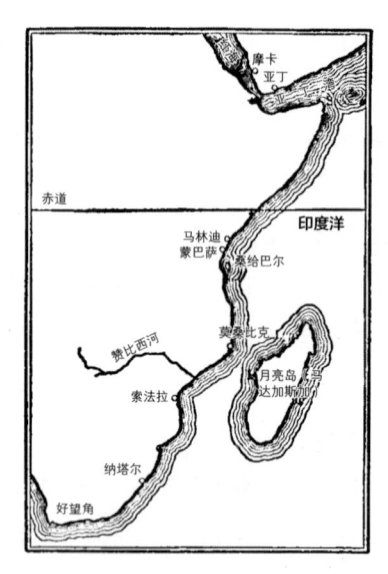

非洲东海岸

后,他们带着枪炮和刀剑继续沿着东非海岸前进,占领了索科特拉岛,准备侵入波斯湾。他们从库里亚穆里亚群岛起航,前往攻占马斯喀特,进而包围他们的目标霍尔木兹。然而他们的进攻失败了。

在他们到达印度后,阿尔梅达被国王忘恩负义的行为所激怒,拒绝交出职权,并将国王指定的继任者阿尔布克尔克囚禁。随后,另一支葡萄牙舰队到来,将阿尔布克尔克释放。就在迭戈·哥伦布开始担任西印度群岛总督的那一年,阿尔布克尔克开始了他在东方的总督任期,新总督开启了世界事务的新篇章。

与西班牙在西方的活动迥然不同的是,葡萄牙的扩张冒险甚至在阿尔布克尔克出现之前就已经改变了整个欧亚地区的贸易和政治平衡。里斯本已经取代威尼斯、热那亚和亚历山大城成为东方贸易的转口港；欧洲的贸易路线也在改变，以适应这一新情况。

起初，由于缺乏资本和商业经验，葡萄牙人允许其他国家的商人分享他们的冒险成果，外国公司很快在里斯本建立了代理机构，开始进行商业性航行，并在王室许可下进行风险投资。因此，欧洲作为一个整体在对东方进行的新开发中发挥了不小的作用。

但在政治上，情况正好相反。教皇的诏令、航海秘密的严密保护、拥有从里斯本到卡利卡特的港口，阻止了其他国家的争夺，只是偶尔有胆大的入侵者闯入印度。葡萄牙人对这些偶然闯入者并不担心，而对其他欧洲国家也没有什么可害怕的，因为它们正专注于本国内部的事务。

这样，葡萄牙便不受干扰地加强了它在海外的力量。跟随商人和征服者脚步的，是大批官员、士兵、水手、冒险者、偶尔的定居者、传教士、商业代理人的到来，他们从一个港口到另一个港口，不断前进，直到从里斯本到卡利卡特的城镇其人数众多的土著人中都有了一些葡萄牙人。

但是葡萄牙人还是太少了，无力与本地人争夺，而且不愿像西班牙的第一批殖民者那样发动一场征服或灭绝种族的战争，也不打算统治太多的领土，他们满足于征服港口和建立商栈。葡萄牙人只要察觉到何处有需要，就会与土著国王进行谈判、通商并在当地定居和混居，并与土著通婚，从而建立了一个颇为奇特的社会，包括商人和种植园主、自由人和奴隶、白人、土著和混血人。在这样的形势下，他们等于是沿着印度洋海岸传播了经过改良的欧洲种族和文明，并把自己的命运与新发现的种族连接到如此紧密的程度，以至于西班牙人和欧洲北部的人都望尘莫及。欧洲北部的人现在也将要开始他们的使命。

欧洲人的知识边界和势力范围在不到十五年的时间里就超过了此前两千年，甚至超越了前代人的想象，更不用说在实质成就方面的超越了。然而，这并不是整个欧洲大陆所取得的成果，而是两个小王国、少数人的成果。其他欧洲国家在欧洲边界因新发现而扩大的那些年里，更关心自己的地方利益，而不是这些新发现带来的希望。

即使西班牙，它的精力如此集中于斐迪南二世在意大利的野心上，以至于其在西方世界的殖民扩张远不如其在东方的邻居，因此相应地较少关注其发现者的工作。结果，这一时期主导殖民扩张的中心几乎完全在葡萄牙。就在查理五世和弗朗索瓦一世各自接过国王的权杖时，"幸运者"曼努埃尔一世的漫长且辉煌的统治让葡萄牙的征服突飞猛进，他的国家已经成为世界上第一个殖民强国。

六

这种令人垂涎的收获要归功于葡萄牙最后一位也是最强大的帝国缔造者阿方索·德·阿尔布克尔克，他通过使葡萄牙人建立对远东地区的商业统治而使达·伽马和阿尔梅达的工作得以最终完成。

这位航海家现在是欧洲扩张势力的化身，他是他的人民和他的时代的一个代表性产物。他出生于君士坦丁堡陷落的那一年，祖上是战士、水手和侍臣，曾经与亨利王子的学校培养出来的那些人一同在非洲和海上长期服役，这种经历使他的内心充满了"为上帝建功立业"之类的雄心。

在一次到马拉巴尔的航行中,他带来了一个注定要改变世界事务方向的计划。在那里,阿拉伯人的敌视使达·伽马与东方开展直接贸易的计划不可能实现;阿尔梅达通过舰队和海军基地控制海洋的努力取得了成功。在此基础上,阿尔布克尔克计划将葡萄牙的势力从非洲的海上航道和印度海岸的港口扩展到以马拉巴尔海岸为中心的整条贸易路线的源头和通路上。

他的行动又快又稳。考虑到海军基地和商业中心是行动的核心,他占领了马拉巴尔北部的果阿港,杀死或驱逐了当地的穆斯林居民,安抚了当地的印度教徒,建造了一座堡垒,将老港口的特权转移到新堡垒身上,并建立了武器库和供应仓库,还建了一个殖民地的中央管理机构。

与此同时,一支海军中队前往苏门答腊,穿过马六甲海峡去了爪哇,然后到了香料群岛,阿尔布克尔克随之结束了在马拉巴尔的军事行动。在爪哇人的帮助下,他进攻了马六甲,在那里建造了一个要塞来控制通往更靠东边的海峡通道,并从那里派遣了一支舰队在香料群岛的安波那岛建立哨所,以便在源头上控制香料贸易。

在与印度支那的统治者签订了条约后,他转而为土耳其-波斯人对殖民地首府的袭击进行报复,并在红海发动了进攻。虽然在亚丁被击退,但他控制了通往波斯湾的要道霍尔木兹海峡以及那里富裕的商业财富,并通过在卡利卡特和第乌的工厂加强了对印度的控制。在五年的时间里,他让葡萄牙取代了阿拉伯贸易帝国,打开了通往亚洲更远区域的道路,巩固了欧洲对东方的控制。他还做了更多的事情。

按照"航海家"亨利王子从背后进攻伊斯林势力的政策,他为土耳其的注意力从征服欧洲转移出来而提供了帮助，因此，在一段时间内缓解了奥斯曼帝国对欧洲的压力。在他去世的时候，东方的葡萄牙帝国已经真正建立起来，而且恰好完成于休达陷落一百年后，他按照亨利王子的精神来规划和实施自己的扩张行动，恰好成为这个扩张世纪的顶峰。

此后，他的工作由其他人完成。六年之内，萨乌雷兹在科伦坡建立了要塞，以控制锡兰；佩雷拉以特使身份访问了中国；安德拉德考察了中国沿海地区，中国与印度支那的贸易现在归于葡萄牙；葡萄牙的船只曾造访过广袤的东部群岛，最远到达了婆罗洲。与此同时，土耳其人征服了埃及。

就这样，威尼斯和热那亚前往东方的最后一条通道被切断了；里斯本成了亚洲货物的主要转口港。土耳其人、阿拉伯人、波斯人和埃及人仍然在争夺制海权；他们与葡萄牙之间的分界线将随着一场无休止的战争的难以预知之风险而来回摇摆；但是，到葡萄牙在本土失去独立为止，它都能控制东方的形势。

七

这就是葡萄牙的战利品。也许没有哪个国家在当时的条件下会表现出更突出的能力，但葡萄牙国内的发展几乎跟不上海外殖民的步伐。它的政府高度集权，议会被并入了国王议事会，民众的自由消失了，国王的权柄越来越重；徒劳无功的外交政策和错误的经济政策削弱了葡萄牙王国。它的封建组织更适合征服新帝国，而不是开发新帝国；而它那130万居民，相对于强加在它身上的艰巨任务来说，数量实在是太少了。

此外，突如其来的财富也败坏了社会风气。葡萄牙的贵族们通过在宫廷里溜须拍马找到了获得财富和权力的途径，为他们赢得了国外的职位，这是属于他们所在阶级的特权。大量拥入的奴隶迫使无法与之竞争的农民离开了他们的土地。农业相应地衰败，制造业趋于消失，除了捕鱼业，葡萄牙专注于一项事业——放弃自给自足。

葡萄牙不是一个资源丰富的国家，政府曾召集水手、船工、各地的商人来增强国人的勇气和进取心，但成功使国家的政策变得狭隘了。犹太人被迫接受基督教，不然就得跟随摩尔人流亡海外；而且，随着资本的增加，外国人发现他们的权利被取消了。王室垄断物品的清单越来越长，进口数量受到限制，价格上涨。为了防止其他国家来抢生意，他们越来越强调保守去往东方航道的秘密。教皇的诏令通过禁止出售刚果之外地区的地图得到了强化；那些海洋变成了葡萄牙的"领海"。

然而奇怪的是，葡萄牙人忽视了与欧洲港口之间的贸易。可能是葡萄牙人被他人所表现的对里斯本的向往之情所打动，也可能是因为可以从港口税中更轻松地获利，葡萄牙人竟然允许德意志人、佛兰德斯人、法兰西人、意大利人、犹太人，以及韦尔泽家族和富格尔家族、霍赫施泰特家族、伊姆霍夫家族、马尔奇尼家族、萨尔瓦基家族、卡尔杜齐家族等欧洲半数的大商人在里斯本建立分支机构，从而将葡萄牙的商品散布到全欧洲。反过来，葡萄牙人从这些人手里购买生活必需品，购买这些东西加上他们在海外机构的巨额开支，吃掉了葡萄牙人获得的利润。因此，由于财富分配不均，经济衰退使可征税的财产减少，葡萄牙本土早就开始衰落了。

海外殖民扩张也不能弥补这一点。葡萄牙在东方殖民地的人口给它带来持久或增长的希望是很小的，更不用说使土著对它的文化或权力留下深刻的印象了。即使在比较短暂的允许妇女移居国外的时期，较高阶层的妇女尚且很少走出国门，更不要说政策不那么宽松的时期了。男人们在政府和教会的鼓励下，与土著婚配，从而产生了一个新的种族，欧亚混血或欧非混血人。跟随葡萄牙人进军的教会，几乎没有把它的影响扩展到港口以外更大的地区。

这就是葡萄牙在东方的第一批收获。尽管如此，曼努埃尔一世的幸运在于他可以建立一套殖民地的行政管理制度，在某种程度上弥补这些缺陷。但是这项任务似乎超出了他的能力范围。在阿尔梅达时代创立的广袤"印度政厅"，由一位总督统治着，他坐镇果阿，用巨大而模糊的权力统治着长达1.5万英里的海岸线。在国内，"印度之家"将其监管范围扩大到与代理点有关的所有业务，而"几内亚之家"则控制着非洲的黄金产量。在好望角之外，已经建立了七个总督辖区，以及一套由王室官员巡查的制度。同时还建立了一支印度军队，并在危险地点驻扎了分遣队，以保护商船队。

但这一长串分散于各处的哨所最多只能受到轻微的监督。总督尽其所能进行战斗和管理，"印度之家"准备货物、分配利润、招募士兵、监督船队，王室的代理人随时随地照顾国王的利益，位于果阿的最高法院负责解决上诉到它面前的各种案件。

与此同时，船长和总督们几乎毫无节制地使用他们手中的权力，从一开始，一个致命的错误就使建立诚实政府的一切努力归于无效。**在他们手里，政府管理与贸易监管结合在一起，为了个人利益而牺牲公共利益的诱惑变得不可抗拒。**更糟糕的是，葡萄牙人没

有从历史上学到任何东西。 东方海军上将的任命，同几百年前的佩萨尼亚的任命一样，甚至必须雇用20个热那亚人做部下；而果阿的宪章则是照搬里斯本的宪章，却忽略了当地的实际情况。

因此，尽管葡萄牙拥有强大的力量——船只、航海技术和武器——但从一开始，它也暴露了自己的弱点。葡萄牙的统治者对管理和贸易一无所知；他们坚持旧的制度和僵硬的政策，从来没有达到帝国或商业所需要的高度或更广阔的视野；同样，他们无法设计出新的制度来适应新的情况，只能将其他欧洲国家吸收进他们自己的事务之中，海外殖民政府的统治则使葡萄牙保住了他们费力获得的权力。

八

就在取得最大成功的那一刻，葡萄牙的统治者猛然从完全垄断的迷梦中惊醒了。正如人们猜想的那样，这一警钟来自西班牙。当葡萄牙把它的权力推到亚洲更远的地方时，它的对手正在美洲狂热地寻找两样东西：黄金和亚洲贸易的西方通道，而西班牙几乎同时做到了这两件事。

西班牙的成功是十年艰苦努力的结果。阿尔布克尔克航行的那一年，奥坎波环航古巴，文森特·平松沿着南美洲东海岸航行到达南纬40°线附近；与此同时，哥伦布的殖民伙伴庞塞·德莱昂，一个新征服者民族中的重要人物，将波多黎各置于西班牙的控制之下。当葡萄牙帝国的缔造者开始他的工作时，"发现者"（克里斯托弗·哥伦布）的儿子迭戈·哥伦布作为西班牙的西方总督起航了。

随着迭戈·哥伦布的到来，美洲开启了一个新时代。旧的哥伦布式的垄断被打破，西班牙的臣民们开始使用各种办法开发新大陆。在葡萄牙人向马六甲海峡挺进时，牙买加被西班牙人占领了；迭戈·贝拉斯克斯征服了古巴并在哈瓦那建立了殖民地；据说，庞塞·德莱昂在寻找传说中的不老泉时，发现了西方大陆的一个半岛，他称之为"佛罗里达"。

他们在巴拿马地峡建立了一个短暂的定居点；瓦斯科·努涅斯·德·巴尔沃亚在达里恩地区建立了第一个永久性的大陆殖民地，他率领一支军队穿过地峡，第一次眺望平静的西方海域，他将这片海域命名为"太平洋"。他声称这是西班牙的领海，而他的两名更大胆的追随者抓住了一艘土著船只。他们是第一批抵达这片水域的欧洲人。

听到这一发现的消息后，西班牙国王派他的船长德索利斯去寻找一条绕过美洲进入这片水域的道路，这样，如果可能的话，他就可以期待抵达葡萄牙人所发现的香料群岛。但是，葡萄牙同样派出一支探险队走上了同一道路，并从另一端赢得了这场竞赛。

在德索利斯出航之前，葡萄牙船只已在位于摩鹿加群岛中心的巴里达岛和安波那岛装货。在阿尔布克尔克去世的那一年，这位西班牙船长在他称之为拉普拉塔的大河河口被土著杀死；他的士兵掉头杀了回来，却被击溃。而葡萄牙保住了它在东方来之不易的统治地位。

尽管西班牙的殖民探险活动很成功，但它似乎失去了机会。西班牙人在新大陆已经待了1/4个世纪；他们进行了广泛的探索和征服，在这个过程中随意地耗费他们的生命和财富；但到目前为止，西班牙并没有像葡萄牙那样实现一夜暴富。它征服了西印度群岛和几千英里的热带海岸，迫使一些原始民族进贡劳作，找到了一些黄金和珍珠，建立起了微弱的贸易，向美洲派出一些殖民者，为最大限度获取那片土地的出产物品奠定了坚实的基础。它们有点像葡萄牙的岛屿殖民地，但并不如后者发展得好。

在土著民族中，西班牙人只遇到了温和的阿拉瓦克人。西班牙人向他们索取贡品并强迫他们劳动；还有那些凶猛的加勒比人，他们得到的是更猛烈的打击，以及安的列斯海的新名字"加勒比海"和意为"食人族"的"加勒比人"的称呼。但是，阿拉瓦克人和加勒比人都是朴质的原住民，仅仅是猎人和渔夫；除了已经或正在从他们那里得到的东西，两者都没有提供其他的利益前景，而这是远远不够的。

西班牙人没有发现黄金之地；没有发现香料、丝绸，也没有发现宝石；没有一个适合征服或开展贸易的富裕国家；也没有一条可以通往东方的海路奖励它那些在西半球奔波的冒险者们。

九

然而，在这一耗资巨大的计划的最后，西班牙人发现自己获得了巨大的成功。达里恩殖民地的创建者从当地酋长那里得知"流淌着黄金"的土地，那足以满足他们的"贪婪欲望"。随后的事情证明，这片黄金之地在南方；但在他们到达之前的很长一段时间，冒险者们已经开始了对北部海岸土地的开发。

三年之内，科尔多瓦发现了尤卡坦半岛，那里是高度文明的玛雅部落的家园；胡安·德·格里哈尔瓦从那里向北方航行时，获得了北方有一个富得流油的大帝国的消息。他派人将这个消息和一些积攒的黄金送回了古巴；随着格里哈尔瓦对佛罗里达海湾沿岸的探索，通往东方的海上通道变得更加明确。这时，在美洲的西班牙人准备去征服大陆地区。

第一个采取行动的是古巴总督贝拉斯克斯。在格里哈尔瓦的黄金和情报的刺激下，他匆忙装备了一支军队去寻找大陆上的帝国。10艘船、600多人、20匹马，以及大炮和给养都交给圣地亚哥的市长埃尔南·科尔特斯指挥和调用。

这位新指挥官是在"征服者摇篮"埃斯特雷马杜拉出生的军人之子，勇敢、爱冒险、贫穷、能干，甚至比他的父辈更有野心。他在奥万多和贝拉斯克斯手下长期服役，一直未能获得独立的指挥权，也没有得到他梦寐以求的重要机会。现在机会来了，他毫不犹豫地抓住了它。

为了避免被上级召回，他立即起航，沿途征募军队和给养，他找到了通往塔瓦斯科的路，再从那里来到韦拉克鲁斯。在那里，他被下属们选为总督和总司令；他将他的冒险行动和新职位禀告了查理五世；就这样，科尔特斯割断了与自己的恩人古巴总督的最后一条纽带，准备开启自己的探险之旅。

与此同时，内陆帝国的统治者蒙特祖马二世给他送来了礼物和离开这个国家的命令。但眼前的黄金只是坚定了侵略者的决心："去看看这位高高在上的蒙特祖马是什么货色，为我们的生活踏踏实实搞一笔钱。"科尔特斯烧毁了他的船只，让他的士兵全身心地投入到这次冒险中去，然后率领大约400名西班牙人和他的土著盟友向内陆进发。

关于那个地方和那里的居民，他已经了解到不少信息。几个世纪前，有一个勇猛的北方部落阿兹特克人，接触到了占据墨西哥中央高原的文化较为发达的托尔特克人，然后征服了托尔特克人及其邻国，吸纳了他们的文明成果，并将自己黑暗血腥的宗教仪式嫁接到了这些文明之上，成为我们今天称之为墨西哥的绝大部分地区的统治者。

除了使用铁器、火药和家畜（尤其是马）以及他们的残忍宗教迷信，他们似乎并不比当时的欧洲人差多少。他们用石头建造房屋，纺织棉布，开采和生产贵重金属，开凿运河，而且农业非常发达。他们在智力上的成就也并非不值一提，因为他们能推算时间，使用象形文字，天文学和数学的水平也比较高。在阿纳瓦克地区——墨西哥的中心地带，他们是占据统治地位的武士种姓；在其他地方，他们推行一种严格的宗主制度，其残酷性体现在强迫附属的部落进贡用作祭品的活人上。

用400人去征服这样一个民族是非常荒谬可笑的，这也不在科尔特斯的计划之内。他的策略是分而治之，通过阿兹特克人的敌人和附属部落的支援来征服阿兹特克人。科尔特斯打败了好战的土著部落特拉斯卡兰人，并与他们结成了盟友。特拉斯卡兰人一直独立于阿兹特克人的统治之外，他们的土地正好位于科尔特斯进军蒙特祖马二世都城的路上。科尔特斯招募特拉斯卡兰人去攻打他们的宿敌，然后便向阿纳瓦克进发。

山脉和沙漠对于西班牙殖民探险者来说，并不是什么障碍，真正的障碍是土著的敌意。虽然没有哪个欧洲人见识过科尔特斯的部队在行军时所见过的那些自然奇观，但最令他们感到震惊的莫过于初次看到阿兹特克人的都城，即建在岛上的特诺奇蒂特兰城，"就像他们从阿玛迪斯传奇故事中听说过的魔法一样，巨大的塔楼和建筑物从水中升起，我们的一些士兵甚至怀疑他们所看到的东西是不是梦境"。在这种防御下，只有通过长长的堤道才能接近目标，而他的这点人马无法做到，想要占领这座城市似乎没有什么希望。

但是，他看似无法做到的事情，却意外成功了。迷信的皇帝被内部纷争、被他的种族要灭亡的预言、被这些"太阳之子"（西班牙人）与一位神灵外貌的相似所震惊，根据传说，这位神灵在几个世纪前从东方来到这里，传授他们和平的艺术，然后离开，说他一定还会回来。他准许侵略者进入他的首都。在城中，科尔特斯在分配给自己的住处周围建造了防御工事，迫使阿兹特克皇帝臣服于西班牙国王；最后，科尔特斯大胆发动突袭，抓住了蒙特祖马二世，并以他的安全为保证向阿兹特克人索要了巨额赎金。

赢得这次胜利之后，他受命前去迎接贝拉斯克斯派来接替他的部队。科尔特斯贿赂了这些人，让他们背叛了自己的首领，进而充实自己的部队。他回到墨西哥后发现，由于他的副将阿尔瓦拉多的残忍和皇帝被剥夺了权力，土著起而反抗西班牙人。

侵略者被迫逃离这座城市，跑到他们的盟友特拉斯卡兰人处避难。第二年，他们又卷土重来。那些臣服的部落被召唤前来援助科尔特斯，团团包围了阿兹特克人的都城；三个月来，阿兹特克人在新领导者瓜特穆斯的带领下，以背水一战的愤怒姿态自卫。然而，他们还是被打败了，阿兹特克贵族几乎全军覆没。这座城市被摧毁，在它的废墟上建立起了另一座都城。

第六章 西班牙和葡萄牙　173

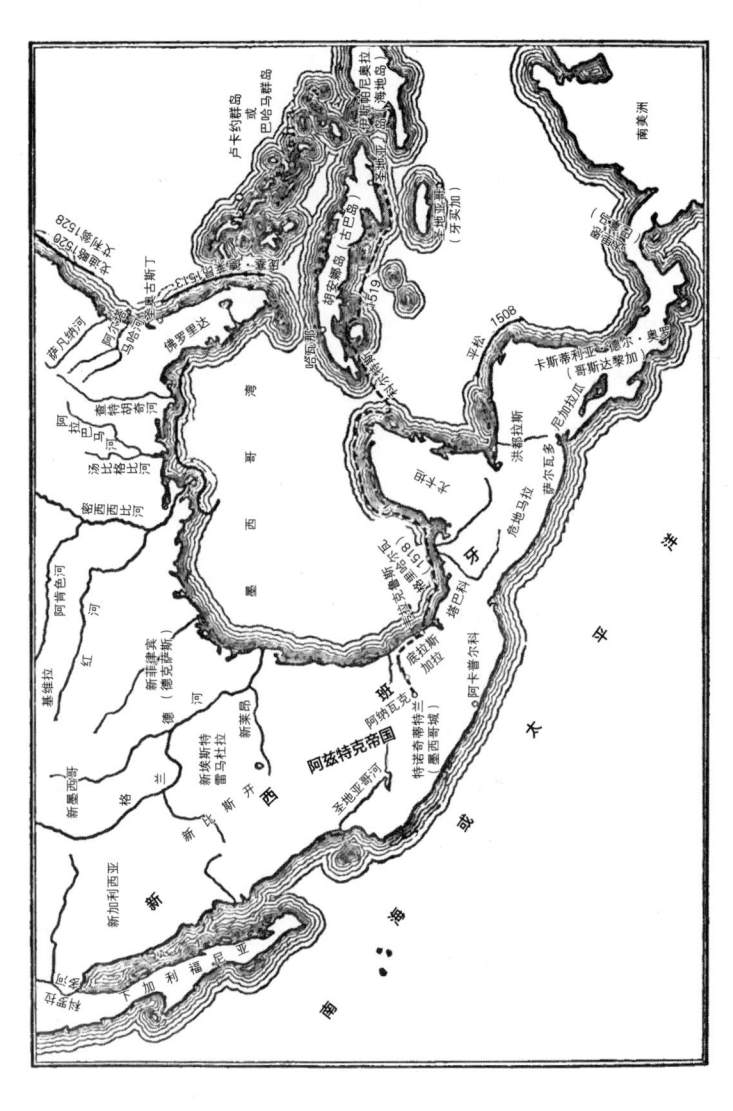

征服墨西哥和中美洲

帮助过侵略者的部落发现他们只是用一个新的、更强大的主人代替了旧的主人。土地及居民被分给了科尔特斯主要的追随者们，财富也被征服者们瓜分，而皇家第五军团被排除在外。当地的神庙要么被拆毁，要么转为基督教所用，传教士开始宣扬新的信仰；征服者们继承了帝国的遗产，并在此基础上建立了新的殖民社会。

十

尽管这是一项具有重大影响的行动，但它的影响不止于它所带来的财富。当科尔特斯和他的追随者们占领这片富饶的土地时，另一支规模较小的西班牙军队却在从事着一项同样重要但回报却要少得多的殖民探险活动，这就是对西部海域的征服。

在西班牙人第一次看到阿兹特克首都的六周前，在葡萄牙探险者麦哲伦的率领下，五艘船从西班牙桑卢卡尔起航。麦哲伦曾是阿尔布克尔克手下的一名船长，六年前他曾与德·阿布雷乌一起从马六甲去了香料群岛。他认为，摩鹿加群岛不在西班牙的势力分界线以内，可以通过向西航行到达，但他的计划没能引起曼努埃尔一世的兴趣，于是就转而为西班牙国王查理五世服务。

他指挥这支小舰队，沿着德索利斯的航线到达拉普拉塔，在那里，他沿着南美洲的东海岸越过当时所知最南的地点。后来，他在巴塔哥尼亚过冬。他的部下叛变，一名船长弃他而去；但是，麦哲伦并没有被叛变和海洋上未知的危险所动摇，在他出发一年之后，当科尔特斯第二次向阿兹特克都城进军的时候，他到达了南美大陆的尽头至今仍以他的名字命名的海峡。六周后，他的舰队几乎是奇迹般地脱离了危险，通过了危险航道，转过"理想的海角，也就是希望角"，驶入太平洋。

在一段时间内，他的舰队沿着海岸向北走，然后勇敢地驶入大洋。一周又一周，他们顽强地航行着。饮用水的水质越来越差，舰队的给养也消耗完了，船员只能以皮革、老鼠、船上的垃圾、满是蛆虫的食物为生，不断有人死去。整整一百天，他们在这片广袤的、未知的、无限辽阔的海域中挣扎，他们生怕自己会越过世界的边缘进入天空。最后，他们在拉多尼斯岛，也就是强盗岛登陆。最后，这位强大的船长没有看到这次探险的结束，因为在后来以继任国王腓力二世的名字命名为"菲律宾"的地方，他死于土著之手。

然而，他的使命已经完成。他从后方侵入了葡萄牙的专属地，在亚洲的土地上给了西班牙一个立足点。不仅如此，他还揭示了太平洋的奥秘。他幸存下来的追随者们找到了通往婆罗洲和蒂多雷的航路。他们剩下的两艘船之一，"特立尼达号"试图返回巴拿马，结果误入摩鹿加群岛，被葡萄牙人捕获；而最后一艘船却沿着葡萄牙著名的非洲之路驶回了西班牙。在出发三年之后，这艘著名的"维多利亚号"载着18名欧洲水手和4名亚洲水手，在塞巴斯蒂安·德尔·卡诺的带领下，完成了人类从未有过的航海壮举，回到了桑卢卡尔港。

三十年前，哥伦布发现了横渡大西洋的航道。现在，海上地理大发现的时代随着环球航行的壮举而达到了高潮，它揭示出了地球的大小和球面。因为这次环球航行，人类第一次想象出了他们所居住的世界。葡萄牙和西班牙，"一个走向东方，一个走向西方",现在"在子午线的地方相遇","环绕了整个世界",而这个世界就在西、葡两国的航向之间。毋庸置疑,他们所发现的这个世界有待他们去开发。

通过这两次冒险,西班牙发现自己在殖民领域再次与它的对手平起平坐了;就像十年前的葡萄牙一样,西班牙也面临着组织和管理由冒险者们赢得和创建的殖民帝国的问题。与征服领土的进程一样,它所拥有的殖民地也需要本国政府的关注。

十一

西班牙在自己的岛屿领地上所积累的少量黄金很快就被掠夺成性的征服者耗尽了。水流冲洗和粗陋的矿井所出产的东西也被证明是杯水车薪。种植园的增加给不幸的阿拉瓦克人带来了新的负担,事实证明他们很快就承受不下去了。战争的摧残、恣意的残忍和超乎寻常的艰苦劳动,让阿拉瓦克人成千上万地死去,尽管西班牙政府也想了办法。

为了防止他们彻底灭绝,西班牙政府制订了一个计划,在做过一些调整后,便成为西班牙在新世界经济力量的基础。由于这一方案旨在保护土著并将他们的身份从奴隶提升至农奴,西班牙占领地区内的那些人就一群群或者按照村庄形式(取决于他们所持有的财产比重)被置于那些主要殖民者的保护之下,这些所谓"受托管人"负责他们所监管农奴们的幸福、信仰和安全。这就是所谓"区域分划制度"或"委托监护制度"。这种做法以某种形式传遍了西属美洲殖民地,并立即成为后来开发美洲资源的主要模式。

这一计划受到像著名的传教士拉斯·卡萨斯这样公正而开明的人士的反对，却受到了殖民者的欢迎，甚至还得到了派去调研的方济各会特派员的赞许。但是，无论这一制度在理论上是多么站得住脚，无论它在正确地管理和适当地考虑土著问题上是多么令人钦佩，但它实际上加速了自己声称要制止的破坏进程，因为这一制度只是使一种除了死亡以外别无出路的奴役得到确认和合法化。

随之而来的是另一种情况的出现。由于对劳动力的需求持续增加，而当地的劳动力供给持续减少，西班牙的种植园主，便像葡萄牙人一样，转向非洲寻找更适合在热带地区从事艰苦劳动的黑人奴隶，而这种劳动对于欧洲人和印第安人来说都是无法忍受的。越来越多的"新移民"很快从非洲几内亚海岸被带到了西印度群岛。奴隶贸易虽然一开始被国王禁止，但在强大的利益集团的支持下，甚至在拉斯·卡萨斯这样希望通过奴隶贸易来拯救印第安人的"好人"的支持下，奴隶贸易最终得到了国王的批准，成为殖民地开发的一部分。

这样，种植业和畜牧业的进一步发展就有了保证，一个社会就在这样的基础上形成了。种植园主和土著、黑人和混血儿，向西班牙输入了越来越多的产品，包括染料、木材、水果、药材、烟草、棉花、兽皮和牲畜产品，当然最重要的是糖，糖在地理大发现之后不到一代人的时间里就变成了西印度群岛殖民地的主要大宗产品。因此，尽管由于人口枯竭而使美洲大陆的殖民开发进程受到了阻碍，但岛屿上的殖民地却开始了缓慢但扎实的殖民活动。

随着种植园的发展和劳动力的涌入，管理方式也发生了变化。在迭戈·哥伦布担任总督的两年前，伊斯帕尼奥拉岛各城镇已获准申请市政权利；在他到达后的一年内，一个独立于行政权力之外的法院成立了，以处理它辖区内的上诉。西班牙殖民地管理的特色机构"检审庭"由此肇始，它既是检审庭又是最高法院，被授权向国内政府提交备忘录，从而有效地制衡殖民地的行政权力。

几乎与此同时，殖民地事务总监丰塞卡和国王的大臣，以及卡斯蒂利亚议事会的其他成员，被任命为美洲事务委员会成员。从那时起，早在迭戈·哥伦布担任总督的第一年，印度议事会就已经发展起来，在查理五世继位后，它成为一个永久性机构，在国王的领导下，发展成为控制海外司法和行政的权威机构。

与此同时，随着安的列斯群岛、达里恩岛、佛罗里达和墨西哥以及后来的另外一些地方都成为西班牙人的势力范围，征服和探索的范围不断扩大。虽然西班牙总督在名义上是西属美洲殖民地的统治者，但是每一个新获得的殖民地都要任命新的总督，与最初殖民地的政府没有太大关系。在这种形势下，随着西班牙军队的前进，殖民地的行政机构和社会都得到发展。在奴隶制和新世界环境的影响下，西班牙文明逐渐在墨西哥湾周围的土地上发展起来；与此同时，麦哲伦的探险使西班牙得以进入阿尔布克尔克刚刚建成的葡萄牙殖民帝国大厦。

通过这样的方式，美洲和亚洲向欧洲探险者开放了；它们之间的相互作用就这样开始了，并由此成为世界历史重要的一部分。当**欧洲大陆被新君主和新组织起来的国家之间的竞争所撕裂时，西班牙和葡萄牙在海外的殖民统治已经牢固确立，而这将会塑造出另一个欧洲人的世界。**

与意大利战争相比，这才是在16世纪前二十五年政治史中仍

然具有持续意义的事件。因为未来不属于那些占据了公众视野、垄断了历史篇章的将领和国王们。当探险者和征服者开辟了欧洲人去往海外的道路时,学者和文人们正在改变国内的生活和思想基础;他们,连同他们的冒险者伙伴们,才是欧洲命运的真正主宰。

第七章
文艺复兴和宗教改革

1492—1521

一

当西班牙小镇帕洛斯敲响了将新世界带入欧洲人视野之内的钟声时，米兰特使正在尝试说服法国国王查理八世干预意大利半岛的事务，而文艺复兴时期最具影响力的人物之一"伟大的"洛伦佐正躺在床上奄奄一息。在哥伦布发现新大陆的消息传到佛罗伦萨之前，或者在卢多维科·斯福尔扎的使者得到法国人的保证之前，新学术最高贵的赞助者已经去世了。

如果向欧洲人展示过去的这场运动，与那些将佛罗伦萨卷入法国与西班牙之间的斗争旋涡的政治活动具有相似的性质，那么，"伟大的"洛伦佐的死很可能会阻止在上一代人中被激发出来的学术和艺术之天才的爆发，它喷薄欲出的辉煌也无法实现其全部的成果。

但是，**像文艺复兴这样的运动很少依赖于个人，不管这个个人**

多么伟大；也不依赖于某位国王的野心，不管他多么强大；更不用说依赖于政治风云变幻了。因为正是在意大利成为欧洲战场的时候，它的天才们使其变成了欧洲大陆艺术和思想的宝库。

在16世纪的前二十五年中，虽然海上和陆地上都充满了重大的行动，但君主们之间的争斗、国家和个人的冒险远没有被最迫切的战争和政治需要所支配。尽管深受这些活动的影响，欧洲人的思想和心灵却更深刻地受到不同领域发生的进展之影响。艺术、文学、科学，尤其是神学，在欧洲人生活中占据了新的重要地位。新的成就方式，新的机会领域，正在向每个人敞开；当欧洲人的创造性天赋上升到更卓越的高度时，一种与传统信仰体系相悖的新宗教信仰和实践流派便发展起来了。

二

当时欧洲人智力和能力的扩展在艺术领域最为明显，其成就在意大利最为显著。同一时间，伊比利亚半岛诸国进行了惊人的征服和地理探索，意大利半岛的艺术和文学也取得了同样惊人的进步。这一时期出现了不太引人注目的巧合，与哥伦布、达·伽马的功绩几乎同时出现，以拉斐尔和莱昂纳多·达·芬奇为代表的画家和以马基雅维利和阿里奥斯托为代表的作家，在欧洲政治边界扩张到海外的同时也扩张了欧洲文学和艺术帝国的边界。

这是促成人文主义的复兴并为艺术重生奠定基础的同种力量所产生的自然结果。在美第奇家族的鼎盛时期，作为意大利半岛的思想运动中心以及后来逐渐成为整个欧洲的学术和文学活动中心，佛罗伦萨都让人们感受到了从它那儿散发出来的学术和文学冲力,因此,这座意大利城市成了一种新的艺术源泉。**"商业之油滋养了文化之灯"**,**这是一种以美的形式呈现出来的文化**。佛罗伦萨人莱昂纳多·达·芬奇是建筑师、工程师、科学家和艺术家,在米兰、佛罗伦萨、罗马和法国,他从事着各种职业,并以壁画杰作《最后的晚餐》作为他众多天才成就中最灿烂的明珠。

达芬奇对伦巴第诸城的影响,就像乔尔乔内的学生提香对威尼斯的影响一样,威尼斯的美丽和富裕在他那闪闪发光的画布上闪耀着绚丽的色彩,成为绘画艺术中无与伦比的新瑰宝。

与此同时,意大利画派的天才大师拉斐尔,也就是"乌尔比诺之神",达到了这一时期绘画艺术成就的巅峰。在他的作品中,古老的宗教灵感与两代人在肖像画方面取得无与伦比的进步所发展出来的技巧相融合,他的系列圣母画像和圣家庭画像,代表着这一领域的最高成就。最后是卡普莱斯镇无与伦比的天才米开朗基罗。他受训于"伟大的"洛伦佐设立的艺术学校,将结合了力和美的类似崇高的概念注入了绘画、雕塑和建筑中,而这一概念为每一个领域都树立了新标准,无论是西斯廷教堂的巨幅壁画,还是圣彼得教堂的一流设计,抑或是其雕像引人入胜的活力和逼真度。达芬奇、提香和米开朗基罗等人凭借他们的长寿,将伟大的传统延续到了下一代人之中,他们的生活和作品为艺术的复兴奠定了长久的基础。

他们在形式和美感上的成就必须加上另外一个因素,那就是庄严。如果说文艺复兴早期的画家倾向于优雅,那么中期的画家则倾向于巧妙的性感,如果说萨伏那洛拉时代的理想是谦卑,接下来的一代则倾向于自豪、尊严和勇气,这反映出这个世界面对未来的态度正在发生变化。人们开始意识到自身的力量和机会,绘画迅速捕捉到了这种生活基调的变化。

而在这几十年里,法国和西班牙在徒劳的争斗中浪费了自身的力量,西班牙和葡萄牙则为欧洲赢得了可供开发的新世界,意大利稳固了它在艺术上至高无上的地位,并一度确立了所有的品位和技术标准。**自伯里克利时代以来,欧洲还没有像16世纪初的意大利那样涌现出如此多的艺术天才。在欧洲的全部历史中,它从未见过像这一代人那样在绘画方面取得如此大的进步。**

在被尤里乌斯二世所继承的那种洛伦佐式的对艺术的赞助下,在利奥十世的鼓励下,连同最后一次建立世俗权力的巨大努力下,罗马天主教会成了意大利文化的中心。不管罗马天主教会在精神方面有什么不足,它招徕了艺术家和建筑师,用石头和壁画来体现和装饰教堂的雄伟,用创造性艺术的光辉来装饰教会的精神领导地位。这一影响远不止技术和装饰上的进步,它帮助发展了隐藏在所有这些物质表现之下的艺术灵魂,从而帮助欧洲艺术从过去的形式主义中解放出来。

实现这些新的奇迹,不仅仅在于提香的色彩和米开朗基罗在绘画和雕塑中对解剖学的运用,也不仅仅在于拉斐尔对技法的精通。在绘画和艺术的进步背后,透视法和明暗法的发展,奠定了一种精神力量。**如果说学者使欧洲接触到了过去,冒险者使欧洲接触到了外面的世界,艺术家使欧洲接触到了自然,随着时间推移而得到科学家们强化的精神解放运动,证明它对欧洲未来发展的作用不小于更多的物质成就所带来的巨大成果。**成就感是进一步努力的最大动力,在艺术领域也不比其他领域少。从成就感产生的新信心和力量，以及进行新的冒险的冲动，必将随着岁月的流逝而赢得新的成功。

在这一时代，流畅完整的风景画取代了14世纪主要用作人物背景的粗糙、参差不齐的素描风景画，这象征着生活态度的转变。流畅的线条、更丰满的形体、开阔的构思，正如人们对服装和陈设细节的关注，都表明人们对周遭环境的一种愉快而非厌恶的看法。**不管是好是坏，这个世界变得越来越世俗化了**。由于舒适和奢侈不再被认为是罪恶的，这个世界就失去了一些忧虑和恐惧，而多了一些愉悦之情。

意大利在这一成就上并非独一无二，它的卓越也不仅仅在绘画和雕塑上。在诗歌方面，阿里奥斯托的天才将历史早期的一首诗复活、扩展并装饰在他《疯狂的奥兰多》这首浪漫的史诗中，其韵律之美，不亚于它的布局技巧和充满活力的品质，这使它成为世界性的杰作之一。

就像阿里奥斯托之于意大利诗歌，佛罗伦萨秘书官尼科洛·马基雅维利之于治国之术和文学，也拥有类似的贡献。他凭借长期的政治和文学经验，写了一部《佛罗伦萨史》，开创了一种新的史学编纂形式。在他的代表作《君主论》中，他阐述了管理人和政治团体的准则，其精妙和纯熟的思想深深影响了政治家们。使道德与手段分离开来的政治思想，开创了一种从当时直到我们的时代都在发挥影响的政治思想派别，即以达到目的作为运用一切可以带来权力之手段的充分理由。

由于拥有这些在更广阔领域都堪称天才的人物，意大利在文学上，就像在艺术上一样，在欧洲大陆居于首屈一指的地位。人文主义并未产生自己的哲学，但在马基雅维利的作品中，不仅总结出它所引发的犬儒主义，还总结出了一种政治哲学，这一政治哲学来自他周遭的专制主义政治现象，后来又很快变成了即将到来的更大规模专制主义政治的实操指南。

三

然而，在阿尔卑斯山脉以北的地方，还有其他一些艺术流派在这一时期取得进展，其中部分受意大利的启发，但更大程度上来自其内在的意识觉醒。被称为"德国绘画之父"和"艺术家之王"的阿尔布雷希特·丢勒，一度是神圣罗马帝国皇帝马克西米利安一世和查理五世的宫廷画师，他在自己的出生地纽伦堡和意大利学习绘画，从两个地方学习和掌握精度与广度的高标准，然后与他天生的奇特构思相结合，使他成为"绘画界的乔叟"。

除了用笔作画，他还为日益增长的艺术魅力增添了另一种元素；因为他是一个木刻画派的创始人，在他手中，木刻从粗糙的漫画发展成了一门上乘的艺术。他和以老荷尔拜因为首的同时代版画家，使这种从君主到民众所喜闻乐见的艺术形式成为一种现代世界的特征，从而使大众通过印刷术作为媒介更近距离地接触到了这一领域的成就。

当意大利的天才们朝着解放欧洲人头脑的方向前进的时候（这是文艺复兴新知识的主要成果），欧洲北部的文人就像欧洲北部的艺术家一样，开始开辟属于他们自己的道路，并将比意大利更少保守性的精神注入到欧洲大陆的学术成果之中，尽管与过去紧密相连，但已经越来越多地望向未来。

追随丢勒和老荷尔拜因的德意志画家们，持续倾向于描绘人物和场景，而不是描绘圣人和天使；他们的天才与现实世界的联系似乎比与信仰或幻想的联系更为紧密。随着意大利文艺复兴的学问向北传播，绘画也显示出了同样的特点。虽然旧的形式保留了下来，但在艺术、文学和思想方面，旧形式的力量在新的精神面前已经衰退，直到它们成为迅速消逝的遗迹，而不是活生生的现实表达。

在整个15世纪，阿尔卑斯山以北欧洲知识发展中的一个重大而突出的事件是大学的创建。在那里，尤其在德意志，学术和教育中心的数量和重要性都有了巨大的增长。鲁汶大学、圣安德鲁斯大学、乌普萨拉大学、莱比锡大学、弗赖堡大学、图宾根大学、巴塞尔大学、维滕贝格大学和其他许多不那么有名或有那么长生命力的大学，都在这份不断加长的机构名单中占据一席之地。而在英国，牛津大学和剑桥大学的学院数量也相应增加了。

随之而来的是学术研究上的爆发。起初，就像它们的发源地法国和意大利的大学一样，新一代的教师遵循着过去最严格的规定。辩证法至高无上，亚里士多德主义对他们的思想维持着统治权，但这并没有维持太久。就像他们的典范以及这种新秩序的先知——德意志学者兼诗人阿格里科拉——一样，他们感到当时欧洲思想中的新力量正在占据一席之地。他关于辩证法的著作，引领了这一趋势，这证明了人们对旧的经院哲学存在一种普遍的反感，而支持即将到来的智力进程，这种智力进程为他们的结论找出了一种更为可靠的基础，而不仅仅是诉诸传统或权威。

阿格里科拉只是采取这种立场的众多学者之一。在德意志，出现了像罗伊希林这样的人，这些人不仅精通希腊语和拉丁语，而且精通希伯来语。现在，在皮科·德拉·米兰多拉的推动下，他们开始在欧洲学术界乃至神学领域占有一席之地。

更重要的是，英国或牛津人文主义学派推动了新学术的发展。科利特、李利、拉蒂默、格罗辛和英国大法官莫尔等人将佛罗伦萨人的成果又向前推进了一步。他们不满足于对经典文本的研究和编辑，而希望使它们成为普通教育的一部分，而且在他们的手中开启了一场改变教育基础的运动。这一点在其他很多方面都得到了加强，建立了以古典作品和数学为基础的心智训练体系，这一体系缓慢但坚决地取代了中世纪的学校教育体系。

他们中的一个人走得更远。大法官托马斯·莫尔爵士不满于援助新知识的发展，被对下层阶级不幸的同情以及16世纪初存在的对社会状况的普遍不满情绪所触动，为欧洲人在柏拉图时代之后首次提供了关于理想国家的描绘。他的《乌托邦》不仅是一项杰出的文学成就，更是一个时代的标志。因为在他的书中，表达了许多人的梦想和愿望，这些人看到他们周围的旧秩序正在瓦解，他们不仅在寻求一个新社会的基础，也在寻求一个新的理性知识基础，而不是可继承的权威。

四

欧洲北部最杰出的学者是荷兰人德西德里乌斯·伊拉斯谟。 他在教会受过教育，在神学和所谓"人文科学"方面受过训练，他为人文主义运动带来了他那个时代无与伦比的学识、广博的世界知识、敏锐而具有批判性的才智；最重要的是，一种使他成为这场运动之执牛耳者的文学风格。

他与威尼斯出版商阿尔杜斯和瑞士出版商弗罗比尼乌斯的关系使他结识了许多杰出的学者和文学家。他的希腊文版《新约》证明了他的学识和敏锐，这使他跻身于第一流的欧洲学者之列。他的《愚人颂》以及《对话集》，沿着莫尔奠定的既不受异教哲学启发也不受教皇支配的教会改革路线走得更远。

他并不满足于讽刺当时的社会制度，他还敢于冒险抨击教会制度，尤其是其最薄弱的一面，隐修制度。他在牛津大学的讲座以及他与英国人文主义者的来往为英国古典学术带来了新的刺激。而对于欧洲大陆来说，他对罗马教会的专制权威表现出了一种对抗性的基调，而这终将为他带来痛苦的后果。

他是一个新时代的先驱。因为他谨慎而保守的怀疑主义不仅激发了罗伊希林和年轻的梅兰希通这样的人更公开地表达对罗马教会的普遍不满，而且给德意志人的世界注入了一种古典主义，这种古典主义被宗教和社会情感所触动，并关注日常事务。伊拉斯谟和他的追随者们就像英国的牛津大学一样，大胆地将学识应用于《圣经》，至少将一些理性应用于神学，并以学识、常识和一个新的盟友——幽默——来启迪那个时代的精神。从这样激发出来的精神中，不久就产生了一种新的运动，它对社会的影响不亚于对教会制度的影响。

与此同时，文艺复兴运动在其他地区也很活跃，而且掌握在完全不同的人手中。法国人拉伯雷，像伊拉斯谟一样，本来命中注定是教会的支持者，但他很快就背叛自己的命运，创作出了非凡的杰作《巨人传》。其作品对旧的思想和教育体系的巨大讽刺，一方面谴责了教会的知识和教育模式，另一方面歌颂了新学问传播者们的理想，并将其智慧与幽默感混合了起来。当然，这种幽默感对于现代人来说过于粗俗了，但特别适合与它所抨击的教会制度的陈腐理念进行战斗。

以上就是文艺复兴运动的领袖们，他们扩大了佛罗伦萨人文主义者的工作，把新知识推上了另一个层次，并使文艺复兴和教会改革运动之间的联系逐渐建立起来。

在他们手中，新旧秩序的拥护者们迅速到来的力量之争，从发现跨大西洋通道和通往印度的道路的那一代人，延续到另一代人。在文学和学术复兴的丰富成果中，15世纪最后二十五年和16世纪最初二十五年被文学和思想，而非古典世界的科学所占据，这或许不会令人感到吃惊。因为他们关心的是那些与他们日常生活影响最为密切的事情，如迫切需要改革的教会事务，以及忙于在国家和国际关系的新基础上建立国际体系。

五

在这种理念和理想的冲突中，另外三场运动代表了当时欧洲生活和思想的变化。第一场是历史学术的兴起；第二场是品位的革命，它将古典观念注入了一个长期习惯于哥特式风格的社会；第三场则是印刷技术的飞速进步。这三场运动可能是同时期发生的。

在葡萄牙人于博哈多尔角附近找到了通往印度的道路这一年，

意大利学者瓦拉不仅证明了所谓"君士坦丁的赠礼"①是伪造的，而且查出了李维的作品乃至《圣经》拉丁通行本中的错讹，这两件大事同时发生，不仅仅是偶然的巧合。从那时起，一股具有破坏性的历史批判浪潮开始不断涌出，到16世纪初，这些批判不仅有力地帮助了人文主义者，也帮助了教会改革者。

供职于教廷档案馆的比昂多对罗马历史的研究为这一潮流的发展做出了贡献。为此，佛罗伦萨的历史学家瓦尔奇、圭恰迪尼、马基雅维利，共同创造出一个新的历史学派。马基雅维利是其中最杰出的一位，他在《论但丁、彼特拉克、薄伽丘的语言》《论李维》以及更有代表性的《佛罗伦萨史》等书里，把批判性调查的方法作为一种典型的研究方法，这种方法迅速超越了"协调"而非比较历史材料的盲目做法，即放弃那些看起来不真实的材料，而从神话传说中发现至少接近真实的历史。

除此之外，马基雅维利在政治思想方面也做出了重大贡献，他的主要声誉来自《君主论》；无论将它视作对僭主时代统治者动机的描述，或者视作对独裁统治理论和实践的嘲讽或操作手册，它都不仅仅是一本关于治国之道的杰作，也是一个新的思想流派的奠基之

---

① 君士坦丁的赠礼系8世纪中叶罗马教廷伪造的一份文件，称324年罗马皇帝君士坦丁一世为感谢罗马主教西尔维斯特一世治好他的麻风病，将罗马及罗马以外的安条克、君士坦丁堡、亚历山大城、耶路撒冷四个宗主教区及帝国西部的宗教管辖权和世俗权力赠送给教宗西尔维斯特一世及他的继承人。这一文件对公元8世纪以及之后的欧洲产生了重大影响，被证实系伪造之后，成为16世纪宗教改革运动中新教攻击天主教会的重要依据，严重打击了天主教会的权力和影响力。——编者注

作，这一流派在近现代史上首次正面讨论这一现象并出色地完成了这一任务。

历史写作对古代世界知识复兴所欠下的巨大而明显的债务，被建筑所分担，尽管在现代人眼中，建筑领域的巨大发展所带来的收获几乎无法弥补历史写作缺失所带来的损失。**潮流的变化是非理性的，也是不可避免的，它源于欧洲人对新体验的内在渴望**，在15世纪后半期，潮流的变化极大地改变了哥特式建筑的特点，而哥特式风格在中世纪通过各种形式缓慢进化着。它的胜利常常伴随着退化的种子，而这种退化表现在设计的弱化和装饰的过度上。

在文艺复兴的诸多成果中，有一项是使人们的审美趣味背离了后来的哥特式风格所倾向的那种形式。古典范本对雕塑产生了深远的影响，使它得到巨大的改进，并进入了雕塑装饰的建筑之中。绘画的发展也趋向于同样的结果，因为这种艺术需要哥特式风格所缺乏的清晰墙壁空间来展示壁画。从这些因素开始发生变化，这种变化现在开始在欧洲大陆的建筑上面表现出来。

因此，一方面法国的哥特式建筑继续着其所谓火焰式风格，其名称反映了它的特点；而在英国，都铎王朝时代的哥特式风格在形式和精神上几乎毫不逊色；16世纪初，意大利开始出现一种变化，在接下来的二百多年里，这种变化缓慢而坚定地席卷了整个欧洲大陆。

这就是新古典主义风格的演变。在意大利建筑师的手中，这一时期的建筑开始模仿古代世界的范本，并取代了文艺复兴时期的风格，就像文艺复兴时期的风格取代纯粹的哥特式风格一样。圆柱和平整的墙壁空间、圆顶和圆形拱门再次在欧洲建筑中占据一席之地。在这些领域，艺术家和雕刻家们开始挥洒他们的才情，从而用另一种方式表达了古典主义的影响，而这种影响已经开始侵入教育领域，并开始将经院哲学逐出智力领域。

然而，**如果不是当时在欧洲事务中发挥重大作用的第三大力量——印刷业，这些影响的迅速传播是不可能发生的。在上一代人所处的时期，这项发明的出现就是整个欧洲大陆的奇迹**；尤其在15世纪的最后二十五年，印刷术传播到了欧洲的每一个地方。到16世纪初，尼德兰已经有了20多家印刷厂，而法国是它的两倍，意大利是它的四倍。

就在哥伦布到葡萄牙碰运气的那一年（1476），英国印刷工威廉·卡克斯顿从他在欧洲大陆的学徒生涯中给他的母国带回了最早的印刷品。他最早的海外出版成果是一部关于特洛伊历史的法国传奇小说和一本关于国际象棋的书。他在英国出版的第一本书是《哲学家名言录》的翻译本。而且，在某种意义上，这些作品代表了欧洲北部的人们对除了《圣经》和古典作品之外印刷品所表现出来的兴趣：因为它们不仅使新技术成为纯粹的智力成果的载体，而且使它与生活的各个方面有了接触。

在印刷、出版和编辑方面，就像在给予它们动力的学术研究一样，意大利处于领先地位。由德意志工匠带到意大利并由他们首先实践的印刷术，几乎立刻被意大利人的品位所采纳和改进。在某种程度上，印刷术经历了建筑艺术所经历的命运。北方人最初发明并使用的哥特式字体或黑粗体字母，很快又被加入了更轻便更容易辨认的罗马字体，它改编自公元9世纪加洛林王朝手稿中的所谓小写字母。在16世纪的头几年，人们通常把所谓斜体和希腊字体的发展归功于威尼斯印刷商阿尔杜斯·马努提乌斯，从那时起到现在，希腊字体一直是人们所熟悉的印刷字体。

这一进步并不局限于意大利。在16世纪的第一个二十五年过去之前，几乎每一个欧洲大城市都成立了出版社，欧洲北部的印刷商通过他们的编辑活动对学术的贡献，通过他们的技术品位和技术对印刷术的贡献，可以与欧洲南部的印刷商相媲美。古典文本从他们手中源源不断地流出，像古典文本一样被源源不断地印刷出来。

当教会和它对手之间日益激烈的争论达到高潮时，它们发现有各种易用的手段让双方都能吸引到一个世纪前无法吸引到的更广泛受众。这对反对教会的一方是有利的，对印刷技术的直接影响也是巨大的。伴随着文学和学术的进步而来的宗教改革运动的成功，在很大程度上要归功于马丁·路德同胞们的这种技术；印刷术在16世纪飞速发展的原因中，神学争论占据了重要的地位。

因此，这半个世纪见证了东西方海上航道的发现、民族国家专制王权的出现以及对教会反抗的开始，还标志着一个欧洲在艺术和知识甚至技术方面都实现了进步的伟大时代。从某种观点来看，没有什么运动比那些使意大利和欧洲北部艺术、文学、新印刷字体、新建筑风格、历史学术作品和教育学杰作产生的运动更多样化了。

然而，从根本上说，这一时期的任何情况都比不上这些迥然不同的现象的同时出现更引人注目了。因为它们中没有一个领域的起源不在文艺复兴时代，也没有一个领域不直接或间接地与从传统中解放出来的日益增长的趋势存在联系，**这种对自我而不是传统的依赖，是即将到来的现代世界的特点。**

这些影响到底有多么强大，很快就会在登上历史舞台的这一代人身上展现出来。在统治者和政治家谋划获取更大的权力或更多的领地的时候,他们的人民越来越关心政治,并在这个领域中发现了精神和智慧、艺术和技术以及一个新的社会和文化结构更为坚实的基础,这不是他们雄心勃勃的君王和首领们所能想象的东西。甚至当战争和政治的戏剧接连上演时,欧洲世界的学者和他们的研究成果为欧洲人带来了一场比外交和战争所能赢得的荣耀更为持久的胜利。

六

文艺复兴不仅在艺术和文学方面产生了更为重要的知识和技能,而且还催生了长期而复杂的社会、宗教和政治运动——宗教改革。由于这场运动及其后果,再加上文学、艺术和科学的进步,一个新社会便诞生了。

这个运动已经开始了。当年轻的佛兰德斯王子查理在西班牙取得第一个进展,即将加冕为王的时候,弗朗索瓦一世正在收获他第一次意大利战争的回报;而在德意志,对教廷权威的第一次反抗也开始了,这次的运动从许多方向得到了强化,首次使西欧教会面临着永久性分裂的威胁。那些经历了法国与哈布斯堡家族在意大利斗争的再现、欧洲权力在东西方的扩张以及艺术复兴高潮的岁月,与让欧洲绝大部分地区摆脱教皇统治的斗争一样令人难忘。

宗教改革是由许多因素共同促成的。在整个欧洲历史中,罗马的教士统治集团不得不与一些阶级和个人进行斗争,这些阶级或个人时不时地对自己的信仰表达不满或发现自己不得不抵抗那些所有机构都存在的恶习。这些不满在很大程度上与贫富差距所引起的社会不满情绪有关，也与对改善道德的热情有关，它谴责了教会里许多人的放纵行为。

随着新知识的发展和古典思想的传入，欧洲人的思想中又添了一种不相信罗马天主教教条的成分，即探究精神，并在极端的情况下，在较为不虔诚或较开明的思想家中间，又添了一种彻头彻尾的异教主义精神。意大利自由文化的领袖们尤其如此，受其影响，一些高级神职人员也未能免于这种影响。

与此同时，还有一种更模糊但同样强烈的感觉，那就是教会的财富和浮华与早期教会及其创建者的贫穷和俭朴简直格格不入——那种贫穷和俭朴的精神曾经创立了所谓托钵修会。这是民众反对高级神职人员的情绪基础；在任何时候，它都是促使改革者和革命者谴责他们所认为的教会罪恶的有力因素。

教皇代表具体的世俗权力和荣耀，他拥有不亚于古代教会的教条权威，他既是教会传统的捍卫者，也是教会信条的代言人，还是西欧基督教世界统一的真实而又可见的象征，他同时成为信仰和实践一致性的主要支持者以及批判者的主要目标。

反抗教会并不是什么新鲜事。在中世纪，人们为摆脱罗马教会的统治和摆脱中世纪教会的形式主义或教条而付出过各种努力。从两个世纪前教皇召集十字军镇压法国南部的阿尔比派，到15世纪头几年的康斯坦茨大公会议，教皇的统治被连续的异端活动和分离主义所扰乱。从12世纪起，所谓"瓦勒度派"就曾在高海拔的西阿尔卑斯山谷维持过他们相对于罗马教会的独立地位。在康斯坦茨大公会议召开的三十年前，一位英格兰人约翰·威克里夫去世，作为牛津大学贝利奥尔学院的研究员和导师以及拉特沃思的教区长，他从抨击托钵修会的奢侈和无用转而批判整个教会机构，努力在教会组织中树立更为俭朴的作风。

对于威克里夫来说幸运的是，在一位推行改革和重新统一教会的教皇召集他参加大公会议之前，他就去世了。他在异端领袖之列的继任者就没有那么幸运了。1415年7月，也就是葡萄牙的若昂一世启程前去进攻摩尔人的时候，也是亨利五世准备参加阿金库尔战役的时候，将波焦·布拉乔利尼吸引到瑞士的康斯坦茨大公会议已经迈出了欧洲历史上的重要一步。这次会议决定用一位教皇取代原来的三位教皇，从而结束了折磨教会近一个世纪之久的分裂局面，并将教皇驻地再度迁回罗马；同时，会议将一位名叫扬·胡斯的布拉格大学校长召来，要求他宣布放弃自己的异端思想。扬·胡斯的学说和他的教导，无论出于什么样的目的，都是威克里夫的延续，他以威克里夫为榜样，支持并扩大了他关于人们在思想上应该拥有更多自由，以及教会在实践上应更具效率和更俭朴的要求。尽管大会向他授予了安全通行证，尽管波兰、波西米亚和匈牙利的统治者们提出了抗议，但他的作品仍然受到谴责，他也被绑在火刑柱上烧死了。

然而，撒出的种子并不全部落在石头上，也并没有全部被空中的飞鸟所吞食。国家和教会的密切关系，确实催生了很多既反对世俗权力也反对教会权力的所谓改革者。因此，异教徒和分裂主义者很容易被法律或事实转化为叛逆者，并因此在大陆上每一个王室和教会势力拥有共同利益的地区受到压制。但是也有很多东西没有被当局注意到，并且随着罗马教会再次统一，反对教会统治集团、教义以及做法的精神，在15世纪的西欧各民族中慢慢传播开来。

在上层阶级中，对教会长期奉为神圣教条的漠视，得到了文艺复兴时期人文主义的极大推动。文艺复兴时期的人文主义不仅为知识分子提供了一种新的兴趣，也为他们提供了一种新的生活哲学。它的第一个结果是在那些圈子里出现的，这些圈子就像美第奇的华丽宅第一样，最热切地抓住了这一新知识，并借此机会把宗教和道德一并抛弃。与往常一样，这反过来又带来了另一种反应。

在洛伦佐统治的黄金时期，佛罗伦萨爆发了吉洛拉谟·萨伏那洛拉的抗议活动，这与威克里夫、胡斯或任何所谓改革派无关。萨伏那洛拉谴责他所居住城市居民的轻浮和反宗教，以及教皇的邪恶和腐败。在一段短暂的时期，佛罗伦萨经历了一场宗教复兴狂热，罗马因他雄辩的谴责而颤抖。但那一短暂的时期很快消逝，领导者和其追随者们的挥霍无度，人们不愿放弃自己已经习惯了的享乐，对立者的权威和精明结合在一起阻止了改革的新浪潮。在瓦斯科·达·伽马绕过好望角的那一年，改革领袖的声音沉寂下去；就像英国和波西米亚的改革运动一样，净化意大利教会的尝试败在了力量强大的旧势力面前。

如果教廷注意到当时响起的警钟，它和欧洲的历史就会避免最血腥和最具灾难性的那一部分。在战争的喧嚣和外交的谈判声中，萨伏那洛拉的声音里可以听到一种现在支配着战争和外交的音调。当雄心勃勃的尤里乌斯二世像一位世俗君主那样通过武力和阴谋为教皇的世俗权力奠定基础的时候，以他为领袖的庞大组织越来越快地滑向了大灾难，因为这场灾难的缘故，他刚刚获得的土地和权威也无力挽回他的损失。

尽管教会的领袖们竭尽全力扩大其在意大利的世俗统治权，并维持其在西欧的长期优越地位，但在理解新的宇宙和社会概念、新的知识和道德理念方面，他们却落在了其他成员的后面。在学究式的利奥十世的统治下，就像在好战的尤里乌斯二世的统治下一样，由于其全部的智识利益，教廷仍然秉持传统的对精神领导权和政治抱负的主张：就像教会机构一样，随着世界的进步，这些主张也日益变成了自说自话，对来自社会的恳求以及类似的不利言论充耳不闻。

威克里夫和胡斯去世已久，萨伏那洛拉的雄辩也徒劳无功，到了16世纪初，从表面上看，正在准备通过营建基督教世界最宏伟的教堂来体现其卓越地位的罗马教廷似乎没有必要担心自己会受到抨击。但就在教皇准备宣布其至高无上地位的时候，人文主义和神学的力量已经准备发动新的进攻。

新知识的追随者们已经在知识和教育基础上做了很多破坏教会万能主义的事情。他们在哲学上实现了很大的突破。出于谨慎或中立或者两者兼备的动机，他们避免对教会本身进行任何直接攻击。尽管他们自己的信仰已经深入教会组织的成员之中，但他们仍对教会的教义保持沉默或口头上的支持，并遵守其仪轨。但拯救人类的不仅仅是智力，还需要一种情感的刺激，才能对教皇至高无上的地位产生公开的抵制，而这是人文主义者迄今为止所避免的局面，尽管他们拥有全部的思想独立性。在强大组织的权势压迫下，越来越多的人渴望被领导，但在知识分子中间是找不到领袖的。

反对教廷的统治并不局限于任何国家或任何阶级。除了自利动机促使许多强大的利益集团加入新运动，教会最好的朋友也在恳求改革。教会的敌人还提出了其他指控：对国家贡献很少的财富；信仰在不断衰落,索取却不断增加;梵蒂冈的邪恶和腐败;权势机构的傲慢;修道院生活的腐朽,不再对社会提供曾经不容置疑的服务;推行蒙昧主义政策,顽固地坚持陈腐教条——这些都是针对教会的指控,而教会只相信自己的力量,对劝说和威胁都无动于衷,不屑于去纠正。

七

改革被拒绝,革命迫在眉睫,而革命的爆发,尽管准备已久,它的突然爆发仍然震惊了欧洲。亚里士多德说,政治动乱起源于小的事件,却有着大的原因。和许多类似的运动一样,这些运动都说明了这位希腊哲学家的观察是深刻的,宗教改革的开端是很简单的。虽然它的根源深埋在过去,深埋在人们心中,但它的直接爆发却是看似微不足道的原因,而且与神学领域相去甚远。

16世纪初,为了实现美化罗马的计划,尤里乌斯二世召集了当时最著名的设计师和建筑师布拉曼特来设计一座大教堂,以取代现在已经破败的圣彼得大教堂。为了这项事业,当时已接近其世俗权力巅峰的罗马教皇全身心地投入进去,而且,由于一种奇怪的巧合,就在克里斯托弗·哥伦布去世的那一刻,后来成为世界建筑奇迹的这座建筑物的第一块石头作为奠基石被铸入地基。但是,无论后来的建筑师如何修改,布拉曼特设计方案的经费支出跟美观程度一样给人留下了深刻的印象。为了支付工程费用,梵蒂冈寄希望于出售"赎罪券",尤其是在德意志地区出售。

因此,在工程开始十年之后,当弗朗索瓦一世的优秀将领骑士巴亚尔和加斯东·德·富瓦正忙于征服意大利北部的时候，一位雄辩的修士台彻尔前往德意志执行自己的任务，德意志人嘲讽他为"教皇的奶牛"。在那里，他与维滕贝格大学的马丁·路德教授发生了冲突。马丁·路德在讲坛上和演讲中痛斥了出售赎罪券的行为，并把自己反对这种行为的《九十五条论纲》钉在了教堂的门上以示抗议。

这种反抗具有重要的意义，因为它是作为教皇至上主义在艺术赞助方面的直接结果而出现的，更重要的是它首次在大学中发声，而最重要的是，它出现在德意志。没有什么地方比教会施加在这里的负担更沉重，也没有什么地方比这里的封建主义更强大或者没有什么地方比这里的无政府主义更具压迫性。结果是，没有任何地方比这里产生更多的不满情绪，也没有任何地方的宗教人文主义（有别于意大利的知识人文主义）比在这里扎根更深。

马丁·路德为他的国家和他的时代发声。他所受的训练和所处的环境以及他的性格，都使他特别适合在当时的情况下扮演一个受人爱戴的领袖角色。作为一个萨克森矿工的儿子，他曾在埃尔福特接受法学训练，后来进入奥古斯丁派的修道院，再后来被任命为神父，最后升任维滕贝格大学神学教授。他对亚里士多德和圣奥古斯丁的研究为他关于经院哲学和神学的观点奠定了基础。对罗马的一次访问使他认识到教廷的贪污腐败。一旦他挑战梵蒂冈的权威，他的质朴活力和雄辩文风，再加上他的决心和勇气的力量，都使他成为一个可怕的对手。

再者，反抗的时机已经成熟。随着他反对赎罪券论著的译文传遍德意志，他成了一位万众瞩目的英雄；虽然当时他没有脱离教会，但他拒绝撤回他的"异端邪说"，也不服从罗马教皇的传唤。从他的书房里源源不断地发表了一连串反对教皇至高无上地位的传单，呼吁更广泛的宽容；最重要的是，他强调个人与神之间的联系，不是通过神父的中介，而是通过祈祷。

"什么是属灵集团？"他说，"不过是一种绝妙的伪善发明！所有的基督徒都属灵；神父不过是一个公职人员，一旦被免职，就失去了权威，没有不可磨灭的品格，他只是一个凡人而已……浪漫主义者们正是通过这种虚假的谎言幽灵来使我们的良心受到奴役……意大利是一片荒漠！为什么？就是因为红衣主教！所有人的收入都会被吸到罗马。德意志也会这样！……让人们自己来关心自己的救赎吧！"

毫无疑问，帝国的布告宣称这些令人震惊的异端思想之作者是一个疯子或被恶魔附身的人，"一个神的教会的弃儿，一个顽固的分裂者，一名昭然若揭的异教徒"。考虑到冠绝这个时代的激烈语言和从古到今的神学争论共有的那种独断语气，很明显，这里存在着不可调和的矛盾，路德的挑战如果不撤回，就预示了西欧教会的分裂。

而路德也找到了盟友。除了那些像学者兼神学家梅兰希通这样支持他的人，还有更杰出的学者兼人文主义者伊拉斯谟非常同情这场新运动，虽然他没有直接参加这场运动，但他也施以援手。

来自其他地方对教会的抨击，使运动的影响力进一步扩大。尤其在瑞士，赫尔德雷耶·茨温利神父对教会滥用权力的做法进行了激烈抨击，他像维滕贝格大学的路德一样，反对出售赎罪券。尽管萨克森和瑞士的改革者未能组建一个联盟，但在茨温利的家乡，这位苏黎世神父为新教会奠定了永久的基石，后来一位宗教改革者在此基础上建造了一座宏伟的大厦。

与此同时，路德发表了他对德意志基督教贵族的演说，出版了名为《论教会的巴比伦之囚》的小册子，在其中，他对教皇至高无上的地位以及类似的教义进行了谴责；并焚烧了教皇针对他的诏书，决裂不可避免。

教皇试图通过劝说和威胁把改革者拉到自己一边，但都徒劳无功，他因此发动了攻击。这时的神圣罗马帝国皇帝正忙于对外战争，他的船长们在海外为他赢得了一个新帝国，而国内的叛乱却迅速蔓延开来，德意志陷入了社会和宗教冲突之中。就在麦哲伦在强盗岛登陆、科尔特斯准备对墨西哥发动最后一次进攻的日子里，路德出现在了在沃尔姆斯召开第一次帝国会议的皇帝面前。在那里，他拒绝撤回他的"异端邪说"，点燃了使德意志燃起熊熊大火的小火苗。他找到了强有力的支持者和保护者；而且他避开了那些可以无所顾忌伤害他性命的敌人们，到萨克森选侯的瓦尔特堡避难。在那里，他开始鼓动他的同胞反对教皇的权力和教会对权力的滥用。

他把《圣经》译成了德语。因此，他不仅为他的同胞提供了一个可以用母语阅读的《圣经》版本，而且为这一版本的语言赋予了文学的形式，这一形式也成为现代德语的基础，正如更早时期的但丁和彼特拉克对意大利语形成所做的贡献那样。

给宗教改革运动带来支持者的不仅是教廷的腐化、路德的文学才华、新知识的思想影响，也不仅是那些从瓦解教会体系中看到了一些好处的人；在这些因素的背后，隐藏着一种我们称之为"心灵"——找不到一个更好的名称了——的力量；这一力量无论受到知识或神学方面的多大影响，依靠更多的是情感而不是逻辑。"我们只有插上热情的翅膀才能飞翔，只依靠理智的人永远飞不起来。"

欧洲相当一部分人对罗马教廷提供的心灵养分感到不满，他们准备好了一种更符合不断变化的环境和思想的心灵表达形式——更简单，更直接，不那么华丽，不那么高度组织化，更个人化。用一位受人尊敬的教父的话来说，这部分人要求教会更多的是一种精神，而不是"一些神职人员"，更多的是个人而不是团体。新教路德宗提供的就是这些东西，结果这部分人就转向了路德宗。路德呼吁实践那种精神，并因此成为当时的主要发声者，最后，他成了全欧洲反教皇派的英雄和领导者。

与此同时，他的小册子激发了人们对教会权威的反抗，他的话也成了成千上万同胞的指导性原则。通过这些，他为新运动提供了形式和方向。很快，在他的笔下，接连出现了一份敬神令、一首赞美诗、一份洗礼令、一本祈祷书和一本教义问答书。随着这些宗教流程性指导文件的出现，作为一个独立于罗马教廷的信众团体，新教路德宗开始形成。

路德宗确实缺乏罗马信仰的教条连贯性和一个高度组织化的机构的统一影响力，因此，它只是一种精神力量，而不是一种僵化的教义体系或纪律严明的等级制度。经过一段时间，新教产生了九种不同的信条，它在不同人的手里呈现的形式是如此之多，而它的组织是如此松散，以至于几乎每一个德意志邦国都有它自己的信仰形式。

尽管如此，路德的信条还是迅速传播开来，尽管教皇和皇帝都极力压制，但它还是在欧洲生活中占据了永久性的位置。自基督教诞生以来，欧洲大陆历史上第一次出现了一种将个人置于教会权威之上的信仰。作为"新教文明的缔造者",路德和他的追随者为欧洲人贡献了精神上的个人独立原则,这一原则活跃在包括思想领域在内的各个领域,现在它主要活跃在政治领域,将欧洲世界推上另一个更广阔的发展阶段。

路德对教皇的蔑视表现在抨击赎罪券、焚烧教皇针对他的诏令以及在帝国会议前拒绝放弃立场的行为,这标志着一场运动的开始,它被称为"宗教改革"和"新教起义"。到了这个时候,教会当局和那些对教会做派不满的人们之间的裂痕就无可挽回了。越来越多的人,从君主到农民,都支持路德的事业;路德运动几乎立刻成为一种像宗教现象一样的社会和政治力量。

宗教改革是一面旗帜,在它下面,最多样化的元素都结合在了一起,它的传播也伴随着因对现状普遍不满而产生的骚乱。它在远离神学争论的地区和与德意志命运无关的地区迅速得到了回应。在瑞士,在法国,在英国,在斯堪的纳维亚,甚至在意大利本土,它都激起了人们对教会之主张和行为的质疑。

八

只有一心向海外扩张的伊比利亚半岛没有注意到这场新运动,这并不奇怪。西班牙和葡萄牙是最后的十字军,仍然与异教徒保持着密切的接触。法国和德意志已经有几个世纪没有感受到匈人或阿拉伯人的存在了。但在人们的记忆中,西班牙曾有过一个摩尔人的王国;而在海外,它的人民,像葡萄牙人一样,仍然高举着十字架的旗帜,热情似火,就像在三个世纪之前,北欧民族努力从萨拉森人和土耳其人手中夺取圣墓一样。

对于西、葡两国来说，教会仍然是一种活生生的力量，是种族、血缘和民族存在的试金石，与它们社会的每一个部分紧密相连。由于西、葡两国沉浸在战争和商业之中，很少有时间从事艺术方面的生活——而艺术却对它们的邻居产生了如此深远的影响，因此，这些新的宗教思想运动几乎没有或根本没有影响到这些活跃的人们。

因此，在16世纪的第二个十年接近尾声时，除了政治斗争和经济变革，欧洲人民面临着三个重大问题：一是对他们的宗教信仰和教会体系的修正；二是海外实力的发展；三是按照上一代人的标准重建他们的知识和艺术生活。重要的是，到目前为止，欧洲发展的多样性和统一性之间还只是略有关联。知识和艺术的冲动在整个欧洲大陆迅速传播，但其主要阵地仍在孕育了它们的意大利。宗教改革运动始于德意志民族，伴随着伊比利亚半岛的海外扩张，尽管就像文艺复兴和宗教改革一样，这两股力量在未来的岁月中紧密联系在了一起，但现在它们却走在大不相同的道路上。

历史突然使16世纪初的欧洲人面临着史无前例的重担和如此纷繁芜杂的问题，以至于无论他们是否证明自己有能力解决这些强加给他们的问题抑或他们的解决方案会采取何种形式，有一件事是明确的：欧洲再也无法保持平静了。

在16世纪的第三个十年结束之前，和平与妥协的时代已经过去，如果曾经存在过这样的时代，那么无论好坏，欧洲人已经走上了新的、充满危险的道路。很明显，如果这些新运动获得成功，从这些重大运动中诞生的社会将会发现自己在精神、物质和实践上与一个世纪之前几乎不了解这些问题的社会大不相同。

第八章
欧洲：宗教改革和政治

1521—1542

一

亨利八世即位后的十几年间，在许多领域都发生了具有划时代意义的事件。欧洲势力向东方的扩张、对墨西哥的征服、环球航行，再加上路德宗的起义，已经改变了整个局势，并预示着宗教和政治上更大规模的骚动。

就在弗朗索瓦一世进攻意大利和亨利八世入侵法国的同时，随着查理五世对哈布斯堡家族领地、勃艮第、卡斯蒂利亚和阿拉贡等地区统治的巩固，一个国际关系新时代到来了。

当时，欧洲人最关心的议题是弗朗索瓦一世与查理五世之间的对抗，以及路德对教廷的挑战所引发的改革运动。在即将到来的时代中构成全欧局势演变之主要动力的，一个是彻底的政治性动力，另一个是涉及领域更广的动力。因为被称为"宗教改革"的运动，不仅涉及教会的问题，而且涉及国家的问题，最终还涉及世界政治的问题，甚至比弗朗索瓦一世与哈布斯堡家族的竞争具有更重要和更深远的影响。这是一个具有深刻社会和经济意义的问题，也是一场知识运动，其强度不亚于与之密切相关的宗教争论。

二

然而，这一点在路德挑战教廷的初期并不显见，因为欧洲大陆的注意力集中在最近发生的哈布斯堡家族与瓦卢瓦家族之间的竞争上，这一竞争在过去长达二十多年的意大利战争中找到了出口。弗朗索瓦一世在他的对手登上西班牙王位的那一刻采取了突然而大胆的行动，将热那亚和米兰收入囊中，随之而来的是"永久的和平"。与教廷的协议似乎确保了法国在国外的霸权地位以及法国国内教会不受梵蒂冈干涉的所谓"高卢人的自由"。

1520年的夏天，以科尔特斯对墨西哥的进攻和路德对德意志贵族的呼吁为标志，见证了神圣罗马帝国皇帝与他姨母的丈夫，即英格兰的亨利八世之间的会议，以及弗朗索瓦一世与亨利八世在"金缕地"上的另一次会议。在更有利的支持下，这些会议似乎在证明西欧基督教世界的所有国家已经实现和解，并采取了共同的行动来解决当时社会比较急迫的重大问题。

但这些问题根本不入野心勃勃君主们的法眼，他们一心只想着扩大自己的权力和羞辱他们的对手。这些会议非但不是和平的预兆，反而是欧洲新冲突的前奏。

查理五世恢复了对米兰和勃艮第的权力主张。弗朗索瓦一世自命不凡地攻击那不勒斯王国和西班牙的纳瓦拉王国。这些国家都寻求英国的帮助；过了一年，这些国家又陷入了战争的泥潭。很快，法国人接连被赶出意大利和纳瓦拉。查理五世的外交活动使英国君主站到了他一边；教皇也加入其中。法国的治安官，即波旁家族的查理，将赌注压在了神圣罗马帝国身上；法国同时受到来自西班牙、英格兰和德意志的入侵。

在孤立无援的情况下，弗朗索瓦一世鼓足了劲，赶走了侵略者，冲进了伦巴第地区。在被击退后，各国联军再次入侵法国的领土，围攻马赛。弗朗索瓦一世打败了他们，再次尾随他们进入意大利，包围帕维亚。

但是，弗朗索瓦一世的热情压倒了他的谨慎，被胜利冲昏头脑的他，派遣了一支军队去占领那不勒斯。神圣罗马帝国一方抓住机会，向疲惫不堪的法国军队发动进攻，不仅消灭了他们，还俘虏了法国国王。

这就是弗朗索瓦一世与查理五世之间一系列冲突中的第一次，引起了全欧洲的关注。自一百年前英国人在阿金库尔和普瓦捷取得胜利以来，法国还没有遭受过这样的挫折，因为法国不仅战败，国王也被俘虏到了马德里。

三

然而，随着接下来的戏剧性事变和悲剧高潮的来临，意大利战争产生了真正的重要事件，神圣罗马帝国皇帝尽管在帕维亚赢得了对法国国王弗朗索瓦一世的辉煌胜利，却发现自己不得不面对新的困境，甚至连帕维亚战役的胜利都显得微不足道了。

就在查理五世忙于扩张疆土的时候，在他领土的中心，他和教会的权威受到了在德意志兴起的新势力的挑战，而这一新势力现在正威胁着社会的真正根基。路德造成的结果不仅严重，而且令人感到吃惊，因为这位维滕贝格教授拒绝在沃尔姆斯宗教会议上放弃自己的信条，随后就被该会议颁布法令谴责为异教徒。这样的法令，再加上皇帝与教皇之间为了镇压新运动的约定，似乎足以让那些基督教世界的仲裁者们撕碎这位桀骜不驯的修士。

教皇和皇帝将意大利北部让给法国国王，然后集中力量对付这位德意志修士，似乎是一项更明智的措施。因为当他们战胜了共同的敌人弗朗索瓦一世的时候，路德已经为一场运动奠定了基础，这场运动对于教皇和帝国的权威而言都是灾难性的，路德通过对旧体制的猛烈攻击唤醒了他的同胞，并将帝国变成了一个战场。压抑许久的不满情绪终于爆发，人们几乎立刻拿起武器，内战开始了。

这种情形是各派力量迅速站队、互相攻击并建立权威的象征。这场冲突始于一个浪漫插曲。两名来自骑士阶层的人文主义者乌尔里希·冯·胡滕和冒险者弗朗茨·冯·济金根，因为对贵族阶级的仇恨而联合起来，集结力量，向特里尔大主教发起进攻。有一段时间，他们似乎取得了一定的成功，但他们轻率的冒险同时挑战了教俗两界的军事力量。教俗当局联合起来对付他们，他们被打败了。胡滕被迫流亡，而济金根则被他的贵族敌人打败并死在自己的城堡之中。

这只是动荡的开始。当贵族与骑士的战争还在进行的时候，发生在其他地区和不同主导者之手的另一场叛乱又扰乱了德意志地区的宁静。这就是所谓"农民战争"。在济金根死后两年，弗朗索瓦一世第二次入侵意大利的时候，德意志南部和西部燃起了一股起义的烈火，威胁到了与骑士们作战的同一股势力。

与在此之前的很多类似运动一样，所谓"鞋会"是一种社会、政治和宗教因素的混合体，"鞋会"不仅受到路德之后假先知的鼓动，也有农民真实而激烈怨愤的推动。它的领袖们把自己的事业建立在一长串正确和错误事项的清单上，即所谓"十二条款"，将德意志的制度、教会改革和在更多平等基础上的社会重组杂糅在一起。不可避免的结果是，这样一个如此领先于时代的方案，在这样一些人手里和在这样的时代之中，遭遇了失败的结局。

所有阶层和所有信仰的统治者、中产阶级以及每一个有钱有势的群体都合起伙来反对它；起义军向路德求援，但路德就像谴责骑士们那样谴责了农民们。他们简陋的装备和指挥拙劣的军队被击败和消灭了，领导者被杀，他们的幸存者和同情者都受到了残酷的惩罚，不幸的农民们陷入了比他们未能成功逃脱的奴役更加糟糕的境地。

这就是充斥于帝国史册的各种运动的外部环境，当时，帝国的主人为了意大利与法国国王进行争斗，路德的信条正在德意志人的土地上大行其道。尽管两次起义都被镇压了，尽管骑士和农民同样遇到不合时宜的命运，但他们对权威的不明智的、灾难性的蔑视，比帝国在阿尔卑斯山南边的胜利更加重要。两次起义极大地缓解了16世纪初欧洲各国所面临的问题，这个问题在德意志最为明显，即从封建政府到民族国家政府的过渡问题。

在神圣罗马帝国中，这发展成了在每一个国家都以某种形式存在的五种力量之间的对抗。皇帝，打算在哈布斯堡家族的治下建立一个中央集权的君主政府；选帝侯们，则"决心建立一个贵族联邦"，在这个联邦中他们应该是统治力量；诸侯们，无论大小，都决心维护领地独立，这是他们的封建遗产；城镇和农民则梦想从正在对他们施加沉重压迫和不平等的政府之中争取一席之地——这些便是正在为平等或最高权力进行斗争的诸种力量。

马克西米利安一世已经预见到这个问题，并在某种程度上解决了这个问题。现在，由于路德宗的出现，情况变得复杂起来，查理五世遇到了困扰；而且，在他外交关系的无尽困惑中，这仍然是他和他的继任者进行长期统治过程中遇到的最大问题之一。

为了解决这个问题，德意志等待了好几个世纪。但是，这些起义使它成为帝国政治关注的焦点问题。在农民起义中，埋藏着那种由压迫和不平等所引起的巨大而潜在的不满情绪，这种情绪在几个世纪中不断增长，成为之后历史发展的主要推动力。骑士叛乱揭示出一个道理：镇压无政府势力是建立民族国家王权的首要条件。无政府势力的力量证明了它比皇权更强大，它将使帝国变得衰弱不堪，如果再掺入宗教问题，它将使德意志帝国彻底崩溃。

如果查理五世和他的臣僚们能够摧毁反对力量，或者诸侯们愿意通过合理的妥协而团结起来，可能会避免这样的惨剧，一个统一的德意志就可能出现。然而，机会已经消失了，一连串的事件结束了这些徒劳的起义，只留下一个旋涡，提示着那块隐藏在水面下的岩石会使后来的政府在这里折戟沉沙。

四

与此同时,帝国面临着另外一个挑战,在当时的人看来,它远比一群农民和骑士的叛乱更加危险,这就是土耳其人。法国国王在陷入绝境之后曾经求助于他们,这让奥斯曼帝国闯入欧洲政治圈内。弗朗索瓦一世曾被迫签署《马德里和约》,根据该条约,他不得不将从勃艮第到意大利所有存在争议的领土都交给纳瓦拉王国。随后,他求助于奥斯曼帝国的苏丹苏莱曼大帝。在苏莱曼大帝的率领下,土耳其人发动了新的攻势,向匈牙利大举进兵。在《马德里和约》签订的那一刻,土耳其人在莫哈奇击溃了匈牙利骑士团,占领了布达佩斯,并准备向维也纳进军。

这并不是最近赢得胜利的皇帝所面临的唯一危险。在帕维亚、威尼斯、米兰的战争后,教皇对皇帝日益增加的权力心生畏惧,于是就组建了一个政治同盟与他为敌。英国国王站到了法国一边,弗朗索瓦一世谴责了在马德里被迫接受的条件,再次率军翻过阿尔卑斯山。欧洲列强就这样重新结盟,开始了七年的冲突;与此同时,德意志也感受到了路德宗起义的全部力量。

查理五世再一次面对满是敌人的世界,整个大陆又一次被战争撕裂。罗马因改变立场而受到一半是天主教徒、一半是路德宗帝国主义者的波旁军队(纳瓦拉王国)的惩罚,他们洗劫了圣城,从那里把法国人赶出了意大利半岛。弗朗索瓦一世仍然没有被这一逆转所动摇,他再次入侵伦巴第地区;与此同时,他的盟友土耳其人也加强了对维也纳的围攻,但结果都是一样的。

在签订释放他的条约四年后,弗朗索瓦一世被迫在《康布雷和约》上签字。他放弃了对意大利的一切要求，放弃了对阿图瓦和佛兰德斯的宗主国权利；虽然他保住了勃艮第，但他交出了图尔奈，并赔偿查理五世200万克朗[①]。与此同时，神圣罗马帝国军队在东方取得了胜利。土耳其人对维也纳的进攻失败了，苏丹的军队撤退到布达佩斯，查理五世再次战胜了他的敌人。

这样，消耗欧洲军事和外交精力达十五年之久的冲突暂时告一段落。除了一个方面，其结果似乎很难证明所付出的努力是值得的。很明显，欧洲文明要存续下去，就必须阻止土耳其人的进军，这一场胜利极为有力地证明了帝国作为欧洲大陆捍卫者之政策和行动的正确性，同样也谴责了弗朗索瓦一世向土耳其苏丹请求援助之行为的可耻。

意大利长期而复杂的斗争在多大程度上仅仅是出于君主的野心，或者在多大程度上代表了人民和宗教信条之间真正的潜在对立，就像帝国与土耳其人之间的战争一样，是不容易确定的。意大利的战争可能阻止了查理五世的权力在整个欧洲大陆的扩张，从而阻止他建立整个欧洲的统治权。但是，这些战争耗费了大量的生命和财富，其所造成的损失与它们对世界进步的贡献根本不成比例。尽管他们目前的兴趣及后果必然与人类能量的所有这种表达相关联，但无论其方向多么不明确，很明显，人类的真正发展是沿着截然不同的路线进行的。

根据《巴塞罗那条约》，查理五世再次与教皇达成协议，将佛罗伦萨交还美第奇家族，将米兰交还斯福尔扎家族，作为交换，教

[①] 1克朗=1/4英镑。——编者注

皇批准授予他那不勒斯国王和神圣罗马帝国皇帝的头衔。到目前为止，他达到了自己的目的。但是，**如果查理五世能够把在意大利取得的这些毫无意义的成功所花费的资源用于德意志社会的重组，欧洲将会从这次转换中获得无可估量的利益，这几乎是毫无疑问的。**

五

皇帝的注意力从实现在意大利的野心转移到了两大问题上，这两个问题不仅压在他的身上，也威胁到了整个欧洲世界，即德意志宗教改革的推进和同一时间英国局势的变化。这两个问题在和约签订的时候都达到了高潮，都同样地困扰着教皇和皇帝。事实可以证明，它们虽然表现为迥然不同的形式，却是同一问题的两面。

如果不是从重要性上而是从时间上看，首先是德意志的形势。在德意志，宗教事务和往常一样，总是与皇帝在国际事务上的成败密切相关。几乎在《马德里和约》刚签订，在帝国胜利的鼓舞之下，施派尔帝国会议就认可了之前的沃尔姆斯会议谴责路德为异端的决议；在《康布雷和约》签订的时候，第二次施派尔帝国会议重申了沃尔姆斯会议的决议。危机随之而来，以黑森、勃兰登堡和萨克森的统治者为首的一群帝国诸侯对该决议提出了抗议，并退出了帝国会议。"新教"的名称和教派就这样正式形成了，皇帝也因此从国外的胜利中被召唤回来处理国内的危机。

与此同时，英格兰对宗教改革问题表达了关切。英格兰国王，即傲慢、放荡、残忍的亨利八世，长期以来对查理五世的统治感到不满，并渴望与他的王后阿拉贡的凯瑟琳离婚，而她正是皇帝查理五世的姨母。在一般情况下，王室的婚姻事务，无论其与国内政治和公共道德的关系如何，都不过是政治利益的问题。但当时的情况与往常大不相同。

到目前为止，英国国王的野心都被查理五世以娴熟的外交手段挫败，他在欧洲事务中没有扮演任何重要角色。受到神圣罗马帝国影响的教皇收下了亨利八世的礼物，却在他的离婚问题上一拖再拖。此时，亨利八世已经忍无可忍，用尽了法律程序的所有手段，而他又迷恋上了一位宫女安妮·博林，因此，亨利八世决定采取极端行动。

在《康布雷和约》带来和平的那个月，亨利八世的离婚案开始由英国大法官红衣主教沃尔西和教廷特使坎佩焦审理。结果审判中断，王后向罗马申诉，亨利八世彻底被激怒，他呼吁欧洲各大学起来反对教皇。与此同时，为了巩固自己的地位，他召集了国会，而国会早期的法案表现出了对教廷的敌意，因此，在即将到来的与教皇权威的冲突中，亨利八世加强了自己的力量。

不仅如此，与查理五世的决裂也不可避免。就在退出帝国会议的德意志诸侯们正式开启欧洲大陆的新教运动时，亨利八世，这位早些时候因抨击路德而从教皇那里赢得了"信仰的捍卫者"称号的人，为反抗罗马的运动提供了强大助力，即便那是无意的。

六

在此期间，宗教改革运动传播到其他地区。法国、斯堪的纳维亚和尼德兰都感受到了它的力量，而瑞典已经成为正式的新教国家。因此，面对来自土耳其人的新威胁、本国臣民的背叛以及英国国王的行动，查理五世被迫再次妥协。巴伐利亚对哈布斯堡家族权势的嫉妒，施马尔卡尔登形成的新教联盟，加之法国和丹麦准备援助他那些发动起义的臣民，使他困窘不堪。

奥格斯堡帝国会议听取了由路德追随者梅兰希通所做的"新教徒的忏悔"，但再次将新教谴责为异端。两年后，事态迅速发展，《纽伦堡和约》废除了奥格斯堡的敕令，帝国当局同意考虑新教团体的权利问题，允许新教徒在不受干扰的情况下践行他们的宗教信仰，直到解决这个问题。

因此，通过一个奇怪的历史巧合，土耳其苏丹和法国国王的野心、英国国王的离婚事务加上一个德意志家族的嫉妒之情，与所谓新教徒的精神志向结合在一起，使得经过改革的教义实现了永久化，同时也使得罗马教廷的衰落成为定局。在经历了一千年的绝对精神统治之后，罗马教廷现在发现自己失去了一半的信徒，也失去了对欧洲人精神上无可置疑的垄断地位。从那以后，教皇仍然是最重要的基督徒团体的领袖，但他已不再是基督教界的仲裁者了；他所效忠的教会虽然仍对欧洲人的生活有着强大的影响力，但它已不再将那些使欧洲成为现代世界主导力量的知识和精神领袖们纳入其中了。

代表政治在这一重要时期有所发展的两种情况，会使这一点变得特别明显。作为路德教义传播和一大部分诸侯发现自身特殊处境的后果，很多所谓教会领地的持有者，名义上的教会官员实际上为世俗君主，就开始利用与教廷的分裂和支持新教团体，将自己持有的教产转化为世俗领地。在这些人中，有一个最引人注目，他就是霍亨索伦家族的阿尔布雷希特，时为条顿骑士团大团长和东普鲁士统治者。条顿骑士团在数个世纪前曾经通过征服信仰异教的斯拉夫人夺取了东普鲁士，现在却将自己精神上忠诚的对象转移到了新教，变为波兰国王的封臣，不仅为这些领地的世俗化开辟了道路，也为勃兰登堡家族扩张领土奠定了基础。

与此同时，在某种程度上也受到了这一冲动的影响、长期纠缠不休的斯堪的纳维亚问题出现了。14世纪末，挪威、丹麦和瑞典通过卡尔马联盟成为一个王国，由被称为"北方的塞米拉米斯"的玛格丽特女王统治。这种格局在奥尔登堡王朝的统治下一直延续着，而瑞典人对这种格局越来越不满；就在路德出现在沃尔姆斯的那一刻，克里斯蒂安二世镇压了瑞典的新教领袖们，随后是宗教迫害，这给半岛带来了危机。

在一位受到瑞典人民爱戴的英雄古斯塔夫·瓦萨的领导下，达拉那地区的人们发动起义。起义迅速蔓延，丹麦人被赶了出去，瑞典成了一个在本土王朝统治下的独立王国，这使得瑞典在欧洲政治格局中保持一流国家的地位达一个世纪之久。挪威和丹麦仍然在奥尔登堡王朝的统治下维持统一局面，而那里的人民也像瑞典人一样，成了新教徒；就这样，北欧各国维持了近三百年的妥协状态。

这就是路德宗在16世纪第一个十五年内经历的主要事件以及法国与哈布斯堡家族在欧洲大陆事务的核心圈子之内的冲突。在那些我们视作纯粹为政治事务——战争和外交、王朝的兴衰以及政府机构形式的变革——的场景下，德意志新教徒从一向苛酷的皇帝那里要来了宗教宽容后的十年，产生了一些与前几年事件无关的永久性影响因素。

在这一时期，法国和哈布斯堡家族之间的战争持续进行着，各有胜负，但对交战双方的实力影响不大。他们曾经享有的重要地位被土耳其人新的行动削弱到黯然失色。在莫哈奇战役取得胜利后，土耳其人占领了匈牙利的大部分地区；同时，他们击败了威尼斯，扩大了他们在地中海的领土，威尼斯发现自己的帝国几乎被摧毁。

哈布斯堡家族再次被召唤保护欧洲和抵抗亚洲人的威胁。皇帝亲自指挥了一场对非洲的徒劳远征，以遏制土耳其人不断增长的势力以及减少出没于东地中海的阿尔及尔海盗（苏丹封臣）对商业活动日益增长的威胁。与此同时，英国国王首先与法国和哈布斯堡家族中的一方结盟，然后又和另一方结盟，这对这场斗争或他自己的地位都没有明显的影响。只有苏格兰人在索尔威莫斯战役中被击败以及苏格兰国王的死亡，还算是亨利八世在英格兰之外的世界事务寻找存在感中获得的一点像样的结果。

但在那些全部或部分与宗教事务有关的问题上，这一时期是最重要的，而且亨利八世还是一个值得注意的重要人物。协助他与梵蒂冈斗争的七年议会已经完成了他在不经意间开启的工作。与教皇的争执迅速扩大到对教会的全面攻击。未经国王同意，教士会议不得立法；教皇在英国的权威被神职人员自己否定了；亨利八世根据《至尊法案》获得了"英国教会最高领袖"的头衔。随后就开始了对教会财产的侵夺，先是小修道院，然后是大修道院，均被解散，其财产被国王没收。《圣经》的英译本被安放在教堂里，尽管所谓《六条信仰法案》规定不遵守罗马教会信条和仪礼者必须受到严厉惩罚，但这一事实却表明了旧信条的迅速衰落。

英国开始与欧洲大陆的宗教改革运动站在一起。保守派势力的警惕是徒劳的。历任大臣的反对，甚至民众的反抗，都未能阻止国王的决心：**改革派教义的发展，加上王室和廷臣们渴望获得教会战利品的贪婪心理，共同摧毁了旧体制**。沃尔西、莫尔和克伦威尔，这三位大臣因为与王室的交恶而相继下台，而王位继承问题，由于王室的五次结婚和离婚而变得复杂化，为这一时期的混乱统治增加了另一个因素。

与此同时，宗教改革的精神在这位国王的襄助下得到了发展。用一位对新信条表示赞同的人的话来说，这位国王"以好人们可能认为会受诅咒的手段实现了幸福的目标"。

这是对德意志的宗教改革事业的巨大帮助。与此同时，在德意志，新的宗教群体也遭遇了一段奇怪的经历。在这样一场运动不可避免地会面临的危险之中，激进派的过火行为也许是最严重的。随着改革派教义的传播，出现了一个教派，它在某种形式上，在新教的发展中起着相当大的作用，这就是所谓再洗礼派。

再洗礼派最早的代表是"茨维考的假先知"，遭到了路德的谴责，而他们的领袖闵采尔在农民起义中扮演了重要角色。《纽伦堡和约》签订一年后，闵采尔受到了这一因素的影响，随之而来的是一段非常混乱的无政府状态，最终他们被邻近的新教诸侯们镇压下去。再洗礼派摈弃了自由恋爱的信条，仅保留了财产公有的理想，正因为如此，可以理解，这一组织以其成人洗礼的基本原理成为德国门诺派和英国浸礼宗的前身。

七

再洗礼派就这样带着其过分的言行加入到了反对现行合法权威的运动之中，但在另一个地区和不同的人手中，这一运动以一种更为激进的方式进行着，并以更深刻的方式给欧洲人的思想和行动打上烙印。就在1536年这一年里，英国议会通过关闭较小的修道院开始侵夺教会的财产，葡萄牙人在澳门站稳了脚跟，西班牙人在利马稳住了阵脚，查理五世和弗朗索瓦一世开始了他们的第四次战争，卡蒂亚在他的第二次也是最重要的一次航行中来到了加拿大。

而在同一年，一位名叫约翰·加尔文的法国教士在巴塞尔出版了一本名为《基督教原理》的书——它后来流传更广的名字是"加尔文的《原理》"。通过这本基督教理论和实践的新手册，加尔文奠定了新教团的基础。

这位作者和他的书一样著名。作为一名法国公证人的儿子，他与路德的职业生涯相反，他注定是要进入教会的，并为此放弃了法律职位。他先是在巴黎，然后在奥尔良，最后在布尔日继续他的研究；与此同时，像他那个时代的许多人一样，他卷入了当时席卷欧洲大陆的神学争论浪潮中。

他的一位正忙于将《圣经》翻译成法语的亲戚，把他送到布尔日的一位著名希腊学者那里。从宗教改革家和人文主义者那里，他立刻就获得了一种针对罗马的偏见，并产生了写作的冲动。弗朗索瓦一世与神圣罗马帝国皇帝联手迫害新教徒，迫使加尔文离开法国，以免遭不测——成百上千的新教徒都遭遇了这样的命运——他在巴塞尔寻求庇护，并在那里为自己的书找到了出版商和读者。

《基督教原理》的出版标志着欧洲历史的新纪元。加尔文宗教义不仅吸引了许多没有被路德的暧昧信条所触动的人，而且比松散的路德宗信条更严厉、更有逻辑、更有组织性。这些东西更容易在政治和神学上激发广泛的反叛情绪。加尔文宗反对罗马红衣主教组成的教会政府的管理，由长老管理的做法虽然长期受到忽视，但也同样古老。

加尔文宗用极度的俭朴仪式取代了罗马天主教会的奢华仪式并使用日常事务使用的语言为仪式提供服务，取代了使用拉丁语做弥撒。加尔文宗的会众制度、对逻辑而非启示的重视、对个人道德不屈不挠的坚持，把它同欧洲思想和实践中日益增长的因素联系起来；而且，它就像旧信仰一样，毫不妥协，这使它很快就成为改革教派中最有活力的战斗力量。

除此之外，在加尔文宗反对暴政的正义信条中，有一种强大的政治元素。"让我们不要认为，"这意味深长的段落写道，"除了服从和受苦，就没有别的诫命了……我这样做并没有禁止他们……抵抗国王的暴行；我敢肯定，即使他们对那些恣意辱骂和践踏可怜平民的国王们视而不见，他们的掩饰也并非没有恶意，因为他们虚伪地出卖了人民的自由。"

这是对政治权威的挑战，这是加尔文所发布的反抗压迫的召唤令，他的敌人将他称为"新教教皇"。加尔文宗的发展还伴随着另外一种因素，使其对一个不断壮大的阶级具有特别的吸引力。这就是它对那些可以称之为家常美德的颂扬，如节制、勤奋、节俭、诚实，尤其是勤奋。加尔文宗鼓励人们在这个世界过上有秩序和成功的生活，因此，加尔文宗对中产阶级和商业人士的吸引力就在于它将他们的特有品质做了一种优雅的提升。

加尔文理想的政府是"贵族制和民主制的混合",他对社会的理想是有序、勤劳、冷静、敬畏上帝的中产阶级为物质繁荣而工作。他努力实现那个理想。他接受劝说在日内瓦定居,帮助那里建立了一个民主政府;在斯特拉斯堡逗留一段时间后,他又回到了日内瓦。①

在他的影响下,这座瑞士城市不仅很快变成了一个由教会权威按照最严格的道德准则管理的模范城市,而且还成了一个不亚于罗马的宗教中心。早期宗教改革家茨温利和法雷尔以及与加尔文同时代的贝扎,通过在日内瓦的努力让自己的事业达到了顶峰,并由此传遍整个欧洲。

数百名传教士在日内瓦的大学接受培训,然后将加尔文宗的信条带到了国外。此后,约翰·诺克斯将其信仰和纪律带到了苏格兰,并在那里建立了新教的另一个分支,即所谓长老会,这注定会对英国事务产生重大影响。在法国的商人阶级和贵族中,在王室和教皇权威的压制之下已经处于一种躁动不安的状态,加尔文宗的影响在这里奠定了一个强大宗教派别的基础,即所谓胡格诺派。尼德兰北部地区成了这一信仰的大本营,很快使荷兰成为捍卫自由的战场。在莱茵河沿岸,甚至在意大利北部,加尔文宗都获得了一批追随者,直到它成为罗马和绝对王权眼里比异端的路德宗更危险的对手。

---

① 1536年,加尔文在去往斯特拉斯堡途中,被日内瓦宗教改革派领袖挽留,帮助日内瓦建立了新教政权。因为推行宗教改革的措施比较激进,加尔文于1538年被自由派驱逐出日内瓦,随后迁居斯特拉斯堡。1541年,加尔文受邀回到了日内瓦。——编者注

与那次运动一样,加尔文宗找到了印刷出版业这个强有力的盟友。在被宗教改革触及的每一个国家,《圣经》都被翻译成了当地语言,这除了神学上的考虑,就思想和言论自由而言,也对本国的语言和文学产生了很大的刺激作用。这样一来,阅读福音书不再是少数人的特权,而是多数人的权利。随着科弗代尔翻译的《大圣经》在英国的出版,作为路德的德文译本和费伯的《法文新约》的补充,欧洲终于有了对抗罗马教会思想垄断的最强大武器。

在神学的世俗化进程中,还有另一股力量在发挥作用,那就是学校。因为大学是最早的反抗中心,所以大学是最早开展改革运动的地方之一。在接受宗教改革的国家,教育不再属于罗马教会,而变成了新教的领地。他们培养了一个新的神职人员群体,并通过他们培养了一个新的俗人群体。他们的成员成了最活跃的小册子作者,几乎每天都有新的小册子在煽动人们的热情。路德的话语被扩大了成千上万倍;经计算,加尔文的《基督教原理》一书在一百多年的时间里,每隔十周就会出现一个新版本。在这种影响下,在路德把他的《九十五条论纲》钉在维滕贝格的城堡教堂的大门上的二十五年后,这个在当时看来毫无希望的事业已经威胁到了教廷权威在半个欧洲大陆的存在。

八

然而,在路德出现在欧洲历史舞台后的十五年里,尽管新教取得了巨大的成功,但我们不能认为,旧的教会机构既没有意识到它的危险,也没有强大的支持者。新教徒的活力在某种程度上也检验了天主教一方的力量。不可能想象教廷会完全依靠法令和迫害来维持自己的统治，更不可能想象教廷会完全依靠自己的世俗权力或信奉其教义的政府进行统治。

从一开始就有很多人团结起来支援它。英格兰的大法官托马斯·莫尔，因反对亨利八世离婚及对教廷权威的蔑视而牺牲。每一本新教小册子都得到了天主教徒的回应。天主教国家的每一所大学都在这场争斗中为其注入了新生的力量。每个天主教国家的神职人员都注意到了威胁他们信仰秩序的危险，并开始做净化教会机构的工作。

在意大利，教会开始进行内部改革并迅速蔓延到整个欧洲大陆。新的教团如雨后春笋般涌现，它们就像修道士一样，把数百年前的献身和自我牺牲精神带到了这场冲突之中。在欧洲世界的每一个角落，罗马天主教都显示出了一种高贵品质的复兴，它在初期盛行时拥有过这些品质。**在这场新教改革运动的诸种影响中，最重要的是旧教会机构的改革，随着时间的推移，这场改革被称为"反宗教改革运动"。**

在最需要的时候，教会找到了新的资源和重要的盟友。这段历史和改革派教会的崛起一样引人注目。在加尔文离开巴黎的同一时间，有一位名叫伊格纳修·罗耀拉的瘸腿西班牙士兵，在查理五世和弗朗索瓦一世的战争中围攻潘普洛纳时受了重伤，之后他设法进入了巴黎大学，试图通过为教会服务而抚慰他在世俗事务上遇到的挫折。

他在那里学习了七年，身边聚集了一群志同道合的朋友和追随者，几乎就在同一时刻，加尔文在奥尔良、罗耀拉在蒙马特举行了他们的首次圣餐礼，后者的伙伴们将他们的一生奉献给了教会。他们的新社团效仿旧时的修会，比如方济各会和多明我会，但也加入了令人信服的新力量元素。除了安守贫穷和禁欲的誓言，还有严格的纪律和绝对的服从。

这个新组织以和平的方式，遵守最严格的谦逊和自我牺牲的原则，不择手段以达到其目的。在它首领的领导下，这个修会迅速地崛起，以捍卫受到威胁的教会。教皇最初是有条件地，后来则毫无保留地批准成立这一团体。于是，耶稣会在欧洲人的生活中占据了一席之地。

就像新教改革家一样，耶稣会几乎立刻理解了在信仰问题上开展教育的意义和机会，它的成员很快就成为欧洲最好的教师。耶稣会承认世俗权力和既定权威的力量，因此，在耶稣会的指导下，最聪明的头脑都谨慎得像是面对君王和政治家的忏悔者。

耶稣会意识到迫切需要获得公众的支持，因此，它的传教士都受到了严格的雄辩术训练。看到欧洲以外的广阔土地上有皈依的人，他们会立刻去执行传教使命，连圣方济各或圣多明我的第一批追随者都不能超越他们。因此，虽然耶稣会的非凡组织使它与欧洲每一个地区的事务保持联系，但耶稣会最高职位的代理人可能会在一瞬间被调到最为遥远的亚洲或美洲的某个地方；耶稣会那无处不在的影响，使其对政治事务的影响已不亚于对宗教事务的影响。

在耶稣会团体中，除了罗耀拉本人，还有一位引人注目的人物，成为其影响深远之传教事业的首席代表——骄傲、英俊、最具天才的纳瓦拉人方济各·沙勿略。罗马的耶稣会刚刚组织起来，他就担任了骑士团的秘书官；在罗马，他被若昂三世召唤去印度传教。在他到达果阿的同一年,西班牙和葡萄牙帝国的疆域扩张至顶峰。随着他的到来,震动欧洲的宏大宗教运动传播到了海外属地。

一个注定要在欧洲历史上发挥重要作用的社团,由一位西班牙人创立并进入处于葡萄牙保护之下的殖民地,这似乎并没有什么值得奇怪的;尤其在后者的领地上,似乎正需要这样一支力量。忙于战争、商业和政治事务的葡萄牙人一直拒绝干涉当地的宗教信仰,以免危及他们在东方的地位。

确实,传教士紧随商人的足迹来到印度,就像商人追随征服者的脚步来到美洲一样。教堂建立起来,教团在大港口建造了房屋;总督利用自己的影响力和财力为他们提供帮助;不少人转变了信仰。然而,与总体的进展相比,甚至与方济各会和多明我会在美洲的活动相比,印度改宗的人数并不多。在虔诚的若昂三世即位十年之后,葡萄牙海外的殖民地方只有两个主教,而且距离马德拉群岛和摩洛哥都不远。

但是,随着宗教改革运动和反宗教改革运动之间的竞争,信仰问题带来了危机,并对伊比利亚半岛国家的实力产生了影响。**当欧洲北部倾向于采用新的教义时,西班牙和葡萄牙却走上了相反的道路**:宗教裁判所得到恢复和加强,犹太人被迫改变信仰或被流放,耶稣会信徒受到热烈欢迎。在果阿,迄今未受破坏的印度教神庙被标上了摧毁的记号。一个新的传教和迫害的时代开始了;除了对伊斯兰教的长期讨伐,葡萄牙人现在还对所有的非基督教信仰进行攻击,这加剧了人们对葡萄牙贸易霸权的仇恨。

在新世界,问题又有所不同。在美洲,西班牙从一开始就努力消灭当地的宗教,迫使土著改宗。当耶稣会士加入征服者的行列后，教会就将带着万分热忱和自我牺牲的力量投入到新大陆当中。阿根廷的潘帕斯草原、安第斯高原、错综复杂的亚马孙荒野以及中美洲，广阔的新西班牙帝国各地，都感受到了一种新的宗教热情的冲动，这是宗教改革运动对欧洲以外民族造成的第一个影响。就像它在政治上的影响一样，新世界对欧洲最早的宗教反应是天主教在那里的扩张，而这也是宗教改革运动的一部分。

这就是从路德崛起于欧洲到沙勿略出现在东方，从科尔特斯和麦哲伦的探险到最后一次教会大公会议在特兰托召开之间的历史阶段所发生的主要历史事件。它们形成了从中世纪到现代历史的转折点，其影响之巨大甚至超过土耳其人攻陷君士坦丁堡或发现美洲。

在这一时期，欧洲生活中的新元素已经稳步立足，并冲破了旧信条或旧习俗的束缚；无论好坏，这些因素从此成为社会进步的指导性力量。作为日常经验的一部分，美洲的殖民和宗教改革运动同时进入当时的事务之中，不仅创造了新的生活条件，而且产生了一系列影响人类生活每个层面的制度。它们改变了人们的思想。此后，再用之前一个世纪的观念来考虑问题已经成为不可能的事情。

在单纯的战争胜负、王朝更迭以及领土易手之上，这场革命归根结底是这一时期的主要结果，而这个时期比一千年来任何时期都更能改变世界事务的平衡和世界的未来，因此，它标志着查理五世时代是一个伟大的历史时代。

第九章
海外的欧洲

1521—1542

一

与查理五世继承西班牙王位之后二十五年里欧洲船长和国王们的活动相比,尤其与新教改革运动相比,欧洲人在阿尔布克尔克和科尔特斯的探险推动下的海外殖民扩张似乎并不太重要。然而,尽管殖民地事务的重要性被欧洲发生的事件暂时遮住了,但在一段相对不作为的时期之后,历史进入了一个对欧洲人和整个世界都很重要的时代。

二

在沃尔姆斯帝国会议召开以及科尔特斯对墨西哥发动最后一次进攻的同一年,"幸运者"曼努埃尔一世去世,这标志着葡萄牙和欧洲事务即将出现巨大的变动。虽然若昂三世继承了王位，享受着他所继承重大事业的成果，但他并没有为之努力；在他漫长统治的前十年，他只见证了一件大事，就是划分世界的边界。"维多利亚号"的航行使之变为当务之急。

"维多利亚号"刚一进入港口，西班牙就宣布，亚历山大六世的诏书只适用于大西洋，而《托尔德西里亚斯条约》现在已经不适用了。因此，西班牙和葡萄牙的地理学家在边境城镇巴达霍斯-耶尔维斯会面。就在德意志农民在莱茵河畔作战、法国军队入侵伦巴第的时候，伊比利亚的外交官、科学家们吵了六个星期，但成果寥寥。如果没有确定具体经度的方法，就不可能对相互冲突的要求提出一个合理的解决方案。

为了确定自己的主张，西班牙派遣洛艾萨进行了一次像麦哲伦那样的环球航行，但洛艾萨最后发现，当他到达世界的另一边之后，如果没有葡萄牙人的许可，他既不能沿原路返回，也无法通过其他路线回到西班牙。没有什么能比这更有力地证明葡萄牙在东方的霸权了。

查理五世屈服于不可辩驳的事实，放弃了对摩鹿加群岛的主权要求。根据《萨拉戈萨条约》，以摩鹿加群岛为起点，沿赤道线向东北经度的点上划出了一条分界线。然而，如果按照这样的要求履约，西班牙就会丢掉菲律宾。它无视这一规定，而对菲律宾群岛的主权要求仍然是麦哲伦探险的主要政治成果。

在这种情况下，世界在一代人的时间里，第二次，同时也是历史上最后一次，被划分为西班牙和葡萄牙的势力范围。比这一裁决乃至比占有菲律宾更重要的事情是塞巴斯蒂安·卡波特的航行，而这纯属这一争议带来的后果。

卡波特沿着麦哲伦和洛艾萨的足迹来到南美洲,到达了一条河流,他把这条河流称做"拉普拉塔河",意思是"白银之河",因为那里的土著都戴着银饰。他还探索了乌拉圭河和巴拉那河,直到巴拉那河的险滩地带阻碍了他前进的脚步。

他为欧洲人的殖民扩张打开了一片广阔而肥沃土地的大门,这片土地比他同胞所知道的任何土地都更适合白种人居住。它几乎立刻就找到了前去定居的人员。一位名叫佩德罗·德·门多萨的巴斯克贵族和他的同胞,急忙为这块最终繁荣昌盛的殖民地奠定了基础;同时,更令西班牙殖民者感兴趣的是群山那边的富饶帝国。欧洲人的势力,就这样在阿根廷确立起来了。

与此同时,西班牙又从墨西哥和西印度群岛开始了新一轮的征程。第一个成果是扩大了科尔特斯的征服。蒙特祖马的帝国刚被征服,阿尔瓦拉多、德·奥利德、蒙特霍和他们强大的领导者便开始征服中美洲;古兹曼向北挺进,建立了新加利西亚省。这样一来,南北美洲之间的整个地区就纳入了查理五世迅速扩大的帝国版图之中。与此同时,庞塞·德莱昂对佛罗里达进行了最后一次也被证明是致命的一次征服尝试。在更远的北方,一系列的探险让欧洲人对北美洲东海岸产生了兴趣。

地理知识的进步是如此之大,以至于当德意志与罗马教会的决裂不可避免时,里贝罗在一张著名的地图上展现了从纽芬兰到合恩角的整个大西洋海岸。

西班牙人并不是唯一一个投入这项工作的民族,因为弗朗索瓦一世被他对手的成功所刺激,派遣了他的意大利船长乔瓦尼·韦拉扎诺去寻找传说中的去往中国的西北海路。

尽管西班牙人的发现没有给一个"太像西班牙"的地区带来移民，以吸引前往新世界寻求财富的冒险者们，尽管韦拉扎诺没有找到通过圣劳伦斯河前往太平洋的通道，但是，西半球现在在欧洲政治和思想中占有了一席之地；与此同时，在欧洲政治、思想领域产生巨大影响的新教也开始在美洲大陆确立自己的地位。

三

当新世界进入欧洲人的视野后，它开始被占据并被组织起来。在这项工作中，科尔特斯表现出的殖民统治能力一点儿也不亚于他作为征服者的军事能力，尽管他的权威受到本土政府的掣肘——因为本土政府对他日益增长的权力产生了猜忌——但他继续工作，使墨西哥变成了西班牙的一个省。

土地以军事封地的形式分配，受托管人需要根据他们所占土地的规模按比例提供武器和部属，并服从封建式的召集令。他们用当地矿山的出产铸造出了大炮；用波波卡特佩特火山提供的硫黄来制作火药；还建造了船只和港口。墨西哥新城在旧城的废墟附近建立起来，被特许为自治市，成为当地的首府。邻近部落的居民被吸引到那里居住。同时，西班牙人引进了欧洲的动植物，种植、养牛、采矿和商业都受到了鼓励。随着西班牙势力的扩张，也带去了欧洲生活的种子元素。

随之而来的便是本国政府权威的建立。征服刚结束，新省份就被任命了一位总督，由检审庭来协助并监督他的工作，而地方官员也得到了任命。教会是政权力量的补充。主教区得以建立，传教士也都进入了土著社会。在新建的市镇里，广场上坚固的政府大楼旁边便矗立着教堂；在平原的另一边或森林荒野的深处，很快就听到了教堂的钟声，这说明在将欧洲势力扩张到新大陆方面，宗教所起的作用比任何官方机构都大得多。

除了欧洲本身在这个多事的十五年里的活动，那些对美洲进行占领和组织活动的开启似乎并不重要。然而，新世界在世界事务中不断扮演日益重要的角色，并对旧世界产生不小的影响。尤其是从墨西哥涌入西班牙的大量贵金属，不仅对经济，而且对欧洲大陆的政治发展都具有不可估量的重要性。这种掠夺使西班牙人变得富足，他们的思想从单纯的日常事务中解脱出来，转而梦想着进一步的征服和冒险。就像它的主人查理五世一样，西班牙渴望在世界事务中拥有更广泛的影响力。

征服墨西哥的重要结果是哈布斯堡家族实力的增强，以及在法国领导下的欧洲对世界霸权的威胁所产生的必然反应。叛乱的匈牙利人、不满的意大利诸侯、瑞士农民、都铎王朝的国王和奥斯曼苏丹都被号召起来反抗哈布斯堡家族的统治。皇帝财力雄厚，且美洲也被加到欧洲的天平上，这是他能够成功地抵制敌人的一个不可忽视的因素。

与此同时，在欧洲失去大批信徒的教会，在千百万受其影响的非欧洲民族中找到了补偿。因此，殖民新大陆的第一个结果是强化了欧洲政治中的保守因素。这是一件令人颇感意外的事件。

四

1532年，虽然并非一个见证君士坦丁堡陷落或者发现美洲之类具有里程碑意义的年份，却也是特殊的一年，不同领域的人类活动出现了惊人的巧合，着实揭示了复杂力量正在以不同寻常的方式进行互动并产生了新的社会秩序。

该年7月，神圣罗马帝国的皇帝查理五世在赶走进攻维也纳的土耳其人之后，信心大增，便在纽伦堡召开了帝国会议，同意给予路德宗更多的宽容，而这一教派在十二年来一直影响着他的帝国和德意志的安定。

8月，匈牙利人对京斯要塞的英勇防御阻止了土耳其人的新一轮进攻，苏莱曼大帝消灭神圣罗马帝国的雄心壮志受挫之后，转而进攻威尼斯。10月，弗朗索瓦一世与萨克森、黑森和巴伐利亚一起拒绝承认哈布斯堡家族的斐迪南为帝国皇位继承人，又通过《布洛涅条约》与英国结盟。与此同时，英格兰议会在国王的领导下，通过废除向罗马上交担任教职第一年收入和向罗马申诉的规定，最终与罗马教廷决裂。

因此，在这多事的一年里，这些政治事务足以将欧洲统治者所有的精力和时间都牵扯其中。但是，在他们雄心勃勃的眼光之外，还有两件不被这些重要人物所重视的小事件发生了——而二者被后来者视为欧洲历史上最值得记住的事件之一。

在这几个月的某个时候，一位住在巴黎或巴黎附近名叫约翰·加尔文的籍籍无名的法国教士，经过长期的心灵追索之后，放弃罗马天主教而皈依了新教。就在帝国显贵们的骑兵队沿着通往纽伦堡的道路去觐见他们的皇帝以及颁布宗教和平法令的时候,在新大陆,帝国一个名不见经传的军官带着少量部下,沿着陡峭的安第斯山脉而上,前去挑战一个在传说中拥有巨额财富的国家——西班牙人垂涎这个国家达十二年之久。

西班牙冒险者们大胆地进行了这个计划,并不让人感到意外。就在科尔特斯重建墨西哥城的时候,人们对殖民世界的兴趣已经转移到了南美,而那片大陆正变成欧洲强国狂飙突进的舞台。在探索阿根廷的同时,科罗的建立标志着西班牙人第一次有效地占领了委内瑞拉的土地;而葡萄牙则对英国人和法国人造访巴西海岸深感不安,开始采取措施来保护它这片被忽视的属地。

五

更重要的是发生在西边的事件。在占领墨西哥的第二年,安达戈亚沿着墨西哥海岸航行,带回了关于安第斯帝国的消息。受此消息和科尔特斯探险的启发,一个曾经追随过巴尔沃亚的名叫弗朗西斯科·皮萨罗的达里恩殖民者,同时也是巴拿马的一位养牛场老板,便牵头与两位邻居,迭戈·德·阿尔马格罗和一个名叫费尔南多·德·卢克的神父,谋划发动新的征服行动。

皮萨罗和科尔特斯不同,他没有找到可以随时调用的军队,便用自己微薄的财力和他的伙伴们一起,几乎竭尽全力,才勉强找到勘探海岸的工具。他两次试图寻找这个所谓印加帝国,但都徒劳无功;最后,他终于确定了它的存在。他前往西班牙,在那里,经过不同寻常的努力之后,他从神圣罗马帝国的皇帝手里获得了征服的委任状。

经过八年的不懈努力,他现在率领着由3艘船、不到200人、30匹马组成的队伍,去干一件极为危险的事情——科尔特斯曾用了三倍的兵力,差点功亏一篑。这位大胆的冒险者经过一个月的航行,从巴拿马驶入(秘鲁的)通贝斯的港口。

皮萨罗发现自己的处境和科尔特斯当年的处境十分相似,找到的新民族与阿兹特克人也颇为相似。在当时,占据着安第斯广阔地区的山地部落盖丘亚人中,有一个因其统治者被称为"印加"而由此得名的部落成为霸主。他们是否像阿兹特克人一样,在来到这块土地之前就已经从辉煌灿烂的哈顿·鲁纳斯文明中学到了相关的知识,抑或他们的文明就是自发形成的,无法确定;但可以肯定的是,当他们第一次与西班牙人接触的时候,可以说是新大陆最文明的民族了。

他们不再像他们的前辈那样建造宏伟的巨型建筑。他们的首都库斯科不像他们的前辈在的的喀喀湖上所建的首都那样雄伟,但同样引人注目;在过去五个世纪里,他们逐渐将安第斯地区纳入他们的势力范围之内,与他们所继承土地上的史前民族相比,这片领地的范围和组织化无疑要深广得多。

与阿兹特克人一样,印加人绝不是野蛮人。他们的政府井然有序。他们的辽阔帝国通过道路连接在一起,那是工程技术的奇迹。他们在农业和驯养技术、石造建筑、贵金属加工和天文学方面的成就与他们北方的邻居不相上下,甚至更胜一筹。而且,就印加人来说,尽管他们的文明程度总体上低于入侵者,但印加人除了不会使用铁器、火药、印刷术、航海术以及驯化家畜外,他们在物质文明上并不比入侵者低多少。

在正常情况下,皮萨罗的远征队要去攻打这样的国家,无异于痴人说梦。但就在这时,秘鲁的局势却陷入了剧烈的动荡之中。他们的印加王瓦伊纳·卡帕克去世了,印加王的儿子瓦斯卡尔和阿塔瓦尔帕开始争夺王位,而后者刚刚夺得王位,还囚禁了他的兄弟。结果,人民陷入分裂,政府陷入动荡,国家的力量受到削弱;入侵者毫不迟疑地利用了这个机会。

西班牙人首领乘机与正在混战的各派进行谈判,并迅速向内陆推进,还邀请阿塔瓦尔帕与他会面。这位君主满不在乎地同意了。皮萨罗也效法科尔特斯,囚禁了他,要求印加人支付一大笔赎金,以保证印加王的安全。

最后的获得甚至超越了西班牙人贪婪的梦想。皇室的珍宝、神庙里的战利品以及对当地人民的洗劫,尽管价值超过千百万,却被贪得无厌的征服者宣称是不够的。阿塔瓦尔帕担心他们支持自己的对手,就要求处死他的兄弟,而皮萨罗则与阿尔马格罗合兵一处,将不幸的印加王处死,然后匆忙赶往库斯科,夺取了这座城市和它的财富,并宣布另一个印加家族的代表曼科·卡帕克为秘鲁的统治者。

做完这件事后,这位征服者派他的兄弟带着1/5的战利品返回西班牙送给王室。作为回报,皮萨罗被任命为秘鲁的侯爵和总督;而他的同伴阿尔马格罗由于来得太晚而没能分享从印加夺取的战利品,但后来被授予智利的南部地区,此后,阿尔马格罗便开始着手征服自己的领地。与此同时,皮萨罗将政府所在地从库斯科搬到利马,并开始在那里建造一座新城。

但这并不是最终的结局。土著发动了起义。而阿尔马格罗要求得到的土地份额比他所应得的要多，征服者之间爆发了内战。结果阿尔马格罗被杀，但他的追随者选择他的儿子继续做他们的首领，密谋反对皮萨罗并将其刺杀，直到国王派遣的代表到来和另一场内战之后，他们才达成妥协。

这就是这次征服印加帝国的来龙去脉，这次的征服行动为西班牙国王增添了另一个帝国，而且又一次向西班牙和欧洲输入了大量的贵金属，为欧洲冒险者们开辟了新的领域。

六

如果秘鲁的征服者像科尔特斯一样，是一位既有军事能力又有政治能力的人，安第斯国家的历史可能会沿着墨西哥的轨迹发展下去。但是，皮萨罗的征服行动展现了西班牙人性格中最黑暗的一面。他比科尔特斯更凶残、更严苛、更野蛮，而他的性格投射到了秘鲁的历史之中。他在世以及后来很长的一段时间里，秘鲁的发展几乎就是权力从印加人手里转移到西班牙人手里而已。

封建领地取代了当地贵族的领地或王室领地，引入了土地分割制度，农民和他们所赖以为生的土地一样，均被征服者占有。某些西班牙首领，比如德拉维加，急于与当地的女继承人结婚。另一些首领，比如卡瓦哈尔，更喜欢矿山；还有一些喜欢肥沃的土地；更有些首领，比如德索托，拿到征服印加人的战利品后，又开始了新的冒险；一些人追随贡萨洛·皮萨罗（弗朗西斯科·皮萨罗的弟弟）或巴尔迪维亚去了新的战场。

寻找发财机会的士兵、商人、官员、教士都来到了新首府利马和人口更为稀疏的内陆地区，他们享受征服得来的战利品或分享封地带来的收入。尽管发展比新西班牙慢得多，但这里也呈现出了类似的殖民地生活形式。除了它的巨额财富，它更接近中美洲的中间地区。与此同时，西班牙的势力正通过这些错综复杂的热带雨林地区缓慢而艰难地寻找新的道路。

征服安第斯

征服秘鲁绝不是西班牙在这一时期的一个重要收获。在利马城建立的两年前，国王授权在加勒比海南岸建立一个门户港，它在后来的历史中被称为卡塔赫纳①。一年后，门多萨的部属开始建造拉普拉塔的港口，那里宜人的气候使他们将其命名为布宜诺斯艾利斯。与此同时，皮萨罗的冒险在远离骚乱中心的地区取得了成果。

在遥远的北方，上安第斯地区的首府基多发现阿塔瓦尔帕去世后，自己成了无主之城，同时要面对附属的卡纳里部落的叛乱，便投降了西班牙，召唤在圣米格尔巴斯蒂安·德·贝纳尔卡扎的守军前来驻守。其他冒险者也急忙赶往这一地区。阿尔瓦拉多在完成了他在中美洲的征服后，想要来南美分一杯羹，但被阿尔马格罗阻止，并受到贝纳尔卡扎的进一步的反对，于是，他在太平洋海岸最好的港口建立了瓜亚基尔城。就这样，一个新的省份——厄瓜多尔诞生了。

西班牙人在这些地区又取得了新的进展。与科尔特斯一样，皮萨罗立刻派出手下将官前去维护边远的省份，并探索新占领的帝国。他的弟弟贡萨洛召集部下去寻找一个新秘鲁，他们翻过了安第斯山脉，寻找传说中的"肉桂之地"，但没能如愿。经过可怕的艰难之后，贡萨洛从人类历史上最大胆的探险活动之一中回来了。而他的副手奥雷利亚纳背弃了他，沿着一条大河顺流而下。

根据奥雷利亚纳讲述的故事，他在大河附近发现了一个女武士部落，我们仍然将这个部落称为"亚马孙"。阿尔马格罗死后，科尔特斯一位来自西班牙埃斯特雷马杜拉地区名叫佩德罗·德·巴尔

---

① 卡塔赫纳，系今哥伦比亚玻利维尔省省会，著名港口城市。——编者注

迪维亚的部属，被这位墨西哥征服者借调给了皮萨罗，成为智利的第一位西班牙统治者。这样一来，南美大陆的西部边界就被西班牙人控制了，并与更北边的征服成果连在了一起。

只有一个地区仍未被征服，那就是位于委内瑞拉与厄瓜多尔之间的那块富饶且神秘的土地，它在安第斯山脉的最北端，那里是马格达莱纳河、奥里诺科河和亚马孙河北部支流的发源地。

来自四面八方的冒险者们争先恐后地前去寻找传说中的"黄金国"、马诺阿的黄金城以及奇布查人的真正宝藏。这些人中有来自马格达莱纳河以东海角上圣玛尔塔的；有来自德意志被查理五世授予特许权的大银行家韦尔泽家族、现在被纳入皮萨罗的得力助手卡瓦哈尔管辖范围的科罗的；有来自卡塔赫纳的；有来自更遥远的殖民地、靠近奥里诺科河口的库马纳的；还有从基多和巴拿马出发的；连续不断的探险队，努力进入后来被称为哥伦比亚的内陆地区。

在这场财富争夺战中，查理五世的德意志船长阿尔芬格尔、施派尔的乔治、费德曼和菲利普·冯·胡滕等人与西班牙探险者贝纳尔卡扎和德·克萨达等人展开竞争。最后，从圣玛尔塔出发的探险者，历经千辛万苦之后，成为首批抵达奇布查人所在地区的队伍。

奇布查人不像阿兹特克人或印加人那样文明和富有，也不像后两者那样好战，很容易就成为探险者的猎物，西班牙的波哥大哨所就建立在他们的一个村庄里。克萨达被迫与贝纳尔卡扎和费德曼平分劫掠所得，然后把征服安蒂奥基亚最北部地区的任务交给了他们。据说，从对安第斯的最后一次征服中，征服者罗布莱多和埃雷迪亚获得了比皮萨罗和科尔特斯更多的财富，这次征服使西班牙人获得了世界上一些最富有的金矿。

就这样，对安第斯高原的征服完成了，而后来为世界所知的重要贵金属矿源从土著到欧洲人之手的转移也完成了。征服者的动机和他们的手段一样，都带有人性中最黑暗的元素：贪婪和残忍。他们的征服给这些民族带来了灾难性的后果，而最终的结果却极大地促进了西班牙民族的发展。

七

不仅是面积与欧洲相当的领土展现在欧洲殖民者们面前，而且这块大陆的资源也因扩张范围的扩大而成倍地增加。旧世界第一次发现了足以满足其经济需求的贵金属矿源。大量财富的涌入不仅增加了西班牙的财富和奢华，也扩大了西班牙国王也是神圣罗马帝国皇帝的野心；这些资本想方设法流入美洲的商业、工业和矿山之中，同时，它们也助长了哈布斯堡家族的野心，并使欧洲经济的进一步发展成为可能。

当秘鲁开始在西班牙属地中占有一席之地时，安第斯征服者的成果将欧洲人的殖民扩张推到了一个新的阶段；于是，人们满怀希望地转向更重要的北美大陆，在那里，早期探险者们听说了黄金城的传说并亲眼见过印第安普埃布洛人，使他们坚信那里存在着像秘鲁和墨西哥那样富有的帝国。因此，在征服安第斯高原的十年里，一系列非同寻常的行军揭开了北美洲南部的秘密。虽然他们没有找到黄金，但这些探险队显示出了巨大的勇气和进取心，就像墨西哥或阿兹特克的征服者一样，对欧洲势力在西方世界的扩张起到了极其重要的作用。

第一位冒险者是潘菲利奥·德·纳尔瓦埃斯，他是科尔特斯的老对手。在皮萨罗开始征服秘鲁之前，纳尔瓦埃斯已经开始探索佛罗里达西部的大陆，而他的一个同伴卡贝扎·德·瓦卡甚至穿越墨西哥湾的平原来到墨西哥。

与此同时，科尔特斯的代理人发现了下加利福尼亚，并在那里建立了殖民地。在征服安第斯地区期间，他们派出船只沿西海岸向北最远到达了1000英里以外的门多西诺角。科尔特斯的后继者门多萨用同样的热忱致力于扩大西班牙在美洲的势力。埃尔南多·德·阿拉尔贡被派往加利福尼亚湾，他发现了一条大河，河水浑浊，因此将其命名为"科罗拉多河"。

被任命为新加利西亚总督的弗朗西斯科·德·科罗纳多从这个地区出发，穿过沙漠和高山，来到被这条河流蚀空成"大峡谷"这一神奇地貌的地方。他从那里出发，转向东到了格兰德河。他被传说中的一座拥有丰富黄金的土著城市基维拉诱惑，在前去寻找该城的过程中，穿越了西部平原到达阿肯色河北部的一个地方，然后从那里出发，经过长途跋涉，两手空空地返回了墨西哥。

与此同时，陪同皮萨罗到秘鲁的埃尔南多·德索托，他也是佩德拉里亚斯·达维拉的部下和女婿，在佛罗里达登陆，前往大陆北部寻找理想中的黄金国。沿着纳尔瓦埃斯的足迹，他发现并渡过了密西西比河，去了西边很远的地方。但是和科罗纳多一样，他没有找到任何城市，也没有找到黄金。他对这次行动很失望，不得不折回到他发现的那条大河附近。他在那里患病去世，部下们把他葬于河中，然后经历艰难跋涉回到墨西哥。

西班牙人的探险活动并不局限于大陆。同一时期，北美大陆西部和南部都被这些非凡的探险队伍横扫，并被宣布为西班牙领地。巴尔迪维亚沿着南美洲的西海岸航行，一直到达南纬40°；卡马尔戈带着西班牙国旗到达了合恩角；加利福尼亚海岸被探索出来。随着这些探险活动的展开，西班牙对新大陆领土的声索达到了最大范围。它不仅从新大陆掠夺了大量的战利品，还获得了数量上令欧洲人叹为观止的贵金属，并赢得了一片比整个欧洲还要庞大的土地。

因此，在西班牙殖民进程的这一阶段，它利用机会重组自己的权力，可谓正当其时。在阿尔马格罗开始征服智利和皮萨罗创建利马的同一年，安东尼奥·德·门多萨被任命为新西班牙的第一位总督。在他到来之前，剥削和控制土著的一般体系已经扩张到了新大陆的征服地，但其基本特征，也就是土地分配制度，现在已经发生了深刻的变化。这种土地的授予最初是永久性的，但拉斯·卡萨斯和他学派的努力已成功地将其有效期限制在受托管人在世时期，后来又延长到两代人。现在又规定，在受托管人去世后，他的占有权要还给国王。

这就是那些政策最引人注目的特点，它们后来产生了大量的关于印第安人立法，在后世被称作《西印度法律汇编》，在通常情况下，它们被称作《查理五世新法汇编》。在后来的岁月里，它们不断地被扩充和修改，这些法律现在成为殖民地的最高法律，在后来的几个世纪里都是世界上最大规模的殖民地法典，影响着数百万人的命运。

在新的安排下，尽管塞维利亚保留了殖民贸易的垄断地位，"贸易之家"也继续存在，但殖民地事务的管理权现在掌握在"印度群岛委员会"手里，这一机构成为殖民地立法和司法事务的最高权力机构。它的主席和成员都是一些"出身高贵、血统纯正、信仰纯正的人"，他们组成了这样一个强有力的委员会。它收集各方面的情报，为国王提供内政和教会事务方面的建议；在总督任期届满时，通过专员对总督的行为进行调查；听取上诉；控制财务；通过下级的"贸易之家"来管理商业事务。

在它的指导下组建了新大陆的驻地政府机构。首先，西班牙的政策是制衡殖民地的权力，因此，整个政府体系反映了这一基本原则。虽然是总督的咨询机构，而且基本要按照他的指示办事，但检审庭仍然会作为上诉法庭监督总督的决策。从那时起，每三年由一名法官视察各省的行政管理，督察地方长官的行为，审查印第安代表的行为，并在市长和市参议委员会的领导之下审查市政事务。检审庭派出的法官将矿业利润的1/5上缴国王；还要征收土著的人头税或贡金、商业税、出售官职的收入、出售赎罪券的收入；垄断烟草、火药、水银、食盐的收入；并监督司法工作。总督和检审庭根据法官们的报告以及通过对殖民地事务的了解，向制定殖民帝国法律和条例的委员会提交报告。

这就是在整个西属美洲扩张开来的殖民制度。由于远距离立法困难，又不了解殖民地人民和他们颁布法令的环境，像印度群岛委员会这样的机构对执行政策的官员缺乏足够的控制力。它的主要缺陷在于，试图通过对事务的过于细微的管理来弥补监督的缺失。然而，尽管错误的政治经济政策对土著和政府造成的伤害远比西班牙人被严厉抨击过的残酷压迫和勒索政策要大得多，但西班牙政府还是取得了不小的成功。

在后世的人看来，西班牙的殖民制度太僵化了，调整变化也太迟缓了，而且政府代表并不总是能够管理得很好；但是以当时的标准来衡量，15世纪的西班牙殖民制度是强大的。由于西班牙统治着当时已知世界一半的土地，因此，它广泛影响着当时人类事务的各个方面。

在更有利的环境下，殖民制度可能会确保制定它的国家在数个世纪里的统治地位。但是，这个国家所处的政治形势的影响，不少错误的政治经济政策以及这种突如其来、势不可当的成功所带来的令人丧失斗志的影响，几乎从一开始就是导致国家解体的重要因素。即使是从新大陆掠夺来的巨额财富、广阔领土和数百万土著附庸缴纳的赋税，以及他们在田间和矿区的强迫性劳动所带来的产出，也被皇帝外交政策的巨大支出抵消了。

在16世纪里，几乎不间断的军事冲突，冒险者大批离开本土，再加上查理五世统治时期漫长而令人筋疲力尽的战争，耗尽了西班牙土地上的精壮身体，也使这个民族长期孕育的对军事能力的追求几乎成为整个民族唯一的理想。

此外，在一个说到底缺乏商业天赋的国家里，突如其来的财富洪流实际上堵住了工业的源泉。 制成品的微弱流动，甚至土地的耕种，都受到了抑制。**这个国家被征服和战争所点燃，寻求暴富之路，就像葡萄牙一样，离开了通过自身艰苦奋斗实现繁荣的正路，让经济生活的健康基础遭到了破坏。**

事实上，当西班牙在海外为自己的新帝国建立政府管理制度的时刻，它也没有感受到成功所带来的全部荣耀；在外面的世界看来，西班牙似乎是一个由低级贵族、士兵、修士和官员代表着整个民族生活和精神的国度。这在很大程度上塑造了西班牙的民族性格。

八

这是欧洲占领西半球的开端，而西半球对于欧洲而言，仍是欧洲以外最重要的地区，其地位高于所有其他区域。但是，对美洲进行殖民扩张的欧洲国家并不只有西班牙。由于对手的活跃、西班牙对阿根廷的占领、英国和法国殖民者的威胁，专注于东方领地而忽视了巴西的葡萄牙人，开始把注意力转向了这块帝国领地。

皮萨罗征服秘鲁的那一年，葡萄牙贵族阿方索·德索萨被派往美洲。他发现了里约热内卢港，还建立了稳定的殖民政府。它的模式借鉴了岛屿殖民地。从北方开始，土地被划分为世袭领地，即所谓"船长领地"，各块领地大都有50里格左右的海岸线，并沿着与赤道平行的方向无限向内陆延伸。这些面积大的土地作为贵族封地被颁授，还附带着统治土地上居民的全部权力。这种具有葡萄牙特色的制度一直延续着，直到国王发现自己不得不像对待岛屿殖民地一样，被迫任命王室官员来行使殖民者和本土政府的权力。

在这种情况下，德索萨作为第一个受托管人，在北部海岸的圣文森特创建了一个据点。殖民地的建立始于各阶层中不受欢迎的人，如罪犯、贱妇、破产者、犹太人的到来；但不久之后，又出现了一小部分地位更高的殖民者，他们受到了忽视，但这种忽视是有益的，这些小而孤立的海岸定居点，如奥林达、累西腓或伯南布哥、巴伊亚等，如雨后春笋般涌现出来。

土著很容易地沦为奴隶，更凶猛的部落被驱赶到更偏远的内陆地区。黑人奴隶被从几内亚海岸引进来，种植业开始了，这些连同森林产品、少量的黄金和不断增长的贸易，让殖民地逐渐发展起来。

然而，不管未来会发生什么，葡萄牙更关心的是东方。阿尔布克尔克死后的二十五年里，他的帝国在东方得到了广泛的扩张。帝国奠基者的后继者们艰难地控制着第乌的要塞，通过与科伦坡和马尔代夫的统治者签订条约，他们竭尽所能地在更靠东的地区扩大自己的势力。葡萄牙只有在盟友帕辛和亚齐的帮助下才控制住了马六甲海峡以对抗敌人，葡萄牙与中国的关系仍不稳定，并受到诸多干扰。

如果他们中有人拥有阿尔布克尔克的性格和能力，就可能使葡萄牙在东方的地位变得牢不可破。但是，他们不断地掠夺，再加上贪婪和恶劣的信誉，将每个人都变成了敌人。当地的起义被残酷镇压；当最富有的摩鹿加香料贸易中心蒂多雷变成一个附庸国后，与西班牙的条约巩固了葡萄牙在该群岛的地位，但欺诈和掠夺行为几乎没有受到任何抑制，葡萄牙的地位逐渐变得不那么稳固。

与此同时，冲突的范围扩大了。葡萄牙人对第乌的进攻把坎贝国王变成了他们的敌人；开罗的土耳其总督从埃及派出军队对付他们。反过来，小达·伽马袭击了土耳其在红海的势力，并将他的胜利之师从索科特拉岛转移到苏伊士地峡，实际上帮助了正在对付奥斯曼帝国的神圣罗马帝国和意大利人。

葡萄牙人说服阿比西尼亚国王协助他们进攻埃及；最后，若昂三世派遣一个使团到苏莱曼大帝那里,虽然未能实现其目的,但这次出使清楚地揭示了世界政治的变化趋势,正如弗朗索瓦一世之前努力争取土耳其人的支持来攻打神圣罗马帝国所清楚揭示的那种趋势。随着葡萄牙的战争冒险和殖民地的不断扩大,和平的努力变得与改革的努力一样徒劳,无休止的纷争和腐败的管理成为葡萄牙治下的东方之常态。

这还不是最糟糕的事情。当葡萄牙的船长们到达遥远的东方的时候,这个国家在本土附近的霸权已经衰落,直到穆斯林的统治浪潮(尤其在北非)席卷了葡萄牙曾经拥有过的大部分地区,并征服了葡萄牙剩下的要塞。到目前为止,葡萄牙的军事实力只是略有下降,它在东方的贸易几乎没有被削弱,但贪婪、腐败和嫉妒是比任何人类敌人都更危险的敌人。几乎没有总督能逃脱被捕的命运,而他们中的大多数都是罪有应得,即使是他们中最奉公的人,也发现无法抑制下属为了谋私利而滥用职权的行为。

缺乏大量欧洲殖民者同样削弱了它对东方的控制力。经过1/4世纪的占领,果阿仍然只有不到500名欧洲人,而这些欧洲人大部分都是政府雇员。尽管将领们功勋卓著,但陆军和海军一直缺乏新兵;至于士兵,则纪律松弛、生活困苦,薪水也被克扣,士兵连同军官都被人看不起;连领航员和一度令人畏惧的炮兵也生活得不尽如人意。只有东方贸易那令人难以置信的利润使它的生意在无尽的浪费中仍然保持着表面上的繁荣,而永久幸福的一个可靠的基础——公共道德——却表现出了衰退的迹象。

这就是葡萄牙人在西班牙重组殖民地政府的同一年时的处境。虽然如此,葡萄牙人还是把他们的贸易扩展到遥远的、梦寐以求的岛国——日本。在这些事件发生的同一时间,两个互相敌对的帝国已经达到它们边界的极限。

九

除了葡、西两国,其他欧洲列强在世界上的殖民扩张几乎微不足道。这一点也不奇怪。德意志殖民者在南美的扩张中只起到了很小的作用,因为他们的君主要求德意志人留在国内与法国人、摩尔人、土耳其人以及整个意大利作战,这样,就没有多少人去更远的地方了。这个将要成为世界主要海洋国家的浮夸君主正在徒劳地寻找一条北方的通道,通过"新发现的陆地的背面"到达"所有鞑靼人、中国人和东方人的地区"。而亨利八世则不愿为这样一项事业耗费一点"神圣的卑鄙、微不足道的花费、代价或辛劳",以摆脱他一生中充斥着的君王虚荣、野心、宗教事务和家庭纠纷。

即使陷入了与查理五世的战争,法国国王也得到了比英国更多的机会来进行这种扩张冒险;就在皮萨罗征服秘鲁的那一刻,他派圣马洛的雅克·卡蒂亚前往圣劳伦斯河,沿着这条大河逆流而上,到达一个叫做"拉辛"(意为中国)的区域——这个名字也许带有讽刺意味。探险者发现那条路线上并没有通往中国的道路。但是五年之后,他再次出发,在查尔斯堡建立了一个短命的殖民地。

与此同时,他的伙伴罗贝瓦勒勋爵,即"新法兰西、加拿大和奥雪来嘉总督",在奥尔良岛上建起了栅栏。然而,就像英国人到纽芬兰、巴西和中美洲的私人商船队一样,法国人的这些殖民扩张活动并没有产生持久的结果。西班牙和葡萄牙的成功是建立在王室的全力支持之上的,没有王室的全力支持,很难想象这样的殖民行动在当时能够兴旺发达起来;这些分散的尝试,除了使当时被国内的宗教和政治斗争牵制了主要力量的欧洲各国对新大陆保持一定的兴趣外,也成就了西班牙和葡萄牙成为当时的殖民霸主。

第十章
欧洲的社会和智识：现代科学和资本主义的发端

1521—1543

一

在查理五世的长期统治期间，各种力量结合在一起，形成了现代世界的开端，无论怎样考虑这些力量，我们都不应忽视被我们称之为科学的智力活动领域的进展。因为这一进展为人类贡献了知识和力量，使人类能够更为舒适和更得心应手地提高物质生产能力，治愈或缓解人的痛苦，利用大自然的力量征服自然或其同胞，并使人类能够理解宇宙的某些奥秘。

科学的发展像学术，更像艺术，甚至比发现新方法和新事实的意义更深远。它把人的头脑从教条的束缚中解放出来，孕育崇高思想，发现并学习让新知识日益强大的能力。因为人类从这样一种力量中获得的不仅是物质上的成就，更是在头脑和精神领域实现真正进步的可能性。

二

这一结果对欧洲历史的重要程度不亚于伴随其发生的宗教信仰和教会仪轨的变革，而远远大于大多数时间对欧洲历史的发展起阻碍作用的政治活动。由于新教在摧毁旧教条权威方面的影响力，以及新教徒对个人权利的坚持，我们很快就发现，**新教会并不比旧教会更宽容。新教徒坚持自己对言论自由的主张，然而很快就否认那些与他们意见相左的人也享有这项权利**。路德一方面否认罗马天主教信条至高无上的地位，另一方面也以同等的热情谴责他新教对手的信条。加尔文仍可能表达他放弃旧信仰和实践的权利，而塞尔维特却因否认三位一体论被烧死。

新神学也不是更愿意接受所有知识，尤其是作为科学进步必要条件的思考自由。旧的思维方式的影响依然很大。跟罗马天主教一样，对于路德宗和加尔文宗来说，地球仍然是宇宙的中心，而人即使不是上帝唯一关心的，也是最关心的对象。虽然哥白尼的"日心说"是在这一非凡时代的最后一年提出的，但直到3/4个世纪过后，这一学说才被欧洲最先进的思想领袖所接受。

尽管如此，宗教改革仍然标志着欧洲历史上的一次巨大变革。它所产生的影响不仅是一个新教派的产生，也是摆脱一种教条而获得解放的开端，对启示真理之垄断性的否认打开了通往更多良心自由的道路，到了适当的时候，也打开了通往思想和言论自由之路。不管人们把这当作福还是祸，它仍然是现代世界重要和显著的特征。

最后，宗教改革本身对当时正在重塑欧洲的宗教、社会、政治和智识的各种力量做了总结。**宗教改革不仅是一个象征，还是它所处时代的缩影。它不仅影响了政治，而且在很大程度上它就是政治本身。**它不仅为人们对当时社会制度的不满提供了一个发泄渠道，还参与了这种不满的表达，并把这种不断强化的精神又带到了前进的道路上；它既是之前知识运动的产物，又是后来许多人的灵感所在。

然而，在这一点上，宗教改革展示了与科学复兴运动之间的显著不同。因为尽管它的领袖们沿着与科学家们相反的方向朝着确定真理的方向前进，然而他们的目标是一致的。一方以启示为基础，另一方以研究为基础。如果有一些事件可以作为新教崛起时代与众不同的标志，除了宗教世界的革命，还有就是在这个时候人类开始第一次严肃地努力追求一项注定要成功的事业，即发现宇宙和人类身体结构的秘密。

人类心灵的冒险，与艺术家的胜利和神学家的争论比起来，吸引力要小很多，更不用说与实干家的行动相比了。在人类历史的所有记载中，它们都被放在战争和外交编年史之外的次要位置。然而，无论我们怎样看待近代欧洲在政治方面，甚至在道德、哲学、艺术和文学方面所取得的进步，与古代的成就相比，有一点是肯定的：我们比我们的祖先知道的更多，拥有的更多，能做的也更多。这是文明获得的绝对进步，这一点是难以否认的。与伯里克利时代相比，欧洲人也许没有变得更好、更幸福、更强壮或更深刻，但毫无疑问，他们比伯里克利时代更舒适、更强大、更有能力，也比伯里克利时代文明得多。

总的来说，这一结果的产生不是由于那些致力于确立自己对同类统治地位的人所做的努力，而是由于那些以征服大自然的秘密和资源为主要目标的人所做的努力——简而言之，是由于科学知识的进步。在学术、文学、艺术或神学方面的进步，可能有助于解放思想，使科学劳动成为可能，**正是科学而不是其他的方面，导致了我们称之为现代世界的发展，正是在科学方面，我们超越了古人。**

三

在刚刚过去的几代人的时间里，欧洲在政府管理艺术方面取得了巨大的进步。欧洲已经彻底改变了教会事务的整个理论和实践体系，彻底改变了文学和艺术。欧洲发现了东西方之间的航海路线，并进行了范围深广的征服。然而，15世纪的最后二十五年和16世纪上半叶，与人类活动的其他领域的变化相比，同样值得注意的是，这些知识分支的奠基最后发展出了很大一部分现代力量。尤其是，正是在这一时期，我们开始了在三个最重要领域的认识和实践，它们的意义不仅影响到我们的日常生活，而且影响到我们的思想，也在很大程度上影响到我们的信念。这些知识领域包括医学、数学和天文学。

就像这一时期知识领域的进步一样，这些进步也是由前一个世纪的文艺复兴带来的新知识兴起所引发的。

中世纪的人确实已经知晓了古典时代的许多成就。尤其在文艺复兴后，这方面的知识又有了很大的发展。尽管古典知识长期湮没无闻，但人们还是学到了古希腊人曾经拥有的那些科学成果。当阿拉伯人进入欧洲后，他们带来的作品不仅包含他们自己创造的知识，也包括他们从古典时代和印度文献中所获得的知识，这一点无疑为欧洲人的知识进步做了很大的贡献。但是，知晓与可获得之间存在着巨大差异；在少数领域迥然不同的学者的劳动与越来越多贴近现实的、往往高度实用的兴趣之间，通过印刷机迅速复制的大量印刷品，保持彼此间的联系，了解这些学者工作的总体进展。正是这一特点，将近现代与中世纪明显地区分开来。从15世纪中期开始，这种联系越来越明显；公平地说，在那之前，无论与世隔绝的个体取得了怎样的成就，古典知识在被印刷出来并成为普遍可获得的欧洲信息库的一部分之前，并不为整个欧洲所拥有。

在数学方面尤其如此。希腊人曾在数学方面取得巨大的成就，他们在发展航海技术方面一直对数学有需求。中世纪早期保留了欧几里得提出的命题，却没有保留他的证明过程。这个缺漏在12世纪被弥补。但是，对于那些随着对未知领域的探索和对过去的探索而产生的强烈求知欲来说，这是远远不够的。正是印刷业的进步，希腊人的几何学著作被保留下来并在两千年后被引入了欧洲人的一般知识体系之中，这是非常值得纪念的。

被巫术利用之外，当几何学主要局限于测量员和建筑师的实用目的，算术计算也在算盘上找到了主要表达方式的时候，数学变成人类知识体系扩张中的一个重要因素的机会就很小了。在15世纪，波伊巴赫和他的学生雷格蒙塔努斯的工作已经激起了人们对地理、数学和天文学知识的新兴趣。

16世纪上半叶，意大利人丰塔纳又在其上添加了新的成就。丰塔纳的绰号"塔塔里亚"（口吃者）更为人所熟知。除了对弹道学的贡献，这位具备创新能力的天才还发现了所谓三次方程，一种求最小公分母的方法，以及各种类似的数学计算过程的实际解法。

代数学的名字就像它的方法一样，是13世纪的数学家比萨的列奥纳多（斐波那契）从阿拉伯人那里引入欧洲的；而15世纪末的卢卡斯·德·布尔戈的作品则起到了巨大的推动作用，他编的教科书出版于哥伦布第二次出航和查理八世入侵意大利的时期。代数学的发展与艺术和文学齐头并进，但直到塔塔里亚时代，他的天才才使代数学走上了现在所走的道路。

算术也遵循了同样的发展道路。在阿拉伯人穆罕默德·伊本·穆萨·花剌子密的努力下，源自印度的原始十进制发展出了后来成为欧洲算术基础的十进制；在塔塔里亚时代，这一体系已经取代了笨拙的罗马数字和算盘。在见证了反抗罗马教会运动的那些年里，这些都得到了另一个更强大头脑的巩固。

他就是波兰人米科拉伊·科佩尔尼克，人们更熟悉的是他的拉丁语名字"哥白尼"。这位谦虚的学者从他在博洛尼亚大学的研究和在罗马的讲座生涯中，把他在弗龙堡的思想引入了研究之中，这些思想最终体现在他的著作《天体运行论》中，从而为推翻当时正统的天文学甚至神学体系奠定了基础。因为从古人对宇宙的诸多假设中，他发展出了他的"日心说"理论，其中有包括地球在内的行星都是绕着太阳转的观点。在这个概念上，他又加入了地球绕轴公转的理论和星星像地球一样绕轨道公转的理论。

这些学说之于天文学的意义，就像哥伦布的发现之于地理学的意义。这些理论连同关于岁差和季节变换的解释，尽管没有附带证据，甚至过了一个世纪都没有被主流科学界所接受，却奠定了知识和信仰的基础。无论在信仰领域，还是在心灵领域，这一基础都使现代世界与中世纪世界之间出现了一条不可逾越的鸿沟。直到1543年，他的著作才最终出版，而此时的欧洲正因对罗马教会的反抗、文艺复兴的进展、西班牙对美洲的征服以及民族主义专制王权的发展而动荡不安。

此时，教会已鼓起勇气召开标志着欧洲大陆新旧教会制度决裂的大公会议，西班牙帝国已经被建立起来，欧洲也已顺当地走上了新的道路。在这一过程中，尽管时间漫长，但这位名不见经传的波兰科学家所发挥的作用，足与文艺复兴、宗教改革和地理大发现的影响相提并论。

四

这一时期的科学进步并不局限于数学和天文学，因为与此同时，欧洲已经开始了另一场运动，这场运动对于欧洲人的福祉来说，并不亚于确定宇宙的规律，而且具有更大的实际意义。这便是医学。在见证了弗朗索瓦一世在帕维亚战败和莱茵农民起义失败的那一年里，盖伦和希波克拉底著作的希腊文本几乎同时出现在威尼斯，后者由阿尔杜斯出版社出版。十几年后，其他更好的版本在巴塞尔出版。

随着这些著作的出版，古典时代的两位医学大师的著作再次在科学文献中占据了一席之地。他们的著作很快被全部或部分翻译成拉丁文，甚至是现代语言，因此有了更广泛的读者。虽然这些著作在中世纪就为人所知，但现在它们变得更容易获得，并在科学进步的大潮流中获得了自己的位置。其影响是直接而深远的。

无论古代的希腊医学家们的著作多么不符合现代医学的概念和实践，无论他们的理论有多少谬误，无论他们的知识多么贫乏，但他们的著作至少提供了一个可理解的医学体系，在此基础上，才有可能建立一座新的知识大厦。尤其是盖伦的作品，在中世纪后期通过阿维森纳的阿拉伯语文本而为人所知，现在则可以阅读原文和其他译本了，并开始产生新的影响。

医学的长足发展，尤其在前一个世纪，已经开始显示出摆脱愚昧和迷信的迹象，现在又得到了极大的推动；而教会对人体近乎神秘的崇敬，长期阻碍了医者对人体器官的充分研究，而这种崇敬的衰落，有力地加强了这种研究的科学性。文艺复兴和宗教改革的精神都反对这一禁令，这给欧洲人带来了巨大的益处。

几乎同时出现了一种新的医学思想和实践派别，部分基于希腊人的教导，部分归因于它的成就与"医学之父"的对立。在这些"医学人文主义者"的手中，随着人们开始从人体本身而不是从书本中寻找信息来源，整个医学和外科知识的基础便发生了改变。

医学的第一个重大发展首先出现在解剖学上。解剖学仍然受到教会偏见的影响，长期以来只有在教会的准许下才能进行，但随着限制的消除或故意被忽视，它开始日益流行起来。现代医学可以说就是从解剖学开始的。

这场运动并不局限于任何一个国家。在意大利，特兰托大公会议的医生兼帕多瓦大学的教授弗拉卡斯托罗启动了为大部分现代医学奠定了基础的传染病研究，而教皇的医生欧斯塔基奥的名字，也是耳咽管名称的来源，与神圣罗马帝国医生维萨里共同分享了创建科学解剖学和组织学的荣誉。这些人也有一个匹敌者，他就是比萨大学教授法洛皮奥。法洛皮奥的名字是输卵管名称的来源。

这场运动并不局限于意大利。英国人林纳克是亨利七世和亨利八世的医生，他在佛罗伦萨学习时汲取的远不止古典知识。丰富的古典知识素养使他与格罗辛、科利特、李利和拉蒂默一起，成为英国或牛津人文学派的创始人之一，并将英国带入意大利古典知识复兴的浪潮之内。他对盖伦和希波克拉底作品的翻译，就像意大利的列奥尼切诺对这些作品的翻译一样，其意义不止是将希腊的医学成就加入到他那个时代的知识体系中。古典医学作品的翻译激励他建立了医学讲师职位和伦敦医师学院，这是将医学教育扩展到意大利以外的第一步。

在法国，布里索的天才通过让放血疗法与其要治疗的对象产生联系而使被人们钟爱的这种治疗实践有所改善；至于西尔维乌斯，尽管他对盖伦亦步亦趋，但他也画出了许多血管和肌肉的图形，并赋予它们沿用至今的名字。更重要的是，著名的外科医生帕雷的天才，在他祖国连绵不断的战争中得到了充分的展现。在战争带来为数不多的福祉中，以他对截肢术的贡献以及他对按摩和无菌等各种实践的倡导最大。

在这些复兴艺术的倡导者手中，古人的医学沿着传统路线继续发展着，并在实践中通过引入解剖学进行了修正。很快，作为这门新科学的特征，人们在医院旁边建起了解剖室甚至简陋的诊所。但在某些地区，尤其是瑞士和尼德兰，人们则从别的方向来处理这个问题。

西班牙医生塞尔维特开始研究心肺之间的血液循环，而这将在一个世纪后取得成果。为了躲避自己国家的偏执，他来到瑞士寻求庇护，却在那里因为自己的神学观点而死在了同样偏执的加尔文宗信徒手里。

更有影响力的是一位旅行家兼化学家的医生，他的全名是"菲利普斯·奥莱奥罗斯·塞奥弗拉斯托斯·巴拉赛尔苏斯·博姆巴斯托斯·冯·霍亨海姆"，不过，人们更熟知的是他名字的缩写形式，"巴拉赛尔苏斯"。他曾经担任过巴塞尔大学的教授，还担任过商业巨擘富格尔的医生，正是在富格尔家族的矿山和实验室里，他获得了不少知识，最后创立了关于医学理论和实践的一个新学派。

拒绝一切传统，焚烧盖伦和阿维森纳的作品，嘲笑希波克拉底，这位奇绝的先驱者，半是天才，半是江湖骗子；他在批驳权威的同时，也在理性思考和研究中获得知识。他宣扬无菌医学实践和矿泉浴的价值，制作并使用鸦片以及许多矿物盐，发现氢和动物磁性学说，并强烈推荐医生们接受化学疗法。在医学、化学和药学方面，他同样是先驱者。

巴拉赛尔苏斯很好地代表了在更多方面疾病治疗发生的变化，因为他把化学知识引入了医学，使其开始脱离炼金术。更重要的是，在这种影响下，出现了一种被称为"医学化学"的思想流派，这一派把所有的生理变化都称为化学过程。因此，它在某些方面促进了进步，但在其他方面却阻碍了进步。

此外，还有一门科学，也就是植物学发端了，尤其在德国所谓"植物学之父"手里，开始了对植物的描述，这种描述立即奠定了一个新的知识分支的基础，并增加了医药或治疗资源。

尽管如此，对这个时代做出巨大贡献的仍然是描述性解剖学。

在这一领域，有一位人物似乎是新精神的最高典范。他就是生于佛兰德斯，在意大利接受教育的维萨里。他是法洛皮奥的老师、帕雷的启发者、查理五世和腓力二世的医生。他的工作基于解剖和描述而非传统，给从未远离过科学的解剖学带来了刺激。通过运用自己的天赋和热情，他不仅推动了知识的进步，还创立了一种方法论和思想流派，这使他在医学史上的地位不亚于哥白尼在数学和天文学史上的地位。他的代表作《人体构造》，在哥白尼的作品最终付印的同一年问世，这并非没有意义的巧合。这本书给了守旧学派致命一击，"将偶像盖伦拖下了神坛"。

五

在欧洲，尤其在美洲，贵金属的发现刺激了人们对它们兴趣的高涨，这与医学和数学的发展无关，但其重要性却毫不逊色。欧洲大陆采矿业的发展唤起了人们对地球资源的新兴趣。因此，这一时期出现了第一种——也是三个世纪以来最重要的——矿物学著作也就不足为奇了。

这部作品名为《论矿冶》，由"矿物学之父"德意志人乔治·兰德曼所著，人们一般都称他为"阿格里科拉"。这一潮流在医疗方面得到了巴拉赛尔苏斯的强化；他从实际操作的角度出发，发展出了混汞法或水银法，以便从矿石中分离黄金。人们在西班牙的阿尔马登和奥地利的伊德里亚发现并开采了可以从中提取汞的朱砂矿床，极大地刺激了这一进程。因此，查理五世的领地和臣民，除了引人注目的征服、对欧洲世界知识进步的贡献，也因其对经济的贡献而格外醒目。

最后，这种不寻常的活动直接对生活中的其他领域和个人也产生了影响。除了在工程和绘画方面的贡献，莱昂纳多·达·芬奇首次对新开矿中发现的化石做出了合理的解释。米开朗基罗被任命为圣彼得大教堂的首席建筑师，他在使用画笔和凿子的成功之中又增加了建筑技巧，最终使这座宏伟的建筑得以问世。

小霍尔拜因是那个时代最著名的肖像画家，除了非凡的天赋，这位天才还拥有设计和雕刻的才华，这使书籍制作艺术的发展又上了一个台阶。如果有人想知道这一时期男人和女人的仪态风度，只需要研究一下这位才华横溢、曾游历四方的肖像素描家的作品就可以了。他那种超然、客观地描绘事物本来面目的方法，在某种程度上是他所处时代的一种象征。

因为他的速写本揭示了人们在此岸世界发现这一兴趣的趋势，而他的许多前辈只能在彼岸世界寻找这一趣味。宗教艺术绝没有消失，但是它的支配地位，就像作为文艺复兴产物的古典题材绘画一样，现在开始与风景和人物素描画共享荣耀了，因为后者才是16世纪的那些好奇的眼睛所注目的方面。

六

与特兰托大公会议召开的同时，葡萄牙人在日本的出现、西班牙殖民帝国的重构和专制主义王权在民族国家的胜利等现象，恰如其分地代表了新世界命运的转折点，而这个新世界就是有思想和行动力的人们从旧世界的废墟中召唤出来的。从那以后，欧洲就像在信仰、言语和行动上的转变一样，越来越明确地转向那些我们称之为"现代"的活动和概念。

从此以后，传统的枷锁年复一年被打开，有思想的人就像有行动力的人一样，发现了更广阔的领域作为他们的用武之地。如果他们还没有开始阐释某个事物，他们就必须——用培根的诙谐比喻来说——仿效伊甸园中亚当和夏娃的例子，"观察生物并给它们命名，这是概括知识的第一步"。

有思想和有行动力的人的贡献远不止这些。这次运动与之前的运动有两个不同之处：一是这些热烈的兴趣已扩散到社会各阶层，一批知识分子出现了，从那以后，他们开始在人类事务中发挥越来越大的作用。伟大人物仍然伟大，但他们与大众之间已不再有从前那种巨大的鸿沟。事实上，他们是从一个不断壮大的知识分子阶层中脱颖而出的更引人注目的一个群体，他们代表的是一类人，而不是单个个体。越来越多的人在工作，他们对知识的贡献不仅等同于天才的成果，而且使天才们的成就有了实现的可能性。二是越来越高度专业化活动的发展。现在的人们已经不再可能像两个世纪以前的罗杰·培根那样，成为一个人类知识百科全书式，或者至少是科学知识百科全书式的人物。知识分异的过程开始了。

在欧洲历史上的各个时代都有像莱昂纳多·达·芬奇这样偶然出现的天才，他们在诸多领域的表现都堪称优秀，在个别领域甚至堪称伟大。有些人，像托马斯·莫尔，在文艺和学问上的表现丝毫不比在公共事务上逊色；有些人，像塞尔维特，在医学和神学领域的表现都是令人瞩目的；有些人，像拉伯雷，将医学知识与杰出的文学天赋集于一身。但是在很大程度上，知识的内容正在变得过于庞大，在人类面前开展各种活动的任务正在变得过于艰巨，以至于无法实现曾经可能的普及性。

从这两点之中又产生了第三点，这一点也同样重要。中世纪社会的主要缺陷是教会以外的职业对有才能而非贵族出身的人开放得不多。这是中世纪社会和教会制度的必然结果，但是，随着15世纪知识和政治的扩张，这种情况开始出现变化。随着这些运动在16世纪上半叶的加速发展，对普通人的限制加速消失了。贵族传统在公共事务领域受到削弱，无论是天主教还是新教，教会势力都在很久以后才停止它在教理领域中控制欧洲思想进步的努力。

一年年过去，欧洲精英们在各个方向都开辟出了新的通道，这些通道除了社会底层，对每个阶层的人才都是越来越开放了。在西班牙，科尔特斯可以升为侯爵，而路德、伊拉斯谟或加尔文也同样有可能成为人类思想的统治者。随着科学、艺术和技术的进步，成千上万的人发现他们面临着无穷的使命以及一个充满机会的世界，这个世界不仅与宗教或政治无关，甚至与商业活动无关，而在政治家和武士的斗争中，这些商业活动的影响力已经增长到了此前无法想象的高度。

因此，当16世纪中期临近的时候，随着由前五十年的事件引起的政治和宗教方面的重大调整的开始，欧洲人发现了一个准备积极参与前几代人所不知道的问题或者大部分人所不关心的问题的社会。虽然这时只有少数人享受着这一特权，但是人们已经有可能在许多领域出人头地，以至于中产阶级要获得进步，至少在欧洲北部、在每个可以决定他们命运的方向上，都只是一个时间的问题。事实很快就证明了这一点，这成了影响事态发展的下一个重要因素。

七

在那些使查理五世时代永远为人们所纪念的事件中，宗教改革运动和反宗教改革运动是最引人注目的，在许多方面，它们也是迄今为止最重要的历史事件。在大多数历史学家看来，除了这两大事件，就连从封建政府形式过渡到民族政府国家形式这样的大事都显得无关紧要，欧洲在海外的扩张，以及同时发生的经济革命，更不值一提。然而，在事件的长期解决过程中，我们决不能确定，当时大部分时段涉及的主要神学争论可能不会被视作仅仅是古董般的兴趣，即使是以意大利半岛为中心的漫长的战争和外交进程，在这一过渡时期的生活中，其重要性也能被其他因素所取代。

这些因素中，有一个值得特别注意。它是人类生存的一个重要方面，人们同意给予它以社会和经济之名，这便是人们的日常生活。虽然缺乏战争、阴谋、王朝野心和个人冒险的戏剧性特征，**然而日常生活不仅有益于人类的存在，也有助于文明进步基础的形成；与之相比，统治者和政治家的活动，其影响要小得多。**

在这样一个领域，16世纪中叶的欧洲甚至在半个世纪前就已经呈现出一个新世界的面貌。这片大陆不仅在过去一百年里取得了精神和知识方面的进步，而且在影响社会各阶层的日常生活方面，也经历了一场身份上的革命。这深刻地影响了个人的命运，并在很大程度上激发或改变了那些运动，它们就像宗教改革本身一样，被视作精神上的问题。

八

思想和实践平衡的转变所产生的第一个变化,自然是手工业技术的进步。**对社会物质进步贡献最大的不是亿万人民的无限辛劳,这只有助于资本积累,甚至思想领袖的天才也不能为物质文明的进步提供稳定的动力**。在两者之间存在着一群具有技术天赋的人,他们对生产方法和机器的不断改进,逐渐积累起一个知识体系和心灵手巧的状态,从而为人类提供了不断改进的物质资料。除此之外,还有其他的力量,手工艺的需求相互叠加、社会的变化、对更舒适和更奢侈的生活的追求以及随之而来的商人对商品的重视,均有助于满足这些不同的需求。

在十字军东征之后的几个世纪里,随着欧洲物质文明和文化的发展,这些因素越来越多地变成现实。尽管中世纪没有能力制造出罗马城中那些超越时代的大理石杰作,尽管当时的工匠已经忘记了使罗马从牙科到木工的各个领域的手工业技术中都表现杰出的工具制造之秘诀,但这些更为简单的手工业技术也使用了数百年之久,且逐渐进步。尤其在15世纪,随着知识的进步,人们的需求大为增加,工匠跟艺术家一样受到了新模式和新方法的刺激。

一代又一代的建筑者都操持着他们传统的手艺,并在那些教堂、公共建筑和宫殿上面获得的不断成功中实现了建筑技术的进步,这一切都使意大利北部变成了建筑师的麦加,就像在欧洲北部贵族和商业巨擘们居住的会馆、城堡和大厦上取得的进步一样。

金匠的技艺并没有耗尽冶金工人的创造天才,因为每一种新工艺一出现,都需要最通用的手艺作为手段。随着航海技术的进步,对造船工的需求一直在增加，这也让他们的能力得到了提升。随着时尚的变化和服装的日益奢华，织工的数量和技术都在提升。在16世纪上半叶，制陶业的发展引人注目；钟表制造业的兴起，也可以追溯到这一时期；随后开始的蕾丝边生产，立即显示出欧洲手工业的新特点，以及一个需要蕾丝边产品的社会之进步。纺车的发明是时代变迁的最重要标志之一，而这被归因于见证了新教运动从兴起到成功的那个时代；独轮手推车的发明则被归功于著名壁画《最后的晚餐》的作者、艺术家兼工程师的达·芬奇。

随着这种进步的出现，工具制造者的时代开始了。主要的手工工具是所有工匠都熟悉的东西，如锤子、锯子、凿子和推刨，这些工具在当时已被广泛使用。一些尝试采用比人手臂具有更强大力量的粗糙发明开始了，那些磨谷物的人，已经用上了风力和水车，这些发明也逐渐被其他行业所采用。有人设计出了粗糙的跳动锤用来制作船锚和火炮设备，它们都超越了人类自身的力量。车床经过改进和扩大，除了其他用途，还可以为大炮镗孔；这一改进与法国人贝松的名字紧密联系在一起，他在1569年出版了关于车床制造和车床工作的手册，揭示了这项新工艺及其原理。其中最重要的是一种旋转椭圆的装置，其形状与螺钉原理相吻合——线脚轴线与产品的主轴成斜角——不仅可以用于家具的装饰，而且可以用于各种其他用途。

手工业技术的发展，既引入了一些东西，也取代了一些东西，这是不可避免的结果。哥特式建筑随着文艺复兴和新古典主义建筑形式的兴起而逐渐消失。随着火药的广泛使用，军械师的技能要么失传，要么转移到其他领域。几个世纪以来，欧洲一直依赖抄写员的工作来传承知识，但随着印刷术的发展，抄写员这个职业消失了。

随着这些古老的技艺被取代，欧洲的手工业在16世纪取得了巨大的进步。各种新职业和新行当如雨后春笋般涌现，取代了那些已然无用的职业和行当。如帆布制造，产品可以供画家或者帆匠使用。再比如，在字模制作、造纸、印刷和书籍制作业都兴起的同时，羊皮纸生产和抄写术衰落了。在雕刻及其所用的材料和工具、地图绘制、天文观测和时间测量仪器制造、火器和火药制造以及无数相对不那么重要的领域，其手工业技术水平都已远超过去。

事实上，所有这些对欧洲人民的福祉和文明进步做出的巨大、复杂、通常匿名的贡献，都是那些在国家事务中没有发言权、在历史的记载中没有任何地位的人的功劳。总体而言，欧洲的进步，甚至在政治上的进步，主要归功于他们。如果没有使航行成为可能的工匠，如果没有工匠们提供的武器、仪器和盔甲，无论航海家多么有胆识，地理大发现都是不可能实现的。在很大程度上，民族国家王权的发展也受到同样因素的刺激。

因为并非只有通过上层阶级对艺术家和建筑师的赞助，统治者和政治家才对手工业的重要性有所认识。传统上贵族与平民之间森严的等级，是基于封建时代贵族服兵役和不体面劳动之间的区别而来的，在经过了许多代人之后，这种区别才出现了明显的淡化。随着众多总被认为出身卑贱却在心灵和精神事务上占据重要地位的人士出现，随着手工业技术取得了非凡的进步，在中世纪几乎被教会垄断的上升通道现在对天才们开放了，他们有了新的机会。很明显，即使公共事务被小心翼翼地保护为贵族出身之人的领地，但也不可能永远对在其他领域有杰出表现的阶层关闭。

九

在这些人当中，有一个群体已经在意大利的风口浪尖上崭露头角，他们现在又在其他国家扮演着类似的角色。这个群体便是商人。在这之前的几百年里，意想不到的进步（发展）为他们提供了获得财富和权力的新途径。因为在政治和宗教的巨变中，同时发生在贸易和金融方面的变化，已经慢慢地、几乎不知不觉地开始改变欧洲社会和政治领域的平衡，就像发生在经济领域中的变化一样。

这在欧洲北部国家表现得非常明显，尤其在德意志和尼德兰。在刚刚过去的一个世纪里，商业潮流发生了变化，直到古老的商业中心不再在它们曾经控制的事务中发挥主要作用。这种情况并不完全是因为葡萄牙人的发现或西班牙人的征服。土耳其的势力通过小亚细亚和巴尔干半岛取得了进展，更重要的是，它成功地消灭了威尼斯和热那亚覆盖黎凡特地区的岛屿和大陆上面的据点，从而使流经意大利的巨大贸易陷入瘫痪。

当查理五世登上西班牙王位、路德开始在德意志发起宗教改革时，土耳其人占领了埃及，控制了亚历山大港，意大利公司进入东方的最后门户也被封锁了。此后，尽管热那亚保留了一部分在黎凡特港口的传统特权，威尼斯也夺回了一部分贸易，但葡萄牙环航非洲的通道垄断了东方贸易业务，而意大利城市最终被排除在外，商业地位一落千丈。

但这不是这些年来唯一的，或许也不是最大的变化。不仅贸易路线改变了；有强烈的迹象表明，财富乃至政治权力的平衡也将发生同样的变化。

西班牙和葡萄牙从殖民地掠夺了大量财富，如果它们能保持本国经济不受损害，它们或许就能成为欧洲金融和政治的主宰者。但是即使在葡萄牙垄断东方贸易的巅峰时期，却是欧洲北部商人收割了西、葡两国的征服成果，因为这两个国家不得不将征服获得的利润换取来自欧洲北部的生活必需品。西班牙在美洲的殖民扩张臻于极盛之时，为查理五世的政策提供资金支持的是德意志中部的银行家，而且由于西班牙地主们的短视和羊毛大公司的发展，导致西班牙失去了可耕地和更多种类的行业，从而使得为西属美洲采矿业供应食物和工具的是欧洲北部各国的手工艺人和农民。因此，由于伊比利亚人对单一工业的执着，他们的征服活动带来的最持久的回报最终落入其他国家之手。

事实上，里斯本和塞维利亚成了非欧洲大陆货物和金银的转口港，取代了威尼斯和热那亚昔日的地位。意大利城市已经失去了昔日的荣光，法兰克福、奥格斯堡、纽伦堡、安特卫普和阿姆斯特丹不仅成为商业中心，而且成为资本乃至商业和金融事业诸领域的领导者。

纽伦堡就是一个典型的例子。该城在11世纪建造的一座城堡的基础上发展而来，在帝国的青睐下，它的地位和公民的活力，使它的财富和人口迅速增长。纽伦堡位于意大利和北欧之间的交通要道上。它的艺术和建筑变成了德意志的典范；这里是梅斯特辛格、汉斯·萨克斯和丢勒的故乡。它那里的发明令人称奇，如黄铜的发现、拉丝工艺、最早的气枪和扳机、地球仪和浑天仪以及最早的手表，以及"纽伦堡蛋"①。但葡萄牙人的地理发现削弱了它的地位，纽伦堡的贸易和企业转移到其他城市，这是欧洲即将发生巨大变化的典型征兆。

欧洲的商业领导地位首先从意大利人手中转到德意志人手中，这并不完全因为他们从西班牙和葡萄牙攫取了财富。从很早开始，北海的渔业，与俄罗斯、斯堪的纳维亚半岛、英格兰和更北部地区的贸易就为汉萨同盟带来了巨大的利润，使汉萨同盟的城市富裕起来，尤其是不来梅、吕贝克和汉堡。

但随着15世纪的发展，这种贸易联盟在那些想把商业掌握在自己手中的国家如英国的竞争面前衰落下去。但德意志企业在其他领域找到了补偿。位于萨尔茨堡和波西米亚的蒂罗尔银矿、匈牙利的铜、图林根的铁器锻造、哈茨山区和厄尔士山区的各种矿产，丰富了欧洲大陆日益衰竭的贵金属供应，并使德意志中部那些富有进取心的商人们不断投资增持，从而资助了更大规模的殖民扩张活动。此外，制造业的发展，尤其是纺织业和金属制品行业的发展，颇为引人注目。

与此同时，以佛罗伦萨为首的意大利新商业和制造中心转向了与北非港口的贸易，转向了为它们带来财富和权力的手工业技术，而奥格斯堡、法兰克福、纽伦堡和他们德意志中部的邻居们一起占据了欧洲金融和工业的显要地位。

---

① 世界上最早的怀表之一。——编者注

十

随着财富的增加，商人阶层开始进行各种各样的冒险活动，资助到亚洲和美洲的航海，在旧世界和新大陆开发新的矿藏，借钱给各国的最高统治者，为每一个有希望盈利的事业提供资金，他们逐渐转变为银行家和金融家。随着大量资本的积累，尤其是熟练从事商业活动的人不断增加，逐渐出现了一个群体，这个群体的财富和能力对他们所在国家的贡献，超过了伊比利亚帝国的全部征服活动。

军人的时代已经到达顶点；随着资本时代的到来，商业银行家的时代开始露出了曙光；而西班牙殖民地大量增加的金银对这一时代的到来也起到了巨大作用。因为这些金银不可避免地被无情的商业交易法则吸引到整个欧洲大陆，而西班牙和葡萄牙的畸形经济促成了这一交易。

不止如此，随着生活水平的提高，尤其是城市生活水平的快速提高，再加上16世纪不断发展的社会需求，物价也随之上涨，而物价上涨反过来又引发了各种各样的反应。

弗朗索瓦一世和查理五世等人的野心，加上他们的铺张浪费，给他们的纳税对象——地主阶级——带来了沉重的负担。这些人反过来压迫佃户，侵吞公共土地，像索要劳役或实物一样索要金钱，从而促成了一场社会秩序的革命。在德意志农民的抗议声中，这种不满的情绪持续涌现；在随后的一个世纪里，社会发生了翻天覆地的变化，在无数的动荡中，货币经济在取代劳役或实物交换中起着主要的颠覆作用。与这一影响深远的变化密切相关的是另一个因素，作为这一影响的特殊产物，开始在欧洲事务中发挥更大的作用。

这就是金融业的发展。这并不是一种新现象，因为在15世纪初，意大利已经通过贸易奠定了财富的基础。除了意大利的地理位置带来的商业机遇的推动，十字军东征也极大地刺激了意大利贸易的发展。意大利的商船被用作运输工具；意大利出售给养，为冒险者提供资金，并从东西方日益紧密的联系中获得新的利润；最后，意大利不仅成为地中海贸易的主导者，还成为一个巨大的资本库。意大利的商人成了金融家，像佛罗伦萨的巴尔迪家族和佩鲁齐家族等，借钱给像英格兰和西西里的那些国王们。随着时间的推移，他们成为事实上的统治者，甚至是名义上的统治者，其中最具代表性的，便是美第奇家族。

在此基础上，由于信贷和资本的迅速发展，半岛上的重要城市都建立了银行体系。最先出现的只是存款银行，随后存款银行出现了贷款功能。随着对利息和高利贷的偏见在商业和政治的固有需求面前让步，这一经济活动便转移到了犹太人的手中，而且只要教会不赞同这种做法，犹太人就会垄断金融活动的利润。货币被认为是一种商品，就像木材和钢铁一样，利用货币赚钱也变得合法。

在意大利，仿效佛罗伦萨人多年来使该城成为欧洲金融中心的做法，威尼斯和热那亚在商人的支持下也创建了银行，这些商人成了国家事实上的主人，这些意大利城市也成为整个欧洲效仿的对象。随着资本向欧洲北部推进，同样的发展也在适当的时候出现了，西班牙的黄金大大强化了这一发展进程。贵重金属的储存突增，相关业务的经营规模也相应增加，随着16世纪的发展，欧洲北部商人就像南部的前辈一样，即使没有成为土地的统治者，至少在公共事务中有了举足轻重的影响。

没有什么比德意志富格尔家族的崛起更能说明这一过程了。到16世纪中叶，富格尔家族已成为欧洲北部诸国资本胜利的化身。它的创始人是奥格斯堡附近的一名织工，在1409年去世时留下了一笔可观的财富，约有3000基尔德①。而他的儿子则继续扩大家业，并搬到了奥格斯堡，成为这座城市织工行会的首领。儿子又生了三个儿子，一个继承了家族的生意并取得了巨大的成功，另一个在蒂罗尔的矿山上发了财，曾借给奥地利大公不少于15万弗洛林②的钱财，还建造了一座富丽堂皇的城堡——富格尔之家。三兄弟都娶了贵族家的小姐，而他们自己也被马克西米利安一世封为贵族，因为他们借给皇帝的钱至少有25万弗洛林。

到16世纪初，三人仍有两人留在生意场上，随着地理大发现的开始，他们将自己的业务扩展到了欧洲世界最偏远的角落。他们曾资助查理五世打击路德宗的运动和对阿尔及尔的远征；他们成为教皇的财东；他们甚至承担了德意志的"包收"业务，即承包了德意志境内的赎罪券出售工作。他们上升到了伯爵的地位。当1560年兄弟中的老二去世时，除了在欧洲、亚洲和美洲的大量不动产，富格尔家族的资产估计有600万金克朗。

他们不止是攫取金钱的人。他们的慈善事业和对艺术的赞助同样引人注目；与美第奇家族一样，他们对政治和社会进步的贡献不亚于对欧洲经济发展的贡献。当有人向查理五世展示法国王室的财

---

① 古佛罗伦萨金币，1基尔德≈3.5克纯金。——编者注
② 古佛罗伦萨金币，1弗洛林=1基尔德。——编者注

富时，他说他的臣民中有一位奥格斯堡的织工，其财富超过了法国君主。

富格尔家族不过是资本向欧洲北部扩张进程中一个重要阶层中最显赫的一个。他们仍然是商人银行家。在无敌舰队远征英国之前的几年，符合我们定义的第一家公共银行才在威尼斯成立。但巨大的变化正在到来。二十年后，阿姆斯特丹也建立了公共银行，尽管在一个多世纪的时间里，个体的商人银行家或金器商仍是欧洲最主要的金融力量，但公共银行的原则还是确立了。

他们因支持那些专制国王的征服野心而受到了更低阶层的抨击，后者将物价上涨的责任和财富集中到少数人手中的原因都归结到他们头上，而这不过是少数精明的人利用了社会发展大势的结果，包括这些精明的人在内，也是这种社会趋势的产物。

随着欧洲迅速获得足够的货币来实现这种变革，以物易物和货物交易时代逐渐让位于货币时代。随着旧制度的日益消失，对影响自身存在之主导因素懵懂无知的整体社会结构，发现自己的每一个细微的部分都被由此产生的经济革命改变了。

十一

手工业制度的深刻变革与资本主义的发展密切相关。到13世纪，遍布西欧大部分地区的行会在那段占支配地位的时期过后逐渐衰落。雇主的组织或多或少都趋于世袭制和排他性。由于成为雇主的进取心受到限制，技工们便让自己的组织之间的联系变得越发紧密了。随着15世纪社会的发展，他们与雇主之间的冲突越来越多。事实上，这两种组织形式在新体系出现很久以前就已经衰微了，但是，正如旧的行会在13世纪达到了顶峰，技工的组织也在16世纪上半叶臻于极盛。此后，它们都以某种形式存在着，但在数量和影响力上都有所下降，直到在欧洲工业中不再发挥什么重要作用。

它们的功能逐渐被新的生产和分配组织形式所取代，这种新的生产和分配组织形式在过去的几百年里日益突出，到16世纪中叶开始主导制造业，即所谓家庭包工制或外加工体系。这种将制造和销售产品的过程进行划分并使之专业化的安排符合知识领域的发展趋势。无论它有什么缺陷，显然，这个方案提供了一个中间人，他精通购买原料、寻找市场、雇用劳工和提供资本的业务，同时将实际上的生产业务留给那些同样精通手艺的人来做，这样一来，它就要优于传统上既做工匠又做商人的旧式行会体系。

行会制度虽然很好地适应了原材料供给尤其是市场相对有限的时代，但随着市场和运营范围的扩大，行会制度变得越来越不合时宜。资本的增长，就像商品需求的增长一样，使这种转型成为必须。除了受限于原材料供应问题和更为集中化生产的玻璃制造业和铁器加工业等特定行业，这一发展带来了更高人口密度的解决方案，因为随着城市的扩张，城墙对城市的限制在一定程度上成了问题。

在新组织中，发起人或雇主可以在相当大的范围内进行生产，而不像旧式行会雇主那样，只能在自己的作坊里进行生产。此外，通过资本的供给，他能够更好地进行交易活动，从而能够利用市场积累更多的资本。最后，新制度对个人主义产生了强大的影响，而个人主义的发展标志着一种相对中世纪特有的、规模更大的公共原则的进步。

新组织倾向于破坏雇主与雇员、师傅与学徒之间的私人关系，而代之以已成为现代工业制度标志的非人身关系。这个过程尚未完成，直到工厂制兴起，这一改变才完全显现出来。但到了16世纪中叶，这种非人身关系开始以一种后世发展出来的那种形式出现了。通过重视工序而不是成品，新组织开始在不同的劳动部门创造出不同的专家阶层，而这再次成为现代工业的主要特征之一。

随着资本主义进入欧洲人的生活，它必然会深刻地影响社会的每一个部门。尽管欧洲大国很少或没有一个效仿佛罗伦萨，准许商业巨擘担任公共事务的首脑，但没有一个国家的资本主义因素的出现不会影响公共政策和私人生活。

金融革命最直接的影响自然会落在那些最直接与工业领域发展有关的旧组织——行会上。行会本质上是褊狭的，在很大程度上，行会成员被限制在他们所在的地方，通过从一个城镇到另一个城镇、从一个集市到另一个集市的行商们与外界联系。

从一开始就很明显，像资本主义企业这样的制度，既不局限于某一地区，也不局限于某一行业，比行会更有优势。行会的产量有限，销售产品的渠道也不多。因此没过多久，这一旧组织就被迫改变其地位或退出竞争。旧组织大体上从两种选择中选择其一，它们变成了资本主义组织，转型成为一种公司组织，在许多情况下由那些从旧秩序转向新秩序的人组成——或者它们仅仅是地方行当，从属于更大的商业潮流。行会逐渐消失了，或者成为独特的历史幸存者，在下一个世纪，几乎看不到在中世纪手工业领域曾经占据统治地位的那些奇特有机体还在活跃着。

更值得注意的是资本对农业劳动者的影响，资本无处不在的力量与其他因素结合在一起,在它所进入地区的社会和经济领域开启了一场革命。在15世纪,欧洲大部分地区仍然按照封建原则组织着,但也有显著的例外。**黑死病和英国农民起义对14世纪末的农奴制度造成了沉重打击**,在欧洲大陆的许多地区,一个正在变化的生活标准或更开明的热情已经开始削弱领主对佃户的控制。

十二

城市的发展也为这一过程做出了贡献,因为行会与教会一样,都可以在它们的自由权利之内提供庇护,以便寻求庇护者摆脱农奴身份变成更进取或更幸运的农民。随着商业的发展,尤其是手工制造业的进步,城市得以迅速发展,自由劳动力的机会也随之增加。对工人的需求产生了多种来源的机会供给,到了16世纪中期,居住在城镇的劳动人口大幅增加。

与此同时,随着封建主义的衰落和民族国家王权的发展,以金钱代替实物或劳役的做法逐渐通行,这使得地主与佃农之间的紧张关系趋于缓和。因此,尽管资本时代的第一个结果是农民阶级受到更大的压迫,因为他们的统治者为了更多的收入而提出了更高的要求,但也逐渐让越来越多的农民从封建枷锁中解放出来。

如果说富格尔家族的崛起代表了个人地位的改变,那么,安特卫普城的发展则说明了商业环境的变化,在某种程度上,也说明了在这些重要岁月里欧洲生活所发生的变化。无论15世纪德意志中部的财富基础如何优越,随着16世纪的到来,这一地区出现了一个很大的劣势。意大利港口的衰落和西班牙与葡萄牙的崛起,严重地削弱了那些横跨阿尔卑斯山和顺莱茵河而下的传统商路。如果这种富裕状态还要继续存在下去，甚至还要让财富扩大，那么，向海洋进军就是必然的选择。因此，德意志要为其资本寻找新的出路。

在奥格斯堡商业银行家的带领下，德意志人追随威尼斯人来到安特卫普。在15世纪的最后二十五年，富格尔家族与韦尔泽家族以及他们的伙伴准备瓜分世界贸易。安特卫普市政当局对他们表示欢迎，买断了斯海尔德河沿岸土地所有者的收费权，向所有国家的人开放了它的贸易权利，使安特卫普立刻成为自由港和永久的交易中心。不仅如此，作为其商业和政策的自然结果，它不仅成为里斯本和北欧港口之间的主要贸易中心，而且成为北欧地区的巨大资本市场。

因为更自由的政策，安特卫普很快超越了那些像布鲁日一样在早期分享了尼德兰繁荣的邻近城市。从那里，发家致富的贸易原则逐渐传播到其他地区，传到了尼德兰的荷兰人那里，那儿的阿姆斯特丹逐渐上升到几乎同等重要的地位，随后又传到英格兰以及法国更大的城市。

既然资本已经证明了自己的流动性，它就产生了两种对欧洲内外都非常重要的现象。一是劳动者和雇主阶级的发展，不再受行会和地方政府权力的束缚。这在政治上引起了反应，因为统治者越来越明显地意识到，国家要繁荣，就必须考虑社会各方面的利益。

由于意大利城市在很早之前就已经开启了鼓励同一地区不同行业的发展并彼此依存的道路，也由于一些城市走得如此之远，竟然代表共同体利益来控制粮食供应，民族国家王权也开始按照同样的目标来规划他们的领土。通过将城市经济扩张为国民经济，他们强调了共同利益的精神，这种精神将整个民族有力地团结在一起，从而为民族化潮流增添了另一种力量。就像宗教一样，他们用多样性的统一取代了中世纪的公社性统一。

十三

资本的影响不仅没有被局限于欧洲大陆，也不吝于挑战长期处于支配地位的土地利益阶级。资本家不仅在欧洲投资，还让那些富于冒险精神的成员到资本所影响的最遥远国家去寻找投资机会。投资者早就开始为东方和西方的航海活动提供资金。在美洲，富格尔家族和韦尔泽家族的投资极为可观，后者甚至在科罗附近的地区获得了一定的统治权。

一旦证明了盈利的可能性，采矿和种植园在吸引资本家方面并不亚于航海，而另一代人将看到资本家对它们的兴趣增加到如此地步：资本而非扩张，将在海外殖民地发展中起到主要作用。与此同时，新世界开始以多种方式对旧世界做出反应。

现在距离哥伦布发现横渡大西洋的航路和更远的大陆已有五十年，距离路德反抗教皇已有二十五年。看到新世界出现在他们面前的那一代人已经逝去，见证了古老的教会主义受到挑战的那一代人正在逝去。亚洲、非洲、美洲、大西洋和太平洋不再令人惊叹；与新教教义一样，它们现在都是欧洲知识和经验的一部分。欧洲已经越过地中海和海岸阶段，进入大洋时代，并已经开启为了信仰的多元化而放弃信仰统一的时代。

到目前为止，只有大西洋沿岸的国家在寻找新世界，只有两个取得了实质性的成果；到目前为止，只有部分北欧人受到新教的影响，而新教的教义还没有在欧洲大陆以外的地方传播开来。但欧洲思想和权力的平衡已经开始发生变动，因为欧洲人的视野随着不断变化的政治、经济和知识的影响而拓宽了，直到每一个国家都感觉到了殖民地的影响，每一个民族都在教会内外受到了宗教改革运动的波及。

葡萄牙和西班牙不仅征服了世界，变得富有，它们还改变了世界的面貌和世界事务的平衡。宗教改革家们不仅仅是建立了反对旧教会的新教团，还有力地加强了导致知识分子从权威中解放的运动；他们在很大程度上刺激了个人主义的形成，而这种个人主义是新商业和资本时代的特征。

那么，在本土这些新动力的推动下，欧洲将在更广泛的领域发挥更大的作用。事实上，葡萄牙和西班牙的扩张并不是将自己的社会结构转移到新的土地上，而是通过一个统治阶层对这些新土地进行剥削。之所以如此，原因有二：一是王权的影响；二是国情使然。

从一开始，这两个国家就把不受限制的移民当作不受限制的生意看；每一个人都必须得到国王的许可，但是这种许可并不容易获得。与此同时，造成人口外流的原因——人口过剩、本土资源减少、宗教或政治迫害——对西班牙和葡萄牙没有太大影响。他们的人口并不稠密，没有经济危机将他们赶出家门，而且受迫害的群体被禁止移民。因此，并不是所有的社会阶层都能畅通地拥往国外，欧洲人在其他土地上形成的最早的社区与他们在国内认识的社区大不相同。

事实上，这些人的动机，更多是出于冒险、传教，以及国王、国民和个人的野心，主要是上层阶级活动的结果。那是一个战争的时代，引领人们通往东方和西方的是士兵，而不是商人。那是信仰的时代，从"航海家"亨利王子到皮萨罗，十字军精神随处可见。那是一个民族国家王权的时代，每一个征服者都是为了其君主的利益而战，就像为了自己的利益而战。这是一个王权、贵族和教士占主导地位的时代，而基本上正是这些群体赢得和享有了新的继承权。

在贸易中，如同在从事种植业的殖民地中，官员、士兵、地主甚至商人都从上层阶级中招募。没有农民，只有奴隶、农奴或纳贡群体。在一个方面，欧洲文明倒退了几个世纪，因为奴隶制度虽然在欧洲大陆上几乎消失了，但在某些地区，甚至整个殖民地，却又恢复了，其程度几乎是自罗马陷落以来未曾有过的。

征服者们非常擅长征服，却严重不适合建设这样一个殖民社会。除了财富，他们对其他一切都不了解，也不关心：他们是生活在被征服者中间的一小撮人。因此，出于保护、社交或贸易的目的，他们聚居在自己曾经建造或现在建造的城镇里面。他们依靠搏命一击赢得了帝国，现在又用一连串的驻军要塞来控制帝国。对于他们来说，权威都来自上级；官僚机构最大；除了在少数地方，他们从没有建立长久统治权的基础。他们的语言、信仰和制度传播开来，但没有一个像后来的英国人那样在海外建立一个强大的、血统纯正的西班牙或葡萄牙民族。也许这是不可能的。

他们的殖民帝国大部分位于热带，长期以来，他们在追求暴富的过程中忽视了最适合温带农业社会发展的土地。虽然经验已经证明，在这样的纬度地带，欧洲人的霸权最终必须依靠他们手中的军事力量，但这也揭示出，一旦控制之手受到削弱或者被消灭，他们的霸权就会变得动荡起来。

十四

尽管西、葡两大帝国极为相似，但在大多数人看来，它们之间的差异似乎更大，因为**西班牙的强大在于殖民地，葡萄牙的强大则在于贸易**。人们认为，两者之间的差异很大程度上取决于双方活动地域的居民和环境，因为**亚洲数以百万计的人口提供给殖民地的空间，就像人口较少的美洲地区提供给贸易的空间一样小**。

然而，在早期，西班牙对有人居住的世界之需要程度，并不亚于葡萄牙人。除了少数例外，西班牙人很少考虑人烟稀少的土地；墨西哥和秘鲁之于西班牙人，就像卡利卡特和第乌之于葡萄牙人，他们的精力更多地用在剥削当地人民和掠夺财富上面，而不是用在耕种土地上面。

真正的区别是更深层次的。如果葡萄牙拥有更强大的力量，它可能会参与到印度的政治中并入侵印度内陆，也许欧洲人会提前两个世纪占领印度半岛。要不是西班牙被对外战争搞得筋疲力尽，要不是那里满是渴望在中南美洲找到落脚点的人们，它可能会占领那些最适合欧洲人定居的土地，在北美建立新的西班牙王国。但是，**葡萄牙人的天赋指向大海，而西班牙人的天赋则是指向陆地；二者都富于骑士精神而不是商业精神**。在各不相同的领域，这种竞争所产生的结果是截然不同的，所使用的手段也不尽相同，因为各有其自身的环境，各由其在国内和国外的条件所决定。

那么，它们对欧洲以外的世界的影响是什么呢？答案很重要，不仅针对这一时期，而且针对所有时期。即使葡萄牙成为东方土地的统治者，它对殖民地的影响，也不可能达到西班牙影响新大陆的程度。葡萄牙的失败并不是由于它过于温和，它给东方造成的损失很可能与西班牙给美洲造成的损失一样大；问题在于，如果欧洲化被认为是可取的，葡萄牙也很难达到目的。葡萄牙相对虚弱，再加上对除了物质目的以外的一切都漠不关心，它并没有给拥有极大体量优势的东方文明留下多少印记，它带给东方文明的东西少之又少，以至于可以忽略不计。

另一方面，西班牙人征服和压迫美洲，则会获得巨大的回报。生机勃勃的新大陆家畜奇缺，水果和蔬菜的种类也不多；而且，从一开始，西班牙政府和个人就在努力弥补这些不足。西班牙人给殖民地引进了马、牛、驴、猪、羊和家禽，还有蔬菜、柠檬、橙子、葡萄树、橄榄、蚕、桑葚、亚麻、谷物等。随着时间的推移，征服者还带来了亚洲的产品，包括糖、咖啡和靛蓝。铁、火药的使用，工业和机械技术的进步，以及其他各种设备，所有这些都增加了新世界生活的物质基础。

更重要的是，欧洲社会的知识成就，无论传播媒介如何使其走样，无论其传播速度如何缓慢，都注定要给新大陆带来重大影响。对人口的影响也同样显著。因为像葡萄牙人一样，西班牙人在更为广阔的地区与土著通婚，结果在不到一百年的时间里，在相对较少的纯欧洲血统与广大土著之间出现了一个事实上的新种族。

另一方面，除了黄金、白银、宝石、棉花、烟草、可可以及后来的奎宁等药品，殖民地人的主食印第安玉米，就像它的主要水果香蕉一样,并没有受到欧洲人的青睐。几个世纪以来,棉花得到广泛种植;可可和烟草,以及现在的马铃薯,长期以来都是新世界对旧世界非常重要的贡献。**亚洲对欧洲的贡献却也数不胜数**。来自亚洲的香料、药品、棉花、丝绸、黄金、象牙、稀有木材、珠宝和手工制品、各种颜料、咖啡和茶叶、新动物品种、马匹、家禽和新植物,对欧洲物质生活的贡献不亚于对欧洲知识进步的贡献。

与此同时,每一种文明都成为欧洲吸纳其他大陆资源的手段。欧洲因此立刻成为整个世界产品和思想的仓库及交易中心。这个当时在其他地区还无法出现的结果,给了欧洲动力,给了它一直保持着的霸权地位。因此,随着16世纪中期的到来,欧洲的人民发现了广阔的发展领域和无与伦比的资源,在他们复杂的活动中,现代世界的早期阶段出现了。

第十一章
特兰托大公会议时代

1542—1563

一

在路德拒绝在沃尔姆斯帝国会议上放弃他的学说的这一重大僵局之中，德意志人对他的大胆半是震惊，半是欢欣；在此期间，罗马教廷大使起草了一份针对大胆异教徒的法令；皇帝的大臣瓦尔迪兹预言般地写道："就像一些人想象的那样，你现在看到了这场悲剧的结局，但我相信这不是结局，而是开始……如果不是教皇拒绝召开大公会议的话，这场祸患可能已被消弭。但是，当他坚持路德应该受到谴责和被烧死时，我却看到整个基督教共和国匆忙走向毁灭，除非上帝亲自来帮助我们。"不管教皇和皇帝对这种镇压政策所负的相对责任是什么，接下来二十年的历史已经完全证实了瓦尔迪兹的预言。

二

在这短暂的时期内，对教皇权威的反抗已经蔓延到欧洲日耳曼诸民族居住的大部分地区，并威胁到天主教的主要势力范围，也就是拉丁诸民族所在的地区。现在，西方基督教世界内部出现了分裂，显然，只有采取强力措施才能使罗马教皇保住权力。同样明显的是，它的旧武器已经钝了，谴责和火刑已不再有效；开除教籍、禁行圣事和咒逐等处罚措施已经失去了威慑力。单凭一己之力，教皇根本不是"异端"的对手；不管多么不情愿，他还是召集教会同人们来施以援手。

因此，在瓦尔迪兹写下他那著名的预言二十一年后，教皇保罗三世担心皇帝会先于他召集教会当局开会，于是下令在蒂罗尔的特兰托召开了大公会议。

这是一个具有重大意义的时期。西班牙和葡萄牙刚刚扩张到了极限；前者颁布了它重要的殖民法典，后者则支持耶稣会进入欧洲以外的世界。在欧洲大陆，查理五世失去了匈牙利，对阿尔及尔的十字军东征也宣告失败，现在又开启了与弗朗索瓦一世的第五次战争；而在他的德意志本土，新教臣民们被组织起来，形成了所谓施马尔卡尔登联盟，将在宗教改革史上起到重要作用。在英格兰，亨利八世刚刚将他的第五位妻子斩首，并挑动了与苏格兰的冲突，最终导致苏格兰国王的死亡以及这位国王的女儿玛丽继位为苏格兰女王。

比王室战争、婚姻或离婚更重要的是，在遥远的波兰，哥白尼正在通过出版他的著作而见证天体运行学说的革命，这注定会对神学产生深远的影响，甚至要超过我们即将提到的宗教大会的影响。

特兰托大公会议是欧洲教会发展史上的一座里程碑，不仅因为它所取得的成就，还因为伴随它而来的环境，而这个环境在很大程度上决定了它的活动。最终，大会在皇帝的召集下开始了，因为皇帝觉得迫切需要在他的领土范围内进行教会改革，显然，要保住教会，采取果断行动的时机已经到来。

然而，就像瓦尔迪兹和其他许多人所认为的那样，无论它的早期阶段的会议是否能制止当时正在起作用的破坏性力量，或是将这些力量转为当局所用，然而这些力量已经强大起来，即使大公会议也不能完全忽视它们。这是西欧召集的最后一次此类会议，它是一个旧权力机构的终章，因为特兰托大公会议面临着一场叛乱，而这场叛乱迫使它重新审视基督教会的整个结构。基督教会的历史，因此受到政治事件的强烈影响，这些政治事件伴随着基督教会漫长而曲折的历史进程，以其特有的力量展现了促使其衰落的复杂时代。

三

第一批召集令于1542年发布，但第一次会议直到三年后才召开；来参加会议的只有大约40名教士，主要来自西班牙和意大利。结果，新教徒拒绝承认它是一个真正的大公会议。皇帝敦促开会，主要是想在教会内部推行改革；但对于教会成员来说，最重要的问题则是如何应付来自路德宗和加尔文宗的挑战；结果，他们讨论的不是弊病与和解的问题，而是教义问题。这样，在会议初期，政治考虑便从属于神学辩论了。

第一次会议在很大程度上是整个大公会议的缩影。德意志的政治和宗教局势迫使他们暂时休会，随后会议改在博洛尼亚举行。新教也派出了代表。但帝国命运的另一次转折又一次将大公会议转移到了特兰托；而且，在大约十八年的时间里，经过多次休会和开会，新教徒最终退出，大会解散。最终的结果在那种情况下是可以预料的。

参会者的主要精力都用在神学问题上，教廷的论点占据上风。对启示的讨论完毕后，随之而来的是对正义这一重大而具有决定性问题的激烈辩论；在这种情况下，有一种倾向，就是毫无保留地坚持罗马教会的信条，即因行称义，这种教义依赖于圣礼，而新教教义则与之对立，坚持"因信称义"。

此外，在大公会议首次发出召集令至解散的二十年间，还多了其他同样重要的因素。第一是对耶稣会的完全承认；第二是宗教法庭或宗教裁判所的复兴和扩张，它的最高法庭建立在罗马，它的代理人或宗教裁判官被责令在全世界搜寻和清除异端邪说，"首先针对的是加尔文宗信徒"；第三是颁布了一个禁止信众阅读的书籍目录，即《教廷禁书目录》，它将宗教裁判所的原则和实践带入了文化领域。

除此之外，大公会议还强化了教皇的努力，并加强了教会在其他细节上的地位。怀疑的阐释被明确的教条所取代，信仰与实践的统一达到了前所未有的程度。

尽管大公会议没有采取任何措施以限制教皇或者红衣主教们的地位或特权，在很大程度上那是人们对教廷最不满的地方，但仍然用严格的措施加强了主教的权威，同时对低级教士开始执行严格的纪律，并开始遏制所谓"相对多数"的泛滥。

与此同时，在耶稣会的影响下，教会开启了一项影响深远的教士教育计划。法令规定，每个教区都应设立一所神学院或学院，以培训那些准备进入教会工作的人；为了全面执行这项政策，还第一次提供了拥有足够神学知识储备的人员。这样做一举多得。它消除了长期以来人们对神职人员不识字现象的指责，尤其是针对低级教士的指责。它在明确教士与平信徒之间的界限，提高教会机构的效率、纪律和团队精神方面起了很大作用。再加上严格执行独身主义，进一步区分了教会人员和俗人。

这些让教士教育计划立刻成为大公会议最具实用性的结果，也是最大限度地将教会与促成现代主义的力量区分开来的步骤。教会更强大但也更狭隘了，"西欧天主教会转变为罗马教会"，反宗教改革运动，正如它后来得到的这一名称那样，通过抵抗新教起义运动而正式在欧洲事务中确立了自己的位置。对于罗马教皇的权威来说，由于成功地利用了大公会议而得到了极大强化，最终在罗马教会中获得了几乎绝对的至高无上地位，当然，它也从未失去过这一地位。

因此，在大公会议召开的整个过程之中，教会都无视外部正发生的变化；尽管它接受了许多在其阵营内发展起来的新机构，但却不可能与新教徒达成妥协。从那时起，服膺于新教的信徒只有两个选择：投降或战斗。所有参会者在大公会议漫长的辩论结束之前就已经做出了选择。在这段时间里，宗教已经成为政治领域的核心议题。这种情况是时代发展的必然结果，它标志着欧洲历史上一个重要时代——宗教战争时代——的开始，并将持续整整一个世纪。

四

从路德反抗教廷权力到特兰托大公会议召开，几乎过去了一代人的时间。在此期间，欧洲大陆受到国际冲突和神学争论的破坏，这在其历史上是前所未有的现象。但是，到目前为止，这些破坏性力量还没有完全结合起来，部分原因是更强大的统治者们仍旧是名义上的天主教徒，以及土耳其人的威胁，更重要的也许是梵蒂冈仍然声称只有它有权决定教会问题，保守派、改革派和革命派之间的角力仍然悬而未决。

但是，在大公会议进行辩论的时候，政治世界两项事态的发展改变了整个局势。一个是世俗统治者对教会事务的侵入，另一个是政治和社会重组力量的发展，这表现在即将到来的强大君主之间的斗争上。

狭义的新教并不是维护旧秩序者集中力量打击的唯一敌人。前几十年的争论已经把另一股力量引入到冲突之中，这就是人们需要效忠的对象从教会向政府的转变。除了教皇断言自己的权威有着神圣起源，还出现了君权神授的信条。与神父们声称自己是人类良心守护者的说法相反，一种要求个人在精神事务上独立的呼声出现了。在持这种观点的人们的心目中，教皇不再是欧洲宗教事务的唯一仲裁者，教会不再是正宗信仰的唯一来源。这导致的结果便是，国王、国家、社会甚至个人，都开始行使长期以来被视作教会特权的职能。

由于封建权力和皇帝权力的衰落，由于不断变化的经济条件孕育出了中产阶级，而且在专制王权日益强大的力量保护下，中产阶级成功抵制了贵族权力的侵犯，也由于知识的增长和在民众中间的传播，教会与国家的关系和地位都出现了重新调整的现象。因此，政治的形式和面貌不仅来自实际事务的变化，也来自时代精神的变化；从特兰托大公会议开始的这一时期，不仅出现了新事件，而且出现了一种新的情绪。

最明显的例子是英格兰。亨利八世的行为不仅破坏了英国与教廷的联系，通过解散修道院摧毁了旧教会的经济基础，还使国家脱离了罗马教会的控制。**这孕育了一个"新人"贵族阶层，他们的财富大部分来自掠夺教会的财产，他们的地位依赖于国王的恩宠。**与此同时，这一政策使改革宗的教义，尤其是加尔文宗的教义，在全国迅速传播开来。

大公会议召开两年之后，亨利八世去世，他的儿子爱德华六世继位，这时，这些新力量几乎立刻占据了支配地位。在新贵族的引导下，国王已经公开宣布自己是新教徒，这等于是宣布了最终的决裂。一个新的教会被组织起来，实行新的礼拜仪式，尽管以罗马仪式为摹本，但教义却是新教的。这样，英格兰就站在了改革宗的一边；在同一时间，特兰托大公会议谴责了与罗马决裂的异端。

然而这并不是斗争的结束。爱德华六世短暂的统治之后是他的姐姐天主教徒玛丽的统治，她是查理五世之子腓力二世的妻子，她的继位标志着阻击这一趋势之努力的开始。新教徒受到镇压和迫害，他们的礼拜仪式受到谴责，礼拜仪式的设计者大主教克兰默和其他许多人被绑在火刑柱上烧死；她不仅尝试恢复旧的信仰，而且要拿回被没收的教会财产。这些强力措施激发了强烈的反抗情绪。"殉道者的鲜血变成了教会的种子"，教会土地控制者的所有权被转让；只是因为玛丽的去世，才使英格兰避免了发生叛乱或内战的危险。

她的妹妹伊丽莎白的继位，决定了这场冲突最终朝着有利于新教徒的方向发展。新的《至尊法案》赋予英格兰教会以来自议会的认可；新的礼拜仪式为它披上了精神外衣，但就像爱德华六世时代那样，形式上是罗马的，但教义是新教的。旧的教会组织经过调整以后，适应了宗教改革后的变化，从而被保留下来。此后，英格兰教会与路德宗和加尔文宗并肩对抗罗马教会。

与此同时，约翰·诺克斯用火一般的热情把加尔文宗从日内瓦带到苏格兰，在那里创建了一个被称为"长老会"的新教分支。而且，尽管两个王国旧信仰的追随者都反对新教会，而这可能会导致长期的动乱，但整个大不列颠岛因此而加入改革宗教会的行列，尽管爱尔兰几乎没有受到两个王国的影响。

五

虽然英格兰现在成为新国际形势的焦点，但其政治和宗教形势之复杂并非16世纪中期的唯一特征。在爱德华六世成为英格兰国王的同一年，法国的亨利二世继承了弗朗索瓦一世的王位，他的国家在加尔文主义的道路上走得相当远，所谓"胡格诺教徒"的崛起开始成为影响法国历史发展的一个重要因素。

像他的父亲一样，亨利二世对查理五世发动了战争，取得了更多的胜利；他还打击了英格兰和西班牙；如果他活得够久，法国可能会找到一个更好的方案来解决内部的宗教问题。但是，他的英年早逝让十六岁的弗朗索瓦二世和更年幼的查理九世迅速继承了王位，而国家的事务则落入两位年轻国王的母亲——王太后凯瑟琳·德·美第奇手中。在她恶意的影响下，法国陷入内战，信奉天主教的吉斯家族和支持新教的波旁家族之间发生了灾难性的斗争，带来了血腥的后果。

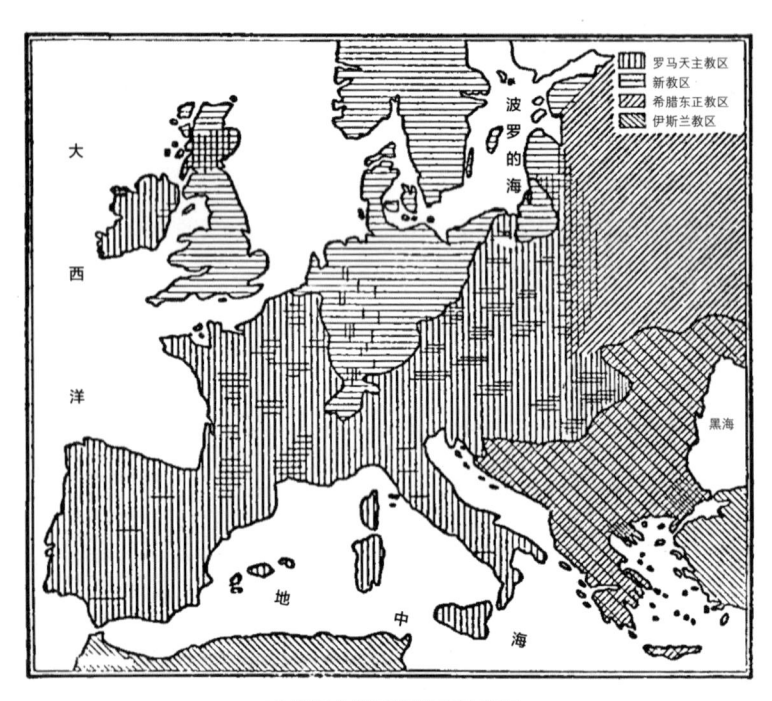

16 世纪中期欧洲的宗教状况

当此之时，一个被约翰·诺克斯称之为"糟糕的女人团"在这个多事之秋支配着诸国的命运，它因被任命为尼德兰摄政的帕尔玛的玛格丽特以及苏格兰女王玛丽·斯图亚特的加入而壮大。苏格兰女王玛丽是法国国王弗朗索瓦二世的妻子，后者继位仅仅一年就去世了，将法国王位留给了还是孩子的查理九世（弗朗索瓦二世的弟弟）。除了这些头衔，玛丽又对英格兰王位提出了要求，这与她对罗马教会的忠诚一起，注定裹挟三个国家卷入战争，而她的命运也就此注定了，这会使她成为历史上最悲剧的人物之一。

因而，当新教团对旧教会的统治发起挑战之后，它受到了后者的谴责，而从法国到波兰的所有欧洲北部国家都因为宗教问题出现了内部分裂，欧洲地图因为宗教斗争而呈现出了轮廓分明的形势，法国人与哈布斯堡家族之间的斗争中又掺入了一个规模更大也更复杂的问题。

这场新冲突的第一幕大戏在德意志上演，而德意志事务出现了令人震惊的发展态势。伴随路德宗脱离罗马教会带来的早期骚乱，争论后来转移到了帝国会议；在《纽伦堡和约》签订后，面对土耳其人无休止的威胁，随之而来的是十年宗教宽容时期。在这一时期，宗教改革家们的处境改善了，勃兰登堡和萨克森公爵领地的统治者也皈依了他们的信仰。一位信奉新教的公爵在符腾堡被恢复了职位。布伦瑞克被征服了，加入了新教行列；施马尔卡尔登联盟在数量和力量上都有所壮大。

面对这些现象，皇帝不能装作看不见。当科隆大主教兼选帝侯像他的许多同僚一样，考虑追随转变信仰的霍亨索伦的阿尔伯特的做法，将他的领地变成世俗封地之后，新教徒便在选帝侯团中占据了多数。查理五世认为已经到了不得不干涉的时候。

他刚刚结束了与弗朗索瓦一世的第四次战争，签订了《克雷斯皮条约》，并决定与法国国王一起对异端分子采取行动。随后他就将矛头对准了德意志的新教徒们。他把新教徒中最有能力的领袖萨克森的莫里斯公爵争取过来，并召来了西班牙和意大利的援兵，然后对施马尔卡尔登联盟发起了进攻，后者为了捍卫新教利益也集结了一支军队。这场战争持续时间不长，很快就有了结果，联盟军被击溃，指挥官萨克森选帝侯和黑森伯爵被俘；作为奖赏，莫里斯获得了选帝侯身份，查理五世不仅在名义上也在事实上成了德意志的主人。

但查理五世的胜利是短暂的，因为还没有获得最终的成功，他的盟友就抛弃了他。与此同时，弗朗索瓦一世去世，亨利二世登上了法国王位；爱德华六世也继承了英格兰王位。皇帝没指望得到他们的援助。教皇害怕皇帝侵犯他处理宗教问题的特权，收回了对他的支持；查理五世曾希望特兰托大公会议帮助他改革公认的教会弊端，而后者却正专注于谴责异端。

更重要的是，皇帝在德意志采取的政策让他的追随者们离心离德。因为尽管他把尼德兰从帝国分离出去，却仍将它的继承权留在了哈布斯堡家族；在他把新教诸侯关进监狱的同时，他还试图迫使帝国会议走上一条可以使他成为全德意志军事独裁者的道路。最重要的是，莫里斯感到他的地位受到了帝国政策的威胁，这一点决定了事态的发展。萨克森公爵也秘密地改变了立场，与法国结盟，集结军队，向毫无防备的皇帝发起进攻，导致皇帝被迫逃亡。被俘的诸侯获得了自由；查理五世被迫将西班牙军队撤出了德意志，并通过《帕绍和约》宣布了宗教宽容政策。

因为随后的奥格斯堡和平时期，每个德意志君主都有权为自己和他的臣民决定在他的领土上应该采用哪个教派的信仰。这就是"教随君定"的原则。在这一原则下，帝国享受了两代人的宗教和平，但并不稳定。

六

因此，从英国、法国和德国引发的局势中，展现出了三个主要特征：第一，改革宗教会稳固下来；第二，每个国家都存在着与政府在政治和宗教上有分歧的政治派别；第三，欧洲国家形成了两个对立的阵营。从这三个因素出发，欧洲政治进入了下一个阶段。

这一阶段的标志就是新的血腥战争。法国同时受到英国和西班牙的进攻，成为吉斯、波旁和瓦卢瓦等三大家族争夺王位以及加尔文宗与天主教争夺宗教优势的国家。至于古老的英格兰与苏格兰之间的冲突，使它进一步激化的不仅有卷入了英伦诸岛和整个西欧的忏悔礼矛盾，也有两位女王之间对王位的争夺；而且没过多久，英格兰与苏格兰就将它们之间的争执带到了地球最遥远的角落。

在《奥格斯堡和约》签订后不到一年，查理五世就从教会与国家之间日益激化的动荡局势中退出了。因为厌倦了权力斗争，他将自己的德意志领地分给了弟弟斐迪南；将西班牙及其殖民地、尼德兰、米兰和西西里岛分给了儿子腓力二世；然后，他退隐到了修道院。

随着这位重要人物离开政治舞台，一个新的时代开始了。如果查理五世寻求和平，不久后发生的事情很快证明他做出了正确的选择。新皇帝刚加冕为匈牙利和波西米亚国王，就被呼吁与盘踞在匈牙利大部分领土上的土耳其人作战。西班牙的新国王刚登上王位，就在他英国妻子的帮助下，与法国展开了一场灾难性的战争。战争结束后，法国出现了梅茨、图尔和凡尔登的主教领地，以及英国在大陆上的最后一个据点，也是法国人赢得战争胜利的奖赏，即加来——《卡托-康布雷齐条约》确认了他们对加来的权利。胡格诺派教徒被赋予宗教宽容，但无济于事，法国又陷入了第一次宗教内战，它取代了与神圣罗马帝国的长期战争。哈布斯堡家族忙于巩固自身的权威，土耳其人则在杰尔巴岛海战中完成了削弱意大利诸国海上势力的任务，从而成为地中海东部实际上的主人。

就这样，宗教和政治联合成并不神圣的同盟的二十年结束了。新教已在北欧人民中巩固了自身的地位。其后的一个世纪，几乎所有欧洲国家的国内以及国际事务，都深深地受到宗教问题上不同意见的影响，而这些意见现在与战争和外交上的关切一致。迄今为止，这些关切的动机只存在于国王的野心之中，而甚少与经济压力相关。

除了上述这一点，法国王权对加来和主教辖区的扩张、西班牙哈布斯堡家族在意大利势力的扩张、德意志教会领地的世俗化、俄罗斯向乌拉尔和黑海方向的扩张，以及土耳其霸权在黎凡特地区的扩张，都可以被概括为查理五世纷扰的统治时期在欧洲大陆政治领域的重要永久性后果。

七

但是，欧洲君王们的作为绝对不是欧洲历史在这一多事时代的利益和意义的全部。特兰托大公会议的召开标志着欧洲宗教和政治发展的一个新纪元，接下来的二十年，即特兰托大公会议开会期间，欧洲大陆又在这些领域开启了一系列新的冒险。与此同时，新法律的颁布以及随后二十年发生的各种事件，标志着欧洲在海外扩张史上的一个过渡时代。欧洲政治驱动力和平衡的变化应与殖民世界新阶段的开启相吻合，这并非没有意义。因为随着欧洲本身的这些变化和海外殖民地的重组，出现了一个将这两种因素结合在一个世界政治组织之中的新时代。

欧洲君王们忙于应付伴随宗教改革问题而发生的重大事件，对欧洲大陆边界以外的土地漠不关心，这是很自然的事情。然而，这一时期这些土地上的事态发展对于他们来说同样重要，对于他们的人民来说，最终要比吸引了欧洲政治家和外交家注意的许多目标更重要。的确，对于殖民地国家来说，在它们所处的形势中，没有什么比这样的忽视更幸运的了；因为每一个国家都在积极地加强自己在新世界的地位，每一个国家都处在一次攻击就很可能改变其领地之未来和整片殖民地发展趋势的阶段。西班牙和葡萄牙主导的探险与征服的时代已接近尾声；调整和组织的时代已经开始；而且随着新法律的出现，尤其是西班牙的殖民地，进入了一个动荡不安的时期，这通常是以许可向限制过渡为特征的。

埃尔南·科尔特斯之死与亨利八世和弗朗索瓦一世之死是同时发生的（1547），没有什么比这更能说明殖民地地位的变化了。在数年之前，科尔特斯之死会成为新大陆事务之中的决定性事件；而到如今，它已不再是西班牙殖民历史的一部分，因为自从他的大征服发生以来，世界已经发生了翻天覆地的变化。

科尔特斯在西班牙居住了很长时间；娶了一个很有势力的妻子；还曾在非洲为查理五世服役；在荣誉和折磨的交替出现中，他耗尽了晚年的精力去努力维持他所赢得的荣光。与此同时，他获得的使欧洲踏上发展之路的那个地区，十多年来一直在不同的掌舵人手里沿着自己的轨迹发展着。在墨西哥第一任总督安东尼奥·德·门多萨治下，学校得以建立；欧洲以外的第一家印刷厂得以建立；港口得到了改善；一家铸币厂得以建立；还引进了绵羊，促进了毛纺织业。最重要的是，军事统治者的严酷统治已经被温和的人员和措施所取代。

在这种情况下，新法律就像诅咒一样落了下来。即使是门多萨的权力，或者现任恰帕斯主教拉斯·卡萨斯的雄辩，也不能阻止信徒们（他们的宗教信条一点都不暴力）保住他们赖以生存和繁荣的土著劳动力的决心。不到一年，新法律就被撤销了；最热切的盼望受挫之后，这位印第安人的使徒离开他的教区去了西班牙。在那里，他写下了一份控诉书，在此后长达三个半世纪之中谴责着他们的殖民政策——然而，却没有说服任何国家在平等基础上对待被他们征服的对象。

这就是欧洲以外沿着新路线发展的第一阶段。甚至在拉斯·卡萨斯到美洲之前，命运的新转折就为他的批评提供了新的对象，同时也为他的同胞提供了新的财富。西班牙人刚刚耗尽从阿兹特克人那里掠夺来的战利品，就又开始寻找当地的财源。开矿紧随着征服；士兵们变成了探矿者，暂时取得了微不足道的成功。

但是，在门多萨总督任期的第十年，正是特兰托大公会议刚刚召开以及施马尔卡尔登战争在德意志爆发的时候，冒险者中最幸运的一位，胡安·德·托洛萨在墨西哥北部的萨卡特卡斯找到了银矿脉，其产量甚至超过了从阿兹特克人那里获得的规模巨大的战利品。他的成功给探矿带来了新的动力，一个探矿时代随之到来，这个时代的兴奋达到了只有采矿狂热才能达到的高度。新西班牙、加勒比群岛和宗主国的冒险分子们也加入了这股热潮。成千上万的探矿活动开始了，虽然很少或没有像萨卡特卡斯那种程度的成功，但许多丰富的矿藏被开采了出来，旧矿得到了改造再经营，直到墨西哥暂时成为欧洲世界最大的银矿来源。

除了整个欧洲财富的巨额增加，新西班牙同时被提升到主教区地位似乎是件微不足道的事情。然而，无论这两件事的相对重要性如何，在西班牙新臣民的心目中，第三件因贵金属矿的发现而引起的事件，盖过了这两个事件，那就是强制性劳动向矿山的延伸。

随着采矿业的发展，越来越多的劳工从村庄里被征走，而行省的财富变成了它居民幸福的最大敌人。这种劳动形式被称为"米塔"，很快成为所有压迫形式中最恶劣的一种。与它相比，再分配土地上的劳动几乎是"仁慈"的，因为那些被送到矿山劳动的倒霉土著，几乎必死无疑。面对矿主的贪婪和残忍，即使政府也无能为力；当门多萨转而担任秘鲁总督后，他也离开了墨西哥正在以同样速度增长的财富和苦难。

这就是南美的西班牙政府管理新时代的开端，其资源由此进一步增加了欧洲的财富和实力。秘鲁的历史并没有什么不同。尽管墨西哥人也有种种苦难，但他们的情况远比门多萨任新总督的不幸省份的居民要好得多，因为除了困扰新西班牙的种种恶疾，秘鲁又被加上了内战的诅咒。在第一任总督努涅斯·德贝拉的统治下，旧的征服者发动了最早的殖民地起义，以此作为对新法律的抗议。德贝拉战死，但很快由被派去镇压叛军的无执照神父德·加斯卡复仇。由于被出卖和被击败，贡萨洛·皮萨罗和他那残忍的副手卡瓦哈尔在利马被处决，他们的脑袋被用链子吊了起来，以杀一儆百，阻止更多的起义。

但是，这样的悲剧并不是秘鲁发展过程中最重要的特征。像墨西哥一样，它也成为大主教区，正是通过位于利马的大主教，西属南美洲的等级制度被建立起来。与此同时，它繁荣的农业确实在内乱中衰落了；而它的工业也遭受了相应的损失。但与之相对应的是，秘鲁的发现与新西班牙的发现一样，在更大程度上使秘鲁成为世界上贵金属的主要来源地和欧洲最有价值的殖民地。

征服者们在波托西发现了银矿，其储量甚至超过了萨卡特卡斯。勘探者们蜂拥而入，据说发掘了1万口矿井，给西班牙注入了新的贵金属洪流，充实了西班牙的金库，进一步扰乱了欧洲的经济基础。如果像新西班牙那样，由于"米塔"的严格执行而让土著受到更严重的压迫，秘鲁一旦成为欧洲人最为垂涎的殖民地，那么安第斯地区就能感受到欧洲人侵占的最严重影响。

与此同时，西班牙的疆界由于征服和采矿而得到了广泛的扩展。那些仍然在奥里诺科河和马格达莱纳河源头寻找传说中的黄金国的探险队是不幸的。在那里，亚马孙河的发现者奥雷利亚纳失踪了；韦尔泽家族建立前哨的努力失败了；但其他人最终在托丘约建立了一个定居点，并任命了一名地方行政官，确认了西班牙对委内瑞拉腹地的控制。

在南美的广大地区都发生着同样的进程。在遥远的南部，坚定的巴斯克人伊腊拉的追随者定居在上巴拉圭；在他们的西部，智利的征服者们——建立了瓦尔帕莱索，以确保南部海岸的主要港口——开始在圣地亚哥建立首府。在那之后，征服该地的地方长官巴尔迪维亚把富饶的中部地区分割成男爵领地，分给部下们；从那里出发，他们一路南下，与好战的阿劳坎人作战，到达康塞普西翁的边境前哨。与此同时，矿藏丰富的玻利维亚高原成为驻军的聚居地。在的的喀喀湖南部的拉斯查尔卡斯古老哨所旁，建立了拉巴斯；再往东，在十年的时间里，圣克鲁斯城成了位于安第斯山脉最东部的西班牙权力中心。

因此，在繁忙的16世纪中期，西班牙殖民者在各个方向上迅速推进，占领了广阔的地域，他们的掠夺每年为欧洲世界增加的资源，超过了欧洲本土君王们所有的无谓战争。在这一过程中，土著原有的成就给了他们帮助。偏远的内陆地区如果没有矿产资源，可能会在几代人的时间里看不到欧洲人，现在正沿着通往帝国各地的印加道路，借助美洲驼牵引的车队，与沿海城市建立了联系。这些车队把森林和矿产品运送到了外面的世界，与车队一起回来的是欧洲的人员和货物。欧洲人的活动如此突然和猛烈地冲击着美洲，使它在最宽泛意义上成了欧洲的一部分。

八

与此同时，葡萄牙人还在扩展欧洲的疆界。当西班牙在西半球扩张它的权力时，巴西的总督托梅·德索萨正忙于在巴伊亚湾建造一个用坚固的城墙、堡垒和炮台防御的新首府。由于种植业优势，尤其是接近非洲和黑人奴隶的供应点，巴伊亚地区吸引了一大批殖民者到此定居，很快就在甘蔗种植业上与圣保罗和伯南布哥展开了竞争。在耶稣会传教士诺夫雷加的带领下，他的教团进入了巴西的荒野之地，而且不顾殖民者的反对，将土著置于自己的控制之下。

但是，葡萄牙人和耶稣会士的精力都没有因为在巴西的活动而耗尽。在世界的另一边，沙勿略的努力同时成为两大洲的奇迹，因为他就像他的同胞一样，把基督的信仰带到遥远的地区，把他们与欧洲的命运联系在一起。果阿以及从科摩林到班本、特拉凡科、锡兰、马六甲、安波那和摩鹿加群岛的采珠人都听到了他的传教声；在抵达亚洲五年之后，他扬帆起航，将新信仰带到了日本，那里的信徒，加上其他地方的，总数号称百万之巨。也许没有任何一种力量，当然也没有任何其他个人，比沙勿略和他在这个多事的十年里所建立的秩序，更能把外面的世界与欧洲联系起来。

当沙勿略创造皈依奇迹的时候，他赞助者的坚船利炮也同样活跃。从新西班牙出发，洛佩兹·德·比利亚洛沃斯率领一支海军中队前往菲律宾，并用西班牙王位继承人的名字为该地命名；虽然葡萄牙人迫使他投降，但他的探险反过来又驱使葡萄牙人与西班牙人分享特尔纳特和蒂多雷，并让葡萄牙人放弃了对吕宋群岛[①]的主权要求。

那次投降是他们权力衰退的象征。在沙勿略的帮助下，马六甲从亚齐苏丹手中保全下来；但只有凭借好运气和守军不顾一切的勇气才从坎贝国王手里拯救了第乌。

与此同时，整个世界的敌人，包括东非、阿拉伯和马拉巴尔

[①] 吕宋群岛，也就是菲律宾群岛，因吕宋岛是菲律宾群岛的第一大岛，故用吕宋岛指代菲律宾群岛，现在通称菲律宾群岛。——编者注

的统治者们，从第乌到摩鹿加群岛的土王公们，各地的阿拉伯商人，最后是在征服埃及后卷入了这场影响深远冲突的土耳其人，都试图将基督徒赶走。几乎没有一年不遭受土著的攻击，几乎没有一年没有舰队从果阿或里斯本出发就他们受到的侮辱或损失进行报复，无数的英雄主义和背叛事件在1万英里边境的战争中以相同的主题和无限的变化重复着。

尽管贸易还在继续，尽管每年都有舰队往返于里斯本与印度之间，尽管乌合之众般的敌人徒劳地打击着葡萄牙帝国的坚硬外壳，但这个国家还是感到了压力。除了在澳门为与中国进行贸易而建立了一座前哨据点，他们只能满足于现有的一切。在沙勿略之后，宗教裁判所进入印度，葡萄牙殖民史的教会时代开始了。局势所需要的不过是另一支力量在东方的出现，这支力量能在海上对付葡萄牙舰队，唤醒各地遭受苦难的属地人民起来反对葡萄牙的统治。

腐败进一步削弱了葡萄牙的力量。"我不敢再统治印度了，"一位总督写道，"因为人们现在已经远离了荣誉，也远离了真理。"葡萄牙政府为总督们指派了一个委员会来帮助他们，而且制定了更严格的法律来对付不端的行为，但都徒劳无功；拯救从来不会来自法令和官僚机构。公德和私德都衰败了，编年史宣称，随着若昂三世去世，"葡萄牙在欧洲和印度的好运都终结了"。这就是葡萄牙在本土和海外殖民扩张的墓志铭。

最后，葡萄牙那目光短浅的国王犯下了致命错误，让他的独子迎娶了查理五世的女儿。这样，他就将国家的命运同最危险的敌人的命运绑在了一起；下一代人将会看到，作为这次不幸婚姻的后果，葡萄牙将会成为西班牙的属地。在特兰托大公会议和新教徒决定其未来的几十年里，欧洲大陆为即将到来的宗教和政治冲突做好了准备。这就是16世纪中叶欧洲世界的局势。

第十二章
腓力二世时代和宗教战争

1563—1578

一

　　查理五世退位后,尼德兰并没有落入奥地利人之手,而是落入了西班牙人之手,这是历史上最大的讽刺之一。他退位八年后,德意志皇帝的领地继承人斐迪南一世的统治也走到了尽头,奥地利的马克西米利安二世继承了皇位以及匈牙利和波西米亚的王位。马克西米利安二世是一个温和的人,倾向于和平,对新教徒也不算太排斥;基督教世界最大的敌人苏莱曼大帝的去世以及随后对土耳其战争的停止使他的前路变得更加平坦。尽管他的统治标志着天主教反动的开端,但《奥格斯堡和约》使长期困扰德意志的宗教战争的矛盾得到了明显的缓解,除了一些小问题,只有一场冲突,那就是同特兰西瓦尼亚的战争,破坏了爱好和平的皇帝的平静生活。

　　如果在这种情况下,有这样一个人成为尼德兰的统治者,欧洲或许就不会有一段血淋淋的（或许也是光荣的）历史了。但事实并非如此。如果特兰托大公会议时期因为欧洲事务中的宗教和政治的合流而引人注目，那么，随后二十年里，同样引人关注的殖民和经济要素同信仰和国家野心的结合，将给欧洲带来一次从未经历过但影响更加深远的冲突。

二

如果说之前四十年的历史事件集中在查理五世身上，在他退出政治舞台后的那一代人的时间里，则是集中在他的儿子，也就是西班牙的腓力二世的身上。他所处的环境以及他的性格和野心，都使他变成了那个时代的中心人物；从他的作为以及他的反对者的活动中，引发了一系列事件，这些事件表明了宗教问题如何深入地渗透到政治之中，以及新殖民商业因素是如何深刻地影响到战争和外交的。

这位西班牙国王是民族和时代的独特产物。腓力二世虔诚、节制、私下为人良善、工作极其勤奋而且意志坚定，他投身于专制主义和教会事务之中，全力维持西班牙的霸权和罗马教会的信仰，从某种程度上来说，这是他那位精明而又更加国际化的父亲所不了解的一面。腓力二世并没有他那个阶层应该有的骑士精神，在他身上，十字军精神以不惜一切手段消灭异端邪说、重振欧洲真正信仰的形式呈现。

为了完成这一重要任务，他展现出了极大的热情、强有力但狭隘的头脑，以及腓力二世王权的全部力量。他把所有世俗利益、共同的人性和国家的福祉都置于这一目标之下。从他成为英格兰女王、天主教徒玛丽的丈夫并努力迫使英格兰重新回到罗马教会控制之下的时候开始，到老弱多病之时，他仍然与玛丽的妹妹、新教女王伊丽莎白进行着徒劳的斗争，在这场企图击退新教浪潮的无望斗争中，他从未颓丧过，也从未妥协过。

在欧洲最强大国家的支持下，实现这样一种目标以及君主的这样一种性格，必然会引发一场斗争；在腓力二世这边，这场斗争以残酷无情为标志，而在他的对手那边，则体现为绝望的怒火。更重要的是，西班牙国王开始这项事业之时，正是英格兰在伊丽莎白女王治下支持宗教改革事业、他在尼德兰的荷兰臣民接受了加尔文派信条、法国在亨利二世死后因为纳瓦拉人波旁家族的亨利作为法国王位继承人而给胡格诺派信徒带来希望的时候。

因此，几乎在同时，腓力二世的性格就给这一事业赋予了形式和方向。西班牙的宗教裁判所对摩尔人和新教徒的血腥迫害标志着他统治的开始，随后在尼德兰也发生了类似的事情。传统权利的撤销、西班牙驻军的进入、谴责异端法令的颁布以及宗教裁判所的威胁，这一切标志着腓力二世对莱茵河下游和斯海尔德河的富庶城市统治的开始，而这激起了信奉加尔文宗人们的强烈怒火。

尽管经过埃格蒙特和奥兰治等领导人的种种努力，还是掀起了反抗天主教统治者的起义，他们洗劫教堂，毁坏了圣像。帕尔玛的玛格丽特的尼德兰摄政之位，由阿尔瓦公爵接任，他率领了一支强大的军队准备恢复秩序。随着阿尔瓦公爵的到来，尼德兰开始了恐怖和暴虐的统治，这就更加激起了民众的愤怒。腓力二世继位十二年之后，不得不面临他治下最富裕省份的起义。

当腓力二世"捅了荷兰加尔文宗信徒的马蜂窝"时，法国则进入了一个宗教纷争的时期，就像德意志已经经历过的那样。继承权问题使局面进一步复杂化。亨利二世在伊丽莎白女王继位的那一年去世，苏格兰女王玛丽的丈夫弗朗索瓦二世，作为三兄弟中的老大登上了法国王位。弗朗索瓦二世在位不到一年就去世了，王位留给了弟弟少年国王查理九世。查理九世被他的意大利母亲凯瑟琳·德·美第奇所控制，他命运多舛的十四年统治成为法国历史上最黑暗的篇章之一。

当时有三个政治派别在争夺权力。第一个是以王太后为首的王室派，目的是维护瓦卢瓦家族的权威，保住其继承权。第二个派别是野心勃勃的吉斯家族，一心要夺取王位，如果办不到，至少也要控制政府事务。第三个派别是胡格诺派，这个派别在政治抱负中加入了对加尔文主义的坚信，而加尔文主义受到其他冲突各方的强烈反对。

波旁家族和吉斯家族都鼓吹自己拥有法国王位的第二顺位继承权。但是，以大元帅为首的蒙莫朗西家族，尽管大元帅本人是天主教徒，却有三个信奉新教的侄子，其中就有胡格诺派的首领、海军上将科利尼，虽然他没有染指王位的企图，但在这场错综复杂的悲剧中，所起到的作用丝毫不亚于那些有意染指王位的人。

在这三派势力之外，再加上蒙莫朗西家族时常与之结盟的"政治派"，法国政治的混乱局面便几乎无可救药了。最后一个派别，憎恨王太后引来的意大利人，无差别地反对政治意义上的天主教派和胡格诺派，是法国问题的不确定因素，也可能是决定性因素。

就在标志着法国与英国及西班牙和解的《卡托-康布雷齐条

约》签订不久，也就是弗朗索瓦二世短暂统治开始的前几天，吉斯家族就篡夺了政府的权力，而整整持续一代人的斗争就此开始，给法国带来了恐怖的宗教战争和内战。九年间，相互争斗的派系互有胜败，三次冲突因不稳定的和平而爆发。阿尔瓦公爵在尼德兰设立"血腥委员会"的时候，《隆瑞莫条约》见证了吉斯公爵镇压新教和三级会议的努力皆为徒劳，就像新教徒们争取完全的宗教宽容以及王太后企图压倒竞争对手一样徒劳。

在同一时期，加尔文宗信徒约翰·诺克斯出现在苏格兰，弗朗索瓦二世年少的遗孀玛丽继承了苏格兰王位，将新旧教派之间的斗争转移到了北欧。长老会信徒起而反抗那些让他们服从的努力。女王的权力被她那欠考虑的婚姻冒险削弱了，她的顾问们采取的政策亦然；就在《隆瑞莫条约》签订之后以及阿尔瓦公爵开始实行镇压政策的时候，她被迫跑到英格兰寻求庇护。

与此同时，伊丽莎白女王在英格兰逐渐巩固了她的权力。英格兰国教会最终得以建立，并与法国缔结了和约，只有与向她求婚被拒的西班牙国王尚未和解。因为英格兰转向新教冒犯了西班牙国王的宗教信仰，而他在西印度群岛的垄断局面也受到伊丽莎白女王冒险者臣民的侵蚀。

三

因此，1568年标志着世界事务的一个重大转折点，由此产生了一系列重大后果。在那年，荷兰领导人埃格蒙特伯爵和霍恩伯爵被处决，使腓力二世与他的低地国家臣民之间的斗争失去了妥协的可能性，而奥兰治的威廉的军队与阿尔瓦公爵的军队之间的冲突则标志着尼德兰起义的开始。

那一年，英格兰政府囚禁了苏格兰的玛丽女王，这使得长老会在苏格兰的胜利成为可能，但同时也加深了伊丽莎白女王与西班牙国王之间的隔阂。

那一年，《隆瑞莫条约》虽然给法国内战提供了喘息的机会，但王太后的思想却转向了更阴暗的图谋，这种图谋在四年后达到顶峰，使争斗变得不可调和。

在那一年，在远远超出随后到来的两大教派冲突但又与之紧密联系的地方，法国胡格诺派信徒多米尼克·德·古尔吉斯对佛罗里达的西班牙人城市的攻击，再加上英格兰人约翰·霍金斯对韦拉克鲁斯的攻击，同时扩大了欧洲冲突的范围，并为其注入了一种全新的并被后来事实证明是决定性的因素。

在16世纪70年代末期，这种情况为西班牙国王的特殊才能和雄心壮志提供了肥沃的土壤，腓力二世的影响在每一个发生动乱的国家都迅速显现出来。同样，这些事件也引发了一场激烈的斗争，这场斗争很快就波及整个西欧，并很快蔓延到全世界。尽管这场斗争的主要特点被大量细节所掩盖，但其本质是一场文明的对立流派之间的冲突，而不仅仅是一场宗教斗争、一场争夺商业霸权或欧洲霸权的斗争。

一方面是代表王室、贵族和教会统治性权威的力量，就是使教会、国王和贵族在中世纪处于支配性地位的那些制度。它们依赖于从上到下的权力执行，也使军事和外交成为政府的主要关切，还把思想和言论自由、个人主动性和民意视为公共生活中次要的或没什么影响的因素。

另一方面则是最好被描述为个体的力量。在这一力量中，可能还包括一些明显不同的活动，如商业、发明、宗教上的个人信仰自由、民众参与政府、或多或少独立于先人或权威的思想习惯。每一种赋予其力量的特质都有其缺陷——一种倾向于僵化，变成形式主义，另一种则倾向于退化为放纵；不是崇拜过去，就是蔑视过去。谁更强大现在还有待决定；这一决定是欧洲未来之所系，在某种程度上也是世界未来之所系。

在这样的情况下，这场半为宗教半为政治的神圣战争就爆发了，它充满了最崇高的献身精神和最卑鄙的自私动机。在很大程度上，1568年这一喘息之机过后的四年是这场战争的转折点，并立即为这场战争带来了动力和方向。在法国，胡格诺派教徒在《隆瑞莫条约》被撕毁和他们的将军孔代被谋杀之后接连战败，这似乎预示着他们即将灭亡。但是，在科利尼的英明领导下，他们重新团结起来，通过《圣日耳曼和约》夺回了自由，并占领了四座避难城市，其中最主要的是拉罗谢尔要塞，近半个世纪以来，这里一直是他们教派和信仰的坚固堡垒。

然而，面对这样的结果，无论是王太后、吉斯家族，还是腓力二世都不满意，暂时的和平只是开启了一个新的阴谋时代。两年后，他们计划对新教徒展开大规模屠杀，于是1572年8月，在圣巴托洛缪的恐怖之夜，一场大屠杀开始了，导致两天之内有3万人丧生。科利尼是受害者之一，但是年轻的王子，即纳瓦拉的亨利，假装改宗，成功逃了出来，并在又一个充斥着战争和阴谋的十年里继续反对吉斯家族的野心和天主教同盟的仇视，这使他最终登上了法国王位。

与此同时，尼德兰已成为另一场大冲突的中心。在那里，以奥兰治的威廉为首的荷兰贵族被阿尔瓦公爵身经百战的军队击溃，拿骚的贵族们与他们的许多追随者被流放，恐怖和压迫统治随之而来。但是，在圣巴托洛缪之夜过去四个月后，情况发生了变化。

坚决不妥协的荷兰起义军领导力量，所谓"海上乞丐"，正在英格兰的纵容下掠夺西班牙的商队，却突然发现英格兰的港口对他们关闭了，大概由于西班牙人的抗议，当时的形势迫使伊丽莎白女王不得不这样做。作为反击，他们占领了布里尔城，不久又占领了弗利辛恩和邻近的港口。于是，起义像野火一样蔓延开来。

拿骚的路易斯本来在拉罗谢尔的胡格诺派教徒之中寻求庇护，见状匆忙出来占领了瓦朗谢纳和蒙斯。他的兄弟奥兰治的威廉，率领一支军队从他在迪伦堡的营地出发，向阿尔瓦公爵发起进攻，最终，尼德兰起义成为一个确定的事实。

这些事件使西欧进入另一个发展阶段。它们与在东部发生的事件并不是没有相似性，也不是与那些遥远的地区没有联系。在这动荡十年中的第一年，普鲁士公国放弃了对波兰国王的效忠，成为一个由霍亨索伦家族统治的世袭领地。一年之后，《卢布林条约》使波兰和立陶宛合并为一个国家，随着雅盖隆王朝的灭亡，五年之后，瓦卢瓦的亨利被选为这个国家的国王。与此同时，俄罗斯经历了一场来自它的宿敌鞑靼人的最后一次猛烈进攻。大草原上的狂野骑兵从他们在克里米亚的堡垒出发，蜂拥进入莫斯科大公的领地，践踏了他的农田，烧毁了他的首都莫斯科城。

几乎同时，土耳其人调来了位于亚历山大城和阿尔及尔的舰队来助战，企图用这支海军控制地中海。为了对付他们，罗马教皇庇护五世组建了一个神圣同盟。热那亚、威尼斯、那不勒斯和教皇国联合起来，他们将舰队的指挥权委托给了查理五世的私生子奥地利的唐·胡安；在勒班陀发生的一场海战中，穆斯林海军被击溃，这是史上最具有决定性意义的海战之一。就在这时，西班牙摩尔人的叛乱被镇压。这些反击过后，长期威胁欧洲的亚洲势力失去了伤害基督教世界的能力；同时，欧洲内部却再次陷入了几乎全欧性的战争。

四

在这血腥的编年史之外，英格兰的历史就像德意志历史一样，在这多事之秋却保持了接近田园牧歌式的宁静。然而，它发现自己的处境越来越艰难了。

标志着伊丽莎白上台的《至尊法案》正式确立了新教会的地位；尽管英格兰和爱尔兰的天主教徒发动了叛乱，苏格兰也发生了骚乱，不过新教仍然站稳了脚跟。但是，罗马教廷革除了伊丽莎白的教籍。腓力二世——他的求婚被伊丽莎白拒绝，支持英伦三岛天主教势力反抗新教的努力也被挫败——酝酿阴谋企图颠覆她的权力，同时也干涉了法国事务。最后，苏格兰的玛丽女王为了躲避她那些发动叛乱的长老会臣民，不情愿地来到了英格兰并成为一位极不受欢迎的客人；在耶稣会的刺激和西班牙人的鼓励下，她立刻成了一系列阴谋的焦点。

险象环生，伊丽莎白和她的顾问们必须小心行事，直到新王的根基稳固下来，不再有安全之虞。可是，越来越明朗的是，尽管伊丽莎白并不想卷入欧洲大陆的战争，然而还是要与西班牙刀兵相见，还是可能被迫卷入欧洲大陆的事务，这是亨利五世不得不应付的局面，也是亨利八世曾经徒劳地渴望过的目标。

同样明显的是，这在很大程度上因为英格兰与尼德兰一样，代表着欧洲政治里的一股强有力的新生力量，几乎在每个问题上都反对主要在西班牙得到表达的原则和做法。

英格兰是第一个摆脱封建统治的民族国家，也是第一批否定教皇至高无上地位的国家之一。上个世纪的内战实际上已经摧毁了英格兰贵族的势力；中世纪经济的衰落，然后是政治的衰落，最后是宗教体系的衰落，为亨利七世即位后迅速进行的社会调整扫清了道路。一个从绅士甚至从商人阶层中招募的贵族阶层取代了封建贵族，这在欧洲其他地方是没有的。他们的地位依赖于国王，国王反过来也依靠他们。在早期欧洲政治中占有一席之地的代表性机构中，英国议会几乎是唯一保住了权力并维护民众利益的机构。英国议会里既有庄园贵族，也有商人，因此，贸易和经济问题在这里的议事会中的重要性超过除了荷兰人之外的所有其他国家。

这些活动决不局限于它自己的国界之内。作为一个岛国，英国培养出了水手群体。由于免受大陆列强的侵略，英国保住了大部分民众的自由权利；与此同时，商业因素使英国的影响远远超出了不列颠群岛的范围。毫无疑问，这样的一个民族，加入了反对西班牙霸权的行列，而且就像荷兰起义军一样，将他们的对抗带到了海洋之中，而英国原本出于纯粹政治考虑不愿意在海洋上与西班牙为敌，但是到了现在，作为新的政治对抗因素，宗教改革将它们之间的矛盾释放了出来。因此,"海上乞丐"占领布里尔城不久,伊丽莎白在她的臣民以及腓力二世的代表对她的权力和生活的抨击等活动的刺激下,果断与西班牙决裂,与法国结盟,并允许英国的志愿军前去支援荷兰人。整个欧洲世界的事务已经翻到了新的一页。

因此,埃斯科里亚尔王宫除了是新的世界建筑奇迹,也是腓力二世开始向外部世界宣扬西班牙及其本人之伟大的标志,西班牙国王试图规定欧洲的信仰和政策,这导致欧洲爆发了新的斗争,而这场新的斗争很快取代了欧洲大陆之前的对抗,并扩散到了欧洲大陆之外,影响到欧洲以外世界的命运。

至于激发了西班牙及其对手的那种精神,人们有一个富有启发性的评论,即西班牙国王宫殿的平面视图就像圣劳伦斯殉教的烤架。而这个时代的一流建筑师,帕拉第奥以及他的追随者们,就像在那时统治了大部分欧洲人的审美趣味的英国人伊尼戈·琼斯和法国人佩罗,是到古希腊和古罗马而非到中世纪寻找他们的范本的。它象征着一种完全对立的思想理念,这种对立在其他更实用的领域得到了突出表达,其中,最主要的是生活目标或者重心的改变。

而西班牙,仍然是国王、贵族和农民、士兵和修士们的世界。但是,在所有其他欧洲国家中,尤其在英格兰和尼德兰,士兵冒险者已经让位于商人冒险者;国王或贵族垄断让位于私人、城市或公司企业;教会垄断让位于世俗利益;而政治上的竞争则不断地表现出一些商业精神,并在开拓海洋事业中得到了最完美的表达。

英格兰尤其如此。与尼德兰不同的是,英格兰一直是一个独立的国家。没有哪个国家的这种冒险成分比英格兰更明显;不管出于国家方面或良心领域的任何理由,英格兰发现它与西班牙互相抵触的不仅仅是宗教或政治问题。当腓力二世和伊丽莎白、苏格兰的玛丽以及凯瑟琳·德·美第奇实践他们的治理艺术并编织他们错综复杂的外交网络的时候,远远超出正式外交范围的事件和个人,决定着那些古老的"国家之谜"前进的方向。

五

开始,西班牙只是殖民世界大部分土地的主人,但是,圣巴托洛缪之夜过去六年后,葡萄牙的年轻国王塞巴斯蒂昂一世在对北非的阿拉伯人进行十字军东征的时候溺死,腓力二世继承了他的领土,从而成为欧洲所有海外殖民地的唯一统治者。现在,对西班牙霸权形成挑战的新势力的重心在海上。因此,不可避免的是,西班牙因为要统摄欧洲大陆绝大部分地区的信仰和政策而引发的冲突,没过多久就与之前已经开始的争夺海洋控制权和海外殖民地贸易的斗争合流了。

与此同时,在圣巴托洛缪大屠杀过后,法国再次陷入内战之中,在欧洲政治中失去了举足轻重的地位。在马克西米利安二世的温和统治下,德意志保持了宁静,直到他去世,"占星家"皇帝鲁道夫二世登上了皇位。因此,欧洲事务的中心就转移到了腓力二世与他的尼德兰反叛臣民之间的战争以及英国与西班牙之间即将到来的对抗上面。

在"海上乞丐"冒险的几年里,荷兰和佛兰德斯的起义者逐渐向西班牙军队发起了进攻。阿尔瓦公爵的继任者是雷克森斯,他短暂的执政生涯以一个事件为标志,这个事件的骇人程度不及法国的圣巴托洛缪大屠杀，但对欧洲的发展却更为重要，这就是所谓"西班牙狂怒"。

西班牙军队洗劫了富裕的安特卫普和根特等城市，以及马斯特里赫特和一些较小的城镇，这些城市的居民被激怒，他们的财富和安定生活也被摧毁。尼德兰的佛兰德斯地区几乎花了一个世纪才从这次灾难中恢复过来。这里的居民是虔诚的天主教徒，对腓力二世也非常忠诚，却仍然难逃此劫。数以千计的人到荷兰诸省寻求庇护；几乎同时，佛兰德斯人也加入了《根特协定》，决定与他们的荷兰邻居联手将西班牙人赶出尼德兰。

在这种形势下，随着奥兰治的威廉成为尼德兰事务的领导者而决定了斗争的方向。很快，勒班陀海战的胜利者、奥地利的唐·胡安和帕尔玛公爵亚历山大·法尔内塞被派去镇压叛乱省份。面对尼德兰人的顽强抵抗和绰号为"沉默者"的奥兰治的威廉的卓越才能，二者都未能彻底完成任务。但是，帕尔玛公爵一边运用武力，一边许诺恢复他们的传统权利，征服了尼德兰的南部地区；随后，他把矛头对准了荷兰。

现在，这些失去了妥协的可能性的人们，迈出了重要的一步。帕尔玛公爵到达一年后，就在腓力二世忙于那些使他成为葡萄牙及其殖民地之主人的谈判时，荷兰人宣布通过建立乌得勒支同盟脱离西班牙而独立。他们选择了奥兰治的威廉做世袭执政，欧洲政局中又增加了一个国家，他们因此开启了自由史上的新篇章，并为这段历史引入了一位英雄。

有了奥兰治的威廉，尼德兰的荷兰人就拥有了一位足以与西班牙国王抗衡的勇士。他是拿骚伯爵的儿子、奥兰治公国的继承人，他在荷兰和佛兰德斯的领地使他与低地国家事务密切联系起来。查理五世任命他为荷兰、乌得勒支和泽兰三省的执政和总司令，进一步巩固了这种联系。他从亨利二世那里得知腓力二世打算在尼德兰镇压新教；虽然他本人是天主教徒，但他接受了新教，并成为运动的领导者，从而使他居住的国家免遭威胁其信仰和自由的灾难之荼毒。

他的卓越才华，再加上荷兰人那种倔强的勇武，使他成为尼德兰的拯救者，从他掌握指挥权的那一刻到他被西班牙国王雇佣的刺客杀死的那一刻，他一直都是尼德兰公民自由和宗教自由的捍卫者，而这些自由正是西班牙人和反动军队图谋毁坏的东西。

就这样，这些人迎来了一场文明的大冲突，这场冲突使16世纪的最后二十五年显得尤为重要。它与欧洲大陆其他地方的历史发展也有关系。当荷兰与西班牙的冲突变得不可调和之时，东欧又向前迈进了一步。

六

法国国王查理九世的去世使瓦卢瓦的亨利成为法国王位的继承人，他曾是英国女王的失败求婚者，后来又被选为波兰国王。他毫不犹豫地利用了这个机会，将不受欢迎的波兰—立陶宛的王位换成了法国王位（就是亨利三世）。亨利放弃波兰—立陶宛王位，使得那里的人民不得不选择英勇的特兰西瓦尼亚的斯特凡·巴托里作为他们的新国王。

随着亨利三世继承法国王位，改革宗教会的东进历程结束了。

他支持耶稣会，而耶稣会士们则渗透到了路德宗的势力范围，当时的路德宗势力已经覆盖了普鲁士，并威胁到了波兰天主教会的地位。与此同时，他发动了一场战争，结果证明，这场战争成功地遏制了俄罗斯对欧洲西部的野心，并在一段时间内为它的居民以及它的传统信仰保持了二元王国的局面。这十年来，正是这种情况对欧洲的边界产生了重要影响，使欧洲内部的斗争蔓延到了地球上最遥远的角落，并使海上力量成为宗教事务和政治事务的决定性因素。

这些事件，尽管彼此不同，却有着相同的结局。查理五世退位二十二年后，西班牙成为天主教和专制主义的捍卫者，与整个西欧的自由分子和新教势力对抗。塞巴斯蒂昂一世去世的那一年，腓力二世开始实施那些在两年后将葡萄牙揽入囊中的阴谋诡计；时移势迁，这可能标志着一段前所未有的历史进程的开端。但是，乌得勒支同盟，以及英、法、荷兰起义者事实上的同盟，在西班牙面临最好机遇的时刻，给它前进的道路上树立了一个敌人，这个敌人不但要挑战它的物质力量，还要挑战它国家生活赖以生存的一切原则。

旧秩序和新秩序之间的激烈冲突实际上已经开始了，欧洲即将决定它自己的未来和大洋彼岸"新欧洲"的未来。作为前几代人发展出来的许多力量产生的自然结果，其中大部分在政治领域之外，这场冲突的范围更大，而且更重要的是，它拥有一种不同于此前冲突的特征。因为这里有一些在欧洲政局中相对新鲜的国家和群体，其中已经出现了一些新的元素，传统治国方略培养出来的人们对其几乎一无所知。

七

在这些社会现象中，英国商业冒险者在当时是最引人注目的群体。这是前几代人在风云变幻的形势下发展的必然结果。由于这些新生力量在更关心国家存亡的民族中的发展，任何涉及海权、新教和商业利益的斗争都一定会将他们的国家置于冲突的最前沿。在英国女王即位前，这些人就梦想着找到一条道路，通过陆路穿过莫斯科或小亚细亚，或者通过海路穿过北极，到达神秘的东方，从而避开葡萄牙的垄断。在缺乏王室帮助和面对没完没了的挫折的情况下，这场被个人冒险所激励的人民运动已经开始为自己寻找实现目标的新手段。

在传统形式的贸易公司的基础上，像是所谓"斯坦普商人"和"圣托马斯·贝克特商业行会或兄弟会"，他们发展出了一种组织形式，这种组织形式与西班牙和葡萄牙的天性格格不入，但却很好地适应了英国人的脾性。这就是特许公司，由个体商人为共同商业目标而组成，由国王批准、保护、授予特权或垄断权。除此之外，他们还增加了一些关于外部世界的知识。除了他们从自身经验、从航行到里斯本和塞维利亚乃至非洲和美洲、从派到西班牙和葡萄牙的情报人员、从在外国军队里服役的同胞那里获得的知识，甚至在伊丽莎白继位之前，他们就通过奇怪甚至浪漫的手段将他们自己与地理大发现的潮流联系起来。

当爱德华六世在位的时候，老迈的塞巴斯蒂安·卡波特——很久之前的纽芬兰发现者、有时是西班牙国王的地图绘制者和主领航员，还是拉普拉塔地区的探索者——从他漫长的流浪生涯中返回到他在布里斯托尔的家。五十年前，他就是从这里起航前往北美洲的。他来得正是时候，他的到来既是激励，也是机会。围绕他早已形成了非常受欢迎的项目计划。他立即被征召参加了一次"预定前往中国的航行"，并被任命为"神秘之地的总督以及在梦寐以求的东方所发现地区、领土、岛屿和未知之地的商人冒险者的伙伴"。

在这样的支持之下，他们没有浪费一点时间，立即启程前去探索新的地区。休・威洛比爵士和理查德・钱塞勒受命前去寻找通往亚洲的东北通道；尽管威洛比死了，钱塞勒还是抵达了白海，然后走陆路去了莫斯科。在那里，他受到了沙皇伊凡四世的款待。欧洲历史的新篇章开始了。

理查德・钱塞勒还没回来，爱德华六世就已经去世，但是，玛丽女王为一家叫做"莫斯科公司"的公司颁发了特许状。这不仅成为新一轮商业活动爆发的媒介，成为英国和当时半亚洲式强国俄罗斯之间的中介，而且成为后世商业组织的典范。在这家公司的赞助下，安东尼・詹金森在两年内从阿尔汉格尔附近的英国代理点穿过俄罗斯来到阿斯特拉罕，再从那里到达了希瓦和布哈拉。

从这趟遥远的旅程返回英国后，他就送他的同胞前去那一地区与汉萨同盟和意大利商人进行竞争。四年后，他为自己的公司从伊凡四世那里获得了垄断白海贸易的权利，并派了一名代理人前往波斯，准备探索通往印度的道路。在这样的支持之下，到伊丽莎白即位时，英国已经做好了探索和开发东方的准备。

当英国的代理人正忙于弥合英国与那个地区之间的隔阂时，他们最早接触到的国家已经承担起了把欧洲边界向东方推进的任务。在钱塞勒第一次拜访沙皇的前一年，莫斯科人已经征服了鞑靼人的喀山汗国。在詹金森到来之前，阿斯特拉罕已经被俄罗斯吞并。伊丽莎白即位那年，俄罗斯又开始了新的征程。沙皇把乌拉尔地区沿卡马河约90英里的土地授予了斯特罗甘诺夫商业家族，包括采矿、定居和贸易的权利。

为了征服这片荒野，斯特罗甘诺夫家族征募了一支顿河哥萨克队伍，所谓"好伙伴"，由一个叫**叶尔马克·齐莫菲叶维奇**的人率领。这位哥萨克首领**对北亚产生了科尔特斯和皮萨罗对新大陆那样的影响**。从最初被授予的土地出发，在瓦西里·斯特罗甘诺夫及其追随者的帮助下，叶尔马克在十几年内征服了远至托博尔河的土地。然而他中途去世，不过这也没有阻止莫斯科人前进的步伐。

当西欧因战争动荡不安时，俄罗斯继续向东推进，直到进入西伯利亚三十年后，它的势力顺利抵达太平洋。托博尔斯克城的建立是为了保卫它的边境，而通往布哈拉的贸易通道就这么打开了。此后，随着英国人和荷兰人采取措施寻找通往防守严密的东方的道路，俄罗斯人稳步跨越亚洲北部的平原，在世界的另一端与他们相遇。

八

英国和俄罗斯的命运早早便与领土扩张和商业扩张的事业结合在了一起，但它们在努力将自己的影响力扩展到本国和欧洲以外的地区时，却发现了对手。一场运动从一个完全不同的地区和一个完全不同的人群中开始，而它的观念孕育了欧洲下一阶段在海外发展的最重要特征；而且，正如事实证明的那样，在将宗教冲动和殖民冲动捆绑在一种新的政体形式的不断延长的链条中，这场运动也是主要的一环。

这些活动的中心人物是法国海军上将加斯帕尔·德·科利尼，他也是胡格诺派在这个乱成一锅粥的国家里的领袖。与英国冒险者的情况一样，法国人入侵殖民地世界并不是一件新鲜事。除了韦拉扎诺和卡蒂亚的探险活动，法国人长期以来一直努力在美洲取得立足点。尽管葡萄牙人竭尽全力，还是没能阻止他们出现在巴西。他们的国王早就希望在世界的这一角落立足，他们的船只早就到访过当地港口，里约热内卢几乎成了法国人的据点；葡萄牙对殖民地的关心，很大程度上是担心它们会落入他人之手。

在《奥格斯堡和约》签订和查理五世退位的同一年，一场悲剧赋予了这些活动以新的意义。有一位叫做尼古拉斯·杜兰德的法国人，得到了法国国王的青睐和科利尼的信任，获得了建立殖民地的特许状，还招募了一些葡萄牙殖民者来协助他。装备完毕后，他坐船去了里约热内卢，去建立一个据点。这次尝试是短命的。尼古拉斯·杜兰德和他的同伴们闹翻了，他的追随者被出卖，愤怒的葡萄牙人摧毁了法国人的据点。

但他的任务已经完成。尽管遇到了悲剧性的失败，但这一行动所蕴含的理念还是结出了硕果：因为在科利尼的头脑里，已经有了一个计划，那就是为他那些受迫害的新教同胞在海外寻找家园。他从未放弃过这个想法。他试了又试，希望能够成功；尽管未能如愿，但他作为欧洲政治家，仍制定了一项在后世成为世界欧洲化的主导性因素的政策。

他的第二次尝试是在同样的支持之下进行的。多年来，胡格诺派教徒或那些以新教传教士为幌子从事海盗活动的人，摧残着西班牙的商业活动，尤其在加勒比地区，他们洗劫并烧毁了哈瓦那；蹂躏了波多黎各；在卡塔赫纳附近的大陆实施恐怖统治；骚扰西印度群岛的贸易活动，以报复腓力二世对他们国内事务的干涉。

维勒加尼翁的殖民地被摧毁两年之后，他们又开始了新的活动。来自法国迪耶普的一位名叫让·里博的人，在受命指挥一次新的冒险活动之后，招募了一些胡格诺派贵族和一些老兵，前往美洲的佛罗里达。在那里，他们渡过圣约翰河，向北到达皇家港口，在那里建立了一个叫做查尔斯顿的殖民地，为了纪念法国国王，这一地区被命名为"卡罗来纳"。不满的殖民者很快就叛变了，杀死了他们的领导者，然后返回法国。

不过，支持过这一事业的科利尼并没有灰心，由于《昂布瓦斯和约》使法国获得了暂时的平静，他又派出另一支由勒内·劳东涅尔率领的队伍去完成同样的任务。他们在圣约翰岛上建立了殖民地，然后开始进攻西班牙人和土著，后来里博又带着增援部队到来，赋予这个新殖民地新的生命和性格，在更有利的情况下，这可能会确保最终的成功。

但是，面对巨大的损失和垄断地位不保，西班牙人开始变得愤怒。被腓力二世任命为佛罗里达总督的梅内德斯·德·阿维拉召集了一支远征军，赶赴法国殖民地，赶走了里博的部队，袭击了要塞，屠杀了要塞驻军以及从舰队残骸中逃出来的法国水手，并将该地重新命名为"圣马特奥"。

三年后，一个名叫多米尼克·德·古尔吉斯的加斯科涅士兵——他曾经被西班牙人俘虏并在船上做苦役——自费装备了三艘船，抵达佛罗里达，猛攻并摧毁了西班牙的要塞，绞死了俘虏，为他的国家和他的信仰报了仇。事实上，法国政府谴责了他的行为，并放弃了对佛罗里达的所有主权声索。西班牙人立即采取措施，恢复了在这里的殖民。四年后，圣巴托洛缪大屠杀结束了科利尼的生命和计划，然而，尽管他的实验并不成功，但向佛罗里达移民的首次尝试把即将震撼欧洲的宗教冲突转移到了新大陆；尽管他在北美和南美冒险所获得的成绩都微不足道，但他的冒险开创了另一个历史阶段。

九

尽管法国胡格诺派教徒在佛罗里达和卡罗来纳定居的行动激起了西班牙人的愤怒和恐惧，但后者最害怕的并不是法国人。西班牙在英国和荷兰有更多的敌人，甚至在它忙于驱逐法国殖民者的时候，英国人已经开始通过其他方式侵蚀西班牙人在其他区域的垄断地位。

如果说英国向东扩张的故事是其商业公司的故事，那么，英国向西扩张的故事就是其私掠船队的故事。那些敢于冒险的商人早就在非洲和美洲的贸易中获利，他们很早就发现"在伊斯帕尼奥拉岛，黑人是很好的商品，在几内亚海岸很容易找到这些黑人"。这是一个产生了广泛影响的简单发现。

伊丽莎白即位五年后，正当科利尼在试图为胡格诺派教徒建立殖民地的时候，普利茅斯的一位名叫约翰·霍金斯的人，追随自己父亲的足迹，成了一名从事非洲和美洲业务的商人。他去了一趟塞拉利昂，获利颇丰。在那个地区，他获得了一些奴隶，"部分通过刀剑，部分通过其他手段"，包括掠夺葡萄牙人；他把他们带到伊斯帕尼奥拉岛，用换来的钱购买的物品足够装满他自己的三艘船和另外两艘船，而他竟然敢将那两艘船送到西班牙。在那里，它们被当作走私品没收，尽管如此，霍金斯获得如此丰厚的利润，以至于宫廷贵族们又资助他进行了第二次冒险，海军部甚至借给他一艘船。但是，西班牙政府被他的行为激怒了。

只有通过武力才能迫使西班牙殖民者向他开放港口；而霍金斯的大胆超乎人们的想象，他开启了第三次甚至更多具有战争色彩的航海活动，最后他的小船队在韦拉克鲁斯被击溃了。因为垄断地位受到公然侵犯，而且自己的一支进入普利茅斯港躲避风暴的运宝船队受到攻击，西班牙异常愤怒，然而由于西班牙正忙于其他事务以及英国人娴熟而又不择手段的外交手腕，西班牙没有发动战争。

这就是欧洲以外世界的情况，这些事件与欧洲发生的尼德兰起义和圣巴托洛缪大屠杀事件发生在同一时期。它们不仅具有商业和军事上的意义，所涉及的也不仅仅是新教势力所主张的"自由之海"原则——与西班牙和葡萄牙扩张所基于的"封闭之海"原则相反，事实上，他们基于如下原则：

优秀的古老规则，简单的方案，那就是：
谁有实力，谁控制；
谁有能力，谁掌握。

然而，它们与早期的冲突至少在一个重要方面有所不同：这些都不是君王们争斗的结果。就英国女王而言，尽管大部分出于她自己的考虑，但至少有一部分原因是民众的情绪和行为驱使她走上了通往战争之路。"您的水手，"西班牙使者对伊丽莎白女王说，"在海上抢劫我主人的臣民，在禁止他们去的地方进行贸易，在你们城镇的街道上抢掠我们的人民，攻击我们停泊在你们港口的船只，还掳掠、囚禁我们的人。你们的牧师在他们的讲坛上侮辱我的主人，而当我们到法庭上诉的时候，却遭到了威胁。"这几句话道出了整个事件发生的原因。

旧的信仰和新的信仰，垄断的拥护者和那些要求在世界贸易中分得一杯羹的人，开始狭路相逢。尼德兰起义和圣巴托洛缪大屠杀、腓力二世不屈不挠的毅力和英国私掠船的频繁活动，都使妥协变得不可能。始于欧洲的冲突已经蔓延到世界上最遥远的角落。大西洋，以及不久之后的太平洋，都受到欧洲北部冒险者陌生船只的侵扰；而那些欧洲人几乎还不知道名字的地方，却成了与阿金库尔和帕维亚同样重要的冲突现场。

未来几年发生的事件，不仅催生了新的欧洲社会，还出现了新的力量平衡和新的文明基础。因为随着荷兰起义者、英国私掠船和胡格诺派殖民者的冒险，政治、宗教和殖民扩张的问题都融合到一起，产生了一个全新的和全球性的欧洲政治圈。

第十三章
冲突的形势

1578—1588

一

新教海上民族在16世纪的最后二十五年开始了他们对抗西班牙-葡萄牙帝国的大冒险，这段时期对于他们所要完成的任务来说是特别有利的；因为无论他们的进攻一开始看起来多么没有希望，他们在这场战斗中却拥有两大优势：一个是腓力二世庞大帝国的特点；另一个是海军事务和知识的状况。

第一种是更为自觉的刺激。西班牙-葡萄牙的殖民帝国之富裕是非常明显的；尽管英国、荷兰和胡格诺派海盗们的野心并没有因为宗教上的敌对而变得更大，他们的进攻也具有十字军东征的形式和精神，但这一点为他们提供了巨大的掠夺动力，足以诱发一种超越宗教情怀的坚定和热烈。

二

腓力二世最近得到的葡萄牙，远非他的祖先在两个世纪之前虎视眈眈的那个贫穷而分裂的国家。它的贸易商栈到达了东方最遥远的港口和岛屿；它在非洲的领地不仅确保了通往亚洲的道路安全，还吸纳了非洲内地的黄金、象牙和森林产品，为本土和美洲殖民地提供了源源不断的奴隶。世界上大部分的糖、染料、宝石和黄金都是从大西洋上的岛屿和巴西运来的。它的渔业保持着传统的地位；它的城市繁荣起来。

里斯本的仓库里存放着东方的珍宝，香料、丝绸、宝石、药品、稀有木材、珍贵的金属制品、精美的织物，而它们的数量仍在不断增加，以至于国家的精力都用于处理它们。至于里斯本的人口，半个世纪以来已经翻了三番，数十万居民使其跻身于欧洲大陆的主要城市之列。葡萄牙的港口挤满了每一个国家的商船，这位东方贸易的女王对每一个需要使用非洲、亚洲和美洲商品的欧洲国家征税。每年有1万名奴隶被送到葡萄牙本土耕种土地，还有成千上万的奴隶被送往海外。除了个人所拥有的不可估量的收益，仅里斯本的港口费每年就会给国王带来300万美元的收益，王室垄断事业带来的利润还要更多；另外还有来自臣民和盟国的贡品和礼物。

腓力二世有一位最得力的巴西总督，他对巴西进行了明智的管理，本土政府的不干涉也因此带来了好处，所以不管是北部城市的增多，还是里约热内卢成为控遏南部地区的中心，都强化了帝国对殖民地的统治。由于耶稣会的帮助和掠奴活动的停止，土著得到了安抚；而源源不断的非洲黑人使这块殖民地兴旺起来，到德索萨去世的时候，这块殖民地的人口已经超过6万。

这就是腓力二世所继承帝国之财富。如此看来，这些资源一旦为他所有，他就能成为世界的主人。然而，任何一个国家的经济都没有像葡萄牙经济这样具有欺骗性。尽管出现了城市发展和奴隶输入的现象，但它本身的人口几乎没有增长。由于驱逐了摩尔人和犹太人，渐渐就没有人口去填充东方的港口和殖民地，而葡萄牙人与亚洲的密切接触也使传染病反复爆发，另外还有战争以及船只失事带来的人口损失，因此，葡萄牙人口没有一个世纪之前多是很容易理解的。

葡萄牙损失掉的人口也不局限于那些不受欢迎的人。追逐名利的贵族青年、因与奴工竞争而被迫流离失所的农民、因财富大量涌入而被迫逃离高昂物价地区的中产阶级（新涌入的财富没有多少属于他们），这些都加剧了移民潮，直到葡萄牙政府发现它失去的自由人与买回来的奴隶一样多。

随之而来的是财政问题。由于战争的超额需求和不切实际的外交政策，再加上东方财富和潮流带来的奢华习惯都增加了政府的开支，而自由民大批离去又减少了政府的税收收入。公共债务一直增长到王室债券跌得只剩下面值的一半；**尽管贸易带来了巨额利润，但未能阻止政府的破产**。就这些利润而言，各地驻军就挥霍了1/3，政府部门和舰队耗费了其余部分，甚至还不止。

果阿的港口税每年有10万美元；霍尔木兹的税收是它的一半；其余港口的税收按照规模减少。到摩鹿加群岛的每次航程的获利是3万美元；到日本或中国的航程的获利是这个数字的四倍。据记载，光是索法拉每年的贸易量就高达500万美元；在那个时候，货币购买力大约是现在的三十倍。国王获利尚且如此丰厚,殖民地官员更不用说了。大港口的地方长官,拿着从1500美元到4500美元的年薪,三年的任期就可以积累大量的财富。

政府似乎无力阻止国内的腐败和奢侈,更不用说殖民地了;那些竭力阻止腐败和奢侈的总督只会得到官僚阶层的刻骨仇恨;而印度,正如流亡诗人卡蒙斯所写的那样,成了恶棍的亲妈和老实人的继母。

面对这样的财富和虚弱,葡萄牙帝国到底是西班牙的资产还是债务就成了问题;但毫无疑问的是,西班牙统治时期,即所谓"六十年的囚禁",对葡萄牙来说是灾难性的。国务会议被转移到马德里,财政委员会被分割开来,用以控制二元帝国的各个部分,但葡萄牙人对西班牙统治的憎恨使改革的努力付诸东流。

葡萄牙帝国虽然引入了荷兰水手,但领航能力却每况愈下,以至于在三十年的时间里,每年最多只有五艘船能从驶向印度的航程中幸存下来。威力巨大的大炮在腐烂,军队的数量和纪律都在衰退。虽然岛屿和巴西的殖民者基本被母国不闻不问,但仍然有能力保护自己免受土著侵扰或私掠船的乘虚而入;当欧洲北部水手们终于找到了通往亚洲的航路时,他们见到的是一个衰落的猎物——葡萄牙帝国已经日薄西山。

三

但这并不是腓力二世的帝国在这几十年里的全部故事,在这几十年里,葡萄牙被西班牙吞并,随之衰落。西班牙证明自己无法同化和重组这份新遗产，就不得不为自己的帝国赋予新的形式和力量；在腓力二世即位后一代人的时间里，他的领地得到了扩大和重组。

当科利尼开始他的第二次殖民冒险的时候，西班牙殖民者米格尔·洛佩斯·德·莱加斯皮仿效比利亚洛沃斯，从墨西哥出发，前往菲律宾，并在那里建立了自己的政权。首府先是在宿务岛的圣米格尔，然后迁往吕宋岛的马尼拉。征服开始了，但规模较小，手段也比在美洲更温和一些。随着修会的出现，尤其是奥古斯丁派的出现，让成功有了保证。与墨西哥的贸易迅速发展；因为沿着亚洲和美洲海岸的大圆圈航路的发现，直接航路就被放弃了，于是就有了每年往来马尼拉与新西班牙的阿卡普尔科帆船，从而将西班牙这个最遥远的领地与那些每年在加的斯与韦拉克鲁斯之间巡航的舰队联系起来。

在计划和实施征服菲律宾的那些年里，西班牙帝国还进行了两次扩张。首先是达维拉在佛罗里达的圣奥古斯丁的建城活动，那里是西班牙在北美东部最早的固定下来的城市；第二个是在巴拉那河上游广阔肥沃的平原上建立了城镇和图库曼省，西班牙探险者很早就在这里探险和定居了。

这些行动开启了欧洲在新世界殖民扩张的另一个篇章。最南部的内陆地区已经被来自圣地亚哥-德尔埃斯特罗的拓荒者占领。胡安·德卡拉伊从将近三十年前定居的亚松森出发，在巴拉圭河和巴拉那河的交汇处建立了圣菲据点；与此同时，科尔多瓦在更遥远的西部被建立起来。随后，他在拉普拉塔河口附近的布宜诺斯艾利斯建立了一座常设哨所，那里之前已经是一个居民点，也为内陆的庞大牧区和种植园提供了一个通往西班牙的大西洋港口。

这也不是全部。当安第斯山东坡和阿根廷平原变成欧洲的属地，其谷物、葡萄、牛和马便为从新西班牙北部到洛基山脉南端的居民提供了无限财富的可能。在随后的几年里，圣菲城建立起来，成为这个被命名为新安达卢西亚的广大而不为人知的地区之前哨和中心城市。与此同时，位于西班牙加勒比地区中心的城市卡塔赫纳、迪奥斯、波托韦洛、韦拉克鲁斯与利马和墨西哥城一样繁荣起来。

最后，对委内瑞拉的征服，也就是建立瓦伦西亚和加拉加斯来控制内陆地区的工作，完成于拉瓜伊拉据点的建立，通过拉瓜伊拉的港口，西班牙和委内瑞拉内陆地区之间的贸易得到了持续不断的增长。因此，在腓力二世渴望主宰欧洲命运和葡萄牙帝国衰落的日子里，他的殖民地开拓者和管理者通过这场规模庞大的运动巩固了查理五世的船长们所赢得的帝国。

在这种情况下，有必要为这片在过去一代人的时间里发展如此之快的广袤土地及其居民们提供一套更适合它正在发生变化的形式和政治经济制度，因为以前那种朴素的总督治理制度只够应付征服时期以及那些曾将它的首批征服者带回母国的偶然航行的需要。

因此，西班牙帝国被分成两大部分，新西班牙包括墨西哥、中美洲、委内瑞拉、加勒比群岛和菲律宾；另一部分就是秘鲁，它主要包括西班牙人统治的南美洲。每一块大的行政区又被划分为较小的政府辖区；新西班牙分为四个地方委员会辖区：墨西哥、伊斯帕尼奥拉（包括加勒比群岛和委内瑞拉）、北部的新加利西亚和南部的危地马拉。秘鲁则分为五个地方委员会辖区：利马辖秘鲁本土和智利，拉斯查尔卡斯辖安第斯中部，基多辖北部，新格拉纳达辖西北部，巴拿马辖地峡区。

每个地方委员会辖区又被细分为地方行政长官辖区，新西班牙有十七或十八个，秘鲁有十个。大的行政区都由一位任期三年的总督进行治理，协助他的有地方委员会（指法庭和地方议会）、管理财政金融事务的审计委员会、行政委员会以及管理军队事务的军事委员会。这就是西方世界注定要持续近两个世纪的行政分割，并在很大程度上成为这一地区后来出现的现代国家的基础。

同样重要的是那些用来捍卫作为西班牙财富之源泉的商业资源政策，因为西班牙的运宝船激发了私掠者们的贪婪，那时没有任何国家可以限制他们的抢劫行为，"边界之外就没有安全"。不仅每个港口都有一个小型的"贸易之家"，而且还设计了一个完整的运输系统来处理和保护贵重货物，尤其是来自美洲的货物。

在腓力二世即位六年后，形势发展到了高潮。每年都有一支由战船护送的船队，通常在1月份从塞维利亚、加的斯和圣卢卡尔出发，驶向新大陆。其中一部分，所谓"舰队"，开往墨西哥的韦拉克鲁斯港和菲律宾；另一部分被称为"帆船队"，驶向卡塔赫纳和波托韦洛，它们是去往南美其他地方的中转站。这支由50艘船组成的船队一起航行，经由加那利群岛和西印度群岛到达多米尼加，并在那里分散驶向各个贸易港口。与此同时，来自西属美洲大部分地区的马车和轮船也拉着它们的商品、金银和宝石驶向那些港口，而菲律宾则通过一年一次的一艘大船前往阿卡普尔科，然后再通过马车去往韦拉克鲁斯。

这些大帆船通常在4月到达卡塔赫纳，然后一直等秘鲁运宝船队抵达巴拿马的消息。随后，舰队启航前往波托韦洛，在那里参加为期四十天的商品交易会，商品交易价格由双方的代理商确定。船上的货物都被搬运上岸，再重新装载，然后离开这些充斥着热病的地方，汇入从韦拉克鲁斯走类似线路的船队。船队在哈瓦那会合，通过事先秘密为它们确定的路线返回西班牙，并且每年都会改变路线，以躲避海盗的袭击。

这一局面在此后一个半世纪里决定了世界规模最大的单一贸易体系。它只是慢慢地扩展到西属美洲的其他地方。多年来，甚至与布宜诺斯艾利斯的直接贸易都是被禁止的，等布宜诺斯艾利斯城建成之后，西班牙的制度依然非常严厉和僵硬，就跟菲律宾的制度一样，它被限制在每年只能来一艘船，甚至连船上货物的价值都定好了！

在西班牙人看来，仅仅将殖民贸易限制在几个港口和只授权给一支舰队是不够的。在很大程度上，所有的生意都局限于塞维利亚、利马和墨西哥的几家商行，它们很快就形成了关系密切的公司群，而对于那些在其他人手里和不同条件下很快成为竞争各方的侵略性力量的大公司而言，这些商行就是原始形态。无论它们如何很好地适应了早期的原始贸易，或为了少数人的利益而长久保持利润丰厚的垄断，但这种制度对双方都很不利，尤其是西班牙帝国的势力随着其海外属国的进步而进一步壮大了。

对于一个几乎只关心矿产品的政府来说，"为一个大型王国供应物资就像为一个被封锁的要塞提供给养一样"，无论它看起来多么有必要，但这并没有给帝国带来力量，反而变成了一个真实存在的弱点。因为这将帝国的利益与西班牙的利益分割开来，并将财富集中起来，为海盗活动提供了便利。

四

这就是当时欧洲以外世界的形势，当时欧洲霸主腓力二世计划消灭荷兰新教的信仰与自由；他与法国和英国的天主教徒，以及吉斯家族、瓦卢瓦家族和玛丽·斯图亚特联合起来，梦想着铲除异端，让英格兰恢复传统信仰。另一方面，正是这种情况刺激了受到威胁的新教徒航海者，他们开始涉足西班牙在东西方的贸易，并尝试寻找通往亚洲大片商业保护区的道路。

在随后发生的冲突中，新教徒航海者能够占上风的原因，不仅在于葡萄牙海上力量的衰落和西班牙航海技术的相对低劣。在使欧洲北部列强能与西班牙和葡萄牙相抗衡的诸多因素中，最主要的因素是科学知识的进步。

尤其在这之前的五十年里，欧洲人在很大程度上摆脱了对经验的依赖，因为早期的航海者就像在不断变化的航道上的领航员一样，在很大程度上是凭借经验来掌舵的。天文学、宇宙学、航海学和数学等学科发展所依赖的动力，始于15世纪开始的地理大发现，后来又被所有探险者和学者所强化，并在印刷术和雕版术改良过程中找到了一个强大的盟友，这两种技术相互依存并推动了知识的进步。

随着欧洲活动范围的扩大和研究材料的增加，欧洲人逐渐可以使用航海图、地形图和地理图册。西班牙和葡萄牙当局长期以来小心翼翼地保守着这些宝贵的秘密，但是，随着为它们服务的外国人越来越多，还有必要操作手册的公布，更不用说还有不少无执照航海家的参与，这些知识逐渐泄露到了其他人手里。等到腓力二世掌控整个殖民世界的时候，除了他的臣民，已经有许多人知道往来东西方的海上航路，而且其知晓的程度超出了他垄断的范围。

与此同时，实践知识从一个完全不同的领域得到了极大的强化。如果说伊比利亚人在征服和地理发现方面走在了前面，德意志人在其他领域对人类理解和开拓自己所生活世界能力的改善方面所做的贡献，也不遑多让。从托勒密修订后的体系中，一股数学、地理和天文学的新洪流，早已从亚历山大城流入阿拉伯和印度，然后又通过阿拉伯的渠道，回流到欧洲人的头脑中，并得到了极大的扩展和提升。

在前一个世纪，德意志科学家已经复兴了数学，并使其为他们的同胞造福；在这里，没有一门学科比重新焕发活力的三角学更重要了，三角学对海员和制图师来说是不可或缺的。这门知识在波伊巴赫、瓦尔特和雷格蒙塔努斯的手中得到了发展，并很快找到了印刷的方法。

以城镇为中心点，然后将其应用到地图制作中，彻底改变了制图技术。就这一点来说，哥白尼展示了他的天才，而他对人类知识的贡献，甚至连他的"太阳中心说"，都不比这更直接地为人类带来了福祉。因为他把这门复兴的科学原理应用到曲面上，他发现了第一个简单的球面三角学公式。

随着他的学说被应用，地理学和天文学开始了一个新的时代，就目前而言，地理学的现实意义更大一些。几个世纪以来，尤其是从西班牙和葡萄牙的地理大发现以来，人们一直努力以图表且精确的方式描绘世界。只要人们相信地球是平的,而且对地球的了解很少,绘制这种简单的世界地图便不困难。但是,在一个平面上描绘一个球体的全部表面是很不容易的,地图制作者的聪明才智都耗在了这个问题上,但五十年来收效甚微。

现在,那些试图改进传统笨方法的努力,由于格哈德·克莱默的发明而达到了高潮。格哈德·克莱默更多以"麦卡托"之名为人们所知,曾担任过查理五世的制图师,出版过一张画在圆柱投影上的世界地图,图上有与赤道平行的纬度线和与它们成直角的经度线。这个现在已为人熟知的原理彻底改变了制图学,取代了其他系统,从他那个时代到我们这个时代,一直是航海图和地图制作的基本模式。

哥白尼的著作出现之时,特兰托大公会议刚刚召开,麦卡托的航海图与法国的第三次胡格诺派起义以及波兰与立陶宛的合并出现在同一时期。尽管他们的成就与新教徒和天主教徒之间引人注目的冲突以及欧洲国家局势的调整相比显得微不足道,但后者的成就根本比不上籍籍无名的波兰和佛兰德斯科学家的低调贡献。

而这两位科学家只是一场大运动中的主要人物而已。基于新数学知识的航海指南已经出版;人们认识到了斜驶曲线的价值和大圆航行的优势;当西欧因西班牙和它的敌人之间的冲突而颇受震动的时候,一位法国科学家凯依涅观察到了黄道的倾斜,另一位科学家诺曼注意到了磁针的倾斜。这些发现让人们对这个世界有了更准确、更科学的认识,也能够对最偏远的地区有所了解。这些知识成果都进入了西班牙敌人的军械库,因为它们对那些不太了解来往东西方海路的人们来说,要比对那些很熟悉这些海路的人们更有益处。

与此同时，科学家们的合作者——船工们——并没有闲着。当时，航海设备的建造几乎都落后于这种新知识的发展，浑天仪、横杆和粗象限仪仍然是观察星空的主要仪器，由于计时器的缺陷，在海上无法精确测量时间，但造船技术却取得了进步。

实际上，在西班牙和葡萄牙发生的这种变化，是以商业需求而不是战争需求为条件的。新的船只类型出现了，有点像以前的武装商船和加利恩帆船，但是，主要的趋势是发展仅仅漂浮在海上的仓库或要塞。著名的轻型帆船得到了扩大和加固；它们的上层建筑或"城堡"已经升得更高，以便容纳更多的人和货物；安装了火炮舷窗，主帆也可以活动了；直到三桅杆加上高船头船尾、低腰、前斜桅、宽大的主帆和后帆，在航行和驾驶方面都没有发生太大变化的情况下，使海船旧貌换新颜。

当西班牙和葡萄牙仅仅满足于修改传统型的船只时，欧洲北部的造船商已经开发出拥有新型号和新特点的船只，原因也直接。他们承建的私掠船要求具有良好的适航性，易于操作，易于战斗，重量小且速度快，因为这些不仅决定了它们主人的生活，也决定了他们的生命。

就这样，法国人以及现在的英国人和荷兰人，开始推出一种不同类型的海船。它的龙骨比梁长，艏楼和艉楼比它的腰线低，吃水更大，干舷更少，稳定性更好，因而炮击更精准。为了安全和快速操作，海船增加了更容易操作的船帆、更长的缆索和更好的绞盘。至于其他类型的船只，像划桨推动的那些，在风平浪静的地中海还能找到用处，那些必须去面对大西洋风浪的人们就不会考虑它们了。例如从法国胡格诺派的港口出发、从莱茵河口和须德海出发、从英国港口出发的船只，它们每年越来越多地出海，载人越来越多，武器装备越来越好，即使作战不力，也拥有更优秀的侦查和操纵性能，不断地抢劫西班牙人和天主教徒。

因此，正在争夺海洋控制权的是两种类型的船，恰好也是两种类型的人：一种是西班牙人，他们就像罗马人一样强迫自己变成水手，尽可能地将陆战战术照搬到海上；另一种是那些几百年来一直将海洋当做生活一部分的商人和渔民。最后，科学成为这一冲突的决定性因素。除了火炮的尺寸和效率的提升，像塔塔里亚这样的人关于弹道与象限的研究和实验，彻底改变了火炮操作技术。而这些与欧洲北部的造船业所取得的进步一样，都被西班牙的敌人所利用。就这样，宗教、政治、贸易、科学和造船就以这种奇特的方式结合在一起，欧洲近现代历史的第二阶段就是在这种冲突中开始的。

除了吸引海员和科学家的注意，这些成就实际上根本无法引起其他人的关注。欧洲君主和政治家一般情况下都不可能认识到他们所生活的世界正在发生的变革——掌权的人目光短浅，看不到那些最重要的东西，因为它们处于他们狭隘的视野范围之外。直到这些力量在实践或思想上证明了它们的威力，并迫使那些活跃在所谓高层政治的虚幻领域的头脑注意到它们，才被认为是世界事务的一部分。然而，事情很快就会证明，在一场决定国家和信仰之命运的冲突中，这些看起来不起眼的因素才是决定性的力量。

第十四章
无敌舰队

1575—1588

一

16世纪的欧洲人在品位、习惯和观念方面的变化是他们分裂成为敌对阵营的原因或者同时发生的事件。到16世纪最后一个二十五年的开头,这种变化已经迫使欧洲最犹豫的国家在这场充斥那一时期的文明斗争中选边站队,这一斗争既关乎宗教信仰,也涉及经济或政治利益。

二

从一开始,西班牙的选择就一目了然。它摆脱了当时扩散到欧洲大部分地区的宗教改革的影响,一方面是由于它的信仰、偏好以及一个已经积累了财富和形成了习惯的社会的保守主义,另一方面也是由于支配其事务的君主本人的性格。同样，生存的唯一希望在于抵抗西班牙霸权的尼德兰也发现了只有一条路可走。法国和神圣罗马帝国的情况则有所不同。法国的每一个派系都需要维护自己的地位和信仰，因此整个国家被内战所撕裂，无法全身心投入到即将到来的冲突之中。神圣罗马帝国皇帝刚刚从对土耳其人的恐惧中解脱出来，却发现他的权威受到了敌对诸侯之间的内部纷争和国内兴起的新信仰的挑战，这使他无法积极参与到欧洲政治中去。但是，在情况允许的范围内，每个国家的每一方都竭尽全力地为当时即将在欧洲世界爆发的冲突做些事情。

英国的情况在许多方面都很特殊。天主教势力推翻伊丽莎白女王和新教的努力，注定要失败；但是，苏格兰的玛丽女王仍然活着，而且仍然是那些没有放弃颠覆新教之势力的核心。因此，英格兰政府谨小慎微，仍然游移不定。

但大多数人与政府截然不同。霍金斯的航行使海盗私掠时代达到顶峰，开启了一段几乎是公开战争的时期。胡格诺派教徒和荷兰人的起义得到了英国人的同情。掠夺西班牙人运宝船而发财致富的前景激起了所有人的贪欲；而反宗教改革运动的发展，加上圣巴托洛缪大屠杀和宗教裁判所的复兴所激发的恐惧情绪，最终坚定了新教徒的信心。

为了自我保护，也为了良心、上帝的更大荣耀和英格兰的富足，英格兰被迫开始主动保护新教徒，而它组织的海盗私掠行为也落实了这一政策。因此，尽管所有的民众情绪和政治本能都迫使英国与西班牙作战，但其精神与西班牙人和葡萄牙人对亚洲和美洲的攻伐并无二致，只不过在具体手段上与它的敌人所在的时代和处境有所不同，英国人已经积极准备投入到这场冲突中。

三

英国最早的冒险行动赋予了这场战争以特性，也给英国人制造出了新的英雄。在霍金斯第三次航行的三年后，他的同伴兼亲族弗朗西斯·德雷克冒险发动了一次新的进攻。德雷克曾经与几内亚和西属美洲有贸易往来。他带着两艘小船和大约80个人，从普利茅斯港起航，前往迪奥斯港，那里是"西印度群岛的黄金仓库，储藏着从秘鲁和墨西哥获得的黄金"。

在松岛补充了另一支包括30人的英国队伍之后，他的小队伍开始攻击迪奥斯港，突袭了城镇，发现了西班牙放置"世界宝藏"的要塞，但德雷克受伤了，士气低落的队伍撤回到了船上。这位勇敢的冒险者伤愈后继续前往卡塔赫纳。在那里，他在敌军要塞的炮口下击沉了一艘西班牙加利恩大帆船，焚毁了波托韦洛，只带了18个人就穿过地峡，洗劫了韦拉克鲁斯，并劫掠了三支商队。

就这样，在经历了令人难以置信的冒险之后，他带着都已成为富翁的同伴们回家了。这就是一场巨大的冒险，它导致了英国与西班牙之间的大冲突，也激励了英国的水手们投入到这项影响深远的冒险事业当中。

四年后，德雷克带着五艘船再次出海，在拉普拉塔河口登陆，追随麦哲伦的足迹穿过了麦哲伦海峡。他带着一艘排水量400吨的大船"金鹿号"来到瓦尔帕莱索，从那里前往卡亚俄，途中进行了劫掠。他俘获了一艘价值不菲的加利恩大帆船"卡卡弗戈号"，船上载有价值100万美元的货物；然后继续向北航行到金门，从那里经过"大洋"，大约七十天后抵达菲律宾。从那里，他又到了特尔纳特岛、西里伯斯岛、巴占岛和爪哇岛。从那里出发，他绕着好望角航行了一段时间。三年后，他带着金银、香料和丝绸回到了英国。

在科尔特斯、麦哲伦以及哥伦布和达·伽马之后，还没有人完成过这样的壮举。其影响同样不容忽视。这位航海大盗不仅仅是为人们抢劫富裕的西属美洲指明了道路，而且他已经侵入了太平洋这块不可侵犯的领地，按照英国人的脾性，这个"未知世界的大盗"不会缺乏后继者。

西班牙自然要出离愤怒了。伊丽莎白女王像往常一样，在两大选择之间犹豫不决，不知是该向这位勇敢的海盗致敬，还是应该把他关进监狱，但最终还是把他的事业当成了自己的事业和整个英国的事业。她向西班牙大使谴责他的主人对待她臣民的方式，因为他禁止商业活动，还鼓励英格兰和爱尔兰的叛乱，她封德雷克为爵士，就此不再保证与西班牙的和平。

这位德文郡的海王只是众多冒险者中的一个。就在他开始远航之时，他的一位同道在镇压西班牙策划的爱尔兰叛乱时，试图通过另一种方式来打破西班牙-葡萄牙的垄断局面。莫斯科公司的控制者马丁·弗罗比舍，三次尝试开辟到达印度的西北航路；尽管他找到的航路就像他带回的硫铁矿中的黄金一样缺乏确定性，但他开始了漫长的北极航路探索，这为英格兰带来了荣耀，并最终获得了冰封的北部领地。

与此同时，汉弗莱·吉尔伯特爵士——他的著作为弗罗比舍的探索提供了灵感——获得了建立新世界殖民地的特许状。尽管他的计划与北极航行一样失败了，但就像他们一样，他的计划也预示了未来会获得的成就。

这些只是英格兰扩大其势力的几次努力。在吉尔伯特、德雷克和弗罗比舍忙于在西方世界冒险的同时，汉萨同盟商人在英国的势力崩溃了。东陆公司被特许经营波罗的海贸易。莫斯科公司扩大了经营范围和名声，向土耳其苏丹派遣了使团，努力寻求贸易让步，这导致黎凡特或土耳其公司的诞生。随着这些方面的进展，英格兰开始了它的双重冒险，这使它位居海上和商业强国的前列。

荷兰和汉萨同盟商人在俄罗斯开始贸易确实早于英格兰，法国也比它更早地提出在美洲殖民的计划。尽管英格兰的北极探险和殖民计划失败了，虽然效仿德雷克的冒险者经常被击垮，但英格兰仍然领导了对西班牙势力范围的入侵活动，并首次设计出了这种形式的公司，使它赢得了最后的胜利。

四

但是，英格兰很难指望不受敌人的阻挠就能实现这样影响深远的计划。腓力二世在自己的军队与尼德兰的荷兰起义军激烈对峙的时候，又通过阴谋支持了法国的天主教势力，还采取了对抗英格兰的行动，这暴露了他性格和事业的渺茫前景。

英国人在海外的海盗式冒险结束后，转而开始对付国内的威胁。就在德雷克环游世界归来之时，一群主要由西班牙人组成的所谓"教皇志愿军"已经登陆不列颠，协助爱尔兰人发动新的叛乱。就像六年前那样，海盗私掠冒险者们急忙帮助女王镇压叛乱。发动叛乱的德斯蒙德伯爵的势力被消灭了；倒霉的入侵者被杀死了；而西班牙大使，要求英国人就德雷克的海盗行为给出令人满意的答复，结果被英格兰女王拒绝接见。

与此同时，曾经将爱尔兰联合起来对抗英格兰的同一股力量——耶稣会——派人从他们在大陆上的基地出发到英格兰进行一项更加阴险的计划。西班牙大使招徕了暴力的英格兰天主教徒，苏格兰的天主教贵族也加入了他的队伍；法国天主教徒的首领吉斯公爵也允诺援助他。西班牙的代理人开始思考杀死伊丽莎白女王的计划，并制定了从苏格兰入侵英格兰的策略：苏格兰女王玛丽已经被囚禁了很久，一定要把她推上英格兰的王位。这个重要计划并非全部，还有更紧要的。安茹公爵弗朗索瓦的去世使得胡格诺派的纳瓦拉国王亨利成为法国王位继承人，法国再次陷入内战，因为他的对手试图阻止他的继位。与此同时，尼德兰的拯救者"沉默者"威廉被西班牙国王收买的刺客杀害了。

就这样，对新教徒的大规模进攻开始了。但是，这一精心策划的计谋失败了。亨利避开了敌人的圈套；尼德兰人并没有因为失去他们的领袖而感到沮丧；苏格兰长老会获得了年轻国王詹姆斯六世的支持；英格兰天主教徒的阴谋被揭露，密谋者被处死。一张大网绕着那位光彩照人、雄心勃勃的苏格兰女王徐徐展开；当英格兰准备迎击无敌舰队时，而西班牙人正准备一举征服英格兰，并让腓力二世变成它的主人；而作为英格兰天主教徒最后希望的不幸女王玛丽被处死。

随着这一切的结束，英格兰和西班牙开始了战争。英格兰和苏格兰签署了维护各方新教利益的和平协议。伊丽莎白女王派遣军队到尼德兰；而且在撕掉了过去抢劫西班牙商船时的伪装后，她的部下对西班牙人开始进行更为公开的攻击。与此同时，还进一步开拓殖民地。

吉尔伯特已经和他同父异母的兄弟沃尔特·雷利爵士试图在纽芬兰建立一个殖民点；雷利向佛罗里达北方派遣了一个殖民团，并将其建立的殖民地命名为弗吉尼亚，以纪念伊丽莎白女王。随着入侵威胁的加重，德雷克被召回继续打击西班牙人。德雷克召来了弗罗比舍做他的副手，率领船队劫掠了西班牙海岸的比戈，并航行到加勒比海，焚毁了圣地亚哥，还控制了圣多明各和卡塔赫纳，然后接上了雷利在弗吉尼亚殖民地的幸存人员返航，准备进行更为大胆的冒险行动。

与此同时，西班牙仍在为入侵英国做着准备。在它所有的港口，尤其是加的斯和里斯本，造船厂都一派繁忙景象；同时，招募水手和士兵，准备给养和建造船只的工作也在如火如荼地进行着。在尼德兰，西班牙名将帕尔玛公爵将一支强大的军队驻扎在佛兰德斯海岸，以便配合舰队发起进攻，从而将英国和荷兰的军队一举消灭，振作正在衰落的西班牙国威，使腓力二世成为不列颠诸岛和低地国家的统治者。

为了打乱西班牙的大规模入侵行动，英国再度派出了德雷克，并命令他"阻击西班牙舰队驶出几个港口进行会合，切断他们的给养，尾随他们，以防止他们出港前往英格兰和爱尔兰。尽可能多地消灭他们，阻止他们登陆，并阻止来自东印度或西印度群岛的船只进入西班牙或者从西班牙出海"。

在如此宽泛的指令之下，德雷克率领船队前往加的斯，冲入港口,俘虏、烧毁或击沉了在那里发现的30多艘船。然后,他在萨格里什亨利王子的旧据点站稳了脚跟,不断对西班牙海岸进行骚扰,夺取要塞、给养和船只,并将俘虏卖给摩尔人,以赎回被卖为奴的英国人。从那里,他航行到亚速尔群岛,俘获了一艘葡萄牙商船,而这艘船上装载的丰富货物使英国人认识到了东方贸易的真正价值;于是,在"烧焦了西班牙国王的胡子"后,他带着荣耀及战利品得意洋洋地从这次冒险中胜利返航。

五

德雷克的成功只是推迟了西班牙人的进攻,但这一推迟对英格兰大有帮助。第二年夏天,西班牙的无敌舰队出发了。在此之前,任何一个欧洲强国都没有发动过这样的海上远征。总排水量近6万吨的130艘战舰,载着8000名水手和两倍以上的士兵,配备着划桨奴隶、仆人和其他人员,总兵力达3万人之多。此外,舰队还装备了大量的弹药、给养、马匹、骡子、大车和挖掘工具。因为这不仅仅是一次海上冒险。在尼德兰,帕尔玛公爵集结起他的军队,为入侵英国准备好了运输船,无敌舰队是为这次入侵提供掩护和支援的。西班牙人的计划是完全征服不列颠群岛,海军的胜利只是陆上战争的前奏。

与西班牙人两支大规模军队的武装配备相比,英国人的应对简直不值一提。王室舰队的食物和火药供给很少;女王激动人心的话语几乎无法弥补王室在装备和物资方面的吝啬行为。但是,政府所缺乏的东西,在很大程度上由私营企业给弥补了。有20多个港口为对付敌人而自愿提供了船只，伦敦一马当先。成百上千的老水手和新水手自愿在那些令西班牙人感到恐惧的著名船长手下服役。很快，一支军队集结起来；泰晤士河口也建造好了要塞。英国就这样做好了准备，等待着敌人来袭。

然而，事情稍有耽搁。由于逆风的阻碍，西班牙舰队直到7月份才被信风吹过比斯开湾，进入英吉利海峡。英国舰队在女王的堂兄、信仰天主教的埃芬汉姆的霍华德勋爵率领下，在普利茅斯静候西班牙人。无敌舰队本来应该在那里停下来投入战斗，但是，西班牙高层的命令过于细碎，缺乏海战经验的指挥官梅迪纳·西多尼亚公爵匆忙率领舰队赶往计划中的会合地点加来港，途中只有一些小规模的交战，而帕尔玛公爵则已经做好了通过运输船将陆军送到英格兰的准备，但他因荷兰舰队的打击而退却了。

在接近无敌舰队之后，英国人就停在了敌人的侧翼和后方，用他们的重型火炮猛轰，分割包围了一些失去作战能力的战舰和速度较慢的帆船，而西班牙人也没有尽力救援它们；同时，英国人不断阻击和骚扰移动能力较差的敌人；战斗持续了整整一周时间，直到无敌舰队在加来航路找到了庇护所。然而，他们几乎立即被英国的炮船从那里赶了出去，在格拉沃利讷外海双方进行了最后的决战。

在这场即将决定海洋世界、新教甚至整个欧洲未来命运的战争中，西班牙的巨型舰队看似占据了绝对的优势。在西班牙人的庞大战舰旁边，英国人的战舰显得又小又弱，就像他们的小王国一样，在敌人的辽阔帝国面前显得那么渺小。但是，弱点看上去是明显的，却不是真实的；实际上，优势在英国这边。无敌舰队的战舰数量虽多，但能投入这次战斗的只有50多艘；而英国人，即使在他们的敌人刚进入狭窄海域的时候，在战舰数量上也几乎没有处于下风。他们的港口离得很近，有相应的改装和维修设施，从而弥补了战舰数量上的微小差距；而在尺寸上的明显差异则主要是由于造船理念上的差异。

决定性的优势在于船和人。西班牙人的船，头重脚轻，歪歪斜斜，上下左右的摇晃颠簸使精准射击变得几乎不可能。英国战舰比西班牙战舰更稳定，英国人在大炮数量和重量上都占优势。英国海战人员素质更高，训练更规范，他们开三炮时西班牙人只能开一炮，而且他们的火炮射程远，杀伤力大，射击精度高，可以从相对安全的距离向敌人较高的目标倾泻大量炮弹。天气更恶劣的时候，他们能够避开西班牙人的近距离攻击，保持居上风的地位，分割包围敌人掉队的船只和损坏的船只。因此，英国人无论是进行战斗或是逃跑，都能很成功。

最后，英国人最大的优势在于他们的军官和船员。西班牙舰队的水手配备严重不足，不得不依赖于陆军。他们的炮兵受着"使用剑和长矛的人"的鄙视；他们的高级军官对海上事务一无所知，除了个人的勇气，在任何方面都不如英国人。另一方面，英国舰队则配备了大量训练有素的水手，他们都能参与船上的工作和战斗。舰队的指挥官们熟悉海战事务，也熟悉水域状况；舰队的海军将领不仅仅是廷臣，也是经验丰富的老兵，他们的选拔不是因为财富或社会地位，而是因为本人的能力。因此，参战双方的海军不仅是其国家海上力量的代表，也是其社会的真实写照。

当两支舰队最终在格拉沃利讷附近海面遭遇的时候，就连人数上的悬殊都能说明了战争的结局。虽然两国的海军都因被俘、船难、战损和不适航而损失惨重，但英国舰队实际上增加了"来自王国所有港口的船和人，因为他们都一起拥向这里，就像来到一片设定好的战场，并在那里获得不朽的名誉和荣耀，为他们的君主和国家忠诚地服役"。从一开始，这个问题就显而易见。

西班牙的无敌舰队在惨败之后，既无法在大陆港口找到避难所，又无法与被荷兰人牵制的帕尔玛公爵会合。西班牙的无敌舰队最终溃败，逃入北海，并被英国人追击到福斯湾。无敌舰队的一些战船消失在荷兰海岸，一些被俘获，还有一些沉没或被焚毁。其余的船只在不列颠群岛附近缓慢而痛苦地航行着，留下一长串失事或沉没的船只名单。

那些从海上幸存下来的西班牙人，被那些俘获他们的人屠杀了，而为确保西班牙和天主教的胜利而出征的强大舰队只剩下一小部分返回了家乡。英国没有损失一艘船，但损失了60多个人。英国不仅保住了英吉利海峡的霸主地位，而且成为世界一流的海上强国。随着无敌舰队的战败，西班牙开始崩溃并破产，失去了在欧洲国家体系中的主导地位，而欧洲历史则开启了新的篇章。

第十五章
伊丽莎白时代：英、荷对东方的侵略

1588—1601

一

就像所有的此类大灾难一样，西班牙无敌舰队的失败同时标志着一系列事件的高潮和另一系列事件的开端。它所结束的欧洲历史篇章是葡萄牙和西班牙在海洋、商业和殖民领域唱主角的时代。它开启的篇章则记录了霸权向欧洲北部转移的过程。过去的六十年见证了新教对天主教会和现有政府的挑战；在接下来的六十年里，随着新的信仰和政策的发展，这些事务会得到再次调整。

当时从世人视野中消失的那一代人，主要关注的是神学问题的争论。而走上舞台的新一代人发现，在科学领域里，智力活动范围在不断扩大。欧洲的殖民力量曾由地中海列强主导，迄今为止主要关注热带地区，在王室、贵族和教会的影响下，从事着范围广阔而又肤浅的工作。此后，这种殖民热情大部分被温带和寒温带国家所拥有，而中产阶级则试图从私人控制的商业和带着他们自己的风俗习惯迁入新世界的人群中，赢得贸易和殖民活动所带来的更为持久的利益。

最重要的是，即将到来的一代人将会看到宗教、政治和殖民商业的潮流在新的欧洲政治中合流了。因此，就像一个世纪以前，欧洲在世界事务中创造了一种新的局面，重新调整自己的行动和思想，现在它站在一条新的道路上，在自身内部新力量的推动下，沿着新的道路发展。

二

在无敌舰队战败所带来的全部后果中，最引人注目的是使过去二十年所产生的三个代表性现象得到了极大的发展——海军的重要性不断增加，中产阶级的力量不断增强，政府管理的天平向新教会倾斜，而最后一个尤为明显。

在伊丽莎白女王治下，英格兰在政治上的微妙之处不亚于她在海上的成功。她不仅明确地站在新教一边，而且苏格兰玛丽女王的被处决，也将苏格兰交到了加尔文宗信徒的手中。这个教派培养了年轻的詹姆斯王子——他后来成了这两个王国的国王——信奉日内瓦而不是罗马的信仰。

与此同时，尼德兰的联省共和国为"沉默者"威廉培养了一位出色的继承人，他就是约翰·范·奥尔登巴内费尔特。他的才能，再加上伟大的执政之子拿骚的莫里斯亲王的军事天赋，使他能够把这个新国家从西班牙的奴役中拯救出来，并把它聚合成一个尽管在陆地上根基不稳却可以在海上争夺霸主地位的国家。

法国也有同样的冲动。在英国舰队停止追击西班牙战败舰队的十二个月后,瓦卢瓦国王中的最后一位亨利三世死于一名疯狂神父的匕首之下;从那以后,最有权势的胡格诺派教徒纳瓦拉的亨利,在他漫长而血腥的继位过程中没有遇到对手。他天主教同盟的敌人在伊夫里之战中被消灭了。巴黎是靠他在名义上改宗天主教,"一场弥撒的口头祷告"而赢得的。

在德雷克绕过圣文森特角消灭了当时在加的斯备战并准备推翻北部新教政权的西班牙舰队整整十年之后,这位半新教半天主教但持彻底宽容态度统一法兰西王国的君主颁布了《南特敕令》,确认了那些信奉加尔文宗臣民们的信仰权利。因此,当半个德意志和整个斯堪的纳维亚都接受了新教之后,从赫布里底群岛到比利牛斯山脉,新教徒在整整一代人的时间里几乎没有受到任何迫害,而欧洲仍然在旧信仰和新信仰之间保持着平衡。

然而,尽管人们对亨利四世的政治生涯以及他所经历的各种各样的活动充满了浪漫的兴趣,但在摧毁无敌舰队之后的十五年里,欧洲事务远没有之前十年那么令人印象深刻。的确,教廷在同样的时间里出现了三位主人,神圣罗马帝国同土耳其人的斗争还在继续着,西班牙国王继续努力压制他臣民的自由,而神圣罗马帝国境内的天主教徒和新教徒之间也发生了争执。北欧则以西吉斯蒙德三世的野心为中心,见证了瓦萨家族对瑞典和波兰至高无上统治权的冲突之延续。

三

但是，所有这些事件，无论对当时的人多么重要，在最终意义上，都要让位于西班牙与它的敌人英国和荷兰之间的斗争。这场斗争蔓延到世界各地，并通过海上霸权向欧洲北部列强的转移，彻底改变了欧洲的局势。

人们已经注意到，这场漫长的斗争不仅是一场好战分子的冒险，也是欧洲两大观念之间的冲突。随着西班牙的衰落，那些在商业、智识、宗教、海洋、政治等方面最能体现时代变革精神的国家自然会站在欧洲的前列；一个世纪以前，政治扩张掌握在西班牙和葡萄牙的手中，而商业和金融方面的智识创新在意大利最为突出。

在这些国家中，最主要的是英国和尼德兰联省共和国，而即将到来之进展的某些方面，没有什么比莱茵河口附近的那些小省更引人注目了，它们仍在为独立而战，就像与波斯帝国作战的希腊人。

早在一千六百多年前，恺撒就已经发现了他们的祖先，居住在沼泽和海上的比利其人和弗里斯人，他们是罗马的敌人中最固执和最难以战胜的——而西班牙人现在正在重蹈他的覆辙。除了在"最后一个十字路口"——所谓乌得勒支——的罗马据点，他们几乎没有受到罗马人的影响。

几个世纪过去了，他们受爱尔兰传教士的影响，皈依了天主教；传教士指导他们用修建堤防和排涝的方法来阻止海洋侵蚀，海洋既是他们最大的敌人也是他们最重要的朋友。他们的牧场成了大修道院的所在地；他们的城镇因为勇敢的渔民而富裕起来，这些渔民"用鲱鱼骨架建造了城市"。后来，他们仍然受到野心勃勃的勃艮第家族的统治，并在后来因为王室联姻而受到了西班牙人的统治。然而，两者都未能摧毁他们自古以来对自由的热爱。

他们的土地贵族、市民、农民和水手、领主及富商一样，都对本民族和本地区怀有一种根深蒂固的自豪感；随着他们中的一些人接受加尔文宗的教义，这部分人因此开始用更为强硬的态度反抗统治他们的天主教势力。

出生于佛兰德斯的查理五世用尽手段也只是勉强控制住了荷兰诸省，而腓力二世不明智的计划则逼迫他们发动了起义。虽然信仰天主教的佛兰德斯人和瓦龙人再次获胜，但各省份联合起来，在他们的英雄领袖奥兰治的威廉的领导下，继续进行斗争，尽管与敌人的人数相差悬殊，但他们在这场斗争中不仅赢得了胜利，也赢得了繁荣。

他们还在为占领从海洋中夺回来的这块狭小陆地而进行着不确定的斗争，而他们真正的力量就在于这种不安分的因素。这一地区流动缓慢的河流、运河、平坦低洼的田地以及水系丰盈的乡村、所有主要城镇均为海港等特点，都适合发展商业，而且在最后的关头还能让海洋作为他们的防御手段。这群"农场的收获只能养活自己半年"的人们，依靠北海的渔业和罐头业致富，前者满足了他们的禁食信仰，后者则是他们所处的地理位置和各种设施带来的好处。

他们是拥有很多河口的莱茵河之主人，同时拥有发达的商业，还与英国的羊毛和谷物生产商以及消费这些产品的佛兰德斯纺织区毗邻。除了法国的葡萄酒和丝绸，波罗的海和北海的鱼油、兽皮、动物脂和森林产品，他们还在里斯本经营东方商品的贩卖业务，在安特卫普衰落之后，他们就成了欧洲北部的主要批发商，尤其是那些有利可图的商品。

他们在海上的优势是如此之大，早在16世纪中叶，共和国的主要省份荷兰就被认为拥有1000艘商船和3万名水手。这还不是全部。在意大利，他们富有进取心的商人吸取了西班牙和葡萄牙在金融和贸易方面失败的经验，开始尝试银行业务和汇兑业务，这使荷兰成为第二个伦巴第。

与此同时，他们从日内瓦获得了加尔文宗的政治观念和信仰，而他们带来了严厉的经济和工业伦理，激发了人们对自由和个人权利的热爱，并有助于他们鼓起勇气与压迫者战斗到底。

然而，尽管正是这些东西使他们在与外部世界的斗争中获得了胜利，但他们在内部事务中就很难如此幸运了。这种信仰引入了异议者的原则，同时也带来了独立思想的信条，而这种信条孕育了争端的种子。商人和贵族，海边省份和农业省份的天然对立，通过战争得到了强化，因为在战争绵延的过程中，一方首当其冲，另一方则渔翁得利。省与省、城镇与城镇之间的竞争，即使在战争时期，也不总是让位于共同利益，而在较为平静的时期，则可能导致激烈的纷争。

乌得勒支联盟在一个联省共和国的联邦机构之上设立了一个中央政府，但这未能消除党派意识。他们的宪法被有意设计成了不完善和模棱两可的样子。他们的立法机关不过是各省外交代表组成的会议，这些代表和一个软弱的行政组织及地方行政组织结合在一起，未能制止没有公民权的阶级对统治城市的小商人寡头的敌对，从而导致旧有的分裂永久化。最后，城镇与乡村、省与省之间的猜忌,被宗教神学上的对立所激化。

但与此同时,尼德兰展现出了巨大的活力。个人的主动性第一次几乎在生活的每一个领域都有了自由施展的空间,而且几乎立即得到了外部势力的强化。

最重要的是西班牙军队对安特卫普实施的洗劫行为。自君士坦丁堡陷落以来,最大的一场城市灾难就是这座低地国家中心城市的毁灭。西班牙人的愤怒摧毁了那些原本信奉天主教但发动了起义的富裕尼德兰城镇,迫使成千上万拥有万贯家财且精力充沛的商人进入荷兰各省避难,从而增加了荷兰人可用的资本、智慧和人口等资源。更重要的是,腓力二世拒绝偿还债务,摧毁了奥格斯堡的资本家,富格尔家族连带着许多小资本家一同破产,阿姆斯特丹因此而可能成为欧洲大陆最大的金融中心。

而得到新力量和新资本补充的联省共和国则大胆地为商业霸权而战斗。为了这个目标,尼德兰各省倾尽全力,各城市的商会伸出了援手,每个人都在贡献自己的智力并参加战斗。**在近现代欧洲,第一次出现了一个以商业为基础的民族国家**,由商业纽带和利益捆绑而形成了新的政治体和新的商业组织。如果它不是民主、自治和个人主义的,但至少也是共和制的,人们为了一个共同的目标而彼此合作。它在思想和言论上的自由超越了欧洲大陆上的所有国家,现在又培养出了一种强有力的新鲜力量,确立了一种新的和积极的原则,并成为世界事务中的活跃因素。

四

然而，无论尼德兰联省共和国在智识和物质上取得了怎样的进步，无论它获得了多大的战力和胜利，最终的希望仍然属于它的邻居兼盟友英格兰。尽管他们以自己的种族而自豪，但很少或没有哪个欧洲北部民族比不列颠群岛诸民族的血统更为复杂。在英国历史发展初期，将更为古老的居民驱赶到岛上山区的凯尔特部落又被罗马人所征服，在帝国撤退之后，入侵的撒克逊人又将他们从平原地带赶走了。反过来，这些撒克逊人又被丹麦人和诺曼人所征服，来自整个欧洲大陆的冒险者和避难者追随丹麦人和诺曼人的脚步来到这个欧洲民族的大熔炉，直到英格兰本土出现了撒克逊-丹麦-诺曼合体的主体民族，而苏格兰低地则将凯尔特因素广泛传播到了威尔士、康沃尔以及苏格兰高地。

爱尔兰也走了同样的道路，虽然它只是在名义上被已经吞并了威尔士的英格兰人所征服，但在东海岸一线所谓"帕莱"地区之外，没有多少人真正承认英格兰君主的权威。西部的部落首领几乎如同苏格兰国王一样保持着独立；与此同时，这场席卷英格兰和苏格兰低地但在爱尔兰没有赢得任何支持者的宗教改革运动，加剧了爱尔兰人对英格兰统治的政治和种族仇恨，增加了另一种更深层次的敌对情绪。

经过多年的艰苦努力，终于击败了无敌舰队，英国人现在扬眉吐气，为自己的强大而感到欢欣鼓舞。就像洛伦佐·德·美第奇的宅第对待文学的态度，亦像一百年前的斐迪南二世和伊莎贝拉的宫廷对待战争和冒险的态度，伊丽莎白女王的宫廷对待文学和冒险也有类似的态度。推翻西班牙霸权带来的威望，在海洋世界进行掠夺和贸易带来的财富，文艺复兴的新知识和宗教改革精神带来的灵感，以及文武结合之后产生的技巧，英国女王周围端坐的才智之士已经达到了欧洲宫廷史上的最高水平，他们既有实际才干，也有智慧头脑。

实际上，宫廷只不过是一根坚实树干上开出的绚丽花朵。在欧洲的其他地方，人民的自由在很大程度上已经坠入专制统治的牢笼之中，人们欢迎这种专制统治，认为它有利于消除封建制度带来的无政府状态和已经僵化成一种等级制的贵族制度。但是，在英国，议会与摧毁中世纪贵族的真正僭主进行了合作。这就产生了一种依赖王权的"新人"贵族，他们受到旧习俗的约束。在旧习俗中，平民可以晋升为公爵，贵族的非长子会再次沦落为平民；这样就确保了英国社会各阶层之间的关系要比欧洲大陆更为密切。

王室拥有其祖先的一切品质。勇敢、狡猾、亲民、精通"统治艺术"的都铎王朝的统治者展示出了在民众同意之下的专制统治异常强大。他们是自由人民的专制君主，他们表达了自己臣民和所处时代的意志和偏好。他们精明、傲慢、务实、逻辑混乱、骄傲、虔诚而又愤世嫉俗，他们拥有超越他们阶级的洞察力和常识。伊丽莎白女王说："与其说我的快乐是因为上帝让我做了女王，不如说是上帝让我做了这样一个优秀民族的女王。"

如果都铎王室都是暴君的话，他们也很难对其他人实施暴政。如果他们有时会显得不公正且残忍，那也只是在执行他们眼中的正义。如果他们实施压迫，打击的也只是那些较小的压迫者。如果他们打击有抱负的个人，但很少敢于侵犯一个阶级的权利；因为他们的权力在于他们与臣民的协商一致。

都铎王朝的统治者在面对日益强大的臣民时尽可能地克制他们所拥有的权力。他们没有能力让议会感到敬畏，但他们创建了几十个新行政区，希望借此吸收一批代表进入下议院，就像新贵族一样，致力于维护他们的利益。然而，如果这是他们的计谋的话，那他们就连在下议院实现让其臣服于王室意志的目标都远未达成；这反而立刻见证了平民力量的增长和享有独断权力的王室"统治权"的置换。

当梵蒂冈将布鲁诺送上火刑柱时，理查德·胡克在他的《论教会政体的法则》中提出了法律和政府的至高无上，却毫发无损。当宗教法庭强迫伽利略收回他的观点时，科克却当着国王的面坚持说王权处于上帝和法律之下。这就是都铎王朝在当时以及下一代人进行统治的结果。

英格兰的能量没有受到政治和战争的限制。它与罗马教会的决裂，始于国王离婚问题，又被政教分离原则的贯彻所加深，后来得到了人民集体改宗的确认，现在新教会的创建彻底使这种分裂永久化了。

英格兰的新教会不同于基督教世界的任何一个教会，英格兰通过击败西班牙的无敌舰队捍卫了自身的安全。就像贵族统治一样，英格兰新教会是在国王的影响下创建的，虽然保持了罗马教会的形式，但在教义、主教制度、教区制度以及礼拜仪式上都属于新教，而且很大程度上属于加尔文宗，这是在反动与改革之间达成的一种有效妥协，是一种除了极端分子之外所有人都能找到共同点的中间立场。

交替着屈从和独立的议会，现在成了一个方便的工具，也是对王权的一种有效制约，所以得到了从事商业的、富有的阶层的支持，后者与崛起于封建贵族废墟之上的土地贵族实现了联手，还占有了破产自由农民之财产和失去权力的天主教会之教产。因此，伊丽莎白治下的英格兰，不平等、矛盾、均衡、独立，无论海上还是陆上都能自给自足，能在政治、信仰和社会中避免极端化，英格兰就像它最大的竞争对手西班牙一百年前那样，成为了时代的领导者。

与西班牙一样，英格兰也有自己的冒险者和宗教狂热分子。从庄园、农场、海港和账房里源源不断地涌出年轻人、士兵、水手和商业冒险者，到海外寻求财富。在任何地方，尤其是在忙碌的中产阶级中，随着加尔文宗教义的传播，改革宗的进步思想，也就是所谓清教思想，已经超越了都铎王朝的中间立场，走向了更为极端的新教立场。

清教思想把狭隘的同情与更广泛的思想自由结合在一起。它要求实行更严格的道德规范、更俭朴的生活方式和更简单的崇拜形式，反对"罗马的破烂"和"可憎的东西"，在清教徒看来，这些东西玷污了国教的庄严和"体面"的崇拜形式。出于王权的本能，国王对这些极端分子露出了狰狞的面孔，但殉道者的鲜血却永远是信仰的种子。受迫害的清教徒随着"异端邪说和与贸易并驾齐驱"的阶层的壮大而发展起来。现在越来越明显的是，他们坚持个人有权利选择信仰、他们的民主或神权政治倾向，以他们的人数和他们的资本为后盾，将不可避免地快速蔓延到政治领域。在这一领域，已有的权威会努力消除他们带来的这些破坏性影响。

与此同时，在文学领域，就像在冒险和宗教领域一样，英国人在击败无敌舰队之后的一代人的时间里，出现了极大的进步。号称"诗人中的诗人"的斯宾塞，以一部《仙后》将自己的创作生涯推上了巅峰。像西德尼那样的廷臣冒险者，也放下宝剑，拿起了同样锋利的笔。以莎士比亚为首的剧作家们，以近现代文坛最惊人的天才，取得了迄今为止在这一领域最高的成就。

五

英国摆脱了迫在眉睫的西班牙威胁，意识到了自身的力量，并几乎在人类事务的每一个领域都做好了取得进步的准备，于是，这个国家开始着手彻底消灭它的宿敌。就像现在加入战争的荷兰一样，它的活力因素助长了它的进攻性力量，因为宗教和贸易一样，都是对胜利者的奖励。

英国最初的行动是对西班牙实施报复。损失惨重的无敌舰队还没回到西班牙，英国就派出了一支舰队前往追杀。在德雷克的指挥下，这个计划并没有达到预期的目的，但西班牙在船只和物资方面的巨大损失，使英国人不再担心敌人会卷土重来。

英国人的意图并不仅仅是"从西印度群岛打劫西班牙国王的财富"，尽管这一计划失败了，但由于一次特殊的情况，打破西班牙人对东方贸易之垄断的计划几乎立即又被提上了日程。在德雷克追击无敌舰队回来两周后，在他的家乡普利茅斯又出了一个托马斯·卡文迪许，他驾驶着他的"欲望号"小船成功环游世界，其勇气和收获足以与德雷克的成就相媲美。

两年前，卡文迪许带着三艘小船从加那利群岛和佛得角前往南美洲，经过海峡殖民地（Straits）[1]，赢得了许多战利品，其中有一艘来自马尼拉的加利恩大帆船，即"伟大的圣安娜号"。之后，他找到了去往菲律宾的航路，由此又找到了通过爪哇岛去往好望角的航路，并发现了圣赫勒拿岛，而且，"凭借全能的主的眷顾"，还及时赶回了英国，听到了无敌舰队被击败的消息，"这使我们感到莫大的欣慰"。

在这次航行中，他带回的不仅是财宝；在当时的形势下，他所获得的地图和情报具有不可估量的价值。因为通过证实和扩大由德雷克最先入侵的西班牙殖民地的知识，他为他的同胞做了一件几乎同样重要的事，他们现在正专心追击西班牙人的残余势力，以期彻底消灭之。

对于西班牙来说是幸运，但对于英国来说不幸的是，伊丽莎白女王仍然在矛盾的政策之间左右摇摆。如果她随后实施切断从美洲为西班牙霸权供应军费和主要财政收入的政策，敌人将会立即屈服，并使欧洲避免出现接下来的血腥篇章。如果英国占领战略要地，控制海域，也将取得差不多的成就。但是，**从击败无敌舰队到伊丽莎白去世之间的十五年里，她经常表现出优柔寡断和过度吝啬的特质，尽管许多远征持续袭扰削弱了敌人，但西班牙无论多么残破，都能继续维持自己的统治。**

诺列斯和德雷克被派去帮助觊觎葡萄牙王位的唐·安东尼奥，

---

[1] 海峡殖民地，英文全称为Straits Settlements，本是19世纪初英国对位于马来半岛的三个重要港口（新加坡、槟城、马六甲）的称呼，当地华人称之为"三州府"。这里作者虽是叙述十六七世纪的事，为了叙事方便，借用了19世纪才出现的地理名词。——编者注

帮助他的祖国摆脱西班牙人的统治。弗罗比舍、坎伯兰、霍金斯、霍华德、埃塞克斯和雷利被派去蹂躏西班牙海岸，抢劫印度和美洲的西班牙船队，以报复腓力二世对爱尔兰人起义的支持。在英格兰女王的长期统治即将结束的时候，爱尔兰起义遭到了残酷无情的镇压。但是，除此之外，英国人并未通过认真坚定的努力彻底终结西班牙的霸权，即便在海上也是如此。

在两次试图在弗吉尼亚建立殖民地的尝试都失败后，雷利、德雷克和霍金斯再次转向西属美洲，试图抢劫传说中的黄金国——它曾引诱许多勇敢的人掉入死亡的深渊。为了这个难以实现的目标，雷利去了圭亚那和奥里诺科河，而德雷克和霍金斯则在对西印度群岛发动最后一次攻击后，在开始他们职业生涯的地方结束了他们的职业生涯。这是这个重要时期的悲剧性谢幕。霍金斯死于波多黎各；德雷克试图抢劫他所攻击的城镇，但失败了，不久就去世了。在波托韦洛港附近，他的尸体被葬入大海——"让他扬名立万的地方成为他的墓地"。

尽管英国实施了多次的袭击和报复，西班牙人的船队和港口并未覆灭，而英国人也没有占领法亚尔岛，甚至通过建立弗吉尼亚殖民地来渗透西班牙在西半球垄断的尝试也失败了，这些活动只是对西班牙造成了一些妨碍而已，后者并未损失太多的人、财、物。最后一击，迟迟未到。

六

作为预备措施，海上游击战为更大规模的战争提供了必要的情报。德雷克、霍金斯和雷利在进攻西属美洲时有许多对手。在无敌舰队覆灭之前和之后的这些暗流涌动的年份里，其他人也自己探路前去抢劫从南美洲的韦拉克鲁斯到阿卡普尔科的西班牙港口的货船，并伏击了西班牙的加利恩大帆船，直到通往新世界的航路对于英国人来说已经变得像西班牙人那样熟悉为止。

"航线海图"，也就是一年四季的航海指南，已经在航海记录中占据了一席之地，不仅有关于美洲的海图和介绍，还有非洲附近大西洋岛屿的海图和介绍大西洋甚至太平洋海风和洋流的海图。在从西班牙船只上抢劫的所有物品中，没有比从船长室发现的信件、报告和地图更有价值的东西了。在无敌舰队覆灭后的十多年里，根据这些资料，英国积累了大量的情报，其价值甚至超过了从西班牙获得的金银财宝。

荷兰紧随其后，在一个领域甚至超过了它未来的竞争对手。一旦东西方海上航路的秘密不再是秘密，遍布荷兰的地图绘制者、印刷厂和雕版家们就公布了这些私掠船所获得的知识。就新教徒而言，宗教改革摧毁了教皇赋予西班牙和葡萄牙的全部权利。如今，随着伊比利亚帝国的最后一道堡垒——航路的秘密——开始消失，新教徒私掠船的大炮和佛兰德斯的雕版工的工具就联合起来，完成了对腓力二世辽阔海上帝国的征服。

任何一位试图记载一个社会发展的历史学家所面对的诸种困难之中，最难的就是选择一种主导时代行为和决定未来的历史驱动力，然后将各阶层人们的繁多行为编织到统一的叙事之中，以便反映这一时代的总体成就。在很多情况下，这看似是不可能做到的事情；即使在考虑击败西班牙无敌舰队这样一个重大事件时，也不容易公正地确定它所产生各种结果的相对重要性。但其中有一点是肯定的：随着西班牙海上霸主地位的衰落，它的敌人有机会入侵这条通往东方的设防航路，开启历史的新篇章，这不仅对西班牙本身有很大影响，甚至对欧洲乃至整个世界都产生了深远的影响。

随着16世纪的结束，西属美洲的黄金时代走到了尽头；同时英国的廷臣们发现，那里的港口都防着他们，虽然财富就藏在那些地方，但是他们处处都遭到了顽强的抵抗。

英国的殖民者当时在西半球没有找到永久的落脚点，然而它的商人冒险者在世界的另一端却比较幸运。早在无敌舰队覆灭之前，莫斯科公司就已经在与俄罗斯的贸易中占据了一席之地，英国女王和俄罗斯沙皇互派了大使。几十次航行之后，波斯也被纳入英国人的探险范围之内。北极探险者们以"极大的勇气和非凡的行动"所得到的回报，不过是无法对付的极地冰层，他们找不到去往富饶东方的道路。

但是，他们所未能实现的目标，现在却通过不同的领域和不同的方式实现了。正如塞巴斯蒂安·卡波特从西班牙带来的知识指引英国人走上新的探险之路一样，现在，随着无敌舰队的覆灭，来自葡萄牙的一股类似的驱动力终于使英国军队越过了西班牙的防线。

这个故事是欧洲历史上的传奇故事之一。在从四面八方蜂拥而来参加对无敌舰队战斗的水手中，有一个叫詹姆士·兰开斯特的人，他是"在葡萄牙人中长大的"，在"西半球最后一场大战"中指挥过一艘战舰。他的成就标志着一个时代的到来。事实上，英国和荷兰的许多冒险者已经前往几内亚海岸。德雷克和卡文迪许航海的幸存者至少知道一些从好望角返回英国的航路。但是，到目前为止，英国的航海知识还不包括通往印度的航路。然而现在，这一切都发生了变化。

在腓力二世的无敌舰队被击败三年之后，兰开斯特驾驶着他在格拉沃利讷指挥过的一艘船"爱德华·波纳文图拉号"和另外两艘船，从普利茅斯起航前往印度。他在桌湾[①]派遣一艘船将一众患了坏血病的人送了回去，而他的另一艘船则失踪了，但他继续着自己的航行。他避开了葡萄牙人的攻击，安抚了土著，在各地获得了关于"政府和国家贸易"的知识。他经过桑给巴尔，绕着科摩林角到达了锡兰、苏门答腊、槟榔屿和马六甲，进行贸易并夺取战利品。三年后，他满载而归，与他一同出航的200人，只剩下了25人。

瓦斯科·达·伽马的第一次航行给葡萄牙带来了什么，兰开斯特的探险也给英国带来了什么。葡萄牙对东方航路和殖民地的垄断受到了实实在在的侵犯，守卫森严的东方航路被打开，甚至西班牙-葡萄牙的权力在自己的商业贸易区也存在着对手。这一事件产生的影响，虽然不是立竿见影的，却是意义深远的。

第二年，在伦敦商人的资助下，兰开斯特抢劫了巴西港口，甚至被迫租用荷兰商船将他的战利品从伯南布哥运回。他冒险的幕后出资者们刚刚分享到利润，他就开始着手实施更大的计划，以延续他早期的成就。但事实已经证明，这一耽搁对英国东方探险事业的发展几乎是致命的；因为在伦敦人制订计划之前，他们的计划已经被北海对岸的对手预见到了。

[①] 桌湾，又译塔布尔湾，大西洋沿岸海湾。在南非开普敦附近、好望角之北。——编者注

七

荷兰人在这场运动中起到领袖作用,并不奇怪。他们长期以来习惯于在里斯本与欧洲北部港口之间充当东方商品贸易的中间人,对这种运输的供求关系非常熟悉,而他们以前只与伦敦和低地国家的少数几家公司共享这一业务。既然他们与腓力二世开战了,英国人和荷兰人就都被里斯本拒之门外。他们的船只被扣押,一场针对他们的商业、宗教和政治十字军进攻已经昭告世人。

随着安特卫普的衰落,那些决心参与亚洲贸易的人,除了直达东方贸易的源头,也没有别的选择了。早在几年前就有人提出了北线计划,有人尝试过地中海路线,几内亚海岸也被探索过了。但是,到目前为止,极地探险计划已经完全失败。西班牙人加强了对地中海的控制。在土耳其人和巴巴里海盗的骚扰下,航海变得过于危险,不再有利可图;几内亚贸易只不过是里斯本贸易的劣质替代品。

到目前为止,荷兰人试图直达东方贸易源头的努力是徒劳的;但在这个关头,他们和英国人一样,也受到了外在环境的助力。兰开斯特绝不是西班牙-葡萄牙军队中唯一的外国人。

在他那个时代很久以前,一位英国耶稣会士斯蒂芬斯已经成为果阿的居民;最近,伊丽莎白女王派了一个名叫拉尔夫·菲奇的人作为特使前往坎贝和中国。后者被葡萄牙人俘虏,押送到果阿,越狱后在德里拜访了莫卧儿皇帝阿克巴,他回来后讲述了自己的神奇故事。

更重要的是,在菲奇舰队起航的五年前,哈勒姆的一位名叫简·哈伊吉思·冯·林索登的人随果阿大主教前往世界各地，他回来后公开了他的经历以及通往印度的路线。连续几年，三支荷兰探险队寻找从欧洲北部到东方的航路都失败了，英勇的探险者巴伦支也失踪了；但是，林索登口中的"广阔的地区、富庶的城市和无边无际的土地"的故事刺激了他的同胞继续尝试开拓南方的通道。

与此同时，命运之神也给了他们一个对他们实现目的可堪利用的人。这是一名荷兰船长，来自古达的科内利斯·范·豪特曼，他为葡萄牙服务，但对雇主给予他的待遇感到不满，准备揭露香料贸易的秘密。

就这样，为了实施绕过好望角的航行，荷兰人组建了远方贸易公司。林索登和地理学家普兰修斯为其提供了帮助。他们装备了4艘船，共载有250人和60门炮；皮耶特·狄尔克斯·凯瑟和英国人约翰·戴维斯担任首席领航员，豪特曼担任首席军需官。船队就这样起航了。船队安全地绕过了好望角，曾停泊于马达加斯加、马六甲、巽他，并在葡萄牙人进行顽强抵抗之前抵达了这次航行的目的地万丹[1]。他们从那里出发，一边战斗一边开展贸易，装载着香料，带着来自马拉巴尔的中国人、印度人以及一名日本人和一个来自古吉拉特的经验丰富的领航员。他们尽可能地与当地人建立友谊，同时到处收集情报。两年多后，船队带着珍贵的货物和更珍贵的知识再次驶入了特塞尔岛。

这次航行对荷兰的影响不亚于兰开斯特的航行对英格兰的影响，而且，其结果更加实际和直接。远方贸易公司立刻筹备了第

---

[1] 万丹，位于爪哇岛西端。16世纪，万丹苏丹国崛起并控制了东南亚的胡椒贸易。

二支船队。阿姆斯特丹的老公司和西兰的新公司成立了，不久又成立了其他公司。绕过南美洲去往东方的方案又复活了；最后，范·奈克带着八艘船到了爪哇岛和摩鹿加群岛，建立了代理点，征服了当地的统治者，并满载着货物返回荷兰。

整个国家都为即将致富的前景陷入了狂热之中。他们几乎不怎么考虑危险和成本问题，也不顾国内火烧眉毛的紧张局势，以及西班牙和葡萄牙政府匆忙派出舰队占据了从加那利群岛进入东方的航路以阻挡入侵者，一致地加快了筹备工作。

与此同时，荷兰人在非洲和美洲海岸的活动也一样频繁。在无敌舰队覆灭五年之后，巴伦德·埃里克森在非洲西海岸率先找到了黄金、象牙和奴隶的产地。他的继任者为夺取圣乔治·达·米纳和圣托梅从而在几内亚海岸获得永久立足点做了无数努力，但收效甚微；因为那里的气候令人难以忍受，而葡萄牙驻军也不好对付。

然而，尽管个人蒙受了损失，但很明显，骚扰西班牙人以及在美洲收获更多财富的前景（这一点后来实现了）对国家有利。事实上，奥尔登巴内费尔特否决了一位安特卫普避难者威廉·乌塞林克斯的方案，即成立一家公司来开拓和殖民美洲以图在之后获得丰厚的回报。但多年来，在殖民当局的纵容下，荷兰人进行了有利可图的走私贸易，甚至在亚马孙河流域建了据点。

16世纪末，荷兰人在东方和西方的活动非常活跃，遭遇的竞争也非常激烈。他们不仅与其他国家竞争，自己人之间也相互竞争，这似乎会阻碍他们实现自己的目的。荷兰议会发现，要对那些在当地进行激烈竞争的各种公司进行监管是不可能的；监管失败之后，他们求助于另一种办法，事实证明，这是一个更好的方案。到目前为止，自从他们计划要在东西半球同时控制整个热带地区的贸易以来，各省在十年内都取得了进展。

八

在巩固他们在这一领域利益的计划实施之前，他们的竞争对手英国又一次给他们带来了刺激，并为他们的行动提供了效仿对象。

同对付荷兰人一样，西班牙人也试图通过封锁地中海来对付英国人。英国的黎凡特老公司的存在因此而受到威胁，于是就采取了重组和加强该公司实力的措施；更重要的是，英国的利益同时受到另一方面的威胁，因为荷兰人刚掌握了香料贸易，就通过提高价格来与英国人对抗。在这种情况下，英国人被迫自保。第一步，黎凡特公司的两位创始人斯塔珀和史密斯计划建立一个新组织。一位名叫约翰·米尔登霍尔的经纪人被派到莫卧儿皇帝那里，目的是获得商业特许状。清单上列出了一些不被葡萄牙和西班牙控制的地方，英国人可以在不遭受公开敌视的情况下开展贸易。

他们募集了约7万英镑的资金，购买了船，还请求女王授予特许权。最后，在16世纪的最后一天，女王为"伦敦商人对东印度贸易联合体及管理者"——通常被称为"东印度公司"——颁发了特许状，向他们授予在好望角以东的那些不被其他基督教国家控制的地方开展商业贸易活动的十五年专营权。

新公司必须每年至少派出六艘船；禁止出口不能确定带回来的钱币；它的活动既受到国王和枢密院的控制，也受到当地总督的控制。因此，它在很大程度上具有被称为"规约公司"的那种组织形式的特质。在这种组织形式中,属于一个更大主体的个人或集团,在它的总体监督下,派出不同的冒险队伍。

而且,这是伊丽莎白时代令人难以理解之政策的产物,对任何情况下的事实都不愿意正视,犹豫不决,成果寥寥。更不可思议的是,特许状禁止该公司占领其竞争对手的港口,而该公司也没有与西班牙人和葡萄牙人发生冲突。同样荒谬的是,欧洲南部的殖民强国竟然会因为英国的特许状条款而赞赏一个侵入其垄断性领地的组织。因此,尽管这家公司的活动受到如此严格的限制,资本如此有限,但它注定会取得巨大的收获,这体现了伊丽莎白时代政策所特有的折中精神。

东印度公司的收获从一开始就相当可观。在第一任总督史密斯的支持下,詹姆士·兰开斯特被任命为舰队司令,他的副手是当时最著名的航海家约翰·戴维斯——曾探索过北极地区,并与雷利和埃塞克斯一起航行过,并担任过豪特曼环航非洲的领航员。这些首领们带着四艘高桅横帆船在17世纪的第一个春天起航,绕过好望角,驶向了亚齐。他们发现"由于与西班牙国王的战争以及辉煌的胜利,英国女王在那里非常有名"——可见,无敌舰队覆灭的消息已经传播开来。他们装上肉桂和胡椒,在万丹和摩鹿加群岛建立了代理点;平安返航后,他们在普利茅斯港抛锚,却发现英格兰正在哀悼三个月前去世的伊丽莎白女王。

与此同时,就像它的竞争对手荷兰一样,英国东印度公司仍在努力避开西班牙和葡萄牙的攻击,试图打开一条通往东方更近的航路。英国派遣韦茅斯再次探寻西北航路,但韦茅斯未能完成任务。然而,随着兰开斯特的归来,好望角一带的航路,无论多么漫长和危险，终于得以确认，于是，在三个地区争夺东方霸权的漫长斗争开始了，这是欧洲列强在接下来二百年里历史活动的主旋律。

九

不管对英国人的影响有多大，组建东印度公司的直接后果对荷兰人来说更为重要。荷兰议会无法凭借自身力量使他们的商人摆脱因致富前景带来的狂热之情，而他们的竞争对手现在做到了这一点。各省的政府立即采取措施统一各自的荷兰人公司，他们总算克服了内部的嫉妒之情。对中央政府权力的恐惧，一直是尼德兰人的心头之忧，但通过成立所谓"十七人董事会"，所有商会的代表都参与到了新的探险活动中，让这种恐惧得到了缓解。他们用奥尔登巴内费尔特和拿骚的莫里斯的权威平息派系纷争，在英国东印度公司成立两年后，荷兰东印度公司获得了特许状。荷兰东印度公司开始了漫长而利润丰厚的事业。英国和荷兰的东印度公司所依据的条款及资源恰好象征了英国和荷兰对待西班牙和东方的不同政策。尼德兰各省在名义上仍然是反抗君主的叛乱者，而伊丽莎白和她的顾问们对权利冲突的顾虑是不存在的。荷兰人的准备工作也同样意义重大。他们向各省的公民募集了600多万弗洛林的资本，同时拥有21年的专属权利：在麦哲伦海峡与好望角之间的广大地区进行贸易、殖民和战争的权利，这显示出这个强大公司的目标和业务范围。60名董事从各省市的主要商会中选出，其中1/3来自阿姆斯特丹，还有一个内部圈子，即"十七人董事会"，负责管理公司事务。

由此可见，这项事业的国民特征既是获取商业利润的资本来源，又是对抗西班牙霸权的战争行动。荷兰东印度公司从全体人民那里吸收资源和经验，拥有巨大的资本和广泛的权利，它不仅是欧洲政治中一股新力量的象征，也是世界事务中的一种新鲜元素。荷兰东印度公司还成了现代欧洲在扩张和贸易方面的最大引擎，不仅因为它的行动，而且因为它的榜样，它注定要在欧洲大陆政治和经济进步的下一个阶段发挥决定性的作用。在无敌舰队覆灭到伊丽莎白女王去世之间的十五年里，欧洲的命运出现了新的转折，并采用了新的办法来获得更多的权力和资源。

十

随着英国和荷兰的东印度公司成立，无敌舰队覆灭之后的十五年不紧不慢地结束后，这种组织的兴起很好地体现了改变欧洲生活和政治面貌的时代变革。见证西班牙在其权力顶峰遭遇灾难性失败而崩溃的那一代人正在从历史舞台上消失。

《南特敕令》颁布五个月后，正是豪特曼航行前往东方之时，就在这时，反宗教改革运动的支持者和殖民世界的主人腓力二世去世了，留下了一个财政破产和名誉扫地的国家。事实上，西班牙已经衰弱到了令人难以置信的地步，尤其是那些仍然记得它是欧陆最强大的和最令人自豪的国家的人们。

作为腓力二世的敌人，奥兰治的威廉和生活于伊丽莎白时代的沃尔辛厄姆，早已不在人世。一个月前，伯利勋爵去世了；而他们的女主人伊丽莎白则在战胜了她的宿敌之后又活了五年。

在神圣罗马帝国，"占星家"鲁道夫二世在其漫长的统治期间，花了2/3的时间试图阻止异端邪说的兴起，并从那些极具野心的诸侯和亲属手中保留了一些查理五世曾经享有过的权力，然而这一切最终都是南柯一梦。就像他的东部邻居一样，他发现自己是一场失败事业的捍卫者。在东欧，当波兰和瑞典共同的国王西吉斯蒙德三世奋力领导着这两个不般配而命运大相径庭的国家时，北欧各国则调整好了国内事务以适应变化了的环境。而这时的土耳其人正躺在他们的帝国上面睡觉。在俄罗斯，就在腓力二世去世的同时，留里克家族也终结于费多尔二世，之后是长期的内乱，这使得俄罗斯人暂时无暇参与欧洲事务。

随着伊丽莎白女王在1603年去世，可以说，无敌舰队时代结束了。从那时起，欧洲各国在新领袖的引领下走上了新的道路，去追求差异甚大的目标。

欧洲的传统矛盾仍在继续，但重要的宗教问题又开始形成新的，更恐怖、影响更大的冲突，而君主特权与人民权利的问题也开始出现了。欧洲人的智识发展到了新的高度，为科学和哲学发展带来了新的可能性，而大洋彼岸的欧洲殖民地也突然变得举足轻重起来，此后就再未失去这种地位。因为随着西班牙失去对海上航路的垄断地位，欧洲北部列强的殖民和商业能量突然得到释放，从而去实现他们梦寐以求的扩张梦想，这便开启了欧洲发展的一个新时代。

第十六章
16世纪末的欧洲

一

据学者们观察,英国和荷兰之所以能够战胜腓力二世,在很大程度上要归功于社会中被称为中产阶级的活动和能力,而在中世纪的时候,这一社会阶层一方面被排除于垄断公共事务的贵族阶级之外,另一方面也不属于农民和手工业者之列。

在更大程度上,社会的进步也要归功于中产阶级。随着17世纪的到来,这个阶级在社会事务中变得越来越重要。无论文艺复兴和宗教改革这样的运动有多么重大的意义,科学、文学、艺术和学术的发展要多么感谢掌权者的保护,世俗化的中产阶级都曾是经济和文化活动的原动力,因为他们在经济上独立,在思想上进步,还反对教会的信仰统一和贵族阶层的社会准则。

因此,16世纪的历史不仅关乎统治者、将帅和神职人员们的野心，也关系到从路德到德雷克、哥白尼和笛卡尔等平民们的成就，他们使人们的思想和行动发生了革命性的变化。

在这些领域中，默默无闻的发明家和工匠对手工业技术的改进同样引人注目，尽管大部分人都不为世人所知。这些改进为人类生产和生活方面的进步奠定了基础，我们习惯上称之为文明。结果，**无论人们可以将多少功劳分配给欧洲的统治阶级，社会和政治方面的进步主要还是归功于中产阶级，正是在他们的活动中，现代欧洲历史中的任何一种进步都能从中找到自己的主题。**

在此之前，中产阶级的数量从来没有像16世纪末那样庞大，其影响也从来没有像16世纪末那样显而易见。作为中产阶级实力壮大的结果，这个阶层日益增强的力量可以从它进入公共事务领域得到证明。不仅在科学和文学领域，中产阶级仍然是最重要的贡献者，即便在艺术和建筑领域，在哲学和神学领域，在从纺织到造船业的每一个手工业行当里，都是如此；而且，在一个世纪前会被认为超出他们活动领域的民主政治问题上，这个阶级也已经证明了它的力量。

如果说17世纪与16世纪之间的区别有一个最为重要的特征的话，那就是每一个国家的民众都开始发挥更大的作用。在构成现代世界的所有力量中，在主导未来社会的所有力量中，这是最主要的力量。那些首先承认或体验到这一新生力量的国家都会得到奖赏。

这种力量将自己的崛起归功于经济和社会的进步，是经济和社会进步的产物，并为此做出了巨大的贡献。16世纪是资本和民族国家王权的时代，也是欧洲的宗教改革和海外扩张的时代；随着封建制度的衰落，欧洲不仅发展出一个新的国家和国际交换体系，而且从商业和金融中产生了新的财富和权力来源。

二

中世纪特有的、相对局限于地方的手工业，范围受限的市场，以物易物或交换产品，已经让位于更大范围的经营活动和更大的利益。并不是每一个封建领主都对穿越其土地的货物征收关税；而且，无论"海外"的情况如何，起码在欧洲水域，并非每艘商船都是潜在的海盗。就这样，商业逐渐摆脱了比较大的危险以及不便。

金融也受到了类似的刺激。教会对高利贷的谴责已经让位于这样一种观念：人们可以对金钱收取适当的利息，以他们自己用这些金钱做生意赚取的利润为准。于是，货币变成了一种商品，随着来自新世界货币的涌入，以及限制和偏见的消除，商人和银行家阶层的人数及影响力都有所增加。事实上，土地仍然是一种更受尊重（可能不是利润更多）的财富，但资本在社会事务中所扮演角色的重要性几乎每一年都变得更大。

随着商业经营活动在数量、规模和种类上的增加，欧洲开始使用新的工具为这些经营活动提供资金。公共银行的想法是从意大利传到荷兰的。此外，荷兰还采取了另一项对未来具有不可估量之意义的金融权宜之计，这就是像土地或商品一样可以公开买卖的股票。这样一种首先由那些从事海外贸易的大公司所使用的手段，在金融方面引发了一场革命，其影响不亚于银行本身的建立，甚至可能比银行拥有更深远的影响，因为这使得微不足道的小人物也可以拥有富可敌国的大公司的股份，并将储藏在国民中的无数小额金钱汇聚成庞大的资本库。

这并不是这一时期商业革命的唯一重要特征，因为商业本身也经历了巨大的变化。具有中世纪特色的集市，仍然是旧时代利润丰厚的独特遗存。英国和低地国家的布料市场；德意志的城市交易市场，现在又增加了莱比锡的图书市场；下诺夫哥罗德的俄罗斯集市，东西方商品都在那里进行交易；在整个欧洲大陆，数以百计的类似市场和较小市场仍然在经济和社会生活中扮演着重要的角色。即使在海外，从波托韦洛港到日本，这一最古老的贸易体系仍保持着其统治地位，并未受到多少破坏。这些活动实际上比两个世纪前规模更大，也更为多样化，因为供给和需求已经逐渐增加了。

然而，与商业交易总量相比，这一古老贸易体系的重要性在更为现代的贸易体系发展之前就相对降低了。"交换"一词不再仅仅意味着商品的易货交易；因为硬币、纸币、支票、信贷、折扣和股票现在是商业的一部分，也是金融的一部分。作为商业和资本的结合物，所谓"掠夺者""投机者""先发制人者"或"独占者"都是活跃的，而且很明显都是社会事务的一部分；作为社会长期发展的结果，商业世界呈现出现代人所熟悉的面貌，股票和票据交易的"交易所"开始出现在资本集中的城市。

只有在一个方面，贸易仍然受到阻碍，那就是陆上运输手段。马车代替了驮马，随之而来的是公路设施问题。但是，欧洲人基本上要等几代人之后，才能拥有满足他们雄心和需求的交通设施。

这种广泛的经济社会发展有很大一部分应该直接归功于海外的欧洲。贸易路线发生了革命性的变化，随着大部分商业和金融权力转移到欧洲北部国家，交通流量已经超过了新商路的容量，而贵金属的涌入则改变了欧洲大陆的经济特征。黄金的大量涌入和商业的增长，不仅催生了一个新的阶级，校正了中世纪的贵族与农奴、自由与不自由之间的传统实力平衡状态，而且也给政治和社会带来了革命威胁。

三

的确，财富的增加对所有人都不是一件完全有益的事情。它导致了16世纪的物价上涨，这可能引发了当时社会的普遍不满情绪。工资和国家收入都没有与资本扩张成比例地增加，而且也没有制定出足够的手段来将这些涌入的财富用于为政府服务或将加诸土地上的负担转移到资本身上。因此，民众和政府都感受到了紧张；税收的重新调整，如同工人阶级的福利，一如既往地远远落后于日益增加的国家资源。更糟糕的是，随着实力的增长，王室变得越来越浮华和奢侈，由此得利的个人和阶层的奢侈程度超过了社会大多数人的生活水平，社会动荡加剧了。

人们很难断言，这些现象的同时发生与随之而来的大规模战争时代之间有什么关系；但可以肯定的是，在整个欧洲大陆，有一大批心怀不满的人，他们没有土地，也没有钱，随时准备铤而走险。同样可以肯定的是，无论宗教和政治动机如何驱使统治者们与旧的教会机构及他们的邻国开战，那些自称只关心良心和荣誉的会议并非总是不关心利益。

与这些现象同样重要的是心理倾向、习惯以及由此产生的需求的普遍变化，这是由来自亚洲和美洲的商品不断增加所造成的。不久以前，随着我们所谓文明进步，人们还认为是少数人所能享受到的奢侈品，现在却成了多数人的生活必需品。香料、糖、棉花、丝绸以及欧洲以外土地上的无数小众产品，已经开始成为生活的必需品。现在的许多艺术行当都依赖它们，画家、染工，加工宝石、金属、象牙等群体的工人都依赖它们。医学的进步带来了新的需求和新的必需品。甚至像最近发明的台球这样的体育运动，以及越来越多地使用烟草、茶、咖啡和可可等习惯，都促进了这类商业活动的发展，并使欧洲与外部世界的联系更加牢固。

我们无法想象，欧洲人会允许自己与越来越成为他们生活主要基础的黄金和各类商品之间的联系被切断，也无法想象他们会允许自己再次堕落到之前的文化和经济状态之中。他们更不可能回到更粗糙和原始的生活方式之中，对于17世纪早期的人和他们的后代来说，这种生活方式与野蛮人的生活方式别无二致。于是，现代生活的新欲望和新手段从四面八方聚拢在欧洲社会之中，从此在欧洲人的经济乃至政治生活中都发挥作用。

四

这些改变了的标准不仅仅局限于最高阶级，诸如王室、大贵族或教士群体。教皇和西班牙国王建造了圣彼得大教堂，而大贵族们也在城堡、乡村和城市里尽力模仿着。即使是欧洲北部城市的市民，也没有落后于他们意大利城邦的前辈以及他们更高等级的同时代人太多。行会会馆、市场、大厦和账房在商业城镇的简陋建筑物中拔地而起，建筑也越来越华丽。

在16世纪发生的各种变化中，尤其在西欧，没有比民居的发展更引人注目的了。舒适需求的增长、强有力的政府、相对的和平时期的增加，以及炮兵水平的进步，使得人们的房屋不再成为他们的堡垒；而随着王室权力的增加，可能会变成抵制王权之中心的城堡要塞的建设也越来越多地被压制，上层阶级开始转向其他类型的居住形式。

封建式的城堡逐渐让位于庄园、乡间宅邸、别墅，与此同时，城市大厦在数量、便利性和华丽程度方面都有所增加。墙上的缝隙扩展成为装饰有玻璃的窗户，地板上的灯芯草垫被地毯所取代，粗糙的挂毯让位于华丽的帷幔。墙上挂着挂毯和画作，灰泥覆盖了光秃秃的石头，粗陋的凳子、长凳、托盘或大床都被更轻巧、更优雅、更方便移动的家具所取代。

大多数艺术是从意大利向北传播的，这一过程中也伴随着微小的改进，但这对欧洲生活不断变化的基础来说，意义同样重大。随着烹饪和服务的改善，人们的生活方式也有所改善，盘子取代了餐盘，而勺子、刀子和叉子在用餐时取代了匕首和手指。个人的清洁习惯形成了；在比较文明的社会里，肥皂变成了一种工厂制造的商品，在一些特殊的情况下甚至可以和香水相媲美。

战争方式发生了更大的变化。随着火炮和步枪的改进，全身装甲逐渐被头盔和护胸甲所取代。双手剑、战斧和棍棒，甚至作为中世纪最致命武器的英国长弓和它的主要竞争对手热那亚十字弓，都成了没用的古董。同时，服装也发生了变化。因为随着穿在盔甲下面的贴身衣服的需求减少，人们转向了其他形式的服装。虽然第一个设计出17、18世纪所熟悉的男性服装裁缝的名字在历史上已经失传，但很明显，他很可能生活在西班牙无敌舰队覆灭之后的年代。

与对精神问题的关注相比，16世纪生产设施的普遍进步和日常生活舒适度及奢侈品的日益增加同样引人注目。欧洲所谓物质革命，与那个时期的宗教革命一样明显。

在金属加工领域，制备矿砂的碎石机的发明，专门处理碎石机生产出来的矿砂之所谓湿法加工方法的发现，筛子的使用，以及最重要的用水银分离金和银的方法的发现，最终使贵金属的分离出现了一场革命。这极大地增加了欧洲的资源，尤其是这些技术被引进新大陆的矿区之后。

除此之外，在铁上镀锡技术的发明，也对人类生活具有相当大的意义。这些新工艺大多是德意志天才的贡献；织机被改造为适于丝带纺织的功劳被赋予了德意志人或者尼德兰人。随之而来的是针织技术的发展，在16世纪进步的高潮是在这一世纪末发明了织袜机。自丝绸和棉花进入欧洲市场以来，没有比这更重要的提高人们生活舒适性方面的进步了，也没有比这更重要的服装变革了，在某种程度上，人们的生活习惯和手工业也因之出现了很大的变化。

刚刚过去时期的另一个特征也同样引人注目。木工或细木工技艺在同一时期也取得了长足的进步，这尤其表现在家具制造上，这在一定程度上是由于对家居装饰更高的需求在不断增加，但这差不多也是工具制造进步的结果。

在16世纪，锯木厂逐渐发展起来，取代了之前那种特别费力和令人厌烦的手工制作木板或"分割"工序，因为现在可以一次从一根原木上锯出几块木板。同时，利用改进了的水能和风能技术，极大地便利了木工的工作；而车床在尺寸、功率和用途上的发展对他们的帮助甚至可能超过冶金工人。

除此之外，马车制造技术的进步也同样显著。这种在以前仅供妇女、病人或尊贵人物使用的交通工具，现在已经变得轻便、豪华，车厢被置于质量非常好的弹簧上，开始在整个欧洲成为生活必需品。与其他领域的改进一样，机械技术的进步也得益于印刷业的大力推动；自上世纪后半叶以来，第一次出现了供工匠们使用的各种程序和机械装置的手册及图表。

五

在其他领域，新生活的基础也同样值得人们注意，即使它们不如前者那么突出。随着16世纪宗教冲突的扩大和深化，双方都争先恐后地进入教育领域；天主教和新教学校的数量及教育者的知识水平都有所提高。不止是日内瓦的加尔文宗，葡萄牙科英布拉的耶稣会也在热情百倍地创建新的知识中心，或者重组并复兴旧的教会体制，力图使其扩散到新教势力所影响的地区，这一运动与之前的人文主义运动合起来，给欧洲教育带来了新的能量和方向。

这在日耳曼文化区尤其明显。从亨利八世在牛津大学和剑桥大学三一学院建立的基督教堂开始，英格兰在都铎王朝时期又为它的两所大学增加了数量众多的固定资产。苏格兰和创建了都柏林三一学院的爱尔兰都感受到了同样的推动力。而在德意志，耶拿大学、马尔堡大学、哥尼斯堡大学、黑尔姆施泰特大学和阿尔特多夫大学等都证明了新教拥有同样积极的传教精神。最后，与西班牙冲突正激烈的时候，荷兰人在莱顿建立了自己的大学，以纪念这座城市对西班牙人的英勇抵抗，这座大学在随后的一个世纪里变得非常有名。

天主教徒走得更远。除了复兴他们原有的知识中心，宗教团体还在西班牙统治的亚洲和美洲——利马、墨西哥、科尔多瓦和马尼拉，都建立了大学。而这一运动，尽管它有教会血统，但很快在其他领域带来了成果。最重要的是，当其他国家的宗教改革进程和民族精神趋向于某种地方本位和教条主义精神时，意大利的大学保持或获得了一种在别处很难看到的普世性。结果，它们成为那些希望学到当时最高水平知识的人们的目标，而它们的教员队伍，不亚于学生队伍，一样吸引着欧洲大陆最有能力和最开明的人。

与此同时，无论新教会和天主教会如何对待各自的信仰，都不知不觉地增加了对人们接受世俗工作训练的强调；因为那些进入各行各业或公共生活的人越来越没有必要成为神职人员。即使在最信奉天主教的国家，政治家和官员由世俗人员担任已经成为一种常规做法，而不是特例；因为随着宗教改革的发展，整个欧洲在世俗事务中践行教会主义的时代很快就会变成过去式。

确实，这样的变化在欧洲各个地区并不一致，因为它们受到个人自由发展的制约。变化在北部和西部要突出得多。因此，当农奴制还在德意志东部、波兰和俄罗斯盛行的时候，它已经在法国绝迹，在英国的土地上也早已消失。在同样程度上，除了意大利的部分地区外，知识的进步往往与商业和新教派的发展遵循同样的路线，因为与那些仍旧被贵族和教士统治的国家相比，在那些最近发展起来的活跃社会之中，新思想总可以得到更为热情的欢迎和更大程度的宽容。

因此，随着16世纪过去、17世纪的到来，欧洲逐渐转变为一个远比早期宗教改革者生活的时代更为世俗的社会。 文艺复兴和宗教改革的共同影响强化了世俗权威。从那时起，欧洲世界的特点是利益和信仰的多样化，而不是信仰和封建权利的全能统一。其主要的原因在于社会对舒适性和奢侈品的需求日益增加，这两种需求使庞大社会的各个组成部分形成了相互依存的关系，从而使得更复杂的生活需要更多的物质必需品；知识运动则倾向于建立一个普世性的组织，这一组织奠基于知识共同体而非信仰共同体。就这样，在这种刺激之下，在政治和宗教斗争的不断冲突之中，欧洲发展出了新统一的萌芽，同时也走上了新的物质和智识冒险之路。

正如对其他知识领域的贡献一样，印刷业对这一运动也做出了贡献。16世纪出现了"教科书"或者教学手册，其名称表明它起源于公开出版的那些古典作品或者《圣经》文本，这两类东西成为当时和以后教育的主要基础。印刷业的教育价值并不仅仅局限于学习知识方面，从卡克斯顿出版的国际象棋书籍开始，关于生活的每一个领域几乎都有指导手册出版——鹰猎与纹章，建筑与装饰，园艺与畜牧，可能还有一定重要性的烹饪书，这也许是中世纪社会正在缓慢进步的标志。

随之而来的还有其他难以归类的活动，但显然与欧洲社会的进步有关。于是，绘画作品和书籍开始得到收藏，画廊和图书馆因此纷纷建立起来。在一个稍微不同的领域，植物园和动物园也建立起来，它们始于意大利。之所以如此，既是为了满足人们的好奇心，也是为了满足人们对展览的热爱。

六

除此之外，16世纪的最后几年也对文明的进步做出了自己的贡献。这些确实不同于人文领域和艺术复兴为欧洲大陆城市生活带来的进步，但并不逊色多少。因为尽管欧洲人的精力都注入了战争、贸易、宗教和政治，但人们对这些领域之外的事情仍持开放的态度，这些事情涉及的东西甚至比财富和权力更为持久。

在法国，在信仰与武装的冲突中，蒙田在他的佩里格城堡的保护下，写下了那些给后世人们带来安慰的文章。他的作品充满了古典主义精神，洋溢着对自然和人类的爱，散发着对教条的厌恶以及对人类的那种不可抑制的欣赏，其中的柔情和力量，不仅给人们带来了快乐，也使世界变得更加人性化了。

当葡萄牙的霸权开始衰落时，它最著名的诗人、流亡在外的卡蒙斯，在遥远的亚洲监狱开始创作葡萄牙英雄时代的史诗——《卢济塔尼亚人之歌》——讲述了瓦斯科·达·伽马及其追随者的精彩事迹。

与此同时，整个意大利都为塔索的十四行诗所倾倒，十四行诗也很快成为使整个欧洲大陆都模仿的一种诗歌形式；之后，这种诗歌形式在几乎所有欧洲文学中都占据了很高的地位。与此同时，塔索的史诗《耶路撒冷的解放》使他跻身于意大利诗坛不朽的诗人之列，甚至为他赢得了教会当局的高度认可，虽然这份认可在他去世后才到来。

最后，当英格兰从阻碍它参与世界政治的圈子走出之后，伊丽莎白的宫廷就欣喜地读到了青年埃德蒙·斯宾塞写的《牧人月历》，这部作品是《仙后》中忧郁情感迸发的完美前奏，而在无敌舰队覆灭之后的很多年里，人们都在怀念《仙后》之美。

在这一风云激荡的时期，其他艺术也没有受到忽视，因为政治又开始了一个人物事件走马灯似变换的新篇章。意大利画家的黄金时代已经成为过去；尼德兰人则第一次为绘画做出了重大贡献；荷尔拜因、丢勒、提香和米开朗基罗去世后，只剩下丁托列托和保罗·委罗内塞那样的天才，闪现着一个重要画派的余晖。但是，现在有两种艺术同时呈现出新的美感和新的形式。

首先是建筑艺术。16世纪中期，在英国和意大利这两个虽然有区别但在许多方面紧密相连的国家中，几乎同时出现了两个对立的建筑艺术流派：一种是新古典主义流派，开始于文艺复兴时代的大师们之手，他们为了寻找灵感，从哥特式风格转向了古代世界的范本。现在，在帕拉第奥手中，古典主义的影响开始在欧洲人的品位中取代中世纪和文艺复兴时期的建筑形式，巨大的柱子、圆拱和圆顶压倒了更优雅的哥特式建筑风格，事实上，塔楼从建筑史上消失了两个世纪乃至更久的时间。

与此同时，在英国，财富和政治变革的共同作用——生活舒适性和奢侈性的需求，再加上火炮改进后使防御一方无所施展，促使人们开始趋向于新哥特式的建筑风格。在都铎王朝时期，为了方便家庭使用，建筑都采用了传统形式；而且，在古典风格侵入北欧各国之前，欧洲已经出现了一些最适合居住的也是最美丽的样板住宅。

另一种技术也对提高生活品质做出了贡献。在英格兰和德意志，人们从意大利引进了玻璃制造业，并发展出新的制造方法和新的形制，使玻璃既实用又美观；在法国，兼具天才和耐心的英雄贝利希经过1000次失败的尝试后，获得了制造东方人所熟知的那种精美釉面陶瓷的秘密，并以其主要的发源地"中国"（China）来命名。

但是，在以无敌舰队的兴衰为中心事件的这一时期，出现的所有进步现象中，一种艺术的崛起却是如此的突然，而且事实证明，它是如此具有生命力，以至于它成了那个时代的一个奇迹。这便是戏剧，它就像建筑一样，在英国和意大利几乎同时展现出来。

而这并不是什么新鲜事。没有一个野蛮部落在其宗教或社会仪式中没有包含粗鄙成分的戏剧；没有一个古代国家不会制定出悲剧或喜剧、合唱或间奏的准则。随着希腊人进入戏剧领域，原始的牧歌和田园诗作为戏剧艺术的早期载体，快速地发展成为埃斯库罗斯、索福克勒斯、欧里庇得斯的悲剧和阿里斯托芬的喜剧。这些作家代表着古代世界戏剧成就的最高峰，或者，就这种特殊的形式而言，是所有时代戏剧成就的巅峰。

自那之后，戏剧水平就衰落得迅速而彻底。罗马对希腊戏剧的模仿是拙劣的；中世纪粗鄙的神秘剧和奇迹剧则更为拙劣。尽管欧洲在其他领域取得了进步，但在戏剧艺术方面，16世纪早期的欧洲几乎没有超过被冒险者发现并征服的那些半开化民族。文艺复兴运动为欧洲人恢复了一部分希腊人的杰作；但希腊戏剧进入学术领域的速度很慢，进入文学领域的速度更慢，而且完全没有进入舞台艺术领域。

音乐也是如此。在希腊人的观念里，音乐和戏剧存在着不可分割的联系。希腊人的演奏方法和乐器，都是从过去继承或改进而来，但从古代到现代，发展缓慢。中世纪把古老的"潘神的笛子"（排箫）变成了一种粗糙的管风琴，它的声音至少能让听者心中充满敬畏。行吟诗人和抒情歌手主要依靠竖琴伴奏。军号、小号、长笛、长管、长号以及其他几种几乎与欧洲文明本身一样古老的乐器,仍然是主要的管乐器。

从文艺复兴时期后期的六弦提琴开始,小提琴在意大利乐器制造者手中不断发展;在16世纪末,克雷莫纳的阿马蒂开始改进这种弦乐器之王;之后,这种乐器在他的弟子斯特拉季瓦里乌斯手中达到了完美的程度。

在乐器制造者的武装之下,作曲家们逐渐改进了他们的技艺。希腊人所知道的原始交响元素在中世纪慢慢地被重现并得到了扩展。现代四度音阶取代了古代的六度音阶。音阶是用来升调的,而不是用来降调的;他们还引入了所谓对置歌咏或两声部和声,并创造了复调艺术或合成旋律。

到15世纪末,四声部的作品已经完成,它通过所谓转回、不谐和半音的改进,使简单的旋律有了变调。到16世纪早期,除了升调和降调以及所谓偶然音和"经过音"的改进之外,还出现了五线谱、小节和谱号的发展。这一切重新定义了更古老和更松散的记谱法,音乐在这条道路上又迈出了更大的一步,从而成为一门"绝对的艺术"。而之所以如此,与数学也有一定联系。

这种进步很大程度上要归功于尼德兰的音乐家流派,在早期的音乐发展中,他们引入了这些创新成果,并为音乐赋予了现代的形式。后来的文艺复兴运动将这些新的发展成果带到了意大利,尤其是威尼斯和罗马,它们又得到了一种情感元素和另一派作曲家天赋的加强。

音乐大多是在教会里发展起来的,教会发现音乐的和声是宗教神秘魅力的主要表现方式之一。但是，世俗音乐也受到了同样的推动，并且出现了各种各样的新形式，其中最引人注目的是情歌，它很快就对民谣和吟游诗老旧、不那么愉快和不那么灵活的表现方式形成了挑战。16世纪的最后几年汇集了这一漫长发展的各种线索，两种强大的影响结合在一起，使音乐完成了从中世纪到近现代形式的转变。

这一时期的第一部音乐作品是梵蒂冈唱诗班指挥帕莱斯特里纳的作品，他是最后一位也是最有造诣的中世纪音乐家。第二个是克雷莫纳作曲家蒙特维尔德的作品，他脱离了帕莱斯特里纳擅长的所谓复调音乐，将注意力转向更自由的旋律和更世俗的活动。他将自己的乐谱改编成戏剧作品，并将他的才华与导致欧洲第一个歌剧院建立的那场运动联系起来，那是在他的指导下于17世纪30年代建立起来的。

新教也毫不迟疑地争取音乐界的支持。新教拥有很多赞美诗作者，以路德为首，并与作曲家（被称为"新教的帕莱斯特里纳"的拉苏斯是其代表）联手与罗马的合唱家们相抗衡，并将合唱元素注入了欧洲人的生活之中。

七

这就是一种新艺术的开端，这种艺术很快就传遍了整个欧洲。这种新艺术有一个支持者——意大利。当意大利为旋律和歌剧的最新发展开路时，这个民族也为戏剧做出了差不多的贡献。在意大利和其他民族手中，新的歌剧表演领域出现了进步。

的确，越来越多的说书人和学者将他们的大部分灵感都归功于文艺复兴，他们很快就找到了叙事文学媒介之外的其他渠道来展现他们的才华。尤其在中世纪后期，那些巡回演出的古代兄弟会团体，曾在集市和节日里给欧洲人带来了莫大的欢乐，现在他们又毫不犹豫地抓住了时代精神变化带来的机遇。他们从过去的民间喜剧和宗教神秘剧转向其他的表演形式，其素材主要来自于他们生活中的事件或者说书人和古典学者们收集的丰富材料。因此，在他们中间出现了一群剧作家，这些人很快就被那些在生活戏剧中寻找施展才华之空间的文学抱负所吸收，后来又被其他形式的散文和诗歌所吸收。

这一潮流的发展，既要归功于作家们的活动，也得益于大众的关注，人们发现这一新艺术门类是一种特别能满足大众口味的娱乐方式。在许多城市中，出现了一种常驻公司体系，这些公司从体系内部或外部的来源挖掘戏剧素材——后世为人们所熟知的股份公司，偶尔也会涉足这个领域。而且，随着这一潮流的扩散，演员、经理和剧作家成为欧洲社会公认的组成要素。

这一运动注定在英国具有更大的意义，英国戏剧的发展不仅贡献了一种戏剧类型，而且成为欧洲大陆模仿的对象。在英国，这门新艺术发展的主力是伊丽莎白宫廷中一群才华横溢的人，经过他们的努力，这门艺术得到了发展和改进。他们打破了中世纪戏剧的所有传统，使戏剧表演从迫使他们隔绝于欧洲大陆文学发展之外的那种力量中解脱出来，并把希腊剧作家为自己的杰作找到素材的人类生活和性格问题摆上了舞台。

就像早期的歌剧一样，无论在主题上还是在内容上，古典主义的影响一开始都是非常明显的。但是，剧作家与作曲家、词作家一样,很快就脱离了文艺复兴时期灌输的传统,去寻求更为广阔的空间。意大利小说的丰富素材给英国带来了一整套的故事情节和人物形象。从类似于霍林希德等人的编年史作品中,衍生出了主要基于英格兰本土历史的另外一场戏剧运动。从特洛伊到帖木儿,一系列传奇故事提供了第三种戏剧灵感;从他们周遭的生活中,产生了第四种创作灵感;事实证明,这是最经久不衰的戏剧文学形式。

英国戏剧的发展甚至比歌剧在意大利的兴起还要迅速,而这要归功于意大利人给英格兰带来的故事讲述能力以及意大利文化。在16世纪的最后几年,伴随着西班牙的掠夺和贸易的扩张,突然增加的财富和奢侈生活强化了从意大利传来的文艺复兴的影响和文学冲动,**伊丽莎白宫廷开始了在文学领域的冒险**,这一冒险并不亚于它在战争和政治领域的冒险,**而且也取得了同样辉煌的成就**。

在贵族和王室的资助下,剧场和剧团在英国人的生活中占据了一席之地,剧作家和戏剧也在文学界有了地位。不出十年,一种新的群体就已经在欧洲社会中找到了立足之地,他们是文学冒险者,而最早的冒险者是剧作家。他们来自各行各业,生活艰苦,思想自由,充满了强烈的创造激情;他们不仅创立了一个新职业,而且创立了一种文学类别。

这其中有一位出类拔萃的人物。格林是更为明快的英国散文体的创造者;马洛的天才使他的作品《帖木儿大帝》《浮士德博士的悲剧》和《马耳他岛的犹太人》彻底改变了戏剧舞台。然而,基德、琼森和他们的同辈们都折服于在乡村长大的演员、经理、剧作家威廉·莎士比亚的才华。近现代欧洲终于找到了一位足以与古代最伟大的剧作家比肩的人物。而且,作为人类历史上的一个不太重要的巧合，可以看到，加尔文去世与莎士比亚出生在同一年，1564年。在某种意义上，这象征着欧洲在整个16世纪所发生的变化。

追随萨里伯爵和怀特所开创的潮流——此二人把意大利诗体引入英格兰，同时受到翻译蒙田《随笔集》的弗洛里奥同等重要的影响，年轻诗人莎士比亚第一次将注意力转向了戏剧作品。莎士比亚早期在文学新世界的尝试，体现了意大利浪漫主义戏剧流派的影响，这一流派曾经启发了他的前辈和同时代人。不过，除了以意大利为场景的系列戏剧之外，还有一些更方便他利用的素材；在英国历史悲剧中，莎士比亚找到了许多素材，由此创作出了他最为成功的几部作品。几乎从一开始，他的才华就得到了认可。

毫不奇怪，伊丽莎白时代的伦敦，充满了征服带来的利润和自豪以及伴随英格兰突然崛起带来的兴奋之情，人们在这位剧作家那里看到了这个国家重大历史事件的呈现，否则就不会在一个月内有1万人拥入剧院去观看他的第一部经典作品。随着他的才华不断被人所知，到伊丽莎白女王去世的时候，这位来自沃里克郡的剧作家已经成为欧洲文学界的执牛耳者。

在这一时期的整个欧洲世界，只有西班牙为莎士比亚制造出了一些对手，但即使是西班牙的天才人物，也很难同这位伟大的英国人相提并论。他们中的一位，是出身于行伍的洛佩·德维加，他曾参加过勒班陀和无敌舰队的战斗，至今仍以写了2000多部剧本而在文学创作领域取得高产的卓越成就而称。

而另一位作家，他的创作虽然比不上莎士比亚的成就，但仍然在受欢迎程度上与后者形成了竞争；而且就像蒙田的作品一样，他为文学带来了一种新的形式，此人就是米格尔·德·塞万提斯。他在勒班陀战役中受过伤，后来靠文学创作为生。他像绝大部分欧洲人一样，一开始就迷上了戏剧，后来又放弃了，却写出了《堂吉诃德》这个神奇的故事。半是幽默半是讽刺，这是现代第一部具有重大影响力的浪漫主义小说，给他祖国正在迅速衰落的骑士精神带来了致命一击，并直接将其轰出了历史舞台。

在伊丽莎白去世后的一年里，英国和西班牙在文学方面以莎士比亚和塞万提斯为代表的竞争达到了高峰，对现代世界产生了巨大影响的两种重要文学形式被牢牢地固定下来。当欧洲转向别的任务时，它的老朋友传奇小说即使没有为它照亮前路，也将陪伴它在此后漫步于这些新的文学形式之中，或是戏剧或是小说。随着塞万提斯的逝去，西班牙的文学黄金时代暂时结束了。但是，在见证了《哈姆雷特》以及同时出版的《堂吉诃德》的国家，也出现了越来越多的散文和诗歌。这些文学作品即使没有达到莎士比亚戏剧所达到的高度，但也找到了其他的表现形式，**使英国成为近现代欧洲文学最丰满的母亲。**

八

这场革命有一个显著的特点，就是意大利地位的变化。 瓦萨里已经开始创作他的不朽作品《大艺术家传》。如果这还不足以表明当人们开始书写意大利的历史时，伟大的艺术时代已经过去了，那么，委罗内塞在无敌舰队覆灭那一年的去世，便是意大利艺术家灿烂星河中的最后一颗明星失去了亮光。

在16世纪的最后十年，罗马圣彼得教堂的建成标志着新基督教艺术大爆发的高潮和结束，而这一艺术流派曾用文艺复兴的光辉照亮了整个欧洲。在帕拉第奥的影响下，新一代的建筑风格放弃了中世纪哥特式的拱形建筑模式，转而使用那些在随后一个世纪中占据主流地位的古典建筑模式，这一转变相当重要。与此同时，**意大利在艺术上的卓越地位消失了，而西班牙在政治上的霸权也消失了**。意大利诗歌的最后一位不朽之人，也是中世纪精神的最后一位阐释者塔索去世了；葡萄牙人卡蒙斯已经歌唱过祖国英雄时代所逝去的辉煌；西班牙人塞万提斯在《堂吉诃德》中为他的国家误入歧途的骑士精神写下了伟大的讽刺墓志铭。他们都是各自国家衰落的象征性人物，他们都是其民族在艺术和军事方面曾经拥有过的霸权之绝唱。因为随着欧洲南部的绘画和文学的衰落，北欧的新兴势力又焕发出新的活力。**在北欧，英国在文学上取代了意大利的地位；而在艺术上，荷兰现在也可以与意大利匹敌。**

实际上，意大利半岛仍然在接下来的很多年里继续保持着它的声望，吸引着欧洲各国的人们前来学习和瞻仰它的古代文化遗迹，当然，更是来瞻仰它在两个多世纪里几乎每一个知识领域所取得的那些成就，包括政治学、绘画艺术、古典学术、外交学、工程学和文学。在意大利文化失去领导权的很多年里，它仍然继续指引着欧洲大陆。

罗马，虽然被剥夺了一半的精神统治权，但它仍然是天主教世界的主人，也是全欧洲人民想象力的决定者。威尼斯，"亚得里亚海岸边的一个贝壳，被曾经居住在里面的奇妙生物遗弃了"，但仍然可以向好奇的旅行者展示它日渐衰落的辉煌时代所留下的奇迹。美第奇宅第的辉煌已经褪色；但是，意大利的大学仍然是欧洲学生向往的目标。

欧洲最精致和最优雅的社会,一代代工匠和艺术家所培育出来的艺术和技巧,治国之道所带来的教训和传统,文学、商业、机械、行政管理以及所有的精致生活文化,仍在继续向欧洲其余地区散播着它们的影响力。

与此同时,除了在音乐和科学领域外,创造力在意大利也衰退了,整个欧洲南部都是如此。同权力、财富和冒险事业一样,创造力也到欧洲北部去追求更为自由的空气,政治自由在那里能得到有效的庇护。宗教裁判所之精神在意大利的胜利,博学、虔诚但反动的耶稣会士的权威的日益增长,以及标志着反宗教改革运动在欧洲南部之胜利的梵蒂冈教廷散发出来的更狭隘也更强大的理念,所有这些,全都与即将成为未来社会发展的主导性因素相抵触。显然,除非这种情况能够改变,否则地中海世界已经耗尽了它在知识和政治领域的能量。

有一股力量仍然存在,那就是意大利半岛的那些古老思想和实践中心中如雨后春笋般涌现出来的众多学术机构,它们对新科学精神的支持扩展到了整个欧洲大陆,这一精神现在在欧洲思想中取得了巨大的进步。然而,这些都超出了官方和教会的影响范围。虽然物理学的创始人伽利略和现代政治的先知布鲁诺都是意大利人,伽利略的理论和布鲁诺的生命被牺牲给了信仰一致原则,然而,现代世界的两个正在崛起的力量,即科学和民主政府,却在保护和赞助文艺复兴运动长达两个世纪的那个阶级中,发现了它们的敌人。

第十七章
荷兰的崛起

1603—1623

一

英国女王伊丽莎白的去世在很大程度上标志着欧洲政治迎来了一个转折点。四十年来,她与腓力二世的争斗一直是国际事务发展的主要动因;无敌舰队覆灭后,她在很多方面都是基督教世界最显赫的统治者。随着她的逝去,英国就像腓力二世去世后的西班牙一样,在欧洲事务中的显赫位置一落千丈。欧洲的领导权落到了别人手里。

无论是年迈的"占星家"皇帝鲁道夫二世、虚弱的西班牙国王腓力三世,还是第一次将大不列颠岛统一在同一个国王之下的苏格兰国王詹姆斯六世——他就是英格兰国王詹姆斯一世——都没有获得主导地位;当时占据欧洲历史舞台中心的,是法国国王亨利四世。

经过16世纪下半叶连年的战争和阴谋,他在无敌舰队覆灭后一年，也就是亨利三世去世之后登上了王位。五年之后，他才成为法国名义上和事实上的国王，为此，他放弃了新教信仰，皈依了天主教。在他手中，法国显示出复兴的迹象，随着向胡格诺派赋予实质性宽容和政治平等的《南特敕令》的颁布，法国开始在欧洲大剧中扮演自己新的角色。

二

就战争创造历史的角度而言，英国女王去世后的十五年是一个乏善可陈的时期，但有一场相当大的冲突，即西班牙与其叛乱省份之间连年的战争，扰乱了西欧的宁静；而在东欧，只有瑞典与它敌人之间的战争。但是，在从一种社会和政治形式向另一种过渡的时期，如果我们关心人类事务中较深层次的那些核心事件，这就是一个最为多事的时期；就欧洲大陆之外欧洲人的活动而言，这是世界历史上具有决定性意义的一个时期。

在这些事件中，亨利四世和他的大臣苏利公爵扮演着主角。内战留下的深刻伤痕通过一系列巧妙的妥协得以愈合，亨利四世对天主教的皈依和《南特敕令》的颁布就是开始。他与玛丽·德·美第奇的婚姻进一步巩固了自己的王位，波旁家族就这样获得了王权，并维持了近两个世纪之久。财政改革和鼓励贸易的政策，为王权和国家的繁荣奠定了坚实的基础，而科利尼的旧殖民计划也得以重拾。

除此之外，亨利四世还梦想着一个"伟大的计划"——在他与神圣罗马帝国内部新教诸侯的同盟者以及英格兰和尼德兰的支持下，建立一个西欧基督教同盟，实现均势制衡，促进普遍和平。这个梦想，就像他通过战争和外交摧毁哈布斯堡家族的更为实际的计划一样，都被刺客的匕首所中断。

在伊丽莎白女王去世七年后，法国政权再次落入王太后之手。苏利公爵被解职，三级会议被中断（后来的事实证明，长达一百七十多年）。在这十年里，王室成为少数派，天主教徒成为摄政王，胡格诺派发动了叛乱，阴谋和内战接踵而至，直到另一位政治家崛起，才使法兰西王国再次站在欧洲政治舞台的前列。

与此同时，欧洲东部产生了一位统治者，其在欧陆事务中的权势不亚于法国国王。在亨利四世去世后法国感受到了天主教徒的反动力量时，米哈伊尔·罗曼诺夫成为莫斯科的沙皇，结束了十五年前留里克王朝灭亡后的混乱状态。

在米哈伊尔一世继位的两年前，瑞典已经对丹麦宣战；年轻的瑞典国王古斯塔夫·阿道夫已经证明自己是一位令人畏惧的对手。在他的率领下，再加上贤能的大臣乌克森谢纳的大力支持，瑞典人打败了丹麦人，并迫使他们签订了丧权辱国的条约。紧接着瑞典军队与俄罗斯作战，英格里亚、卡累利阿以及芬兰、利沃尼亚的关键要塞都落入古斯塔夫手中。瑞典成为北欧最强大的国家，逐渐控制了波罗的海沿岸的所有港口，从而跻身于欧洲一流强国之列。

俄罗斯则被切断了通往海洋的通道，在国际范围内暂时处于相对低迷的状态；年轻的瑞典国王成了未来不可忽视的因素，也是伊丽莎白女王和纳瓦拉的亨利（亨利四世）一位合适的继任者，从而变成欧洲统治者中的领袖人物。值得注意的是，这三人都是新教徒，在腓力二世死后，他们掌握了欧洲事务的主导权。

三

哈布斯堡家族的德意志分支和西班牙分支在这个关头都没有表现出足够的智慧或力量。在神圣罗马帝国和在西属尼德兰一样，其统治的主要特征是权威的衰落和连绵不断的冲突。在鲁道夫二世漫长的统治接近尾声时，中欧地区又被《奥格斯堡和约》的瓦解所扰乱。《奥格斯堡和约》虽然有种种缺点，却勉强给德意志带来了半个世纪的和平。然而，现在，敌对的教派和统治者的野心给德意志带来了苦难的岁月，皇帝的学识以及他的占星术都无法治愈这一痼疾。

主要的困难来自新教的传播以及宗教与政治的关系。这预示着两大教派之间的较量，同时也预示着皇权与帝国内其他小诸侯之间的较量。在伊丽莎白去世四年后，天主教徒占领多瑙沃特城以报复对他们信仰的侮辱，这看似很有可能引发冲突。但是，补救措施及时出现，鲁道夫二世的统治结束时，人们并没有普遍诉诸武力。

然而，很明显，斗争只是被推迟了。一个新教同盟在普法尔茨选帝侯弗里德里希四世的领导下成立，他是"沉默者"威廉的女婿；巴伐利亚的马克西米利安则领导着天主教同盟——几乎是立即组织起来反对新教的同盟。这些团体所代表的各方之间的关系逐渐紧张到要决裂的地步。随着马蒂亚斯接替鲁道夫二世，这种对抗态势进一步加剧；就在他将要走下皇位的时候，郁积的仇恨终于引发了战争。

这并不意外，对于那些已经开始考验两大教派实力对比的人们来说，冲突已不可避免。自路德把他反对赎罪券的《九十五条论纲》钉在维滕贝格教堂的门上以来，一个世纪过去了，旧信仰和新信仰之间的斗争几乎没有间断过。尽管以《奥格斯堡和约》为代表的各种外交协议阻止了许多武装冲突，但没有人认为这是关乎欧洲人民思想和心灵重大问题的最终解决方案。

在整个欧洲，尤其在法国和德意志地区，新教从一个城镇传到另一个城镇，从一个省传到另一个省，一座教堂接一座教堂地蚕食着旧教会的领地。在法国，新教让纳瓦拉的亨利成功登上法国王位并颁布了《南特敕令》。在德意志，它改变了整个地区及其统治者们。在每一个地方，它都不顾天主教徒的强烈反对，完善自己的组织，以维护并促进自己的利益。

另一方面，反对宗教改革的力量也同样活跃。在法国和德意志，他们建立了天主教同盟；当亨利四世登上法国王位后，他付出了皈依天主教的代价。在波兰，耶稣会的活动成功阻止了路德宗的发展。在欧洲南部，新的异端被成功消灭；而在像爱尔兰这样的边远地区，它则毫无进展。佛兰德斯人与荷兰人的同盟已经被瓦解，而佛兰德斯被西班牙夺了回去，并继续坚持着他们的旧信仰。在耶稣会的影响下，帝国政府变得越来越正统，等到斐迪南二世的继位使帝国皇位坐上了天主教的人，中欧列强的天主教势力对异教徒的态度也变得越来越咄咄逼人。反过来，这些新教国家出于自己的利益考虑，也越来越积极地维护自己的权利。

这个问题在波西米亚最为尖锐。在那里，胡斯的教义已经深深扎下了根，大多数人都是新教徒。在名义上，波西米亚王位是通过选举产生的，捷克人坚持自己的权利；在之前的骚乱中，他们已经设法获得了所谓《宽容敕令》，这保证了他们得以坚持本民族的信仰。结果，新的信仰实现了蓬勃发展。即使在无法完全取代天主教的地方，新教也常常让那里做出妥协，允许人们按照胡斯开创的特殊制度，按照两种不同的圣餐礼来祷告；这些被人们称为"饼酒同领派"①的信徒也成倍地增加。

对于比17世纪早期更为宽容的人们来说，这种妥协似乎是解决棘手问题的最佳办法。然而，对于那些看到信仰的基础因此而被破坏的人们来说，这远远不能让他们满意，反而恶化而非缓和了局势。

面对新教的进逼，波西米亚的天主教少数派抱团取暖，逐渐形成一个派别，并得到哈布斯堡家族的支持，形成了一个影响局势的有力因素。当鲁道夫二世被废黜后，马蒂亚斯登上了皇位，他最早的行动之一就是禁止修建一座已经获得修缮许可的"饼酒同领派"教堂。新教会进行了抗议，并坚持建起了教堂，但新皇帝下令关闭这座教堂，这就破坏了《宽容敕令》，而皇帝得到了天主教会的支持。随着另一座新教教堂被毁以及在波西米亚的十个地区中有七个地区任命了天主教长官，这次双方的矛盾变得尖锐起来。

当布拉格的天主教市议会宣称其有权决定教区神父的资格从而控制首都的信仰后，风暴就此爆发。以图尔恩为首的所谓"自卫者"策划了一场新教起义。在所谓"布拉格掷窗事件"中，捷克人将波西米亚的两名天主教地方长官从市政厅的窗户扔了出去

---

① 饼酒同领派，即"圣杯派"，由波西米亚宗教改革领袖扬·胡斯倡导。词语源自拉丁文，意为"两个"，主张在"圣餐礼"中教徒与主礼的教士同样领食面饼和葡萄酒，反对天主教礼仪，故名。——编者注

（1618）。捷克人向新教同盟求援，一个临时政府也建立起来，随着新教同盟军队的到来，西里西亚和卢萨蒂亚军队在雅格恩多夫的约翰·格奥尔格的率领下进入波西米亚，冲突开始变得严重。波西米亚人找到了盟友，萨伏依借给他们一位将军曼斯菲尔德伯爵，率领2000名雇佣兵助阵；而特兰西瓦尼亚的统治者拜特伦·加博尔宣布放弃对奥地利的效忠，积极备战。

斐迪南二世就是在这样的形势下开始其统治的，他现在是哈布斯堡家族全部领土名义上的统治者。他对波西米亚王位的要求遭到了新教徒的反对，新教徒选择普法尔茨选帝侯弗里德里希五世为他们的国王。"布拉格掷窗事件"发生快满一年的时候，弗里德里希五世在波西米亚加冕；中欧开始了它在历史上最令人悲伤绝望的一场冲突。

耶稣会在弗里德里希五世被选为波西米亚国王之后，称他为"冬王"，但他们的预言没有立时应验。有了曼斯菲尔德和图尔恩的领导以及勃兰登堡-雅格恩多夫边疆伯爵约翰·格奥尔格的支援，再加上拜特伦·加博尔对匈牙利的进攻——他现在成为匈牙利名义上的"亲王"——波西米亚人将帝国派击退，并追击到维也纳城下，若不是波兰人入侵特兰西瓦尼亚从而瓦解了新教同盟军，维也纳定当不保。

马蒂亚斯死后，斐迪南二世在名义上和实际上都成了神圣罗马帝国的皇帝，他倾尽所有力量进攻波西米亚。在西班牙、巴伐利亚和萨克森的路德宗选帝侯的帮助下，形势开始逆转。斯皮诺拉把他的西班牙军队从尼德兰调到了普法尔茨选帝侯的领地。萨克森的约翰·乔治征服了西里西亚、卢萨蒂亚，巴伐利亚的马克西米利安在蒂利统率的天主教同盟军的支持下，与波西米亚的帝国派合兵一处。

就在布拉格城墙下，他们与在安哈尔特的克里斯蒂安领导下的波西米亚军队作战，并在随后的白山战役中粉碎了新教徒的希望。弗里德里希五世受到帝国的惩罚后，跑到荷兰避难。他的领地以及克里斯蒂安和勃兰登堡的约翰·格奥尔格的领地都被没收。波西米亚起义被镇压下去，它的宪章也被废除；新教在哈布斯堡家族的领地上被彻底铲除。

随着天主教和帝国派在德意志赢得胜利，新教同盟宣告解体；尽管曼斯菲尔德和安哈尔特的克里斯蒂安进行了顽强的抵抗，普法尔茨还是被蒂利征服了。巴伐利亚的马克西米利安因为出兵支援蒂利而得到了上普法尔茨的领地和曾经属于弗里德里希五世的选帝侯身份；而萨克森的选帝侯则被授予卢萨蒂亚作为他出兵的回报。因此，在新教事业的彻底灾难之中，结束了构成德意志战争第一阶段的五年激烈冲突。

四

与这些事件同时，还发生了其他一些事件，虽然影响没有那么巨大，却非常重要。在荷兰，一场与德意志战争同时爆发的革命，使奥尔登巴内费尔特失去了他的地位和生命，这使拿骚的莫里斯成为尼德兰联省共和国的执政。在孔代家族的领导下，法国爆发了胡格诺派起义，而同一时期的西班牙人则在意大利用阴谋破坏了意大利人的安宁。

与伊丽莎白女王统治时期不同的是，英格兰国王在德意志战争中成为欧洲事务中的显赫人物。詹姆斯一世的政策最显著的特点是对伊丽莎白时代政策进行了彻底的改变。**伊丽莎白女王死后,继位的是王室大学究"平静者"詹姆斯,用苏利的话来说,他是"基督教世界最聪明的傻瓜",这位傻瓜学究已经走上了管理国内外事务的道路,既不精明,也不成功,但肯定要承受最严重的后果。**

詹姆斯一世最早的行动之一是与西班牙缔结和约。因为他沉迷于一种荒唐的妄想,认为他仅仅通过外交手段就可以平息欧洲已经根深蒂固的敌对情绪。他参加了一系列的谈判活动,使英国在欧洲事务中很快成为一个无足轻重的因素。与此同时,他与自己臣民中强大的清教势力和商业势力对立,打击不守规矩的人或者把他们驱逐出国。他未经议会同意就擅自征税,扰乱了财政秩序;使王室权威受到削弱的不止是因为丧失了人民尊重的那种为王方式,他与下议院发生的激烈争吵也起到了同样的作用。

詹姆斯一世学识渊博,喜欢争辩,但固执己见,胆小怕事,似乎根本没有能力应付或转移他的王权和信仰所面临的威胁;而他狭隘的理智主义以及他对连伊丽莎白女王都要退避三舍之特权的自命不凡,全都在证明他是都铎王朝统治的一位糟糕的替代者。

他的座右铭是和平缔造者的美德应该得到赞美,但是对于不抵抗主义者来说,这个时代是不幸的,他的手段也不能达到他的目标,尽管这些手段极大地满足了他的智力优越感。诚然,欧洲在各方面都饱受冲突之苦,而英国则保持着和平。但这是不体面的和平,是仅限于名义上的和平。

尽管新教的发展遇到了这么多灾难,苟且偷安的英国国王却令人困惑地相信自己的精明,沉浸在懦弱无能的宠臣们的奉承之中，亲眼见证了他所秉持的信仰的崩溃，见证他的女婿被废黜，见证他的女儿成为流亡者，却仍然荒唐到极点地相信他可以通过外交手段击败已经赢得胜利的天主教帝国。

他的更为清醒的议会——被他愚蠢的自大所激怒，也为普法尔茨的沦陷而愤怒——投票决定支援弗里德里希五世，并请求詹姆斯一世取消他为了夺回女婿的领地而策划其子与西班牙公主之间的婚事。这场争吵逐渐发展成了公开的决裂。国王违背了常识和人民的意愿，面临着下议院强烈要求议会对国家事务拥有发言权，即使与国王的意见相抵触之挑战。

詹姆斯一世亲手从下议院的议事录上撕下了冒犯他的那一页，将民众领袖囚禁起来，还派他的儿子去西班牙催促婚事，但这一切都是徒劳的。这次史无前例的西班牙之行不仅徒劳而且愚蠢，年轻的王子在西班牙自取其辱，他回来的时候，他姐夫的命运已经无法挽回，并发现他的父亲遭到了议会的公然蔑视。

伊丽莎白女王去世后的二十年里，正是这些事件掀开了欧洲历史的新篇章。除了法国的改造和英国局势所孕育的进步萌芽外，这些事件主要是破坏性的；如果欧洲的发展被局限在大陆政治中，这几十年很可能会被认为是世界历史的倒退。

五

但是，当雄心勃勃的统治者和热心的政治家为自己或自己的信仰争取利益的时候，当德意志最富庶的地区受到外国雇佣军蹂躏的时候，西班牙与荷兰之间从上一代人继承下来的战争仍在进行着。这场冲突决定着反叛的尼德兰的命运,而且在某种程度上也决定着西班牙的命运。两者的冲突也将欧洲人之间的战争扩散到地球上最遥远的地区,而在欧洲大陆,荷兰与西班牙的冲突已经成为半个欧洲的战争学校。

四十年来,围城战和反围城战在荷兰与西属尼德兰之间的狭长边境不断地进行着,但随着无敌舰队的失败,西班牙收复失地的机会越来越渺茫。腓力三世的即位只会加剧西班牙霸权的衰落。像英国国王一样,他被宠臣莱尔马公爵和他的儿子所控制;他的国家被致命的外交政策和由此导致的连年战争以及衰落的工业和虚假繁荣的经济搞得衰弱不堪。西班牙仍然渴望在欧洲事务中发挥重要作用,在意大利搞阴谋,与荷兰人作战,并向德意志的天主教势力和哈布斯堡家族提供援助,它仍然能够蒙骗英国国王。

但是,随着荷兰东印度公司的成立,冲突的范围开始扩大,至少对于西班牙来说,一个尼德兰就已经让这个在近来企图主宰欧洲政治和信仰的国家焦头烂额。在荷兰人争取独立和商业霸权的斗争中,最重要的国际事务都发生在伊丽莎白女王去世到德意志战争爆发之间的这些年里。

这场冲突,就像一代人之前的英西对抗一样,涉及的利益比欧洲大陆的利益广泛得多。因为荷兰人开始去完成英国人已经开启的任务,通过他们对西班牙统治的抵抗,不仅仅在沿着他们自己的边界与西班牙人战斗且削弱后者支援德意志天主教势力的力量,而且他们也将冲突带到了西班牙帝国最遥远的角落。结果,除了中欧地区爆发战争以及英国国王与议会之间的对立,17世纪前几十年欧洲人还将见证一场争夺商业和殖民霸权的斗争,这场斗争与德意志争取信仰自由以及英格兰争取政治自由的斗争比肩而行，并且彼此影响。

荷兰人在初期的胜利迅速而彻底。伊丽莎白女王去世后的四年里，许多舰队找到了通往东方的航路，从好望角到香料群岛，葡萄牙人被迫为保住代理点和贸易而战。伊丽莎白女王去世三年后，一场具有历史意义的海战摧毁了马六甲的一支西葡联合舰队，东方海域的控制权落入荷兰人之手。一年之后，另一支西班牙舰队在直布罗陀海峡被荷兰海军击溃；就这样，大西洋像印度洋一样，荷兰商船队向东方航行的障碍一扫而空。

在奥尔登巴内费尔特和拿骚的莫里斯在陆上击退西班牙军队之后，荷兰实际上已经成了西班牙海上势力范围的主人；并且，在直布罗陀战役两年后，迫使它名义上的宗主国停止了敌对行动，双方签订的《十二年停战协定》实际上在各个层面都决定了荷兰的地位和未来。因此，当它的邻国英国被国内争端所困扰的时候，荷兰尽管也有很多劣势，但通过击败西班牙，在世界贸易和欧洲政治上争取到了显赫的地位。

在商人们利用了这种局面的时候，他们的政治家和神学家们也在想方设法避免自己出局。《十二年停战协定》签订后的十年里充满了内战和宗教纷争。神学家们分成了两个派别，他们之间仇恨的激烈程度堪比神学争论引发的后果。被人们以各自领袖名字命名的阿米尼乌斯派（后面的抗辩派）和戈马尔派之间关于前定论[①]的

[①] 前定论，又译"堕落前预定说"，系基督教新教根据加尔文的"预定论"而提出的救赎学说。因为是由荷兰人戈马尔率先提出的，故也称"戈马尔学说"。——编者注

新争论，演变成了关于宽容和公民至上的争论。拿骚的莫里斯坦率地说，他从来不知道自己的前世是蓝的还是绿的，结果发现自己站到了奥尔登巴内费尔特的对立面。一场政变使亲王所属的反抗辩派获得了政权。抗辩派受到了草率的司法谋杀；在德意志战争的头一年里，莫里斯成为尼德兰联省共和国的主宰者，但仅限于名义上。这就是尼德兰赢得实质性独立后终极神学真理探索的最早成果。

在这个关头，如果西班牙能展现出它在上一代所拥有的力量，哪怕只是一小部分，它就可以利用多年的停战机会来稳固自身的地位。为了达到这个目的，有一件事是必须要做的，那就是重建海军。

事实上，如果荷兰人想在欧洲政治舞台上占据一席之地，他们就不得不保卫自己的一隅之地，反抗曾经统治他们的宗主国。仅仅保卫国界线是不够的，在他们看来，大海既是他们的力量所在，也蕴含着机会，商业和殖民才是他们真正的产业所在。没有商业和殖民的保证，即使他们在欧洲来之不易的独立也只是一份毫无意义的礼物，而他们未来肯定会失去所垂涎的权力和财富，而且会完全失去安全保障。他们依靠海军来获得利益，也依靠海军来发动战争，迫使他们的对手妥协。

结果，从加勒比海到西里伯斯岛[①]，荷兰人的舰队用持续增加的力量不断打击西班牙势力。对于他们来说，不来梅的古老格言可能很适用："生活不是必要的，航海才必不可少。"

在经历了无敌舰队覆灭的冲击，随后英国和荷兰的猛烈进

[①] 现在的苏拉威西岛。——编者注

攻,以及在马六甲和直布罗陀的灾难性失败之后,西班牙人发现自己在面对这场猛烈而连续不断的打击时几乎无能为力。西班牙政府似乎同样无力挽回或避免灾难。由于对外政策造成的连年财产损失和随之而来的破产,西班牙统治者在能力上的平庸无法激发出国家的潜在力量,从而摆脱混乱,恢复秩序,或者摆脱那种根深蒂固的阶级或出身意识,唤醒社会的活力。西班牙的中央集权统治、贵族文化、神父和官员的刻板作风,对主动精神的压制,都极大地压缩了个人开拓进取的空间,而个人的开拓进取不仅是新殖民势力而且也是商业和政治的核心与灵魂。

在国内,西班牙的民众自由和经济力量已经衰退了很长时间。它的议会最终被查理五世消灭;而且,那些幸存下来的地方权利也逐渐地失去了曾经影响国家政策的能力。除了失去对海洋的控制和对海上航道的垄断之外,码头和港口也因受到忽视而荒废,海军也只剩下了之前的辉煌记忆。此后,它在国外占有领地的历史也只是面对英、荷进攻的一点无力的自我防卫。而且,如果西班牙的影响被圈在伊比利亚半岛或者活动范围受到其统治者能力的限制,西班牙很可能会从世界政治舞台的中心退出。

六

在某个方面,西班牙特别弱。政府主导的航海以及听起来已然遥远的胜利固然是成功的(史学家必然对它进行浓墨重彩的书写),但是,商业世界成功的征服,无论多么依靠武力,赢得它的都是民间个体的冒险行动。无名商人们驾驶着他们少得可怜的商船，航行在世界上任何可能获得利润的地方，从一个港口到另一个港口，跨越大洋，在非洲和美洲之间往返，航线遍布东西方的各个岛屿，用欧洲商品换来象牙或奴隶等，再用这些东西换回黄金、烟草、糖、兽皮、香料或染料——同时，还有无数同样强有力的扩张代理人的努力，只不过他们的名字没有被写在历史书上而已。

正是通过这些途径，奴隶第一次被运到了弗吉尼亚，英国和荷兰的商品也被带到了南美洲。也正是通过这样的途径，荷兰运用大公司有组织的商业力量，削弱了西班牙人的势力。

目前，西班牙的西半球殖民地因其自身特点而未受到直接的攻击。尽管受到英国、法国和荷兰人的骚扰，他们的种植园并没有像西班牙舰队和商站那样变成敌人的战利品。除了他们的敌人偶然留下的一些后裔之外，加勒比群岛还像从前一样。即使在早期的危急时期，巴西也繁荣地发展着，他们还成功将殖民地从伯南布哥扩展到遥远的西北部，帕拉的创建就是为了挫败法国在该地区的野心。虽然很明显，一旦赢得了东方，西班牙的敌人们就会转过头来进攻它在西半球的殖民地，但正是商业帝国的毁灭给从事种植业的殖民地带来了喘息之机。

由于殖民者的积极活动，西班牙的政策为其美洲殖民地的富裕内陆地区筑起了一道保护壳，当入侵风暴严重冲击着西属美洲的海岸和商业的时候，西班牙在美洲的权力实际上却得到了增强。在其殖民地之内，殖民者、勘探者、教士、种植园主和官员们慢慢地把日益扩大的政府权力和殖民地社会的特殊制度推行到了这个广袤无垠的殖民帝国。

在拉普拉塔河地区，殖民者大批拥入，建立了新的商站，如科连特斯和图库曼,甚至在科尔多瓦建立了一所大学。克里奥尔人[①]在潘帕斯草原放牧,耶稣会士沿着巴拉圭和乌拉圭的农场和牧场传教,直到在英国人进攻的高潮时期,作为新社会和旧世界的主要交通中心的布宜诺斯艾利斯港,已经成长为一个走私贸易和合法贸易共同的中心城市。这一地区发展如此之快,以至于当德意志战争达到第一个高潮时,利马当局将这一广大的地区划分为更小的行政区域,并因此组建了图库曼省、布宜诺斯艾利斯省和巴拉圭省。

再往北走,同样的过程几乎以同样的速度进行着。阿根廷被分省治理的同一年,委内瑞拉富饶的牧场和烟草田,即(委内瑞拉的)巴塞罗那附近地区,开始有人定居下来,以前被禁止的可可种植也开始了产业化进程。从那里往北,从西部和南部的种植园出发,远至波哥大的旧首府,无论是大教堂和学校,还是别的领域的发展,都开始能够与利马和墨西哥一较高下。

新西班牙最遥远的地区也感觉到了类似的冲动,探险者们重新踏遍加利福尼亚海岸或穿越新墨西哥圣菲发现了科罗拉多所在的土地,一个新的省级首府的基础就这样奠定了。

在帝国的这些扩张活动中,那些与世隔绝的领地落在了后面。远离外界影响的马尼拉以自治市的形式出现,它的政府大楼、兵营和大学保证了西班牙在菲律宾的影响力,它的主要大事是加利恩帆船每年一次发往墨西哥的航行。但是,西印度群岛,除了设防的哈瓦那港外,一直不断地受到攻击,要么变得无足轻重,要

[①] 克里奥尔人,指出生于美洲而父母均为西班牙人或葡萄牙人的白种人,用以区分从本土迁往美洲的西班牙移民。——编者注

么成为海盗和私掠船的天堂。

利马和墨西哥是整个地区的中心和象征,它们的医院、学校、大教堂和欧洲以外最古老和最大的同类机构——大学——都十分繁荣。它们代表了西属美洲殖民地的富裕程度,自腓力二世统治的第七年在万卡韦利卡发现含水银的朱砂后,这个地区的财富就开始增长了。这为采矿业带来了新的动力,因为在这个时代,对于从矿石中分离黄金来说,水银的价值不可估量。通过铜炼锅的汞齐化工艺进行矿石还原的技术进步以及在的的喀喀湖区域发现的新矿,使大量财富流入殖民者之手,这证明西班牙殖民地经济实现了大幅度发展。

但与此同时,西班牙自身的实力却在下降,以至于它开始依赖自己的属地。在见证荷兰人在东方取代葡萄牙人的那些年里,这便是欧洲人扩张的情形。

七

但是,到17世纪初,尽管西班牙的官僚统治对殖民者的活动几乎没有任何帮助,然而,他们还是躲在荒野屏障后面让这些地区繁荣起来,而不幸的葡萄牙人则承受了西班牙众多敌人的全部攻击。

对于西班牙人来说,腓力二世曾经确实稳稳地控制了整个帝国的贸易和政府机构。不过,无论是腓力二世还是他的继任者,都不能保证不受到他们政策后果的影响。结果,葡萄牙人在西班牙人统治下的头四十年见证了自己殖民帝国的崩溃。在"平静者"詹姆斯一世的领导下,英国的攻势减弱了;但是,由于不抱任何幻想,也

东印度群岛

没有任何顾忌，荷兰人继续用强硬的手段夺取东方的贸易业务。荷兰帝国在亚洲的崛起也是葡萄牙帝国衰落的故事。

东方的旧主人努力维护自己的权利，但没什么用。他们向土著首领、莫卧儿皇帝、暹罗国王和波斯沙阿寻求支持，也没什么用。葡萄牙人一次又一次地从果阿或葡萄牙本土进攻他们的敌人，同样没什么用。他们之前的压迫行为现在结出了苦涩的果实，因为入侵者到处都能找到土著盟友。

长期的暴政得到了报应，而他们重整军队和舰队的绝望努力却收效甚微。葡萄牙人自己也逃避殖民地的差事，除非可以通过贪污腐败行为获利。虽然驻防部队通过在当地征募人手而增加了五倍，但这更像是腐败，而不是防御，直到因为人力资源过于紧张，失去东方领地对于葡萄牙而言是不是一件好事都成了问题。

之后，荷兰人将他们第一次和最激烈的攻势指向了葡萄牙的东方的哨所，并暂时将他们的主要火力用于打破西班牙对殖民地的垄断，原因就在于欧洲以外冒险活动的巨大利润就蕴藏在那里，可以用最快的速度和最轻松的方式赢得贸易和权力。因此，在成立的六年内，荷兰东印度公司就取得了巨大的发展。

在从亚洲大陆向东南延伸的各个岛屿上，荷兰不仅建立了自己的贸易连接点，而且相当成功地将英国人驱赶了出去，因为商业竞争的对手们正在当地统治者中间寻找开展贸易和签订相关条约的机会。从印度经过锡兰到爪哇和苏门答腊，再向南和东南方向穿过摩鹿加群岛或香料群岛及其主要贸易中心特尔纳特和蒂多雷，其中有丁香岛、肉豆蔻岛、班达岛、安波那岛、普拉隆岛；再到中国澳门；经过西里伯斯岛和加里曼丹岛到新几内亚，甚至抵达现在被再次发现并被重新命名为"新荷兰"的更为遥远的澳大利亚边界；他们带着商船队寻找商业机会，为一个新的东方商业帝国的诞生奠定了基础。

贸易也不是他们活动的全部。从苏门答腊的亚齐——也就是葡萄牙人占据的马六甲的对面——开始，到爪哇的万丹，再到马来半岛南岸的柔佛，荷兰人建立了诸多据点。通过这些据点，他们占领了特尔纳特和安波那等战略要地，不仅想控制远东地区的海上航路以及马六甲海峡与巽他海峡，还想控制通往中国和日本的整个交通岛链。

为了实现这一目标，荷兰人进行了下一步的努力。在与葡萄牙人持续不断的战争中，他们努力拉拢各地的统治者来打击共同的敌人，还将他们的宗主权扩大到当地的统治者身上。现在，随着他们越来越强大，开始努力阻止土著与其他国家开展贸易。《十二年停战协定》签订之后，荷兰派出总督彼得·博特去加强和巩固他们对群岛的控制，这是他们进军东方第一阶段的高潮。

他们的一支商船队已经到达了日本，但日本的幕府将军德川家康扣留了他们的英国领航员威廉·亚当斯。日后在威廉·亚当斯的影响下，荷兰人最终获准在这个岛国建立工厂。两年后，这位流亡者为他自己的同胞争取到了同样的特权；因此，在这位来自肯特郡的水手（他后来成为日本海军的奠基人，并最终成了神）奇妙而浪漫的介入之下，开创了这一对东西方都有深远影响的长久关系。

但荷兰并不是唯一要与西班牙和葡萄牙展开竞争的国家，英国人在他们之前已经有组织地努力控制贸易，现在仍然是荷兰人争夺巨额利润的主要对手。

如果政治发展是一种有序的、合乎逻辑的、明智的、目标明确的进步过程，而不是盲目地朝着未知的方向前进，那么，一套原则或实践的胜利就可能成为协调一致行动的基础，并成为最终成功的前提。如果英国和荷兰战胜西班牙和葡萄牙，而且对它们即将要赢得的财产的划分和享用感到满意——它们甚至已经同意放下彼此之间的仇恨，共同对付它们的敌人，直到问题得到解决——即使可能不能实现完全的和平，但是，无论如何，这可以使冲突限定在了一定的区域之内。然而，英、荷两国在对西、葡的联合进攻行动尚未完全解决东方贸易问题的时候，彼此间就开始了对抗性的行动，这在下一代人中将会成为欧洲世界的重要问题之一。

八

人们也许会认为，这种海外冲突会立即成为一场欧洲战争爆发的缘由，但三种因素共同阻止了这种可能。第一个是殖民事务在当时欧洲人的理解之中仍然处于欧洲政治事务之外；那些"越界"的事件主要是一个个单独的问题，在本土是否会被看作发动战争的缘由，要视情况而定。第二个是西班牙没有能力一次性地为它受到的所有伤害进行复仇。第三个是詹姆斯一世和约翰·奥尔登巴内费尔特的和平政策。

在某种意义上，最后一个因素是直接的决定性因素。英国与西班牙之间的和平以及《十二年停战协定》都是由赢得胜利的一方强加给腓力三世的；如果英、荷在欧洲本土利用各自的巨大优势继续施压，很可能会一劳永逸地摧毁西班牙的势力。然而，在两国看来，保持和平似乎是更明智之举，而且实现起来也更容易，因为不管在好望角以东如何对抗，它们更容易做到在努力扩大海外势力的同时保持欧洲本土的和平。海外领地，天高地阔，葡萄牙冒险者并没有认真开发这些地方，在这里有可能不用发动战争就能获利。

这种情况对英国国王尤其具有吸引力，与荷兰人不同的是，他的臣民们从一开始就在避免冲突的情况下寻找侵入葡萄牙垄断的通达东方的途径。英国人的当务之急是为他们的这一行动找到一些法律程序上的依据。

他们转向了印度。在第三次所谓"单独航行"中，也就是东印度公司成立的最初十几年里，该公司的船长威廉·霍金斯在苏拉特登陆，并把詹姆斯一世写给莫卧儿皇帝贾汗吉尔的信件带到了阿格拉，试图在南亚次大陆上获得一个立足点。与此同时，莫卧儿政权正在向内陆地区扩张势力，荷兰试图与莫卧儿政权建立联系的努力，以及它们贸易的发展，都不是很顺利。

现在，除了荷兰人和葡萄牙人的对抗之外，英国冒险者的介入也在不断增加，目的是打破荷兰东印度公司的垄断，后者不得不采取措施维持自己的生存。因此，在英国东印度公司成立后的第九年，正是西班牙和荷兰签订停战协定的那一年（1609），英国东印度公司重新获得特许，不仅特权得到永久的恢复，而且资本得到扩大，在这种比较有利的条件下，它曲折的历史翻开了新的一页。

在某一方面，英国人是幸运的，他们在印度西北海岸的苏拉特建立了一个据点。之后，他们又击败了阻碍其通往英国据点的葡萄牙小股部队，摧毁了驻扎在果阿与第乌之间的海岸舰队，并获得了永久居住许可。英国派遣托马斯·罗伊爵士前往莫卧儿帝国，并从皇帝那里获取了贸易和居住许可。葡萄牙舰队被摧毁十年之后，英国人在当地人的帮助下占领了霍尔木兹海峡，葡萄牙在坎贝和波斯水域的霸主地位就此终结。

如果英国人在其他方面也同样成功，或者在与对手的关系上也同样成功，他们的帝国在东方的历史就会与后来大不相同。在印度的另一边，荷兰人控制着马拉巴尔海岸的贸易，并试图在普利卡特建立一个哨所，但没有成功。他们在戈尔康达国王的保护下，在佩塔波利建立了一个短命的据点；最后，在科摩林角和恒河入海口之间的默苏利珀德姆，建立了一个"最幸运和最兴旺"的商栈。

丰富的纺织品贸易和宝石贸易使戈尔康达成为财富的代名词，暹罗和群岛地区的香料、樟脑、安息香与来自远东的商品都汇集到了这里。然而，正是这一商业模式的成功，埋下了他们与荷兰人之间仇恨的种子；尤其是英国人也参与到了荷兰人为之不惜与任何国家开战的香料贸易之中。

九

为了控制这种最令人垂涎的垄断商品，博特远征后通过一系列条约将群岛上的当地统治者与荷兰的利益联系在一起，从而为荷兰的霸权奠定了基础。

与此同时，在欧洲本土，政治家们也在努力寻求和解。敌对国家之间的虚假友谊、无休止的谈判、詹姆斯一世表面上不惜任何代价实现和平的决心，以及奥尔登巴内费尔特试图平息争吵、平息风暴的努力，都毫无意义。漫长的谈判只是做出了最含糊不清的安排。谈判规定,每个国家都应占有自己征服和发现的成果,在各自的港口互相支付关税,这样就在接下来的二十年里将市场分割开来,而商栈问题则悬而未决。除此之外,还添加了一项联合打击共同敌人、建立联合防御委员会的协议,从而"将西班牙人赶出印度"。

然而,政治家和外交家的所有良好意愿和机智对边界线以外的和平几乎没起到什么作用。海上的战略要地以及香料贸易中心被荷兰人占领。各种各样的冲突使本已紧张到极点的关系更加恶化。英、荷两国与土著签订的条约相互冲突,从而引发了争端,随之而来的是攻击和报复,这导致了公开的战争。

在这场斗争中,英国公司的利润减少了,同时生存也受到欧洲内部竞争和海外战争的威胁,它发现自己根本无力打击联省共和国大规模的国家殖民事业。它无法与荷兰人从中国引进茶叶的业务展开竞争,也无法与荷兰人从摩卡引进咖啡的业务展开竞争。不管它从香料和东方商品的贸易中获得多少利润,都远不及荷兰,不仅是收入方面,还有在东方的总体地位方面。在《联合防御条约》签订两年之后,英国人就在霍尔木兹海峡击败了葡萄牙人,后来又占有了该地区贸易的一部分份额,才中止了英国商业冒险者在这些年里连续不断的失望和失败记录。

对于英国人来说,条约并没有缓解他们的艰难处境。无论英国国王和他的大臣们对条约如何满意,对平息东方的战事几乎都毫无意义。英国派托马斯·戴尔爵士去对付新任的荷兰总督简·皮特斯佐恩·科恩,那是一个开启荷兰殖民历史新篇章的人物。

这位荷兰行政长官曾在罗马的皮斯卡托利商行受训,他长期在万丹担任当地商行和代理机构的领导者，就是阿尔布克尔克曾经为葡萄牙担任过的那种职位。他的计划和行动也没有什么不同。他加强了雅加达和万丹对巽他海峡的控制，镇压了摩鹿加群岛土著的叛乱，并从英国人和爪哇人手中夺回了他未完工的要塞，这些人之前曾利用他离开的机会颠覆了荷兰人的统治。

戴尔被赶出了雅加达，回到了印度，死于热病。科恩就这样除掉了最危险的敌人，巩固了他的祖国在东方的势力。雅加达被摧毁，巴达维亚城和要塞在附近动工。巴达维亚城是苏拉特和金色果阿的劲敌，从科恩所处的时代一直到20世纪初，都是荷兰东方贸易和种植帝国的中心。

科恩的行动绝不止于此。因为他坚持荷兰人的立场，无论哪个重要条约如何规定贸易和防御事务，科恩都没有给予英国人在亚洲领土上的统治权或管辖权，而且他继续驱赶已经获得了些许哨所的英国人。

无法为自己的船只提供足够的补给，也不愿参加计划好的对万丹的攻击行动，又不愿意与西班牙开战，且因归还在最近的报复行动中抢夺的财产时发生的争议而愤怒，英国人发现自己在战争和外交上都落于下风。他们留在群岛上的船只被俘虏；他们与万丹签订的条约被荷兰人截获，成为发动战争的理由；他们在巴达维亚的据点无法继续维持；他们的代理人被荷兰人罚款、监禁，甚至鞭打；他们在兰托尔和普拉隆的代理人被驱逐；他们失去了他们所拥有的一切权势。在科恩的第一个任期结束之前，荷兰人已经成为群岛的主人。

这还不是最糟糕的。就在天主教帝国以自己的胜利结束了德意志战争的第一阶段的时候,荷兰人以一场极其惨烈的暴行确认了他们对远东地区的控制。由于商业竞争,欧洲探险者来到了最偏远的地区。位于摩鹿加群岛中心的小岛安波那是香料贸易的重要中心之一,长期以来被欧洲列强所争夺。现在这里只剩下英国人和荷兰人在竞争,他们的政府代表彼此极为仇视。科恩刚刚离任,这场争端就被一举解决了。荷兰人的人数是英国人的十倍,他们指控英国人玩弄阴谋,并对人数不多的英国守军发起进攻,然后将他们处死,还占领了英国人在整个群岛上仅存的几个据点。

由此,荷兰对香料群岛的控制得到了加强。英国人被赶回欧洲大陆,去寻找他们所能得到的补偿;英荷对抗的第一个阶段就此结束。对亚洲贸易的争夺并不是以这种势力范围的强行划分而结束的;这场最后的暴行给后来的岁月留下了一笔漫长的苦涩遗产。但就目前而言,荷兰人占据了优势地位。英国人被迫做出一项重大决定,这个决定使印度次大陆成为他们的主要活动区域,并最终成为他们帝国野心的主要战利品。

英国人在亚洲大陆的活动还遇到了其他对手。几乎就在英国和荷兰打破西班牙和葡萄牙在南亚的垄断地位的同时,俄罗斯人也开始参与到了入侵东方的活动之中。他们的探险者沿着叶尔马克指示的道路,穿过亚洲北部广阔的平原,征服了西伯利亚。

在无敌舰队覆灭的那一年,俄罗斯人建立了托博尔斯克,打通了通往布哈拉的贸易路线。在荷兰公司和英国公司展开长期竞争的时候,莫斯科人到达了上鄂毕河,并在托木斯克建立了前哨,那是莫斯科到太平洋的中间点。从那里出发,他们准备穿过北部大草原。三十年战争爆发的那一年,他们到达了叶尼塞河,并在那里建立了叶尼塞斯克。在英、荷两国的对抗随着安波那屠杀达到高潮的时候，俄罗斯人已经成了西伯利亚绝大部分地区的主人，并向勒拿河流域的广大地区进军。

十

在17世纪的前二十五年，德意志发动了最后一场也是规模最大的一场宗教战争，英格兰也进入了一个内乱时代，被卷入了一场同样影响巨大的冲突之中，欧洲列强将世界分割成各自的势力范围，一种新的元素开始被注入世界政治之中。

如果政治事务的一个特征变得比另一个特征更显眼，那就表明欧洲的活动不再受影响了上个世纪政治事务条件的制约。无论使中欧陷入战争阵痛的形势多么重要，欧洲的未来与其说取决于在中欧进行的战争，不如说取决于在英国内乱中首次表现出来的因素以及欧洲人的海外扩张活动。

第十八章
英国、法国、荷兰在美洲

1603—1623

一

即使对17世纪头二十年的欧洲历史进行最浮浅的思考，也可以明显地看出，无论使英国王权与议会发生冲突、使瑞典成为波罗的海的主人、使德意志陷入了宗教战争泥潭的事件有多么重要，但这一时期的意义和焦点绝不局限于欧洲本身。

关于亨利四世统治下法国活动的描述，如果忽略了在他统治期间最重要的一件事——在美洲建立殖民地——那无论如何都是不完整的。东方事务的编年史如果忽略了俄罗斯侵入亚洲的进程，也就没有多大价值了。在描写西班牙与荷兰之间的冲突时，也不可能不考虑这场冲突的主要发生背景——海洋，以及它的重要战利品——商业和殖民地。

最重要的是，如果没有包括英国国王与不列颠群岛上的不从国教者的冲突，也没有包括这一时期英国在西半球建立殖民地和拓展势力的政策与活动，那么，关于詹姆斯一世统治时期的记载就很难说是完整的。

在16世纪的冲突和争论所产生的各种结果中，没有一个比西班牙海军的衰落更为重要的了。尽管是被动的，西班牙第一次向欧洲北部国家开放了海上航路和陆地通道，随之而来的是北欧人向美洲的迁徙，给世界事务带来了新的因素。除了三十年战争，英国国王和议会的斗争，以及英国和荷兰在东方的统治，欧洲对北美的殖民也必须被视为影响世界近现代历史发展的一个决定性事件。

二

人们也许会认为，摧毁西班牙海军的那些国家会最先得到西班牙在西半球的遗产，这些遗产现在已经对他们的探险队开放了。然而事实并非如此。

在亨利四世即位后出现的新精神的刺激下，法国第一个启动了新的海外扩张活动。法国在建立殖民地、贸易、冒险、创建帝国上有自己的优势，虽然缺乏西班牙和葡萄牙那种强烈的贪婪和宗教热情，也缺乏北方邻国那种获取利润的热情，但它处在十字军东征和商业冒险之间的位置，两种动力都不缺。几个世纪以来，作为渔民，作为葡萄牙领地的闯入者、私掠者和殖民者，它的水手和冒险者找到了通往西半球的航路。鲁昂、迪耶普、翁弗勒尔和波尔多的商人们在非洲黄金海岸建立了代理点，派遣探险队去往远东地区，资助去巴西的航行活动，并成立了短命的贸易公司。

然而，16世纪的法国统治者，和他们海峡对岸的邻国一样，由于与查理五世的长期战争以及内战，已经放弃了更大规模的殖民扩张活动。弗朗索瓦一世派遣了韦拉扎诺和卡蒂亚前往美洲，卡蒂亚和罗贝瓦勒在美洲成功建立了不少殖民地，但这些行动的成果不过是驱散了让人们恐惧的一些流言，例如北海地区的狮鹫和鬼怪、占据着恶魔岛的魔鬼以及居住在加拿大内陆撒旦属下的食人族。他们对西班牙和葡萄牙所忽视的一些海岸地区提出的领土要求得到了确认。科利尼的殖民计划因他的不幸去世而中断；除了来自西印度群岛的海盗活动和走私贸易的不稳定收益，其他的一切都化为乌有。

然而，一位由胡格诺派——法国在欧洲以外的所有冒险事业几乎都是由这一派推动的——培养出来的君主，再加上一位对经济的兴趣丝毫不亚于对国家政治权力兴趣的大臣，让情况发生了变化。一个世纪前，随着格拉纳达的陷落，使只会打仗却又一无所有的西班牙冒险者们被迫四处漂泊，寻求新的冒险机会，而纳瓦拉国王亨利继位后的和平，也为法国所支配的地区带来了同样的力量。

对于一项殖民行动来说，它可以从贵族中招募新兵，因为这一贵族群体最近所扮演的角色，无论被多么痛苦和复杂的宗教因素所掩盖，但与一百年前的英国贵族也相差不多。在这一基础之上，他们又拥有一位尽管在性格和出身方面完全不同但在处境方面与英国亨利七世类似的国王，还有一个与博斯沃思战役后的英格兰一样暗潮涌动的国家。就是从这样的力量中，他们招募了一支新的殖民队伍。

《南特敕令》颁布后不到一年，法国就成立了一个贸易协会，处理爪哇岛、摩鹿加群岛和苏门答腊岛的事务，加拿大和阿卡迪亚公司也成立了。很自然，后一家公司似乎更为重要，因为法国殖民活动的主要兴趣在北美洲。

圣劳伦斯地区是法国人在新大陆最早了解到的地区，也是他们探索最多的地区。这已经超出了西班牙人所能接受的边界范围，这些边界曾给科利尼的殖民活动带来过痛苦的体验。对于地中海诸民族来说，它似乎是一个不适宜居住的地方，但顽强的欧洲北部民族对它的严酷气候却没那么在意。虽然在西班牙看来这是一个无利可图的地区，但它的毛皮、森林产品和渔业对法国殖民者的吸引力却仅次于东方的香料；而在法国的政治家们看来，广袤无垠、无人占领的内陆地区最适合建立帝国统治。

从卡蒂亚时代以来，就流传着关于诺伦贝加浮岛以及圣劳伦斯河急流下游的奥雪来嘉土著大城市的浪漫故事，早期探险者到亚洲去的希望就是被急流阻挡的，从那时起，人们就把这里叫做"拉辛"。从卡蒂亚那个时代开始，由鱼类和毛皮、海象牙、石油以及森林和海洋产品构成的贸易出现了增长；当《南特敕令》释放出法国社会的能量之后，这些能量首先转向了法国人最早就注意到了的这一广袤区域。

在这一时代的思想和环境的刺激下，法国的殖民野心复苏了。一位来自布列塔尼的天主教徒，德拉罗什侯爵，被授予"加拿大、奥雪来嘉、纽芬兰和拉布拉多及其邻近土地"的中将头衔，开始在阿卡迪亚附近建立一个命运多舛的囚犯殖民地。德拉罗什侯爵的去世使他的权利转给了圣马洛商人庞特格雷夫和海军上校肖万，后者率领殖民者在塔杜萨克登陆，并靠印第安人的接济活了下来。

后来，有一位坚定的士兵艾玛·德·沙斯特，做了圣约翰地区的司令官，也是迪耶普的地方行政官。他是一位支持国王的天主教徒，曾经帮助亨利四世在阿尔克赢得了胜利，从而获得了在新土地上"种植百合花和安放十字架"的特许状。

他与庞特格雷夫联合，不久就找到了一个在新大陆为法国建功立业的人，他就是萨缪尔·尚普兰。尚普兰之于法国，正如科尔特斯之于西班牙，叶尔马克之于俄罗斯。作为布鲁阿日一名海军上校的儿子，他受过军事训练，参加过内战，一度参加过西班牙对西印度群岛的远征，从而为法国政府获取了关于那一地区的情报。

这位大胆、精明的殖民者厌倦了领取宫廷养老金度日的日子，报名参加了新的殖民活动，与庞特格雷夫一起出发，开启了这场注定要为法国创建一个新帝国的远征行动。这些人便是新法兰西的创建者。

尚普兰在他的第一次航行中探索了圣劳伦斯河和萨格奈河。他未能找到奥雪来嘉城或者通过拉辛急流的道路，返回后得知他的同事沙斯特已经去世，现在，庞斯的加尔文宗总督、曾经在美洲做过肖万同伴的皮埃尔·杜加·德蒙斯成为阿卡迪亚的新主官。这些殖民者的报告，现在被发表出来，唤起了人们对建立殖民地计划的新兴趣。

德蒙斯和庞特格雷夫，还有一群半是新教徒半是天主教徒却全是殖民者的狂热分子，同尚普兰一起在新斯科舍的芬迪湾建立了皇家港口。从那个地方出发，他们走了很远，向南探索海岸地带。但是，由于他试图压制那些闯入这些地区的不满商人们，德蒙斯的垄断权被撤销了。

经过两年的努力，庞斯总督才再次派尚普兰担任副总督，目的是建立一个贸易据点。从塔杜萨克出发，这位坚忍不拔的殖民者再次沿着圣劳伦斯河逆流而上，在俯瞰着魁北克城的巨崖脚下，他创建了第一个永久性的法属美洲殖民地或法国在欧洲大陆以外的第一个殖民地。这样，法国在新大陆终于获得了稳固的立足点。

巴斯克人和法国殖民者的蜂拥而入，让塔杜萨克此后一直是毛皮贸易的中心。越来越多的渔民和商人前往阿卡迪亚和纽芬兰，耶稣会士紧随其后。在17世纪的第一个十年过去之前，荷兰在东方站稳了脚跟，而法国则沿着圣劳伦斯河建立了殖民地政府，并准备在尚普兰的领导下，将自己的势力深入到广袤荒原的中心地带。

三

面对东方和西方的这些大规模的殖民运动，决不能认为英国会满足于亚洲贸易所带来的微薄利润；而那些成立公司开拓东方的人很快就感受到了西半球的诱惑，早期的冒险者们已经为去往西半球指明了道路。雷利在伊丽莎白女王统治晚期曾写道："我将会活着看到弗吉尼亚成为一个英国人的民族国家。"但他已失势，失去了权力和自由。詹姆斯一世完全改变了伊丽莎白时代的政策，使英国走上了不同的发展道路。

但英国人仍然梦想着雷利曾计划夺取的那块位于西班牙与法国之间的土地，而那片土地的名字"弗吉尼亚"仍然反映着过去的那一代人以及他们女王的辉煌。她的船长们已经探明了那片土地。在她去世的前一年，雷利做出最后的努力来拯救他那命运多舛的殖民地。在旅途中，戈斯诺尔德探索了新英格兰南部的海岸，起初是他一个人，后来与吉尔伯特和布林一起；再到后来，韦茅斯领导了一次前往肯纳贝克的远征行动。

就这样，当法国人牢牢控制了圣劳伦斯地区的时候，英国正在聚集新的力量，准备在西班牙和法国占领的地区之间进行注定会建立永久性殖民地的扩张事业。

没有什么东西能比推动它前进的人更能体现这个国家的特色了。与推动英国殖民事业的戈斯诺尔德一同出现的有东印度公司的首任总督托马斯·史密斯爵士，他也是雷利被剥夺的权力的主要受让人；有波帕姆，首席法官的堂兄弟；有英国西南部的商人温菲尔德；有教士亨特；有萨默斯和盖茨，他们是雷利的战友；有戴尔，一位低地国家的士兵；雷利·吉尔伯特，"笼中之鹰"雷利的侄子；还有主要在伦敦、布里斯托尔、埃克塞特和普利茅斯的"骑士、绅士、商人和其他冒险者"。

这些人向詹姆斯一世请求"在弗吉尼亚建立殖民地的许可"，在皇家港口建立两年后，经过英国国王的批准，又建立了两家公司。伦敦公司或第一殖民公司被授予了一块北美洲在大西洋沿岸的土地，从北纬34°到北纬38°，如果那块土地是第一次被殖民的话，还拥有再向北推进3°的权利。普利茅斯公司在北纬41°到北纬45°之间得到了类似的授权，对南部也有一部分重叠的权利。每个公司都获得了在其第一块殖民地两侧各50英里的土地以及向内陆方向的两倍于此的土地；拥有造币权和自卫权；享有自由贸易特权；至于政府，则在殖民地设立一个居民议会，在英国设立一个全体会议。这就是英国在美洲首次成功扩展其势力的计划。

新公司买了三艘船，并装备完毕。大部分是乡绅的100名冒险者被召入探险队伍；克里斯托弗·纽波特，"一个在美洲西部很有经验的水手"，也加入进来；在特许状被批准九个月后，伦敦公司的小船队起航了。他们在加那利群岛加水，与"打捞船"进行贸易，在西印度群岛修整，然后被风暴赶入切萨皮克湾。从那里，他们沿着一条路逆流而上，并把这条河命名为詹姆斯河。他们在一个低洼的半岛上建立了殖民地，将其称为"詹姆斯敦"。

在这些工作准备就绪后，他们成立了一个委员会，勘察了河流，击退了当地原住民的攻击。随后，纽波特就让他们去完成一项艰巨的任务，"没有什么比这更困难的了……即建立一个远离人类和各种生存手段的政治实体"。

与此同时，从伦敦公司分离出来的西方公司派出了一支由吉尔伯特和波帕姆领导的远征队，前往肯纳贝克。但是，那里的气候极为恶劣，让寻找矿藏的希望破灭了；法国和西班牙的商人对他们充满敌意；就在要去建立魁北克的法国殖民团缓慢穿越北大西洋的日子里，"被吓坏了"的沮丧的英国殖民者正好在返回英国的途中从他们身旁经过。

如果不是因为一个人的勇气和能力，詹姆斯敦可能会遭受同样的命运。就像尚普兰之于新法兰西，约翰·史密斯也对建立弗吉尼亚殖民地起到了同样的作用。除了参加过欧洲战争，尤其是与土耳其人的战争，按照他自己的叙述，他还经历了一系列非凡的冒险行动。这样的经历使这位在新殖民地初创年代负责当地事务的刚毅船长变得更加坚强，成为一位依靠其勇气、韧性和资源而使计划能够继续下去的可靠指挥官。正是他的咬牙坚持，使得殖民地度过了种种危机，直到新的殖民者到来。就这样，在如此艰苦险恶的环境中，英国在北美的据点得到了巩固。

当英国这样缓慢而痛苦地在新世界中确立自己的地位时，其本土的处境却出现了变化。在东印度公司重新获得特许的同时，伦敦公司进行了重组，成为一个拥有可购买股份的开放公司，这些股份可以分配给殖民者以换取其为公司服务，并在七年后按其所持股份的比例分配土地。国王和国教会至高无上的地位以及英格兰的土地所有制和司法体系也得到了确认。与此同时，还授予重组后的公司一块新的领地，其条款的模糊性在此后变得非常重要，按规定，新领地范围从老波因特康弗特角向两侧各延伸200英里，向内陆方向则是"从大海沿着西方和西北方向到大海"。

根据新的特许状，成立了一家在欧洲历史上未曾有过的法人团体。其管理机构由一位英国董事长和委员会组成，公司对殖民地的管理权被委托给驻在殖民地的一位总督和委员会。因此，殖民者实际上成为一种共产主义股份制企业的雇员和股东；将他们的产品变成资源库，从中获取必要的给养，分享冒险行动带来的利润。尽管它有种种不足，但还是设法生存了下来。

尽管这家公司初期的探险活动很让人失望，既没有找到金矿，也没有找到通往东方的航道；尽管在第三个冬天出现了可怕的饥荒；尽管这个殖民地因史密斯返回英国而更加衰弱；但它坚持了下来。逐渐明显的是，无论殖民地初期的组织有多么不符合实际，然而一股新生力量开始在开发美洲的事业上与西班牙的征服和种植园以及法国的商业展开竞争，并将欧洲的边界和资源扩张到了新的方向和越来越多的地区。

当詹姆斯敦殖民地建立的时候，德意志爆发了宗教战争。这个殖民地的初创恰逢英荷联军进攻东方的葡萄牙帝国，以及英国国王与他的人民之间的敌意日益增长的时期。与这些重大事件相比，北美荒原上少数殖民者的活动显得微不足道。然而，未来掌握在他们手中，而非贸易战或宗教争端。

四

法国人和英国人在他们现在建立的第一个永久定居点，以及他们不久将被荷兰人所效仿的地方所遇到的情况，与在此之前欧洲殖民者所遇到的情况大不相同。从温带到寒温带再到北极圈，他们发现的大部分土地被森林所覆盖，其中包括山毛榉、橡树、白蜡树、松树、栗树、胡桃树和各种各样的杨树，这些植物对他们来说既熟悉又陌生。

那些森林里到处都是猎物，这些猎物，除了少数明显的例外，欧洲人对它们并不陌生。大量的鹿、熊以及兔子和松鼠，还有许多种类的野生鸟类，尤其是鸭子、鹌鹑和许多种类的松鸡。在欧洲人眼里，负鼠、浣熊和野火鸡是新奇的动物；当他们进入内陆后，野牛为他们的资源和经验增添了新的元素。

具体说来，毛皮动物是这一新资源中的主要财富，在北方尤其如此。貂皮、狐皮、熊皮，从南方的棕色和黑色品种到极地的白色品种，还有海象皮和海豹皮，数量众多。也许，最重要的是海狸，非凡的智力和工程技能使它的群落遍布整个北美大陆，在新大陆所有具价值的毛皮动物中，海狸数量最多，也最受欢迎。

现在与欧洲人有密切接触的北美印第安人，在肤色和风俗习惯上与入侵者在南美遇到的那些种族有些相似。虽然他们各不相同，但与欧洲人已经征服的阿兹特克人和印加人相比，差别并不大。尽管他们中有许多人居住在村庄里，但他们的定居点并不是长久不变的，而且大多数人都居住在他们部落内部相当明确的区域之内，有半流动性的特点。他们的生活资源有一部分是靠打猎得来的，而打猎和战争是他们生活中的主要活动；还有一部分，尤其是在一些不那么原始的印第安部落中，种地的活儿几乎全部由妇女来做。玉米、南瓜、水果、豆类，再加上来自南美洲的土豆、稻米和烟草，以及水中的鱼、牡蛎和蛤蜊，构成了他们主要的生活物资来源。

他们的艺术还比较原始。他们的房子是用树皮、杆子和兽皮搭建的小屋或圆锥形帐篷。事实上，他们用动物毛皮，主要是鹿皮来遮羞。由于还处于石器时代，因此他们用于战争、狩猎和畜牧的工具都是石质材料。他们缺少文明驯化的最重要的三种动物：马、牛、猪。他们唯一的驯养动物是狗，唯一的运输工具是独木舟。他们的主要武器是弓箭、战斧或棍棒以及粗糙的刀，他们不仅使用粗糙的刀作为进攻和防御的武器，而且还用来获取他们最渴望的战利品——敌人的头皮。一些部落已经有了原始的陶器和篮子，大多数使用绳子串起来的贝壳或珠子来承担原始货币职能。他们信仰自然神话；在文学上，他们没有超越民间故事和神话阶段；而且他们所使用的原始象形文字，也并未被用于进行永久性记载的行为之中。

他们的政府是部落式的。他们中最强大的部落联盟是易洛魁联盟或者"五族"，占据了哈德逊河和五大湖之间的土地，已经成为一个控制北方大部分地区的组织和强大势力。因此，他们范围极大的狩猎和战争使他们与一群类似的契卡索人和克里克人发生了冲突,后两者是南方的霸主。在这些部落中,存在着一种原始的商业形态,主要是为了得到衣服、战争和狩猎用的物资;而这一因素,再加上他们长途跋涉寻找猎物或敌人的动机,是将这些分散的部族联合在一起的唯一纽带。

的确,他们有一些令人钦佩的品质。他们是无与伦比的樵夫,能忍受非凡的困苦。他们既骄傲勇敢,又阴险狡诈;他们的坚忍几乎令人难以置信,而且他们拥有一种雄辩的口才。最重要的是,也许是由于他们特殊的社会制度,他们宁死也不愿受奴役;在这一方面,他们与欧洲人遇到的几乎所有其他未开化甚至开化的民族都形成了鲜明的对比。这一特征决定了北美生存环境之险恶。就像他们认为的那样,使印第安人屈服是不可能的;如果他们要稳固地占领这片大陆,那只会发生漫长而血腥的战争,最终灭绝或驱逐原住民。

这就是欧洲人当前在新开拓的事业里,不得不面对的民族和成功殖民所要克服的困难。与腓力三世的辽阔帝国相比,这些零星的殖民地看起来微不足道,即使这些北美的欧洲殖民者这时得到了亨利·哈德逊探险队的支持,后者在现在仍以他的名字命名的河流上航行着,宣称这条河流及附近的土地属于他的荷兰雇主,从而为日后的占领奠定了基础。

五

与国内人民和统治者之间的问题相比,这样的探险活动几乎不值一提。当欧洲因两大教派之间的冲突而动荡不安时，当英国开始出现国王与议会之间的斗争时，少数冒险者在这片遥远而蛮荒的土地上从事着似乎完全有理由被忽视的活动。

然而，从更长远的角度来看，那些脆弱的法国和英国殖民地的确没有给欧洲社会更引人注目的冲突带来任何重要的影响，而这些冲突在某种程度上也制约了它们的发展。在这些殖民地中，不仅孕育了强大的统治权，而且开创了世界的新秩序。然而在经历三十年战争的那一代人的心目中，将军和国王的活动比这些新社会缔造者的成就和艰辛要重要得多。因此，很自然的，它们占据了历史叙述的主要篇章。

但是，如果我们把建设性努力作为人类的主要目的之一，以及把那些记录这些成就的人们作为主要的关注对象，很明显，尚普兰和史密斯要比这一时期在历史记载中占据了更多篇幅的那些统治者们更配得上这些记载。而且，在事件的长期解决过程中，北美自治社会的形成并非不能同中欧新教的存续相提并论。因为北美除了有大片的开放地区供人们殖民之外，还与当时欧洲人民面临的两大问题——信仰自由和民众参与政府——有着不可分割的联系。因此，它们不仅与德意志和英国的斗争存在密切的联系，而且在某种意义上，它们是那个时代一种特殊的标志和象征。

把欧洲人在海外的扩张活动视作欧洲总体发展进程之外的东西，是一种错误的历史观。尽管欧洲人之间，以及他们与海外分支之间存在着各种差异，但在他们共同活动呈现出的多样性中，仍保留着某种统一性，忽视这种统一性，就会导致我们对过去的认知完全被扭曲。

就在天主教与新教之间的斗争,以及国王与其臣民之间的斗争在欧洲进行得如火如荼的时候,英国人和法国人正一头扎入北美荒原的中心地带,而这里即将出现一个要比欧洲之外出现过的任何一个社会都要更大和更自由的社会。这个社会即将对欧洲世界产生深远的影响,并为解决当时困扰欧洲的许多问题做出不小的贡献。

而且,除了对未来的影响之外,这个社会和荷兰人同时进行的活动一样,至少对当时欧洲事务中的两个重大问题之一有着重要意义。因为那些殖民者立刻在同胞面前提供了一个摆脱压迫的避难所和展现出一种理想,这种理想为当时在整个欧洲大陆推动自由的人们带来了强大的力量。当然,人们很容易夸大北美殖民地的直接影响,但更容易的是它被忽视。不过,关注见证了德意志宗教冲突爆发和英国人民反对王权独裁统治运动的那些人,没有人会怀疑荷兰帝国和北美殖民地的崛起将会产生最大的影响力,并将在世界事务中开创新的局面。

在那些繁忙的岁月里,尚普兰打败了阻挡在他前进道路上的易洛魁人,探索了黎塞留河和渥太华河,并向西到达了休伦湖。方济各会修士被派去改变原住民的信仰,魁北克的防御工事也得到了加固。尽管弗吉尼亚总督戴尔摧毁了从山漠岛到皇家港口之间的法国据点,遏制了法国人向南方的行动,"新法兰西之父"却为他的祖国牢牢控制住了大河地带,"就像一个贪得无厌的商人,全神贯注于所有的大宗商品",这占据了北美大陆的1/4,并使圣劳伦斯河中游地带立即变成了法国在美洲的仓库和城堡。

与此同时,英国人在争夺北美大陆的斗争中获得了再未失去的优势。因为他们的移民数量不断增加,这使英国逐渐成为世界上主要的殖民国家。尽管第一批移民势力弱小,尽管他们遇到了挫折和损失,尽管首府所处的位置并不怎么好,而且不符合实际的市政制度现在已经崩溃,尽管官僚昏聩无能,也没有找到黄金,但弗吉尼亚还是逐步壮大起来。

在森林变成农田的过程中,德意志人和波兰人被派去从砍倒的木材中提取草碱和珍珠灰。成百上千的英国移民拥入弗吉尼亚殖民地,因为他们受到了使人们能够在新大陆获得自由家园的特许状改革的吸引。

其他事件对弗吉尼亚殖民地的发展壮大也有贡献,其中最重要的是烟草种植业的大规模发展,这很快就为这一地区的繁荣奠定了坚实的经济基础。一艘荷兰船带来了一批奴隶,殖民地从此便引入了一种在早期热带殖民地创造财富的劳动力体系。

六

与此同时,弗吉尼亚总督召开了第一次市民大会。最后,托马斯·怀亚特爵士带来了新的政治体系,将管理当地的权力交给总督、地方议会和议会下院,从而为弗吉尼亚的发展和社会稳定提供了保障。这个独立、自给自足和自我管理的新社会,有着纯粹的欧洲血统,使用奴隶劳动,专注于种植业和养殖业,它不仅成为欧洲北部国家第一个真正成功的殖民地,而且是第一种新型的殖民企业。

詹姆斯河畔的殖民地在英国事务中并不是一个孤立的现象,因为在欧洲陷入宗教战争的泥潭后,两种情况给这些殖民事务带来了新的转机。雷利在结束了最后一次前往新大陆的不幸旅程后,在西班牙大使的要求下被英国国王送上了断头台，作为对他破坏西属美洲殖民地的惩罚。他的死标志着伊丽莎白时代的终结。

就在这个时候，一群不知名的英国分离主义者，为了躲避詹姆斯一世的迫害而到莱顿避难，他们与一群伦敦商人达成协议，要在新大陆开辟另一块殖民地。与此同时，为实施科利尼的重大计划做了准备，即利用新世界为受压迫者创造新家园，以此来平衡旧世界的不公。雷利作为第一个英国殖民者和最后一个伊丽莎白时代的人，他的死远远没有缓解西班牙对西半球的干涉，而是开启了那段历史时期一个更宏伟的篇章。

这是一个惊人的历史巧合，因为在德意志宗教问题因帝国派军队占领多瑙沃特而再次成为焦点以及天主教和新教各自组建同盟的那些年，正是创建了著名的詹姆斯敦和魁北克殖民地的那些年。同样引人注目的是，三十年战争的爆发与雷利的死亡发生于同一年，反对詹姆斯一世（他与他那个时代的其他君主们一样反对这场运动）的宗教政治运动，在美洲发现了可以大展拳脚的空间。

这时，美洲殖民运动中出现了一种新的元素，那就是清教徒。弗吉尼亚殖民地的管理，从史密斯这样的商人之手转移到了"精明而勇敢之人"，如詹姆斯一世的议会反对派领袖埃德温·桑德斯爵士之手，这表明政治和宗教因素开始呈现出分裂英格兰的局面。甚至都铎王朝站在现有教会的折中立场上，都无法阻止这场宗教改革运动。

至于那些更激进的新教徒，受到玛丽女王的迫害、伊丽莎白女王的打击和詹姆斯一世的压迫，后者甚至威胁说"他们要么服从国教，要么滚出英格兰"，他们不得不另寻出路。一些人在乡村、议会和教会内部进行宣传，通过反对国王的财政和外交政策而强化他们所属的一派；另一些人则或多或少地耐心忍受着他们遭遇的苦难；还有一些人逃到海峡的另一边，逃到"脏鸟的笼子"，逃到"各种异端思想的共同港湾"尼德兰联省共和国。

这是现在加入到这项新事业中的第一个新因素。还有其他一些同样重要的新因素。在一个一心追求东方贸易、美洲殖民地和所谓"种植园"产业（后来被发动叛乱的爱尔兰领袖所歪曲）的国家里，约翰·史密斯的著作——他的探险和想象力所激发的那些作品——现在公开了，并唤醒了英国人，就像更早之前的尚普兰唤醒了法国人一样。

另外一些活动也强化了他的工作。费尔南多·戈杰斯爵士并没有被肯纳贝克殖民事业的失败吓倒，他雇佣史密斯勘探"北弗吉尼亚"，从而绘制出了新英格兰海岸的地图。这样，一个新的地区进入了英国人的视野，而且几乎立刻出现了一个名为"新英格兰委员会"的新公司，以开发这一地区。它是由所谓"伦敦商人冒险者"组成的，他们从弗吉尼亚公司获得了开拓殖民地的特许权，四处寻找移民。在他们招募到在荷兰流亡的清教徒后，新计划的实施也就有了保证。

这些被纳入英国殖民计划的群体，是他们所处时代的特殊产物。他们是约克郡所谓"布朗派"或斯克罗比会分离主义者，该教会是埃德温·桑德斯爵士兄弟的产业。十几年前，在牧师约翰·罗宾逊的带领下，他们在荷兰找到了避难所。由于担心在这片陌生的土地上失去国籍，他们首先计划移居到哈德逊发现并命名的那个地区；如果做不到这一点，他们就准备听取桑德斯提出的建议，参加弗吉尼亚这一体系的殖民活动。

这一殖民事业所采取的形式很大程度上要归功于弗吉尼亚殖民地的公有计划。七十名认股人提供资金，并将股份分给移居国外的人，十六岁以上的移民每人分一份，每个自带给养的家庭分两份，而十到十六岁的孩子每两人分一份。船上只配备了少量的器具和食物。在装备好船只以后，殖民者们就乘坐一艘名为"五月花号"的小船，将他们独特的社群移植到了西半球。[1]他们在白山战役过后的第二天就看到了陆地；就在波西米亚和普法尔茨被西班牙人、帝国派和巴伐利亚天主教徒轮番蹂躏的时候，另一个新教殖民地的种子在新大陆播下。

由于领航员的无知或有意为之，他们来到了一处荒凉的海岸，在登陆之前，他们签了一个公约："为了……结合成一个公民共同体……为了殖民地的总体利益而颁布、建立和构架公正平等的法律。"通过这一重大法案，他们实际上建立了一个共和制政府。在他们选举产生的总督约翰·卡弗以及船长、被称为"新英格兰的约翰·史密斯"的迈尔斯·斯坦迪什的领导下，他们在那个重要年份的最后几个星期创建了微不足道的新普利茅斯殖民地，这一年见证了帝国派在德意志暂时赢得了胜利，詹姆斯敦殖民地也最终成形。

通过这些殖民活动，英国人的扩张冲动具体化到此后几乎没有发生变化的一种形式上。英国人的这种扩张冲动是三种要素——商

---

[1] 这里应该特别指出的是，作为这次行动的带头人和组织者，约翰·罗宾逊"因行装未妥"而并没有随"五月花号"前往美洲大陆。几年之后（1625），他在荷兰莱顿去世。——编者注

业公司、宗教和政治自由的追寻者和个人冒险者——的产物。在这些要素中，第二种影响占据了主导性地位。与迄今为止所有其他形式的此类扩张活动截然不同的是，它不仅成功地实现了政治权力和商业霸权的转移，而且成功地实现了一种欧洲社会的移植，殖民者替代了土著并在海外建立了一个真正的白人殖民地。最重要的是，他们即将在一片新的土地上首次建立一个平民形式的政府。

七

英国人想要在美洲站稳脚跟，弗吉尼亚和新普利茅斯殖民地的建立正当其时。当时法国人已经确认了圣劳伦斯地区的归属，而荷兰人也为达到同样的目的而奋发图强。在詹姆斯敦的殖民获得完全成功之前，也就是清教徒前辈移民在新普利茅斯登陆之前很长一段时间，那些派遣亨利·哈德逊去寻找一条"穿越北极抵达香料群岛"航路的人，为他装备了一艘名叫"半月号"的船，让他沿着今天以他的名字命名的河流逆流行进，目标是在那个充满希望的地区获得一个稳固的立足点。

商人们紧跟着哈德逊的踪迹前进。不久，他们在河口的曼哈顿岛建立了一个据点；在随后五年的时间里，尼德兰联省共和国公司成立，拥有从北纬45°到北纬49°的土地以及在那里贸易和殖民的权利，并在曼哈顿岛以及溯河而上很远的地方都建造了要塞。荷兰人也探明了长岛的地形。荷兰人采取措施确保了毛皮贸易的安全；在詹姆斯敦殖民者清空了他们的土地、约翰·罗宾逊的教团请求占据新开放地区的申请无果、尚普兰从魁北克向西推进的时候，荷兰商人沿着哈德逊河和莫华克河找到了自己的道路,为新尼德兰的建立奠定了基础。

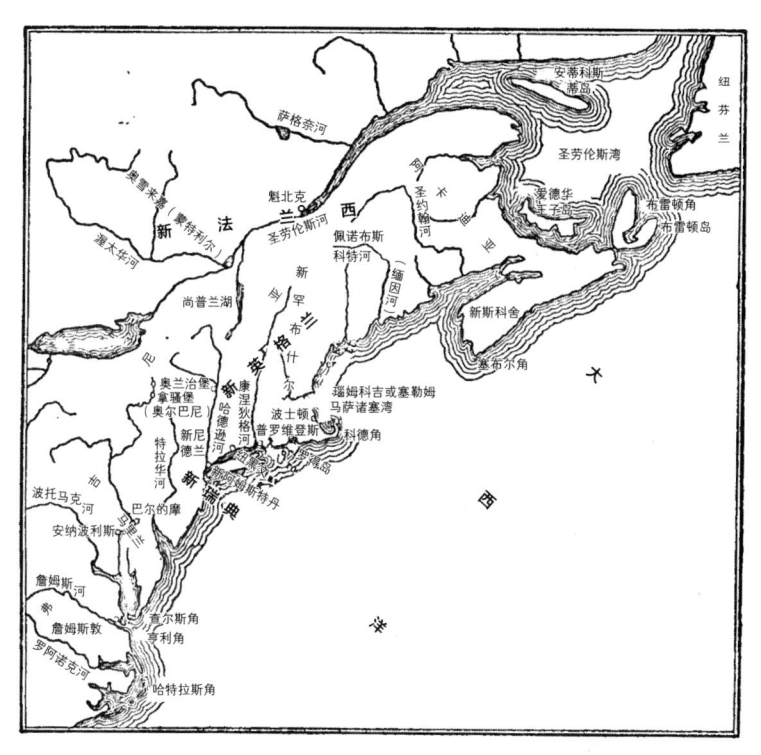

1600年—1625年英国、法国、荷兰在北美的殖民地

占领哈德逊河流域是荷兰人在这多事之秋从事的最不起眼的活动。因为当英国和法国都对西半球的殖民扩张感到满意,并满足于在荷兰与葡萄牙之间捡取东方贸易的面包屑时,荷兰人一心想统治整个世界的贸易和殖民地。

南美洲殖民计划被重新启动。位于奥亚波克河口附近的西兰岛上的荷兰驻军得到了加强。在英国人和胡格诺派避难者的帮助下，一个据点在埃塞奎博河和亚马孙河之间的地方被建立起来；《十二年停战协定》即将到期时，奥尔登巴内费尔特的命运也走上了下坡路，一位名叫威廉·乌塞林克斯的安特卫普避难者的方案，由于"拥护者"（奥尔登巴内费尔特的称号）的和平政策而被长期搁置，这次在奥兰治赞助的殖民活动的刺激下得到重启。

普利茅斯殖民地建立一年后，荷兰西印度公司成立了。它的特权是它所诞生的这个时代的象征。它垄断了西非、美洲东部和西部的商业和航运，就像东印度公司一样，它也由商会组成，通过"十九人委员会"进行领导。在与西班牙的战争中，该公司曾经是政府的盟友和工具，现在得到了联省议会的津贴和海军援助的允诺。因此，它既是一家商业公司，也是一个军事和政治组织。其资本，既来源于爱国主义动机，也有参加分红的期待，比它东方的对手多出了50万弗罗林；在成立两年之后，公司关闭了入股通道，共和国各省，尤其是控制了荷兰事务的奥兰治党，利用在这个新公司拥有的股份，获得了对付宿敌西班牙的强大武器。

现在，这一问题又加入了别的问题。在德意志，各教派之间的斗争已经全面展开；在美洲，三个国家相互竞争，并与它们共同的敌人西班牙争夺立足点；在整个东方，就像在海上的其他地方一样，荷兰人都在挑战控制世界贸易的霸主。

八

新旧秩序之间的冲突，宗教、政治和商业上的冲突，使对立派别之间的野心和利益之争达到了顶点。无论结果如何,现在很明显的是,欧洲在其扩张的每一个阶段,不仅要经历一系列新的事件,还将面对新的形势。如果说欧洲眼下对战争和外交的关注越来越多,那么,在有远见的人看来,在不久的将来施行的那些影响更为广泛和深远的政策以及要进行的扩张,显然要超过欧洲人当前倾注了绝大部分热情的那些事情,其中,殖民美洲具有相当的重要性。

第十九章
三十年战争

1623—1642

一

在1517年万圣节的中午,维滕贝格大学的哲学教授马丁·路德在那个宁静的德意志大学城城堡教堂门上钉上了他的《九十五条论纲》,反对当时由教廷宣布和实践的赎罪信条。在一百年后,几乎在同一天,波西米亚爆发了一场冲突,这场冲突的意义几乎不亚于德意志宗教改革者的行为,它所引发的冲突几乎和路德的行为所引发的骚动一样广泛,甚至更为血腥。

三十年战争的爆发最起码表明了三个问题:西欧基督教世界历史悠久的信仰一致性已经无法挽回;宗教问题已经成为公共事务和国际关系中的关键因素;哈布斯堡家族试图将德意志聚合在自己直接统治下的多方面努力,在过去一个半世纪并没有取得什么进展。

到1623年时,三十年战争已进入其漫长而血腥之进程的第二个阶段。新信条的拥护者们，就像新信条本身的特质一样，已经开始发生变化。除非新上台的统治者代表了时代的趋势，或对时代的趋势做出反应，否则他们就很难在欧洲事务的演变中占有什么地位。但是，正如欧洲历史上的某些其他时期一样，战争在波西米亚爆发后的七年里，出现了一批国王、将帅和政治家，他们注定要在欧洲大陆的政治命运中发挥决定性作用。

二

在三十年战争开始三年后，虔诚的西班牙国王腓力三世去世，国家的惊人败落令他的精神崩溃了。那些依靠政府发家致富的宠臣们已被免职。他破产而贫困不堪的人民，为他的善良无能感到悲哀，但仍以自豪和倔强的热情继续着他们在德意志、尼德兰、意大利以及在海外的那些没有希望的战争，仍然坚持着他们的傲慢以及试图决定欧洲的信仰和未来的那些不可能实现的主张。

与此同时，失去了奥尔登巴内费尔特为之服务的联省共和国，在《十二年停战协定》到期后重新担负起抵抗西班牙重担的时候发现，正如拿骚的莫里斯本人所说的那样："在'拥护者'去世之后，一切都不顺利。"拿骚亲王在他颇具手腕的对手、西班牙将军斯皮诺拉军队的威胁下勉强维持了自己的统治，而他的人民除了骚扰西班牙军队之外，一时还无法为他们德意志的教友提供任何有效的援助。

法国和英国的情况也好不到哪里去。在孩童国王路易十三的统治下，法国因政治阴谋和内战而变得衰弱；直到黎塞留的领导天才开始发挥作用后，才使法国王室在欧洲王权政治中占据了优势，也使法国再次在欧洲政治中拥有了一席之地。

在詹姆斯一世漫长而软弱的统治走向尾声的过程中，英国也扮演了类似平淡无奇的角色。"不列颠的所罗门"目睹了他与西班牙联姻的愚蠢外交政策走向失败，他与开明的新教臣民——清教徒——之间的冲突日趋激烈。由于他的财政应急办法、对专制权力的要求以及在改善德意志局势方面的失败，詹姆斯一世与他的新议会的关系几乎到了破裂的边缘。这些因素结合在一起，几乎让他疏远了人民中的每一个阶层。

他的继任者查理也没有比他更有能力或更幸运。在女婿普法尔茨选帝侯被流亡两年之后，詹姆斯一世的去世把他那虔诚而倔强的儿子查理送上了英国王位（1625）。查理一世的上位开启了英国历史上一段更加动荡的时期。

与此同时，东欧出现了新的权力联盟和新的君主家族。米哈伊尔·罗曼诺夫的长期统治让位于他的继任者，无论在个性上还是在世界影响力上，这位继任者都乏善可陈。因此，波兰实力的衰退和土耳其的昏睡只在那一地区留下了两个强国。第一个是瑞典，其英勇的国王古斯塔夫·阿道夫现在是波罗的海的霸主。第二个是丹麦，其统治者克里斯蒂安四世渴望在欧洲政治中发挥作用；他像他的瑞典同侪兼对手一样，用焦急的目光注视着德意志局势的发展。

的确，对于这些北欧君主来说，现在正是为未来做打算的好机会，因为要拯救日耳曼人的新教，就急需一个捍卫者为它挺身而出；如果波罗的海各国要保持其地位，也同样有必要遏制神圣罗马帝国的霸权。

在波西米亚和普法尔茨两派失势的时候，新教的未来似乎从来没有像眼下这样绝望过。诚然，巴伐利亚人和帝国军队的胜利并没有完全消灭抵抗力量；曼斯菲尔德的军队还在那里；当征兵官的战鼓在其他国家为他征兵的时候，丹麦国王在英国和尼德兰的资助下，集结了一支军队，向德意志北部挺进。在那里，丹麦国王以荷尔斯泰因公爵和下萨克森地区领袖的身份，带头挑战神圣罗马帝国和天主教的霸权地位，并与他梅克伦堡的盟友一起，捍卫新教徒的权益。

三

时机似乎很有利。由于已经实现了自己的目的，新选帝侯巴伐利亚的马克西米利安和天主教同盟都没有过分热心于皇帝的事业。斐迪南二世自身并不善于统率军队，他的部下到波西米亚主要是为了抢夺土地。波西米亚的人口因战争而大量减少，土地被皇帝忠诚的奥地利天主教贵族所瓜分。

当时，曼斯菲尔德未能从斯皮诺拉手中救出布雷达城；古斯塔夫则攻破库尔兰并征服了普鲁士公爵领地；丹麦国王派遣军队越过边境；而拜特伦·加博尔准备用他的特兰西瓦尼亚军队威胁维也纳；这些联合的力量试图解救新教徒。蒂利率军进入萨克森，去迎战新的敌人，三十年战争的丹麦时期开始了，这对于丹麦国王来说并非坏事。

但他为自己带来的胜利是短暂的。在窘迫之中，神圣罗马帝国皇帝从一个意想不到的地方找到了援兵。在急于到波西米亚通过购买地产而实现一夜暴富的众多冒险者中,有一位曾经在波西米亚战争中表现突出并通过与威尼斯人的战争而扬名的阿尔伯莱希特·华伦斯坦,他表现出了足以使他跻身于当时世界上最显赫人物之列的才能和勇气。皇帝将防御任务交付于他;从被德意志的战利品所吸引来的大量雇佣兵中,他被授权招募一支军队,凭借其自身的天才来组织和领导它;同时,通过掠夺获得军队的给养。

准备完毕之后,华伦斯坦突然袭击了曼斯菲尔德的军队,将其击败并杀死了它的指挥官。然后,华伦斯坦把这支残军赶过了西里西亚和匈牙利,直到他们被迫再次撤退到特兰西瓦尼亚的拜特伦·加博尔那里才找到了避难所。

与此同时,蒂利在布伦瑞克的卢特尔打败了克里斯蒂安四世;在取得胜利之后,两位帝国军队的指挥官联合起来征服了荷尔斯泰因。从那里,华伦斯坦开始侵入石勒苏益格和日德兰半岛,赶走了梅克伦堡公爵,并迫使波美拉尼亚公爵向帝国表示屈服。西里西亚也跟着屈服。

由于与皇帝签订的条约,拜特伦·加博尔失去了土耳其人的援助,就此失去了权力。巴登也被帝国军队打败。德意志扫清了新教的军队。由于华伦斯坦的杰出表现,皇帝封他为弗里德兰公爵,并答应把梅克伦堡公爵的领地分给他,他还被授予了波罗的海海军元帅的头衔。

直到他的大军挺进到施特拉尔松德城墙下,华伦斯坦的征服才告停止。他攻占那座城市的失败,以及蒂利从格吕克施塔特的撤退,标志着天主教帝国的胜利达到了顶点。

由于这一胜利,在弗里德里希五世被赶出普法尔茨六年之后,这场战争的第二个阶段或丹麦时期，因帝国在德意志北部的优势而达到了持续调整的最高点。通过《吕贝克和约》，克里斯蒂安四世重新获得了失去的领土，作为回报，他抛弃了自己的盟友，并承诺不再参与德意志事务。由于杰出的军事成就，华伦斯坦成为帝国的首席大臣，被授予了大片土地，其中包括现在处于帝国控制之下的梅克伦堡公爵的领地。

最后，《归还教产敕令》实施了所谓"教会保留"条款，这是《奥格斯堡和约》未决定的事情。在这样的安排下，那些自3/4个世纪前的《帕绍和约》以来其统治者就皈依新教的所有教会地产，现在都被归还给了天主教。通过这种方式，不来梅和马格德堡的大主教辖区、十二个主教辖区以及十倍于此数量的修道院辖区，又被从新教会那里夺了回来。

此外，只有路德宗得到承认，其余的教派则任凭他们敌人的摆布；华伦斯坦的追随者和同盟的人很快就让他们见识到，根本没有什么仁慈可言。自六年前弗里德里希五世被赶出波西米亚和普法尔茨之后，新教的前景就一片暗淡；因为帝国天主教会粉碎新教的计划得到了华伦斯坦野心和能力的强化，对于帝国的新教徒来说，这是令人沮丧的。

但是，由于敌人之间的不和，新教徒并未遭受灭顶之灾。《归还教产敕令》刚一颁布，雷根斯堡帝国会议就表现出了皇帝的观点与巴伐利亚的马克西米利安以及天主教同盟的观点存在很大的分歧。如果斐迪南二世能实现哈布斯堡家族的旧方案，用帝国权力将德意志统一起来，新教的命运就没有逆转的可能了。

但在天主教诸侯的心中，对哈布斯堡家族集权统治的恐惧远比对新教的厌恶更强烈。这时的新教徒发现：皇帝与诸侯在政策和野心方面的对抗，即使不能带来安全，至少也会为他们带来喘息的机会。巴伐利亚选帝侯和天主教同盟的追随者们要求赶走华伦斯坦并解散他的军队，他们有充分的理由指控华伦斯坦纵容军队抢掠给德意志造成了严重的破坏，皇帝被迫同意了。由于失去了这位才能卓著的将军及其军队，失去了主要支持者的帝国政府逐渐松弛下来，而德意志北部痛苦的民众也从更紧迫的战争压力中获得了解脱。

经过十二年空前的破坏之后，这场大冲突的第二阶段就这样结束了。以当时的结果来衡量，战争不过是让政治形势回到更早期的样子。从表面上看，德意志新教注定要失败。新教势力失去了波西米亚、普法尔茨和德意志北部的大部分地区，自身也四分五裂，支持者丹麦和特兰西瓦尼亚军队被击败，而新教势力自己的军队被消灭，能征惯战的将军也死了，只有一些奇迹般的外部支持来帮助其进行顽强但无效的抵抗，甚至为其在德意志政治中的坚持提供了希望。

几年前，当战争进行到最激烈的时候，曾有人恶意地讽刺说，尼德兰人将派10万桶鲱鱼，丹麦人将派10万桶黄油，英国国王将派10万名使者去援助他们的德意志教友。现在看来，这种杜撰出来的援助是彻底不可能有的了。

四

反新教势力的胜利在欧洲其他地方的事件中也得到了强化。当丹麦人徒劳地维护德意志新教徒的利益并改善他们的处境时，欧洲其他地区已经发生了深刻的变化。在意大利，乌尔班八世长期担任教皇，尽管受到德意志和意大利战争的干扰，却为恢复教廷权威做了很多工作。

在西班牙，一位名叫奥利瓦雷斯的重要廷臣的崛起，开始将这个国家带入一种极度亢奋的状态，这使西班牙在当时看上去大有恢复昔日辉煌的架势。这个国家再一次出现在军事强国之列；又一次，庞大的舰队准备去消灭荷兰人，同时还为了在意大利发动新的战争而集结了陆军。那确实是残烛的最后一丝微光；这些雄心勃勃的政策注定只会削弱国家尚存的活力，但就目前而言，它们起到了提升欧洲天主教力量的作用。

与此同时，在比利牛斯山脉那边，法国最著名的教士政治家黎塞留，其权威已上升到欧洲大陆无人能及的高度，并凭借他的天纵英才，使法国走上了一条通往欧洲霸主的道路。在克里斯蒂安四世计划进攻德意志的同一年，他成为法国首相，在法兰西政务会议上成为无可争议的领导者，而这恰恰与三十年战争的丹麦时期重合。

黎塞留治下的法国当时没有参与那场冲突。当莱茵河对岸也加入这场战争之后，胡格诺派起而反抗王权，黎塞留不得不集中精力镇压对法国的完整造成威胁的这股强大势力。他的努力获得了成功。尽管胡格诺派在全国各地都很强大，尽管他们进行了不顾一切的抵抗，尽管法国新教首府拉罗谢尔几乎坚不可摧，尽管英国人试图援助法国新教的最后一个堡垒，拉罗谢尔最终还是被迫投降了。就在丹麦国王被赶回自己国土的那一刻，胡格诺派的首府落入法国政府手中。

在那里，这位权臣率领他的军队在意大利战胜了西班牙人，为他的国家带回了新的荣誉。贵族反抗他和王权日益增长的统治地位，但都归于徒劳。王太后发现制止他势力的坐大同样是徒劳的；而且，随着三十年战争丹麦时期的结束，这位红衣主教首相甚至在欧洲政坛都成为一股不可忽视的力量。

法国霸权的复苏，在英国处于不幸的时期显得尤为明显。詹姆斯一世的统治在教会与政府的仇恨中结束；他的儿子查理一世继位之后，也没有平息民众的不满情绪。事实上，在他继位之初，便与荷兰联手，资助克里斯蒂安四世入侵德意志。他派出三支远征军帮助拉罗谢尔抵抗黎塞留，但他支援大陆新教的努力却以失败告终，这在很大程度上要归咎于他所宠信的那位傲慢无能的白金汉公爵，他实际上是这一时期英国事务的操纵者。

在国内，查理一世进一步与议会交恶。他因为所谓教会和国家改革、非法增加税收、任用宠臣而受到谴责；他通过监禁平民领袖来进行反击，从而使得国王与议会下院之间的对立公开化。**《权利请愿书》集中概括了人民感到不满的事情，成为英国宪政史上最雄伟的里程碑之一，最终使得事情不可挽回**。查理一世继位四年之后，在德意志发布《归还教产敕令》的同一时刻，也是《阿莱斯和约》签订而标志着法国王权与胡格诺派的冲突结束的时候，查理一世解散了他的议会，与法国和西班牙媾和，并开始了一次漫长而危险的专制政府试验，这最终使他的人民疏远了国王，注定必须通过内战结束冲突。

因此，当17世纪的第三个十年结束之时，欧洲世界发现自己面临着天主教和专制王权的辉煌胜利。英国和丹麦退出了对德意志事务的进一步干预。曼斯菲尔德和拜特伦·加博尔都已去世；而新教国家则不得不忍受天主教帝国的统治。尤其是加尔文宗信徒，在

《归还教产敕令》生效以后，不得不独自承担冲突的主要后果。胡格诺派在法国的抵抗被粉碎，英国的议会政体也走向了终结。

五

西欧还剩下一个强国。在查理一世登上英国王位、黎塞留成为法国政府主宰者的那一年里，奥兰治-拿骚的腓特烈·亨利接替他的哥哥莫里斯成为联省共和国执政。随着他的上台，他所统治的国家开始显示出一种力量，足以与人口远多于荷兰的国家相抗衡，甚至表现得更强大，并在很大程度上改变了对欧洲大陆新教群体的不利局势。

无论从哪个方面来说，17世纪后半叶都是荷兰的黄金时代。在艺术和军备方面，在殖民地和商业方面，在思想成就方面，荷兰所拥有的优势地位都大大超过了它拥有的资源和面积之比例；同时，荷兰人在财富和总体繁荣方面超过了欧洲大陆的所有国家。

由于荷兰的包容政策保障了所有人的言论自由和居住自由，来自其他国家有学识和有能力的人来到荷兰寻求他们在国内得不到的权利，从而使荷兰的根基越发强固。在世界范围内的商业和政治扩张有助于拓宽荷兰人的视野；它的社会制度和政体，为思想和言论提供了别处所不能提供的庇护，使它成为欧洲最开明的力量；几乎在当时人类事业的每一个领域，荷兰都收获了璀璨夺目的成果。

这里是最伟大的哲学家笛卡尔和历史学家兼国际法奠基人格劳秀斯的家园；它的学者和科学家群体，包括斯卡利热尔、沃西、利普修斯、海因修斯以及他们的同人们，造就了这场革命的产物——

莱顿大学，这是欧洲在那个时代最著名的文化学术中心。

荷兰在其他领域也同样引人注目，例如文人政治家惠更斯、霍夫特和凯茨；艺术家，如沃夫曼和库普、伦勃朗和哈尔斯，以及许多同时代的天才，使荷兰成为欧洲世界的艺术中心，他们唯一的竞争对手是他们的远亲——佛兰德斯的尼德兰人，拥有优秀的陆海军指挥官，像威尔肯斯、海因修斯和亨德里克·威廉，还有像埃尔森斯、索默尔斯代克公爵这样的外交官，黎塞留宣称后者是他所见过最伟大的三个人之一。

现在，荷兰堪比一个世纪前在艺术和科学领域的意大利、最近在文学和海军领域崛起的英国以及即将在战争和外交领域大放异彩的法国——总之，就是欧洲世界首屈一指的国家。然而，尽管荷兰在诸多领域都表现突出，但德意志的新教徒并没有从荷兰得到任何直接的援助，援助他们的却是一股完全不同的势力。

六

荷兰在西欧取得这种优势的同时，波罗的海诸国也出现了同样的利益圈子，尽管得到不同的支持并以不同的方式与它们荷兰的教友区别开来。在德意志充满了天主教和新教、帝国派和诸侯派的争斗之时，北欧列强却卷入了另一场对于它们来说同样具有决定性意义的冲突。

在普法尔茨选帝侯为了躲避帝国派的攻击而放弃了他短命的波西米亚领地的那一年，波兰遭到瑞典和土耳其的攻击。土耳其虽然取得了初步的成功，但很快就与波兰缔结了和约；但波兰与瑞典之间的斗争和德意志的战争同步进行着。在古斯塔夫的领导下，瑞典人占领了里加和米陶，入侵立陶宛，并征服了利沃尼亚。此后，在不断的胜利和失败中，瑞典国王率领他的军队沿着波罗的海海岸，占领了埃尔布隆格和玛丽恩堡，封锁了但泽，最后受到了波兰人的成功阻击。

就在丹麦和神圣罗马帝国签订《吕贝克和约》和颁布《归还教产敕令》的时候，瑞典和波兰达成了所谓《阿尔特马克停战协定》。古斯塔夫把目光转向德意志，在那里，他担心新教的崩溃只比华伦斯坦在北方的胜利对瑞典在波罗的海的野心造成的威胁小一点。在那一刻，法国也摆脱了胡格诺派的威胁；黎塞留富有远见的政治家才能，标志着他有机会利用瑞典的力量对哈布斯堡家族发起致命打击，并为古斯塔夫进攻德意志提供支持。

在这一重要时期，也许没有任何一项行动比这一行动更清楚地揭示了历史事件变化的性质；正是这只曾经打击过法国新教徒的手，现在又伸出来拯救德意志新教徒免遭毁灭——而这只手属于天主教的一位权臣。这是这次大战进入新时期的标志。随着瑞典和法国加入这场战争，三十年战争的宗教性质，本已因帝国和诸侯野心的对抗而变得复杂，现在又成为法兰西与哈布斯堡家族长期持续对抗的一部分。

在使三十年战争成为历史上最引人注目的事件之一的那些万花筒式的变化之中，很少有比从敌对行动爆发到迈出议和第一步的中途，以及出现在军队面前的某些事情的突然逆转更引人注目的了。

经过十几年几乎连续不断的冲突，《归还教产敕令》的执行标志着新教运势的最低谷。战争削弱了改革宗教会的力量，缩小了改革宗教会的势力范围,而这一敕令直接威胁到了新教的生存。华伦斯坦和天主教同盟的军队被召集起来去执行解决方案,这将使时光倒回至3/4个世纪之前。就德意志来看,路德和加尔文的努力似乎即将付诸东流。从事态发展的角度来看,神圣罗马帝国和天主教当局的胜利似乎已经板上钉钉,尽管他们之间也存在分歧,但胜利似乎只是一个时间问题,而且不会太久;看似没有什么东西能够阻止他们赢得最后的胜利。

但是,正是神圣罗马帝国天主教势力内部的分裂,使不可能的事情变成了可能。无论皇帝和天主教同盟从华伦斯坦那里得到了多少利益,无论他们曾如何受益于他的能力,他们现在开始担心他们拯救者的野心,而不是担心他已经帮助他们摆脱的威胁。他的军队住在自由区,其掠夺和残暴行为更加深了这种情绪。

在天主教势力大获全胜的时候,皇帝不得不罢免了这位举足轻重的将军,将他的军队遣散了大部分。于是,华伦斯坦回到了他的波西米亚封地,这是他因为军功而得到的一部分报酬。在那里,他的豪华气派堪比帝国宫廷,他酝酿着一些影响深远的计划,而这些计划激起了那些担心他成为德意志无冕之王的嫉妒和恐惧。

然而,在1630年夏天的德意志,大的政治势力的撤走并不是唯一的事件。人们不可能认为,一场涉及敌对共同体命运并威胁到欧洲大陆政治平衡的冲突不会影响到邻国。无论法国是不是天主教国家,都有理由担心哈布斯堡家族会称霸。正在崛起的新教国家瑞典,不仅以嫉妒的眼光看着天主教集团的胜利,而且也以嫉妒的眼光看着华伦斯坦征服的成果,后者已经切入它领土野心的范围之内。因此,在神圣罗马帝国取得成功的鼎盛时期,法国和瑞典都准备对斐迪南二世和他大将的继续进军发动反击。

七

波罗的海强国是第一个采取行动的。就在华伦斯坦被罢免军事指挥权的那些日子里，在帝国一个偏僻的角落，一个新的新教支持者正忙着动员一支军队，这将在未来一年内改变德意志乃至全欧洲的政治面貌。与此同时，那些对纯粹的宗教问题不感兴趣的新教诸侯们开始联合起来，捍卫他们现在受到《归还教产敕令》威胁的土地所有权；而广大的路德宗信徒和加尔文宗信徒，由于有充分的理由担心陷入被消灭的绝望境地，在希望重新出现之后，准备继续抵抗天主教帝国的进攻。

故事是这样的：当一支军队在波美拉尼亚登陆的消息传到维也纳时，廷臣们急忙询问这个挑战帝国的入侵者的领土在哪里——"雪王和他的近卫军"。然而，在欧洲，古斯塔夫·阿道夫的头衔"瑞典国王、哥特人和汪达尔人之王、芬兰大公、爱沙尼亚公爵"，并非无人知晓。在此之前的二十年里，俄罗斯和波兰都感受到了他的压力。华伦斯坦曾发誓要攻占施特拉尔松德，"尽管它被锁链拴在了天堂上"，但他眼睁睁地看着自己的猎物被那只手抢走了。

黎塞留是那次大冒险的资助者，眼光长远的他在这颗"北欧之星"上发现了一种武器，可以给哈布斯堡家族带来致命的打击。因为在他经验丰富的军队的支持下，瑞典国王已经证明自己是世界史上最显赫的名将之一，丝毫不亚于当时欧洲唯一可以做他对手的弗里德兰公爵华伦斯坦。

古斯塔夫来到德意志是瑞典长期以来发展壮大的最高点。占据斯堪的纳维亚半岛东半部的瑞典似乎命中注定要统治波罗的海，它那些勤劳勇敢的居民，连同他们的丹麦、挪威亲族，几乎是最后皈依基督教的人。在西欧受到罗马影响很久之后，当凶猛的异教徒诺曼人和丹麦人在英国和法国开始建立政权，在北部和西部的岛屿上定居的时候，瑞典人才在现在的俄罗斯建立国家，其兵锋远达拜占庭。伴随基督教而来的是一段漫长且不稳定的和平时期。这片土地比挪威还小，被群山分割成一个个小型的领地，抵抗着中央王朝将其独立精神置于国王枷锁之下的企图。

在14世纪末，卡尔马联盟统一了丹麦国王统治下的三个斯堪的纳维亚王国。但是，在经历了一百多年的斗争后，镇压瑞典贵族的努力在16世纪初失败了。一位名叫古斯塔夫·瓦萨的瑞典贵族，成功领导了脱离丹麦统治的斗争，而且开启了暴风一般的军事生涯，这将使他的祖国跻身于欧洲一流强国之列。

瑞典的辉煌史就是瓦萨家族的奋斗史。它的创始人接受了路德宗教义，并使其成为国家的信仰；但是，新旧交融之间的冲突，就像英国同时期发生的斗争一样，长期以来左右摇摆，直到16世纪末才最终稳定下来。然后，国王的弟弟强迫他的侄子，也就是法定继承人、信奉天主教的波兰国王西吉斯蒙德三世放弃瑞典王位，而他本人则继位为卡尔九世。

他想让瑞典变成北方强国，并让自己成为新教大同盟的领袖，这自然导致了他与邻国的冲突；他的儿子，年轻的古斯塔夫，继承了父亲发动的战争和抱负。在入侵德意志的时候，他已经当了将近二十年的瑞典国王，其中大部分时间都是在战争中度过的。他与丹麦的斗争一直没有结果。与俄罗斯的战争，使他获得了波罗的海东岸大部分地区的控制权；刚刚结束的与波兰的战争则为他在德意志东北部提供了立足点。

他从这些战争中汲取经验，逐渐成为一个令人畏惧的敌人。他的军队装备精良、纪律严明、经验丰富，是欧洲最优秀的军队。通过战争，他转移了躁动的贵族的精力，使他们不再向王权发起冲击。通过将政府改组为官僚机构，鼓励商业发展，建立城镇，他迅速获得了中产阶级的支持，并团结全国各个阶层共同追求国家的荣誉和利益。

他的外交也取得了同样的成功。议会以危险和开支庞大为由反对他去德意志冒险，但是，来自法国的资助使议会不提供给养的策略无法有效阻止这场冒险。当然，瑞典人也担心神圣罗马帝国可能夺走令人垂涎的波罗的海南部港口，这一担忧成为促使他做出这一决定的最后一个因素。

然而，他的出现起初似乎并不受人欢迎。尽管人们憎恨和害怕天主教帝国，但新教诸侯们，甚至连古斯塔夫的大舅哥勃兰登堡选帝侯也不太赞成外国人的干涉。战争的恐惧仍然萦绕在德意志人的心头，他们害怕再次出现华伦斯坦军队的那种劫掠。

但这两种因素都逐渐得到了改变。瑞典军队严明的纪律有效防止了抢劫行为的出现。瑞典国王小心翼翼地穿过波美拉尼亚进入勃兰登堡，在途中巩固了自己的地位，使他的敌人和中立的诸侯都没有机会消灭或背叛他。他与波美拉尼亚达成的协议同时维护了波美拉尼亚的利益和他自己的利益。当蒂利率领的帝国军队占领了新教的大本营马格德堡，屠杀那里的居民并烧毁了这座城镇时，情绪和利益的突然转变使瑞典国王得到了盟友。

八

在萨克森的约翰·格奥尔格一世的带领下，在登陆十五个月后，古斯塔夫在布莱登菲尔德的战场上击败了神圣罗马帝国的军队。从那里，他向德意志南部推进，并派遣他的萨克森盟友来到波西米亚。随后，他率军穿过图林根和法兰克尼亚，渡过多瑙河和莱茵河，在雨中再次击败蒂利，占领奥格斯堡和慕尼黑，然后在因戈尔施塔特包围了马克西米利安，最后在纽伦堡附近扎营。至此，瑞典人成为神圣罗马帝国境内的主导性力量。

面对瑞典人，皇帝和天主教同盟都无能为力；在这场危机中，所有的目光都投向华伦斯坦。他起初对帝国的召唤充耳不闻，但经过帝国长时间的恳求后，他才同意组建一支军队，但拒绝做军队的指挥官。他的名字如有魔力，很快就招募了5万人之多，华伦斯坦的天才使他们组成了一支依赖于他本人的军队。他仍然拒绝接受指挥权，直到皇帝在绝望之下交出了全部的权力。华伦斯坦被任命为总司令，不仅指挥皇帝的军队和大公们的军队，也能指挥西班牙的军队。奥地利的一块世袭领地也被授予他。他被授权可以没收财产，可以给予赦免和救济，还可以对征服来的土地拥有独立的管辖权。在此之前和之后，任何君主都没有授出过这样的权力，如果他真的赢得了胜利，这位冒险者将会成为德意志的主人。

目的似乎可以证明手段的正当性。华伦斯坦几乎立刻把萨克森人赶出了布拉格；他还与巴伐利亚选帝侯一起在纽伦堡建立了一个对抗瑞典人的根据地。从那以后，他转而切断古斯塔夫的交通线并制服萨克森。为了阻止他的这一计划，瑞典军队急行军前来接战。在吕岑，也就是瑞典赢得第一次辉煌胜利的地方附近，两军相遇，而结果对双方都是灾难性的。

帝国军队惨败，他们失去了最有才干的骑兵统帅帕彭海姆。瑞典人在即将见证使他们的命运达到巅峰的时刻，却也付出了昂贵的代价：因为就在赢得胜利的时刻，他们的国王战死了。这是新教一派所遭受的最大损失，在当时看来似乎是无法弥补的。然而，尽管他的将军们都不具备古斯塔夫所拥有的能力，但瑞典人并不缺乏在他的学校里受过训练的能干军官；在首相阿克塞尔·乌克森谢纳这里，他们找到了一位与古斯塔夫本人不相上下的政治家和外交家。萨克森-魏玛的伯恩哈德公爵、班纳和霍恩接过了军队的指挥权，首相主持外交事务；瑞典与士瓦本、法兰克尼亚和莱茵省等德意志地区结成同盟，法国则继续支持他们的事业。

即便如此，新教同盟或许仍然畏惧天才的华伦斯坦指挥下的天主教帝国以及西班牙的军队。但在这次危机中，与以往一样，天主教一派的同盟再次瓦解。这位帝国将军的能力将其提升至近乎欧洲独立大国君主的地位，他几乎没有掩饰的野心激发了猜疑和嫉妒，尤其是西班牙人，对他的计划很是担忧，而他们的恐惧并非没有根据。

古斯塔夫死后，华伦斯坦没做什么冒犯瑞典人的事情；他曾与瑞典人、萨克森人和法国人进行谈判；而且，除了在德意志为自己赢得一个王国这一巨大的野心之外，他还下定决心消除西班牙在帝国的影响。后果很快显现，在吕岑战役差不多十五个月后，一份帝国公告解除了他的职务；一周后，他被自己手下的一些军官暗杀，皇帝对这些军官的背叛行为给予了丰厚的奖赏。

紧接着便是这一重要时期的最大悲剧，帝国军队在诺德林根击败了瑞典人，将斗争的主动权递到了皇帝手中。次年，当皇帝与萨克森选帝侯签订《布拉格和约》后，这场战争似乎就要以帝国和天主教集团的胜利而告终了。该和约被包括勃兰登堡选帝侯在内的大多数新教国家所接受，并给予在《帕绍和约》签订之前占有了领地的人们以永久性的所有权。其他一切领地则保留1627年11月时的原状四十年，除非在这一时期结束前有新的安排，否则此后永远不变。随着对波西米亚-普法尔茨动乱的大赦，对路德宗的宽容，以及联合起来对瑞典人作战的协议，三十年战争的第三阶段结束了。

九

但是，如果起草这份条约的外交官有谁相信战争即将结束，或者因为条约的条款而提前结束，那么他们很快就会迎来当头一击。允许德意志处理自己的事务，根本不是其他强国的计划。**古斯塔夫离开的地方，正是黎塞留开始的地方**。正是由于法国的政策和资助，才使得瑞典人在古斯塔夫死后继续维持他们的军队。正是西班牙的势力和天主教同盟推动了华伦斯坦的倒台，而他的死让他对驱逐西班牙势力和实现帝国和平的深远意图落空，以及他在一个改革后的帝国里享有个人权力的梦想落空。《布拉格和约》及路德宗的让步，使瑞典和法国成为皇帝及其西班牙支持者的主要对手，冲突逐渐演变为波旁王朝与哈布斯堡王朝之间旷日持久的对抗。

因此，《布拉格和约》签订七年之后，与其说是冲突的停止，不如说是利益的转移。在四年的时间里，法国只向萨克森-魏玛的伯恩哈德提供援助。伯恩哈德努力为自己征服一个新国家，以取代因诺德林根战役而失去的法兰克尼亚公国。在他死后，法国将领和法国军队以及法国的资助纷纷拥入德意志，去保卫他们盟友所赢得的战果。与此同时，班纳领导下的瑞典人在维特施托克战役中击败了萨克森人和帝国军队，并在德意志北部巩固了自己的地位，而法国在莱茵河沿岸夺取了布莱萨赫，建立了自己的势力范围。

随着形势的发展，剧中的演员也发生了变化。长期在位的斐迪南二世由他的儿子斐迪南三世所取代，而斐迪南三世最渴望和平。三年之后，勃兰登堡选帝侯格奥尔格·威廉的位置被弗里德里希·威廉所接任，后者被后人赋予了"大选帝侯"的称号。波美拉尼亚公爵家族绝嗣。班纳死后，托尔斯滕森成为瑞典军队的统帅。

在这些变化中，只有最后一种变化对事态没有影响，因为瑞典的军事优势仍然存在。在接过指挥权后的一年之内，托尔斯滕森击败了莱比锡的帝国军队，使皇帝的世袭领地门户洞开。他的持续成功有两个方面的影响：一方面，帝国政府更加倾向于和平；而且，甚至在他赢得最后一次胜利之前，筹备全德大会的第一步已经在汉堡开始了，而瑞典的胜利加速了这一进程。

与此同时，嫉妒瑞典霸权的丹麦人抓住机会从身后向他们的敌人发起进攻。但是，克里斯蒂安四世的军队被托尔斯滕森击败，托尔斯滕森的快速推进使他穿过荷尔斯泰因和石勒苏益格而到达了日德兰半岛，迫使丹麦国王求和，而奥地利和巴伐利亚在同一时间成功阻止了法国在南部的推进。

随后就发生了一系列外交活动，双方都试图影响已经在威斯特伐利亚的明斯特和奥斯纳布吕克开始的谈判以及瑞丹战争的剩余战事。就最后的瑞丹战争而言，无论它如何具有破坏性，无论它如何表达了民族和王朝的实力，对于任何利益方来说都是无关紧要的战争，**那些野心勃勃的统治者，为了各自政府的利益而牺牲着整个欧洲的利益。**

更重要的是不列颠群岛的情况，这些年来，人民与国王之间的分歧，国教会与非国教徒之间的争论，逐渐走向了武装冲突。就在瑞典和法国最终在德意志北部和西部站稳脚跟的同一年，一名英国乡绅因拒绝支付他应缴的造船税而受审，苏格兰爆发了抵制使用英格兰礼拜仪式的事件，使危机达到了顶峰。在不列颠，就在外交官们召开旨在结束德意志战争的大会的同一月，英国国王拿起武器镇压他的人民，从而引发了一场对欧洲的重要性不亚于三十年战争的冲突。

第二十章
新英格兰殖民地、荷兰和西班牙殖民地帝国的衰落

1621—1642

一

与德意志发生的大规模冲突、瑞典和荷兰跻身于欧洲一流强国之列,以及法国重返欧洲政治舞台中心等事件相比,欧洲之外世界的影响在17世纪的三四十年代看起来可能并不起眼。然而,人们注意到,这些影响,即使在早期阶段,对欧洲大陆的命运而言,也绝非微不足道。

在我们现在所考察的这一时期,欧洲之外世界的影响对新教为生存而进行的斗争并不重要,对法国王权的复兴和英国王权的衰落也无足轻重。在西班牙和荷兰争夺海上霸权的斗争以及在争夺北美殖民地的斗争中,敌对的共同体和对立的政治思想学派之间的冲突几乎与在德意志地区和英国的冲突一样明显,也注定会产生同样重要的影响。如果要寻找证明欧洲之外世界的影响之重要性的证

据，也许可以从当时最杰出的政治家对欧洲以外的开拓和局势的态度中找到。

二

法国首相黎塞留早就发现，他在大西洋的机会并不亚于在中欧的；半个多世纪前，科利尼曾在美洲为他的受迫害教友发现了避难所，现在，红衣主教也梦想着建立一个强大的海外帝国。在他执政初期的诸多措施中，最重要的是组建一支足以对付胡格诺派顽抗的海军，同时保护法国的海岸和商业，从而使他的祖国在世界政治中占据一席之地。

他创立并亲自担任了"航海大师及总监"的职务，将地中海舰队的规模扩大了一倍，并为远海活动建造了一支海军，其中有载重达2000吨的"皇冠号"，这标志着法国海军建设的一个新进展。"因为没有哪个国家，"他说，"能像法国这样拥有优越的地理位置，并拥有成为海洋之主所必需的一切条件。"

他同样关心贸易和殖民地。掌权不久，他就计划建立所谓"莫尔比昂公司"来经营美洲的贸易；布列塔尼最高法院拒绝批准它，认为它侵犯了人民的权利，他把"新法兰西公司"恢复为"百人股东公司"，尚普兰成为其中的领袖人物。"圣克里斯托弗公司"和名字奇特的"圣彼得之舟与百合花公司"也被组建起来。通过这些举措，他努力扩大法国在新世界的贸易规模和政治势力。

然而，这些影响深远的计划在外交政策的岩石上被撞碎了。为了援助胡格诺派教徒，英国派遣一支分遣舰队来到魁北克，带走了法国的殖民者，一度挫败了黎塞留的计划。尽管非洲海盗被镇压了，尽管非洲西北部的商业恢复了，尽管圣克里斯托弗公司占领了赋予公司名字的岛屿，但法国人在加勒比地区建立殖民地的努力在西班牙和英国的破坏下失败了。

因此，法国的贸易，就像法国的殖民活动一样，暂时没有了新的动力。无论从哪方面看，法国的前景似乎并不比瑞典的计划更有希望，瑞典已获得荷兰西印度公司创始人乌塞林克斯的帮助，在澳大利亚建立了一块殖民地。出现这样的情况，既不是因为黎塞留缺乏兴趣，也不是因为他所寻求的东西无足轻重；相反，这是他所处环境造成的不可避免的结果，也是他无法控制的力量所导致的结果。

三

与此同时，英国在国内的动荡和国外的失意中，情况有所好转。英国东印度公司的确流年不利。王室拒绝把东方贸易视作应该由政府来关切的问题，他们的短视阻碍了公司的发展。政府不愿意把最能干的人派到国外去，而英国私掠者对东印度公司造成的损失不亚于荷兰私掠者。在安波那大屠杀将近十年之后，在戈尔康达建立的新王朝以及莫卧儿王朝在古吉拉特的扩张才带来了东印度公司贸易体系所需要的本土政府的支持，东印度公司才开始从荷兰人所造成的伤害中恢复过来。因为在此期间，东印度公司的兴盛程度并不比丹麦公司好多少，后者的业务被一位沉迷于德意志战争的君主所忽视，才被荷兰人所容忍。

但是，英国人在西半球为他们在东方的失败找到了补偿。在詹姆斯一世统治时期，最重要的收获也许是他的臣民在美洲站稳了脚跟。他们的努力不限于弗吉尼亚和新英格兰地区。英国的殖民地计划在这些原始殖民地的北部和南部进行拓展；这些殖民地对英国最初种植业的贡献可能要比这些早期殖民者的继任者所能意识到的更多。

清教徒登陆普利茅斯的第二年，雄心勃勃的苏格兰人威廉·亚历山大爵士为阿卡迪亚申请殖民特许权，并将其重新命名为新斯科舍。查理一世即位后，模糊的统治区域被划分为不同的男爵领地，同时开始招募移民。与此同时，第一任巴尔的摩勋爵乔治·卡尔弗特致力于"古老、原始和英勇的种植园工作"，为位于纽芬兰的所谓阿瓦龙皇家领地争取到了特许状，并派遣殖民者前往那里。

詹姆斯一世已经把圣基茨岛授予了威廉·沃伦。现在，更为重要的是，被西班牙遗弃的肥沃的巴巴多斯岛，英国人曾在多年前来到那里并声称拥有这座岛屿的主权，从而使其成为殖民活动的中心。该岛的特许权首先被授予马尔伯勒伯爵，由伦敦富商库廷进行殖民；后来被重新授权给卡莱尔勋爵；最终被伦敦商会重新殖民。最后，在竞争对手与殖民者的冲突中，这块殖民地终于恢复了秩序，并进入了英国殖民地的圈子。与此同时，荷兰人在对面的海岸建立了殖民地。

在英国人通过这些中等规模的殖民地作为据点而稳稳占据了西印度群岛和圣劳伦斯河口地区的时候，那些更古老的殖民地则经历了兴衰交替。在三十年战争的第二年，随着烟草种植的迅速发展，互相矛盾的奴隶制度与自治政府制度都被引入了弗吉尼亚，而且立即给这块殖民地带来了新的特性和新的繁荣。除此之外，还迅速加入了其他元素。公社制让位给自由农场；年轻的女子被带过来，卖给殖民者做妻子；与宗主国的自由贸易体系建立起来；新宪法开始生效。

与查理五世的新法律一样，这一值得注意的法律文本标志着殖民地政府的完善，而且这一重要性甚至要更为持久。通过这部宪法，权力被赋予一位总督、一个地方议会和一个全体市民大会，虽然第一个殖民地立法机关的法案可能会被总督或者国内的公司否决，但反过来，如果没有市民议会下院的批准，总督或国内公司的法令也无法生效。因此，殖民地的地方政府第一次处于与它公司董事会平等的位置。弗吉尼亚因此而声名大著，移民不断增加，这使它成为旧世界以外的殖民地中欧洲人最多的一个，也成为英国殖民地行政管理的典范，还是欧洲之外第一个也是最强大的、自治的欧洲社会。

不断发展的弗吉尼亚殖民地并没有摆脱它一直面临的两个敌人：土著和王权。阻碍公司繁荣的更多是印第安人的攻击，而不是与国王的争吵。国王声称有权任命公司的官员，并厌恶在他称之为"煽动性议会的温床"中对他的政策进行坦率的讨论。然而，尽管与印第安人的战争夺去了数百欧洲人的生命，尽管议会被搁置起来，查理一世颁布了侵犯地方权利的特许法令，然而弗吉尼亚的根基非常牢固，并没有被这些事件所损伤。它的人口增加到了5000人；它烟草的出口增长到了每年50多万英镑。当卡尔弗特和他的追随者寻找一个比纽芬兰的阿瓦龙更适宜居住的地方的时候，他们来到了切萨皮克湾，发现了一个稳定、繁荣、自给自足的社会，不仅可以抵御原住民的攻击，还可以抵御王权或特权的入侵。

然而，随着英国势力向南方和北方的全面扩张，以及弗吉尼亚的成功，英国殖民势力的主要力量在这一时期是在新英格兰展开的。这些力量主要体现在清教徒群体中，他们在国内非常激烈地反对国王的政策。他们的第一次尝试并没有在物质上取得很大的成功，许多年后，新普利茅斯才出现了詹姆斯敦那样的繁荣。早期的殖民者没有准备好应对他们所遇到的困难，他们受到土著的敌视和气候的影响，缺乏资源和支持，又没有烟草等可赚钱的作物来回报他们的勤劳；他们的殖民地发展得如此缓慢，在度过艰苦的十年之后，殖民者的人数还不到300人。

但殖民地的重要性远远超出了殖民地本身的规模。与弗吉尼亚一样，新普利茅斯也被迫放弃了公社原则。随着一些失望的伦敦支持者的退出，其余的人同意解散合股关系；一个主要由殖民者组成的新团体承担起了拓殖的重任。移民们变成了股东，土地和牲畜都被分给了他们。这个小共同体由此就变成了一个拥有独立永久性产权的社团。这一社团展示出了惊人的生命力。它成功抵御了印第安人的进攻；在韦茅斯拯救了一个不幸的殖民地；在玛丽蒙特压制住了难以控制的邻居。它将自己的前哨据点延伸到巴泽兹湾，并向北延伸到瑙姆科吉或塞勒姆；获得了肯纳贝克地区的主权；而且，在与土著及新阿姆斯特丹的荷兰人交往和贸易的过程中，它显示出了一种与其人口完全不成比例的强大力量。

但就在这个时期，英国的政治世界发生了变化，殖民运动也随之发生了变化。在普利茅斯殖民地建立的第一年，一个为新英格兰服务的地方议会成立了，成为之前北弗吉尼亚公司的继承者。由此，一场至关重要的双重运动开始了，从而与另一派试图将他们大相径庭的殖民理论方案付诸实践的派别形成了竞争。

一方坚持王权管辖的政策，这与将达勒姆王权领地设立为一个郡作为诺曼人征服英格兰的标志性事件，并将它从英格兰政府其余辖地剥离出来的政策没有什么不同。在这一制度下，受让人在其管辖范围内享有一切权利，就像葡萄牙船长、法国领主或荷兰庄园主所拥有的地位。另一群人争取一种更像弗吉尼亚或新普利茅斯的特许制度和政府的形式，希望建立自治社区。就这样，在世界的这一遥远角落里，当时的重大政治问题以新的形式和方式出现了，并产生了深远的影响。

在新英格兰议会的指导下，北部领地现在也得到了分配和殖民；而且，在关于它的捕鱼权的争论中和对议会垄断权的抨击中，这个公司的特许状成为新英格兰授权的基础。它的主要活动集中于公司本地业务。

在最初的新普利茅斯殖民地的北部，塞勒姆和梅里马克之间，来自汉普郡的一位绅士约翰·梅森获得了一处皇家领地，那里最初被称为马里亚纳。在梅里马克和肯纳贝克之间，他和费尔南多·戈杰斯爵士还控制着另外一个叫拉科尼亚的地区，后来这两个地区被他们分别命名为缅因和新罕布什尔。除了这些大领地之外，普利茅斯和它的邻居们还在肯纳贝克获得了特许权，而其他冒险者则获得了另外一些较小的领地。

为了进一步巩固他们的主权，普利茅斯殖民者被再次授予了他们所控制地区的特许权。反过来，他们又把南部海岸的土地重新授予沃里克伯爵，这位清教徒贵族领导着反对戈杰斯和梅森所主张的领地行使王权信条的党派。因此,与之竞争的派别就有了实施其理论的手段。

与此同时,公司形成了,殖民计划也开始实施。雄心勃勃的塞勒姆殖民地在更靠南的查尔斯顿建立了一个分支;由王室直接特许并由新合伙人壮大的塞勒姆公司,转变为"马萨诸塞湾总公司",这得名于它拟开发海岸的大海湾。与梅森-戈杰斯地区的领地权不同,它的特许权是建立在庄园授权的基础上的,正如在温莎和格林尼治的皇家庄园所看到的那样,这样,就有另一种因素进入了这个地区。

行政部门由一名总督和他的助理们负责;随着一支强大的移民队伍被派往查尔斯顿殖民地,英国公司的理事会同意将特许状和统治权移交给殖民地本身,公司委任官员的权力中止。约翰·温斯罗普当选为新总督,一处新的殖民地开始在肖马特或三山建立,它被重新命名为波士顿,在那里成立了最早的马萨诸塞湾常设法院;在这种情况下,一种比弗吉尼亚更独立的新型殖民社会的历史开始了。

在此之外,英国又增加了一项新的事业。在波士顿创立的时候,普利茅斯地方议会将新英格兰南部海岸的一片土地授予了沃里克伯爵,这块土地位于普利茅斯领地与荷兰领地之间。沃里克伯爵把这件事交给了由布鲁克勋爵、赛义和西尔子爵领导的一个清教团体;于是,这开启了在康涅狄格河流域的殖民进程。不到三年,普利茅斯殖民者在这块有争议的土地上建了一座房子,尽管荷兰人反对,因为他们早前在该地区建过一座要塞。两年后,来自马萨诸塞湾的移民沿着康涅狄格河定居下来,在康涅狄格河的河口处建立了塞布鲁克哨所，以确保英国人的主权。

几乎与此同时，位于新殖民地与旧殖民地之间的纳拉甘塞特地区，被逃避塞勒姆殖民地迫害的罗杰·威廉斯建立了殖民地；不久，罗得岛殖民地又在他的殖民地普罗维登斯附近建立起来，从而完成了对新英格兰海岸的占领。

在三十年战争的中期，欧洲人开始在一个新的地区定居，并掀开了自治共同体历史的新篇章。普罗维登斯殖民地除外，它实际上并没有实现与这些共同体联系在一起的宽容。在很大程度上，它的定居者坚持外来者要顺从他们自己的教义，以此作为获得政治权利甚至在他们的边界之内居住的权利。公民权和信仰都是由这些人决定的：他们不太注重普遍的信仰自由原则，而更重视不受王室干涉和其他意见干扰的个人自由。它是教条和武力时代的自然产物，是几代异议者受到正统权威迫害合乎逻辑的结果，是宗教冲突各方决心尽可能地把自己的信仰强加于所有人的结果。

然而，它既不同于欧洲大陆天主教统治者的专制主义，也不同于英国国王的专制主义倾向，因为它蕴含着平民因素。尽管有神学上的不宽容，也有狭隘的嫉妒心，新英格兰和弗吉尼亚一样，代表着一种将要继续留存的精神。英国人在美洲的殖民表明，在教会和国家中实现平民独立的趋势不会被旧世界的反动势力所压倒，因为西半球现在出现了一个开放的避难所。

到目前为止，三十年战争对当时争论的问题的最终解决起了作用——新教可以在某些地区继续存在。黎塞留治下的法国也促成了另一个问题的解决——国际事务中的宗教与政治问题的分离。英、荷对西班牙垄断性霸权的攻击所产生的巨大成果，为海权在世界事务中起决定性的作用贡献了1/3的力量。与此同时，科学和哲学倾向于破坏旧真理概念的整体结构，而新教像天王教神学一样，也奠基于这些真理概念之上。

英国人在美洲的殖民又多了另一个因素。美洲不仅是欧洲受迫害者的避难所，而且是在旧世界更僵化、更复杂的社会中难以实现或不可能实现的信仰和实践的试验场，它表现出了在西班牙和葡萄牙影响下难以表现出来的另一层面。在那里，欧洲人第一次很大程度上摆脱了作为拉丁诸国特征的王权和教会之影响，他们开始建立一个拥有巨大创造力并在很大程度上受到它影响的社会。他们很少受到来自过去的传统和制度的阻碍，他们被允许甚至被强迫去发展新的想法和新的制度。这样的机会，如果能够长期存在，那么几乎肯定会成为推动欧洲大陆发展的一个强大因素。

马萨诸塞湾殖民地的建立、《归还教产敕令》的颁布、英国议会的解散与对胡格诺派政治势力的最终镇压，这些事件的同时发生是历史上的奇观之一，对我们今天的思考很重要。因为就在英国、法国和德意志的宗教和政治自由似乎即将消亡的时刻，新世界以欧洲前所未见的方式为它们的发展准备了一片新的天地。

四

在这一时期，英国的殖民事务发展并没有耗尽欧洲人在海外的精力，殖民事务也不是对旧世界事务产生最直接影响的力量。这一最直接影响来自荷兰人对西班牙帝国的攻击，这一影响的力量并没有因为它密切关系到荷兰的物质繁荣而减弱。在其波澜壮阔历史中的这一重要时期，荷兰的海外殖民不仅使它富裕起来，也有力地支持了自身争取独立的斗争。荷兰的崛起及独立战争削弱了神圣罗马帝国的主要盟友西班牙，从而影响了德意志的战争，最终帮助葡萄牙摆脱了"六十年的囚禁"的漫长负担。

当新教在德意志沉浮之时，当法国和瑞典跻身于欧洲一流强国之时，当英国人开始与其国王的对抗并在北美获得立足点之时，**荷兰完成了摧毁西班牙海军的目标，将其殖民帝国扩张到了世界各地。**

腓特烈·亨利的统治一开始就不太顺利，因为他的宽容政策被阿米尼乌斯派和戈马尔派的对立弄得紧张起来；西班牙人攻占布雷达后，荷兰各省纷纷向法国寻求援助，但法国提出了苛刻的条件，要求它们借给法国人一支军队，帮助其攻打拉罗谢尔的胡格诺派教徒。直到1629年的多事之年，荷兰人才在法国的帮助下夺回了斯海尔托亨博斯要塞，死神带走了他们最强大的敌人斯皮诺拉，荷兰人这才摆脱了被再次征服的恐惧。

与此同时，西印度公司的活动给他们带来了新的权力和财富。在它之前的东印度公司，已经在亚洲和非洲站稳了脚跟，现在由反对继续征服的人掌控，不再在扩张中占据主导地位。但是，这个经营西半球的公司诞生于对西班牙的战争之中，受到政府资助，主要活动于在每个方面不同于欧洲大陆的大西洋，现在它不仅变成了荷兰商业开拓事业的代理人，而且成了对西班牙战争中的一个富于进攻性的因素和影响欧洲事务的有力因素。

西印度公司刚一获得特许，就马上派遣移民来到哈德逊河流域、亚马孙河流域、埃塞奎博河流域——这里将成为荷属圭亚那；西印度公司同时仿效上一代英国人的做法，在前往印度的途中，它派遣了一支分遣舰队去骚扰南美西部的港口。

与此同时，一场更大规模的扩张正在筹备之中。西班牙-葡萄牙在西方世界最近和最富有的属地是圣萨尔瓦多，更有名的是它那宽阔的港口巴伊亚。这个地方对于荷兰人的意义就像是迪奥斯港和卡塔赫纳港对于英国人的意义；就像德雷克曾是西班牙人的"海上的恐惧"一样，现在的皮特·彼得松·海因修斯——更为人们所知的名字是皮特·海因——也是西班牙人"德夫哈芬海上的恐惧"。

他的冒险开始于普法尔茨被新教徒占领以及安波那被英国占领的那一年。在威尔肯斯的指挥下，海因率领着一支由30艘船和3000名士兵组成的舰队，奋不顾身地强攻了巴伊亚要塞的炮台，并用不可阻挡的英勇带着他的士兵用船钩爬上要塞的城墙，但这个地方后来再次被一支西班牙-葡萄牙舰队占领。但这次获得的战利品使荷兰人装备了另一支规模较小的舰队，这支小舰队在海因的指挥下还俘获了西班牙船队，给公司金库带回来了1100万弗罗林的收入。西班牙从未遭受过如此巨大的打击，它的国库一贫如洗，却为敌人的国库增加了巨额财富。

海因的早逝似乎拯救了西班牙，但他已经完成了荷兰人承担的重任。他至少在一定程度上转移了西班牙对荷兰各省的进攻，并刺激了他的同胞们统治美洲的梦想，这是他们的下一个目标。

荷兰要统治美洲的梦想被刺激后最直接的影响出现在哈德逊河沿岸。荷兰商人们沿着哈德逊河开始了他们的殖民扩张。就在海因开启他探险活动的那一年，西印度公司的代理人在哈德逊河上游建造了奥兰治堡。三年后，彼得·米纽伊特从土著手中买下了河口处的曼哈顿岛，并建立了新阿姆斯特丹。在控制了北大西洋沿岸最好的港口后，荷兰迅速扩大的内陆贸易，似乎很快就会使他们的哈德逊河殖民地成为新世界最强大的欧洲殖民地之一。

荷兰人努力提供着实现自己目标的人口基础。沿河的土地被划分为所谓"庄园主领地"，也就是处于荒野的小国家。每个庄园主领地都有自己的河流边界，就像巴西的葡萄牙船长领地和在圣劳伦斯的法国领地一样。殖民者被派去占领这片领地，并使这片领地落入荷兰人的控制之下。

但是，由于包括整个东方和巴西的世界其他地区的殖民活动利润更为丰厚，再加上国内对劳动力的巨大需求，大规模的移民是不可能的。公司不得不依赖于瓦龙人胡格诺派教徒：在其他地方更为不利的条件下，阻碍他们在西半球移殖更多的荷兰人以造就一场更大规模和更成功的殖民运动的真正力量，恰恰是给他们在商业和战争中带来战利品的那股力量。

在某种程度上，荷兰在东方的运数也因同样的原因而式微；因为就像在他们之前殖民东方的葡萄牙一样，荷兰人没有能配得上他们野心和能力的人口。当西印度公司的军队进攻巴伊亚的时候，荷兰的东印度公司派出了一支分遣舰队来夺取中国的台湾，以此作为与中国和日本进行丝绸和茶叶贸易的转运口岸，这些新商品最近开始受到北欧人的追捧。

在科恩的继任者卡本特（卡奔塔利亚湾就是以他的名字命名的）的领导下，当然，更多是在范·达曼政府领导下的阿贝尔·塔斯曼稍晚的发现的推动下，人们探索了澳大利亚大陆的一大部分，并将其重新命名为"新荷兰"，但是，荷兰人并没有实现他们进入东方时的那种标志性的大范围征服。

与此同时，他们变得富有。那些新的商栈，遍布于香料群岛、远东地区、印度、波斯和锡兰的荷兰代理点，航行于非洲和美洲海岸的无数荷兰商船，新尼德兰的毛皮贸易，以及占据了欧洲半壁江山的商业运输能力，使得巨量而且还在不断增长的商业财富涌入联省共和国的各个港口，留下沉淀的利润来充实它的人民。尽管荷兰东印度公司在战争、外敌入侵、繁琐簿记和政府代表贪腐等方面支出了不少成本，但它的收入还是达到了数千万之巨；而荷兰西印度公司虽然很快就衰落了，但由于它主要是通过武装冒险来获得利润，收入上也不遑多让。

荷兰人已经明智地吸取了教训。在他们手中，战争不仅能自给自足；通过抢劫他们的敌人，他们拥有了摧毁敌人的资源。在利益和成功的激励和支持下，对于他们来说没有什么是不可能实现的，他们开始大胆挑战所有的殖民和商业强国。通过击败西班牙人、攻击葡萄牙人、围剿英国人的那些脆弱而又分散的据点、与法国人争夺毛皮贸易、与英国人争夺殖民地，这个小国以其无上的勇气开始挑战商业世界的霸权，只有它的巨大勇气才能弥补领土狭小的不足。

然而，就像许多其他案例一样，它的成功在很大程度上是得益于有利的时代条件。德意志被排除在任何可能的竞争之外；而尼德兰的佛兰德斯地区被西班牙人摧毁了；英国和法国一样，正忙于其他事务。在黎塞留给他的祖国带来和平的六年艰难时光里，使得荷兰人既通过与法国人合作打击了共同的敌人西班牙，又缓和了与法国的竞争，这对荷兰大有裨益。西班牙的力量转移到了德意志和意大利——法国和萨伏依在意大利联合起来，打破了西班牙对瓦尔泰利纳的控制和神圣罗马帝国对曼托瓦的主权要求——这给荷兰人带来的好处不亚于英国王权与议会之间的纷争带给他们的好处。

五

最重要的是西班牙自身的政策，它对丢失的领土和不可能的忠诚上面的执着，是荷兰人最有益的助力。这些佛兰德斯难民在他们避难的国家建立了西印度公司和北方公司，他们和荷兰东印度公司一起将海洋世界一分为二。同样，西班牙对德意志天主教事业的支持——它在这一事业上花费了如此巨大的精力和财富——也大大削弱了它在美洲的霸权。**自查理五世时代以来，西班牙政府虽然遭遇了种种不幸，但显然什么也没学到，什么也没忘记**。即便是腓力三世的悲剧性幻灭，也不足以促使他的继任者腓力四世的治国思路产生变化。

尽管主宰整个欧洲命运的旧抱负一年比一年黯淡，但它依然存在着。致命的经济和宗教政策没有改变，宠臣们依然横行。莱尔马倒台了，但奥利瓦雷斯取代了他的位置；尽管这位新首相的才华远远超过了他的前任，但仍然难以弥补他的错误和傲慢带来的弊病。

西班牙的商业和手工制造业几乎被完全摧毁；农业因滥砍滥伐和对外战争导致的人力资源枯竭而遭到破坏；民众的自由被教会和王室所吞噬；经济实力被削弱到无法压榨足够的税收来支持它那虚荣而浪费的政策。节俭、改革和鼓励工业的清醒格言被抛在一边，而它那不切实际的统治者在战争和外交上追求着不可能实现的冒险目标，直到在它们的重压下，西班牙作为一流大国的地位在这灾难性的十年里崩溃。事实上，**西班牙的扩张已经超出了它在构架和吸收利润方面的能力**；而且，就像一棵长久以来一直是森林之王的老树，它的根部已经开始腐烂。

在这场崩溃中，那些没有被卷入它的外交政策中而不太容易受到攻击的殖民地，至今没有崩溃；而且在很大程度上，殖民地开始繁荣起来。它们源源不断地向西班牙的金库注入金块，这是支撑其日益衰落权力的主要力量，虽然比上个世纪有所减少，但仍然相当可观。尽管墨西哥经历了一场民间社会与教会权力之间的冲突，西班牙人尝试制定向土著人征发劳役和税收的限制性条款，结果对于西班牙人和印第安人来说都可以接受，因为后者受到的压迫在一定程度上减轻了，前者增加收入的努力也取得了一定的成果。甚至在与荷兰人斗争最激烈的时候，西班牙殖民地在面对世界上的敌人时，也在不断扩张它们的边界。

为了保护殖民地，西班牙开始实行一半欧洲一半殖民地的政策，以抵御私掠船。这些私掠船骚扰西属美洲的海岸，破坏它的商业，打劫它的收入，而西属美洲大陆的岛屿和港口一直是西班牙最关切的问题。沿海地区人口的减少和向内陆地区的撤退已经开始了。据说当时的古巴只有不到2万人，整个西海岸也只有几个贫穷的土著村庄。英国人、法国人、荷兰人已经开始占领这些被遗弃的岛屿，如圣克里斯托弗、巴巴多斯以及那些从西班牙人手中落入海盗和走私者之手的不太重要的地方。

与此同时，为了给它的舰队提供一个安全的港口，它开始在波托韦洛，然后在哈瓦那，最后在太平洋各港口都筑起了坚固的防御工事，以保护它运宝船的活动。

海因的探险活动之后，荷兰实施了进一步的政策。在海因死后两年，西班牙人装备了一支舰队，它横扫了加勒比群岛，缴获的俘虏、枪支和战利品，立刻展露了海盗和走私者的利润之多和那条交通线的重要性所在。因此，当葡萄牙在东方的丰厚贸易受到掠夺时，西班牙却在美洲的一片无法渗透的荒野中获得了丰富的矿藏、畜群和种植园。西属美洲为数不多的入口都由坚不可摧的要塞守卫着；就这样，"就像一只晒太阳的大乌龟，被坚硬的外壳保护着，只是偶尔露出牙齿或爪子"，安然地承受着敌人的猛攻。

但是，当西班牙在国外保护自己的殖民地时，国内却面临着新的威胁。葡萄牙王国在其宿敌的控制下，已经衰弱了近六十年，最近正变得躁动不安，直到不满情绪加剧到了天怒人怨的地步。葡萄牙一直被西班牙的不幸所裹挟，不得不忍受着它根本没有发言权的政策所带来的最恶劣后果。

随着西班牙卷入的每一场战争，葡萄牙的损失和敌人都在增加；它征税来支持战争，却一无所获，输掉了一切。在荷兰人的猛烈攻击下，它在东方仅存的一点殖民力量也消失殆尽。在很长一段时间里，总督的权力只剩下了指挥军事远征和监管马拉巴尔港口，昔日的辉煌只剩下了影子。王室为阻止总督们的腐败而付出的努力已沦为一场代价高昂的闹剧，因为掠夺一个受人憎恨的异族国王看起来几乎是一种美德。

战争、贫困和管理不善，三者结合在一起阻碍了改革。军队增加了，但其中的欧洲人并没有增加，因为在葡萄牙征兵最终被证明是不可能的事情；而土著军队装备恶劣、战斗力低下、缺乏优秀的军官，毫无战斗力。同样，军中的腐败也在增加，甚至连把铜币熔化成大炮的无奈举措都无法弥补盗窃和私占所带来的损失。

与此同时，葡萄牙在海上的霸权走向了终结。海军因受到荷兰和英国的攻击而日益衰弱，在规模、纪律和战术上都大为下降。在腓力四世不幸统治的第五年，果阿梅内塞斯的舰队遭遇海难，这标志着葡萄牙殖民帝国末日的到来；十几年后，荷兰人在伯南布哥海域摧毁了一支庞大的葡萄牙舰队后，葡萄牙的海上霸权就此终结。在这支曾经掌控通往东方之航路的强大海军中，主力舰"塔霍号"现在所庇护的是不到12艘小货船。

英国船受雇前去运输快速凋敝的东方商业仅存的东西，从而取代了从果阿到里斯本运送亚洲财富的那些葡萄牙大型舰队。就像一百年前，威尼斯和热那亚的码头因为里斯本码头的崛起而荒废了一样，现在里斯本的码头又被阿姆斯特丹及其附近的码头所取代。巴达维亚取代果阿成为欧洲人在东方的首府；荷兰人的势力取代了葡萄牙总督，也占据了葡萄牙人幅员辽阔的殖民地，不幸的葡萄牙现在只是一个省而已，但还保留着大西洋群岛和巴西殖民地，维持着曾经强大的表象。

在无敌舰队覆灭之后的那些年里，他们无力抵抗英国、法国和荷兰的入侵，而幸免于被征服的那些地方，部分原因在于海上风暴的阻遏，部分原因是它们的无足轻重，因为别处更丰厚的战利品吸引了强大敌人的注意力。

然而葡萄牙臣服于西班牙的统治也确实给它带来了一些好处。由于对西班牙统治者的愤恨，许多葡萄牙人到自己的殖民地寻求庇护。在腓力二世成为葡萄牙国王后，亚速尔群岛在法国的帮助下赶走了腓力二世的驻防舰队，享受了三年的自由；葡萄牙流亡者占据了移民的多数，他们在巴西的马拉尼昂建立了新世界一个最具才智和最繁荣的殖民地。

六

欧洲历史上很少有哪个时期比17世纪第三和第四个十年更引人注目了，无论是欧洲本土出现的划时代事件，还是北欧列强在海外建立自己的权力和殖民帝国。这是一个充满了影响深远的殖民扩张活动的时期，欧洲内外都出现了极具影响力的人物和戏剧性事件，它们都服务于全面的变革浪潮和其中的浪漫插曲。从争夺美洲大陆的直接后果来看，除了荷兰对巴西北部的企图外，南美洲明显没有受到什么影响；到目前为止，西班牙殖民地的历史，无论与世界其他地方发生的事件相比，还是与自己的历史相比，都是相对平静的。

然而，当旧大陆因为这些重要问题而争斗的时候，南美洲却出现了三种对它的发展有重大影响的运动，它们的性质与同时代发生在欧洲的事件一样浪漫和非同一般。第一个是在南美洲的中心出现了一个新的、独特的国家，这值得注意，因为它似乎是已经过去时代的回声。

在欧洲人传播他们的信仰和文化的所有活动中，最引人注目的莫过于三十年战争的中期耶稣会士在南美洲扩大影响力的活动。沙勿略在东方的努力没有产生任何成果，在北美洲也一样；然而，耶稣会士传播其信仰的成果在受其统摄的民族之中却是显而易见的。这个民族就是瓜拉尼人，他们的部落分布于安第斯山脉与大西洋之间。他们是一个爱好和平、务农的民族，耶稣会士在这里找到了一片沃土。

诺夫雷加的继任者们很早就从北部港口向内地进军，但只有在南部，他的教团才取得了最显著的成功。大约在16世纪初，继巴拉那和乌拉圭之后，他们在南部也建立了传教中心。在这些地方，他们很快就开始组织起神权政治的构架。印第安人都聚集在村庄里，每个村庄都有教堂和神父，当地官员受耶稣会的指导。一套公社制度废除了私有财产；盈余的钱财则被运到布宜诺斯艾利斯，用来交税，购买超出农业生产能力的制成品，以及教堂的装饰品。为了保护他们不受外来的攻击，不管是土著、西班牙人还是葡萄牙人的攻击，神父们武装并训练出了一支民兵。为了保护当地居民不受欧洲生活的污染，整个社会实际上变成了一个隐士国度。这就是建立在南美洲东部中心地带的特色社会，它在一百五十年的时间里一直是传教事业培养出来的独特成果。

然而就在这个奇怪的试验开始看到成效的时候，两种在性质上截然不同的力量却让人们在大陆的两端都感受到了它们。

第一种是所谓保利斯塔人的活动。保利斯塔人是巴西南部圣保罗省的好战居民，他们占据着从里约热内卢向西延伸到耶稣会教徒定居的巴拉圭的土地。他们是一个混合民族，把开拓者的活力与种植及猎奴的追求结合起来，形成了新世界葡萄牙帝国建设者中最具侵略性的元素。他们成群地在荒芜的内陆地区寻找奴隶，他们的探矿者在北部的山区寻找黄金，而他们的前哨基地则在西部骚扰西班牙人和耶稣会教徒的定居点。他们半是定居者半是强盗，不断将自己的权力散布到一片广阔的区域。他们把这个地区作为抵抗拉普拉塔西班牙人和阿根廷人的堡垒，决心捍卫葡萄牙人在巴西的霸权。

构成不同但手段类似的第二股力量威胁着西班牙在其帝国另一端（加勒比群岛）的权威。在那里，随着英国对西班牙独霸地区的进攻，一批冒险分子在半废弃的岛屿上找到了立足点，并在圣多明各开启他们的事业。他们主要是荷兰人、法国人、英国人，这些或是伤心绝望或是精神崩溃或是逃避法律制裁的罪犯，跑到这里来寻求庇护。

他们很早就从当地人那里学到了熏制和腌制肉类的技巧——也就是"boucanning"，因此他们才有了"buccaneers"（海盗）这个名字。每一个从事种植业的殖民地都是这种有用商品的市场，每一座岛屿都能供应牛肉，所以这个产业得以发展迅速。但是，他们在禁地的出现和对产品的售卖，使他们与西班牙当局发生了冲突。从狩猎和屠宰牲畜开始，他们发展成为海盗，没过多久，西班牙就发现他们不得不开启一场令人恼火的新战争。它的船只一次又一次地横扫这些岛屿，但是，一旦危险过去，海盗们便从他们的藏身之处钻出来，东山再起。

正在与西班牙交战的国家不会忽视这样一支力量。在丹麦的克里斯蒂安四世准备他的德意志远征的那一年，英国和法国开始在圣基茨开拓殖民地。反过来，西班牙派出了一支舰队，但由于力量分散而无法摧毁这些殖民地。五年后，海盗们迁移到了托尔图加岛，又一次，在一段间歇期后，西班牙人袭击了该殖民地并屠杀了所有的居民，双方由此开始了一场漫长而激烈的战争。数千名来自欧洲的士兵加入其中，战争持续了七十五年之久。然而，这场战争所激发出来的非同寻常的传奇色彩,却很难超越它所带来的严肃意义,即在西班牙势力衰亡的时期,帝国的另一侧又裂开了一道口子。

但是,保利斯塔人和海盗并不是西班牙的全部敌人,因为它不得不同时面对另一个更强大的敌人,这个敌人威胁到了它在巴西的生存。在那里,随着非洲奴隶劳动力的增加,以及随之而来的主要出口商品——糖——的增加,帝国殖民地已成为世界上最有价值的资产之一。但它的繁荣也带来了危险,因为西班牙的主要敌人在还没全部掌握香料贸易的控制权时,就已经觊觎这个新的财富源头。荷兰已经组建起了西印度公司,并在南美大陆的北海岸站稳了脚跟。从那里开始,它转向了海战,现在又准备为建立陆上帝国而战。

威尔肯斯和海因的成功激发出了荷兰人对西半球的野心,腓特烈·亨利也毫不犹豫地遵循了时代的呼唤。西班牙运宝船队不断被俘获,战利品让荷兰人变得更加富有。次年,荷兰人又派出了一支强大的探险队前去巴西寻找立足点。荷兰人共有60多艘船,载着1200门炮和1.2万名士兵,登陆后就对伯南布哥发起了新的攻击,目标直指殖民世界霸权。

这场战斗异常激烈。作为伯南布哥的港口,从海上攻占累西腓几乎是不可能的,然而它最终被荷兰陆军从后方攻克,葡萄牙人从当地征集来的土著部队被消灭,整座城市沦陷了。总督马休斯·德·阿尔布克尔克退到内陆防线,用堑壕战与侵略者对峙,阻挡了他们进一步的前进。

这样,这场冲突就演变成了一场耐力的较量。双方都派出了救援舰队。帕特尔和奥昆多率领的分遣舰队在累西腓附近相遇,爆发了一场激烈但非决定性的战斗；但是，西班牙人发现无望击退荷兰人，就驶离了战场，去了西印度群岛，任由他们的敌人变成海洋的主人。阿尔布克尔克的抵抗也随之瓦解，荷兰人的势力在旧金山与亚马孙河之间迅速蔓延，只把一半的旧船长领地留给了它们原来的主人。

因此，在三十年战争的危机中，在德意志战败的新教，有希望在海外为自己赢得一个新的帝国。

七

由于自身的软弱和在其他地方遇到的困境，被压缩到巴伊亚到里约热内卢之间的西班牙势力，却不愿意忍受像葡萄牙失去一半美洲领土却不努力去夺回它的失败。因此，在见证古斯塔夫在德意志的英勇奋战和英国人殖民新英格兰的那些年里，充满了西班牙人向荷兰人复仇的努力。

他们的第一次尝试是最不幸的。一支集结在安特卫普的西班牙舰队试图在泽兰登陆，却徒劳无功，最后被规模不到它1/3的荷兰分遣舰队耻辱性地击溃。紧接着，腓特烈·亨利夺取了控制着联省共和国东部边境的马斯特里赫特，并以之抵抗西班牙和神圣罗马帝国的进攻。后来，在伊莎贝拉公主去世后，佛兰德斯诸省摄政将尼德兰的这部分地区重新置于西班牙人的直接统治下，而荷兰人拒绝了西班牙的和平提议，在法国的帮助下夺取了敦刻尔克，进一步保护了他们的边境和贸易安全。

与此同时，拿骚的约翰·莫里斯亲王被派去统治巴西，他对巴西的治理标志着荷兰在美洲势力发展的高峰。巴西首府更名为毛里茨,随着各省重新繁荣起来。贸易和种植园在荷兰人的管理下有所扩大;在无敌舰队覆灭五十周年之际,国内已经安定下来并全神贯注于东方贸易的荷兰,似乎也将取代西班牙在海上的地位,并夺取葡萄牙在西半球的殖民霸权。

在这场危机中,奥利瓦雷斯动员了西班牙政府的所有力量,竭尽全力摧毁他们这个志在必得的敌人。在国内,一支新的无敌舰队被装备好,堪比半个世纪前遭遇厄运的那支舰队;80艘船和2.4万人交给了经验丰富的奥昆多,他受命到狭窄海域去消灭荷兰人的海军。与此同时,另一支部队也将与西半球的敌人交战;一支同样强大的西葡舰队在巴伊亚集结。在那里,在托尔伯爵的指挥下,将有90艘船和1.2万名士兵被投送到巴西北部,攻打占据优势的荷兰人。

为了应对这一迫在眉睫的危险,荷兰及其殖民地的所有力量都被集结起来。成千上万的志愿者应征入伍,各种各样的船只聚集在一起,所有的军事力量都被交给了荷兰最有才干的海军上将马顿·范·特龙普。

这场危机并没有拖延太久。在初战中,特龙普击败了新组建的无敌舰队。在英国唐斯附近,特龙普率领荷兰舰队与西班牙舰队进行了一场命运之战(1639)。他率领着由100多艘船和信奉新教的尼德兰精英组成的舰队,给不幸的西班牙舰队带来了毁灭性打击,其惨烈程度不亚于半个世纪前在格拉沃利讷击败无敌舰队的战役。由于损失了一半以上的人员和几乎所有的船只,支离破碎的西班牙舰队只能在友好或中立的港口寻求庇护,以躲避荷兰人的愤怒报复。随着此战的败落，西班牙作为欧洲海军强国的时代一去不返。

这还不是全部。三个月后，在伊塔马拉卡岛连续四天的战斗中，约翰·莫里斯以数量上处于绝对劣势的分遣舰队对托尔舰队取得了几乎具有同等意义的胜利，并确保了荷兰在巴西水域的霸主地位，从而对它控制的南美大陆省份拥有了无可争议的主权。

这些灾难只是西班牙在这一时期所遭遇不幸的一部分。在目睹了它最后一支海军毁灭的那一年，曾经引发过葡萄牙人起义的对西班牙统治的仇恨，因为一项废除葡萄牙议会并正式将葡萄牙王国变成西班牙省份的提议，达到了顶点。

没有比这更糟糕的方案了。于是，借助于西班牙在海上的灾难性失败和在法国支持下的加泰罗尼亚起义的配合，葡萄牙人再次起义。葡萄牙人在里斯本进行的三小时的战斗中击败了西班牙驻军，并使布拉干萨家族的若昂成了葡萄牙的国王（若昂四世）。在西班牙政府受到削弱和陷入混乱的情况下，葡萄牙人得以维持它通过大胆一搏而赢得的独立。

不到两年，西班牙国王的宠臣奥利瓦雷斯被解职，西班牙作为一个大国崩溃了。奥利瓦雷斯以他所有的勤奋和能力，将他的国家带入了一场无法挽回的灾难。西班牙失去了殖民帝国的半壁江山，它被自己傲慢且无效的外交政策摧毁了，再加上自杀性的经济政策和统治者的无能，导致它不再是世界事务中的主角，它曾经在欧洲政坛拥有的优越地位也被最大的竞争对手法国夺走了。

八

因此，在三十年战争中期和英国违反议会法的管理尝试中，欧洲以外的世界出现了革命性的变化。就在德意志走出了迈向和平的第一步，英国最终陷入内战的同一年里（1642），黎塞留去世了，奥利瓦雷斯失势了。随着这些事件的发生，欧洲无论在本土还是在海外，都进入了它曲折历史的另一个阶段，而这一阶段的几乎每一个细节都与此前不同。

荷兰人现在成了东方的主人。他们还占领了南美洲相当大的一部分土地，并与英国、法国共同分割了北美洲的海岸线。在那里，殖民地民主政府的试验已经开始了。在那里，被赶出欧洲大陆政治主流圈的英国人，在内部事务中展现出了一种就像他们在殖民事务中展现出来的那种精神和活力，这将成为未来历史的决定性因素。

在这种情况下，主导权从西班牙人和天主教徒手中转移到了欧洲北部新教徒的手中。在他们的手中，**世界政治的那条真理又一次闪耀光芒："谁统治了海洋，谁就能雄霸天下。"**

第二十一章
现代哲学和科学思想的开端

1610—1642

一

上一段历史的主题是不同教派和君王们争夺霸权的斗争，而非随着每一代人进入世界的新生力量之发展，从这一立场看，关于三十年战争期间的社会和思想进步的任何叙述，似乎都会偏离时代事务的主流，而不能描述出新的欧洲均势在大洋彼岸建立的过程。

然而，如果历史被视作构成今日世界的全部元素诞生和发展的编年历程，那么，对我们更重要的显然就是17世纪前1/3的那段时期而不是刚刚过去的那场宗教战争时期，因为我们现在的生活条件和能力之基础就是在这段时期奠定的。

毫无疑问，如果新教最终被赶出欧洲中部，那么，欧洲大陆的这一部分最后受影响的就不仅是信仰，而且也有文明。但是，这样的结果几乎是不可想象的，而且即使历史真的如此发展了，也不会导致这种信仰形式在世界其他地方消亡。

再者,如果西班牙能够成功控制海洋,或者欧洲反动势力能够阻止那些带来科学发现和民主政府肇始的思想自由学说及其实践的发展,以及美洲新社会的建立,那世界就不会是现在这个样子了。因为等到两大宗教势力决战的时刻,新教已经完成了让信仰自由在欧洲思想中占据一席之地的任务,而它对思想自由的推动又得到了其他力量的强化,这些力量在这时也有了实现其思想解放目标的能力。

其中有两个最引人注目的元素:一个是科学,它在经历了三十年战争的那代人里赢得的胜利极大地增加了人类的知识和能力。另一个是自由精神,它在文学和商业中得到的表达之多不亚于在科学领域,并在人类进步的每一个领域都找到发泄其能量的新出口,扩大了生命的范围和内容,为个人带来了机会。

在这动荡的1/3世纪里,这些并不是再造欧洲世界的仅有的两个因素。在这一时期,尽管政治和思想上发生了巨大的变化,但无论其最终的重要性如何,两者的巨变都不如随之而来的物质现象更为显著。除了战争和政治上更为波澜壮阔的发展,知识和思想上更为复杂微妙的变化,日常事务、习惯和实践乃至欧洲各民族的面貌也发生了变化,即使在震撼世界的那些活动和政策之中也并非无足轻重。

二

也许对于行动者来说,最重要的变化是武器和防卫手段的发展。17世纪早期欧洲的大规模冲突不可避免地对陆上战争产生影响，这堪与过去五十年对海战的影响相提并论。上个世纪，随着轻型火器的发明，长弓和十字弓消失了，在新式军队中，火枪手取代了长枪手的位置。与此同时，士兵的武器也得到了改进。老式火绳枪那种笨拙且不稳定的缓燃引信首次被一种转轮点火机代替了，后者通过撞击轮盘里的火药来打火。另外，武器也变得轻巧了，而被替代的那种老式手枪极为笨重。17世纪初发明了一种所谓"燧发枪"，在两个世纪后由于火帽的问世它便进化为具有范本意义的滑膛枪。此后，基于滑膛枪原理的大量武器被发明出来——燧发枪、长枪、步枪，以及其中最小的一种，手枪或手提滑膛枪。火炮的发展也遵循着同样的路线。但是，除了几乎跟不上轻型武器发展步伐的重型攻城装备，这一时期最大的成就是瑞典人发明了轻型和可移动的火炮，以及英国人开始使用的一种外形原始的炮弹。

在这类武器面前，盔甲不堪一击。头盔、胸甲和背甲取代了全副盔甲，旧的战斧、狼牙棒、盾牌和标枪也被剑和长矛取代。因此，防御性武器和进攻性武器一样，总体上倾向于轻便和可移动。

这种变化还伴随着其他的变化，或多或少与军事事务有关，或者与受到军事事务影响的商业事务有关。其中最重要的是服装。**如果有一种变化使17世纪上半叶在外部特征上有别于之前的时代，那就是欧洲人在外貌上的惊人变化。这主要是由于紧身上衣和紧身裤的演变所起的作用。**

在过去的几个世纪里，紧身上衣和紧身裤曾经呈现出各种不同的形式。出现这种变化有两个原因：首先由于针织品的发明和发展，出现了那些被称为长袜的服装；也许更主要的原因是盔甲的消失，使得男性服装必须得到修改以符合其用途。

盔甲消失后，紧身上衣逐渐变成了马甲，长袍也变成了外套。长袜在16世纪被分为"上袜"和"下袜"，同样还有膝裤和长筒袜。早年华丽无比的靴子现在变成了更朴素（如果不是更普通）的带扣鞋。随着铠甲变成背甲和胸甲，软皮套装或者软皮革套装也退化成了软皮外套。长筒靴可以保护骑兵的腿不被弄脏，斗篷或骑马外套可以保护骑兵不受天气的影响，一种带檐帽子代替了旧的、更别致的、形状各异的软帽。

而且，在一个根据他的国籍、宗教、政治信仰或品位的要求而决定留短发或长卷发的时代之后，人们设计出假发来遮盖人类的自然头发或秃头。这样，便有了西班牙式须型或尖髯取代过去那种脸面全光或全髯以及后来光脸又成为时尚的潮流变化，**这些便是标志着服装和外貌方面从中世纪向现代过渡的变化——既不是改革，也不是复兴，而是一场真正的服装革命**。

如果有人敢于紧跟任意一个时代的女性服装的变化潮流，那他就是一个勇敢的人，更不用说去解释这种潮流的变幻不定了。不过，从主流看，即使是不太懂行的人也能看出来，到15世纪末，作为中世纪女士标志的飘逸长袍和宽大好看的头巾最终让位于被视作现代风格的服装形式——裙子和束腰的胸衣。

而且到16世纪末，还短暂流行过宽大的浆硬衣领。这种16世纪晚期和17世纪早期风格的显著特征并不局限于妇女的服饰，它也是男装的一个显著元素。但很快，它就被男人和女人抛弃了，而蕾丝领、短袜和连衣裙经过长期发展最终演变成今天更为普遍的领型。

在这一时期，除了人们对这种外貌上的变化表现出好奇的兴趣之外，这些正处于变化中的服装时尚所体现出的两个更为重要的因素也值得我们注意：一个是这些新服装不仅更实用，而且它们在某种意义上也倾向于更民主，因为不管有多少种口味和成本要求，人们至少在外表上越来越相似，而那些曾经通过大量差异来体现财富和等级身份的方式也慢慢地让位于更大的一致性。二是这些变化对经济产业产生的影响。可以预料这种变化必将伴随着手工业的发展，后者为不断变化的衣装时尚提供了材料，这成了17世纪早期的一个主要特征。意大利的蕾丝制造商创造出了像"威尼斯花边"那样奇迹般的薄纱花边，这体现了他们的耐心和技巧。这一技术后来又转移到了低地国家，布鲁塞尔和梅赫伦以及其他较小的制造中心，开始与他们的南方师傅们竞争。

丝绸生产传到了法国，甚至传到了英国，除此之外，掌握这种生产方式的还有被"西班牙狂怒"从尼德兰赶出来的工匠们。其他形式的制造业也随之而来。当英国、法国和德意志的冶炼工人开发他们的资源时，使托莱多和米兰闻名的钢铁工人在北欧发现了竞争对手。西班牙的皮革、意大利的金器、陶器、玻璃制造和瓷器，在欧洲大陆的许多地方不仅成了商品，也成了工业材料。

三

除此之外，还有许多其他活动的贡献。烟草的引入也带来了用陶土制作烟斗的技术或"秘密"，这是陶艺发展的成果。物理学家的发现带来了光学仪器装备，包括望远镜和眼镜，先是老花镜，后来是显微镜。最后，天文学家的需要和个人的便利需求都推动了钟表的改进。在这一时期，随着棘轮装置的发明，钟表从教堂大钟模式逐渐变成了现代钟表的样子。

伴随这些变化而来的是人们品位和习惯的改变，以及它们在不同领域的发展，尤其是被后人视为恶习的那些领域。无论某一特定时期的各种活动之间有什么模糊的联系，但有一个奇怪的现象，那就是在一种新式服装出现的时代，人们养成了吸食烟草的习惯，并开始吸食鼻烟，还发明了台球游戏。

茶、咖啡的引进，可可或巧克力的普遍食用，在欧洲尤其在欧洲北部的人们中间流行，标志着另一个变化。它不仅对社会习惯产生了广泛影响，而且对商业和工业产生了深远的影响。

新植物的引进，如剑兰、郁金香和晚香玉，标志着园艺作为奢侈生活元素在欧洲的发展。与此同时，作为主食之一的马铃薯的食用习惯也传遍了欧洲。马铃薯由西班牙人从美洲引入欧洲，然后从西班牙传到了低地国家，并通过著名的雷利爵士的代理，被引入了不列颠群岛。它得到了虽然缓慢但切实的改进，口味得到了欧洲人的称道，尤其得到因之得名为"爱尔兰马铃薯"的那个民族的赞美。

最重要的发现也许是金鸡纳或"耶稣会士的树皮"（奎宁的来源）对治疗发烧的神奇作用，这是那个时代最重要的成果之一。因为它不仅很快成了一种重要的治疗手段，也成了欧洲人开发那些疟疾横行地区的一个推动因素，否则欧洲人无法在那些地区定居。

在这些改变了日常生活结构的各种因素之中，有一种因素极为突出，那就是酒精饮料的发展。在中世纪，人们在喝了几个世纪的蜂蜜酒后，又用谷物和葡萄酿造出来了麦芽酒、啤酒和葡萄酒，这成为欧洲人新的刺激物。

随着商业的发展，尤其是欧洲人开始扩张之后，来自赫雷斯的萨克葡萄酒和雪利酒，来自同名岛屿的加那利葡萄酒和马德拉葡萄酒，来自波尔图的波特葡萄酒，来自吉伦特的波尔多红葡萄酒，还有勃艮第葡萄酒、摩泽尔白葡萄酒和各种莱茵葡萄酒，都获得了欧洲人的认可，并得以用它们的名字来纪念它们的原产地。

人们很早就想到通过蒸馏过程来制作更强劲的饮品，欧洲人的白兰地和烈性酒的制作很可能要感谢阿拉伯人。在17世纪的前二十五年，它们的生产和使用在欧洲各地似乎已经相当普遍。除此之外，还有威士忌，它是苏格兰和爱尔兰的凯尔特人用谷物酿制而成的，但引起了英国人的普遍关注，英格兰人通过王朝联合与苏格兰人、通过征服与爱尔兰人建立了更紧密的联系。

大约在同一时期，荷兰人发明了另一种显然源自法国的酒，即用杜松子木调味的烈酒，也就是所谓日内瓦酒或杜松子酒。仿佛这些还不足以激发人类的品位和美德，另一种酒精饮品——从来自西印度群岛的糖或甘蔗之中蒸馏而来的朗姆酒——同其他强效烈酒共同分享了不那么光彩的荣誉。因此，在大规模宗教战争中成长的一代人中，温和饮料的长期统治一度得到了茶、咖啡和可可的强化，还受到了几乎有一半是烈酒的其他饮品的挑战，烈酒的迅速蔓延使欧洲人踏上了他们曲折历程中一个不那么节制的阶段。

在这一时期，与这些饮品在欧洲的普遍扩散相联系的似乎不仅是商业的发展，更多的是那些几乎不间断的战争，这些战争在一个多世纪里反复折磨着欧洲大陆，来自各个地区的成群结队的士兵将来自他们母国的各种独特口味和恶习带到了欧洲的每一个角落。疾病和瘟疫的传播以及伴随它们出现的破坏，必然归因于这一自由骑士和强盗组成的流浪群体。**因此，无论德意志境内的战争对宗教自由和政治进步的贡献是什么，毫无疑问它在欧洲三十年灾难性的道德和物质蜕变中起了很大的作用。**

除了这些口味和习俗的变化，欧洲习惯的另一个变化也同样明显，随着16世纪结束17世纪到来，常去一些拥有温泉或矿泉的地方成为一种时尚，它们被认为有助于治疗许多疾病。

罗马人有这种习俗，并在他们统治所及的地方留下了痕迹，从德意志的亚琛到英国的苏利斯（现在的巴斯），都分布着这种温泉。而在中世纪，这一习俗并未完全消失。但是，随着对医学、环境卫生和个人卫生的关注，这一习惯影响了16世纪上层阶级的生活。这也许与人们对大自然的重新关注不无关系，因为随着城市生活代替了人们在户外的聚居生活，自然资源再次成为人类生存和发展的重要因素。

尼德兰的斯帕镇——随着时间的推移，它的名声部分要归功于像纳瓦拉的亨利这样的大人物的到访，许多这样的地方也因此出名。英国小镇巴斯，法国和莱茵地区的各种泉水，以及欧洲其他一些不那么闻名的泉水，成为关注自身健康的人们的度假胜地。这种习俗逐渐变得普遍起来，在一个半世纪之内，已经成为上层阶级生活中的一种固定习惯，从狭义上说，它对社会的影响仅次于医疗。

四

诸如外貌、口味以及日常生活习惯等这些事情，与人们通常理解的那种"历史的崇高"几乎没有一致性，而无论它们对我们所说的社会进步有多么重要，无论它们如何紧密地与我们的生存事务联系在一起。如果在这一时期，欧洲发生的变化就只有这些，那么，它的社会史和思想史就显得微不足道了，但事实并非如此。在欧洲漫长的发展过程中，很少有其他时期像这段时期那样，使它如此剧烈地偏离了它的旧传统。除了个人事务中极微小的这些变化，影响人类最基本的东西也发生了深刻的改变。

二百年前，波焦发现了失传已久的古代手稿、亨利王子对北非的征服给欧洲带来了思想和领土扩张的动力，并在17世纪初取得了巨大的成果。一百年前，路德、加尔文、麦哲伦、科尔特斯和皮萨罗，在威克里夫、胡斯、哥伦布和达·伽马的基础上，创造了宗教和政治的新世界，改变了旧世界的结构。在这段时期还未过半的时候，加尔文主义就开始产生新的政治形式、教会哲学与实践形式；日耳曼人的北海诸强国推翻了伊比利亚人在海洋世界的霸权。欧洲在知识、政治、艺术、宗教和经济上的扩张，都在全面展开；欧洲在上述诸领域的前进路线是明确的，扩张的一些成果已经很显著，影响其未来的诸多因素也确定下来。

现在，东方产品至少可以通过三个通道自由地流入欧洲：四大洲的海岸线；西半球和亚洲北部的边缘地区；非洲和北美的有利地点；大西洋中的大部分岛屿——太平洋上也有不少岛屿——现在都被欧洲人统治、开发或占领。海外已经建立起两大殖民地社会体系，第三个也开始了，欧洲人控制的广阔地区是欧洲大陆面积的三倍多。

欧洲的影响力和财富也获得了同样的增长。它的人民已成为世界上最具侵略性的力量，也是其政治中的主要力量。欧洲人侵占了大量适合人类居住的土地。它已经变成吸引世界大部分贵金属流向的中心，从而使它的流通媒介扩大了规模，这又导致了欧洲从自然经济到货币经济的升级，增加了工业发展的空间，也扩大了它的商业冒险范围。

西班牙和葡萄牙的所有力量联合起来都没能保住一个可供其他大陆的商品进入欧洲的狭窄通道，也未能阻止其他强国在欧洲以外的世界殖民，更不用说保证他们自己利用好从东西方像洪水一般涌入的黄金白银。现在，随着领土和商业开发的垄断时代被资本和竞争的时代取代，世界政治也随着世界商业的改变而改变，政治问题越来越多地由那些曾经几乎不被视作属于旧的"国家奥秘"的因素所决定。

然而，欧洲的进步并不局限于物质领域，甚至也不局限于精神活动之中。正如在商业和政治领域中一样，17世纪初的欧洲人已经找到了发泄他们能量的出口，而这在一百年前是他们无法企及的。

古典学者现在已经发现了一个充满了思想和成就的新世界，人们的思想从中世纪的经院哲学和神学的束缚中解放了出来。艺术获得了空前的声望。伟大的民族文学作品如雨后春笋般涌现，**繁荣兴旺，硕果累累**；在宗教和世俗领域，都出现了新的思想和实践体系；新的手工业品得到了发明或改进；科学揭示出了一个全新的宇宙。结果，**欧洲思想资源的扩张并不亚于其财富、权力或政治影响力的扩张。**

新的精神已经开始向哲学渗透，它即将入侵政治，并最终影响宗教，因为对真理的追求，"时间的女儿，而不是权威的女儿"，马上就要出现新的发展。

欧洲思想资源扩张的最显著成果是增加了人的尊严和世俗事务的重要性，而减少了生活和思想中的神秘和超自然因素。所以，不会让人感到意外的是，从这时开始，那个时期著名的画家——伦勃朗、哈尔斯、鲁本斯、委拉斯开兹和凡·戴克——的油画布上，频频出现的不是早期画派常常关注的圣徒和圣家庭，而是政治家、商人和贤能之士；风景和商业生活开始在艺术主题中占有显著的地位。

新时代的先知是荷尔拜因，而不是拉斐尔。政治家培根和士兵笛卡尔对科学和哲学产生兴趣，也不是偶然的。尤其巧合的是，最后一场大规模宗教战争发生的同时，也发生了平民首次成功反抗王权、大型商业国家崛起、国际法和现代哲学奠基以及欧洲社会真正开始向海外移民等重要现象。

五

在过去两个世纪发生的知识增长所带来的全部成果中，最重要的是欧洲人恢复了自信心。 虽然这个自信心仍然被未知的世界包围着，但它在知识世界和物质世界的征服活动已经开始减轻长期压迫它的恐惧——宇宙的秘密是不可知的。人们不再觉得宇宙的奥秘必须是死后才能了解的东西，不再觉得自己的一切前途都寄托在一种无论信仰什么都无法获知其本质的未来国家之上。超自然现象已开始让位于自然宇宙的观念。

在科学给予人类的所有礼物中，在科学给予欧洲和非欧洲种族之间以及中世纪与现代之间的全部差异之中，影响最大和最深远的就是人类头脑的解放以及随之而来的精神自由、调查和实验对信仰、权威乃至纯粹理性的取代。它们为长期自给自足的头脑提供了新的材料，它们用发现和征服取代了盲目信仰的迷信、对权威的单纯依赖、空洞的逻辑、纯学术、经验主义哲学。

从对古典世界的发掘开始，到后来对地球的继续探索，以及对陈腐的宗教教义和实践的抗议之强化，新精神虽然不能解决宇宙之谜，至少能将人与他周围的环境联系起来，并使他们在某种程度上有能力"思考并接近上帝的思想"。

一种充满活力的精神，以各种各样的形式表现出来，注入了欧洲人生活的每一个领域，并在旧废墟上奠定了新生活的基础。然而，破坏力更大的行动以火和剑摧毁了中欧，使建设性的力量黯然失色。

就这些现象来说，形式上的差别常常掩盖了本质的相似性，因为三十年战争与笛卡尔的哲学、荷兰人对巴西的进攻以及英国的清教运动之间看似没有什么联系。然而，政治和宗教一样，都有否定或不信任权威的因素；商业和哲学同样依赖个人的判断和主动性；法律和科学同样尊重理性和调查。这些力量中的每一种都有强大的世俗化冲动，几乎接近纯粹的物质主义，这种冲动在艺术和文学中与在商业和政治事务中同样明显。

这种对实践和物质的认识，对人类在他的世界中所取得成就的价值和尊严的认识，也出现在了教育中。教育早就开始按照世俗生活而非出世生活的标准来培养学生。这一点在商业上也同样明显。

对中世纪共产主义因素的反动表现在大的商业公司取代了古老的行会，就像个人业主越来越多地掌握了公共土地一样。

在政治上也有同样强烈的反动出现，上层阶层行使世袭的、无限的权力激起了宗教起义。**德意志三十年战争的推动力，除了宗教动机，也有分散和削弱帝国权力的愿望。英国清教徒革命不仅反对教会和国王的神权，而且反对国王和贵族的特权。几乎每一个领域的时代趋势都有利于地方、下层阶级和个人利益。**在这一新的期许之下，对财富和权力的追求，就像对真理的追求一样，不再是少数人的特权，而是大多数人的权利。

这一代人参加了三十年战争，彻底改变了殖民事务，在科学和哲学领域也取得了影响深远的成就。

当意大利的政治家们忙于与他们的同胞就瓦尔泰利纳展开激烈争夺时，博雷利领导了正在崛起的医学物理学学派，提出了关于人类有机体的新理论。托里拆利拓展了物理学知识的领域，发明了气压计；伽桑狄给了长期阻碍欧洲思想发展的亚里士多德哲学以最后一击。

当德意志被战争蹂躏得满目疮痍的时候，在众多不太知名的研究者中，格劳伯发现了硝酸和盐酸，并对药物治疗手段的发展做出了贡献，其中的格劳伯盐就是为了纪念他而命名的。

当詹姆斯一世与他的议会发生争吵的时候，霍罗克斯第一次观测到了金星凌日现象，哈维阐明了血液循环理论，培根则在他的《新工具论》中指出了知识进步的道路。

就在荷兰为自由和生存而战的那些年里，法国出生的哲学家笛卡尔结束了军营和战场的生涯，前往荷兰，在这个国家的庇护下继续着他的研究工作。

因此,随着统治者及其政策的变化,公共事务领域的状况发生了改变,远离政治事务领域的发展预示着人类事务的变革,这要比战争和外交活动所产生的任何变革都更加深刻和深远。在注定要塑造人类未来的各种影响中,现在以新的形式出现的科学进步对欧洲思想的下一步发展至关重要;而现在走上历史舞台的这一代人将经历一场知识和思想革命,甚至连上个世纪发生的巨大变革也无法与这一革命相比。

六

人们已经注意到,**在现代欧洲人与其欧洲先辈之间的差异中,最显著的便是他们发现和利用自然力量以造福人类的能力。在这一过程中,17世纪最初的几年具有决定性作用。**无论是发现西半球和通向东方的航路、古典知识复兴、艺术复兴,还是宗教革命,对于欧洲人所依赖的智力发展来说,都不比科学方法兴起和科学知识增加更重要,后者导致了或者伴生了这些更为壮观的历史事件的发生,并有助于确保它们对欧洲人的永久性价值。

在此之前,逻辑和权威的统治地位使欧洲的知识发展陷入了死胡同,**而理性与实验的结合则使人们走上了通往更广泛真理的新道路**。这一结合的巨大作用远不止增加知识——尽管它在这个领域的贡献具有不可估量的意义,而是它极大地提高了欧洲人的智力水平。它让欧洲人的思想从惯例和权威的重压下解脱出来,让经院哲学让位于人文主义学术,让自然科学逐渐成为欧洲知识和思想的主要构成因素。现在,经过一个世纪的实验和理论发展之后,它准备开始自己的合法继承之路。

我们不按照重要性,而按照时间的顺序,首先讲一下化学基础科学。16世纪所谓"炼金术士"已经在很大程度上把化学基础科学与炼金术分离开来,他们依照巴拉塞尔苏斯的格言,追求炼金术的真正用途:"不是制造黄金,而是配制药物。"就这样,炼金术士逐渐不再寻找能使劣质矿石变成贵重金属的魔法石,而是致力于创造更有用的奇迹,让病人恢复健康。伴随着所有的错误和无知,巴拉塞尔苏斯的追随者们继续坚持"医疗化学"或治疗学,这标志着这一基础科学的巨大进步。

16世纪引进和使用了大量的化学制剂,如锑、铅、硫、铁、砷,尤其是汞。汞在治疗梅毒方面的效果成为两个世纪以来医疗实践的基石之一。它之所以具有如此重大的意义,是因为这种由西班牙人从美洲带回来的可怕病毒在16世纪传遍了欧洲,给人们的生活添加了一种新的恐惧。

许多因素促成了化学方面的发展,尤其是大学和印刷业。最早的重要化学教科书,便是德意志利巴菲乌斯的著作,它出版于16世纪的最后十年,并立即见证了之前一百年里产生的化学知识的巨大增量以及建立实验室的趋向。在解剖室和诊所之后,这标志着科学的又一次进步。

在这些进步的推动下,旧的"元素"学说在酸和碱的发现之前就被推翻了,以水为代表的液体之类型和性质也得到了重新发现。像医学化学家范·赫尔蒙特——他首次将类似于空气的物体描述为"气体"——那样的人,证明了金属继续存在于它们的化合物和盐中。因此，他们提出了物质不可改变的理论，并对有关化学和类似课题贡献了一个新的概念。比如塔亨尼乌斯，他第一个定义了"盐"这个词并引入了定量分析；阿格里科拉创立了冶金学；贝利希发展了陶瓷制作工艺；冯·希尔登除了对纯科学做出贡献，还发明了止血带；格劳伯对治疗学和化学技术都有贡献，他拓宽了知识的领域。

同时，他们也阐明了不同科学之间的联系，一方面促进了从采矿到染色的所有工业技术的发展，另一方面也使医学家的努力得到了回报。

医学家，无论是作为科学家还是作为治疗技术的代表，确实还有很长的路要走。"发现人类"的最早努力自然地指向了解剖学或人体结构。整个16世纪，人们慢慢地揭示了人体结构及器官构成的复杂系统；与内科相比，外科手术也取得了相应的进步。治疗手段仍然是经验性的；尽管钟表的发展和从业者技能的提高使得观察脉搏和体温成为可能，但直到17世纪，这些宝贵的诊断工具才得到比较充分的了解，更别说使用了。

然而，随着解剖学和治疗学的进步，在化学的辅助下，在下一个发展阶段，人体功能的研究或生理学也取得了进展。生理学在很大程度上受到了理论的阻碍。盖伦[①]的"体液"学说（进入身体构造的液体，包括血液和黏液、胆汁或黄胆汁、忧郁汁或黑

[①] 盖伦（公元129—199）指古罗马时期的医学家克劳迪亚斯·盖伦。他继承古希腊名医希波克拉底的"体液说"，认为人的体液分为"多血质""黏液质""神经质""胆汁质"四种，并据此划分四种气质的人。——编者注

胆汁；我们的气质就来自于这些液体——血液、黏液、胆汁和忧郁汁）仍然存在，并据此有其治疗方法。人们认为，通过杯吸疗法或用药，可以减少病人体内特定的体液，从而恢复健康。

公共卫生事项几乎无人知晓。虽然黑死病在欧洲大陆较发达的地区实际上已经消失了，但可怕的流行病或瘟疫仍然存在，如伤寒和天花，目前还没有有效的治疗方法。

物理学领域的新发现以及随之而来的宇宙力学学说的发展，对医学理论产生了影响，这也许是不可避免的结果；因此，出现了与医学化学家相对的医学数学学派或医学物理学学派。作为哥白尼、伽利略、开普勒以及现代天文知识奠基人的工作成果之一，物理学原理被引入了生理学。在意大利人博雷利及其同人的主导下，包括著名哲学家笛卡尔在内的一群极具影响力的思想家断言，生理过程不是化学过程，而是物理定律作用于人的有机体的结果。

也许在某种程度上，杰出的英国生理学家威廉·哈维的努力加强了这种将人体视作有机体的概念，"人体科学"在他的努力下开始了自己朝圣之旅的另一个阶段。因为他从自己在意大利的研究中，以及从回到英国后的一系列研究中，发展出了血液循环理论，以及全身的血液从心脏到肺部流通并在肺部得到净化的理论。这一发现彻底改变了有关人体的所有观念，终结了盖伦在一千四百年间使人们对科学视而不见的种种谬误。

无论是像哈维所认为的那样，这种心脏运动是纯粹的肌肉运动或机械运动，还是像博雷利说的那样，这是神经性运动或神经源运动，哈维在德意志战争的第十年出版的《心血运动论》中提出的发现，标志着一个像七八十年前哥白尼出版《天体运行论》时那样的科学新纪元的到来。

由于这些工作的刺激，正如显微镜的发展和随之而来的胚胎学的进步，以及对微生物的研究，整个生物学领域呈现出了新的活力和形式。在一个世纪之前，对未知世界的探索加强了对古典文明的研究工作；现在，关于地球和天空的发现不得不与人体物质层面的研究分享人们共同的兴趣。

哈维的工作并不是孤立的。在上个世纪自然史编纂者的努力下——如包括格斯纳门下的阿尔德罗万迪和琼斯顿在内的"百科全书派"以及哈维的老师、开启了动物进化研究的法布里休斯，生命的起源和发展问题已经成了一个新的课题。哈维本人还加入了对蛋内小鸡的研究，这已经被证明是造福随后数个世纪的重要研究课题。

尤其值得一提的是，在这个研究的基础上，又加上了随后一代显微镜学家——格鲁、胡克、马尔皮基，以及两位荷兰人施旺麦丹和列文虎克的研究成果。大多数人仍然相信古老的自然生成学说，而且还要过一个世纪才能推翻这一古老的谬论；但是，哈维的名言"一切生命从卵中来"体现的原则，最终使人们正确认识到了生命有机体的起源和发展。

从这些工作中产生了对人们有益的巨大实际成果和纯智力成果。因为随着对生物及其生理功能的理性研究，加上化学和药物的进步，现代医学诞生了。当人们还可能开出一大堆药方，里面混杂着毒蛇的肉、螃蟹的眼睛、人的汗液、土虱以及几乎所有能想到的动物的每一个部位，无论是真实的还是想象的，人们开始怀疑它们的功效，开始怀疑医学的经验主义，就像怀疑神学的教条主义一样。因此，欧洲药典开始包括大量已知特性的矿物质和植物产品中较为健康的化合物，而这些更接近现代的做法。

这一医学复兴对欧洲人产生了多么巨大的影响，可以从一个引人注目的现象中得到证明。17世纪不仅仅是一个具备科学准确性和巨大技术价值的卓越解剖图表出版的时代，外科医生和普通医生第一次成为画家笔下的主题，也许没有任何其他时期的欧洲艺术作品中有如此多的与这些职业相关的内容。当时最伟大的艺术家之一伦勃朗在一场临床演示中发现了他最精彩画作的主题之一，绝非偶然。这是一个正在变化中的世界的象征，他的杰作不过是几十种致力于描述一种艺术的杰作之一，这种艺术曾经像占星术那样神秘，但现在具有了科学的形式和精神，因此与现实联系在了一起。

七

与此同时，除了关于人体的发现，人们还继续探索宇宙。与人体有关的科学取得了巨大的进步，物理学、数学和天文学揭示了自然的奥秘及规律。人们已经意识到一种最强大力量的影响，后人将会征服这种力量为己所用。16世纪的最后一年，吉尔伯特的电磁学著作出版了，这是电学研究中最早的里程碑性作品。在这部杰作中，他不仅区分了电和磁，确立了"引力"和"发射"这两个术语作为这门新科学的基础，而且提出了传播这种力量的可能性，甚至认为地球就是一块巨大的磁铁。

物理学和天文学在另一个方向也取得了发展，也就是人的视力的扩展。几个世纪以前，罗杰·培根就公布了望远镜的原理，近来，哈里奥特、迪伊和迪格斯这三位英国人证实了他的发现。就在这一代人中，几乎同一时间，三位独立工作的荷兰眼镜商，均制造出了一种简陋的所谓"透视眼镜"，也就是望远镜，它的应用迅速传遍整个欧洲大陆。在意大利物理学家伽利略的手中，它得到了完善并被应用于天文学研究。

即使是西半球的发现，对欧洲人思想的影响也比不上这种视野的突然扩展，它将新世界的知识带到了欧洲人的知识之中。月球的多山表面、长期以来一直困扰天文学家和哲学家的银河系之构成、木星的卫星、土星的奇特形态、金星的奇特相位、太阳黑子，都是对这一发明的回报。

欧洲思想界也发生了革命性的变化。地球与其他行星的关系得到了揭示，哥白尼的假说得到了证实。亚里士多德长期以来惑乱欧洲人思想的关于行星的神圣本质和永恒性的传统教条，及其所有具备误导性的谜团，都在一夜之间消失，关于宇宙以及人类在其中之位置的新理性概念开始形成了。

当伽利略揭示了天空的奇观时，两位为"占星家皇帝"鲁道夫二世服务的数学家兼天文学家第谷·布拉赫及其更杰出的学生开普勒，追随哥白尼的脚步，将知识视野扩展到更大的范围，从而进一步推动了知识的发展。

其中一项显著的成就是，第谷开始了对彗星的研究，以消除欧洲人长期以来对这些天空怪物的恐惧。此外，第谷确定了大约800颗恒星的位置，并编制了对行星的观察结果，这些结果在他的继任者手中"为建造宇宙大厦提供了材料"。开普勒则阐述了行星运动的两个基本定律，即它们的轨道是椭圆形的，它们与太阳的距离与其公转直接相关。开普勒不仅为人们普遍接受哥白尼的假说开辟了道路,而且建立了太阳系天文学的基本原理,推翻了旧的科学和神学观念。

开普勒的伟大成就是因一项新成就的问世而实现的,他进一步使这项新成就适用于天文学。这就是对数系统。奈皮尔设计这个系统是为了便于进行无穷尽的计算,新的恒星科学就是在这个基础上建立起来的。"把几个月的劳动减少到几天,使天文学家的寿命延长了一倍,也使他免去了与长期计算密不可分的错误和厌恶感。"……欧洲人的头脑更有理由为这项发明感到骄傲,因为它完全是人头脑自身的产物。它所做的不仅仅是使天文学"适合人类的耐心和勤奋",或者使数学计算过程"具有无与伦比的精确性和准确性";它为人们提供了新力量和新方法,通过它的应用,解锁自然的秘密,让人们数学运算能力的扩展增加了无限动力。

最后发展起来的是复合显微镜,虽然速度要慢一些,但在欧洲人看来,它揭示的是无限微小的事物,正如望远镜揭示的是无限巨大的事物一样,从而扩大了人的视力在另一个方向上的能力。

在通过望远镜和计算揭示天体宇宙的同时,伽利略还致力于建立力学科学。他确定了自由落体定律、运动的组成定律、作用与反作用力的对等与对抗关系,从而奠定了运动三定律的基础。此外,他的论证对静力学的贡献不亚于对动力学的贡献;而他的实用发明,如温度计和比重计,以及他的"虚拟速度"理论和分子凝聚力的研究,这些都证明伽利略是一个全面的天才,同时见证了一个新的物理知识学派的视野和内涵。

与科学知识要取代的经院哲学和神学教条不同,这种知识不仅基于思想，而且基于实验。它不局限于人头脑里已有的资源，也不依赖于对未知和不可知精神奥秘的沉思。**如果说一个世纪前美洲的发现者向欧洲人展示了一个新的世界，那么，科学家们现在展示了一个新的宇宙。**他们的工作在其他领域反响强烈。学术团体得到了快速发展；即使是对所谓"国家之谜"的调查研究，通过对政治、政府和权威自身之起源的研究，也给历史和哲学带来了一种推动力，在随后的几个世纪里推动了欧洲思想和实践的革命。不管这种新知识在无知和未受教育的群众中传播得多么缓慢，不管它对日常生活设施的改善多么有限，它的精神和取得的成果却深刻地影响着知识活动的每一个领域。

八

然而，这场运动还缺少两种元素：第一种是一套知识处理体系，它最终应该用真正的科学方法取代亚里士多德的形式逻辑。第二种是一套哲学体系，这种哲学体系应当考虑到知识的进步，使知识的成就具体化，并使之与旧信仰的残余调和，从而为人们的生存提供一种新的知识和精神基础。

一个引人注目的事实是，无论是文艺复兴时期，还是宗教改革时期，均未产生出一位伟大的思想家，也未产生一种新的哲学。虽然文艺复兴的参与者拥有学问、宗教经验、知识和组织，以及我们称之为——这里需要一个更好的词汇——"虔诚"的复兴，但奇怪的是，他们需要科学去激发能够取得新成就的思维能力，以确定人作为灵和智的产物其本性和关系。这种需求很快就得到了满足，而且，让人瞩目的是，新时代的先知们出现了，他们不是来自神学家群体，而是来自社会上从事各种实际事务的人们。

在巴伐利亚的马克西米利安于三十年战争初期征服普法尔茨的军队中，有一位生于法国的年轻军官，叫做勒内·笛卡尔，他一度在拿骚的莫里斯麾下服役。在闲暇之时，他开始思考是什么力量导致了使欧洲思想发生革命之哲学体系的发展，这使他在思想史上拥有了几乎不亚于长期统治欧洲人头脑的那些伟大的希腊哲学家的地位。

在伊丽莎白女王和她的继任者詹姆斯一世时代的宫廷政治家中，有一位弗朗西斯·培根，一度担任英国大法官，他从长期的古典学术和科学研究中提出了探索自然现象之原因的呼吁，这成为科学进步的第二步。

而且，就在这些新元素被注入欧洲思想进程中的时候，荷兰法学家兼外交家胡果·格劳秀斯又为之做了进一步的强化工作。他凭借自己长期从事公共事务的经验和在法律和历史上的知识、以及国际关系新理论的材料，为世界政治和宗教思考做出了不亚于他同时代杰出人物的贡献。

在这些人中，没有人比笛卡尔更能代表这个多面的过渡时代了。他不是从教条理论的立场，而是通过科学和世俗经验，通过理性而不是启示，通过机械理论而不是道德，来完成他解释宇宙和人类的重大任务。他是过去的孩子，却是未来的先知。他接受了哥白尼的假设和宇宙无限的学说，但他仍然能够去圣地朝圣；他依靠法国王室的慷慨资助来维持自己的生活，却住在荷兰呼吸那里更自由的空气。当他宣布精神和物质的二元论时，他解释了身体和灵魂之间的神圣联系——或者说通过松果体的联系！

他凭借数学进入了哲学领域，但他仍然只是"一个对形而上学有兴趣的几何学家，而不是一个喜欢几何和代数的哲学家"。正如他所说的那样，理解"这些连几何学家都不会用来完成他们最困难证明的冗长推理链条，让我觉得属于人类头脑认知范围的这一切都会以同样的方式联系在一起，而且我觉得只要人们谨慎地不接受任何不真实的信息，只要人们总是谨慎坚持着从一个事实推导出另一个事实所必须的条件，那么，就没有更遥远的地方是他最终不能抵达的，也没有更隐蔽的真理是他最后发现不了的"。在这种属于数学和机械学的精神支持下，这位新先知接近了人类、宇宙和上帝的奥秘。

除此之外，他还加上了他那个时代所具备的解剖学和生理学知识；他试图用这种方法从无穷无尽的公理和定义、观察和思考中推导出一套合理的、无可辩驳的信仰体系。与经院哲学家的教条"我信故我知"相反，他提出了一个可以被当作一切科学进步之座右铭的格言："我疑故我知。"他那句更为著名的格言"我思故我在"，是一种与古老信仰完全不同的信仰之核心。

他用"机械论"阐释宇宙和人类，拒绝了除理性之外的所有权威，这使他坚持以行为规则而不是以信仰作为伦理道德的真正检验标准。他假定三种现实的存在已经被证明：上帝、个人身体和人类精神，以及物质世界或宇宙。在他的伟大著作《方法论》中，他不仅使思想系统化，而且用科学的理论取代了旧哲学的神学基础。他使人们对真理有了新的认识，更重要的是，他为解开宇宙之谜提供了新的方法。与他建立现代解析几何、提出物质的涡旋理论和阐明折射定律（尽管它们很重要）不同，这仍然是他对人类智慧进步做出的主要贡献。

在笛卡尔开始他的哲学生涯之前,培根就为这位法国哲学家寻找其创作灵感的媒介带来了强大而急需的帮助。培根之于现代科学,正如笛卡尔之于现代思想;《方法论》之于哲学的意义,就是作为更宏大著作《伟大的复兴》之一部分的《新工具》之于科学发展进程的意义。

事实上,每一种理论都在某种程度上建立在这样一种谬误推理之上,即可以设计出一种方法,通过完美无瑕的理性和实验体系来得到真理,使平庸之辈通过勤奋地应用其方法来解决自然和思想问题,从而获得与天才一样的结果。这一谬误推理尚未从这两个领域中完全排除。

但培根的贡献,与笛卡尔一样,远不止于破除这一谬误推理。**如果说笛卡尔强调演绎法,培根则强调归纳法,并且极其清楚地标明了现代思想与中世纪经院哲学相分离的点。**培根力主从大量观察到的现象中进行归纳的原则,从而将理性融入实验。当他把神学放在科学的第一位置时,他宣称,对第一推动力的研究并不能使科学的任何一部分变得正确。通过这样的做法,他避免了仍然强大的教会势力的敌意,并画下了自那以后这一智力活动分支的边界线。

培根既是批判精神的倡导者,又是从自然中寻找知识来源和通过调查研究来追求知识进步的那一派思想的预言家。他"反对那些将自然教条化的人",反对那些断言"不可能知道任何东西"的人;也同样反对那些"仅仅利用认识能力……把全部的精力都放在沉思冥想和永久性的精神躁动上的人"。"我们唯一的希望和救星,"他宣称,"就是重新启动心灵的所有努力,并通过机械的帮助来达到我们的目的。""我们必须首先通过各种实验来发现原因和真正的公理,承认自然是人类真正的世袭财产,不仅要观察现象,还要寻找原因。"

他和笛卡尔共同断言,怀疑是检验真理的重要手段;还有那模糊的、万能的"第一推动力",那是在解释他和大多数人称之为"上帝"的造物主的起源和行为时提出的唯一假设。

与吸引欧洲大陆头脑的抽象推理倾向不同,从培根开始的英国哲学注重具体事物,并与科学结合在一起。它同样反对旧的经院哲学和新的形而上学,把它的推论建立在更可靠的观察和归纳的基础上。因此,在所有的哲学流派中,它对所谓"实证科学"的发展贡献最大。这些年来,实证科学的发展是如此的迅速。

对于培根和他的大多数盎格鲁-撒克逊后继者来说,第一推动力是"不孕的贞女",科学与神学、知识与信仰、理性与启示之间的界限是清晰而明显的。"他发现要写一部人类所知道的历史是不可能的,于是,他就写了一部人类必须要学习的历史。"

最后,他那无与伦比的《随笔集》和他第一部用英语写作的世俗主题的散文作品《学术的进步》,正如他的《新工具》一样,清晰晓畅、令人信服的风格,充满智慧和成熟经验,使他提出的那些原则显得更加雄辩,其影响之广泛远超他对科学本身做出的实际贡献。从那以后,他所倡导使用的工具在科学世界没有遇到反对者。尽管他真正做过的实验远不及伽利略,尽管他的哲学在笛卡尔那里得到了更有力的表达,培根仍然是这个新科学群体的先驱和捍卫者,因为"他影响了改变世界的知识分子"。

尽管从培根和笛卡尔的时代以来,对于大多数人来说,人类依然是神学宇宙的中心，人类事务也是上帝主要的关怀对象，但日益明显的是，无论是世界还是人类，在物质宇宙中都不拥有我们曾经相信拥有过的那种地位。

对于这个规模不大但日益增多的思想家群体来说，难以想象一个国家、阶级或个人，拥有一种神圣的权威来控制其欧洲同胞的行动和思想。这个群体中的个人发展并不一致，也互不相关；这时的培根对伽利略知之甚少，不接受哥白尼的学说；虽然罗马教廷和大多数新教神学家拒绝科学的新知识，但它逐渐渗透到欧洲大陆民众之中；在英国王权被推翻的同时，"君权神授"学说蓬勃发展，欧洲大陆君主的权力不断扩大；现代精神生存了下来，取得了进步。

的确，神学家们仍然有可能宣称"关于地球运动的观点是所有异端中最可恶的"，但在比较开明的俗人当中，以太阳为中心的太阳系学说逐渐被接受，以地球为中心的宇宙学说正在迅速消失。望远镜揭示了天空的秘密，让人们明白它不是神灵的住所，而是由行星和恒星组成的更丰富多彩、更奇妙有趣的王国。

根据物理学和数学的发现，越来越明显的是，无论终极性的统治力量是什么，物质宇宙都处于某种力量的直接统治之下，这种力量不是不可思议的专制天意，而是自然法则，它恒久不变，无疑也是神圣的，但可以被人类所发现和理解。因为无论正确与否，在欧洲人的心目中，关于宇宙的机械理论已经开始确凿无疑地取代神学理论。

当培根和笛卡尔在科学和哲学的重要领域为现代世界奠定基础之时，当伽利略和他的科学家同行们在各个方向拓展知识的边界之时，另一个强大的头脑侵入了法律和政治领域，他就是胡果·格劳秀斯。

格劳秀斯曾经撰写过关于尼德兰起义的历史，担任过联省共和国的总检察长，还是著名的"公海"原则的提出者，他提出这个原则目的就是反对葡萄牙人认为东方的海洋是他们的私有水域的观点。格劳秀斯卷入了那场使奥尔登巴内费尔特丧命的动乱，被拿骚的莫里斯判处终身监禁。但他逃到了法国，在那里出版了他的巨著《战争与和平法》。

凭借他长期以来担任公诉人的公共事务经验，以及广泛阅读和无与伦比的历史知识，他为这个最早和最著名的国际法手册收集了材料。国际法建立在政府和社会的权利与正义原则基础之上，这些原则不是来自《圣经》，而是来自道德。这本书是在一场大规模宗教战争的纷乱中写成的，它宣称，人类关系中存在着一种不受宗教信仰和实践影响的深层"自然法则"，这一原则不亚于那些伟大的科学公理，这些公理当时正被他在不同领域的同人揭示出来。

这一革命性学说——他没有直接说明它对神学产生的最终影响——得到了他的宗教研究的补充强化。他的研究为揭示基督教的真相提供了证据，剥离了教义性的论据，充满了所有教派都会有的那种虔诚，却被好辩的教条主义者的争论所遮蔽了。

九

培根、笛卡尔和格劳秀斯并不是孤独的思想家，他们也不是对当时在欧洲思想中开辟道路的科学和形而上学精神唯一做出贡献的人。意大利人布鲁诺是16世纪第一个接受哥白尼"日心说"的形而上学者，在上述学者还没有开始工作之前，他就攻击了亚里士多德的天体理论，阐述了宇宙空间的无限性和连续性。他宣称，在我们的世界与天使和上帝的世界之间并没有界线。天堂不过是无限的宇宙，上帝是无限的宇宙的灵魂，是内在的和无所不在的，是永恒的推动力和运动原理，灵魂是从无限中产生并返回到无限中的有生命的原理。

对于他来说，哲学就是寻求统一性。到目前为止，他已经摆脱了教会的影响，他嘲笑信仰的神秘性，并为犹太传说与希腊神话分了类。难怪他成了教会的诅咒者，也难怪在他从长期居住的英国和德意志回到教会的领地后，被宗教裁判所所在的当局逮捕，然后被关进监狱并被烧死。

后来，布鲁诺的理论又被加入到另一个意大利人康帕内拉的理论之中。布鲁诺的哲学是以希腊怀疑论为基础的，他认为所有的知识都建立在经验和推理的基础之上；权力、意志和知识是存在的原则，他认为这些原则不是绝对的，而是相对的；只有上帝是绝对的，万物从他而来，又归到他那里。与布鲁诺一样，但与笛卡尔等哲学家不同的是，康帕内拉将他的思考扩展到了政治领域。

在康帕内拉的《太阳城》中，他将自己的理论具象化。在莫尔的《乌托邦》之后，康帕内拉的著作成为描绘理想社会的第二个重要尝试。与莫尔的名著不同，《太阳城》在很大程度上以柏拉图的构想为基础，它缺少那种生活触感和现实性，而正是这种特质使英国的理论既有更多的同情者，又更切合实际。康帕内拉对当时西班牙君主制的描述则与之相距甚远，而作者因参与反抗西班牙统治者的起义而被判了近三十年的监禁。

十

因此，在哲学家的手中，欧洲的思想和它知性的方法发生了革命性的变化；与此同时，实验科学家为其提供了越来越多的材料。如果说17世纪早期有一个特征比其他特征更引人注目的话，那就是科学和理性的方法逐渐渗透到了与知识有关的人类活动的每一个分支之中。它最显著的结果自然是在神学上。但是，在格劳秀斯、布鲁诺和康帕内拉的手中，更多是在英国人霍布斯的著作中，它开始与政治联系起来。在不久的将来，它将在人类政府的实际事务中发挥积极的作用，这些实际事务将重塑世界，而不仅局限于思想领域。这些运动改变了大半个欧洲的思想习惯。

那么，如果我们考虑一下整个社会结构因品位、习惯的变化以及因科学、艺术和技术的贡献而发生改变的这个时代，我们会发现很少有哪个时代能与17世纪初期的几十年相比。对于一个年少时亲眼见过西班牙无敌舰队，并在盛年目睹过德意志和英国的动乱的人来说——这样的事情还有很多——在他的晚年，他一定觉得自己面对着一个新的世界。他会看到海军霸权从西班牙手中消失，而英国和荷兰则共同分享了这一权力。他几乎看不到政治上的自由，更不用说平等，也看不到宗教上的宽容，但某种程度上，他会目睹这三者所导致的冲突之爆发。如果他是英国人，他会看或读《哈姆雷特》和《皆大欢喜》，他还会读斯宾塞的《仙后》、培根的《随笔集》，也许还有《新工具》。如果他是西班牙人，他一定会看洛佩·德维加的戏剧，看了《堂吉诃德》就会心一笑。如果他是意大利人，会看到布鲁诺被绑在火刑柱上烧死，看到伽利略收回了那些给予旧宇宙学说最后一击的学说。他甚至可能和他一起观察那些：

> 想象中月亮上的陆地和区域，
> 那是，傍晚，这位托斯卡纳艺术家，
> 从菲索莱山顶上，
> 透过光学镜看到的东西。

在罗马，他将会看到已经完工的圣彼得大教堂的辉煌壮丽；在梵蒂冈聆听帕莱斯特里纳的音乐；在威尼斯，他会听到欧洲最早的歌剧；在尼德兰，他将会忙于那些大型港口商业业务，聆听学者们的讲述，钦佩地欣赏从伦勃朗和哈尔斯画笔下涌现出来的杰作，并最早读到公海原则和国际关系原理。

他很可能从笛卡尔口中听到关于宇宙和人类的那些学说，以及精神和物质的二元论学说，这些学说已经开始改变人们对自己和他所生活世界的观念。无论在哪个国家，他都可能是首次知道他的体内有血液循环；知道地球绕着太阳转，并构成了一个由行星和遥远的恒星体系所组成的庞大宇宙系统的一部分。不管他说什么语言，他都可能读过蒙田的作品。

同时，他也会注意到他同胞们的外貌和习惯就在他眼前发生着变化。他将不得不学会穿紧身及膝的短裤，也许开始抽烟，开始打台球，开始用度数更高的酒精饮料迷乱大脑，开始喜欢或讨厌茶和咖啡的味道，用奎宁治好了他的疟疾——简而言之，他的思想和行为都标志着他变成了一个现代人。

第二十二章
《威斯特伐利亚和约》和英国革命

1642—1648

一

"如果不承认普遍真诚和无条件的大赦,如果各国没有恢复全部的权利,《布拉格和约》和《归还教产敕令》没有被彻底抛到一边,如果一切都没有恢复到开战之前的1618年的状态,那么,所有的和平条约都是徒劳——一切都会陷入混沌幻灭,而帝国将会土崩瓦解。"勃兰登堡的一位政府代表在1641年的头几个月这样写道,这是他对漫长的德意志战争所造成事态的看法。简而言之,这是就关于宗教问题的全部斗争之失败的一种特殊忏悔,它实际上代表了相当一部分德意志人在二十多年的痛苦经历之后得出的结论。但这又不仅仅是忏悔,在某种程度上,这也是预言。这句话表明,大结局就在眼前。

二

折磨了欧洲将近二十五年的"三十年战争",无论是持续时间和破坏力,还是参战各方的数量和军种、呈现的各种不同利益乃至战争的戏剧化演变,已经超越了自西罗马帝国灭亡以来在欧洲发生的所有战争。

迄今为止,为使战争结束所做的努力甚至还不足以带来一次临时休战。古斯塔夫死后,瑞典人将无法维持在德意志的优势;哈布斯堡家族的战争资源告急,而华伦斯坦也被谋杀,这些因素共同促成了《布拉格和约》的签订(1635)。尽管它没有恢复自瑞典人在波美拉尼亚登陆后被剥夺的新教统治者的地位,也没有恢复自曼斯菲尔德在卢特尔死后新教徒获得的教会土地;尽管它没有为天主教邦国的改革宗教会提供保护,也没有为任何地方的加尔文宗信徒提供保护,但它在很大程度上得到了新教统治者们的接受。

但事实很快证明,该条约远未结束战争。瑞典人的坚持和法国人的野心使其在解决争端时,与随后在汉堡和科隆的会议,或教皇和皇帝为确保和平所作的努力一样毫无用处。尽管如此,大多数参战方还是倾向于继续谈判,要么是为了确保他们的利益,要么是为了保留他们剩余的实力。

因此,在黎塞留去世前一年(1641),有人提议召开新一届大会之时,大多数参战方都表示同意。威斯特伐利亚附近的明斯特和奥斯纳布吕克被确定为集会地点。这一区域实现了中立化。虽然原定于1642年春天举行的外交会议没有实现,但是各方却试图在正式接触之前通过一步步的谈判来改善他们的处境。

在第一次会议的预定时间过了两年后，宁静的威斯特伐利亚城镇挤满了来自各国的代表和使者。在那里，在帝国全权代表冯·特劳特曼斯多夫的指导下，各种彼此抵触的主张经过调和，开始形成最终解决方案的雏形。

与此同时，在外交官们漫长而曲折的谈判之后，战争还在继续，尽管越来越不连续。法国人和瑞典人，巴伐利亚人和帝国军队，丹麦人和北德人，彼此混战，通过在战场上的胜利，努力维持或提高他们在会议中的地位；而在外交上彼此竞争的国家的命运也随着每一次战斗的胜负而起伏不定。

三

然而，就在欧洲大陆人们的双眼紧紧盯着已经进入最后阶段的欧洲大战，在已经聚集起来开会的大批外交官尝试通过欧洲历史上最漫长的谈判寻找能够达成和约的妥协方案之时，在外交官们的视野和德意志战争的声音之外又出现了一场新的斗争。这场斗争首先是在政治和原则上的，然后才是军事上的。对于欧洲的发展来说，这场斗争的重要性不亚于现在这场即将走向终结的大战，而这场斗争就是英国国王与议会之间的冲突。在外交官们准备在威斯特伐利亚集会的时候，由于英国国王开始诉诸武力，这场冲突开始走向危急关头。

这是一场漫长而激烈斗争之高潮。就像德意志在17世纪的第三个和第四个十年对欧洲的影响，英国现在即将成为互相敌对的两种理论和实践的斗争焦点，它决定了政治和思想的未来。

在这多事的一年里,黎塞留和奥利瓦雷斯已经从谈判中离开(1642),德意志开始走向和平,英国国王和他的臣民之间郁积已久的敌意开始爆发,走向了公开的战争。冲突的原因是双重的。这场争吵始于詹姆斯一世和查理一世企图将都铎王朝"民众同意的专制"固化为法律形式的尝试,他们还试图迫使更为开明的新教徒,即所谓清教徒,与英国国教体系保持一致。

为此,詹姆斯一世试图让国王成为教会和国家的唯一仲裁者。他的儿子查理一世对他亦步亦趋,且更固执,更不懂得变通;直到神圣罗马帝国皇帝与丹麦国王之间签订《吕贝克和约》那年(1629),他解散了议会,把反对党的领袖们关进了伦敦塔。他的专断政策伴随着下议院的抗议,后者反对未经议会同意而征税,反对所谓高教会派①的"创新",这项创新试图强迫清教徒更为正式地服从高教会派的教义和实践,而这些教义和实践在极端的新教徒们看来过于接近罗马教廷了。

随着德意志冲突的加剧,英国开始了长达十一年违反议会法的政府统治时期,这在英国历史上是前所未有的现象。国王被迫缩减开支,与法国和西班牙讲和,英国也不再参与国际政治。

为了在议会没有拨款的情况下增加收入,查理一世动用了早已过时的税收名目,并将自己的权力扩张到了极致,向内陆各县征收所谓"船税",以便装备一支舰队。与此同时,在高教会派的大主

---

① 高教会派,基督教(新教)圣公会的派别之一,与"低教会派"相对。17世纪末开始在圣公会流传。主张在教义、礼仪和规章上大量保持天主教的传统,要求维持教会较高的权威和地位,因而得名。——编者注

教劳德的领导下，开始强制推行要求清教徒顺从国教会的法令。清教会众的圣餐桌被扔出了教堂，取而代之的是一座高坛，重新发挥祭坛的作用。英国国教的礼拜仪式成为严格规定；清教徒的情感受到了《运动公告》的进一步伤害，该公告授权使用安息日来举行各种节目和娱乐活动。

国王不满足于此，命令爱尔兰的皇家总督温特沃斯在那里召集军队，并允许劳德尝试将圣公会的祈祷书引入苏格兰长老会。

结果是冲突的大爆发。一位名叫约翰·汉普登的乡绅拒绝缴纳船税，这一事件将民众的诉求推到了法庭上，而奉承的法官们则在判决上支持了国王。使用祈祷书的努力在爱丁堡引发了一场骚乱。对清教徒的这种压制迫使3万人移民到了新英格兰，而留下来的人则对英格兰国王产生了极大的敌意。召集爱尔兰军队的行为激起了人们对专制王权的恐惧，而这并非毫无根据。苏格兰人起草了一份《神圣盟约》来捍卫他们的信仰并废除了主教制和新的礼拜仪式，风暴开始兴起。

查理一世召集了一支军队去讨伐苏格兰叛军，却徒劳无功；而苏格兰志愿兵急忙从古斯塔夫在德意志的旧部中赶来支援。英国国王发现自己在战争中无能为力，不得不召集一次短命的议会，议会愿意为国王的军队提供给养，以此换取国王聆听民众之怨言的机会（1640）。

当这个议会被解散后，危机就来临了。在耻辱地败给了苏格兰军队和召开了一次无所作为的贵族会议之后，查理一世又被迫召开了一届议会（1640），这是他任内的第五届议会，也是最后一届。人们渴望已久的改革计划立刻被提出，对特权的攻击也开始了。温特沃斯和劳德被送进监狱，然后上了断头台。议会的延续有了保证；昔日的星室法庭[①]和高等宗教事务法院被摧毁，随之被摧毁的还有国王对教会和个人的重大威胁。

紧接着这些改革的，是爱尔兰新教徒被屠杀的消息，这导致英格兰人的狂怒；随着争吵的加深，议会下院颁布了《大抗议书》，以此来表达他们的不满，这促使国王进行了不明智的报复。在卫兵和廷臣的支持下，他亲自到议会，意图逮捕五名反对派领袖；结果，他的搜捕失败，便离开了伦敦，不久在诺丁汉升起了王室的旗帜。

与此同时，在欧洲大陆上，试图结束战争之大会的预备工作得到了皇帝的批准。就这样，在英国的土地上开始出现一场国王与议会之间的斗争，这场斗争将在政治自由发展史上留下浓重的一笔，堪比德意志战争在变革宗教思想和仪式上所起的作用。

四

在威斯特伐利亚开始欧洲和平谈判和同一时间的不列颠群岛爆发战争之后的六年时间，构成了欧洲历史上一段极具破坏性的时期。当外交官们在明斯特和奥斯纳布吕克这两个受保护的地区寻求解决问题的方案时，战争的浪潮仍然在德意志其他地区肆无忌惮地来回奔涌着，将肥沃的田野变成了一片荒原。

在这场冲突中，宗教因素早已消失，这场斗争所涉及的重大利

[①] 星室法庭，系15至17世纪英国最高司法机构。——编者注

益与宗教因素也一起消失了,剩下的只是交战各方自私自利的政治图谋。一方面,皇帝和以巴伐利亚为首的盟友们努力维持他们曾经拥有的权力;另一方面,瑞典人和法国人则试图削弱这一权力,反过来再扩张自己的势力。西班牙仍然忠于哈布斯堡家族的利益和它自身的利益,对法国发动了另一场战争。

较小的一些国家也参与其中。特兰西瓦尼亚的拉科西,追随他的前任拜特伦·加博尔的脚步,从匈牙利一边牵制了皇帝的行动,然而并未产生更持久的效果。最后,丹麦在面对瑞典人具有威胁性的霸权之时,将过去的立场完全颠倒了过来,再次站到帝国一边参战,结果遭到了它斯堪的纳维亚对手的报复。

瑞典一直保持着无可匹敌的军事优势。班纳接替古斯塔夫,托尔斯滕森接替班纳,弗兰格尔接替托尔斯滕森,相继担任了瑞典军队的统帅,在与神圣罗马帝国军队的战争中不断取得胜利。如果法国能找到一个合适的继承人来接替萨克森-魏玛王朝的伯恩哈德,哈布斯堡家族的命运可能就定了,因为伯恩哈德死后留下的军队都被法国接管。但是,法国的将军们,除了年轻的杜伦尼,几乎没有表现出他们杰出的前辈那仅次于华伦斯坦的军事能力;而作为帝国的新皇帝,斐迪南三世亦找不到任何指挥官来赢得他所渴望的和平。因而,这场冲突就变成了漫长而沉闷的进攻和反击,战败和胜利,伴随着生命和财产的不断消耗,追求着在即将到来的和平谈判中所能获得的优势。

同时,法国入侵西班牙,西班牙也入侵法国。在罗克鲁瓦战役中,年轻的孔代表现出了他的天才,给西班牙步兵方阵带来了致命一击。西班牙步兵方阵在过去一百年里遇到的唯一对手是瑞典人。似乎只有西欧和北欧承受战争的摧残还不够，意大利也在忍受着教廷与其对手们之间的冲突，而土耳其人则从长期沉睡中苏醒，再次攻打威尼斯，并在克里特岛登陆，又一次承担起了从基督徒手中夺取东地中海岛屿的任务。

五

因此，随着17世纪中叶的临近，欧洲各地的人民都陷入了冲突之中，这些冲突对世界的未来至关重要，但也不过是土地或权力从一方转移到了另一方。**英国的情况则有所不同。英国的斗争涉及自天主教和新教分裂以来欧洲人思想分歧中最大的问题——民众参与政府的问题。**

事实上，这是一个长期存在的问题。自罗马共和国灭亡以来，除了一些零星的例子，如意大利北部所谓城市共和国、瑞士的一些州和德意志北部的商业共同体，政治权力几乎毫无疑问地掌握在国王和贵族手中。封建制度把人分成两个群体，贵族和非贵族，阶级观念日益僵化。当民族国家王权征服了越来越混乱的封建特权阶级之后，开始约束贵族们发动私战的权利，并用国王法庭代替封建法庭，逐渐使贵族们自食其力，而中央政府的权威替代了大领主封地所代表的不同利益。然而，这并没有消灭贵族阶级，也没有使社会中下层获得平等的权利，因此，社会仍然是贵族社会。

然而在过去的三个世纪中，有一个方面的情况发生了很大的变化，那这就是一个富裕的中产阶级的崛起。商业、艺术和工业的发展极大地增加了商人群体的规模，在日益繁荣的经济的影响之下，民族国家王权保卫了商人群体的劳动成果，而商人群体现在几乎成为所有国家都有的一个重要群体。

但这种重要性与政治无关。虽然中产阶级欢迎专制王权，认为它是解决无政府状态的良方，但他们常常是以牺牲权利为代价的。在西班牙，斐迪南二世的专制王权统一了他辽阔王国的分散领土，却压制了旧的国民大会。在路易十三执政初期，法国举行了最后一次三级会议。即使在荷兰，奥兰治公爵的实力也倾向于使在欧洲首屈一指的商业中产阶级处于从属地位。

因此，虽然整个西欧和北欧较为进步国家的经济发展已将农奴提升到了自由佃户的地位，并使市民与地主阶级在财富上旗鼓相当，但他们在政府中并没有获得更大的发言权。

即使是英国，这个比任何欧洲国家保留了更早之前和更为自由的日耳曼制度的国家，也曾一度威胁要效仿法国和西班牙的制度。红白玫瑰战争摧毁了它的传统贵族，都铎王朝的统治者们用国王创造的贵族簇拥在自己左右，这些人依赖于王权，也忠于它的利益。他们无法废除议会，即使他们希望这么做，于是，他们试图通过建立新的行政区来控制议会。他们从这些人中召集代表去下议院支持王权，希望通过这种手段继续掌控他们不再能够控制的东西。

然而，他们未能如愿，英国也不再与欧洲大陆保持一致。议会既没有被摧毁，也没有受到削弱。在16世纪的动乱中，它既是国王的代理人，也是他的同盟者。议会所包含的更为开明的群体将会推动改革势力超越伊丽莎白政府所划定的边界。但直到斯图亚特王朝最初几位国王试图通过压迫清教徒使这种解决方案不可撼动之时，并将都铎王朝的个人专制转变为司法专制之后，最后的实力比拼终于到来。

因此，在1642年8月的那个狂风暴雨的日子，查理一世在诺丁汉招募士兵的时候，欧洲历史上一场决定性的战争开始了。一边是代表古代特权和权威的势力，包括神职人员和大部分贵族，还有大批乡绅及其追随者，他们被集结起来捍卫古老的体制、教堂的圣坛和王权。反对他们的是一个成分复杂的群体，即所谓清教徒、少数大贵族、许多小乡绅以及绝大多数的商人团体或富有阶层。虽然最后这些人中包括了很多圣公会教徒，但他们大部分都更倾向于自由派，也就是所谓长老会教徒。起义一方的大部分成员是不服从国教者或宗派主义分子，而开明的新教徒则同样反对主教管辖下的教阶制度和礼拜仪式。自然而然，剩下的英格兰天主教徒都站在王室一边。

然而，两派都不能纯粹基于宗教原因进行归类，尤其是那些被称为清教徒的人。他们联合的最重要条件在于政治，因为无论他们的宗教信仰是什么，他们都联合起来反对违反议会法的政府。这一重大争议与其说是信仰问题，还不如说是国王和人民哪一方在教会和政府事务上拥有最高权威的问题。

随后发生的冲突体现了当事各方的特质。一开始，双方的很多人都不相信自己的事业会取得多大的胜利，大多数保皇党人强烈反对摧毁议会，也很少有议员梦想着摧毁王权。在冲突刚开始的时候，没有人敢设想这两种结果。结果，战争和谈判不断地交替出现，直到人们认为妥协已不可能。战争也是这个好战但并未军事化的国家（此时这个国已经保持了一代人时间的和平）所能预料到的结果。

六

无论在军队数量上还是在作战技巧上，英国内战的早期阶段都无法与同时代欧洲大陆上的战争相提并论，然而在战争所涉及的原则上，它却超过了三十年战争的最后阶段。实际上，很多人都是从三十年战争中抽身去参加英格兰内战的。

国王的两个侄子，鲁珀特和莫里斯，从普法尔茨赶来支援他；古斯塔夫年迈的总参谋长莱斯利前来指挥苏格兰人作战。来自孔代麾下胡格诺派军队中像蒙克一样的士兵以及驻扎在尼德兰的维尔军团，很长一段时间内都是英国绅士们的军事教官，他们现在也匆忙赶回祖国参加战斗。包括议会军第一任司令官埃塞克斯伯爵、保皇派将领霍普顿及其对手沃勒在内的一批英国将领，都曾在普法尔茨服役。但其他许多人，比如其中最著名的克伦威尔和布莱克，已经离开战场去购买武器。不久之后，英国不仅会成为宗教和政治原则冲突的战场，而且会成为当时所有的军事知识流派进行比拼的战场。

然而，战争的进展比较缓慢。在一开始，由于乡绅们培养出来的狩猎技能，保皇党的骑兵展现出了一定的优势。先是在埃奇山，然后在纽伯里，他们的胜利促使国王考虑进占伦敦，只是因为缺乏经验的指挥官加以阻挠而未能下定决心。

到了战争的第二年，担心被消灭的议会军与苏格兰长老会达成协议，签署了《神圣盟约》，承诺将来让整个英格兰都接受苏格兰式的信仰体系，而作为回报，苏格兰军队前来支援议会军。与此同时，东部各县出现了一个志愿兵组织，领导者是来自亨廷登郡①的绅士奥利弗·克伦威尔，他的军队以"铁甲军"的名号崭露头角，表现出了能征善战、训练有素和纪律严明的特点，从而成为鲁珀特亲王骑兵部队的强劲对手。

在这种情况下，危机并没有拖延太久。实际上，苏格兰人已经被国王的军队击败，但反过来，国王的军队又在马斯顿荒原被克伦威尔的"铁甲军"击溃。然而，国王的代理人蒙特罗斯在苏格兰高地的精彩转移以及议会军在南部的惨败，给他们带来了具有决定性意义的教训。克伦威尔将议会军改组为"新模范军"，并与费尔法克斯一同取代了旧的指挥官。国王的军队在纳斯比进行了最后的强力抵抗并惨败，国王的文件都落入议会军手中，而国王本人则逃到了苏格兰军营。但苏格兰军队转手就将他交给了英格兰议会，后者将他囚禁了起来。

这便是不列颠群岛粉碎王权的革命过程。但是，就在胜利达到顶点之时，革命派内部的不和几乎葬送了这次斗争的成果。议会中处于强势地位的长老会，忽然发现军队的控制者成了他们的对手，后者在英国很多地区获得巨大的影响力，而这些人就是被称为"宗派主义者"的群体。

这是一个较为开明的新教教派，其中的领导者是所谓"独立派"。他们持有一种具有强烈个人主义特征的信仰，反对由权威预先设定的任何教义或礼拜形式。信仰极为虔诚的他们能够容忍所有形式的教会管理机构，只有大主教制度例外，他们认为这种制度过

---

① 亨廷登郡原本为英国的一个郡，但后来成为非都市郡剑桥郡所辖一个地方二级区。——编者注

于重视既有的专断权威；正是因为这种在宗教上的自由主义倾向，他们无论在政府体制还是在教会体制上，均有浓厚的民主倾向。

看到议会军内部的冲突之后，国王梦想着夺回优势，意图利用对手内部的不和来恢复自己的权力。于是，他开始与各派联络，酝酿阴谋，直到每个派别都不再相信他的人品。军队决定不再敷衍了事，他们逮捕了国王；国王与苏格兰人谈判的主要后果便是他反叛的臣民决定收回对他的效忠。这样一来，事情的前景就变得更加黯淡了。

克伦威尔在普里斯顿潘斯打败了苏格兰侵略军，从而消除了来自苏格兰方面的所有威胁。议会清除了顽固不化的长老派，而军队则通过他们追随者的"残缺议会"和它的军官委员会，成为英格兰命运的唯一仲裁者。

七

这就是德意志的漫长战争接近尾声时英国的状况。见证了一场决定英国君主制命运大冲突的几个月，对欧洲世界产生了重大的影响。当被监禁于纽波特的查理一世为与议会达成协议做最后的努力时，其他地方又出现了重大事件。

在波西米亚，法国人和瑞典人进行了最后的、不顾一切的努力，想从他们疲惫不堪的敌人手中夺回仍在神圣罗马帝国掌控之下的布拉格。在波兰，乌克兰的哥萨克人发动了一场大起义；与此同时，克里米亚的汗领导了俄罗斯历史上对莫斯科人和波兰人的最可怕突袭。法国爆发了令人惊异的"妇女战争"，也就是所谓"投石党运动"；在地中海东部，土耳其舰队开始围攻干地亚[①]，这场围城战将持续了二十年之久。

除此之外，在欧洲本土，就像在它遥远的海外殖民地一样，在这个关键时刻，许多不那么引人注目的事件促成了欧洲世界的重大变革。乔治·福克斯开始了他的布道生涯，使贵格会加入了新教教派的行列。在美洲，新英格兰殖民地之间以及它们与荷兰邻居之间的双重冲突之影响开始在欧洲大陆事务中显现出来。除此之外，最强大的土著部落易洛魁人和他们的土著敌人（有法国人支持）之间的斗争，为殖民地的历史增添了血腥的一章，也为耶稣会增添了新的殉道者。

与此同时，在遥远的南方，三年前曾在巴西煽动反抗荷兰人起义的马德拉天才比埃拉，现在又在葡萄牙组织了一个公司，就是当年使荷兰人获得霸权那样的公司。在那里，他派遣了一支舰队，使他的追随者赢得胜利，并摧毁了荷兰人在这一地区的野心。而在地球的另一端，基督教信仰被赶出了日本，这个国家在之后长达两百年的时间里不再受到欧洲人的影响。

八

这就是各具特色的若干事件，它们从单调乏味的日常事务中脱颖而出，为欧洲生活的织布机所出产的变化多样的庞大织物增添了各不相同的色彩和样式。在它们之中，有一个事件成了这个庞大图

[①] 克里特岛当时的名称。——编者注

案的核心,这便是各国通过签订《威斯特伐利亚和约》而结束了欧洲战事。

  历史上很少有哪个条约酝酿了这么长时间,也很少有哪个条约能结束进行了如此之久的冲突,更没有哪个条约能比它更为清楚地标出一条关系到欧洲事务发展的重要分界线。经过六年的谈判,当整个欧洲世界被各方军队的厮杀声所震动之后,终于出现了一种解决方案,尽管该方案不足以确保长久的和平,却改变了未来冲突的整体平衡,并给遭受严重破坏的德意志带来了一个必要的喘息机会。

  组成《威斯特伐利亚和约》的各种条约,其条款之多,几乎与它们声称要解决的问题一样复杂。然而,从大量的废话中可以看出三个主要事实:第一,瑞典在北欧的霸权;第二,以牺牲神圣罗马帝国为代价来保卫法国的边境;第三,承认瑞士共和国和尼德兰联省共和国的独立。最后一项不涉及领土的割让,但前两者却大大改变了中欧的版图。

  简而言之,主要的变化集中在瑞典和法国的收获上。通过占领从斯德丁到丹麦在德意志北部海岸的土地,以及费尔登、不来梅主教区和魏玛,瑞典人接近了他们渴望已久的对波罗的海的绝对控制权。凭借在德意志的新领地,瑞典在帝国议会中获得了三票,从而使它成为神圣罗马帝国最强大的北部封建领地的主人。这就是瑞典人的"心满意足"。

  法国的收获之丰也不遑多让。现在,它第一次完全控制了梅茨、图尔和凡尔登等主教辖区的三角大屏障,控制了它与德意志之间的主要通道。除此之外,它还得到了莱茵河上游价值极其宝贵的据点布莱萨赫和"通往意大利的门户"皮内罗洛。并且，它还得到了整个阿尔萨斯地区、十座帝国城市的统治权以及驻守菲利普斯堡的权利，这使它控制了除斯特拉斯堡以外所有它想得到的地方。条约还规定，从巴塞尔到菲利普斯堡的莱茵河上不得建造任何要塞，这使它在东线上足以轻松对付最顽固的敌人，从而让自己也"心满意足"。

这并不是神圣罗马帝国的全部损失，这样的重新调整还给受其影响或受最近战争影响的德意志各邦国带来了补偿的必要。勃兰登堡得到了明登、哈尔伯施塔特和卡明三个主教区作为世俗邦国以及马格德堡大主教辖区皈依新教，作为它在波美拉尼亚损失的补偿。黑森-卡塞尔，除了得到金钱补偿，还获得了小主教辖区和修道院的土地；布伦瑞克则实现了对奥斯纳布吕克主教辖区的领土要求；而梅克伦堡获得了拉策堡和什未林的主教辖区。

这些便是帝国内部边界和权力的主要变化，然而它们对神圣罗马帝国霸权产生的只是轻微的影响。但是，因和平而强加给哈布斯堡家族的下一组条款，即所谓帝国世俗利益，却非如此温和。

大赦以及恢复战前地位的公告，因保留巴伐利亚支系维特尔斯巴赫家族的选帝侯权利，并为被剥夺选帝侯权利的普法尔茨选帝侯鲁道夫家族设立第八选帝侯而被修改。更重要的是所谓帝国各组成部分的地方优先权。这承认了这些领地本身掌控其外部事务的权利，承认了这些领地相互之间以及与外国政府订立条约的权利，前提是不能与皇帝及帝国的权威相抵触。

这些条款得到正式承认后，神圣罗马帝国皇帝所拥有的统治权都消解于最模糊不清的宗主权之中，德意志变成了一个像意大利一样的各种小国的集合体。一个半世纪以前,马克西米利安一世试图使帝国的权力变成现实,由此引发了一场冲突。这场冲突的结果就是德意志变成了一个四分五裂的国家。"诸侯联邦"的原则战胜了中央集权的信条,而且欧洲中部开始与大陆其他国家(意大利除外)的体制背道而驰。

那些在名义上引发了战争的重大宗教问题又如何处理呢?结束战争的和约条款反映了这场冲突性质的改变:到冲突结束之时,信奉天主教的法国与信奉新教的瑞典结盟,而一名信奉新教的黑森人则指挥信奉天主教的帝国军队。

简而言之,三大条款决定了教会的地位:第一是承认新教和天主教诸侯在帝国所有事务上的平等,包括在两大教派之间平均分配帝国官僚的名额。第二是《奥格斯堡和约》和《帕绍和约》的扩展,将加尔文宗新教也包括进来,因此,它们拥有了与路德宗同样的地位。第三是采纳1624年为"正常年",也就是说,对教会财产和宗教信仰形式的确定都以这一年为准。领地领主保留了所谓"宗教改革权利",但其臣民获得了移民的权利,以避开其领主可能过于狂热的宗教态度。奥地利和波西米亚的那些被征服的新教徒被交给其统治者处置,而莱茵诸邦就像巴登和下普法尔茨一样,一度发现自己的新教信仰被天主教征服了,这时得到允许恢复他们之前的信仰。

简而言之,这些就是欧洲在其漫长的历史进程中迄今所见到过的最重要的和平条款。通过这一非凡的解决方案,神圣罗马帝国变成了一个欧洲的而不是德意志的政治机构,并以牺牲活力为代价而延续了自己的存在。

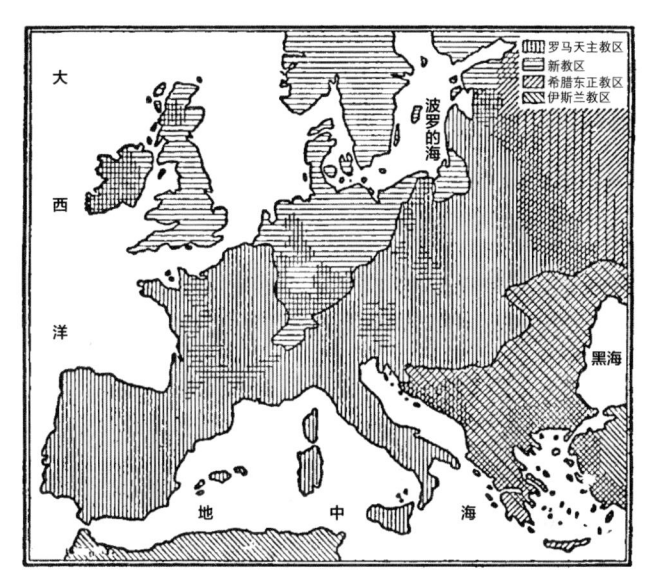

17世纪中期欧洲的宗教状况

一方是瑞典帝国，另一方是更具内聚力的法兰西王国，不断挑战曾由哈布斯堡家族掌控的霸权。以神圣罗马帝国与罗马教廷的霸权为代表的那种教会与国家的旧同盟永远地结束了。新教在那些已经接受其教义的国家是安全的，从那以后，天主教对新教的镇压是通过各民族国家而不是通过任何普遍性的欧洲机构来推行的——因为"欧洲世界的中世纪秩序已经结束了"。

这还不是全部。历史上很少有哪个国家遭受过德意志在过去三十年中所遭受的苦难。它丧失了总人口数的1/4到1/2，而在某些地区，剩下的居民还不到原来的1/15。几十个城市和上百个村庄被彻底摧毁，还有无数的城堡、农场、桥梁和乡间别墅，乃至西部和南部大部分地区的整个生活基础，几乎被完全摧毁。这个过程也伴随着阶级和利益的转变。战争的破坏主要落在老德意志地区，即位于莱茵河和易北河之间最富有、最开明、德意志血统最纯正的地区。因此，以勃兰登堡和奥地利为代表的东部半德意志血统区获得了相对的优势。

南方的新教区受到了最早和最猛烈的打击，再也没有恢复过来。波西米亚人的土地被奥地利的天主教贵族瓜分，波西米亚人被迫恢复传统的信仰。在哈布斯堡家族的统治下，同样的政策开始实施，奥地利现在成了与西班牙旗鼓相当的天主教堡垒。

然而，在长期的斗争中，新教却焕发出了勃勃生机。中世纪罗马教会统治下的西方基督教世界的统一永远地消失了。从那时起，出现了新的学说和新的政策、权力的均势、民族国家利益、多样化的统一以及标志着现代世界不稳定均衡的信条和同盟的永久性转变。

《威斯特伐利亚和约》在很大程度上成为欧洲公法的基础，其基本原则在近一个半世纪的时间里一直保持着效力。天主教、路德宗与其他新教之间形成的均势，就像帝国及其组成部分之间的均势一样，确实在很大程度上受到外部势力的制约，尤其是瑞典和法国的势力，而反过来又让后者的势力得到了加强。尽管任何这种建立在不断变化的社会流沙上的解决方案都是不确定的，但《威斯特伐利亚和约》仍然是欧洲历史上的一座重要的里程碑。从政治意义上讲，它将新旧区分开来，就像文艺复兴、地理大发现和宗教改革，也许更像科学复兴，它标志着从中世纪到现代秩序和精神的转变。

它几乎同时得到了另一场运动的补充，该运动更加戏剧性地表现了当时世界政治中正在发生的变化。《威斯特伐利亚和约》签署于1648年10月24日。当时，受到监禁的英国国王正在和议会进行深度谈判，并幻想着他的敌人会发生分裂，幻想着会有来自国外的干涉，幻想着会有无穷多的突发事件，都有可能使他逃离命运的沉船并重新夺回正在离他而去的王权。但事实证明，他的阴谋和他的希望一样，都是一场空。

九

当旧的德意志和旧的欧洲政体消失的时候，旧的英国君主政体也走到了尽头。王权神圣不可侵犯的传统不复存在，附着在国王身上的神性也不复存在，英国走上了新的道路；与此同时，欧洲政治也发生了革命。这一历史重大篇章就这样结束了，另一更重要的篇章开始了。宗教战争的时代结束了，人民主权的冲突开始了。

而且，随着世界从这一场斗争转入另一场斗争，愈发明显的是，政治事务的议题和方式此后将会发生深刻而迅速的变化，正如（至少是从宗教改革以来在某些形式上仍然在延续的）欧洲生活的精神与知识基础的变化一样。随着世俗利益最终战胜了教会利益，平民权利开始有效地捍卫自身、抵抗王权侵犯，个人主义对权威形成了挑战。两个世纪前，君士坦丁堡陷落和英国人被逐出法国，标志着欧洲事务的双重危机。《威斯特伐利亚和约》的签订和英国王权的崩溃表明，欧洲再次面临着信念和实践的重组。

THE EXPANSION OF EUROPE 1415—1789

欧洲的扩张
1415-1789

[美] 威尔·科尔特斯·阿博特 著
黄晓博 译

下

| 目录 |

第二十三章　克伦威尔时代　/ 549

第二十四章　17世纪中叶的欧洲　/ 572

第二十五章　路易十四时代　/ 600

第二十六章　海外欧洲　/ 624

第二十七章　威廉三世时代　/ 645

第二十八章　17世纪末的欧洲　/ 676

第二十九章　西班牙王位继承战争与欧洲的重组　/ 705

第三十章　欧洲殖民帝国　/ 732

第三十一章　宗教、智识和工业　/ 761

第三十二章　腓特烈大帝时代　/ 787

第三十三章　伏尔泰和哲学家的时代　/ 819

第三十四章　欧洲帝国　/ 842

第三十五章　美国革命　/ 873

第三十六章　欧洲革命　/ 899

参考文献　/ 942

第二十三章
克伦威尔时代

1642—1660

一

  1648年最后几个月签订的和约结束了"三十年战争",并最终摧毁了中世纪的政治形态;随着负责签约的外交官队伍相继归国,他们经过漫长谈判所签订的堆积如山的外交文件,可能使得人们相信欧洲即将迎来它迫切需要的和平,它的人民也热切盼望着和平的到来。

  但是,无论人们心存什么样的和平希望,他们都已经走在了失望的路上;因为外交官们努力恢复的欧洲和平甚至在他们眼前就发生了变化,新的战争已经开始酝酿。几乎没有一个大国打算通过和平手段来获取资源,几乎没有一个王室不在面临着命运的考验,几乎所有的民族都陷入了动荡或者已经开始发生革命。**《威斯特伐利亚和约》**并没有带来和平与进步,反而成为新一轮血腥斗争之起点。

二

由于长期饱受战争摧残，德意志的人口大为减少，财富和经济状况大不如前，加上后来的战争，它在两个世纪里不断被削弱，中央政府权威的最后残余也消失殆尽。在莱茵河与奥得河之间，分布着400多个主权邦国和自由城市，皇帝的权力及其所有的排场和优先权传统，不过是一种空洞的统一象征。哈布斯堡王朝在中欧诸王朝中仍然独占鳌头——凭借着家族的私有领地而不是其控制下的帝国诸邦或皇帝权威的支持——它坚持自己对德意志拥有宗主权，并在与土耳其人争夺巴尔干半岛的斗争中，获得了相当实在的补偿。

在极力抵制哈布斯堡家族最高统治权的德意志诸邦中，萨克森、勃兰登堡、巴伐利亚和普法尔茨四邦在欧洲世界拥有重要地位。其中前两邦已经开始在东欧寻求扩张，普鲁士和波兰为它们提供了机会。长子继承制原则在各个家族之间的扩散，从某种程度上抑制了领地的不断分割，这种分割曾在很大程度上使德意志陷入看不到尽头的荒谬分裂之中。

然而，尽管这些小君主们的领土狭小，却更热衷于掌握独立和专制带来的一切特权。几乎任何一个邦国都不想看到皇帝或帝国议会已经徒具形式的权力有任何扩张的倾向，也没有任何一个邦国有与自己的臣民分享权力的倾向。随着最后一场宗教大战的结束，帝国议会、宫廷会议以及被称为"行政区"的地方区域，仍像欧洲中心以外的一些事件所激发的自由梦想一样散漫无力，而它们本可以变成一个统一的德意志国家的核心。

北欧和东欧诸国的情况也不比它们的日耳曼亲族好多少。在古斯塔夫和乌克森谢纳的领导下，瑞典以无可比拟的速度跃升为欧洲一流强国。不过，瓦萨王朝在波罗的海的霸主地位已经出现了衰落迹象。乌克森谢纳几乎没有从奥斯纳布吕克带回什么外交成果，当时他与聪慧过人、反复无常的女王克里斯蒂娜交恶，女王的奢侈行为和庞大开支曾威胁到她自己的王位、她的国家和她家族的命运。

丹麦本可利用它的老对手提供的这个机会，却因为克里斯蒂安四世的去世而陷入困境。他的去世使国家落入飞扬跋扈的贵族之手，后者的统治很快使国家濒临内战。

与此同时，阿列克谢一世治下的俄罗斯也处于类似的境况。阿列克谢一世是米哈伊尔·罗曼诺夫一世的儿子，米哈伊尔·罗曼诺夫一世于一代人的时间之前登上了莫斯科公国的君位。注定会产生深远影响的俄罗斯教会礼拜仪式改革所引发的大范围骚乱，带来的麻烦不亚于南方哥萨克的躁动之影响，沙皇不得不承认波雅尔贵族在国家事务中日益增长的权力。在这些事情的困扰之下，他几乎找不到发展外部事业的机会；在签订和约的时候，沙皇虽然没有直接参与，但由于自己的盟友卷了进来，他不得不同时面对首都的叛乱与哥萨克的起义[①]。

哥萨克的起义之所以重要，是因为这是两个多世纪以来，它是建立另一个东欧国家的最后一次重要尝试，而它的力量在于其领袖鲍格丹·赫梅利尼茨基的雄心和能力。在其宿敌鞑靼诸汗的帮助下，这些狂野的草原骑兵彻底撼动了根基不稳的波兰君主的统治。波兰人最后被迫接受了俄罗斯对哥萨克拥有宗主权的事实，因为这些草原骑兵通过猛烈进攻击溃了波兰骑士的抵抗，并为俄罗斯

[①] 此时的乌克兰哥萨克处于波兰人的统治之下，这场起义是针对波兰统治者的。——编者注

向觊觎已久的黑海海岸进军奠定了基础，这也标志着俄罗斯对波兰的优势进入了另一个阶段。

事实上，波兰还没有准备好在它那些遥远而松散的省份中行使它的那些古老权力。随着和约签订而上台的新任统治者红衣主教扬·卡齐米日·瓦萨，发现自己要面对的不仅仅是哥萨克叛军，还有波兰的罗马天主教徒与信奉希腊教会信条的立陶宛臣民之间的分裂。这带来了更大的威胁，因为邻国俄罗斯支持希腊教会，并且骚动的波兰贵族要求联邦权利，乃至反对王权本身。这一分裂进程在愚蠢的政治杰作——"自由否决权"，即一张反对票就可以阻止国会的行动——被接受时达到了顶峰，此时，这个国家发现自己接近于无政府状态。

东欧各国政治发展的普遍趋势是，允许权力从国王手中转移到一个较低阶层的手中，这一趋势在波兰局势中达到了高潮。权力下移也是这一时期西欧各国的政治特征，但形式各不相同。在这个混乱的时代，俄罗斯人和土耳其人因为自己国内的困难而无法再通过危害波兰的利益来扩大他们的领土，仅仅这一点就保护了衰落的波兰，使其免于因瑞典攻击所带来的政治弱势的影响。

在截然不同的处境和相似的精神特征下，西欧大国不得不面对和约带来的后果。被小主权国、教皇和相互冲突的外国势力所分裂的意大利，除了威尼斯人在克里特岛与土耳其人发生冲突以外，动荡的局面暂时有所缓解。与此同时，萨伏依找到了新的机会来推行一项曲折却巧妙的政策，通过这种政策，它已经开始"像一个人吃洋蓟一样，一片一片地"蚕食这个半岛了。只有西班牙人的意大利领地上爆发了空前的骚乱。在那里，经过十天的血腥暴动，阿马尔菲渔夫马萨尼埃洛暂时掌握了权力，他短暂而悲惨的政治生涯成为签订和约前一年西欧的奇迹，就像赫梅利尼茨基不久将成为东欧的奇迹一样。

在西欧大国中，西班牙受到了失去葡萄牙的冲击，这场大战令其威望扫地，不得不承认尼德兰独立。不过，在信用和资源双双破产的情况下，西班牙仍然能够维持与法国的冲突，而这得益于它的这位历史悠久的宿敌所独有的痼疾。

为反抗掌握在王太后与首相兼红衣主教马萨林手中的法国政府，一场名为"投石党运动"①的惊人斗争展开了。法国的贵族们，甚至包括孔代和杜伦尼这样的重要将领，都卷入了无穷无尽的阴谋之中，使自己陷入了一场政治冲突和个人争斗的噩梦以及一座充满阴谋和对抗的迷宫之中，理智和原则似乎都消失得干干净净。他们与自己的政府、西班牙、英格兰、尼德兰各国之间，以及内部之间，时而斗争，时而结盟，整整十二年之后，法国政治才再次回归到一种有序而合理的状态。

三

然而，尽管欧洲大陆上发生了一系列动荡——北欧和东欧列强的贵族反叛、哥萨克起义、那不勒斯暴动和法国内战——英格兰仍然是欧洲人关注的中心。与不列颠群岛发生的事件相比，贵族反叛

---

① 投石党运动发生于1648—1653年，是一场西法战争（1635—1659）期间在法国兴起的反对专治王权的政治运动，但运动的结果，却使法国封建专治制度更加强化。——编者注

和民众骚乱显得无足轻重。赫梅利尼茨基、马萨尼埃洛和孔代的上方耸立着英国人克伦威尔的高大形象。

自从英国国王在那个风雨飘摇的8月于诺丁汉树旗召集勤王军对付他的议会以来,六年过去了,王权随着一连串的不幸而日渐衰落。国王本人现在变成了阶下囚,他的孩子流亡在外,军队被消灭,追随者被剥夺公权,而他的敌人则福运昌隆。在和平时刻发生了另一个决定性的转折事件——国王与长老派议会的谈判引发了军队的不满,军队落入在冲突过程中迅速壮大的独立派之手。根据军队领导者的命令,议会肃清了令人憎恶的长老派。

现在由更激进的独立派组成的残缺议会,对于他们早已不再信任的国王实现和解之事不抱希望,他们觉得不可能再通过宪法来约束国王。于是,独立派设立了一个高等法庭,国王受到了审判并被定为叛国罪。欧洲大陆这时尚未知晓和约签订的消息,签订者也尚未向本国政府报告他们开会的结果,而就在此时,**全欧洲都被英国国王遭到处决的消息所震惊**。

这是欧洲历史上的一件大事,其重要性不亚于和约本身,并在许多方面都有着很深远的影响。无论这件事的是非曲直如何,也不管它在程序上的不合法之处,事实仍然是,面对君权神授的原则,英国的一个平民政党组建了一支军队,并凭借其勇气、纪律及其领袖无与伦比的军事才能战胜了众多敌人,推翻了王权;而且,**在欧洲历史上第一次把一位受膏①的国王当成一个平民犯人**

---

① 受膏,在《旧约》中,君主、祭司和先知在被确认得到合法的职位时,会被用橄榄油抹在头上,有权力神授之意。——编者注

送上了断头台。

这是一个征兆，它的意义并没有被全世界所忽视。无论在自由的名义下犯下了什么罪行，无论当时欧洲大陆准备对民主政府做出什么反应，一直以来，没有任何一种情况能像现在这样深刻地证明了新生力量在政治事务中的觉醒。

随着英国革命领袖奥利弗·克伦威尔的形象从混乱内战中脱颖而出进入欧洲人的视野当中，很明显，从那以后，世界上出现了一股新的力量，那些已经掌握了几个世纪政治权力的个人和阶级的所有算计都需要对此加以考量。**刽子手的斧头成为民主政治的楔子。**

四

在《威斯特伐利亚和约》签订后混乱的十年里，欧洲及其海外属地的命运都受到了伴随这场大规模宗教战争结束而来的重大事件的影响。与这场冲突有关的上一代统治者大都已经成为过去。

丹麦、波兰、俄罗斯和英格兰在感受新的政府权力交替方面并不孤单。威廉二世在尼德兰短暂而多事的统治，见证了他试图将国家权力集中起来从而结束国家分裂局面的努力。他的英年早逝使他的计划功亏一篑，荷兰在名义上和实际上都成了尼德兰联省共和国。勃兰登堡的大选帝侯腓特烈·威廉，在其漫长而重要的统治中制定了精明而富有远见的政策，为普鲁士王国奠定了基础。少年路易十四在其母奥地利的安妮和红衣主教马萨林的教导下，正忙于学习治国之道，这些努力将在下一代人的战争和外交活动中结出硕果。和约签订两年之后，奥兰治的威廉出生了，此人将成为路易十四的主要对手。许多大事件的线索将在威廉手中聚拢并相互交织。通过他,拿骚王室最终战胜了其共和派对手,法国扩张的势力得到了遏制,英格兰的议会政府获得了成功。

然而此时,除了克伦威尔获得最高权力以及英格兰重新插手欧洲大陆事务以外,从和约签订和几乎同时发生的路易十四继承法国王位,到他的表兄查理二世被召回英国的十几年间发生的事情,几乎没有哪一件不是源于传统的斗争。

在北方列强间的乱斗中,大选帝侯温和而坚定的雄心壮志预示了勃兰登堡的日渐壮大。不过,瑞典仍然是占欧洲1/4地区的主导性力量。和约签订六年后,聪慧过人又反复无常的克里斯蒂娜女王把王位让给了她的表兄卡尔十世,卡尔十世否认了亲戚扬·卡齐米日的统治权,还仿效他的舅舅古斯塔夫侵入欧洲大陆,攻占了波兰,引发了"北方战争"。

波罗的海列强与神圣罗马帝国皇帝联合抵抗卡尔十世,以彻底粉碎瑞典的霸主地位。在六年时间里,瑞典人出色的指挥能力和战斗素质在这场并不势均力敌的冲突中坚持了下来,也赢得了数次胜利,直到国王的过早去世迫使他们签订了《奥利瓦条约》和《卡尔迪斯和约》。由于适时改变了阵线,精明的勃兰登堡选帝侯成为该和约的主要赢家,所有势力都承认了他对普鲁士公国的统治权,让霍亨索伦家族又向最终目标迈进了一大步。瑞典从丹麦手中夺得斯堪的纳维亚半岛南部,也是激烈斗争后的切实结果,这使得波罗的海争夺霸权的问题离最终解决还很遥远,同时也使北欧霸权的争夺又出现了新的强大势力。

与此同时,在明斯特和奥斯纳布吕克的全面和解之后,欧洲大陆的另一边因为法西战争的延续而依旧动荡不安。投石党持续五年的幻想被马萨林和摄政王太后的胜利所终结。尽管孔代为西班牙人卖命，但在胡格诺派的支持和克伦威尔的帮助下，法军慢慢取得了优势。在沙丘战役取得决定性的胜利后，法国军队随后向布鲁塞尔挺进，威胁要把尼德兰收入囊中，在这种形势下，西班牙失去了神圣罗马帝国新皇帝利奥波德一世的援助。

马萨林娴熟的外交手腕使克伦威尔成为盟友，并迫使他同意了不利的《比利牛斯和约》。作为《威斯特伐利亚和约》的附件和补充，该条约结束了当时西欧的冲突，法国边界在北部和东部为佛兰德斯、埃诺和卢森堡的部分地区所环绕，并通过拆除洛林要塞和占领鲁西永得到了巩固。被西班牙抛弃的阿尔萨斯面对法国的野心毫无抵御能力，而葡萄牙被法国丢给了西班牙人，任其施加报复。

经过这些调整，再加上路易十四与西班牙腓力四世女儿的联姻（这预示着未来的冲突），西欧事务暂时恢复了平静；几乎与此同时，北欧和东欧的力量平衡也得到了调整。作为这个变革时代的象征，法国事务的领导者马萨林被年轻的君主路易十四所取代，在接下来的半个世纪里，他主宰着西欧的政治和想象力。

五

法国的成功和西班牙的挫败，并不完全是由于马萨林高超的外交手腕或西班牙对手的无能。最后决定性的沙丘之战使欧洲事务中的另一个决定性因素得以凸显，而这个因素已经有两代人没有被感觉到了。在战斗的紧要关头，法国司令官派出了英国重骑兵部队,即克伦威尔借给他的所谓"铁甲军",重骑兵们猛烈冲锋时的轰鸣以及发动进攻前激昂的赞美诗合唱,都展现出战争史和政治史上的一种新元素。

自一百年前伊丽莎白即位以来,长期的仇恨已经使大部分英国人民与宗教法庭的拥护者形成了不可调和的对立,这一仇恨的最后继承者清教徒现在是英国事务的主导性力量,他们对西班牙的旧霸权进行了最后的打击,就像对西班牙发动第一次挑战的伊丽莎白一样。她是打击西班牙旧霸权的清教徒的先驱者。

清教徒是将他们派到法国作战的那个国家的合适代表。在《威斯特伐利亚和约》签订和查理一世被处决后的十年里,英国的命运和政策经历了转变;与此相比,欧洲事务的其他变化几乎微不足道。保皇派的最终瓦解和议会的清洗使得最高权力事实上落入改组后的军队手中,这支军队的领导者多半属于经过十年内战才形成的一个党派——独立派。在与保皇派和长老派的长期斗争中,独立派领导并形成了通常被称为"清教徒"的政治团体。它以坚定不移的宗教宽容政策吸引了各种各样的追随者。

除了独立派,清教徒团体还包括了更极端的新教分子、浸礼宗教徒、千禧年主义者或所谓的第五王国派,以及新成立的贵格会教派,还有政治狂热分子、共和党人和类似掘土派与平均派这样的团体。**这群旧式宗教、政治和社会的敌人,现准备尝试建立一个新的人间,如果不是一个新的天堂的话。**

他们充满了火一般的狂热、无须质疑的勇气和精明的理想主义,像拥有新的信仰和习俗的十字军一样奋勇向前,征服再征服。维护旧秩序的所有势力,包括保皇派和圣公会、天主教和现在的长老派、苏格兰和爱尔兰的势力以及欧洲大陆上英国国王的同情者们，联合起来反对清教徒，但都徒劳无功。

清教徒的出现，更重要的是成功地维持了他们用武力所赢得的地位，成为欧洲发展史上最具有深远意义的一个征兆，一种不容忽视的挑战。**清教徒在宗教和政治这两大领域里，是好战且胜利的个人主义的化身。**

一个震惊了所有忠诚于既有秩序之人的党派，一个因处决国王而使妥协成为不可能的党派，很自然会发现自己要在国内外和大部分殖民地面对许多的敌人。尽管如此，它仍然坚持自己的路线，面对在那些意志不坚定或不忠诚的人们看来颇为绝望的处境而毫不畏惧。因为拥有一支改编过的精干海军，且大陆的混乱状态使各国君主没有多少干涉的意愿或机会，英格兰的新主人得以免受外来干涉。

他们首先在不列颠群岛巩固了自己的势力。清教徒军队和它的领导者很轻松地完成了这项任务。在国王被处死六个月后，克伦威尔前往爱尔兰，奉命镇压保皇派和天主教徒反对议会权威的叛乱。经过两个月的艰苦战斗，他攻陷了爱尔兰东海岸的要塞德罗赫达和韦克斯福德。两地的守军被按照《旧约》的方式[①]处死，以此来震慑他们的同党。此后，共和国所向披靡的军队继续其征服之路，爱尔兰抵抗军被彻底击溃，反对的火花在鲜血中熄灭，直到这个不幸的岛屿和许多逃过刀剑荼毒的居民在第一个真正的征服者面前表示臣服。

[①] 即投石击毙——译者

与此同时，苏格兰也经历了类似但远没有那么可怕的命运。为了征服，议会再次召唤克伦威尔，在他取得爱尔兰战役的胜利满一年之后，契约军在邓巴被击溃。已经在斯昆加冕为苏格兰国王的年轻王子查理，率领一支保皇派军队，孤注一掷，做了侵入英格兰的最后一次尝试，却在伍斯特被击溃。

凭借"国王应得的怜悯"，英格兰王权的命运暂时确定下来，议会开始重组新获得的权力并着手处理外交事务。**历史上第一次，爱尔兰和苏格兰被英格兰事实上征服并联合在一起，即使不像四个世纪前的威尔士那样紧密。**这仍然是为了确保征服的成果所推行的措施。苏格兰人大部分是新教徒，他们的反抗在邓巴和伍斯特战役之后几乎就停滞了，因为苏格兰人发现，除了一支英格兰占领军的出现，苏格兰与英格兰政府的关系几乎没有改变。

但爱尔兰的情况大不相同，也糟糕得多。它的人民几乎全是天主教徒，他们的抵抗是最顽强和最彻底的，他们不仅为自己的政治信念而战，还为自己的信仰、家园和生存而战。英格兰人不仅要使这些人失去威胁性，还要让他们无家可归，因此采取除了种族灭绝以外的一切手段来确保自己对这个姊妹岛的永久性统治。

为此，在组成爱尔兰的四个大省中的三个——阿尔斯特省、芒斯特省和伦斯特省，爱尔兰人的土地被没收，分配给那些预先为战争提供资金的冒险者、征服它的军官和士兵以及清教徒政权的支持者。因此，在两代人以前已经在岛上取得立足之地的英格兰和苏格兰分遣队中，又增加了一股强大的英格兰新势力，它尽可能以同样的政策使爱尔兰——名义上的——成为英格兰的属地，手段类似于当时在北美殖民地所施行的那种。

六

把爱尔兰人从他们的祖居之地迁移到西部更荒凉的康诺特地区的进程刚刚开始，新的地主征服者们刚开始占有他们肥沃的领地，刚刚颁布了新属地殖民法令的议会就不得不去面对另一个更强大的敌人。**无论清教徒的胜利意味着什么，它已经唤起了商业因素不断壮大的影响力。无论共和国象征着什么，它都代表了英国商业权利的主张。**既然这个巨大的商业利益集团控制了事态的发展，还拥有一位领袖，拥有维护自己的军队，那还说什么呢！它要立即向自己经济上的对手清算宿怨。

他们的不满主要针对荷兰人。在西班牙-葡萄牙垄断的废墟上，以及半个世纪以来英国政府在外交事务上的无所作为导致的混乱和软弱中，尼德兰的商业力量在一切与海洋有关的活动中几乎都赢得了至高无上的地位。以赞丹及其周边地区为核心的荷兰人之造船狂热，使这一地区成为世界上最重要的造船中心。

阿姆斯特丹继安特卫普之后成为商业和金融中心之类的大事都与海上冒险有关，**海上冒险活动是当时欧洲主要的财富来源**。在北极的捕鲸场、纽芬兰的鳕鱼捕捞场和北海沿岸的鲱鱼渔场，荷兰人在很大程度上已经取代了他们的竞争对手。他们的商人逐渐控制了波罗的海和北方的交通。他们娴熟的外交手腕几乎把耕耘已久的英国商人从俄罗斯逐出。当时，丹麦控制着进入波罗的海通道的斯卡格拉克海峡和卡特加特海峡两岸，对所有进入该水域的船只征收所谓的"松德海峡通行费"，但荷兰人说服他们减免了荷兰船只的费用。

荷兰人在新阿姆斯特丹①的殖民地及其对伯南布哥的征服，使其有机会获得美洲森林和种植园的财富。他们私掠船的冒险堪比伊丽莎白时代的冒险者们；他们的公司在世界上的每一个角落都使竞争对手相形见绌。就像他们从葡萄牙人手中夺取了巴西一样，他们在东方贸易中也把葡萄牙人和英国人赶出了所有有利可图的领域。在黎凡特、波斯、非洲、中国和日本，他们的贸易规模几乎都是最庞大的。

成千上万的移民因为宗教宽容而来到荷兰，他们带来了欧洲的手工技术，从而加强了荷兰的本土工业，使其在制造业领域成为令人敬畏的竞争对手。

最后，他们的财富——来自于全世界——使得他们能够通过对现成资本的控制，进行其竞争对手难以启动或不可能进行的冒险。

简而言之，无论英国人去开发他们自己的或其他国家的资源，都发现自己已经落后于荷兰人。

在前两代人的时间里，英格兰没有走上一条让它战胜对手并获得优势的道路。尽管它的自然禀赋更强大，却被软弱的统治者、无力的政策和长期的内乱所牵制，因此它不断努力，却收效甚微。然而，共和国发现它与王权斗争时的主要支持者来自一个阶层，除了宗教因素，这个阶层长期以来遭受反对势力的敌视或国王对其利益的漠视。现在，这个阶层敦促政府为英格兰在世界贸易中占据一席之地而采取行动。

---

① 新阿姆斯特丹，荷兰人北美殖民地的中心，位于今天纽约曼哈顿岛上。——编者注

第一次出击针对的是荷兰人对海运的垄断。英格兰在战胜苏格兰的同时，通过了《航海法案》，它规定与英国进行的贸易只能使用英国船只。这是引发一场大规模经济冲突的首要因素，而经济冲突很快就演变成了武装冲突，很明显，荷兰不会眼睁睁地看着自己来之不易的商业霸权受到削弱。他们为自己新近获得的独立感到自豪，不愿屈服于英国的压力之下，而英国要求他们驱逐流亡的保皇派、剥夺奥兰治家族的权力，并与英国合并为一个加尔文宗国家的要求则进一步激怒了荷兰人。因此，双方刚刚推翻自己的王室，德·维特和克伦威尔刚刚成为各自共和国的领袖，这两个共和国之间就爆发了战争。

这样，继一百年的宗教-政治矛盾之后，殖民-商业矛盾开始在未来一个半世纪里破坏着欧洲和世界的和平。 尽管荷兰人拥有雄厚的财力且最近才打了胜仗，却没有准备好与从内战中走出来的对手进行竞争。这个对手拥有训练有素的军队、经验丰富的指挥官和夺取胜利的强劲动力。

这场冲突的特征就像两个民族的性格一样，激烈而顽强。清教徒把他们的陆军将领调到了海上，慢慢追赶荷兰的海军力量，直到布莱克和蒙克成为与勒伊特和特龙普齐名的海军名将。事实上，英国人获得了最后的优势。双方签订的和约将普拉隆割给了英国人，作为对安波那惨案的补偿；而且双方各自把斯图亚特家族和奥兰治家族排除在王位之外。虽然和约总的来说对英国有利，但这远远不能满足他们的野心，而且很明显，这只是一种休战。

七

清教徒一派的地位一旦得到保证，他们就迫切需要解决在英荷战争的危急时刻所面临的问题，那就是如何在推翻君主政体后建立一种新的政府形式。即使面对国外的战争，议会和军队之间的斗争也没有平息，这是独立派与长老派对抗的延续；而且，在争论不休的理论和相互对立的政治思想所造成的混乱中，有一段时间，清教徒们似乎因为他们的言语而失去了他们通过刀剑得到的东西。

在英荷战争最激烈的时候，正值投石党运动结束、法国人得以腾出手来实施其他行动之时，英国的军官们和虚弱但执着的残缺议会之间的矛盾变得尖锐起来。由于不能用一般的政治手段解开这个"戈尔迪乌姆之结"①，军队领袖决定把它完全斩断。他的士兵关闭了议会，他亲手解散了国务委员会，成立了新的委员会，并召集了新议会。

这场政变使他和他的军官们几乎处于至高无上的地位。从那以后，在种种形式的伪装下，英国政府实际上依赖于一个人的政治和军事才干，这个人就是亨廷登郡的乡绅奥利弗·克伦威尔，当时的形势和他自己的卓越才能把他送到了革命派领袖的位置。他的功绩主要是指导了军队的组织工作，而他的党派的最终胜利正取决于此。克伦威尔的将才在很大程度上决定了革命派在马斯顿荒原和纳

---

① 戈尔迪乌姆之结，西方历史传说中的一个绳结，神谕说谁能解开它谁就可以征服世界。几百年来没有人能解开它，直到亚历山大大帝见到它断定按照正常途径不可能解开，便挥刀砍开了绳结，赢得人们的欢呼和赞誉。最终，亚历山大大帝得以成为"千古一帝"。——编者注

斯比对保皇派所赢得的决定性胜利,以及征服爱尔兰人和苏格兰人;而他坚定的性格和敏锐的洞察力,则不可避免地使他成为这个国家的领袖。

新议会将权力交给了他,1653年12月,他按照《政府约法》就任护国公。**《政府约法》是英国第一部,实际上也是欧洲第一部成文宪法**。克伦威尔成了欧洲世界的领袖人物。在国内,他的政府仍然像开始时那样,受到公众情绪和正式文件所施加的种种限制,但他本人却保持着与之背离的个人专权倾向,他的政府只不过是一个依靠他本人无与伦比的政治智慧和统帅能力的革命政权。国家的形势以及对他统治的反对,实际上导致了更严厉的措施。英国被分为十个区,每个区由一名陆军少将监管;名义上的议会政府实际上变成了军事独裁。

这时的政府不仅仅是一个像它前任那样的少数派政府,而是一个迄今为止基本上被排除在政治生活之外的少数派政府。这一结果既出乎意料,又引人注目。尽管这个派别有着狂热的宗教倾向,但其领导人的能力保持了对所有与政治不太密切相关的思想的包容。为了国内和平,英国国教和宗教天平另一端的极端分子受到了压制;于是,欧洲第一次看到了政教实际分离的景象。

尽管英国国内事务的地位非同寻常,但其面临的外交形势的变化更为显著,也更为令人不安。因为在克伦威尔的统治下,英国出现了自伊丽莎白时代以来,乃至自亨利五世时代以来从未有过的变化。**一个乡绅能够占据最高统治地位,并拥有比斯图亚特王朝的国王更大的权力,这在17世纪的人们看来简直是个奇迹**。

这样一个人,在追求了半生的和平之后,竟能发展出军事领导才能,使自己跻身于世界上最显赫的统帅之列,这似乎更令人难以置信。当他以这些手段成为国家元首时,他竟然显露出一种治国天赋,让英国重新在欧洲政治中处于领先地位,这甚至超出了奇迹的范围。在他的支持者看来,这是上帝佑护的直接证据;而在他的敌人看来,这是与邪恶力量达成契约的结果。

八

尽管如此,克伦威尔对当时影响欧洲世界的真正政治和外交力量知之甚少。在大多数方面,他的政策只不过是把清教徒的思想和理想注入一个更大的陌生领域。对于他和他的党派来说,西班牙跟伊丽莎白时代一样,是敌视新教的天主教的主要支持者。他以自身所有的能力,所有听他吩咐的力量,将16世纪的陈腐宗教政体与对抗荷兰的经济政策结合起来。在这一点上,他只是代表了他所属的那个群体。

清教徒是宗教改革的继承者,是反梵蒂冈大起义最后阶段的代表。对于他们来说,上个世纪的敌对仍然是一个鲜活的问题;对于他们来说,西班牙仍然像过去一样强大。克伦威尔像古斯塔夫二世一样挺身而出,支持他在欧洲大陆受到压迫的教友们;像伊丽莎白女王一样,攻击了西班牙本土。

他试图建立一个新教大联邦的宏大梦想,就像他与叛乱者孔代的谈判和他对骚动的拉罗谢尔新教徒们的支持一样,注定不会有结果;他把新英格兰清教思想的种子移植到西印度群岛的计划也没有成功。虽然投石党的愚蠢和马萨林的外交手段遮掩了这一点,但在所有的欧洲强国中，英国和新教徒最害怕的还是法国；而且在红衣主教马萨林所取得的胜利中，最大的胜利之一应该是他招募清教徒来对抗西班牙人。

英国清教政权与法国的关系因其对西班牙的态度得到了改善。在光辉传统和卓越外交手腕的影响下，英国的新政权对这个陈腐的国家发动了最后一击。参照上一代的榜样，为了不辜负他自己所属时代的要求，护国公派遣了一支舰队去征讨西印度群岛。在维纳布尔斯和佩恩的率领下，这次远征使牙买加成为英国在加勒比海的属地，并强化了它对巴哈马群岛的所有权主张，这一主张到下一代人时得到了认可。

布莱克的功绩再现了伊丽莎白时代海王们的辉煌，在护国公统治的第三年，西班牙的运宝船在加的斯附近被俘获，似乎又将德雷克的荣耀带回到英国。当时，在欧洲最令人畏惧的陆军和舰队的配合下，克伦威尔声明要保护当时正遭受天主教迫害的伏多瓦派新教徒，最后，不仅是意大利的小邦们，就连法国都听从了他的警告。

然而，**如果说清教政权眷恋的是过去的政体，而它所期待的却是属于未来的经济**。他们对宗教充满热情，拥有像奥古斯丁一样的古老神学思想，严格遵守《旧约》的启示。

清教徒在致力于商业和金融方面是真正的加尔文之子。在他们手中，英国政治中的商业因素终于觉醒。无论他们在与西班牙打交道时多么支持极端的、好战的、跋扈的新教，他们都代表着一种要使英国在海上力量和贸易方面尽皆称霸的决心，即使与新教徒们兵戎相见，也在所不惜。

出于这一雄心壮志，他们通过了《航海条例》。本着这种精神，他们与荷兰作战，并从东方贸易中获得了对安波那惨案的补偿。本着这种精神，他们通过一部商业条约巩固了英国与葡萄牙的长期政治关系，并让布莱克在北非海盗中制造了对英国国旗的恐惧，以强化地中海周边国家对英国及其海上力量的尊重。本着这种精神，他们与信奉新教的瑞典和丹麦签订了条约，得以免除恼人的松德海峡通行费。本着这种精神，他们第一次使商业成为外交政策的优先处理事项，并将英国推上了通向殖民和商业霸权的道路。

这就是使英国在《威斯特伐利亚和约》签订后的十年里步入了欧洲舞台中心的背景。但英国的崛起并非只有这一种动力，**清教徒们将激进的新教精神注入了一个对宗教冲突几乎已经失去兴趣的欧洲大陆**。他们对征服海洋有强烈的渴望，尽管这使得他们在欧洲活动的几乎所有阶段都与这一点脱不了干系，但这并不是他们出现在欧洲舞台的根本意义之所在。无论是他们的早期基督教神学思想，还是对早期教会崇拜形式和用语的耀眼回归，他们都使得思想和言论枷锁大为松动，而人们正是被这些东西束缚在教会和国家的既定秩序之中。

"什么都不知道的人，"弥尔顿写道，"都不会愚蠢到否认所有人天生就是自由的……他们生来就是自动自发的人，而不是服从的人。"又一次，在对克伦威尔的致敬文里，他写道："在人类社会中，没有什么比最杰出的人承担统治责任……对国家更公平和更有用的了。"

这就是民主先知所说的话。但即使是弥尔顿的光辉理论，也并非清教徒对欧洲进步之贡献的全部。他说，他的伙伴们"不仅准备辩论，还准备战斗"，而且能够执行他们的主张，"英格兰国王甚至可以根据英格兰法律被审判"。然而，现在公开提出的教义触及了受过教育的人的思想，**清教徒通过他们的法案而不是他们有争议的活动为政治自由事业做出了更大的贡献。**

清教徒将这个问题从理论层面带到了尘土飞扬、血迹斑斑的世俗舞台之上。他们通过一次激烈的行动，表明国王们应该对其臣民负责，不管他们与神的关系如何。这种对权威的挑战远比北欧诸国之间的盲目争霸、西班牙和法国之间的长期冲突乃至他们自己在陆地和海洋上取得的成果更重要，这是最后一次宗教大战结束十几年后的主要贡献。因为有了他们，欧洲开启了走向民主政府的漫长征程的新阶段。

九

然而，这一动力很快就耗尽了。1658年9月3日，奥利弗·克伦威尔去世；建立在他的才智和利剑之上的政府构架在他的继任者手中几乎立刻开始瓦解。军官委员会、议会以及克伦威尔的儿子——继承了护国公之位的理查，在这个国家得不到支持，而且他们很快就发生了内讧。

英国人厌倦了清教主义和它过于严格的限制。也许相当多的英国人从未赞同过克伦威尔的统治，即使在他的鼎盛时期；**尽管他在国外取得了成功，但他在国内的统治却没有产生任何建设性的成果。**要实现真正的自治，时机还不成熟，更不用说它在此时呈现出来的形式了。保皇派的阴谋开始得逞，残缺议会和军队领导人遭到强烈反对,大多数英国人开始把流亡的王位继承人之复辟看作能够降临在他们头上的头等幸事。

清教政权已经走到了尽头。苏格兰军队的指挥官蒙克将军前往伦敦,宣布成立自由议会,并与流亡的王位继承人查理进行谈判,很快就有了结果。海军转向保皇派,查理受邀回国。随着查理的到来,英国又进入了一个完全不同的时代。

十

此外,在英国发生上述一系列事件的同一时期,整个欧洲大陆政治事务的面貌也发生了变化。《比利牛斯和约》结束了法国和西班牙的长期敌对状态,法国获得了十个边境城镇和地区,进一步加强了它在边境的力量,同时法国的王位继承人成了西班牙公主的丈夫。

这项和约刚刚签订,《奥利瓦条约》《哥本哈根和约》和《卡尔迪斯和约》就结束了贯穿克伦威尔统治英国时期的"北方战争"。通过上述条约,瑞典最终获得了整个斯堪的纳维亚半岛,并保住了在波罗的海的霸权。波兰的瓦萨王朝放弃了对瑞典王位的要求;瑞典人和波兰人都宣布放弃对普鲁士的宗主权,于是,普鲁士顺利地落入勃兰登堡选帝侯之手。

与此同时,欧洲大陆的统治者发生了巨大的变化。一位新皇帝,利奥波德一世,开始了他漫长的统治;在一个阿尔巴尼亚家族——担任大维齐尔的科普鲁律家族——鼓动下,奥斯曼土耳其人开始振作起来,再次威胁到欧洲,就像苏莱曼大帝时代给欧洲带来的恐惧一样。在英国共和国领导人之间的混乱政治斗争结束之后,他们的力量被复辟主义浪潮彻底击垮,这将查理二世推上了他父亲曾经坐过的宝座。十二个月后,马萨林去世,年轻的路易十四宣布成年,开始亲政。克伦威尔时代就此结束,欧洲历史掀开了新的一页,准备在截然不同的动力推动之下继续前进。

第二十四章
17世纪中叶的欧洲

一

就政治世界中令人印象深刻的事件而言，欧洲历史上没有几个时期可以与17世纪中叶相提并论。哥萨克首领赫梅利尼茨基在东欧进行了建立一个新国家的尝试，阿马尔菲渔夫马萨尼埃洛进行了夺取那不勒斯统治权的努力，以及英国乡绅克伦威尔崛起成为不列颠群岛事务的领袖，并在欧洲政治中占据主导地位，足以让这些年值得纪念。

除了这些非凡的事件，还有法国投石党运动的疯狂幻想，以及威廉二世在尼德兰维护奥兰治家族权力的悲剧性失败，共和政体在另一位平民原则的倡导者约翰·德·维特的指导下的兴起——这些事件结合在一起构成了欧洲历史上前所未有的篇章。

在欧洲的整个历史中，从未在同一时间见过如此大规模、如此

多样化的改变政府形式的尝试。这些活动大多与中产阶级甚至下层阶级在公共事务中地位的提升有关，这一事实就是这种形势最重要的特征。从那以后，长期在商业和金融的私人事务中占据主导地位的所谓资产阶级或中产阶级，越来越多地参与到长期被贵族集团垄断的国家事务中。

二

然而，在这个多事之秋，无论是本国境内的冲突，还是由此而来的骚乱，抑或各国内部的对立原则和利益之间的斗争，都没有耗尽欧洲人的精力。他们更不受灵魂问题的限制，而这一问题在上个世纪曾发挥了巨大的作用。在政治和宗教领域之外的两个方向上，即海外的欧洲和思想领域，17世纪中叶是一个具有重大意义的时代。

内部动荡即使不具有更紧迫的意义，也是更引人关注的事务。欧洲内部的动荡自然会波及它所占有的最偏远地区，即使这些地区没有直接受到宗主国国内事件的影响。如此重要的运动引发了思想深处的骚动，也是很自然的结果。最重要的是，英国事务中的危机，如内战所造成的危机，必然会对它在美洲所建立的社会产生影响，在很大程度上，这些影响是由助长国内叛乱的相同因素造成的。

英国和欧洲大陆对手之间的斗争也不可能不反映到整个欧洲以外的世界；或者在某种程度上，掌控海洋的问题不可能不涉及对欧洲边界冲突或对民众权利的讨论几乎没有兴趣的那些大国。

在克伦威尔时代，没有任何地方能比北美更强烈地感受到欧洲的动荡。在那里，新英格兰的清教徒为家乡同道的胜利而欢欣鼓舞；战争爆发时，那些最强硬的群体立即向国内的清教徒兄弟伸出了援助之手。另一方面，在那里，更多人属于保皇派的弗吉尼亚人只是迫于武力才服从了克伦威尔政权的权威；而公开宣布支持查理二世的巴巴多斯好战的种植园主们，信念坚定，只有炮轰他们的首府才使他们屈服。攻克了巴巴多斯之后，维纳布尔斯和佩恩又攻取了牙买加，这一地区的主要关切仍然在人口的稳步增长，以及英国人不断增加的（尽管是没有系统的）通过征服和殖民来夺取战略据点的行动上。这些活动因为国内事态的发展而得到强化。

过去的几十年里，北方殖民地因为大规模的清教移民而得到巩固，现在，南方殖民地从逃离清教徒统治的保皇派中招募新成员。效果很快就显现出来。在新英格兰殖民地的南方，弗吉尼亚人开始在阿尔伯马尔地区定居，那便是后人所知的卡罗来纳。它开启了英国人缓慢而坚定地占领北美大陆之进程的新篇章——这是清教徒统治的第一个实质性结果，因为它将自己与殖民世界联系起来了。

由于英国在这一时期的扩张中有了对手，它的活动并不是新世界事务的唯一影响因素。新阿姆斯特丹的人们为标志着荷兰独立的胜利而兴奋不已，他们通过迅速攻击邻近的瑞典殖民地来宣示他们国家的胜利；而随着新瑞典被轻易地征服并最终转移到荷兰人的手中，瑞典作为一个殖民国家开始日渐式微。与此同时，荷兰人的冒险活动在另一个领域也很活跃。

易洛魁人从哈德逊河沿岸的荷兰商人那里获得了武器和弹药，

而且，这是第一次，那些凶猛好战的部落得以在某种程度上平等地与他们的宿敌法国人对垒。对于其他印第安部落和欧洲殖民者来说，被荷兰人武装起来的易洛魁人现在变得同样可怕。他们声称在不确定的边界内拥有绝对主权，随之而来的发生在模糊边界上的冲突不仅危及他们的本土敌人的生存，造成通往西方所有道路的关闭，还严重威胁到了新法兰西。自一代人之前被英国人击败以来，新法兰西正经历它的至暗时刻。直到这场漫长而血腥的冲突结束，蒙特利尔和魁北克的贸易才在易洛魁人的默许下恢复。荷兰人的冒险事业在西半球复兴的最早成果就是以这种方式体现的。

在这个时候，虽然形势发生了逆转，法国的力量却蓄势待发，准备发动一场注定对欧洲占领北美产生更大影响的新攻势。克伦威尔去世后一年，两位勇敢的冒险者拉迪森和格罗塞耶，来到苏必利尔湖，从那里开始了向南和向西进发的旅程，最远可能到达了密西西比河。再从密西西比河向西和向北，他们找到了通往广阔平原的通道，那里居住着一个当时欧洲人还不知道的部落——苏族。从这次冒险中，他们最终带着丰富的毛皮和关于五大湖以外的大陆腹地的第一个明确信息归来。

在他们冒险之旅开始的同一年，另一件对这个法国省份几乎同样重要的事情决定了它的命运：拉瓦尔的弗兰主教来到了魁北克，成为新法兰西的第一任名誉主教。这种级别神职人员的出现表明了这个法国殖民地日益增长的重要性，而他的精神、能力和性格，不亚于他所代表秩序的力量，为开发西部提供了额外的动力，而法国的这一行动将给西班牙进入北美更遥远的地区制造出一个强大的对手。

与此同时，随着北美内陆的开拓，南方大陆也进入了欧洲列强殖民活动的规划之中。但是，吸引殖民者精力的不再是征服土著民族与开发大片土地及矿藏的问题。在17世纪中叶欧洲以外的世界所发生的事件中，最重要的是西班牙人和葡萄牙人、英国人和荷兰人争夺南美洲北部和西部财富的斗争——每一方都竭尽全力，一是为了维持其原有的霸主地位，二是为了在殖民地世界大种植区的心脏地带站稳脚跟。

英国已经在巴巴多斯站稳了脚跟，并通过对牙买加的占领加强了它对加勒比海的控制。巴巴多斯种植园主的扩张矛头已经指向了大陆地区，北至弗吉尼亚人开始占据阿尔伯马尔的地方，南至苏里南的一部分，也就是人们所熟知的圭亚那。他们在那里建立了一些定居点；人口还得到了在葡萄牙人和荷兰人的冲突中被从巴西驱逐出来的犹太人的补充，英属圭亚那就此奠定了基础。

导致巴西难民逃离的战争实际上已经结束。事实上决定了南美洲荷兰人命运的瓜拉拉佩斯战役，使得荷兰人龟缩于港口附近的地区，而葡萄牙人正针对这些地区发动进攻。虽然国内政局不稳，国王若昂四世也不愿给巴西人一点援助，但是英荷战争意外地给他们带来了很大的帮助。在英荷战争的结果中，最重要的也许是它对南美洲命运所产生的间接影响。

因为人员装备被削减以应对其他地方的突发事件，装备不足的荷兰军队无法抵御若昂·费尔南德斯·比埃拉指挥下的巴西人的持续攻击。每年来一次的巴伊亚舰队的抵达——这是他尽其所能谋取到的援助——是导致伯南布哥陷落以及荷兰人被击溃的决定性因素。由于失去了从国内获得援助的希望，再加上人数上的劣势，荷兰人无法承受巴西人的攻击。这一地区被放弃了。作为交出所有据点的回报，守军获得了回家的机会。荷兰居民被给予充足的时间来处理他们的事务；随着英国与荷兰之间即将实现和平，荷兰人与巴西人之间签订了《伯南布哥条约》，这标志着荷兰人在巴西的统治结束了。

三

这是欧洲北部新教海上强国在欧洲以外的世界所进行的影响深远的新竞争，所产生的第一个重要后果；如果这是这些年荷兰殖民历史上的唯一重要事件，荷兰人可能会认为他们为时不久的殖民霸权已经结束了。不过，尽管遭受了巨大的损失，荷兰在这一时期的海外统治并没有完全失败，更不用说崩溃了。因为荷兰在失去巴西统治权的同时，却在其他地方从葡萄牙手中得到了补偿。十年前，荷兰占领了圣赫勒拿岛，并使它和桌湾——葡萄牙商业的衰落使其几乎荒废——共同成为其通往东方的停靠港。在《威斯特伐利亚和约》签订的那一年，一场意外给世界的一个角落带来了巨大的且经证实是永久性的后果。

一队从船难中逃生的荷兰水手，在今天的开普敦登陆。为了维持生计，他们播种、收割谷物，从友好的土著人那里获得肉类，在获救并返回荷兰后，他们向政府报告了这个地方的宜居性，这甚至令行动迟缓的东印度公司的董事们也感到非常心动。一个名叫范里贝克的代理人受命率领三艘船到那里建立一个据点。

在达·伽马第一次去往印度的航行绕过这个海角后的一个半

世纪，范里贝克的到来为荷兰人对这里进行永久性占领奠定了基础。少数孱弱的土著布须曼人和霍屯督人，没有对荷兰人的扩张造成任何障碍，而且他们与欧洲人交往的友好程度似乎超过了当时任何其他的欧洲殖民地。

这里的荷兰殖民者耕种放牧，为船只提供新鲜食物和进行少量的贸易，这样的生计，虽然微薄，却很稳定，这使得新社区在数量和物力上都有所增长。殖民地的人口随着缓慢的移民潮而增长，其地位也得到持续的巩固，这使荷兰殖民者得以向内陆地区推进。就这样，南非逐渐被纳入日益扩大的欧洲势力范围之内。它那辽阔的草原成为一个新国家的诞生地，这同样是标志着清教徒革命时代的主要事件之一。

荷兰人用南非支撑着他们对东方的控制，他们在东方不间断的无情攻击摧毁了葡萄牙的势力。由于海上航道的中断和与当地的异族通婚，大部分葡萄牙殖民地的人口都变成了欧亚混血儿，加之行政机构孱弱和腐败，葡萄牙人对西班牙的臣服使得这一衰败的趋势不断加剧，荷兰人因此大获全胜，此后，葡萄牙人在东方的势力几乎可以忽略不计。

事实上，葡萄牙人仍然保留了一些厂矿和港口，其中果阿、孟买和澳门最为重要。《威斯特伐利亚和约》的签订几乎没有影响到这些遥远的地区，荷兰人沿着马拉巴尔海岸从他们毫无防备的对手手中夺取了一个又一个据点，直到他们占领锡兰并抵达胜利的顶峰。与此同时，就像之前的安波那事件，以及后来别的类似事件一样，他们对（中国）台湾人起义的镇压，表明一些荷兰代理人不仅继承了前任东方贸易主人的财产，还继承了他们的一些手段。

只有一个地区的荷兰人有理由担心激烈的竞争,但他们认为,英国二十年来所经历的内乱以及英国商业利益集团之间的争斗,都可能让英国东印度公司陷入瘫痪。然而,清教徒政权的第一次行动粗暴地将这些荷兰人从夺取霸权的美梦中唤醒。很明显,荷兰人在东方的统治地位,就像在世界其他地区一样,将受到仍然铭记安波那事件及其之后二十年耻辱的英国人的强力挑战。

《航海条例》的出台向世界宣告,从此以后,英国商业将会成为影响欧洲政治的一个因素。第一次英荷战争证实了这一宣告;不久,英国公司的复兴也随之而来。克伦威尔重新授予英国东印度公司特许权,还认可了他们在整个东方贸易中的权利——这是克伦威尔政府向葡萄牙勒索的结果,并获得了与共和国密切相关的强大商业集团的支持,因此,英国东印度公司当局重新获得了信心。

战争的结束恢复了普拉隆岛及其在香料贸易中的地位。英国人在胡格利建立了一个商站,利用他们已有的许可证在孟加拉开展贸易;马德拉斯的财富和威望与日俱增。他们把自己的活动主要限制在印度半岛,尽管国内局势不佳,克伦威尔的恐怖统治还是为他们带来了一段平静时期,使他们得以筹募资源和蓄积力量。这就是克伦威尔时代英国人在商业和殖民地方面获得的主要成果。

四

然而,尽管17世纪中叶充斥着革命和战争、人们对政府和社会态度的深刻变化以及殖民和商业霸权之平衡的变动,但人们并没有完全沉浸于政治或贸易之中。随着海外贸易和征服的稳步发展,地理知识自然会出现大幅度增加。

如果说上一代人的探索已经动摇了人们长久以来的信念，即有一条水路可以横贯美洲到达太平洋，那么，现在将法国的领土主张推进到哈德逊湾和五大湖以外地区的传教士和冒险者们，得到的回报就不仅仅是皈依者和商业利益了。他们揭示了这样一个事实：无论乘船从一个大洋到另一个大洋是否可能，这条路都要长得多，并且其间的陆地要比欧洲人所料想的重要得多。

这一时期，欧洲人对其他地区的了解也大为加深。当北美腹地第一次向他们开放时，耶稣会士洛伯关于阿比西尼亚的描述被公之于众，这给欧洲人提供了关于那片神秘土地最早的可靠资料，那片土地的存在曾经误导欧洲大陆的人发动了大规模的探险行动。事实上，从亨利王子时代到塔斯曼时代发现大陆之间主要航道的海上探险进程，在此时出现了一个明显的停滞。但是，在洛伯和拉迪森的激励下，陆上冒险为新的殖民扩张做好了准备。

这种殖民扩张行动实际上早已开始，只是发生在一个颇为特殊的地区。关于波斯的信息，人们很早以前已经通过旅行者詹金森和那些在他之后去往更东地区的人知晓了。意大利旅行家德拉·瓦莱的作品此时被出版，使人们对这个依然强大的君主国有了新的认识。

不过，此时欧洲人对亚洲的认识和在领土方面的增长，主要归功于俄罗斯人的活动。从鄂霍次克海的俄罗斯边界开始，一系列探险队将他们的足迹延伸至太平洋区域。在《威斯特伐利亚和约》签订那年，一群冒险者绕过亚洲最东端到达堪察加半岛，从而完成了对西伯利亚海岸的考察。

与此同时，另一批人推进到阿穆尔河①中部，建立了库马尔斯克，以此作为俄罗斯领土的最前哨。俄罗斯人派遣一支远征队去占领这些新的土地，但遭到了中国人的阻击，更靠前的据点无法坚持下去，涅尔琴斯克②仍然是俄罗斯在西伯利亚地区统治范围的最东端。他们向北京派去了使者，就中亚土地的权力划分进行谈判。

与此同时，英国正集中力量从南方和海上入侵东方。随着敌对的大国在这片土地上逐渐接近，并成为当地事务的主导因素，始于北方的长期武装和外交冲突，在两个世纪后变成世界政治的一个重要议题。

五

尽管在17世纪中叶的几十年里，殖民者扩大欧洲势力的努力几乎没有遇到什么阻碍，但在这样多领域的动荡中，欧洲似乎没有多少闲暇或兴趣去从事和平艺术。在任何时代，这两个领域的活动之间似乎都没有什么联系，然而奇怪的是，在这个革命的时代，欧洲同时取得了知识方面的成就。

确实，在某种程度上，英国人对文学和知识的追求会让位于更为迫切的战争和政治需求。荷兰人的精力被转移到政府更迭以及保护他们的商业和殖民地上面；而投石党的徒劳战争、法国对西班牙

---

① 中国称之为黑龙江。——编者注
② 中国称之为尼布楚。这里本是中国领土，直到1689年，中俄两国使团在尼布楚城签订条约后才被划入俄国版图。——编者注

的战争以及德意志的普遍颓败，都削弱了那里的人们对文化的追求。不过，即使在这种史无前例的动荡之中，艺术和知识也获得了进步，并且在某些方面取得了新的卓越成就。

鲁本斯和凡·戴克的作品是在克伦威尔政权倒台前完成的，而天才的伦勃朗仍然带领着一群画家，使尼德兰画派的两个分支——佛拉芒画派和荷兰画派——成为当时艺术界的霸主。**在人类活动中，没有什么能像绘画那样准确地描绘人类的灵魂，也没有什么能像绘画那样清楚而冷静地揭示一个时代的特征。这一点在16世纪末到17世纪中叶这段时期最为明显。**

在某种程度上，这是由于艺术家自身性格和境遇的变化造成的。在文艺复兴时期，他们几乎与君主和政治家平起平坐。反宗教改革运动时期，他们的地位下降，就像剧作家一样，他们通常不过是流浪的投机分子，乃是切利尼而不是达·芬奇的后裔。在意大利尤其如此。那个时代的典型人物——"出色而野蛮"的卡拉瓦乔的人生，在天才与堕落的奇妙结合方面，与法国的维庸和马洛十分相似。

随之而来的是大规模宗教战争时期，以及伴随新艺术时代而来的新一代画家。有了他们，风景画才有了自己的特色。人体画，尤其是裸体画，曾对早期画派产生过巨大影响，但在肖像画、风俗画和自然画派出现之前衰落了。这个世界第一次作为一个整体出现在画布上，人们第一次意识到美无处不在。因此，绘画第一次失去了早期作为其标志的贵族色彩，成为真正的大众艺术。

对于新流派而言，农民作为主题，就像天使或国王一样合适，农家庭院或旅店像宫殿一样富有艺术价值。其结果是，艺术领域得到了极大的拓展和丰富，这不仅是因为风景画的提升，还因为引入了长期被排除在画布之外的各种各样的阶层和情境。贵族肖像画派也留存了下来。鲁本斯和凡·戴克把他们的才华都奉献给了有利可图的事业；委拉斯开兹的天才使西班牙哈布斯堡王朝的衰亡得以永久被记忆。但在艺术领域，正如在其他领域中一样，一种新的精神显然已经进入欧洲人的头脑，这种精神愈发明显地体现在那些在世界事务中变得更加重要的民族和阶级身上。

荷兰是最明显的例子。在那里，克伊普、特尼尔斯、范·奥斯塔德、德奥以及除了伦勃朗以外最著名的画家弗朗斯·哈尔斯，都以无与伦比的精确和技巧描绘出他们的国家和同胞。刻画农民、市民、工匠的画家，刻画家庭场景的画家，刻画中下层阶级日常生活的画家，刻画平民粗陋生活环境的画家，不仅证明了艺术标准的革命，也证明了社会事务的平衡正在发生改变。

此外，这还伴随着一种创作手法的变化，由于找不到一个更好的名称，我们称之为"印象主义"。在新流派的人看来，具体详细的刻画似乎不再必要，甚至不再可取；让眼睛联想到它应该看到的线条或颜色就足够了；与最周详的描画相比，更经济的努力往往能服务于更大的目标，产生更有效的结果。就像大自然本身一样，他们不仅仅把生命看作一个整体，而且通过权衡和暗示达到了他们所能达到的最杰出效果的一部分。

这种变化不仅仅限于荷兰。委拉斯开兹的才华不仅保存和展示了西班牙统治者和贵族的堕落，还使一位凶狠残忍的教皇长期以来为人们所知晓，在层级较低的社会各界也找到了很大的施展空间。他的技巧体现在西班牙市民之敌人们的忧郁而诚挚的面容中，体现在尼德兰的宁静风光和当地人的家庭生活中，而他的竞争对手们则发现了比他们的贵族敌人的面容和服饰更有趣也更强有力的主题。

显然,这种精神在别的地方也有所体现。在这一时期达到艺术高峰的法国雕刻家,在描画他们的贵族赞助者方面取得了成功;在英国,像荷拉尔这样的艺术家随着他们雇主的命运而沉浮,甚至被卷入战争之中;而凡·戴克和鲁本斯则惬意地呼吸着宫廷的空气。不过,最著名的细密画画家库珀,勋章雕刻大师西蒙,在英国革命领袖那里获得的支持同样激励了他们技艺的发展;甚至最典雅的宫廷画家,即便没有受到时代精神气质的影响,也受到了手法上的影响。

两个世纪过去了,艺术从对圣徒和神明题材的关注逐渐转移到世俗题材上来,现在艺术已经开始从社会中不那么有贵族气派的群体中获得灵感和报酬。一些勇敢的创作者甚至开始为市场作画而不是接受委托作画,这样一来,他们的才能就摆脱了赞助者施加的负担,因为赞助者经常限制画家的天然倾向。因此,绘画日渐从特殊的阶层、兴趣和既定的主题转向整个生活和自然。随着尘世题材取代天国题材,民主政治取代贵族政治,绘画越来越真实地反映了它所描绘的世界不断变化的精神。

在伦勃朗手中,甚至在委拉斯开兹手中,基督都以凡人的姿态出现,这一现象在这场全欧洲性的运动中是一件极为重要的事情。因为随着三十年战争的到来,宗教绘画的伟大时代,就像教会统治的时代一样,实际上已经结束了。这种情况标志着欧洲人与现世及来世关系之新旧观念间的分界线的产生。

六

　　我们不能指望17世纪中叶英格兰和尼德兰爆发的民主情绪会在整个欧洲大陆产生回响，它与那个时代的普遍趋势没有太大关系，当时允许政治权力从国王转移到贵族的普遍趋势，目前看来似乎表明了专制主义的衰落。然而，英、荷两国爆发的民主情绪之影响并非无足轻重；随着科学思想的发展，笛卡尔哲学的发展，以及许多领域更为晦涩的"自然主义"运动，在英、荷两国影响很小的地区之生活都发生了改变。

　　在这些渐进的变化中，难以细察、更难以表达的是欧洲人民的道德标准和行为的变化。由于欧洲在过去一个半世纪的进步，这种变化现在已经很明显了。**在大多数观察者看来，文艺复兴的主要特征之一是理性和道德的分离。**

　　这也许是很自然的。中世纪后期对教会不满的增长导致许多人忽视甚至蔑视这一机构，怀疑或完全否认其精神功能。这不仅削弱了人们对教会本身的信心，更严重的是，削弱了人们对以教会为基础之信仰的信心。这种否定情绪由于新知识的发展而大大加强了，因为**新知识展示了一个没有基督教而仍然运行得很好的世界**，对古典模式和古典思想的热情随着文艺复兴的蔓延而增加，这进一步削弱了基督教美德的权威性。因此，尽管信奉人文主义的阶级摆脱了中世纪特有的一些做法，但他们生活的改善只是加剧了他们的理性与道德标准之间的反差。

　　随着宗教改革和反宗教改革运动的发展，出现了一股对愤世嫉俗的不道德行为的抵制浪潮，这种不道德行为是某些著名人文主义者的特征。在推动教会革命和改革的诸多因素中，对一种更纯粹的生活方式的反应，不亚于——甚至超过信仰的改变，可能影响了整个欧洲大陆的大部分阶层。

尤其在新教的教义中，对现世行为和来世信仰的坚持，构成了该信仰体系相当重要的一部分；在旧体制内部，改革机构的兴起也不是毫无成效。诚然，双方都没有对信仰普遍宽容的倾向，但人们常常注意到，信仰和道德并不必然以任何直接和不变的方式联系在一起。不管原因是什么，有一点很明显，尤其是随着17世纪的进步，那些可以看作是某些道德标志的习俗已经逐渐改善。举个例子，加尔文宗的发展已经趋向于执行一种比之前更为严格的道德准则。

这一进程缓慢而不均衡。没有一种信仰标准能够无差别地适用于每一个个体或团体。**人性中根深蒂固的弱点是难以去除的客观存在**，而且任何时期关于个人道德进步的一般性概括都很容易发现例外。此外，**每一代人都有自己的优点和缺点**。不过，由于神学上的争论而产生的更深刻信仰、各教派之间日益增长的竞争、不断增加的宣传，本身就是对团体和个人行为的某种制约，每一种因素都以自己的方式促进着人们习性的改善。

研究道德的史学家注意到，17世纪上半叶热饮的引入也促进了人们习性的改善。人们愿意相信确实会出现这种结果，毫无疑问，这是有道理的。但是，就人民普遍的清醒程度而言，酒精含量高于中世纪酒类的酒品之出现，可能抵消了茶、咖啡和可可等热饮的普及所带来的有益影响。

但是，有一项进步是毋庸置疑的，并且预示着普遍的改善，这就是教士阶层的净化。这是新教的兴起和伴随反宗教改革运动的推进而出现的天主教体系全面改革所共同推动的进步。

七

进步的另一个标志是文学。文学作品,尤其是17世纪上半叶的作品,尽管充满了自由的气息,却没有了早期作品中的粗劣。此外,它们还被灌输了前人所缺乏的观念和理想。当然,文学表达变得更加精致并不是道德水平提高的确凿证据,然而我们似乎有理由相信,文学作品中的语言和情景的改善至少代表了行为标准的变化。

不断变化的文明精神,在文学中受到的重视不亚于在艺术和道德中的;而且,从其中一个持续彰显其进步的特殊领域来看,它在戏剧领域表现得尤为明显。在德意志大战爆发的前两年,莎士比亚和塞万提斯的同时离世使欧洲失去了两位最伟大的文学家,无论在英国,还是在西班牙,没有哪位作家有资格填补他们留下的空缺。尤其在英国,清教徒的影响大大阻碍了这种与其宗教和政治精神格格不入的娱乐形式的发展。莎士比亚之后,再无一位值得人们关注的后继者。

然而,所谓"骑士派诗人"开始发展出新的、极为优美的抒情诗形式;青年弥尔顿的才华为欧洲文学贡献了至少两部杰作,即他的田园诗《快乐的人》和《沉思的人》。但是,在莎士比亚的后继者手中,英国戏剧反映的是这位伟大剧作家的戏剧形式而非他的天才。

西班牙的情况也没有什么不同。卡尔德隆的崇高精神,从军事上的追求转向了道德、哲学甚至神学戏剧的创作，同时也浸染了旧正统派的高贵品质。但是，他远离了欧洲的主流文学圈，在他的祖国，也难以找到势均力敌的竞争者。与此同时，德意志几乎从文学界消失了。因此，文学领域的领导地位落到了别的国家头上，尤其是法国。

随着艺术和科学领域如此突出的新精神侵入文学领域，法国喜剧开始了它漫长而辉煌的发展史。最伟大的剧作家是莫里哀。他从自身的知识、充当巡回剧团演员的经历以及对社会各阶层无可比拟的了解中，汲取了那些使他的作品发生彻底变革的人物和情景之素材。对同时代生活的反思，关于共性人物和不朽人物的幽默短剧的创作，并不是他在文学上仅有的贡献。他曾是唯物论者伽桑狄的学生，接受过新哲学的训练，因此，他与当时重要的思想运动有着密切联系。

通过这些知识背景以及他的观察和描绘天赋，莫里哀为戏剧艺术增添了新的元素。他把"周围的人"推上舞台，向观众描绘他们大大小小的缺点，在某个方面，他已经超越了莎士比亚时代的局限。因此，戏剧就像艺术一样，从较为尊贵的地位降了下来，开始重视一直到莫里哀那个时代在舞台艺术、政治或绘画中都很少受到关注的阶级。

他这样做的时候，就无意识地与后来被称为民主的运动联系起来了。莫里哀从迅速发展的医疗实践领域所观察到的现象，也是他意义广泛的那些讽刺对象的主要领域。从《多情医生》的第一次宫廷演出到《无病呻吟》的最后成功，几乎都有这样的动机。就像他几乎公开表达了对教会暴力传统的蔑视一样，这也代表了一种艺术变化趋势，也许就是戏剧紧随绘画之后揭示了一个时代的特征。

这种否认教条权威的精神在另一个方面同样引人注目。在英国清教徒占主导地位和法国新喜剧开始的同一个十年里，法国也同样出现了来自数学家、哲学家布莱士·帕斯卡的所谓《致外省人信札》。作品对耶稣会士进行了无与伦比的讽刺，在讨论宗教生活中最重要的问题时表达了一种新的精神，并极大地推动了对某些主题的自由讨论。直到那时，至少在神职人员看来，这些主题都接近于神圣，不应受到俗人的亵渎。

八

帕斯卡的作品受到了耶稣会士对"天主教里的清教徒"——所谓詹森派——之攻击的启发。詹森派的主要根据地是巴黎附近的皇家港口修道院，修道院在其领袖安杰利科·阿尔诺的主导之下，接受了詹森主义倡导者西朗修道院院长杜·弗吉尔的教义。这些教义为宗教的起义注入了一种新的元素，这一起义对旧教会追随者的影响仅次于对英国革命派里更为开明的信徒们的影响。

然而，在所有耶稣会士和詹森派的论战、革命者的活动以及哲学家的学说中，**反抗专制权威的最出色表达出现在英国**。奇怪的是，律师这个阶层的存在似乎与政府和历史先例有着最密切的联系。人民参与政府的原则在英国得到了最好的体现，这是实践和理论长期发展的产物。这不是中产阶级日益壮大的结果，也不是为他们在公共事务中占有决定性份额提供了理性基础的哲学思考的结果，而是忠诚于历史先例和法律的结果，这一直是盎格鲁-撒克逊民族的重要特征。

在15和16世纪，他们几乎是欧洲唯一一个通过议会保留了民众参与政府的民族，即使是专制王权在所有欧洲国家都高歌猛进的时候，亦是如此。都铎王朝是专制统治，但得到了民众的支持；当斯图亚特王朝试图效仿他们在欧洲大陆的同侪，将传统王权主张转化为王国的统治实践时，它面临着更加古老的法律和古代先例至上的权利主张。

在随后的斗争中，律师起到了主导作用。像科克①这样的人，反对詹姆斯一世关于王权凌驾于人民自由之上的主张，坚持的是古代法律所表达的人民权利。像他这样的人，观点止步于"至高无上的权力"。科克宣称："并不是议会的词汇……《大宪章》之内没有什么至高无上的权力。"他的阶层中还有其他并未止步于此的人，后者声称议会是一个可以更改宪法的权力机构。斯图亚特王朝的前两位国王在律师阶层中遇到了他们最顽强的敌人。

律师们认为，国王在法律之下，而不是在法律之上。那些抵制国王"改革"企图的人们的战斗口号是一句古老的格言："**人民的利益是至高法律。**"这一原则在欧洲其他任何地方都没有得到过响应，也许那些无关紧要的小而偏远的地区除外。没有哪个地方有制定法律的立法机构，或者有像英国盛行的陪审团制度那样民众参与司法程序的机制，尽管陪审团制度有种种缺点，但它为抵制个人或公共压迫提供了有力支持。正是在这些因素的抵制之下，在产生这

---

① 爱德华·科克（1552—1634），英国法学家、律师，曾任下院议员、议长、英国总检察长，曾起草《权利请愿书》。——编者注

些因素的阶级的强烈支持之下，斯图亚特王朝的计划才遇到了第一次大挫折。

这并非事情的全部，科克的声明也不是导致王权大败的原因。**仅仅在法律上反对可能永远也不会成功，但革命实现了限制王权的目标。**一个以历史先例为基础的阶级反对掌握权力的当局，而这种权力在大多数国家本身就是先例，也是一切法律和先例的起源，从这种反常的现象中，发展出一种更令人吃惊的反常现象。

这是一系列事件的结果，这些事件使人们超越了法律至上的信条，虽然他们坚持法律的逻辑和形式。尽管清教政权挑战合法的权威并在实际上篡夺了政权，但它仍执着地坚持法律的形式和先例，并在可能的范围内遵循法律程序。清教政权试图为它对旧秩序的彻底破坏披上所有可能主张古老权利的外衣，即反对国王进行的一系列会危害人民权利的"改革"活动。

他们进展迅速。针对王室提出的修改——从而制定——法律以应对紧急情况的权利，他们确立了法律不可侵犯的原则，从而对君权神授和国王特权进行了致命的打击。由此，随着斗争愈演愈烈，议会妄称其曾有拒绝国王的权利，并打着"解释"法律的幌子，实际上夺取了立法权，剥夺了国王原有的否决权。所以，**从王权至上穿越立法之桥，革命派实现的不是国王至上，也不是法律至上，而是议会至上，最终是选择议会的人民至上。因此，如果说英国革命是标志王权至上在国家中瓦解的事件，那么，它也是标志人民及其立法机构开始凌驾于国王和法律之上的事件。**

九

很自然地，当革命者披上旧秩序捍卫者的外衣时，政治哲学家的活动应该趋向于为政府找到部分理性基础；于是到处都出现了新信仰的先知和牧师。就时间和意义而言，最先出现且最为重要的是托马斯·霍布斯。这位著名的思想家出生于无敌舰队进攻英国那年，去世于1679年（距离1688年的光荣革命很近），他的生平和著作都涵盖了那些巨大的历史震荡，这些震荡对他的命运和哲学都产生了深远的影响。

他的观点可能同样受到他在科学领域研究的影响。他以欧几里得的学说开始自己的思考，并提出运动原理理论作为生命和思想活力的基础。在内战中达到顶峰的政治斗争使他的注意力转向了政治。根据自己的观察和沉思，霍布斯逐步完成了杰作《利维坦》。他在书中把国家描绘成一个巨大的人造怪物，由较小的个体组成，有自己的生命和发育过程，能够被修改或摧毁。

霍布斯是"机械论"思想体系的拥趸，虽然没有受过充分的训练，没有能力完整认识到实验学家为获得科学真理所做的努力，也不能为该领域的进步做出自己的贡献，但他仍然占有相当重要的地位。他为建立一个思想学派做了大量工作，这个学派致力于构建人与自然、人与其所创造的社会之间的普遍关系的理论。

霍布斯对道德本质的定义，"人类行为的自然源泉和理性基础"，使他被称为"功利主义的创始人"。有一种哲学强化了这一看法。该哲学似乎认为，人们主要或完全受自身利益的驱使，并根据结果而不是任何更高的动机标准来判断事物。霍布斯宣称至高无上的权力实际上是无责任的，尽管后来的思想家对此进行了修改，但这一观点仍为政治学基本原则的讨论开辟了道路。

霍布斯是所谓的唯物主义、批判主义以及在后来被称为实证主义的先驱，同时他也是心理学家和伦理学家。对于他来说，哲学与其说是模糊的思辨，不如说是正确的思考；不管受到多么猛烈的攻击，霍布斯还是做了一件大事。他建立了理性和历史的调查研究方法，将自然法则应用于社会和政府，这促进了政治理论的继续进步。

除了霍布斯，还有许多思想各异的人也在努力。阿尔杰农·西德尼和他的伙伴们受到古典世界传统的启发，梦想按照他们所设想的古希腊和古罗马模式建立共和政体。哈林顿在他的《大洋国》一书中贡献了另一种元素，那就是理想化的国家。他的作品模仿了莫尔的《乌托邦》，但注入了革命所激发出来的新学说。

克伦威尔的拉丁文秘书弥尔顿，在为英国人民遭到的弑君指控辩护时展现出了他的文学天赋，在他的《论出版自由》中，增加了对言论自由的辩护。这不仅成为革命事业斗争的武器库，更产生了实际效果，从那一天起，所有不属于叛国性质的作品在英国都得到了宽容。

随着胡克、格劳秀斯和霍布斯提出了注定会在此后产生巨大影响的学说——政府不是神的启示和指导的结果，而是通过某些建立社会联系实现的历史演变的结果——政治学确立了它在欧洲思想史上的学科地位。为了抨击那些为人类政体寻求理性基础的思想，君权神授的提倡者、保皇主义者菲尔默为他的学说撰写了正式的辩护作品，即《父权论》。这种关于绝对王权的信条与天启宗教和教条权威的精神一道，成为此后欧洲政治理论和实践进步所依据之新原则的主要对手。

与此相对立的是更开明思想的拥护者,即极端主义者,其中最引人注目的是所谓的平等派和掘地派。两个世纪以来,几乎没有人再听到过这些宣扬社会平等和政治平等的声音。这些宣扬社会平等和政治平等力量的兴起的影响是深远的,不仅对欧洲生活和文学层面产生了影响,而且对那些深层的潜在力量也产生了影响,这些力量随着岁月的推移越来越多地支配着人们的行为和思想。自宗教改革以来,欧洲从未在如此重要的问题上涌现出如此大量的争议性著作。它也没有被喧嚣声所震聋,这些喧嚣声在很多地方都有回响,但很少被克伦威尔时代的公开政治辩论中第一次讨论的那些问题所触动。

十

继前几年动乱之后的清教徒时期,至少在两个方面对欧洲事务和原则的发展做出了更直接的贡献。第一个是一种新势力在公共事务中的演变。在一个思想和言论空前自由的时代,在如此重大的全国性事件中,当每天都有危机发生时,人们对新闻的渴望不亚于对意见的渴望。需求创造了供给,在旧的新闻小册子、单面大幅印刷纸、早期信息性出版物和新闻簿的样式基础上,**现代欧洲世界的特色产品——报纸——迅速发展了起来。**

尽管之前的几代人在某种意义上已经见过这种形式的宣传,但后来的几代人看到了它的扩充和改变,几乎完全不同于它现在的样子;我们必须把这个巨大的文明引擎的初创归功于清教革命时代,其基本形态使报纸可能成为那些为人民权利而战的人们所拥有的最有力武器。

报纸后来被称为"第四等级",它大大改变了那些民族——主要是英国人和荷兰人的习惯,报纸在他们中间极为流行。作为一种传播新闻和公众舆论的手段,它与另一种起源于同一时期的习俗不无关系。

在从中世纪到现代生活的过渡中,也许没有哪一个单独的小事件比新的交往形式在人类活动的几乎所有领域——知识、政治和社会——的发展更值得我们注意。其中,上流社会公共度假场所的兴起是显而易见的现象;至于其他事物,17世纪中叶最引人注目的就是咖啡馆的出现,人们聚在一起喝咖啡——这是当时整个欧洲的时尚——交流小道消息和观点,阅读报纸。

这些不为古代和中世纪的人们所知晓的机构,似乎源于君士坦丁堡的类似聚会地点。它们非凡的受欢迎程度则源于欧洲人越来越多的城市生活习惯。维也纳通常被认为是这类时尚的先驱;从那里,或者从一个共同的源头,它们迅速地传播到整个欧洲。

伦敦的第一家咖啡馆开设于克伦威尔当权时代。在那里,它们的数量和人气都得到了增长。到了下个世纪初,咖啡馆已成为英国人生活中最显著的特征之一;而且除了自身的重要性之外,它们还为开创盎格鲁-撒克逊民族的特有机构做出了重大贡献,这一机构几乎在所有语言中都以其英文名称"club"(俱乐部)而闻名。

也是在克伦威尔时代,英国科学家协会建立,并在随后的君主统治时期发展成为皇家学会。它的组建同时体现了英国科学的巨大进步和合作原则的扩展,这种合作原则正在欧洲各地新的学会和学术团体的组建中发挥作用。

这种将各种力量联系在一起，从自然中苦苦探索生命及其现象之秘密的趋势极为重要，而这也成为生物学家的职责。对于他们而言，显微镜的发明带来的助力非常大，几乎可以说这为现代意义上的生物学的创立奠定了基础。因此，克伦威尔时代开始了对动植物结构知识的一系列贡献，直到这一世纪末天才数学家们的崛起开启另一个时代为止，这是当时科学的主要特征。动植物结构知识体系的建立的确是显微镜黄金时代的开端。

动植物结构研究中的进步并不局限于任何国家。英国人格鲁、胡克和雷，荷兰人施旺麦丹和列文虎克，意大利人雷迪和马尔皮基，以及其他人的努力将人类关于生物体的知识提升到了上一代人做梦也想不到的高度。他们的研究打破了自亚里士多德时代以来就一直存在的自然发生说，由此开启了作为动物学基础的比较解剖学以及随之而来的中世纪自然史向现代自然史的转变，并开始了对动植物、昆虫甚至微生物的显微结构的微观研究，这开创了我们称为组织学、胚胎学、细菌学的各个分支。

就实际应用而言，最重要的是他们对人体解剖学和生理学知识的贡献。研究者借助于比较解剖学，通过对低等生物的研究，解释了高等生物的各种结构和功能。这是中世纪愚昧和古典时代谬误结束的一项重要证据。尽管他们研究的成果并不明显，研究的结论也长期受到怀疑，但显微镜学家的成就现在已经开始与天文学家并驾齐驱，并超越了化学家的成就。

为了显示克伦威尔时代标志着科学从一个时代进入另一个时代的事实，一个值得注意的巧合是，在三十年战争结束和英国爆发内战的那一年（1642），伽利略去世了，而艾萨克·牛顿出生了。

十一

最后，如果需要一些进一步的证据来证明中世纪已经结束，那么，上一代的学术研究历程已经充分证明了这一事实。17世纪上半叶以出版中世纪在历史和文学领域遗留下来的编年史作品和文学遗著而闻名。与此同时，从培根到帕拉维奇诺的其他人则奠定了现代历史写作的基础，他们遵循的是马基雅维利和圭恰迪尼的方法，而不是编年史家的方法，这确定了另一种艺术在欧洲世界的地位。

现代历史写作活动的兴起远比单纯的史学进步重要得多。它至少在两个方面标志着欧洲智识发展的一个独特时代。一方面，它反映了从宗教改革运动开始，在三十年战争中表现得最为激烈，并以某种形式持续到我们今天的教派冲突在历史领域的延续。但这也意味着，一种对正统兴趣的抵抗开始了。这种正统兴趣主导了欧洲长达一个半世纪之久，它将一些已经鼓舞了欧洲人的生活和思想的中世纪的影响重新引入欧洲知识分子的头脑之中。

这些影响力再也无法恢复昔日的统治地位，但它们对神秘主义的热衷、对信仰的忠诚以及不亚于宗教自我牺牲精神的浪漫古雅特质，与古典精神是如此格格不入，以至于它凸显了科学和世俗倾向更加清晰的轮廓，这种轮廓已经交织在欧洲思想的结构之中，并在后来的岁月中成为这一结构中清晰可辨的一条线索。

因此，且不说政治学，许多学术领域在清教革命时期都非常活跃。尤其是英国和法国，在文学上极其多产，且形式并不比内容逊色。英国清教徒约翰·弥尔顿的天才不仅仅致力于政治辩论文章的写作，在早些年，他向世界贡献了最出色的抒情诗。所谓"骑士派诗人"用他们的恋歌和幻想为诗歌注入了新鲜的美，而英国著名的讽刺作家巴特勒则在殚精竭虑地创作那首著名的英雄讽刺诗《胡迪布拉斯》，这首诗的主题来自于英国统治者的奇怪特质。与此同时，塞维涅夫人的《书简集》开创了一种新的散文形式，它将在另一个世纪发挥重要影响。

更重要的是作为一个时代标志的法兰西学院的成立，它尽其所能使当局对文学和学术研究给予它们以前没有得到过的官方的、公开的认可。这些现象表明，人们对文学和学术的态度发生了改变，这是一个在许多领域都有更自由表达权利的时代之特征。

还有一种情况比这更重要，那就是心态的改变。长期以来使欧洲人的智识蒙羞的关于女巫及巫术的陈旧妄想明显衰落了。摆脱束缚的过程绝不是一蹴而就的，即使在最开明的国家，也要再过一个世纪才彻底废除猎巫习俗。

不过，更多的自由主义观点，尤其是科学理性主义的发展，已经削弱了人们对这种迷信思想的信仰。新教徒还没有完全或者在很大程度上接受科学的知识，他们很少或根本没有通过自己的教义或实践对宽容思想做出直接的贡献，正是在他们手中，女巫妄想才有了最后一次大爆发。然而，他们或多或少是在不自觉地为更大的信仰自由服务，这有力地帮助了人们从最早时期就支配着人们思想的轻信中解放出来。

克伦威尔时代不过是欧洲漫长历史中的一个短暂的时期，但这一时代的重要性超越了它的时长。通过考察克伦威尔时代我们可以看出，现代世界的强有力趋势是更自由地表达个人意见以及理性、宗教和政治多样性的统一，这为人们各种能力的实现提供了最广阔的空间。虽然英国实验的时间不长，且麻烦不断，但它揭示了政治能力并不完全局限于此前一直垄断政治权力及利益的少数王室和贵族手中。在这一点上，它甚至比纯粹的知识进步更有助于欧洲人的头脑从过去的桎梏中全面解放出来。

第二十五章
路易十四时代

1660—1678

一

  在从克伦威尔去世到路易十四开始亲政之间的三年里，欧洲的生活发生了诸多变化，其中没有什么事件比英法在欧洲政治中的对立更令人震惊的了，即使是祸乱了欧洲东西部的两场大战的结束。在护国公治下，英国权势达到了自伊丽莎白去世以来的最高峰。在马萨林的领导下，法国尽管拥有与生俱来的强大势力，尽管它的首相取得了最终胜利，尽管它战胜了西班牙，但它还是受到了投石党内讧的削弱，法国的地位就像它的首相一样，只是黎塞留时代权势的一个影子而已。

  而此刻，一切似乎都改变了。因为年轻，法国的新王刚刚开始亲政，欧洲大陆事务中就明显地展现出了一股新的力量。他的才干、他的资源，尤其是他的野心，使他几乎立刻成为欧洲统治者中最引人注目的人物。就像查理五世在16世纪上半叶和腓力二世在其晚年所扮演的角色一样，这位法国国王也将成为那样的人，而且他长达五十余年（1661—1715）的统治实际上可以名副其实地被称为"路易十四时代"。

这位法国国王没有像神圣罗马帝国皇帝那样统治着广袤的土地，也没有像查理五世那样完全专注于争夺欧洲和欧洲以外世界的多种利益。但是，就像腓力二世一样，他将自身的精力和西欧最庞大、最富有的国家的资源都用来实现一个目标，该目标几乎对欧洲大陆的每一个人都产生了至关重要的影响。正是这一点使得这位年轻国王的作为成为下一代人政治活动的主要推动力。

在欧洲国际事务中，宗教冲突时代已接近尾声，以君主为中心的民族主义时代、常备军和外交机构时代、广泛的联盟和无法抗拒的世俗利益时代即将到来。**正是路易十四开创了这个新时代。**他的雄心壮志使他在其中起到了主导作用，而且在当时形势的帮助下，法国得以暂时在艺术、军事和文化方面，如同在外交和战争上一样，成为欧洲大陆的统治性力量。

无论路易十四在政治上的命运如何，无论他的成功与他为自己的王权增加新省份的雄心有多大差距，起码在一个方向上，这位以"太阳"作为自己象征的法国君主为他的人民所获得的毫无争议的丰功伟绩奠定了基础。**在他的统治下，法国征服了整个欧洲的想象力，并在一个多世纪的时间里确保了法国的理念在整个欧洲大陆享有主流地位。**

二

与此同时，英国从"欧洲委员会主席"的位置上跌了下来，克伦威尔的能力和决心曾把它提升到了这个位置。古斯塔夫治下的瑞典与克里斯蒂娜治下的瑞典之间的差异，不像克伦威尔治下的英国和查理二世治下的英国之间的差异那么明显，因为在不列颠群岛，没有像乌克森谢纳这样的人来维护伟大的传统。

那位流亡的王位继承人带着斯图亚特王室特有的魅力以及他家族的一些非凡智慧回到了家乡，开始享受命运赐予他的优裕生活，而他一心只想保住王位。为了这个目标，他将自己毋庸置疑的政治天赋奉献出来，并随时准备用他的朋友、他的荣誉、他心中仍存的王权信念来实现它，并让自己沉湎于不光彩的安逸和肉体的享乐。

事实上，他的父亲和他的弟弟都失败了，而他却成功了。他成功保住了自己的王位，但付出的代价却是他的父亲和弟弟——尽管他们有种种过错和愚蠢，不愿意去交换王位的东西。

查理二世时期的英国只在政治世界的两个方面仍然保持着重要地位。克伦威尔的统治曾极大地刺激了商业和殖民地的发展，现在又得到了吸引自身及大陆邻国精力的法国野心的助力，英国在查理二世的统治下取得了丰硕成果。他的统治同时见证了英国殖民和商业帝国的重建和重组，当英国在欧洲以外的主要竞争对手被英、法的进攻所削弱并打败的时候，英国巩固了对亚洲和美洲的控制。

同时，国家内部那些被称为政党的组织，由于英国社会的特殊性而受到青睐，现在已经变成了长久的组织，从那以后，政党不仅成为英国政治事务中最活跃和最具特色的元素，而且成为英国所关心的国际问题里的决定性因素。

三

与此同时，路易十四占据了舞台中央。他正值英年，雄心勃勃，比大多数君主都勤奋，善于外交，拥有一国君王所需的威严与高贵风度。亲政伊始，他就致力于那些耗费其生命和人民力量的重大任务。他通过中止将近五十年没有召开的三级会议，摆脱了民众的约束；通过建立华丽典雅的宫廷和一支强大的军队，削弱了那些扰乱前任君主统治的好斗贵族们的政治地位。这些措施的目的不仅在于装点浮华，而是通过无数的津贴补助和宫廷职位诱使贵族为了利润丰厚、颇为独特的官职，让他们放弃了原有的权力和野心。他们在宫廷里争夺国王的奖赏，而国王的权威则迫使贵族在军中服役。

从路易十四祖父的时代到他自己的时代，政治家们一直努力使君主的权力变得至高无上。路易十四加强和扩大了王室会议和地方官员的权力，从一开始，他们就是专制王权的主要工具。这些人服从于他的意志，促成了他所要达到的绝对统治，王权也增强到了如他的名言"朕即国家"的程度。

正是绝对君主统治，终结了前一时期导致欧洲君主们差点失去王权的混乱局面，将君主政体提升到了现代欧洲政府组织才达到的那种极为高效的组织效率。这并不仅仅是由于王国的其他阶层被剥夺了政治权力。对没有话语权的平民和无权的贵族，路易十四增设了一个内阁，它聚集了法国的高级管理人才，而不以他们的社会地位为选拔标准，这成了他建立专制体系所依靠的真正力量。

他任命当时最有能力的柯尔贝尔担任财政大臣；任命卢福瓦担任国防大臣，在卡诺组织并实现法国大革命期间的诸多胜利之前，此人在这一领域没有遇到过对手。虽然外交部名义上是由利奥纳领导的，但在黎塞留和马萨林手下受过训练的老外交官队伍的控制权，主要还是掌握在国王本人手中。

天鹅绒手套下的铁腕力量也丝毫没有减弱。在世的欧洲名将中，最著名的孔代和杜伦尼是从上一代继承来的。除此之外，还有工程天才沃邦。在教官马蒂内的带领下，军队得以重组，纪律得到了完善，他的名字也成了严格纪律[①]的象征，而许多下级士兵则积极配合他们指挥官的工作。

有了这样的资源和战备，路易十四心中充满了一种对名誉和权力的强烈欲望，一种超越一切平庸限制的骄傲，无视包括他的臣民和邻国君主在内的所有人权利的冷酷雄心，这位统治了西欧领土最多、人口最多、财富最多的国家的主人，"近代出生在王位上的最能干的人"，准备参加"国王的游戏"，并使欧洲大陆再次陷入战争的阵痛之中。

四

如果说时代局势中没有什么能比一个世纪前腓力二世的宗教野心与路易十四的国家政治野心之间的对比，更清楚地阐释欧洲各民族在过去一百年所经历的变化的话，而最令人震惊则是，他们遭遇

---

① 军队中的贵族不习惯这种严格训练。——译者补

的抵抗都来自同一地区。正如一百年前英国和荷兰一起反对西班牙和天主教的霸权一样，现在英、荷两国的人民也站在一起反对法国专制君主的扩张领土野心。

实际上，在当时，这一点并不像后来那样明显，因为英国和荷兰在利益上存在分歧。当时，两国正处于长期的商业和殖民地竞争之中。尽管荷兰人仍然坚持共和制政府，但也有一个秉持君主制信念的强大派系，他们效忠于奥兰治家族。出于自身的原因，统治英国的君主和他的臣民一样也不喜欢荷兰，而且他暗地里倾向于他表弟法国国王的专制理念和天主教信仰，而不是本国人民的习俗。

此外，查理二世一直缺钱，而且在弄钱时不择手段。所以，他心甘情愿地充当法国野心的工具，随时准备行使他的权力以便让英国尽可能地保持中立，从而换取路易十四给予他的馈赠和津贴。

因此，在一段时间内，三国竞争和两个海上大国的内部局势掩盖了问题和真正的同盟关系。直到两次大战以有利于英国的方式解决了殖民地霸权问题，共同的危险和共同的利益才迫使他们联合起来抵抗法国天主教徒的扩张。直到两次革命使奥兰治亲王成为两国共同的统治者，两个民族才最终决心对抗以路易十四为代表的新政治派别的原则和实践。因此，就像上个世纪的类似时期一样，现在开启的西欧历史新篇章，荷兰又一次成为政治事务的风暴中心，而导致这一形势出现的推手则是路易十四。

在路易十四的真正目标显现之前，这位法国国王已经宣布他要在整个欧洲大陆享有霸权。他刚开始亲政，就通过他的使者们挑战西班牙在梵蒂冈和英国宫廷的优先地位，这显露了他在外交事务上的卓越才能。当他谋划获取西班牙的继承权，让自己的弟弟与查理二世的妹妹结婚,以及从英国手中购买克伦威尔征服的敦刻尔克,来提升他在西欧的地位时,人们似乎还很难认识到他的野心。

与此同时,他派军队帮助威尼斯和神圣罗马帝国皇帝抵抗土耳其人,与波罗的海诸国进行谈判,这些不亚于他对西德意志诸侯的军事备战和示好拉拢,一道见证了他深远计划的目标范围。很明显,这不仅涉及法国边界的扩展,还涉及获取全球影响力的野心。

当时,法国与荷兰的结盟以及英荷战争的爆发,的确掩盖了这些计划的最终目的。在这一掩护下,路易十四加速推进准备工作。英国人与荷兰人的第二次冲突,不仅源于商业和殖民地竞争的长期矛盾,也是出于英国国王对荷兰人的个人憎恶。荷兰人在他流亡期间对他不够礼貌,近来又用共和政体取代了世袭执政。

英国人的进攻起初有可能导致他们对手的覆亡。法国提供的少量支援,加上荷兰人自己的勇气和资源,但在一片如此分裂的土地上——就像处于共和派和奥兰治党人纷争之中的荷兰——几乎不可能抵御英国的攻击。三场海战使英国人夺得了优势。新阿姆斯特丹和苏里南被占领,荷兰的势力似乎在英军进攻之前就已经七零八落。

但荷兰人自己无法做到的,却因为英国的弱点和不幸而实现了。荷兰人的危机,在英国宫廷的管理不善和腐败下,被经常造访近代欧洲各国首都的两种最可怕的灾难——伦敦的大瘟疫和大火——大大地缓解了。英国政府耗尽了进攻资源;荷兰人对英国海岸的一场突袭加速了终战条约的签订,这是伦敦历史上第一次听到敌人的枪炮声。《布雷达和约》使荷兰人保住了苏里南和对香料贸易的垄断,英国则获得了新阿姆斯特丹——现在被命名为纽约——以纪念国王的弟弟,而作为对安提瓜、蒙特塞拉特和圣基茨部分土地的交换，法国获得了阿卡迪亚①。

因此，就在英国将统治权从新英格兰延伸到西印度群岛的同时，法国巩固了自己在北美的地位，而荷兰在这一地区的殖民势力实际上消失了。新尼德兰作为一块缓冲区被吞并了，争夺这块大陆的两个国家最终开始面对面地竞争了。

五

欧洲政治中发生的变化几乎同时凸显了这种情势。无论殖民世界的实力对比如何变化，无论英国与荷兰之间的竞争如何激烈，这些都因英荷战争结束后法国实力和野心的突然显现而黯然失色。

《布雷达和约》签订后不久，法国扩张的野心就显现出来了。路易十四以所谓的"遗产的继承"为借口，提出对西属尼德兰的主权要求。尽管这是私法原则，尽管他的妻子放弃了自己的继承权，法国国王却凭借他与西班牙公主的婚姻，自称拥有那些令人垂涎省份的统治权。他命令杜伦尼立即率军攻打那些不幸的地区。

就当时而言，他主动进攻的策略和对国际公约的蔑视似乎有可能取得成功。但是，比起他早期的胜利，他的无耻大胆更让欧洲感到震惊，其他国家开始抵抗路易十四。他贿赂他的表兄英国国王来阻止英国人民的干涉，但是徒劳无功。孔代以令人震惊的速度迅速攻占了弗朗什-孔泰，杜伦尼大军几乎挺进到荷兰边境，但这些也是徒劳的。尽管神圣罗马帝国皇帝的双手被来自四面八方的威胁所

---

① 阿卡迪亚，指北美洲的东北部，包括现魁北克和新英格兰地区。——编者注

束缚,但荷兰大议长约翰·德·维特的精明外交策略还是能够召集新教国家来帮助他抵御法国的威胁。

正当路易十四的战利品看似唾手可得的时候,新教的海上强国瑞典、英国和荷兰突然秘密地签订了一项条约,以抵御法国方面的进一步侵略,这就是著名的《三国同盟条约》。法国国王的野心就此破灭,他被迫签订了《亚琛和约》,虽然该条约给了他一些所谓的西属尼德兰的屏障要塞,但迫使他放弃了弗朗什-孔泰,同时将他对荷兰人的复仇行动推迟到了一个更为有利的时机。

正是这种情况,开创了欧洲政治的新时代。与这些武装冲突同等重要的是《三国同盟条约》的签订。该条约意义重大,不仅因为它暂时遏制了法国人的领土扩张野心,还因为它让信奉新教的国家再次结盟;更重要的是,它将作为一个永久性因素在政治事务中持续存在。虽然在法国外交手段煽动起来的不可避免之分裂的影响下,条约刚刚签订就开始瓦解,但是,它的直接影响仍然显示了欧洲事务中均势理论和实践的力量。

如果说路易十四的野心表明,一个不受促成国家间和平的道德因素之束缚的强大统治者,会对欧洲的安全和进步造成巨大威胁,那么,使他野心破灭的同盟则揭示了这样一个事实:即使是这样巨大的祸害,欧洲也已找到了一种有效的应对方法。当法国法学家和外交官在法国军队的支持下,准备了一项针对阿尔萨斯的新计划,作为他们长期以来跨越莱茵河扩展边界之努力的第一步时,在德·维特和他的合作者们树立的榜样之基础上,一个又一个联盟应运而生,直到力量均势原则在公认的国际政治规则中占据了一席之地。

因此，在欧洲看似最危险的时刻，它设计出了一种保护措施，以防止任何大国支配欧洲大陆其他国家的原则（即使不是霸权）之复兴。

六

事实上，在当时看来，即使是这种补救办法也不见得有效，而且路易十四已经很好地完成了他计划中的很大一部分。新外交穹顶的真正基石是英国，为了让它脱离自己的盟友，法国国王迅速利用了英国所处的特殊形势。

肆无忌惮的保皇党团结了当时英国的两个主要党派，即圣公会和长老会，召回了国王，它们的四处活动破坏了原先克伦威尔一派势力的松散基础。出于对教会和国王专制的复兴以及对持续无政府状态的恐惧，英国圣公会控制了新的下议院，该议院是在查理二世统治的头几个月选出的，注定是英国议会中寿命最长的一个。对立教派代表之间召开的萨伏依会议未能达成一项谅解，以确保在旧的教会体制内对较温和教派的包容，这无疑是有意为之的结果。

在首席大臣克拉伦登伯爵的主持下，议会颁布法律剥夺了除圣公会教徒以外的所有人的政治权利，到了只有按照国教仪式宣誓才能担任公职的程度。背信弃义的国王、迫害他们的议会以及同圣公会结盟希望的破灭，使得英国的持不同政见者或不信奉国教者只能依靠自己的力量。他们与获胜的敌人之间的矛盾变得不可调和，从那以后，英国人就在宗教信仰上分裂了。这两个群体之间的分裂起先是社会性的分裂，现在则是政治上的分裂，这在思想和行动领域成为不小的影响因素,远远超出了英国国内关注的地区。

尤其值得注意的是,在这种形势下,一个影响公共事务的永久性力量诞生了,它在宪制发展史上具有深远意义。在随后十五年的激烈冲突中,长老派渐渐变成了一个所谓的"乡村党",这是为了反对宫廷图谋而组织起来的派别。乡村党的成员最初主要来自于非国教信徒和较为温和的圣公会教徒,他们逐渐形成了自己的纲领,发展出了一个组织、一批追随者和一套政治原则,成为议会中纪律严明的永久性反对派。与此同时,保皇派也结成了类似的组织形式,双方日益增长的对立加深了二者之间的裂痕,从它们中间发展出了被称为辉格党和托利党的政治组织。

它们的重要性不局限于英国政治,甚至也不局限于它们对外交事务的直接影响:在外交事务中,乡村党决定了英国作为路易十四之敌的立场。它们开启了一个真正的民主政府。当议会制在接下来的一个半世纪中传遍欧洲时,正是在英国的政党中,就像在英国议会中一样,不断扩大的自治团体圈子为他们的原则和实践找到了榜样。

尽管如此,英国政治分裂的第一个结果是相当不幸的,因为在它们的对抗下,法国国王找到了一个让英国在大陆事务上无能为力的机会。为了抵消民众对法国和天主教的敌意,每当议会对法国的计划威胁太大时,他就贿赂查理二世推迟或暂停召开议会。为使议会的努力徒劳无功,他与反对派领导人密谋,支持他们集体抵制王室的政策,即反对王权在宗教事务上的至高无上地位,从而制造出了英国政府内部的僵局。

为了把人们的注意力从他的计划上移开,进一步削弱他的敌人，路易十四煽动英、荷两国像过去一样敌对。同时，他在外交上正忙于孤立他的预定目标。通过与查理二世秘密签订的《多佛条约》，以及与瑞典达成的一项并行协议，把两国都拉到法国一边，从而瓦解了三国同盟。他资助了明斯特和科隆的主教。在《三国同盟条约》签订五年后，他向荷兰派出了军队。与此同时，他的英国盟友再次向老对手派出舰队，从而最终保证了他们对海洋的控制。

七

在这次联合进攻之下，荷兰作为一个欧洲强国似乎注定灭亡。杜伦尼和孔代轻易地占领了荷兰的南部省份。英国人在索斯沃尔德湾对荷兰舰队取得了辉煌的胜利；在一场民众起义中，阿姆斯特丹的暴民袭击了约翰·德·维特和他的兄弟科内利斯，并将他们处死，使得这个国家暂时陷入群龙无首的局面。

但正是这场关系到荷兰生死存亡的危机，向欧洲世界提供了一位新的领导者。奥兰治亲王威廉三世因其家族的共和派敌人倒台而被推到了国家领导者的位置上，荷兰注定会找到一位保护者，一位能与路易十四匹敌的人。这位年轻的亲王勇敢、冷静、坚定，他在外交、政治和军事方面的天赋超越了同时代的所有人。他从小在公共事务学校长大，习惯了危险和阴谋，是那些把他的国家推向独立的杰出统帅和政治家的合适接班人。

他的勇气鼓舞了他同胞的勇气，他的军事才干甚至可以与法国将军的天才相抗衡；他的外交手腕拉来了西班牙和神圣罗马帝国一道对抗法国人的威胁。对瑞典人的恐惧和自身西部地区面临的危险使得勃兰登堡站在了威廉三世一方。与此同时，英国人对法国和天主教集团日益增长的威胁产生了防范情绪，并压倒了对荷兰人的仇恨情绪，继克拉伦登之后掌权的卡巴尔内阁被剥夺了权力，查理二世被迫与荷兰签订和约。

又一次，在关键时刻，荷兰在奥兰治家族中找到了拯救者。威廉三世精明而不惜冒险的外交手段让法国及其盟友将要直面欧洲最强大的国家同盟。

八

尽管法国和瑞典入侵勃兰登堡在初期取得了成功，迫使大选帝侯无法援助荷兰人；尽管法国海军在地中海战胜了西班牙人和荷兰人，孔代击败了威廉三世，杜伦尼蹂躏了普法尔茨；但路易十四的军队在向敌人进军时面临的困难却越来越大。大选帝侯急匆匆地回去保卫自己的领土，他在费尔贝林的胜利不仅有力地打击了瑞典人的威望，而且为普鲁士在军事上的优势传统奠定了基础。

法国人对根特的占领，无法弥补杜伦尼在普法尔茨阵亡造成的损失；路易十四试图通过贿赂英国国内各党派来使英国保持中立，但由于英国决心加入反法同盟，这些努力都归于徒劳。在盟国代表的刺激下，在他们自己意愿的驱使下，反对派领袖们加紧谋划对法战争。议会投票同意为一支陆军和一支舰队提供补给，尽管查理二世对他的表弟负有责任，而且自己也偏向法国，但他还是被迫向议会表示了屈从。

他有充分的理由抱怨下议院从他手中夺走了外交决策权，下议院使国王的特权无效，这是这场大危机中发生的重大变化。随着奥兰治的威廉与英国公主玛丽联姻，很明显，英国在参与战争的问题上将不再受限。同样显而易见的是，英国人与荷兰人之间的宿怨从此将消失在对共同敌人的仇恨之中。与此同时，当神圣罗马帝国皇帝的双手被解放出来帮助同盟国时，法国国王意识到他再也无法克服这样的困局了。

在这种情况下，求和看起来是路易十四的当务之急。在奈梅亨开始的谈判很快就达成了协议，《三国同盟条约》缔结十年之后，给欧洲人民带来的一系列毫无意义的流血事件，最终通过再次缔结和约与基于国家力量的动态平衡关系的重新调整而宣告完结。勃兰登堡被迫推迟在波罗的海实现其野心，用它在波美拉尼亚的征服换取了东弗里斯兰和一笔赔款；荷兰完整地维护了它在各个省份的领土；神圣罗马帝国皇帝为了菲利普斯堡，放弃了弗赖堡和布赖斯高；而法国和西班牙则沿着低地国家的边界瓜分了一长串屏障要塞。

这就是路易十四发动的第二次战争和外交冒险在领土方面获得的成果。但是，即使对他漫长统治的头十八年里发生在西欧的事件略加阐述，也可以清楚地看出英国、荷兰、法国和西德意志诸侯之间的关系，而这些并不是这一时期欧洲历史的全部关切。事实上，在法国军队和使者令欧洲大陆眼花缭乱并挑起半个欧洲敌对情绪的那些重要岁月里，在与路易十四的惊人功业不大相关的那些领域，大多数真正的进步成果都得到了保存和发展。尤其有两项活动，以建设性工作带来的出色成果挑战了法国国王的胜利。第一个是易北河以外列强在欧洲本土的复杂活动；第二个是欧洲人在北美的活动。

二者之中，前者与最终在《奈梅亨条约》中结束的一系列事件的关系最为密切。路易十四的统治之于法国和波旁家族，就像勃兰登堡大选帝侯腓特烈·威廉的统治之于勃兰登堡和他的家族、利奥波德一世的统治之于奥地利和哈布斯堡家族一样。法国、英国、荷

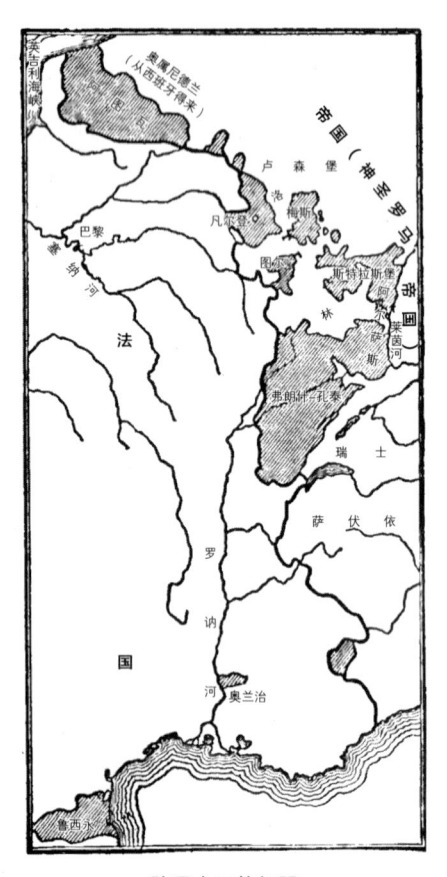

路易十四的征服

兰之间的战争之于西欧，就像同时发生的波罗的海列强、神圣罗马帝国和土耳其人之间的冲突之于东欧诸国一样。而与路易十四个人的野心相比，勃兰登堡的崛起和土耳其势力的最终溃败对欧洲大陆的命运具有更为深远的意义。

路易十四统治的时期无疑是欧洲文明发展史上一个辉煌的时代。正是他的奢侈风格刺激了法国人追求精致生活的倾向，引起了民众的仿效，振兴了法国的工业。也许有人会说，正是他的征服野心迫使他的对手做出了有利于他们最高利益的努力。

然而，尽管路易十四在自己生活的时代及身后都享有很高的声望，但这位辉煌闪耀的"太阳王"是否比勤勉无趣的普鲁士君主对欧洲大陆及各民族的真正进步做出了更大的贡献，是一个具有争议性的问题，后者通过管理而非战争，凝聚和壮大了他所继承的支离破碎的遗产。

当然，路易十四的功劳也不比奥地利大公-神圣罗马帝国皇帝更大。大公-皇帝的青春耗费在建造小教堂上面，而且他的时代被耶稣会士所主宰。然而，凭着对家族和信仰的坚定信心，他不断磨炼自己的能力，带领他的家族胜利走出了历史上的最大危机，并在英勇盟友的帮助下，击退了亚洲征服欧洲文明的最后一次尝试。无论是在戏剧性效果上，还是在能够经得住时间考验的成果上，法国在西欧的大规模冒险都比不上同一时间在遥远的波兰呈现出来的以扬·索别斯基为中心人物的大剧。

在法国争夺欧洲大陆霸主地位的那些年里，东欧的故事是由许多缠绕的线索交织而成的，而《奈梅亨条约》不只是决定了法国国王的成败，它还标志着整个欧洲大陆命运的转折点。在东西欧之间，路易十四雄心勃勃的外交在他与瑞典、勃兰登堡、波兰、神圣罗马帝国和土耳其的关系上形成了一种共同利益的联系。然而，在这份著名条约所展现出来的复杂事态中，这些不同的因素都在独立发挥着作用；而且在它们与法国计划的互动之中，欧洲政治在整体上进行了重新调整。

九

在北欧，波罗的海诸国与西欧发生的事件之间的联系又激发了它们之间的宿怨。丹麦与荷兰的联盟以及丹麦对所谓的"松德海峡通行费"的不断坚持——丹麦对波罗的海门户的控制使它能够这样收费——导致丹麦与英国发生了冲突。这一点很重要，因为新国际法最早的努力之一就是使海上贸易摆脱那种在陆地上已经消失的封建式限制。

这场斗争很大程度上是由克伦威尔挑起并解决的，他根据自己的新教和商业政策，与瑞典和丹麦达成了协议。按照协议，英国船只一度享有与荷兰船只一样的自由，但这个问题并没有得到最终解决，而是继续困扰了欧洲两个多世纪。但是，丹麦事务引人关注的关键点在于，像瑞典人一样，丹麦人厌倦了贵族和神职人员的统治，同意了《王权法》，使得国王几乎拥有绝对权力。这象征着民众对王权的普遍支持，标志着克伦威尔时代到路易十四时代的转变，似乎也预示了民众对政府影响力的下降。

这种趋势使查理二世重新登上了英国王位，不久又使奥兰治的威廉成为荷兰共和国的执政。而这一趋势在瑞典则体现得更明显，主政的贵族让自己的国家加入三国同盟。在卡尔十一世的政策诱导下，国家又被交到了他的手中；和与他同名的英国国王查理二世①一样，这位瑞典国王登上了路易十四的战车。

这一变化对卡尔十一世的雄心壮志是致命的打击，对瑞典霸权地位也几乎造成了致命打击。瑞典的陆军被勃兰登堡打败，舰队先是遭受了荷兰人的沉重打击，然后又被盟友丹麦人摧毁。这是对该国政策一个苦涩的诠释，这个在威斯特伐利亚谈判中起主导作用的国家，在三十年后的《奈梅亨条约》中只能借助法国国王不抛弃盟友的决心才得以保住了它的领土边界。

勃兰登堡的情况则截然不同，精明的、给人印象不深的大选帝侯对疆域和权力扩张的决心不亚于法国国王，并且同样成功地发挥了自己的天赋。

大选帝侯首先考虑的是建立自己的权威。通过他机敏、专断的手段，勃兰登堡私人领地的特权受到限制，普鲁士和克利夫斯的那些蠢蠢欲动的贵族也遭到压制。征税权作为主权的一种表现，在他的各个领地得以确立，其主权意义不亚于增加收入。霍亨索伦家族散乱的领地开始出现某种行政上的统一，即使并非领土上的统一。他严厉而高效的管理维持了一支与其领地范围和资源不成比例的军队；有了"国家之刺"，大选帝侯就能扮演自己的领土规模所不能赋予他的角色。

大选帝侯把精力用在整顿这些土地上，扩大了对克利夫斯-于利希遗产之中的霍亨索伦属地的统治，获取了东弗里斯兰、马格德

---

① 均为Charles，只是瑞典和英国的发音不一样，因此翻译也不同。——译者注

堡、希维博津和波美拉尼亚的部分地区。与此同时，他努力使他的臣民繁荣富足，从而增加自己的收入。他统治的每一个地区都感受到了行政长官的压力，他对修建排水系统和运河、促进农业发展、鼓励移民和发展制造业的投入程度，不亚于对外交和战争的热衷。

在欧洲，几乎没有哪个国家像这个二流国家支离破碎的领土那样，如此充分地代表了专制民族主义时代的主要趋势。随着勃兰登堡发展出一个强大的、组织良好的行政机构，经济不断繁荣发展，而且由具备军事、外交和政治能力的领导者加以统治，它在通往欧洲事务更高地位的道路上加速前进着。

腓特烈·威廉的各种活动以及希望将自己的选帝侯身份从德意志一隅带入欧洲政治舞台的雄心壮志，从其邻国在东欧和南欧的纠缠中获益良多，而其北欧和东欧对手的相对衰落对他也是利好，尤其是与勃兰登堡对立的波兰和俄罗斯。在波兰，随着扬·卡齐米日·瓦萨的退位，争夺王位的斗争反复发生，使好斗的贵族们陷入四分五裂之中。即使哥萨克大起义使那些野蛮的骑兵不再效忠于华沙，转而效忠于莫斯科时，他们依然内讧不断。

对于俄罗斯来说，在国家动荡不安的情况下，得到哥萨克的效忠是一个具有争议性的收获。它正受到裂教者的摧残，表现出一种对一切变革都充满狂热仇恨的浓厚氛围，尤其是那些正在莫斯科人中蔓延的西欧影响，是仇恨的重要对象。这些新臣民的动荡加剧了俄罗斯与波兰在哥萨克问题上的争执；与土耳其人的战争让俄罗斯获得了扎波罗热和乌克兰，在顿河、第聂伯河和里海沿岸的广阔土地上，到处都是战争和掠夺的景象。与此同时，逃离政府控制的宗教狂热分子，把他们不满的种子带到了森林和荒原上，同时他们也把俄罗斯的势力扩张到了周边这片广袤而人烟稀少的土地上。

如果波兰不是被复杂的贵族争斗弄得动荡不安，不是被它与瑞典人和土耳其人的冲突搞得筋疲力尽，沙皇很可能会为自己制造了与波兰的矛盾而懊悔不已。

十

在法国渴望控制西欧的那些年里，北欧和东欧就是这样一种情况。除了瑞典和勃兰登堡因为在路易十四的战争中采取的不同立场加重了它们日益增长的对抗外，丹麦也被卷入了英国与荷兰之间的斗争，但这些国家的斗争在西欧的冲突中没有起到决定性作用。奥地利的境况则大不相同。

如果说英国和法国之间的荷兰是这场斗争的风暴中心，那么，处于土耳其人和路易十四野心之间的神圣罗马帝国皇帝发现自己的处境同样危险。已经困扰欧洲大陆和平达五百年之久的大麻烦——奥斯曼土耳其人——环伺着他的辽阔疆域。土耳其人当时面临着他们漫长征服事业中的另一场危机，就在路易十四准备实施他对邻国的阴谋之时，几个世纪前让欧洲惊恐不已的那股力量又有了复苏的迹象。

对于基督教国家而言，幸运的是，当欧洲内部发生宗教冲突时，土耳其人无法利用这一有利时机扩大征服成果，尽管三十年战争是他们最好的机会。在苏莱曼大帝死后的八十年里，自勒班陀战败后，由于统治者的无能和军队的混乱，他们在欧洲的势力逐渐减弱。但在克伦威尔时代，他们显示出了复兴的迹象。复兴的第一个表现是他们对克里特岛的进攻,从《威斯特伐利亚和约》签订那年开始,对克里特岛的围攻持续了二十年,一直到三国同盟形成之时,克里特岛的沦陷使威尼斯失去了它在地中海东部最重要的领土。

土耳其的复兴在很大程度上要归功于一个家族。在克伦威尔结束与西班牙的战争时,一场宫廷政变让一位年迈的阿尔巴尼亚人穆罕默德·科普鲁律成为奥斯曼帝国事务的首脑——大维齐尔。在他冷酷无情的严厉统治下,土耳其人开始在他们似乎最擅长的人类活动领域——战争艺术——中恢复活力;此后四十年,在科普鲁律家族成员的领导下,他们再次威胁到东欧的和平,随之也影响到西欧事态的发展。

土耳其人攻击的矛头一如既往地落在奥地利身上,而当时的奥地利还没有准备好应对这样一场激烈的战争。利奥波德一世继承的不同领地只是通过他的个人统治而联结起来,并不能提供他所需要的帮助。

波西米亚在战争中元气大伤,在其边界上开始的长期战争所带来的灾难使波西米亚人心有余悸。仍在哈布斯堡家族统治下的匈牙利部分地区充满了不满情绪;而在其边界之外,躁动不安的特兰西瓦尼亚公国——其控制权仍有争议——只不过是土耳其宫廷的属地。当布达佩斯作为土耳其势力的前哨威胁到神圣罗马帝国的东部和南部边境时,瑞典原有的敌意现在因法国的崛起而得到强化,这威胁到了皇帝在帝国西部和北部的权威。

在寻求援助的过程中,利奥波德一世发现了对付土耳其的两个天然盟友——俄罗斯和波兰——正深陷于相互对抗和内部的困境之中。他向帝国诸侯发出呼吁,但应者寥寥。而他最终不得不求助的路易十四，则表示愿意慷慨援助，这也使后者在欧洲东部地区获得了一定的影响力。饱受折磨的皇帝从路易十四那里获得了一支法国军队。得到增援的帝国统帅蒙特库科利在拉布河占据了一块防御阵地，并在那里进行了一场战役。几乎就在同一时间，作为新的英荷战争的序幕，英国舰队占领了新阿姆斯特丹——这是近代具有决定性意义的战役之一。

土耳其人无法占领奥地利的阵地，他们先是被击退，后在圣戈特哈德战役中几乎全军覆没。自一个世纪前被奥地利的唐·胡安在勒班陀摧毁海军以来，土耳其人还没有经历过如此重大的失败。结果，他们被迫签订了二十年的休战协定。由此，神圣罗马帝国获得了喘息的机会。

尽管圣戈特哈德战役的失败对沿着多瑙河前进的土耳其人来说是灾难性的，但他们仍然具有很强的威胁性。虽然他们对奥地利的进攻失败了，被迫与利奥波德一世分享特兰西瓦尼亚的宗主权；虽然他们对匈牙利的控制动摇了，但他们的侵略还远未结束。在《三国同盟条约》缔结的那一年（1669），尽管路易十四向保卫克里特首都的勇士提供了援助，土耳其人还是征服了克里特岛。四年后，英国和法国联合进攻荷兰的时候，土耳其人和哥萨克人袭击了波兰。

十一

奇怪的是，在这两起同时发生但又千差万别的冲突中，事情的发展路径却出奇的相似。每一个被攻击的国家都被那些渴望控制其命运的派系撕裂了；每一个被攻击的国家都似乎要在敌人的进攻和内部的背叛之下覆灭；每一个被攻击的国家都在命运遭遇重大危机时刻找到了救星。正如威廉三世过人的勇气和精明的外交手段拯救了荷兰一样，扬·索别斯基的军事才能也保护了波兰。

在奥兰治亲王威廉三世召集第二次同盟军队来对付他强大的敌人时，波兰军队在扬·索别斯基的率领下于霍奇姆击退了土耳其人的大规模进攻。正如威廉三世取代了德·维特，这位新的波兰国王——一度是法国国王的资助对象——也被推到了那个朝不保夕的宝座之上，他曾密谋推翻它的前任主人。这还不是他对波兰和欧洲的全部贡献。在接下来的一年里，当瑞典人在费尔贝林被打败，杜伦尼的死亡结束了他对普法尔茨的征服时，扬·索别斯基在伦贝格的胜利使波兰摆脱了哥萨克人和土耳其人的威胁。

这一系列事件必然会对欧洲产生影响。如果奥地利能在这些年里将它全部的力量用于保卫德意志，路易十四的事业可能会迎来不同的局面。当神圣罗马帝国皇帝从土耳其人的威胁中解脱出来，派遣胜利的蒙特库科利去迎战杜伦尼，并与威廉三世及其盟友合作时，这一点立刻就变得非常明显了。这位帝国将军在莱茵河上的运气跟在多瑙河上一样好，他的大炮使路易十四失去了杜伦尼的襄助；他的能力诱使法国人离开了德意志；就像他从土耳其人手中拯救了帝国的东部一样，又从法国手中拯救了帝国的西部。

土耳其的失败和蒙特库科利的胜利，加上威廉三世建立大同盟的活动，以及英国的敌对威胁，实在不是法国的实力所能够承受的。路易十四的外交官们为避免失败而四处努力，但都徒劳无功。扬·索别斯基坐稳了波兰的王座，他已成为奥地利的坚定盟友。而且，并非所有来自法国的挑拨都能促使土耳其人破坏休战协定而再次攻击波兰人和帝国的拥护者。

匈牙利人仍然在武力反抗神圣罗马帝国，他们的领导者特克伊以一枚刻有"路易十四，高卢人之王，匈牙利的保护者"的勋章彰显自己的领导地位。但他们的实力太弱，而且将法国人、瑞典人、土耳其人和匈牙利叛军联合起来对抗欧洲其他国家的反常政策，在一个针对欧洲和平的敌人而形成的同盟面前失败了——这个同盟囊括了从西欧的英国议会反对派到东欧的一个复兴帝国的各种力量。《奈梅亨条约》的各种要素就这样交织在一起，在此基础上，又一次将企图把欧洲置于单一力量主导之下的努力摧毁。

第二十六章
海外欧洲

1660—1678

一

随着《奈梅亨条约》的签订,路易十四的权力达到了顶峰,虽然他的野心和威望还没有达到。十五年来,他的军队和外交官们为了扩大法国的疆界,一直在破坏欧洲的和平。无论他付出鲜血和财富换来的领地多么微不足道,但都需要半个欧洲大陆的努力才能遏制他的侵略,因此,他成了欧洲世界最显赫的人物。然而,他对名望和权力的欲望与日俱增,并渴望获得新的胜利。同时,法国也被他的扩张精神所感染,充斥着好战的民族主义情绪,威胁着欧洲大陆的安宁。

路易十四几乎没有受到曾经激励古斯塔夫和克伦威尔的宗教热情之影响,对在荷兰和英国表现出来的理性和政治自由精神也无动于衷。除了他对民族主义原则的认同,到目前为止,他在欧洲世界还只是一股破坏性的反动力量。军事上的荣耀和外交上的卓越，耀眼宫廷的光芒，以及为他的统治增添光彩的慧颖天资之迸发，都不能掩盖他取得的每一次胜利给欧洲进步所带来的巨大危害。

因为他个人活动和野心的真正价值，在于它们所引起的反对，而这种反对又使他的野心变得不可能实现。《奈梅亨条约》不仅划定了法国国王野心的极限，也标志着欧洲大陆命运的转折，其重要性仅次于《威斯特伐利亚和约》。

从路易十四所在的高处来看，如果他的视野足够开阔，就会意识到，尽管他的所作所为带来了显而易见的荣耀，但过度膨胀的野心已经把他和他的国家引入歧途。事实上，路易十四的王权是专制权力、欧洲霸权等旧传统的巅峰，是当时人们所理解的王权之神化。在他身上，这种流派的思想和治理实践都达到了顶峰。

但就在他意气风发的那些日子里，欧洲的未来正转向大相径庭的领域和迥然不同的人手中。未来进步方向的确定，不是在莱茵兰①和低地国家的狭小舞台上，也不是在君主私有且不负责任的主权的扩张中，更不是在对欧洲大陆的主宰中。就在君权神授思想取得明显胜利的时刻，它也将迎来致命的打击。就在王权对欧洲命运主宰的挑战达到顶峰之时，诞生了均势制衡的理念，这使欧洲任何单一国家都不可能持续保持其霸权地位。

因此，虽然战争和外交对路易十四以及大多数人来说似乎是人类的主要事务，但商业和殖民的力量正在改变他视野以外地区的权力基础，从而重塑了政府和社会的基础。

---

① 莱茵兰，德意志莱茵河沿岸地区之通称。——编者注

二

这并不是说法国没有比太阳王更清楚地认识到真相的人。当路易十四和他的臣民们忙于争夺低地国家的时候,在远离他英明宫廷的地方,在远离法国本土的地方,一些更卑微的法国人正在为一个更大的帝国奠定基础,这个帝国比路易十四所有的欧洲征服得到的收获更大,而他们所服务的统治者却几乎没有注意到他们。

在路易十四派军进攻荷兰的那些年里,法国人第一次见识到了北美广袤的内陆,他们渴望在那里建立一个更广阔的新法兰西[①]。当他们的主人为了令人垂涎的几英里海岸而争斗时,当他东欧的同侪击退了土耳其军队时,这些法国冒险者们则掀开了欧洲历史的新篇章。

法国这一时期的殖民扩张主要归功于财政大臣柯尔贝尔的努力。在他的手中,法国的商业和殖民力量迅猛爆发。法国在商业和殖民上所获得的成功,主要归功于他。

这位新大臣代表了他那个时代的变革性力量,他从一个布商学徒到马萨林的下属,并被马萨林在临终时举荐给了路易十四。柯尔贝尔很早就通过重组财政展示了自己的能力。在克伦威尔统治期间,财政状况是导致法国衰落的一个重要原因,而财政改革的成功则是路易十四成功的一个重要原因。

[①] 新法兰西,法国位于北美洲的殖民地。地域包括圣劳伦斯湾沿海地区、纽芬兰、阿卡迪亚,后来扩张到大湖地区的大部分以及阿巴拉契亚山以西的部分地区。——编者注

柯尔贝尔成立了一个财政委员会和一个税收法庭，惩罚不诚实的农民，并专断地削减了公共债务。他实际上建立了第一个现代意义上的关税制度。在二十年的时间里，他使法国的财政收入大大地增加，同时更大幅度地降低了税收成本，从而证明了自己是现代欧洲公共财政领域的第一位大师。

柯尔贝尔的改革不仅仅局限于税收管理。他鼓励商业，建立了大量的手工工场，尤其是蕾丝边制造工场和丝织工场，从而开发法国的资源。他修建道路，并辅之以朗格多克运河，完善了水路交通网，这不仅让法国的内部交通得以完善，还为法国提供了一条从大西洋到地中海的内河航道。就这样，他满足了法国工业的首要需求。

在被任命为海军大臣后，柯尔贝尔建立了一支海军，并通过为海军和殖民地制定专门的法典来完善民法。他不仅是商业的保护人，也是学术和艺术、科学和文学的保护人。他建立了科学院、雕刻学院和建筑学院，从而使法国走上了更广泛和更持久的成功之路。

最后，"他因为有头脑却没有门第，遭到了那些有门第却没有头脑的人的迫害"；因为增加税收，他遭到了民众的唾骂，而享受到增税所带来的福祉的那些人却对他的贡献视而不见。

作为现代欧洲的奠基人之一，柯尔贝尔推动了许多重要的事件，其中最重要的是，他在武装冲突中重建了法兰西的殖民帝国。如果法国想要在大洋彼岸发挥作用，现在是时候出手了。在路易十四统治的第一年，控制圣劳伦斯河以南和北美五大湖最东边两个地区的易洛魁部落，几乎消灭了新法兰西稀疏的人口，切断了他们通往西部及毛皮财富的道路。

法国政府对幸存者绝望的呼吁做出了慷慨的回应。旧的百人股东公司曾经拥有黎塞留赋予它的殖民地管理权，现在被国王收了回去。法国成立了一个政务会议，并任命了总督和行政长官；500名殖民者被派往那里，并由国家承担他们一年的开支。新法兰西成了法国的一个省份。法国派出军队保护它，沿着黎塞留河修建了堡垒，易洛魁人被彻底击败，不再对法国殖民地的边境和毛皮商构成威胁。这一任务完成后，一部分士兵作为定居者留下驻防；更多的移民到达这里，其中包括几船年轻的女性；对婚姻的重视为健全的殖民社会奠定了基础。在路易十四统治的第一个十年里，作为法国王权的特殊产物，新法兰西得以复兴和巩固，在欧洲殖民地中占据了一席之地。

三

从那里开始，三个群体几乎同时开启了法国殖民势力向西和向北进入荒野的扩张。随着殖民扩张冲动从葡萄牙和西班牙传递到其他国家，随着英国和荷兰的商人及宗教避难者开辟了贸易和移民的道路，法国的士兵、神父和毛皮商为争夺这个新帝国的统治权而相互竞争。

法国殖民帝国的建立要归功于神父和毛皮商。少数探险者克服重重困难，为法国的殖民扩张打开了通往北美内陆的大门。耶稣会及其追随者对法国势力在美洲壮大的贡献超过其他任何一股力量。

拉迪森和格罗塞耶曾追随过尼科莱的脚步，现在，随着易洛魁人威胁的解除，探险者乔利埃特被派遣沿着他们的足迹寻找苏必利尔湖附近的铜矿，而关于苏必利尔湖的传言已经传到了魁北克。在寻找财富的努力失败后，他遇到了由勒内-罗贝尔·卡弗利耶·德·拉萨勒率领的一群人。拉萨勒在稣尔比斯会传教士的陪同下，刚刚发现了一个巨大的峡谷，五大湖的水通过这个峡谷流入大海，形成了尼亚加拉瀑布。这标志着他进入了探险领域。

随后传教士与拉萨勒分开了，重新踏上乔利埃特行走过的路线，以延续他们的前辈在遥远的格林湾沿岸开启的传教工作，而拉萨勒则找到了通往阿勒格尼山脉的道路。之后，他来到了阿勒格尼山脉西坡的一条河的河畔，欧洲人第一次发现这条河，他们称它为俄亥俄河。

在这次重要的旅行结束后，这位探险者又带领一支探险队沿着西北方向到达了麦基诺岛，从那里穿过密歇根湖和伊利诺伊湖。在大湖附近，他建立了克雷夫科尔堡，并派他的一些追随者继续前进，穿过广阔的大草原，一直到达"河流之父"[①]，人们认为这条河不是流向南部海湾就是流向太平洋。就这样，通往大陆中心的道路呈现在人们眼前。

在拉萨勒抵达目的地之前，新法兰西就感受到了一种新的冲动。精力充沛的总督塔隆曾赞助了一系列的初步探险，现在，弗隆特纳克伯爵接替了这位总督。新总督派遣乔利埃特去寻找一条通往那条大河的路，这条河流现在成了法国殖民扩张的目标。在麦基诺岛，一名耶稣会传教士加入乔利埃特的事业，两人找到了去往格林湾的路，从那里沿着福克斯河到达温尼伯湖，然后又沿着湖岸到达了威斯康星。

---

① 密西西比河。——译者注

在欧洲东部边缘,扬·索别斯基正率领他的军队抵抗土耳其人,而在西欧,威廉三世正集结支持他的欧洲大陆君主们的军队,以遏制路易十四的侵略。与此同时,两位法国冒险者到达了密西西比河,揭开了北美心脏地带的秘密,并扩大了他们的主人与敌人斗争的范围,这在不久的将来就会得到证明。

此后,随着欧洲大陆混战的继续,新法兰西的力量转向巩固进入这片广袤内陆的道路。在弗隆特纳克的指导下,当局的首要任务是用军队控制进入西部的路线。弗隆特纳克的才能使他在德意志和意大利的战争中赢得了声誉,并获得了拿骚的莫里斯的青睐。弗隆特纳克堡附近的一处领地被授予他的副手拉萨勒,后者从王室那里获得了一项特许权,并计划在商业上征服这个内陆帝国。

在拉萨勒的朋友兼追随者意大利军官汤蒂和一个名叫亨内平的方济各会改革派托钵修士的陪同下,这位冒险者在尼亚加拉建立了一个据点,并在《奈梅亨条约》签订的时候,筹备了一次远征,企图将俄亥俄和密西西比河谷置于法国的控制之下。这个计划如果成功实施,将会给他的祖国带来一份产业,而那远比它在本土血迹斑斑之边界的收获更辉煌和更有价值。如果得到适当的支持,这将使它能够先于英国沿海的殖民者越过阿勒格尼山脉进入内陆地区,并使法国称霸北美。

即使在法国本土,也有人看到了这一前景。如果说拉萨勒和弗隆特纳克的野心把法国带到了辉煌事业的入口,那么,那位鼓励和支持他们的大臣的视野则更为宽广。就在探险者们将北美大陆腹地置于法国势力的影响之下时,柯尔贝尔开始了影响深远的殖民和商业计划,甚至新法兰西开拓者的功绩也只是其中的一部分。

从加拿大的重组开始，他试图追赶英国与荷兰贸易公司赢得的成就。原有的北方或波罗的海公司和黎凡特公司得到新的动力去开展活动，而且得到了一家非洲公司的加持，该公司的特权基于一项与阿尔及尔达成的条约。名存实亡的塞内加尔协会把它的一些特权让给了法国西印度公司，变成了一个新的机构；在东方进行贸易的社团则被整合成法国东印度公司。在柯尔贝尔的支持下，法国东印度公司进入波斯地区并与马达加斯加建立了联系。与此同时，从加拿大到圣克里斯托夫西部的各种利益团体都被合并到了法国西印度公司。

有了这样的准备，以及一支保护商业的海军力量，这种新公司的改组有望使商业活动涌入新法兰西。柯尔贝尔计划挑战英、荷的殖民和商业垄断局面。

但是，这些将大西洋沿岸的法国势力从魁北克带到好望角，并将其影响力延伸到近东和远东的雄心勃勃的计划，注定是短命的。时代的倾向、柯尔贝尔所服务君主的野心，尤其是法国人民的民族精神，都与那些为英国和荷兰带来财富和帝国影响力的手段不匹配。像西班牙和葡萄牙一样，法国通过不同的方式达到了目的。

经过几年不成功的试验，殖民地终于与法兰西王国联合起来。柯尔贝尔和他副手们的努力并没有完全白费。法国商人和传教士的探险不只扩大了法国人知识和势力的范围，还将大量毛皮输入了它的市场。更重要的是，从法国的统治者的立场来看，他们对印第安部落的影响力越来越大，这为法国提供了盟友，使它能够在3/4个世纪里保持对北美腹地的权利，否则这一地位很快就变得难以维持。海运的发展增强了国王的好战之心，并形成了一支十几年后甚至能够挑战英国海上霸权的海军。

柯尔贝尔为法属西印度群岛制糖业所做努力带来的力量，不只是从这个地方获得了越来越多令人垂涎的殖民地产品。在一个世纪内，这股推动力使这些岛屿按其面积比例计算成为世界上最有价值的殖民地。

四

这就是法国在它的主人为主宰欧洲大陆而奋斗的那些年里，对欧洲向海外扩张所做的贡献。但是，在这一重要时期，尽管法国的能量很大，但它并没有承担欧洲在这一领域的所有重任。事实上，西班牙和葡萄牙已经被驱逐出欧洲征服进程的领导者名单，英国与荷兰取而代之。尽管这也在路易十四的计划之中，尽管这在当时法国人的发现面前黯然失色，但仍然是不可忽视的。

实际上，英、荷两国的事务正处于一个转折时期。两国在此时面临的国内危机不亚于其作为世界大国所面临的命运危机。**如果路易十四代表的是在政治和宗教霸权斗争中取得成功的民族国家君主制的精神，英、荷两国则代表了殖民-商业统治的精神，这是17世纪晚期政治中的第二大要素。**

在这场斗争中，克伦威尔已经做出了决定性的一击，并为经济战争奠定了基础，经济战争先于、引发并伴随着武力的诉求。查理二世即位时对《航海条例》的重申让世界知道，英国并没有放弃克伦威尔的殖民地商业独占政策。随之而来的一系列类似措施，立刻使英国人致力于那些保护贸易的原则，这些原则具体化为所谓的重商主义，也使得他们一再与荷兰人发生冲突。

与这种严厉的贸易保护政策相反，尽管荷兰有能力在海上进行公平的竞争，但人们很难期望这个较小的国家能坚持下去，因为它同时被英、法两国的攻击所削弱。查理二世统治的前十五年是英国取代荷兰商业和殖民优势地位的时期。值得一提的是，第二次和第三次英荷战争，同第一次一样——或许在更大程度上，并非起源于欧洲内部，而是起源于欧洲外部。英、荷每一次战争爆发前，它们的海军都会在非洲或美洲海岸交战。战争最重要的战利品——新阿姆斯特丹或纽约，实际上在欧洲海域爆发战争之前就被英国人占领了。可见，欧洲以外的世界对欧洲内部政治进程之影响是如此之早、如此之大。

然而，以荷兰的勇气和资源几乎无法做到的事情，却再次因为它主要敌人的不幸而完成了。长期占据英国人头脑的对克伦威尔派的恐惧，让位于更大的对法国和天主教统治的恐惧。部分英国天主教徒不明智的行动加强了因法国人进军荷兰所引起的恐慌。

在这些冲突发生之前，英、荷两国经济上的竞争实际上已经减弱了。国内日益增长的反对力量迫使英国与荷兰和平共处，并迫使不情愿的英国国王将玛丽公主嫁给了威廉三世。历史上最著名的暴力煽动，即"天主教阴谋"，使得英国疯狂打击天主教徒。在奈梅亨聚拢的许多线索之中，最重要的是英、荷关系的缓和，这结束了两国间的长期斗争，并注定成为欧洲历史的转折点。

因此，随着英国新教徒分裂成对立的阵营，以及随之而来的议会政府政党制度的演变，以及下议院在财政和外交事务中的权力不断增长，不仅在英国，而且在欧洲事务中也掀起了一场革命，这场革命后来扩展到了整个政治世界。

海洋国家间这种影响深远的关系和制度的建立,让它们所参与的一系列战争和条约也变得相对无足轻重。这一时期对世界均势的影响同样值得注意,这种均势取决于它们各自的实力。荷兰的衰落和英国的崛起,很大程度上与两国间的战争无关,在某种程度上,甚至和它们与其他大陆强国的关系也不太相关。

五

荷兰人的不幸并没有给局势带来多大的改变,除了新阿姆斯特丹的转手——与东部贸易的利润相比,它本身不是一个很大的收入来源,荷兰几乎没有遭受任何领土上的损失。荷兰的主要财富来源没有受到严重损害;而普拉隆的失而复得,它对非洲港口控制的加强,以及对它垄断远东和香料群岛贸易之事实的承认——这在与英国签订的最后一份和约中得到了确认——似乎只会让荷兰更加安全了。

然而,与其主要对手相比,荷兰在道德和经济两个方面都遭遇了绝对的衰退。除了苏里南的狭长地带和散落在西印度群岛的属地,从荷兰被逐出巴西开始到它与英国的冲突结束为止的一系列挫败,见证了它逐渐丧失西半球霸权的过程。与此同时,英国人通过进一步控制从佛罗里达到阿卡迪亚的北美海岸而成为该地区的主导性势力。

这还不是全部。伯南布哥和新阿姆斯特丹的损失对荷兰西印度公司是一个致命打击,尽管前者的屈服让公司得到了800万弗罗林的补偿金，而且它在巴西的贸易特权继续存在着。荷兰西印度公司被迫将其利益转让给苏里南公司——它在五十年里赢得和失去了一个帝国，并在很大程度上为祖国的独立做出了贡献，但自己已不复存在。

几乎在同一时间，一名中国人①将荷兰人驱逐出台湾岛，使他们在中国沿海不再有任何港口。虽然他们在长崎的据点还在，但日本基督徒的暴动在被镇压之前动摇了日本的王权，这削弱了荷兰人在这个岛屿国家的地位，同时他们也失去了美洲的主要据点。

虽然帝国的两个端点被砍掉，但荷兰人对剩余部分的控制却更加稳固。"印度的前沿要塞"——好望角——得到了加强和巩固。葡萄牙人被逐出锡兰②，他们失去了对锡兰贸易的绝对垄断权；而且，当荷兰人还在与英国人争夺爪哇的统治权和苏门答腊的贸易时，敌对势力之间实质上的分裂已经开始了，最终以荷兰获得在香料群岛的霸权和英国向印度半岛挺进而告终。

在巴达维亚政府③的管辖下，有八个地区的总督——安波那、班达、特尔纳特、马卡萨、锡兰、马六甲、爪哇和好望角——在孟加拉、科罗曼德海岸、暹罗、苏拉特和阿巴斯港都设有据点，构成了荷兰东印度公司广阔而利润丰厚的领地。于是，荷兰人缩小了活动范围，通过掌权家族与国家利益的相互妥协及配合，缓解了英国竞争带来的压力。**荷兰人放弃了对权力的追求，而将精力投到获取**

---

① 指郑成功。——编者注
② 锡兰，今斯里兰卡。——编者注
③ 巴达维亚政府，指荷兰殖民者在印度尼西亚设立的以荷兰别名巴达维亚命名的殖民政府。——编者注

经济利益的活动之中。

从那时起，荷兰人的活动就局限于对剩下的财产进行集约化经营，并且由于利益，他们不可避免地加入了英国一方，他们不再是欧洲政治的主导性力量。**富裕、懒惰、安全的荷兰，从此变成了一个无足轻重的国家。**

六

与此同时，英国在世界上的地位大大提高。尽管它的君主长期以来被金链子拴在法国国王的战车上，克伦威尔在欧洲大陆激起的恐惧心理已经让位于查理二世统治所招来的蔑视之情，但复辟时代仍是英国历史上的一个重要时期。正如国王的挥霍无度增加了议会的权力，英国的对手（法国）对欧洲战争的专注也给了它在更广阔的领域进行扩张的机会。

结果，无论英国在外交事务上蒙受怎样的羞辱，它的殖民和商业利益都得到了蓬勃发展，无论它在欧洲邻居的眼中是多么可鄙，它在海外却扮演着大不相同的角色。正如伊丽莎白统治时期是朝臣-私掠者的时代，查理二世统治时期则是朝臣-律师的时代。

英国在复辟时期的外交事务中获得真正重要性，其所依赖的活动，在很大程度上是由在殖民地和议会事务中激励清教徒政权的相同因素所推动的。随着《航海条例》的颁布，这些领域出现的一系列活动彻底改变了整个殖民体系。

最直接的结果出现在印度。查理二世的首批行动之一就是向东印度公司颁发新的特许状。这一因素，再加上他娶了葡萄牙公主布拉干萨的凯瑟琳——她嫁妆的一部分是丹吉尔[1]和孟买——给英国的事业带来了新的动力和方向。事实上,丹吉尔让那些将其视为地中海之钥的人失望了,二十年后,它被遗弃了;但孟买注定要成为大英帝国在印度的堡垒。

有特许状,东印度公司的组织现在包括了由占碑、马卡萨和东部群岛的较小据点组成的万丹,马德拉斯(或圣乔治堡)及其以苏拉特为首的属地,以及将波斯湾的贸易与阿巴斯港的荷兰据点和霍尔木兹港的葡萄牙据点分隔开的甘布龙。到目前为止,东印度公司的领地虽然还不能与荷兰广阔的贸易帝国相提并论,但它已然变得稳固,而且有利可图。

孟买的码头和船坞很快为日益增长的商业提供了便利,从这个新的据点出发,英国人努力将他们的业务通过暹罗、东京[2]、中国台湾和中国内陆扩展到日本,而他们的对手荷兰人则正在被赶出日本。这并不是英国与葡萄牙联姻和它在亚洲商业发展的唯一结果。在东印度公司重新获得特许状的艰难时刻,一群以各种形式长期争取几内亚贸易控制权的利益集团和个人被重组为皇家冒险者公司,或更广为人知的皇家非洲公司。它由国王的兄弟领导,而国王本人是股东。

与荷兰的长期矛盾产生了许多导致战争的强烈敌意,尽管皇家非洲公司在自己应负很大责任的第二次战争中元气大伤,但它又一

---

[1] 丹吉尔,今摩洛哥北部一座古城。这里东进地中海,西出大西洋,处于世界交通的十字路口。——编者注
[2] 东京,指现在的越南北部地区。——编者注

次重组了，国王的堂兄鲁珀特亲王也担任了董事。荷兰势力的衰落使它得以在黄金海岸建立代理行，并将英国的影响力扩展到了几内亚全境。在那里，它很快就在非法交易方面追上了葡萄牙人，使那里得了"奴隶海岸"这样一个尴尬的名字，而以黄金铸币之名将之称为所谓的"几尼"（Guinea[①]）——以贵黄金的新来源为之命名——更突显了英国人对它日益增长的兴趣。

尽管这些变化很重要，但同一时期的另外两种情况则具有更直接和同样重要的意义。第一个是英国势力在美洲的发展。与荷兰人的战争不仅让英国控制了位于法国和西班牙殖民地之间的大西洋海岸，还把新阿姆斯特丹的大海港握到了手中，并将其命名为纽约。的确，在遥远的美洲北部，英国暂时放弃了控制圣劳伦斯河河口的努力。但在遥远的北美南部，从弗吉尼亚到巴巴多斯，移民几乎同时进入弗吉尼亚和佛罗里达之间的地区，该地区被授予特许状，整合成了卡罗来纳，为不断扩大的大英美洲帝国增加了一块皇家领地。

更重要的是同一时间英国势力在北极地区的发展。探险者拉迪森首先把大西北地区丰富的毛皮场报知了他的同胞们，但受到了他们的怀疑。现在，他到波士顿寻求资助，因此被引荐到了英国宫廷。宫廷的冒险者们和伦敦的冒险者们把注意力转向了这个五十年前由哈德逊发现并命名的地区。

第一次英荷战争刚刚结束，一艘皇家船只就被派往那里，寻找与法国毛皮贸易竞争的方法。他们在一条名叫鲁珀特河的小河河口

[①] Guinea一词既是英国货币单位"几尼"，又是"几内亚"。——编者注

处建立了查尔斯堡,这是英国人与当地人进行易货交易的开端,他们交易的目的是换取北方森林中令人垂涎的珍品。其他船只也开始效仿,在三年内,鲁珀特亲王和他的伙伴们被授予了"经营哈德逊湾贸易的总督和冒险者公司"的特许状。在这样的支持下,就在法国人通过占领北美大陆中央河谷,从西部包抄英国人的同时,英国人反过来又在背后占领了法国殖民地,建立了大西北帝国。

七

与此同时,另外一系列事件对英国的美洲殖民帝国产生了深远的影响。这就是英国早期殖民地的状况。对于这些英国殖民者来说,幸运的是,除了早些年间,他们没有遇到过西班牙人、葡萄牙人,甚至法国人所遇到过的那种土著人的激烈抵抗。

弗吉尼亚确实一度处境艰难,但除了法国人和印第安人的入侵,新英格兰地区异常平静。那里的印第安部落即使与易洛魁人相比也是人口稀少且力量薄弱的;与阿兹特克人和印加人相比,更不用说与印度和东方诸国相比,他们不足挂齿。结果,到目前为止,新英格兰殖民者经历过的唯一一场值得称之为战争的冲突——土著酋长"菲利普王"的叛乱——被夸大到超出其真正重要性的程度,为之消耗的墨水几乎和鲜血一样多。

事实上,言论自由很早就成为殖民地的一个重要特征。由于摆脱了本国政府的直接干涉,殖民者们可以更自由地表达自己的想法;同时,由于拥有独特而无限的机会,他们感到自己的重要性超过了他们的实际人数和财富规模。这种感情因拓殖者的独立性而得到加强，并因逃避法国征服和德意志天主教迫害的移民不断增多而进一步强化。

因此，英国北美殖民地在应对土著人攻击时所缺乏的东西，在与宗主国当局的敌对中得到了弥补，这既是对殖民地起源的回忆，也是对其未来的预言。现在出现的冲突，更直接的原因是宗主国国内政治的发展。可以预料，在英国革命爆发二十年之后的君主制复辟不仅会带来国内政治的重组，还会带来殖民地事务的重组。国王除了在整个帝国恢复王权，还要奖赏他的宠臣，这或许是很自然的；同样自然的是，习惯了高度自治的殖民地居民会抵制任何剥夺他们权利的企图。

因此，从这些因素中产生了体现这一时期英国扩张特点的第三组事件。《航海条例》的范围扩大到包括英国和它的殖民地之间运输的所有货物，同时殖民地进行了行政重组。

在弗吉尼亚，以旧的皇家总督伯克利的名义重建了王室的权威，随之而来的是专有权规章的恢复，这一皇家属地的免役税和充公财产被授予了卡尔佩珀勋爵和阿灵顿勋爵。与此同时，康涅狄格和纽黑文根据新的特许状进行了合并，罗得岛和普罗维登斯也合二为一；而巴尔的摩勋爵则获准拥有马里兰的所有权。马萨诸塞在努力确保控制缅因峡谷遗产的同时，也修改了自己的特许状。克伦威尔的战利品——牙买加——由一名有权召集和设立议会的总督接管。新阿姆斯特丹被征服后，被转交给了约克公爵，而约克公爵又把哈德逊河和特拉华河之间的邻近地区授予了他的追随者伯克利和卡特里特。巴哈马群岛被授予卡罗来纳的业主。

所有这一切，加上向大臣克拉伦登及其同僚们授予卡罗来纳，以及在复辟之后十多年里按照政治哲学家约翰·洛克起草的《卡罗来纳宪法》的条款所做的组织工作，使整个北美的政治体制建立在了一个新的基础之上。

对北美殖民地的行政重组还远不止这些，然而这在殖民地居民中激起了最强烈的敌意。马萨诸塞和康涅狄格用一种接近于革命的暴力行动抗议新安排，后者以武力反对纽约总督安德罗斯将其管辖范围扩大到东部的努力。在弗吉尼亚，对专有权规章的抵制迫使国王将其改为烟草税。

更糟糕的还在后面。专横总督的印第安政策重新挑起了传统"潮水地区"①保守的贵族集团与渴望迅速扩张的边疆居民之间长期存在的对立，殖民地居民发动了反叛（1676）。这场反叛摧毁了詹姆斯敦，只是因为其领袖培根的死亡，反叛才告结束。

显而易见，除非英国政府准备以武力镇压反抗，否则对宠臣的赠予政策，甚至是合乎情理的殖民地合并与重组计划，都不得不放弃。

在这种情况下，英国政府采取了其他措施。特派员被派往缅因和新罕布什尔，维护王室的权利，执行《航海条例》，调查法庭、殖民者与印第安部落的关系。面对持续的动乱，英国政府不久又采取了进一步的措施，那就是中央权力机构的重组。长期以来由皇家委员会管理的殖民地事务，现在与对外贸易事务合并，由沙夫茨伯里伯爵负责。沙夫茨伯里伯爵同时代表了非国教者、反对派和政治中的商业力量，成立了一个以他本人为首的贸易和种植园委员会。

---

① 潮水地区是指弗吉尼亚与北卡罗来纳、南卡罗来纳、佐治亚的东部地区。——编者注

实际上，这种安排是暂时的。尽管有各种缺点，这位政治人物最好地体现了英国即将崛起的那个时代的两个主要原则——议会的至高无上和政党政治，以及全球范围内的商业政策——但他很快失去了那一职位，即使并非在权力方面失势。

沙夫茨伯里组建的辉格党是为了对抗从宫廷发展而来的托利党，但在他的有生之年，辉格党并没有获得对政府的控制权。不过，在六年的时间里，当那场让斯图亚特家族失去王位的革命使威廉三世成为英国国王后，辉格党成了主要的受益者，而它也正是这一变革的主要推动者。辉格党人将从克伦威尔派那里继承的商业政策，掌握在自己手中，使其成为世界政治中的一个重要因素。

这样，事后证实对斯图亚特王朝造成了巨大灾难的重组政策终于结出了果实，旨在重塑帝国的各种手段也最终得以完善。

八

这就是从路易十四亲政到《奈梅亨条约》签订的十八年里，欧洲世界发展的主要轨迹。如果说这一主要发展轨迹是政治性的而非文化性的，如果说武力冲突和外交官们的谈判在这个时期的故事中占据了更大的比例，那或许不是因为这一主要轨迹的意义更为重大，而是因为它具有不同的特点。

欧洲战争的海外起因第一次得到公开承认。商业和殖民地直截了当地成了战利品、条约的主题和政治家们关心的主要问题。因此，从某种角度上说，**战争成了经济的仆人，就像它早先是宗教的仆人，当时和以后是王权和民族国家的仆人一样**。法国的挺进、土耳其人被击退以及荷属北美转移到英国人手中是欧洲战争的主要结果。

然而,即使是这些进展,在重要性上也要让位于英国政党政府的发展、北美腹地的殖民扩张以及将世界划分为欧洲势力范围等事件。因为在欧洲不断扩张的无数活动中,那些与战争、外交或政府、商业或殖民地无关的活动,把欧洲诸国竞争的能力和影响提高到了新的水平。尽管路易十四在那些仍然保持着其荣耀地位之领域的活动很重要,但君主的特权、人民的进步以及对手的进步也同样重要,这使文明的基础比他在战争和外交上的所有胜利都更稳固。

九

正是艺术的进步,而不是武器的碰撞,使路易十四的时代即使不那么值得纪念,也比法国与邻国之间关于边界领土的斗争对人类更有益处。人们可能无法确定获得阿尔萨斯和政党政治的建立、勃兰登堡的崛起和拉萨勒的发现之间哪个更重要,但毫无疑问,如果没有这一时期智识和政治上的进步,欧洲统治者的军事活动,除了击退土耳其势力之外,将会像休伦人和易洛魁人之间的血腥冲突一样毫无意义。

从这个角度看来,英国民主政府的建立及其意志的扩张,欧洲的权力和人口在此前未受欧洲影响的土地上扩张,以及击退哥萨克和土耳其势力,肯定要比路易十四的扩张更重要。

尽管如此,这个历史学家们都同意以"路易十四"冠名的时代仍然是欧洲发展史上的一个重要时期,这位法国国王也是世界事务中一个值得注意的人物。在促进政治进步的两种力量——自由和效率中,他的统治对后者有很大的贡献;而他的野心所激起的反对,也间接地对前者起了作用。同样,他的宏大计划极大地保持了那种共同利益感的活力,即欧洲大陆受威胁民族之间的多样性团结,这已成为国际关系的主要特征。

最后,他的宏大计划激起了法兰西民族在艺术和军事方面的国家野心,并促进了法国作为欧洲最文明之社会的发展,宣扬了它的典范,并激发了邻国的争相效仿,以取得类似的成功。这在很大程度上减轻了统治者的野心所带来的罪恶。在这些野心被证明不可能实现之后的很长一段时间里,他的子民们更崇高的理想和实践在欧洲大陆取得了进展,并在向更高形式的社会和知识表达的进步中发挥了他们的作用。

第二十七章
威廉三世时代

1678—1702

一

没有什么情况比17世纪最后几十年法国君主制的地位和当时人们对君权主导地位的普遍看法，更能说明这一事实：**在任何特定时刻，人们都不知道自己将走向何方**。对于大多数西欧统治者来说，没有什么比法国解决了政府长期存在的问题更确凿无疑的事情了。

在一个多世纪的混乱中，出现了一个高效、强大、集权化的君主政体，它确保了国内的稳定与和平，以及在国外的卓越地位，引起了邻国的效仿和恐惧，是国际事务中独立发挥的、无处不在的力量，是海外领土扩张最活跃的推进器。除了从一场革命中逃离又走向另一场革命的英国以外，受到土耳其入侵和内部纷争威胁的哈布斯堡王朝、颓废的西班牙、半欧洲化的俄罗斯、实力衰退的瑞典和荷兰都很难与法国相比。

展望未来二十年,也许没有一个欧洲人能够预见,欧洲世界的政治天平甚至会在当时还处于一种不稳定状态的均势中动摇,而这种不稳定的均势将会被其混乱历史上最不寻常的动荡之一所改变。

二

也许,路易十四最不可能预见自己的未来;因为此时此刻,他着手进行着两项事业,这两项事业既体现了他自己的思想,又突出了他与腓力二世的相似之处。一是凡尔赛宫的建造。他在卢浮宫竣工时就开始建造它,为君主提供一个与臣民隔绝的适当居所。和腓力二世一样,这位法国国王选择了一个远离首都的地方。凡尔赛宫与埃斯科里亚尔宫一样,与自然风景无关,因为它所在的地方是单调、贫瘠、乏味的平原,就像西班牙国王为他的住所选择的阴郁荒野一样,不是一个充满希望的地方。

然而,两处建筑的相似之处就止于此了。如果说腓力二世的宫殿在它的设计中体现了主人显著的宗教特征,如果说它那宏伟而阴郁的建筑群在某种程度上象征着居住者的性格和这座宫殿创造者的天才,那么,同样壮观却极其明亮、更加世俗化的凡尔赛宫,既代表了它的主人和他臣民的性格和品位,也代表了新时期和新权威的变化。新宫殿和它周围的环境更反映了一种权威的精神,这种精神使自己凌驾于人民之上,并将其不仅要支配人们还要控制更难以改变的物质环境的决心转移到了艺术和自然领域。

法国国王无视最简单的建筑法则,即建筑应该建在土地之上,并融入周围环境之中,而是选择创造出适合他要建造的宫殿的环境。这片沙地几乎缺乏维持生命所必需的一切元素，但王权却为它提供了这些元素。在它的地面下，绵延数英里的管道通向这片土地的每一个角落，水通过长达100英里的总管道，花费了巨额成本被引到凡尔赛宫。土壤是为花园而创造的。人们的视野受到人工林的遮挡，因此无论往哪个方向看，国王都只能看到王权对自然的胜利——他也不会因为想到穷人的住所而感到尴尬。

凡尔赛宫由法国第一流的工程师、最杰出的风景园艺师建造，勒诺特尔受召装扮修饰它，他的劳动成果即使不是欧洲最美丽的游乐园，也是最辉煌的。从路易十四原来的狩猎小屋所在的那座小山往外，地面向各个方向倾斜。别墅后面是正式的花园，长长的草木小径点缀着各式雕像，通向宏伟的喷泉和壮阔的大运河，这是整座建筑群的中心。从各个角度看，人们的目光都会顺着华丽的景观，被引入令人愉悦的阴凉休憩处；法国雕塑家和水利工程师的聪明才智结合在一起，创造出了一系列无与伦比的喷泉。

宫殿本身就坐落在这座花园天堂的入口处，建立在原有狩猎小屋的基础之上；至少在规模和装饰上，与它周围的环境相协调。它以法国文艺复兴时期的风格来建造，即使不出众，也是雄伟壮观的；尽管芒萨尔的才能与其设想的真正宏伟或极致的美丽并不相称，但其成果无疑是欧洲大陆上最大的，或许也是最令人印象深刻的皇家建筑。在游乐园的各个地方还增建了一些规模较小但更有魅力的建筑物，如大小特里亚农宫、橘园以及矗立在主楼入口处的一座路易十四的雕像。

建造这座园林的主旨得到了一再地重复。装饰墙面的画，点缀园林的雕像，映照国王形象的镜子，处处突显了太阳王的荣耀。

如果他能以自然的禀赋——这只可能是思想自由的产物——来激励那些在艺术领域为其意志服务的人，也许会使凡尔赛和整个法国成为最令人神往的地方，就像它是专制主义最雄伟的纪念碑一样。然而他并没有得到这份馈赠。

宫廷的庄严和礼仪扼杀了创造力。画家和哲学家一样，不能被教导跟着鼓点前进；在王室的赞助下，艺术在华丽的帷幔和衣饰方面取得了成功，而不是在人物的刻画方面。建筑，甚至文学，都倾向于遵循同样的路线；**路易十四时代，尽管艺术的形式壮丽恢宏，却大大削弱了天才的一个不可或缺的品质——精神自由。如果没有这种品质，那些依赖于王室或宫廷赞助的艺术就会倾向于形式主义，形式主义不仅成了这一时期的特征，也是随后时代的特征。凡尔赛宫既是它的象征，也是它的典范。**

三

这座献给欧洲最杰出君主的华丽别苑的建立，在他紧随《奈梅亨条约》之后的那段统治时期，不是唯一，甚至也不是最重大的事件，这不是唯一一个突显他与腓力二世相似性的地方。他们之间的差别在很大程度上限于表面，而相似之处则更为根本。腓力二世的行为中没有什么比他在自己的领地内驱逐异教徒与加强和扩大宗教法庭更能体现他的性格和政策，而他的政策中没有什么比他把自己的意志和信仰强加给尼德兰更令人震惊和更具灾难性的了。欧洲政治中没有哪个阶段比西班牙与英格兰和荷兰的新教势力之间的冲突更具决定性意义的了。

这种情况也不是没有个人方面的原因。路易十四的母亲是西班牙国王腓力三世的女儿，不难想象，路易十四继承了她的遗风，也继承了她带入法国的一些源于其祖父腓力二世的宗教精神和形式主义。随着17世纪接近尾声，路易十四的权威达到了顶峰，法国天主教当局冒险实施了与西班牙一个世纪前相同的政治举措。

自路易十四的祖父亨利四世颁布保证法国新教徒政治平等的《南特敕令》起，近一百年的时间过去了。现在，在各种动机的刺激下——他的天主教臣民在贸易中对他们的胡格诺派对手的嫉妒、他自己的宗教倾向以及他的听告解神父和一个新的极其虔诚的情妇的影响——自他亲政以来，胡格诺派教徒承受的压力一年比一年大。大约在《奈梅亨条约》签订七年之后，这种压力达到了顶峰，路易十四废除了《南特敕令》，胡格诺派教徒被迫流散各地。

在那个时代，也许没有任何一件事比这次不明智的迫害具有更广泛的影响。法国新教徒人数众多，富有且勤奋，他们把自己的财富和技术带到了欧洲世界的每一个角落，增强了法国敌人的力量，加深了对法国国王及其宗教势力的恐惧和仇恨。伦敦欢迎他们的织工，大选帝侯邀请他们到人烟稀少的勃兰登堡定居，英国在北美的殖民地以及荷兰在南非的殖民地都因这一活力四射的群体的加入而得到加强。

最重要的是荷兰人的获益。威廉三世从中招募军队，以壮大自己的力量，得到了像绍姆贝格元帅这样的才干过人的将军和同样杰出的外交家吕维尼这样的人才。这些人和他们的伙伴们很快就在战争和政治舞台上扮演了重要的角色。因为恰恰在自由的新教国家以及其他的既不自由也非新教的国家，团结起来反抗这位公认的天主专制主义捍卫者之时,他们把成千上万的公民和士兵带到了尼德兰。

从一种特殊的意义上说,胡格诺派教徒的流散,是现在达到高潮的欧洲大陆之精神力量与物质力量发生冲突的典型现象。一方面是旧体制的力量,即王权与教权,它们把土地和人民仅仅视为战争和外交大博弈的工具和战利品的治国之道,继续秉持着传统的自命不凡,另外还有将自身信仰强加给个人良知的教会制度,渴望在国内外都称王称霸的专制主义。另一方面是自治、信仰独立、宽容的原则,以及个体和共同体有权决定自身生存基础的原则。

最重要的,也许是在那些长期得不到当局承认的领域里引入了新的思想和实践因素,以及对迄今为止国家计划中尚未被考虑的力量的召唤。万有引力定律的发现者被赋予整顿英国货币的重任,这并非偶然;英国反对党领袖是他那个时代自然神论者的领袖;莱布尼茨成为汉诺威驻法国大使;柯尔贝尔劝诱惠更斯去为以巴黎为中心的学术圈子增色。

无论未来宗教与政治的关系如何,科学与政治事务、权力与知识之间的联系已经开始建立,对与政治无关的异端信仰之迫害也开始减少。因此,胡格诺派教徒的逃亡——他们在欧洲及其殖民地传播了他们的技术——标志着欧洲大陆从其旧的政治和经济观念中解放出来的最后行动,因为这种驱散是西欧国家把那些与官方信仰不一致的人从当地社会赶走的最后一次尝试。

四

《南特敕令》的废除只是法国君主政体主宰欧洲局势时众多引

人注意的事件之一。在路易十四通过驱逐胡格诺派教徒来彰显其权力和短视偏执的同时，在欧洲两端发生的两起性质迥异的事件改变了欧洲政治的整个面貌，并与路易十四的行动一起导致了另一场冲突。

一是土耳其人的卷土重来。在《奈梅亨条约》遭到破坏与《南特敕令》被废除的几年里，土耳其军队的战斗精神被属于大维齐尔科普鲁律家族的卡拉·穆斯塔法又一次召唤出来，他利用叛乱的匈牙利贵族的邀请，再次向作为欧洲屏障的哈布斯堡王朝发动进攻。

最初的胜利使他们越过特兰西瓦尼亚和匈牙利，来到维也纳城下，在吕迪格·冯·施塔尔亨贝格的指挥下维也纳进行了英勇的抵抗，阻止了他们的前进。尽管自己的力量不那么强大，但为了拯救维也纳，洛林的查理还是率领一支德意志军队与波兰国王扬·索别斯基匆忙赶来。在他们以及德意志诸侯和威尼斯的支援下，维也纳的守卫者击退了入侵者。

四年后，洛林的查理通过在莫哈奇的决定性胜利征服了匈牙利。土耳其对匈牙利的宗主国地位被剥夺，叛乱的贵族被镇压，象征匈牙利统治权的圣斯蒂芬铁王冠被授予奥地利统治者。威尼斯与波兰及神圣罗马帝国联合起来讨伐土耳其，征服了摩里亚；俄罗斯也参与进来；布达佩斯被帝国军队占领，土耳其人的威胁真正消除了。

五

这一事件刚刚结束，欧洲大陆的另一端就拉开了那出吸引了欧洲大陆一代人目光之大戏的第一幕。由于辉格党和国王之间的斗争，一场危机席卷了英国政坛。这场危机开始于土耳其复兴的时刻，起因是辉格党人试图阻止国王的弟弟，即作为天主教徒的约克公爵詹姆斯登上王位。一项旨在通过议会手段实现这一目的的《排斥法案》未能通过，随之而来的是一场阴谋，该阴谋的暴露摧毁了这个牵涉其中的政党。一些成员死在了绞刑架上，辉格党领袖沙夫茨伯里逃到了荷兰，并在那里去世。

查理二世胜利了，在《南特敕令》被废除的那一年，他的兄弟詹姆斯成为英国国王。他准备用一个愚钝头脑所有的顽固偏执，迫使这个已被法国迫害新教徒之行为所激怒的国家接受天主教，或者至少要让天主教与英国国教平起平坐。

与此同时，另一形势也加剧了即将到来的大动荡。法国国王利用东欧各国的无暇他顾、北欧各国的沉寂和英国政治的混乱，重新踏上侵略征途。他建立了所谓的重盟议会，该议会下令把法国国王声称拥有统治权——无论是事实还是虚构——的边界领土并入法国，他的军队几乎没有等待这出法律闹剧正式开演，就占领了斯特拉斯堡，还入侵了德意志的阿尔萨斯、洛林和卢森堡。这些事件共同使欧洲再次陷入战争。

尽管路易十四的主要对手威廉三世组建了奥格斯堡同盟与之抗衡，尽管英国人对他的政策怀有敌意，尽管他的侵略和他对待胡格诺派教徒的态度激起了仇恨，但目前看来，路易十四的高压政策似乎是成功的。没有英国的帮忙，路易十四的敌人很难与他对抗，而詹姆斯二世的即位似乎让英国的援助变得不大可能。

然而，威廉三世的能力所不能完成的事情，他岳父的愚蠢却为他做到了。詹姆斯二世迫使一个充满敌意的民族承认天主教的行为激怒了圣公会教徒和非国教徒，使较为温和的英国天主教徒感到沮丧，甚至惊动了梵蒂冈。民众的不满在一场叛乱中得到了表达，这场叛乱由詹姆斯二世的异母私生兄弟蒙茅斯公爵和苏格兰最有威望的贵族阿盖尔公爵领导，这些人从荷兰避难返回英国攻击国王。

叛乱失败后，随之而来的便是恐怖统治，国王通过更激烈的行动使天主教不只是与圣公会平起平坐，而且要压它一头。阴谋随之而来。辉格党和托利党联合邀请奥兰治的威廉，来拯救他们脱离天主教和专制统治的苦海。数以百计的英国流亡者匆忙加入荷兰军队。在完成他的重大计划时，威廉的谨慎和保密措施甚至瞒过了最有经验的法国外交官。

詹姆斯二世即位三年后（1688），威廉率领一支强大的军队侵入英国。这个国家的主要人物都聚集在威廉的旗帜之下，詹姆斯二世则被他的追随者和朋友们抛弃，最后也被自己的家人抛弃，逃往了法国。

这是一个致命的错误。非常国会宣布詹姆斯二世的出逃等同于退位，于是将王位交给了威廉和玛丽，同时还交给他们一份《权利宣言》。这标志着议会制政府历史上的一个新纪元，它一劳永逸地保证了国民的人身自由、司法独立、陪审团审判权、人身保护权、言论自由和议会的经常和定期召开。两位共治者接受了这份《权利宣言》，为长期以来争夺统治权力的斗争画上了圆满的句号。这场斗争始于《大宪章》，并随着内战时期民众的胜利而持续下来。

然而，无论英国革命在英国本土如何不流血，议会对王权的胜利——因为将路易十四的最大对手送上英国王位后，形势变得复杂起来——是不可能不经过战争就能赢得的东西。将法国国王牵涉其中的苏格兰和爱尔兰问题仍然有待解决，由此，英国的一场内战和与法国的第二次百年战争开始了，战争的结果在某种程度上不仅关系到欧洲的未来，还关系到世界的未来。

六

这就是开启了欧洲大陆上另一场斗争的重大事件。法国军队已经开始占领肥沃的普法尔茨，进攻奥格斯堡同盟的军队，现在则不得不面对一个将由英国主导的大同盟。有一段时间，路易十四似乎要胜利了。为了保住在莱茵河地区的地位，路易十四向荷兰发起了进攻，派遣被废黜的英国国王詹姆斯二世带着法国援军去召唤爱尔兰的天主教徒，鼓动苏格兰人叛乱，攻击加入奥格斯堡同盟的萨伏依，并鼓动他在北美的臣民进攻英国殖民地。与此同时，法国的长期准备和英国海军因革命引发的混乱，使路易十四在海上获得了一种优势。

在血腥的九年里，低地国家再次成为欧洲战争的中心。在那里，威廉三世一次又一次被法国最有才干的将军卢森堡公爵打败，但他从失败中获得的经验超过了他的对手从胜利中获得的优势，并最终以攻占那慕尔达到了顶峰，从而证明自己是历史上最杰出的统帅之一。

与此同时，威廉三世抓住机会击败了对手詹姆斯二世。在绍姆贝格的帮助下，他在博因河战役中收复了爱尔兰。夺回苏格兰要困难一些。他的军队在基利克兰基被詹姆斯党人的领导者邓迪击溃；但是，在这位将军死后，威廉三世的军官们发现再没有敌人能够与他们对抗，苏格兰的叛乱最终被镇压。

同一时间，拉乌格海战的胜利巩固了英国长期受到威胁的海上霸权，并使胜利的天平倒向了大同盟，而议会确定了英国的王位继承人。在南方——因为"适时的背叛"而增强了实力的萨伏依，已经与路易十四签订了和约——法国的侵略受到了遏制。随着法国进攻力量的削弱，它的命运已经注定。

确实，法国在对抗这么多敌人时，以非凡的力量和巨大的胜利保卫了自己，但最终的结果表明，没有哪个国家能够指望在与半个欧洲为敌的情况下取得最终的胜利。法国的资源承受了巨大的压力，它的敌人也不愿意继续战斗，在经历了近十年的战争后，外交官们又一次聚集在海牙附近的里斯维克，商讨和平方案。

十二个月前，《卡洛维茨和约》将整个匈牙利和除了蒂米什的巴纳特以外的特兰西瓦尼亚都交给了奥地利；将摩里亚交给了威尼斯。与此同时，扬·索别斯基的离世使萨克森选帝侯登上了波兰王位。现在，通过路易十四和他敌人之间的条约，欧洲再次恢复了和平。《里斯维克和约》承认威廉和玛丽为英国国王，詹姆斯二世的女儿安妮为他们的继承人；将法国从德意志夺去的土地（除了阿尔萨斯）交还给它们原来的主人；尼德兰边境上的屏障要塞由荷兰军队驻守；西班牙收复了自《奈梅亨条约》签订以来被法国兼并的部分土地；莱茵河被宣布为自由河。

这就是东西欧十年冲突的最终结果——领土上，阿尔萨斯及其要塞斯特拉斯堡被并入法国,奥地利的势力扩张至匈牙利。政治上,两个新王朝建立了,民主政府的原则得以保留。

除了这些,还有一个几乎同样重要的事件。在英国议会对王权的胜利、奥地利及其盟友对土耳其人的胜利、里斯维克的政治解决方案之外,发生在欧洲东部边缘的一件大事,几乎可以与任何吸引西方注意力的事件相提并论。就在英国非常国会将王位授予威廉和玛丽的那一刻,一位俄罗斯君主开始亲政,他对欧洲未来的影响,不亚于那些掌握着欧洲政治命运的强大统治者们。

随着彼得大帝亲政,东欧出现了一位能够迫使落后的俄罗斯人追赶西欧文明的领袖。为了结束战争,外交官们聚集在里斯维克,在距离他们几英里远的地方,俄罗斯沙皇正穿着造船工人的衣服,在赞丹的船坞里学习某种使荷兰变得如此富有和强大的技术。随着和平会议的结束,年轻的沙皇从他在英国和荷兰的传奇游历中带回了一些工匠和军官,在他的领导下,这些人将引导俄罗斯走上通往欧洲上层政治的道路。

七

俄罗斯沙皇冒险游历这样一件看似微不足道的事情,无法让那些沉浸在欧洲大冲突中的人们意识到它真正的重要性,即使他们知道彼得在西欧。然而,在距离欧洲势力较远的地区,还有其他一些要素,无论欧洲的人们如何被近在咫尺的事件所吸引,也不可能对这些要素完全无动于衷,这就是殖民地的发展。

的确,殖民地在主要参战者的军事计划中或在结束战争的谈判中都不惹人注目。无论是英、法两国在北美的边境战争，还是冲突的结果之一——印度的本地治里①从荷兰转移到法国手中——似乎都与当时欧洲战场上发生的事件无关。南美洲发生的事件更不会被认为是奥格斯堡同盟战争的一部分。然而，就是在这一时期，这些被忽视的进程为后人建立新社会和新的政治大厦奠定了基础。

在这些距离遥远的冲突中，第一个有巨大影响的——即使不是最重要的——是发生在西属美洲的事件。在那里，正如半个世纪以前，西班牙对其庞大帝国两端的控制同时受到了早先试图侵入其边境的同一股势力之挑战。

在美洲南部，跟过去一样，冲突集中于拉普拉塔地区的归属问题上。西班牙人和葡萄牙人相互争夺拉普拉塔河东岸区，这片位于巴西和阿根廷之间的土地归属存在着争议。在《南特敕令》撤销和英国革命之前的几年里，这条大河的河口东岸建立了科洛尼亚港，它是对岸的布宜诺斯艾利斯在这一地区的第一个竞争对手。在蒙得维的亚建立之前，它一直是后来被称为乌拉圭的肥沃放牧平原的主要港口。

这是对西班牙垄断权的第一次破坏。与此同时，在遥远的北方，殖民史上另一个更具戏剧性的事件也达到了其漫长发展史上最令人震撼的高潮。这主要集中在海盗的活动上。在他们使自己成为加勒比海的一分子的五十年里，他们的命运发生了巨大的变化。到17世纪中叶，西班牙商业的衰落已经非常明显，这使他们失去了很大一部分生计；而西班牙不顾一切将他们赶出据点的行动也使他们

---

① 本地治里，印度的一座城市名。——编者注

的生存更加艰难。他们的老巢托尔图加岛，反复易手，欧洲国家经常干涉他们的事务。

法国人没有忽视因海盗活动而为其提供的夺取该岛甚至夺取圣多明戈岛的机会；西班牙攻占托尔图加岛后，海盗失去了避难所，而克伦威尔攻占牙买加，又为他们提供了避难所。此后，他们转变了方向，对大陆港口发动了一系列袭击，横扫加勒比海海岸长达二十多年。新塞戈维亚、古巴甚至波托韦洛都成了海盗抢掠的对象，他们著名的领袖摩根之名使加勒比海沿岸的居民闻之色变。

在很大程度上，正是由于这些猛烈的袭击，约在西班牙承认葡萄牙独立两年后，西班牙才同意与英国达成协议，以承认英国对英属美洲殖民地的所有权为条件，换取它停止敌对行动以及停止走私和援助海盗的行为。这是加勒比海盗对政治事务最大的贡献。

之后，海盗立即开始了他们最大胆的冒险。在摩根的率领下，2000名海盗挺进巴拿马，占领、洗劫、烧毁了这座城市，并屠杀当地居民。由此开启了持续十年的冒险活动，并在第二次攻占波托韦洛的时候达到了高潮。在英国发生革命前的几年里，他们的力量达到了顶峰。掠夺探险把他们带到了太平洋，然后他们开始骚扰秘鲁甚至东印度群岛，有一段时间，似乎没有什么能使西班牙人的领地免遭进一步的破坏。

但是，海盗中的对立群体之间发生了冲突。他们迅速衰落，在一次规模更庞大的冒险行动，即与法国人联合进攻卡塔赫纳之后，海盗那种野蛮的群体天然蕴含的分裂倾向，把他们那松散的组织分裂成了诸多独立的海盗团伙。从那以后，他们在政治事务中再没有发挥多大作用。到《里斯维克和约》签订之时，他们在世界政治中发挥作用的时代已成为过去。

然而，海盗已经完成了自己的任务。他们为英国、法国和荷兰入侵西班牙的禁地做出了贡献，他们让欧洲人的目光不断地转向重要的西印度群岛，他们为西半球的历史增添了一段浪漫而血腥的篇章。或许更重要的是，他们中的许多人，比如改邪归正后成为牙买加总督的摩根，为新世界的发展贡献了另一种成分，他们以自身的活力弥补了殖民地人口数量上的不足。

这些独特的、具有破坏性的海盗活动只是漫长的欧洲扩张史中的部分篇章而已。就在他们的时运达到顶峰时，另一群同样富有浪漫主义精神但比他们成功得多的殖民者，也到达了他们意义深远的殖民探险活动的高潮。这些人就是北美的法国殖民者。

当英国正全神贯注于围绕《排斥法案》产生的斗争以及沙夫茨伯里和辉格党的垮台时，当奥地利武装起来抵抗土耳其的进攻和匈牙利的阴谋，重盟议会正在推进夺取斯特拉斯堡的任务时，法国殖民者拉萨勒以一个新的发现为他漫长的殖民活动画上了句号。他经由伊利诺伊河到达密西西比河，然后顺着这条大河来到了墨西哥湾，以法国的名义占领了因皮里尔河谷，并将其命名为路易斯安那。

此后，他回到法国，在一名叛变的西班牙官员的指引下，参与了一个针对墨西哥北部矿区的计划。拉萨勒带着一小队士兵和一支小舰队，设法在得克萨斯的圣埃斯皮里图湾登陆。在那里驻留了两年之后，他被舰队指挥官抛弃，又被他的西班牙助手背叛，他试图返回加拿大，却被自己的追随者杀害。

这就是一位殖民者的悲惨命运，他将一个帝国交给了路易十四，并将密西西比河流域纳入欧洲人了解和争夺的范围之内。尽管他尽了最大努力，而在当时，他的功业似乎不会有永久的结果。他在得克萨斯的据点很快就被西班牙人摧毁了，法国人粉碎易洛魁人的抵抗并试图进入内陆的努力也无果而终，在伊利诺伊河畔建立的卡斯卡斯基亚是法国在这二十年里的唯一实际成果。

八

更大的变化发生在英国的势力范围内。其中新皇家领地的建立和行政机构的重组是主要内容。在经历了前一时期的动乱之后，殖民地的行政区划被重新规划。缅因并入了马萨诸塞，新罕布什尔脱离马萨诸塞，成为一块独立的殖民地，由国王任命总督和地方议会，国王保留了对其议会法案的否决权。与此同时，西泽西[①]作为专有殖民地归还给了伯克利的继承人。

一年之后，这一政策得到了扩展，特拉华、纽约和马里兰交界的一个地区被授予了威廉·佩恩——这在殖民地世界是一个意义重大的事件。佩恩是接管牙买加的英国海军上将之子，西泽西的受托人之一，也是詹姆斯二世的宠臣，他的特许状就是从詹姆斯二世那里得到的，他还是贵格会的领袖。他建立了一个"宾夕法尼亚商人自由协会"，召集教友在那里殖民。

在共和主义者西德尼的帮助下，佩恩制定了一部宪法，建立了民主政府，带领跟随他的移民来到美洲，与印第安人缔结了"唯

[①] 1673年，新泽西殖民地被一分为二——东泽西和西泽西。1702年，两块殖民地又被合并为新泽西殖民地。——编者注

——一项从未宣誓也从未打破的条约"；他们在费城建立了一个小镇，从而为一个基于自由主义思想的新社会奠定了基础。很快，它从德意志、荷兰和斯堪的纳维亚半岛招募的移民就与从英国招募的移民在数量上不相上下了。

宾夕法尼亚在人口和经济方面发展迅速，在一代人的时间里就跻身于新世界领先的皇家属地之列。成千上万因战争和迫害而被迫离开家园的人，拥向那里以及周围地区。为躲避路易十四军队的瓦龙人和逃离普法尔茨的德意志人，因《南特敕令》被废除而逃亡的胡格诺派教徒，为了逃避政府迫害的贵格会教徒和不从国教者，以及许多渴望和平与更大机会的人，大量拥入英属北美殖民地。

几乎在同一时期，英国政府和新英格兰的关系开始出现危机。国王和殖民者之间旧有的对立，由于对弑君者的保护、对贵格会教徒的迫害以及围绕马萨诸塞特许状的长期争论而加剧，几乎引发了叛乱。围绕戈杰斯继承人的缅因所有权产生的争端和对《航海条例》的规避使得局势更加复杂。国王对这个顽固的殖民地发出了权利开示令状，将它的特许状收回。

查理二世的去世和詹姆斯二世的即位加强了王室的镇压政策。针对康涅狄格和卡罗来纳发出的权利开示令状，现在也发给了马里兰；五年前成立的纽约议会被暂停了活动。弗吉尼亚成为王室的一个皇家属地。安德罗斯被任命为新英格兰总督，接管了罗得岛的政府，占领了康涅狄格，将纽约和泽西纳入他的辖区。他最后又被任命为北美总督。与此同时，他努力在持异见的波士顿的中心强化英国国教，在那里建立了一个圣公会社团，并夺取了老南教堂供其使用。这些活动为他的法令和英国政策所引发的不断激化的政治对立,又增添了一个宗教因素。

通过这种巩固王室权威和废止殖民地特许权的努力,斯图亚特王朝合并各皇家属地以使其依附于国王,有可能导致北美的屈服或叛乱。因为英国本土发生的事件,北美殖民地得以避免二中选一。1688年革命不仅仅确保了议会和英国国教至高无上的地位,还拯救了殖民地的自由。

随着威廉到达英国的消息传到北美,马萨诸塞、纽约和马里兰纷纷起义。安德罗斯在波士顿被俘虏,他在纽约的副手也被驱逐。在马里兰,一场起义摧毁了斯图亚特王朝在此地的权威。每个殖民地都支持新君主。马萨诸塞为它原来的特许状请愿,罗得岛和康涅狄格恢复了它们的权利。在纽约,民众一方在莱斯勒的领导下,将王室特派员置于一边,召开了一次会议,使他们的领袖成为事实上的独裁者。在两年的动荡中,他们自己管理事务,直到莱斯勒被定为叛国罪并被处以绞刑。这样,随着各殖民地摆脱了迄今为止威胁其特许权的最严重危机,殖民地的骚乱逐渐平息。

但是,在躲过一场危机后,英属北美殖民地又面临另一场同样严重的危机,因为它们被卷入了抵抗路易十四的大规模斗争之中,这场战争在美洲被称为"威廉国王之战"。这场冲突充斥着伴随边境战争而来的报复性事件。从卡斯科湾到哈德逊湾,法国人和印第安人对英国人的边远哨所和边境定居点实施了毁灭性打击。英国人对此进行了报复,他们攻占了皇家港口,徒劳地尝试占领魁北克,并煽动易洛魁人反对他们的宿敌。

反过来,弗隆特纳克组织了三支远征军进攻易洛魁人;一支法国远征军占领了缅因的一个新的英国据点;纽芬兰只是因为《里斯维克和约》的签订才在进攻中幸存下来，结束了这场激烈而非决定性的冲突。

与欧洲战场的强大力量和更引人注目的利益相比，美洲的战争显得微不足道，然而它的重要性远远超过了战争本身。这是世界新秩序的开始。

边境战争虽然具有破坏性，却没有阻止英国及其殖民地在这一时期更为重要的活动。首先是被革命打断了的重组问题。斯图亚特王朝的政策没有被推翻，殖民者们很快就发现威廉三世的大臣们一心想遵循这一政策，他们更加老练，但也同样苛刻。

马萨诸塞的新特许状为他们的计划提供了一个机会和一个指引。根据它的规定，国王保留了任命总督的权力，而总督有权召集或解散地方议会、任命军事和司法官员以及否决议会的法案或任命。旧的宗教-政治安排因统一的财产资格而得以扩大化，除天主教徒外，所有人都享有宗教自由。

神学问题的重要性可见于一种疯狂的巫术妄想，这种妄想在塞勒姆爆发，在平息前夺去了20人的生命。从下列措施中可以看出新的重组政策的影响有多深远：任命安德罗斯为弗吉尼亚总督，科普利为马里兰总督；任命弗莱彻统治宾夕法尼亚和纽约；最重要的是，通过建立一个监督殖民地事务的机构，来实现中央政府对这些秉持分离主义的殖民地的控制。

这个所谓的贸易和种植园委员会起源于很早以前的一个顾问委员会，并且在沙夫茨伯里的短期计划中有明确的规划。它在1696年成为一个常设委员会，著名的政治哲学家约翰·洛克是其中一员，它的任务是"使殖民地最大限度地……有益于英国……审查和考量议会的法案"，以及监督殖民地事务。这就是这个组织的起源，如果它被赋予足够大的权力或发挥更大的能力，则很可能解决阻碍殖民地统一的棘手问题。

与此同时，《航海条例》得到了更新；议会至高无上的地位得以确立；士兵们被派去保护殖民者；在统一王权的影响下，开始在各皇家领地建立系统的行政管理。随着这些事的发生，英国在维护其新教信念和议会至高无上地位的同时，终于准备着手解决其松散的帝国问题，从众多皇家领地中构建帝国，从一系列权宜之计中构建其帝国政策。

这项任务很值得注意。殖民者现在有近25万人。他们的定居点占据了从缅因到开普菲尔的北大西洋海岸，并向内陆地区延伸了50英里。他们能够对付威胁他们边境的一切常规危险。他们建立了农业系统，他们的贸易和渔业相当可观；最重要的是，他们的广阔森林为饱受贫穷或迫害的欧洲人提供了几乎无限的居住空间。难怪从这个时候起，他们的人口飞速增长，他们对独立的热爱也与日俱增。

当时的英国人虽然在美洲活动频繁，但其活动的重要性却没有超过他们在远东地区领地和利益的发展。始于复辟时期的王室支持以及随之而来的力量和资源的不断增加，再加上获得了孟买以及近1/4世纪里多位能干总督的治理，英国东印度公司得以蓬勃发展，到查理二世去世前，这家公司的股票达到了前所未有的高价。

然而，就在这时，一系列挫败削弱了它的地位。孟买和圣赫勒拿的叛乱损害了它的安全和威望；而印度中部所谓的马拉地势力的崛起不仅迫使该公司承认了他们桀骜不驯的存在，而且使其据点暴露于掠夺性极强的袭击之下。越来越明显的是，英国董事们长期以来反对的"驻军和陆战"的政策必须放弃。在国内的约西亚·柴尔德爵士和他的兄弟印度孟买总督约翰·柴尔德爵士的指导下，董事们改变了政策，也随之改变了英国在东方的命运。

詹姆斯二世即位的第二年，东印度公司将总部迁到了加尔各答，同时对莫卧儿帝国宣战，士兵和舰队陆续被派往印度。但是，由于对印度政治和地理的无知，以及领导者的无能，这次行动失败了。加尔各答的机构被抛弃了，代理人都逃到了马德拉斯，只有德里的皇帝奥朗则布在德干的窘境和他对麦加朝圣路线被英国舰队切断的担忧，使得公司获得了屈辱的和平，重建了他们在加尔各答的代理机构。

不过，虽然东印度公司从最大的敌人手中幸存下来，来自荷兰的压力也因威廉三世的即位而得以缓解，但是，它在国内的处境却变得岌岌可危。它与斯图亚特王朝联系紧密，又因战争的失败和巨大开支而名誉扫地，并因其垄断带来的巨额利润而备受嫉妒。这诱惑着走私商们在它的独占区内偷猎，它试图通过更开明的举措重振势力，并在复辟之后通过建立一家竞争公司而获得了成功。

柴尔德针对它而进行的阴谋和贿赂都徒劳无功。道盖特协会与辉格党结盟，达成了一项决议，即只有通过议会法案才能禁止英国人与印度进行贸易。这种对王室特权的侵犯因为一笔200万英镑的政府贷款而得到加强，当时政府急需资金来结束欧洲战争。在《里斯维克和约》签订那年，议会特许成立了一个总会，它保留了旧公司的特权，获准在印度进行贸易。最大的走私商人托马斯·皮特——未来首相的祖父——的事业得到了保障。这家合股企业找到了认股人，并准备以更平等的条件争夺印度贸易的巨大利益。

九

这就是17世纪接近尾声时，英国最强大的贸易公司所面临的危机。它与广泛的政治利益和经济利益紧密相连。在英国人的众多关注中，贸易正迅速占据主导地位；从一开始，拥护商业发展、文学创作者和实际管理人员就出现在这家印度公司的成员之中。两代人之前，他们中的一位，托马斯·孟，出版了一本著名的小册子（1664），名为《英国从对外贸易获得的财富》，这本书对促进商业和立法的实践及理论做出了很大贡献。

尽管约西亚·柴尔德爵士偶尔倾向于一种更自由的商业，但他还是抽出时间，通过写作《贸易论》（1668—1690）来巩固所谓重商主义理论。在这一方面，就像他的印度政策和对降低利率的呼吁一样，试图遵循"荷兰人的明智做法"，为更广泛的产业奠定基础。

这种非同寻常的商业活动以及由此产生的理论作品对欧洲政治产生了深远的影响。因为在这一时期，政治上的迫切需要与经济上的压力相叠加，需要完成一项重要的工程，而完成这项工程所采用的形式与欧洲大陆的做法有些不同。

威廉三世的欧洲战争代价巨大，英国的货币流通状况非常糟糕。税收虽然可观，但很难满足需求，因为完全依赖议会拨款——这些拨款本身会受公众情绪波动的影响——使得国家收入很不稳定。私人银行机构不足以应付路易十四强加给英国的大规模军事行动。为了解决这些困难，伦敦的苏格兰商人威廉·帕特森提议建立英格兰银行，这获得了议会的同意。帕特森和他富有的商人朋友筹集了必要的资本；在财政大臣蒙塔古的帮助下，这一重大的事业开始了它漫长而有益的征程。

与此同时，在同样的压力下，政府采取了另一项更为重要的措施。在艾萨克·牛顿爵士的指导下，蒙塔古建立了货币制度，设立了铸币厂，并开始采用一种在欧洲大陆，尤其是在意大利、荷兰以及最近在法国长期实行的措施。这就是以国家收入为担保获取长期贷款，简言之就是发行国债。

它起源于对啤酒和烈酒征收的一种税，这种税与普通收入分开，作为年金债券贷款资金的担保。这项措施被扩展到借钱给政府的一般担保上，战争费用的负担在某种程度上从发生战争的那一代人身上转移到了他们的继承人身上。随着这一公共借贷原则在国家担保上的扩展，长期主宰私人事务的资本主义进入了国家层面。

另外两种形式的税收也强化了这一点，它们注定会成为公共财政的永久性补充。其一是印花税，这是模仿荷兰人的做法，在随后几年里发展出了多种形式。其二是土地税。此外还有关税和消费税，它们共同奠定了现代财政的基础。自此以后，**金融和金融家在政治中扮演着重要角色，就像两个世纪前的封建贵族一样。这是世界变化的另一个征兆。**

发行国债的做法传遍了整个欧洲，主要发生在路易十四统治期间，他的对外扩张行动对这种做法起了促进作用。**这可能是17世纪以来公共行政中最重要的变动。**但在那个重要的时代，这绝不是影响公共和私人商业世界的唯一变化。与之相伴随的是处理国家事务方面——我们称之为管理——发生了显著的变化，但主要是财政方面的变化。

从苏利时代到克伦威尔当政时期、大选帝侯统治时期以及柯尔贝尔和约翰·德·维特掌权时期，欧洲大国在事务管理和制度方面都经历了改革，而这是他们一直需要的改革。可以毫不夸张地说，随着这些有能力的人在他们各自的国家掌权，现代行政管理活动开始了。

就这样，公共事务逐渐从贵族手中转移到了那些精通商业运作的中产阶级手中，新的原则被引入了长期以来被认为是"国家奥秘"的领域。这也许与理性主义的普遍发展有关，它影响着生活的各个方面，在神学和哲学方面最明显。

与之相伴的，还有另外一种现象，它在另一个领域扩大和阐释了同样的精神。这是商业史上一个重要阶段的新构想，我们称之为保险。虽然它不像银行和公共债务、税收调整、鼓励工业、关税法规和严格的账目审计这些标志着政府重组的问题，算不上国家关注的大事，但它与社会繁荣和稳定有着很大的关系，至少通过一个渠道与这些更普遍的利益密切相关。和前面那些举措一样，这在很大程度上归功于统计学的一种原始形式在公共和私人商业事务中的应用。

在荷兰，天才的约翰·德·维特通过出生数和死亡数来计算人口。在英国，威廉·皮特爵士和柴尔德爵士采用了最初被称为政治算术的类似方法。随着时间的推移，考察公共事务中的许多变化都是以这些数据为基础的；而且类似的数据汇编现在被用于保护商业免受意外损失。

至少，海上保险的理念并不新鲜。在近代，早在16世纪，意大利的城市就已经以某种形式实行了这种做法。从意大利开始，它经由查理五世的领地，传播到荷兰、英国和法国。作为商业复兴的一部分，海上保险得到了荷兰政府的正式批准。**商业复兴是17世纪初期荷兰崛起的主要特征**。作为17世纪晚期的主要商业国家，英国一直支持海上保险的发展。在威廉三世登上英国王位的那一年，一个由商人、船主和经纪人组成的名为"劳埃德"的协会在伦敦成立了，该协会最终将这门生意发展成了最强大的海上保险公司，从而稳定了英国的运输贸易。

这个想法也渗入了其他领域。一个多世纪以来，欧洲曾零星地尝试将保险范围扩大到火灾和水灾。在英国人手中，1666年伦敦大火之后，将保险扩大到其他领域的运动采取了更为明确的形式。在17世纪最后1/4的时间里，承担这种风险的公司成为商业事业中一个公认的组成部分。到威廉三世统治末期，这一事业完全建立起来。它扩展到欧洲大陆的速度较慢，即便如此，它在五十年内也变得相当普遍了。

自然而然的——尤其是在研究和出版了死亡率清单之后——将同样的原则延伸到人类生活之中的想法取得了进展；第一批人寿保险公司似乎是18世纪初在英国出现的。它们的发展是缓慢的、不确定的，直到将近一个世纪以后，有了关于人口和人身意外事故更准确的统计数据，人寿保险才成为个人事务中的重要因素，并一直延续至今。

显然，在所有这些活动中，通过保护个体的共同行动使生活和事业更加稳定和安全的基本理念正在迅速发展。同样明显的是，科学进步的根本思想——运用理性和科学方法以及调查研究来获得更确切的知识——尤其活跃。这里面还包含着一种人的本能，这种本能在较不重要的事务中一直是一个显著的因素，那就是让生活变得更舒适、更可以忍受，也更安全。

除此之外，某些安全设施的迅速发展也起到了作用，其中最主要的是灯塔。灯塔在这个时期变得越来越多、越来越有效，因为它们得到了政府和科学发现的支持，尤其是反射镜发展的支持，那是上个世纪物理学发展的结果。

而且，如果人们进一步研究这个问题，可能会注意到，由于消防设备的引入，使快速增长的城市居民的生活变得更加舒适的普遍趋势也得到了强化。消防设备起源于17世纪的最后二十五年，而一种喷射连续水流的泵发动机就是它在18世纪初演变的结果。

除此之外，还有公共马车或出租马车的引入。这些都是在同一时期开始普遍使用的，这些体现了在社会和政治权力下放的总体进程中，把生活的便利扩大到更广泛阶层的相同趋势。

以这种方式，欧洲生活中引入了新的元素，虽然它们的性质和意义大相径庭，但在某种程度上它们都趋向于同一目标。就与殖民和财政事务相关的因素而言，新形势的发展大大有利于那些反对路易十四野心的国家。在很大程度上，它们是同一个民族和同一群人的产物，这群人在那个时候开启了大英帝国扩张的另一个阶段。为反对法国的图谋，新时代的经济力量被置于与武器和外交的同等地位。针对法国在美洲的野心，移居英国殖民地的浪潮已经在不知不觉中开始扭转局面，而法国的大陆政策对这股浪潮负有不小的责任。

"没关系，"据说路易十四在听到威廉三世抵达英国的消息时曾说，"最后一枚金币将会获胜。"对此，英国人的回应是建立国债和银行，重组东方和西方的贸易。因为最后一枚金币依赖的不是土地，而是其他资源。

在荷兰的规则和实践的强化下,英国尽管在农业财富和人口方面不如法国,但仍然是路易十四最危险的敌人。英国在海上力量上的优势——现代事务越来越倚重它——除了使英国本土免受侵略,还确保了它与殖民地和附属国之间贸易利润的不断增长。英国卓越的民主新举措和不断丰富的金融手段,让它的政治和经济发展越发地有希望。尽管拥有一个动荡政体的所有弱点,但掌控欧洲前进方向的是英国,而不是大陆国家。

十

在过去几年的世界变化中,没有比欧洲国家的变动更清晰明确的了。此时,东方殖民霸权已经从西班牙和葡萄牙手中转移到了英国和荷兰手中。就亚洲和非洲而言,威廉三世现在占据了一个世纪前腓力二世曾占据的位置。

随着《里斯维克和约》的签订,大陆体系的第三个民族国家终于建立起来了,法国基本上获得了它将维持近两个世纪的边界。在沃邦的坚强堡垒链——这既为它的边境划定了界限,也为其提供了保护——的环绕下,法国作为一个几乎达到自己最大边界的强国,在西班牙和葡萄牙之侧占据了一席之地。

法国所希望获得的进一步的成长必须到海外寻找,在那里,它的发展空间已经确定。尽管国内事务存在种种问题,然而伊比利亚强国西班牙和葡萄牙已经证明了它们在南美几乎坚不可摧。剩下的掠夺对象中,最有可为的是西半球的北美大陆。印度在强大的莫卧儿皇帝奥朗则布的统治下仍然保持着统一,到目前为止,还没有给欧洲的政治扩张留下机会。

欧洲领土扩张下一阶段的中心事件是英、法对北美控制权的争夺，而不是围绕欧洲的争夺。在以《里斯维克和约》的签订为结束标志的军事行动中，英法殖民者之间的边境战争对这场大冲突的结果没有起到决定性作用。在这些谈判中，只有法国人在本地治里获得的立足点对最终的结果具有重要意义。然而，正是在这一地区和这一时期奠定了一种基础，下一代人将在此基础上建立一座融合了欧洲和殖民地政体的更宏伟的大厦。

这一进程实际上已经开始了，因为自从新民族和新土地的发现成为欧洲知识、经济和政治发展的主要动力以来，殖民世界的形势已经发生了巨大变化。的确，地理发现并没有停止，但它在人们心中不再拥有曾经的地位。东西方航路的发现对欧洲贸易的推动，西班牙带入欧洲大陆的大量贵金属所引发的金融革命，在欧洲生存和发展的进程中占据了同样重要的地位。此后，欧洲海外扩张所产生的影响主要在其他方面。

首先是常住的、不断增长的欧洲人口在最适合居住的土地上缓慢而稳定地扩散着。在很长一段时间里，这一进程在南美洲都表现得极为明显。然而，在过去的一个世纪，英国和法国在北美大陆的事业强化了这一进程，以至于它预示了一个新时代，在这个时代里，仅仅是人口数量的增加就会深刻地改变欧洲人世界之平衡。

其次是美洲殖民地的发展。**美洲殖民地不纯粹是欧洲的前哨，只反映欧洲社会的状态，而是作为一个独立的实体，被不同的环境转化成了相似却又不同于它所起源之旧世界的有机体。它既是旧世界的延伸，又是新世界的开始**，其中每一个殖民地都有自身的问题和境况，并由此衍生出了独特的个性。事实上，它们是欧洲社会和政治的试验站，它们的经验在今后几年将具有至关重要的意义。

除此之外，在东方获取领地和建立商业帝国的问题也迫在眉睫，这些问题即便不是一定会出现的，也是极有可能出现的。

想要理解由此形成的局势，需要弄清楚两个意义深远的问题：一是欧洲资源的预期增长，因为向过剩人口开放无限的免费土地，实际上意味着欧洲疆域的巨大扩张。二是不可避免的重心转移，在某种程度上，这是因为殖民地的利益作为一个组成部分被直接纳入欧洲世界。

一个世纪前，"边界以外"①的事件几乎不被认为是欧洲政治不可分割的一部分。在17世纪的变革发生之前，这种观点已经慢慢落伍了。《里斯维克和约》见证了它在舞台上的消失，之后开启的历史新篇章则很少关注欧洲大陆和海外欧洲之间的界限。

这是一种自然的发展过程。领土扩张一开始，这一运动的代理人在很大程度上——即使不是主要的——关心的就是获取本国只能供应很少或无法供应的那些产品。这些东西大部分来自热带地区，一般来说，除了贵金属，可能还包括奢侈品，而不是生活必需品。

西班牙人和葡萄牙人都渴望暴富，长期以来，都忽视或轻视最适合欧洲人定居和发展工业的土地；他们唯一的政治理念，除了在大西洋岛屿，一直都是在征服和剥削非欧洲民族。因此，直到征服和勘探时代的第一波高潮过去后，各种经济门类的发展，包括种植、贸易、耕作和畜牧业，才真正开始；而且在这些行业运转之后

---

① 边界以外是指欧洲以外的世界。——译者注

很久，他们的主要精力都被用于为殖民者自身提供必需品，而不是像采矿业那样，充当母国资源的真正外延。

英国人和荷兰人一开始也是这样做的，他们的扩张就像西班牙人和葡萄牙人一样，长期以来都是一种海上冒险，而不是真正的殖民试验。但是，发展种植业的想法从来没有在这些民族的心中消失；除了他们寻求新的土地来创造或增加他们财富的天然趋向外，另一个因素——尽管它在很大程度上是伊比利亚国家所没有的——很快就有力地加强了整个中欧和北欧的殖民冲动。这就是宗教-政治起义，它分裂了北欧社会，使北欧社会出现了相互对立的局面，新教徒产生了在新大陆躲避迫害的想法。随着这种趋势的发展，人们对扩张的兴趣趋向于从热带地区转移到温带地区，从单纯的剥削转向实际定居，从采矿、贸易、种植和海上劫掠，转向将稳定和多样化的欧洲社会及经济转移到海外的土地上。

随着这些新理念的实施和欧洲自身的变化，殖民地功能与发展的理论和实践也逐渐发生变化。一方面，陌生环境下的生存问题往往会衍化出一种与旧世界的隔离感，而且人们会改变原有的标准和方法、习俗甚至性格，以适应新的生活环境。另一方面，这些新兴的社会发现，要完全脱离原来的世界是不可取的，也是不可能的。

生存的需求，以及政治上的迫切需要和经济利益，使殖民地成为日益庞大和复杂的共同联盟和对立关系网的一部分。这在很大程度上是由商业关系决定的。在西印度群岛和北美殖民地之间，在西非和种植园之间，甚至在东印度群岛和西半球之间，贸易的洋流一直在涌动；而来自欧洲本土的商业流则向四面八方扩散，将世界联结成一个日益广泛的利益共同体。

与此同时，尽管旧世界维持并加强了对热带地区的控制，将那里出产的奢侈品变成了必需品，但它越来越倾向于从与其纬度相当的地方获取生活和生产资料。因此，旧世界越来越依赖于温带海外属地。

西班牙对美洲的依赖，已不仅仅是获取贵金属来增加其微薄的收入；随着国内资源的减少，它不得不越来越多地依赖殖民地的土地和畜牧产品。英国已经开始从美洲的森林、农场和渔场中获取食物、原料和航海物资，这些物资是英国本土和波罗的海诸国都无法充足供应的。毛皮动物几乎已经从西欧和中欧消失了，北欧和东欧也供应不足，需要从北美得到更多的补充。纽芬兰浅滩早把北海作为鱼的来源；殖民地的捕鲸者已经开始在这一重要产业上与英国人和荷兰人竞争。

因此，从森林、农场和渔场，从造船厂和酿酒厂，从潘帕斯草原和北美草原，从矿山和种植园，欧洲用自己的制成品和东方的产品换来了大量的物资供应。

实际上，欧洲远在海外的领地变成了它经济边界和政治边界的外延。这些海外领地的各个组成部分的性质和目标越来越不同，越来越多地卷入了欧洲政治问题，奥格斯堡同盟战争那几年清晰地表明商业和金融元素进入了欧洲大陆最紧迫的问题之列。17世纪最后二十年的重要性在于英格兰银行和国债的发端；在于一个印度新政权的建立；在于英国殖民地的壮大；在于法国势力向北美腹地的延伸，而不是路易十四的野心；在于新教徒和议会在英国的胜利，而不是《南特敕令》的废除。

第二十八章
17世纪末的欧洲

一

在路易十四时代的重大转折点即将到来之际,如果说欧洲的发展有一个最突出的特征的话,那就是与三个世纪前欧洲的标准和活动相比,人们所关心事务的范围、内容和复杂性都在不断增加。**在社会发展的过程中,没有什么获得是不以损失为代价的**,许多现代人都为他们心中的中世纪俭朴生活的消失而悲叹。

确实,如果一个人仅仅考虑那种因为停滞或对绝对真理的盲目信仰而产生的内心平静,这种观点有一定道理。然而,这种观点有一个谬误。中世纪的内心平静在很大程度上是一种荒漠般的宁静,它是以接受现代大多数有思想的人几乎难以忍受的条件换来的。而且,即使在由路易十四的野心所引发的战争中,欧洲大部分地区遭受的破坏也可能比标志着"迷信和武力时代"的连续性的局部冲突要小。

另一方面，**人天然地倾向于行动，这使社会中更有活力的因素在自身所取得的成就中得到了满足感**。对于这样的人来说，现在的世界是一个更适合居住的地方。欧洲的疆域逐渐扩大，囊括了大半个世界。欧洲人的兴趣不再局限于谋生的手段，或教会及国家的狭隘事务，而是涉及前人所不知道或几乎没有意识到的情况和问题。这更多的是由于欧洲大陆的内部扩张，而不是外部扩张引起的。

数学家和地理学家与四处旅行的探险者和征服者齐头并进；帝国缔造者们的胜利并不比艺术和科学先驱们的胜利更富有成果、更辉煌。在新的大陆和岛屿被发现的同时，人们也获得了新智力，并发现了新的思想世界。因此，人们认为值得做和值得记载的事情，其数量无限增加。塑造民族和个人的力量也以同样的比例增长，对于绝大多数的欧洲人来说，整个生活结构变得更加复杂和有趣了。

二

没有什么比路易十四统治下法国的情况，更能充分说明欧洲人兴趣和成就的发展了。见证了路易十四权力和名望上升的那些胜利，绝不仅仅局限于军事和外交上，更不局限于对王权的神化上，因为路易十四还组建了欧洲有史以来最显赫的宫廷。

如果说伊丽莎白时代晚期展现出了能与意大利文艺复兴之成就相媲美的才智爆发，以及丝毫不逊色于文学艺术的战争艺术，那么，路易十四时代则以同样耀眼的光芒向欧洲展示了他和他的宫廷。在艺术和军事方面，法国都试图统治欧洲世界，而且都富有成效。当法国的使者和将军同时成为欧洲大陆恐惧和崇拜的对象时，它的文人和科学家确保了法国在知识领域的卓越地位，无数生活艺术的引领者使法国成为生活日益风雅之趋势的中心和源泉。

在那些年里，莫里哀主导下的法国喜剧取得了只有拉辛的悲剧才能与之媲美的成功。博须埃的崇高精神在庄严和磅礴雄辩的演说中达到了空前绝后的高度；而布瓦洛的文学批评才能为这种文学形式注入新的生命，并确立了至少两代作家所接受的审美和实践准则。受到蒙田的影响，拉罗什富科的《箴言录》通过敏锐的视角和完美的文风在一种文学形式中建立了一种新的表达风格，正如拉封丹的寓言在另一种文学形式中所做的那样。

博须埃、拉封丹和拉罗什富科在文学高地上的主要竞争对手都是他们的同胞——温文尔雅、才华横溢的费奈隆。除此之外，还有一种新的文学形式——小说——在拉法耶特夫人的笔下诞生，她为发展日后成为文学史上一个独特领域所做的开拓性努力，只有与她同时代的英国女作家阿芙拉·贝恩才能相提并论。

法国人的天赋在这个文学史上最辉煌的时代发出了自己的声音，同时他们在其他领域也赢得了同样重大的胜利。其中最主要的是礼仪、服饰和战争。此外，由法国文学的发展和法国在其他领域的优势带来的语言进步，使得法语在欧洲语言中居于首屈一指的地位。

这至少在某种程度上可以归功于它的统治者。路易十四乐于以庄严的形式和仪态来彰显国王的权威，以华丽的宫廷来容纳国王的伟大，以从意大利原型中借鉴和放大的优雅风格来为国王的显赫增光，在生活所涉及王权的每个方面都留下了王权的印记，引起了整个欧洲大陆的遐想。在法国东部边境，每个小诸侯都极力模仿这位显赫的君主。花园和宫殿、宫廷剧院和乐师、服装和仪式，都以法国为榜样。

与英国人一样，法国人最先在意大利找到榜样。现在，欧洲开始从法国获得启发。法国艺术所到之处，都有法语相随；法语不仅成为战争和外交的语言，也成为礼仪、服饰、艺术、建筑、文学，甚至烹饪和家居装饰的语言。

这不是暂时的胜利。由此被引入许多其他语言中的词语在这些语言中找到了永久性的位置，并在新使用者的加工或转变中，立刻丰富了半个欧洲大陆的词汇和思想。无论路易十四的臣民们取得了别的什么成就，他们的品位和优雅都极大地缓解了持续笼罩在欧洲人生活之上的沉闷感。

三

与此同时，他们把上个世纪在毁灭人类同胞的艺术方面取得的成就又进一步向前推进了。在17世纪的欧洲人所从事的一切活动中，没有一项比战争艺术耗费过更多的精力、更多的天赋和更多的生命了。这些将欧洲大陆所有国家都卷入其中的几乎无休无止的冲突，发展出了许多新的方法和材料，并引入了科学知识的帮助。它们对数学家能力的倚重不亚于对指挥官的依赖，对发明家能力的需求不亚于对行政官的需要，直到应运而生的军事体系与前几代人进行战争时的无序部署已经没有多少相似之处。

第一个重要变化是火炮的改进。一百年前，这种武器已经在土耳其人手中达到了非常高超的水平，他们征服的成功在很大程度上要归功于在这种武器上的优势。为了抵消这种优势，距离土耳其人最近的欧洲人，意大利和奥地利的炮手和数学家，被迫通过研究炮弹和炸药来提升己方的军事实力。

西班牙人对低地国家要塞的长期围攻，同时促进了防御工事的发展和重炮制作技术的进步；而三十年战争的早期战役则促进了轻型武器的发展。然而，直到古斯塔夫参战，欧洲才第一次出现机动野战火炮具备远超当时简陋步枪的射击速度。随它一起出现的还有燧发枪和弹药筒，它们逐渐取代了笨重、不可靠的火绳枪。到17世纪末，刺刀使步兵能够同时承担此前分别由长枪手和火枪手承担的任务。

瑞典人还发展了一些辅助性兵种，这些兵种对于像他们这样自给自足的军队来说是必不可少的。他们在远离本土的地方作战，无论是防御资源还是进攻资源，都要依靠自己。工兵、矿工和工程师现在组成了一个明确的、得到认可的军队分支，还有一个配备更为齐全的军需部，由此瑞典人向其他欧洲国家传授了一门新的战争艺术。在这些进步的推动下，逐渐发展出了一种战术流派，它依靠的是军队的机动性，而不是让西班牙人在战场上长期占据优势的传统大方阵，这开启了一个新的战争时代。

在这些经验教训的帮助下，再加上低地国家冲突——它曾成为半个欧洲的军事学校——经验的帮助，下一个重大进步出现在了英国的内战中。莱斯利带来了古斯塔夫的创新，鲁珀特亲王带来了蒂利和华伦斯坦的军事体系，蒙克带来了低地国家的经验，像加斯科因这样的冒险者则带来了意大利的方法。在这里，各种战争流派几乎是第一次面对面地交锋。

克伦威尔的天才由此发展到了另一个阶段。到目前为止，骑兵只不过是骑着马的步兵。在他的手中，根据瑞典人的建议，骑兵发展出了突击战术，即通过全副武装的骑兵组成的密集编队，向被炮火打乱了队形的长枪兵和火枪手组成的方阵进行猛烈冲击。

几乎同时，孔代的天才在法国人的冲锋中发现了一种新武器；在沙丘战役中，曾经令人胆寒的西班牙步兵大方阵，在法军的机动进攻和英国铁甲军不可阻挡的冲锋面前受到了致命打击。这一决定性的胜利标志着新旧时代过渡的高潮，就像两个世纪前的克雷西战役一样。

在野战的规则因此而改变的同时，另外两种影响也正在发挥作用，彻底变革了战争模式。首先是防御工事，它在法国工程师沃邦的手中达到了完美的地步。在《比利牛斯和约》所结束的长期冲突中成长起来的他，借鉴了土耳其人平行推进的策略，借鉴了瑞典人永久性工兵部队的架构，借鉴了意大利和德意志科学家对弹道学问题的数学化改造，借鉴了建筑师的砖石结构和建筑经验。在此基础上，他发挥自己的天才，在防御工事方面取得了巨大成功。

借助于这方面的成功，在《奈梅亨条约》签订之前，他已经开始用一条要塞警戒线"环形铁带"环绕法国，这是一条同时用于防御和进攻的铁腰带。在这个几乎无法穿透的外壳下，路易十四得以在几乎不受干扰的安全环境下实施他破坏欧洲和平的计划。

随着战争艺术的进步及其几乎贯穿整个17世纪的不断实践，再加上中央集权政府的发展和王权的扩大，法国在国家发展的另一个更重要的阶段中获得了领先地位。这就是常备军的组建，它逐渐成为欧洲政治的主要要素之一。

除了国王们在两个世纪前已经开始依赖的旧封建军队,又增加了雇佣军,因为赋税代替了兵役,从而使国王有钱招募一支致力于维护王室利益的常备军。渐渐地,军人这一职业落入军事冒险者手中,他们随时准备向任何君主出卖自己的服务,以补充君主们通过权力从自己的臣民那里征集的军队。随着时间的推移,常备军得到了由贵族或雇佣军组成的常设皇家卫队的进一步加强,到了17世纪初,欧洲的君主们几乎人手一支这样的军队。

但是,随着国际政治和战争形势的日益紧张,尤其是在德意志的长期冲突中——它见证了雇佣军活动的高潮,有一点已经变得很明显,那就是崛起中的民族国家必须同时拥有更大规模和更值得信赖的军队。因此,效仿路易十四的欧洲统治者们召集了由自己的臣民组成的军队,编练成团,招募这些人并向他们支付军饷的军官们则从国王那里获取养活军队的钱财。因此,军人成为一种职业,既不同于封建时代的旧身份,也有别于补充前者的非国有的雇佣军,但在某种程度上又兼有二者的特点。

这样,现代常备军计划就进入了以某种形式持续了一个多世纪的阶段,它不仅在国际事务中,还在国内政治中发挥了巨大的、往往是决定性的作用。因为这里面包含了使专制国王成为一支纪律严明、装备精良的军队之主宰者的手段。

有一段时间,似乎其他任何力量都不可能与如此主导着其他国家而且无处不在的法国文化影响相抗衡。从中尉到元帅,每个军官都有一个法国头衔;从主菜到甜点的每一道菜、跳舞的舞步、献殷勤的用语、生活艺术的术语都掺杂着高卢人的色彩。在装点绝对权力方面进行的较量似乎同样毫无希望,因为法国文化拥有如此强大的力量，披着如此华丽的外衣，饰有如此优雅的风度，以至于许多人对它的真正意义视而不见，或者被吓得屈服了。

四

然而，就在此时，另外两个与法国争夺欧洲霸权的元素开始崭露头角。一个是科学和学术的进步，另一个是英国人日益增长的力量。

从某种意义上说，它们是同一领域的同僚。**如果说路易十四把君主专制这一古老理想提升到了最高点，英国清教徒的革命则对君权神授学说造成了致命打击**。尽管法国国王象征着专制主义的胜利，但他的表兄和被救济者查理二世却看到国会从自己手中夺走了不少国王传统的权力，并发展了新的机制，以使民众对议会的控制更加有效。

当法国在欧洲大陆的权威达到顶峰，它的征服者们把法国的影响扩展到美洲荒野中心的时候，英国开始把分散的帝国管理集中起来，将缓慢扩张的疆界朝同一个方向推进，并规划了它的金融和商业利益，以应对即将危及其命运的危机。

当法国人的文学天赋和高贵风度以及"太阳王"的军事和外交优势让欧洲大陆眼花缭乱的时候，在欧洲大陆，一场不受任何国家疆界限制的知识运动开始了，它开始深刻改变人们的思想，并在不久之后开始影响欧洲世界的事务。

在这场运动里，英国将承担更多的责任。宗教改革将半个欧洲从天主教会的统治中解放出来并确立了个人决定信仰的权利，对欧洲乃至美洲产生了重大而深远的影响，而17世纪后半叶也见证了一场同样深刻的革命的开端。这些科学和政治上的学说及发现不仅改变了人们对宇宙、宇宙统治者和宇宙法则的整体概念，而且直接影响了人类政府以及思想活动的理论甚至实践。

五

就像路德和加尔文、哥白尼和伽利略、笛卡尔和培根对早先一代人的影响一样，一个新的群体，即牛顿和洛克、斯宾诺莎和自然神论者，对路易十四时代也产生了巨大的影响。英国人约翰·弥尔顿之于17世纪的意义，正如意大利诗人但丁之于14世纪，也许没有一个人能像他那样诠释英国人在过渡时期的精神。

他年轻时写过最美丽的田园诗；他的中年是作为共和国的文坛捍卫者度过的；他失明的晚年则复兴了一种古老的艺术，创作了《失乐园》。他的光辉诗篇充满了加尔文主义的神学思想，同时又受到了文艺复兴时期古典传统的鼓舞；诗篇的意象不仅来自希腊神话和希伯来圣经（《旧约》），更来自近来科学的胜利和东方世界新近显露的辉煌。他以一种新的素体诗的铿锵华丽来装饰他关于天使堕落、人类创造和堕落的设想，就像但丁、维吉尔或荷马所做的那样，他也给欧洲留下了一笔不朽的遗产。

正如英国人弥尔顿之于文学的意义，葡萄牙犹太人斯宾诺莎[①]

[①] 关于斯宾诺沙的国籍，本书英文原版作Portuguese（葡萄牙），但《辞海》将之说成是"荷兰"哲学家。事实上，斯氏的祖先先是为躲避天主教会对犹太人的宗教和种族迫害从西班牙逃到葡萄牙，后又从葡萄牙逃到荷兰。——编者注

之于哲学的意义同样重大。有了这位严肃而孤独的思想者——他和他的老师笛卡尔一样，都住在荷兰——欧洲人的思辨便进入了新的发展阶段。他的哲学基本概念是实体、属性和样式。在笛卡尔的格言"我思故我在"的基础上，他发展了"属性"的概念，通过这个概念，上帝在心灵、物质和自然中被塑造出来。将旧神学与新科学相调和是一项勇敢的尝试。虽然他的学说被斥为无神论和泛神论，长期以来遭受着误解和猛烈攻击，但实际上，他的学说是一种新颖的非严格意义上的一神论。

斯宾诺莎的哲学提供了一条逻辑线索，将欧洲思想从不可能的境地中解救出来，在这种境地中，欧洲人发现自己在数个世纪以来占统治地位的所谓上帝的"启示"的旧教条假说与知识进步之间进退维谷，知识的进步使许多旧学说在接受科学发现的人看来是站不住脚的。对于斯宾诺莎而言，上帝不是造物主，也不是世界的父，而是永恒的宇宙本身。他努力为启示引入理性，力图统一上帝和自然的概念，并使人类同时与存在现象和神学概念建立某种理性的联系。在这一点上，他的哲学表明人们尝试在新旧之间寻找一条中间道路，在相互冲突的势力之间寻找一种妥协。

这样，对思想自由的辩护，便从旧的宗教改革学派发展到了所谓自然神论者学派。这一学派像斯宾诺莎一样，主张用教义和启示来检验理性和研究，并把自由研究引入信仰领域。宗教改革学派的主张现在得到了对《圣经》的批判性研究的强化，正是在斯宾诺莎手里，这种批判性研究开启了现代的分析、比较和文本批评方法，挑战了天启论者长期以来所占据的主导地位。

因此，整个神学领域都受到了精神入侵的威胁，这种精神对解决宇宙中一些古老的谜团有很大的帮助。当欧洲在政治和行政管理上被对立的英法思想和实践理论所割裂，在国际竞争中被路易十四和他的敌人所割裂，在殖民事务中被对立双方所割裂时，欧洲人发现他们陷入了一场思想危机，这将是欧洲思想生活的一个转折点。

这就是转变的开始，这种从物理研究延伸到政治研究，最后到神学研究的变化，标志着中世纪和现代思想世界之间的真正决裂，以及现代宗教思想的出现。这是科学精神自然发展所带来的必然结果，这种精神自获得早期胜利之后，在17世纪得到了极大的发展。

当科学精神准备攻击教条主义的大本营时，圣彼得之诅咒和新教教士们的抗议都是徒劳的，它本身就包含着两种本应得到他们尊重的要素，但宗教对手们似乎不能认识到这两种要素的存在。一种是足以与教会自身鼎盛时期相媲美的奋斗热情、自我牺牲和道德勇气，另一种是将自由主义某些元素引入神学的可能性。神学天然是教条的，对很多充满自由精神的人们来说不会有多大的吸引力，而自由主义的某些元素能够通过更有力地诉诸理性而取代神学的准则，并阻止一直威胁所有仪式和教条体系的枯燥和腐化的蔓延。

然而，不能假设科学精神的反对者们能够意识到，他们将其作为无神论和泛神论而畏惧和谴责的事物，并不是他们信仰的真正敌人，尽管科学精神攻击了自己视之为盲目迷信的东西。更不用说他们能理解科学精神可能会产生比摩西五经——他们的教阶制度如此虔诚地依附于它的传说——更高级的对宇宙、人类和造物主的认识。最不可能的是，他们能意识到，即使是对于教会关于人类行为的情感和根源所提出的神秘主义解释——作为最后的手段，这也许是教会的真正力量——而言，它都不是不可调和的敌人。

六

尽管争夺世俗权力的斗争在整个欧洲不断上演，但科学和教条神学之间的斗争改变了人们的思想基础。洛克根据自己在牛津的研究提出了一种政治哲学理论，证明了抵抗专制权力的行为的正当性，并否定了君权神授学说；很自然的，在思想自由得到了最充分承认的这片土地上，人们忽然发现自己站在了科学运动的最前沿，就像科学运动处于政治运动的最前沿一样。因此，正如意大利是艺术复兴运动的领导者一样，英国成了这一时期科学发展的领导者。

英国人民从上到下都参与了这一运动，这极大地推动了它的发展。查理二世特许成立的英国皇家学会是一个科学学会，其成员包括各种等级、职业和信仰的人。国王有自己的化学实验室。他的堂兄，著名的骑兵统帅和海军上将鲁珀特亲王，将他的晚年岁月主要用于海军事务、公司推广和科学研究上，以至于他的名字通过如此奇特的方式得到传扬，如一片被称为"鲁珀特地"的北极土地和被称为"鲁珀特亲王之泪"的奇怪玩意儿。伍斯特侯爵发表了他的《发明的世纪》，这既是一份科学成就的记录册，也是一本预言书。

首先，另一位实验倡导者波义耳通过对"伟大的天文学家伽利略的新悖论"的研究，对物理科学产生了研究的热情。在他的手中，这种热情创造了空气泵。他还将空气静力学确立为一门学科，以波义耳定律为其首要原理。接着，他又推翻了旧的四元素说，即土、气、水、火，以及炼金术士的"三原质说"。他用一种机械论哲学取而代之，这种哲学实际上是建立在后来被称为原子假说的基础上的，成了公认的物质学说。

他做过的实验不计其数。从那些关于温度和血液循环、气体、磁力、折射、电流的实验，到对光的重量的研究，涵盖了物理化学的整个领域。虽然没有原创性的发现，但他仍然是最伟大的科学家之一，是反对科学和神学教条主义以及偏执迷信的斗士。作为现代化学的先驱（如果不是创始人的话），他非凡的地位和成就同时提升和荣耀了科学家的头衔。

波义耳不过是一个日渐壮大的团体中比较引人注目的成员之一。这一时期的一份研究领域杰出人士名单，见证了知识的非凡发展和科学研究日益增长的重要性：胡克——他与荷兰人惠更斯分享了发明复合显微镜和彻底改变了钟表制造业的棘轮装置之荣誉，还构想出了一种飞行器，并声称自己提前预见到了牛顿引领这一运动的伟大发现；反射望远镜的发明者格里高利；博物学家、系统植物学和动物学的先驱约翰·雷；提出行星运动理论的沃德；身兼学者-科学家-数学家于一身的全才巴罗；通过观测而彻底改变人类对月球和潮汐认识的哈雷。他们都为科学事业的发展贡献了自己的天才。

在医学方面，"英国的希波克拉底"、洛克的朋友西德纳姆摆脱了两大医学思想流派的束缚，由于他对"疾病的自然史"、对具体疾病具体治疗的坚持，让治疗术与其所在的阶段相契合，这在某种意义上为现代治疗法奠定了基础。

除此之外，列文虎克还发现了诸如酵母细胞以及眼睛、细菌、精子和原生动物的构造等与众不同的现象，还有著名的显微镜学家之一马尔皮基的努力，他与列文虎克一道完善了哈维的工作。因为通过对毛细血管的发现，马尔皮基使血液循环——哈维已经使其"成为一种逻辑上的必然"——变成了组织学上的一种必然。

在独创性天才的各种表达中，有两种情况是显而易见的。首先是化学领域一种新理论的发展，这一理论注定会主导化学学科的思想近一个世纪。燃素说由贝歇尔提出，在他的同胞施塔尔那里得到了充分发展。这一学说认为所有物质都含有两种元素，一种是燃素，它是易燃的；另一种是不能燃烧的。这一学派的理论建立在炼金术而不是化学的基础之上，燃素说是从旧有的基于燃烧的物质分类中提出或衍生出来的，它以某种方式在许多科学领域尤其是在地质学中，一直发挥着相当大的作用。直到18世纪将要结束时，人们才从古老炼金术最后也是最成功的努力中转变过来，给予了它在现代思想中的地位。

第二种进步建立在更正确的理论之上，主要表现在数学和天文学上。这一领域的伟人有英国的牛顿和德国的莱布尼茨。牛顿的《自然哲学的数学原理》甚至成了这一时期一种新的科学信仰之福音书，他通过长期观察和大量计算建立的万有引力理论，标志着自哥白尼以来宇宙及其规律知识方面最伟大的进步。因为在牛顿的手中，早期天文学家的贡献得以最终结合在一起。哥白尼已经认识到了地球围绕着太阳旋转，开普勒发现了地球的轨道是椭圆形的，伽利略探知了自由落体定律。牛顿把所有这些知识融入万有引力理论之中，这一理论阐释了太阳系的形成，并为人类了解无限宇宙的规律提供了线索。

除此之外，牛顿还增加了另一个知识进步要素，即微积分或流数法的发展，他与莱布尼茨共同分享了这一荣誉。要将以数学语言表达概念的方法用书面语言表达出来，是很不容易的，也许是不可能的，因为这些概念，就像化学公式一样，形成了一种几乎无法翻译成文字的语言。说"莱布尼茨因为引入符号$\int$和dx而应获得最高荣誉"，或者牛顿的最大贡献是发明了$\bar{x}\,\bar{y}\,\bar{z}$，对于一个不精通以这种符号来表达其思维过程的人来说毫无意义。要以非数学思维所能理解的术语来定义微积分，似乎是不可能的事情。

但这一点是显而易见的，即使对那些因为无法理解高等数学——这门新学科研究的是极限内变化的概念以及以曲线增长率为例的无穷小元素——的错综复杂之处而抱有偏见的知识分子来说，也是如此。因此，它使人们第一次可以定量地考察天体的运动和热的运动等问题，并通过一次操作就能快速而容易地得到诸如圆的容度和应力的计算等结果。在此之前，这些结果只能通过漫长而烦琐的计算才能确定。数学运算向无穷小领域的扩展，使"精确科学"进一步向想象力开放，并为想象力提供了一个极大扩展它的知识优势和实际应用的动力因素。

其他发现也强调了这一点。因《南特敕令》的废除而被赶出祖国的法国人棣莫弗受到牛顿的影响成为一位大师，并在牛顿工作的基础上，将三角学应用于虚量。此外，牛顿本人还发现了二项式定理，并进一步发展了方程理论。在这些发现的基础上，再加上其他一些虽不引人注目但颇有实用价值的贡献，数学发展的第二个辉煌时期达到了高潮。

希腊人的算术和几何知识，以及阿拉伯人的命数法和代数发明，在中世纪后期被引入欧洲。从那个时期起到17世纪末，代数学和三角学的发展，解析几何和对数的发明，标志着现代数学的开端。现在，在牛顿、莱布尼茨和他们同人的努力下，科学进入了另一个更大的发展阶段；数学科学的潜力仍然巨大，它表明了自己不仅是人类实际事务中最活跃的动因之一，而且还是知识扩张的最富有成果的领域之一。

虽然这一时期数学科学的进步是明显的，并以"人类思维在精确知识领域的最大胜利"——"对原始规律的数学解释"——为一个半世纪的思考和计算画上了圆满的句号，但纯知识的发展并不是科学复兴的唯一显著特征，而英国也不是唯一一个致力于科学复兴的国家。事实上，英国的地位是首要的，但并非是至高无上的。

在法国，意大利人卡西尼在天文学上的造诣——他测定了星曜的成熟时间——使这个国家在探索宇宙奥秘的运动中占有一席之地。在荷兰，将伽利略的想法发展成摆钟的惠更斯与胡克分享了发明钟表棘轮装置的荣誉，并为他的学生牛顿在加速力研究方面的成功做出了贡献。他用望远镜发现了土星的光环和第四颗卫星，他制造的望远镜标志着光学发现新阶段的开始。他发展了光的波动理论，其主张彻底改变了整个光学研究，并对所有科学思想和实践都产生了不小的影响。

与此同时，在德意志，莱布尼茨以文学和神学为起点，并延伸至语言学和哲学领域，他因遥遥领先及多方面的天才为他那个时代的智力成就做了总结。他与牛顿就微积分这一强大数学工具的发明权发生了争论，微积分使人们能够用一种通用的方法解决几何和物理学中最困难的问题。此后，他着手研究作为这些伟大科学成就的结果而摆在欧洲人面前的那些最令人困惑的问题。

它们与启示宗教有什么关系？它们怎样才能与旧的上帝学说、创造学说以及神直接干预指导人类和自然事务的学说相调和？在精神和物质、身体和灵魂之间的联系方面，它们是如何被考虑的？他完成了从神学开始，又转向科学，并通过哲学再回到神学的循环。对于他和他的许多同人来说，似乎有必要把科学和宗教这两种明显矛盾的主张以某种方式结合起来。

他的"单子理论"介于笛卡尔的二元论和斯宾诺莎的一元论之间，认为具有个性的元素能够感知和反抗。在这些单子中，上帝是最主要的，人的灵魂是构成人的复杂单子中的一个独立单子。在他那有点荒诞的哲学中，上帝已经在这些不同的元素中建立了一种和谐，将它们融合在一起，就像心灵和身体一样，成为"绝无谬误的调和"。

这是人类思想在一个世纪内第三次试图为旧神学和新知识之间的明显冲突寻找合理的解释。这种迅速发展的思辨哲学，寻求对宇宙和人类做出理性或形而上学的解释，已经在神学问题上与（上帝的）启示论分道扬镳了。但它的能量并不局限于协调宗教信仰与科学知识这一任务，它同样致力于解释心灵本身的现象。在确定人类思维过程和能力的努力中——这不仅是生理学家在确定身体各部分的功能方面工作的一种延伸，而且是精神和物质关系方面，以及在某种意义上的有限和无限之间关系方面的更为微妙的问题——他们逐渐发展了被后世称为心理学的研究。

这是那个漫长过程中不可避免的高潮，这个过程缓慢而稳定地将所有的思想、物质和活动领域都纳入人类研究的范围之内。有了思辨哲学，人们认识到智力不是一种偶然的属性，而是一种为人类服务的独立而有力的工具；同时，思辨哲学也成为科学家和启示论者争论的主要领域之一。

七

这一科学进步远远超出了理论范畴。如果说17世纪的最后几十年，因数学和天文学的进步以及准备挑战长期控制人们思想之教条主义的新思想学派的发展而令人瞩目，那么，它们同样会因为人类的物质资源在发明领域的扩张而得到铭记。在每一个方面，人类的聪明才智都被激发出来，这一时期，我们不仅实现了科学仪器的改进以及人类知识和智力的扩展，而且还发明了许多对日常生活很重要的装置。

尤其值得注意的是，由于建造方法的改进，尤其是天文学和时间测量知识的增长，航海技术取得了进步。借助于钟摆和棘轮装置的原理，钟表的精确度越来越高，使用范围越来越广，这表明了欧洲人与世界其他民族对时间及其测量方法的不同关注方式。第一套潜水服方案在另一个方向上扩展了人类的能力。水车是古老的动力来源，英国人巴克尔和德意志人施普伦格发展出了它的新形式，水车的改进显示了另一条使欧洲人不同于其他民族的进步路线。排水系统的发展，尤其是在荷兰和英国，增加了大片可耕地，扩大了欧洲人的可利用资源。最后，运河的改进和建造，再次从荷兰扩展到了欧洲大陆，这标志着自罗马帝国灭亡以来交通运输的第一次进步。

另一种装置几乎立即加入其中，它沿着将要变革世界的新路线发展着，为欧洲增加了另一种资源。当路易十四最后一次谋划将自己的意志强加于欧洲大陆时，英国人进行了第一次成功的尝试，将水火两种力量融合成了一种新的动力源。

在《里斯维克和约》签订那年，一个叫托马斯·萨弗里的人获得了一项蒸汽驱动的泵发动机专利，这可能是受到了伍斯特侯爵《发明的世纪》的启发。托马斯·纽科门改进了这个简陋的装置。尽管它的设计者可能"既不是理解其原理的哲学家，也不是能够计算出零件功率和比率的数学家"，但是，他的"幸运意外"使他能够把这个人类历史上到当时为止所能掌握的最强大机器的雏形交到人们的手中。

这台"旨在用火提水"的抽水机器——在后世得到了完善——恰好为一个标志着伟大科学运动高潮的时代加冕。 这些同人文主义和专制主义一样，都起源于15世纪，现在进入了一个认为科学和发明的成功与民主政府的胜利同等重要的时代。

与蒸汽机和工业发展密切相关的是燃料的问题。在17世纪末或18世纪初的一段时间内，煤的更广泛使用，标志着现代工业与先前时代之间的巨大变化。这是一件对全人类都至关重要的事情。

一开始，人们使用木头或由其制成的木炭来提炼最有用的金属铁以及铸造铁器制品。只要木材便宜且丰富，就足以满足他们冶炼矿石和加工金属的需要。但这种做法有个缺点：它将冶铁业限制在那些能够获得这种燃料的地区，而且供应相对有限。随着时间的推移,这些障碍变得越来越大。人口的增长同时增加了对燃料和铁的需求,而木材的供应却以同样的比例减少了。

几个世纪以来,煤的使用在取暖和一般家庭用途中相对普遍,但它被认为是不健康的,它的工业功能几乎可以忽略不计。然而现在,木材的短缺,对更多铁的迫切需求,再加上人们对机械装置的更多关注,几种因素结合在一起,亟须一种木炭的替代物。在冶铁业中更大规模、更切实地使用煤炭,很可能始于英国。而后,冶铁业很快就蔓延至整个大陆可以获得煤炭的地方。

虽然几代人都不把煤等同于它所取代的燃料,但煤的使用方法上的许多细微改进逐渐完成了一场金属生产的革命,这种金属在后世的无限应用,将一个木头的世界变成了煤和铁的世界。

八

这种转变——尤其是在英国——还伴随着另外两种从广义上讲属于社会组织化的现象。它们帮助完成了该领域长期需要的重新调整。17世纪非凡的商业和工业发展的标志——正如所有此类运动的标志一样——是思想和实践领域的变化,这里的思想和实践不仅指商业世界的思想和实践,还包括国家治理的原理和方法的思想和实践。

有价证券或股票制度起源于安特卫普,它的发展——尤其是在荷兰人当中——彻底改变了商业和工业投资的整个基础。审慎的人口统计系统,尤其是出生和死亡统计系统的发明要归功于荷兰政治家约翰·德·维特,那是人寿保险发展的基础;英国人配第汇编了关于国民财富和福利的数据,他称之为"政治算术",这不仅成为统计的基础,而且成为税收和大部分行政管理的基础。法国财政大臣柯尔贝尔认为必须使用旧的关税制度来鼓励国内工业的发展,也就是我们现在所熟知的保护性关税。

这种权宜之计——其作为一种国家政策得到发展肇始于17世纪后半叶——受到了一种经济学说的强化,这种经济学说迅速发展成为一种长期主宰欧洲商业和政治之思想和实践的理论,直到今天还没有完全消亡,它被称为重商主义。**重商主义在18世纪成为大多数欧洲国家的指导政策,不仅在贸易领域,而且在公共事务、民族、国际和殖民领域都产生了深远的影响。**

它主要基于这样一种谬论,即财富,尤其是国家财富,只能用贵金属来衡量。另一种同样谬误的观察进一步加强了这种观点,即当西班牙和葡萄牙从其海外领地获得巨大收入时,它们是强大的,而这没有考虑到削弱西班牙实力的是其国家活力和国内经济的衰退,而不是来自美洲的收入减少。

托马斯·孟的小册子《英国得自对外贸易的财富》推动了这一学说的发展;其结果是将政治家的注意力引向旨在保持或增加国家金银储备的措施上。这一原则发展到如此的高度,以至于在海外进行贸易的公司长期以来都被迫提供担保,以保证他们能带回与其取走的金银数量相同的贵金属。

虽然这些所谓重商主义学说在不同国家和不同时期的应用各不相同,但它们在鼓励国内工商业发展——尤其是出口——和抑制进口方面是相同的。在有关条约的谈判以及海军和商船队的发展,尤其是可以获取原材料和出口制成品的殖民地方面,它们同样引人注目。简而言之，它们追求商业和工业的独立自主，高度限制交流。这样一个体系，所有同时从事制造业和贸易的国家显然不可能维持它，它有自己的长处，同时也有自己的弱点。

重商主义以牺牲国际关系和友谊为代价，极大地增强了民族精神。它不仅限制了商品的交流，也限制了思想的交流，并且发展出了不同于一般欧洲国家的民族特性。最后，正如历史所证明的那样，它常常使海外的欧洲人与本国政府疏远，从而加速了欧洲世界的大分裂。

与此同时，欧洲人——尤其是英国人——的生活发生了另一个巨大的变化，那就是那些我们称之为"俱乐部"的社会组织的建立。它们都是，而且在很大程度上仍然是，盎格鲁-撒克逊人性格的特殊产物。事实上，这个想法并不新鲜。古典世界，尤其是罗马世界，已经有了这样的组织，尽管与现代的形式并不完全相同。一直以来，人们基于精神上、智识上、商业上的共同目的而形成的联系，孕育了各种形式的社团。但是，随着城市生活的兴起和由此产生的"人群中的孤独"的特殊情况，社交本能开始在这种为其成员提供聚会场所、舒适生活和融洽交往的组织中显现，在伦敦尤为明显。

俱乐部的最初形式与上一代人建立的大量咖啡馆有关联，最早的组织是极度松散的。但随着它对个人的好处以及对盎格鲁-撒克逊男人天性的特殊吸引力而逐渐得到承认，从而迅速发展了起来。在一代人的时间里，俱乐部已经发展成为英国上层社会生活中的一个重要元素。

随着时间的推移，俱乐部从英国慢慢传播到了其他国家；虽然它从来没有像在自己的起源地一样在其他国家生根,但它仍然会成为世界各重要国家群体生活中的永久性成分。后来的一代人将看到这一事物以不同的形式转移到法国。在那里,它将发挥出比在英国本土更大的政治作用,并成为推翻路易十四精心构建的专制传统的重要因素。

调查和实验精神以许多不同的形式表现出来。无论是在经济学和心理学的奠基上,在万有引力理论的阐述上,在国家财政的建立上,还是在议会政府的胜利或蒸汽机的发明上,调查和实验所发现的新力量和能力,并不亚于新的理论和装置。从另一个角度看,调查和实验与资本、商业和殖民地日益普遍的影响一起,使路易十四时代变成了科学和发明、理性主义、民主政府和重商主义的时代,而不仅仅是一个王权主义、民族主义和王朝利益强化的时代。

如果一个人能够预见一代人之后的情景,他也许可以从这些力量的发展,而不是更壮观的军事和外交事务中看出,**旧秩序的辉煌胜利只不过是它在新的社会元素面前衰落的前奏**。无论1661年到1678年之间的路易十四时代被称为什么,很明显,从1678年到18世纪初这段时间,以威廉三世的名字来命名似乎更合适。因为,正是他所代表的英、荷精神和实践,在更平等的条件下与路易十四的体系相遇。如果说路易十四使得专制主义治国术的力量达到了顶峰,那么,威廉三世则站在了一个更伟大时代的起点上。

九

在政治理论和实践领域,有一个因素最突出,这就是民主政府的原则。在过去的五十年里，这一原则在英国得到了最充分的体现。它是政策和议事程序长期发展的产物。这是中产阶级日益壮大的结果，也是哲学思辨的结果，这为他们在公共事务中占据决定性份额的主张提供了政治基础。这同样也是出于对历史先例和法律的忠诚，而这是盎格鲁-撒克逊人一向具有的特点。

人们注意到，它同时受到律师活动的刺激和强化，律师们在国家事务领域找到了施展其才华和理念的机会，而这对他们的大陆同人来说几乎是不可能的事情。

在某种程度上，律师活动的复兴和现代公法的出现在整个17世纪的欧洲大陆上是很容易看到的。但在那里，它走了一条有些不同的道路。这里的法院和律师得不到像英国那样的一种势不可当的公众情绪的支持，专制国王的权力对于他们来说太过强大了，他们无法对国内事务产生太大影响。

不过，从格劳秀斯开始，欧洲已经开始形成那些指导国家间关系的原则；除了那个世纪耀眼的外交策略和外交官群体的崛起，国际法也在迅速成型。格劳秀斯继承了萨克森法学家普芬道夫《自然法与国际法》的思想，继续发展这位前辈所奠定的学说，并增加了英国政治哲学家霍布斯所阐明的原则，"从对人类本性的研究中发展出一个具有普遍和永久适用性的法学体系"的努力，基础是他所认定的法律的三个来源，即理性、旧的民法和神的启示。

他更进一步，不仅把基督教诸民族，而且把非基督教诸民族都包括在共同人性的纽带中，并且预言了后世的圭臬，即国家的意志不过是组成国家的个人意志的总和。

他的工作代表了17世纪后半叶的另一个发展特征——与主宰欧

洲近二百年的法国法律传统决裂的趋势。从意大利法学家阿尔恰托应弗朗索瓦一世之邀在法国定居，并开始其漫长的教学生涯——这使他的接纳国成了欧洲法学的中心，并使加尔文成为他的学生——开始，法国在法学领域至高无上的地位已是公认的事实。"高卢（法律研究）风格成了法学界的时尚"，直到17世纪中叶，这一传统才开始衰落。其衰落的早期证据是普芬道夫的工作和那些英国判例汇编的出版，这些判例汇编的数量和重要性都急剧增长。

然而，即使法国的法学声望变小了，它依然得到了发展。路易十四治下法国的全面重组包括法律领域；多马和他同人的努力巩固和系统化了法国的法律和程序，使之更加统一和有效。这种收集和编纂当时在欧洲流行的各种法律制度的整体过程的完成，意味着现代法学终于奠基了。即使这些年里没有其他方面的发展，单这一点也使这个时代变成了欧洲历史上一个值得关注的时期。

这个过程自然是曲折的，也绝不是一劳永逸的，但正如在其他许多领域一样，这个领域的发展证明了，为一个忙于解决生活里的——它几乎在每一个具体方面都不同于主宰欧洲两个世纪的模式——各种问题的社会，寻求新的信仰和行为基础的普遍趋势。

随着普芬道夫的出现，欧洲不仅在法律上，而且在政治哲学上也有了进步。当欧洲大陆的律师们献身于他们的职业实践时，他们坚守着源自罗马文献的旧民法典，这些法典随着一代又一代人的发展，根据他们自身所处环境的眼前需要有所改动，但在原则和诉讼程序方面几乎没有变化。普芬道夫几乎是独自一人对英国律师们极为关心的法学和国家概念的进步做出了贡献；因此，他成了大陆法学家的典范，大陆法学家的工作足以与英国律师们的政治活动相媲美。

事实上，大陆法系与英国法系不同，大陆法系不重视法庭实践制度，这种制度通过陪审团制度，将所谓平民因素引入法律程序。与大陆法系相比，英国法系不重视立法机关颁布的法律。在这一点上，就像在许多其他方面一样，欧洲世界明确分成了大陆和盎格鲁-撒克逊两种发展路线。

路易十四和他的国王同人坚持的格言"君主的意志是最高的法律！"，在大陆法中几乎是普遍流行的观念；而这句格言与英国法律中的格言——"人民的利益是最高的法律"——之间的对比最能说明在公共事务中运行的不同原则了。**在这种矛盾中，隐藏着终极冲突的预言。**

最终，英国人约翰·洛克的天才为这一漫长的进化过程画上了圆满的句号。他在精神哲学和政治哲学方面成为一个新思想学派的先知，并逐渐得到了认可，并在欧洲思想领域占据了主导地位。他的重要著作《人类理解论》发表于英国革命那一年（1688），这是一个非同寻常的巧合。此外，作为沙夫茨伯里的朋友和秘书，他被迫流亡荷兰，从某种意义上说，他成了曾在荷兰避难的笛卡尔和斯宾诺莎的同路人和继承人，这个国家一直是自由和个性的捍卫者，反对从腓力二世到路易十四的一切专制和极权主义势力。

在洛克看来，伟大的指引者应该是理性。他谴责那些形而上学者的活动，他们在努力理解宇宙及其创造者的过程中，把他们的思索推到了人类智慧无法企及的地方。他反对那些教条主义者的努力，这些人会用他们对启示的信仰扼杀所有的调查研究活动。他否认"先天"观念的学说，主张"经验论"；他认为经验是观察和反思的结合。他宣称，灵魂是一块"白板"，逐渐被生命的活动所书写。与既定的概念相反，他提出了相对概念、概率和推定的学说，例如必须面对生活在现实世界中的真实的人。

的确，他的工作使我们更接近心理学了，它将是哲学的下一个进步方向。他就是这样处理重大的社会和政治问题的。在这里，就像在其他一切事物中一样，他热爱秩序和有用性，尤其热爱理性。正如他的《论基督教的合理性》在某种程度上代表了他的宗教态度一样，他的《论宽容》和《政府论》也注入了他哲学思想的精神，表达了他的政治观点。简而言之，这些都与公民自由学说有关。

从霍布斯的立场出发，他成了国家事务和信仰事务里个体的捍卫者。在每一个领域里，他都运用理性，在这种理性中，他同时发现了自己信仰的主要表达方式，以及对抗非理性的权威——无论是在政治事务中还是在教会事务中——的主要武器。

不可避免的是，他对菲尔默提出的"君权神授"之类的学说抱有充分的敌意，而且在他对政治思想的贡献中，首要的便是对《父权论》的攻击。同样不可避免的是，当时集结力量反对专制政治和教条主义的每一个思想学派都能从他的学说中得到力量。他反对那种放弃了神秘主义的一切元素并倾向于无神论的自由主义，就像他反对建立在纯粹启示教条上的党派一样。他既是拥护君权神授党派的对手，也是那种否认一切政治权威并倾向于无政府主义的党派的对手；因此，这位"理性的使徒"促成了从那时起就寻求在各个领域扩展理性基础来对抗权威的那些人的成功。就这样，他成了改革和不久之后的大革命的预言家，这场革命摧毁了以法国国王为主要代表的政治学派之原则和实践。

当17世纪接近尾声时，在哲学和宗教思想领域，在关于政府的理论和实践方面，这个问题就以这样的方式在旧的学派和新的学派之间结合起来；与此同时，人类的资源中又增加了新的力量元素。这是历史学家们的常用手段，他们努力让不情愿的读者从战争世界中更激动人心的事件、外交官精心策划的方案以及船长和国王们令人惊叹的征服探险中摆脱出来，以突出这些由科学家、发明家和思想家构成的乏味编年史的更大意义。

对于大多数人来说，任何文学艺术的吸引力都比不上战争的失败和胜利、导致胜利或失败的精彩计谋以及无穷尽的人类悲喜剧，它们的冲突构成了人类兴趣的永恒主题。这项研究永远无法与作为历史主题的战争相竞争。

十

然而，以更广阔的视角来看，这些人类共同事业的无名领袖，参与了针对愚昧和黑暗势力的重大冲突，这些自由捍卫者与那些信奉教条主义和专制政治的人，以及新知识和新权力的发现者之间的斗争也同样是令人激动的事情，对进步事业的重要性也远远超过政治家和将军们的所有辉煌胜利。因为正是他们所拥护的事业，他们所维护的利益，才使这个我们称之为"我们自己的世界"成为现实。正如那位德意志哲学家（普芬道夫）所言，世界历史的目标是世界共同体的成长，这个共同体追求一个共同的目标，也是人类的终极目标，即知识和美的创造与传播。

这些光明力量的先驱们深入世界权力的宏伟大厦——它是路易

十四在自己统治鼎盛时期耸立于人们眼前的——之中,从知识和能力、民主政府以及思想自由方面挖掘坑道。那座大厦仅维持了不到一个世纪就倒塌了。它的倒塌,正如在它的位置上出现的新建筑一样,要归功于这些思想领袖们的辉煌成就。欧洲人真正进步的下一个要素来自于他们的努力,而不是那些令世人瞩目的功绩。

第二十九章
西班牙王位继承战争与欧洲的重组

1700—1720

一

人们已经注意到，许多能够将连续历史时期区分开的明显差异，与其说是来自目标上的实际分歧，不如说是来自表达方式的变化。一代人所认为的宗教事务经常被另一代人称为政治事务，或许还会被另一代人认为是社会事务。但是，即便如此，术语上的变化也表明了人们普遍情绪的某种转变，这种转变伴随着或预示着精神或目标的真正改变。

从三十年战争时期开始，欧洲大陆政治发展的一个显著特征就是法国和瑞典崛起为欧洲体系的主导性力量。它们阻止了哈布斯堡王朝的领地变成一个真正的政治单位。法国完成了英国和荷兰所开启的摧毁西班牙霸权的工作。瑞典和德意志北部的新教徒限制了奥地利对欧洲东南部的影响。他们的行动配合了已经摧毁西班牙和葡萄牙海外垄断地位的英国人和荷兰人,并在许多方面以自己的优势取而代之。

此外,在17世纪,甚至在三十年战争结束之前,"天主教"和"新教"两个词在政治上的影响力就已经开始减弱了。到路易十四统治中期,君主和民众在欧洲事务中的狂热野心仍然很明显,这不可避免地会导致全面战争的再次爆发。但这些野心无论在名义上还是事实上,都不再是宗教性的了,它们是民族性的,尤其是王朝性的,它们受到了上个世纪所发生变化之结果的影响。

这些变化影响广泛、意义深远。在一百年的时间里,欧洲大陆慢慢向一种政治结构转变,这种政治结构的轮廓相比16世纪的政治结构,更为现代人所熟悉。从那时起,欧洲就形成了一个形式和性质都相当稳定的强国集团;作为政治和军事群体拥有更高的组织性,更清楚自己的生存和处境,以及与邻居的关系;并为维持或扩大自己的权力做了更好的准备。

此外,除了个别例外,这些强国都受到王室的控制,受到"高级政治"精神的鼓舞。这些使得战争和外交成为生活中的主要事务。它们受到少量我们称为"民族主义"因素的影响,并决心以领土和臣民的总量来彰显自己的广大。它们的对抗引发了欧洲下一阶段的动荡,而动荡的爆发无疑标志着公共事务另一个时代的到来。

作为民族王国的西班牙、葡萄牙、法国、英国、荷兰与德意志及意大利的诸侯国、瑞士共和国以及哈布斯堡王朝,在激烈的政治活动所相伴的竞争、纠葛和变革中,从大西洋到奥得河和多瑙河中游,形成了一个相当明确的、受到普遍承认的体系。

除此之外,很多东西都是不确定的。多瑙河下游仍然是土耳其帝国与其敌人相互争夺的地方。波罗的海诸国维持着不稳定的平衡,瑞典的优势地位在各个方面都受到挑战。丹麦的自命不凡、波兰岌岌可危的处境、勃兰登堡的崛起、俄罗斯巨大而模糊不清的野心,这些因素结合在一起,威胁着东欧的和平,并表明欧洲大陆的这一地区将要成为一处争夺政治霸权的大规模竞技场。

与此同时,更主要的乱源——古老的哈布斯堡王朝与波旁王朝之间的宿怨,加上新崛起的海上强国英国、荷兰与法国之间的冲突——都预示着欧洲战争的另一个时代的到来。

二

这就是《里斯维克和约》签订后欧洲大陆的局势。这份和约甫一签订,就有两个同时发生的事件威胁到欧洲的和平。一个是西班牙王位继承问题,这个问题不仅牵涉到欧洲的未来,而且关系到它在海外大量领地的未来。另一个是在瓦萨家族的最后一位重要人物卡尔十二世的推动下,瑞典势力突然复兴,以及随之而来的恢复昔日霸权的努力。

其中,第一个问题具有更直接的意义,波及范围也更广。从表面上看,情况很简单。西班牙国王卡洛斯二世是西班牙哈布斯堡王朝的最后一位继承人,他没有子嗣且生命垂危。为了争夺他的遗产,出现了三位野心家,即路易十四、利奥波德一世和巴伐利亚选帝侯,每个人都基于血统和不同程度的功绩提出了自己的主张。

如果没有其他情况使问题复杂化,王位继承问题很可能已经通过外交手段解决了。但是,这个问题并不像看上去那么简单,因为它与其说是法律问题，不如说是政治问题。海上强国英国和荷兰都不愿意看到西印度群岛落入法国或奥地利之手；路易十四同样反对查理五世帝国的复兴；而利奥波德一世也不愿意波旁王朝取代哈布斯堡王朝获得西班牙王位，不愿让法国势力越过比利牛斯山。

在局势走向战争时，路易十四和他的外交官们采取行动，通过谈判来维护法国的利益，避免大范围的冲突。结果，在《里斯维克和约》签订一年之后，所谓《第一次瓜分条约》（又称《1698年海牙条约》）签订了。根据其条款，西班牙、西印度群岛和西属尼德兰分给了巴伐利亚选帝侯；米兰分给了利奥波德一世的儿子查理大公；那不勒斯和西西里、托斯卡纳的港口以及吉普斯夸分给了法国王太子。

如果卡洛斯二世同意这种分割，欧洲可能会免于战争。然而，由于没有征求他的意见就擅自处置了他的领地，他感到愤怒，在得到英国和荷兰的支持后，他选择了年幼的巴伐利亚选帝侯作为他唯一的继承人。但是，这位年幼的选帝侯突然死了。

法国又开始了密谋，在17世纪的最后几个月，一项新的瓜分条约把西班牙和西印度群岛分给了查理大公；那不勒斯、洛林和西西里分给了法国王太子；米兰分给了洛林公爵。现在受到宫廷亲法派和法国使者影响的卡洛斯二世再次出面干预，把他的土地赠给了路易十四的孙子，即安茹的腓力。然后，他死了，给欧洲留下了一场可怕的战争。

当时，路易十四还是犹豫了片刻的，然而，建立盖世王朝的冲动太强烈了。他接受了这份遗嘱，宣布他的孙子为西班牙的腓力五世，并把他送到所继承的领地，准备迎接战争。与此同时，流亡的詹姆斯二世去世了，路易十四承认他的儿子为英国国王。就西欧而言，冲突已不可避免。

简而言之，这些就是导致另一场灾难的长期而激烈的外交斗争的基本情况。欧洲立刻变成了一处大战场。与英国、荷兰和奥地利的大同盟相抗衡的是法国、萨伏依、科隆和巴伐利亚。尽管随着战争的开始，威廉三世就去世了，但三位肩负重任的领导者，英国的马尔伯勒、萨伏依的欧根亲王[1]和荷兰受雇者海因修斯，被证明是当之无愧的继任者，他们成了路易十四的强劲对手。

在血腥的十年里，整个西欧，除了人们争夺的战利品——西班牙——都感受到了战争的压力。从布伦海姆之战开始，马尔伯勒和欧根在那里打败了法国人和巴伐利亚人，到马尔伯勒在拉米伊的胜利、欧根在都灵的胜利，再到他们在奥登那德共同战胜了法国人，战争的头七年法国深受打击。事实上，查理大公无法与他在西班牙的对手（腓力五世）相抗衡，因为后者在西班牙很受欢迎，但欧根的胜利摧毁了法国在意大利的势力，让他控制了伦巴第。英国人席卷了西属尼德兰，占领了直布罗陀，开始了掌控这个地中海锁钥长达两个多世纪的岁月。

随着奥登那德灾难的降临，加之随后的严冬进一步削弱了法国的力量，路易十四开始寻求妥协。他同意西班牙向查理大公投降，将边境要塞交给荷兰，将斯特拉斯堡和布莱萨赫交给神圣罗马帝国皇帝，承认安妮为英国女王并把斯图亚特的继任者驱逐出他的国家。但是，当同盟国最后要求他将自己的孙子腓力五世赶出西

---

[1] 效命于哈布斯堡家族，为神圣罗马帝国元帅。——编者注

班牙的时候，他失去了耐心；法国响应了他的呼吁，战争再次爆发。但命运仍然与他作对。马尔伯勒和欧根在马尔普拉凯压倒性的胜利大大抵消了腓力五世在西班牙的胜利，路易十四最终不得不同意派出军队支持查理大公与自己的孙子作战。

随着这最后耻辱的到来，形势开始逆转。在英国，托利党取代了辉格党，马尔伯勒下台了。在奥地利，皇帝约瑟夫一世的离世让查理大公登上了哈布斯堡家族的皇位，并重新唤起了人们对查理五世帝国的恐惧。在低地国家，摆脱了那位才干过人的英国公爵的法国人开始取得胜利。随着战争的天平向有利于路易十四的方向倾斜，各方再次寻求和平。战争爆发十二年后双方缔结的《乌得勒支和约》以及次年的《拉施塔特和约》和《巴登和约》，使欧洲重新恢复了和平。它们终结了路易十四统治欧洲大陆的重大尝试，也暂时终结了法国的欧陆霸权。

通过这一系列和约——自《威斯特伐利亚和约》以来最重要的条约——英国确保了新教徒的王位继承权，获得了北美的纽芬兰、哈德逊湾和新斯科舍、地中海的直布罗陀和梅诺卡岛，以及所谓"阿西恩托"（向西班牙殖民地供应奴隶的专营权）。荷兰获得了驻防从菲内斯到那慕尔的边境要塞的权利，并摧毁了敦刻尔克的法国要塞。奥地利获得了西属尼德兰、那不勒斯、撒丁岛和米兰，以及在《里斯维克和约》中确立的地位。西班牙保住了它的国王，并调整了与葡萄牙在南美洲的边界。勃兰登堡被重新命名为普鲁士王国，并获得了纳沙泰尔和格德司部分地区，作为对它放弃奥兰治的补偿，而该地则被纳入法国的版图。

在他所剩下的最后一点野心的激励下，以及他的孙子的认可下，路易十四保留了里尔及其周边地区。西班牙和神圣罗马帝国之间的战争仍在继续，前者试图夺回在意大利的领地。六年后，法国、英国、荷兰与神圣罗马帝国为了维护《乌得勒支和约》的条款结成了四国同盟，迫使萨伏依用西西里岛交换撒丁岛，而它的统治者也由此获得了国王头衔；作为对神圣罗马帝国皇帝承认西班牙波旁王朝的回报，后者放弃了他们对西西里岛和撒丁岛的权利主张。

这就是在18世纪头二十年里将整个西欧卷入其中的大冲突的结果——在西班牙，波旁王朝取代了哈布斯堡王朝；在意大利，哈布斯堡王朝取代了波旁王朝；西属尼德兰转移到奥地利手中；路易十四主宰欧洲大陆的野心破灭了。《乌得勒支和约》签订两年后，使法国在财富和力量上都濒临崩溃的"伟大君主"去世了。他的功业，除了阿尔萨斯和一些边境要塞外，全都化为乌有；他所建立起来的那座金光闪闪的宫廷专制大厦不过是一个空壳。第五次试图将欧洲置于一套特定力量和模式统治之下的尝试失败了。

罗马人、法兰克人、教皇、神圣罗马帝国和西班牙-哈布斯堡王朝没有实现的目标，又一次被证明是不可能实现的，欧洲再次证明了它坚定不移的决心，即把自己的统一建立在一个欧洲文明共同体之上，而不是建立在任何单一国家或信条的霸权之上。多样性的统一和力量的均势再次被证明是大陆体系的支柱。

三

然而，即使是这场充斥了18世纪头二十年的大战，也没有把这一时期在欧洲大陆政治发展中的重要性详尽无遗地展露出来。在路易十四野心破灭的那几年,他的盟友和敌人之间发生了一系列微小的变化,这些变化就像他自己的大规模冒险一样,在它们之中埋下了新秩序和新冲突的种子。

几乎在同一时刻,安妮女王的离世使得汉诺威选帝侯登上了英国王位,史称乔治一世。斯图亚特家族的王位觊觎者,即所谓"詹姆斯三世"试图反击他的对手,但叛乱的失败不仅确保了汉诺威王室的胜利,还确保了议会和新教至高无上的地位,以及它的拥护者辉格党的主导地位。更重要的是,在刚刚过去的大战危机中,英格兰和苏格兰在经历了一个世纪国王领导下的君主联合之后,终于实现了议会领导下的立法联合。

此外,英国还通过重要的《梅休因商业条约》巩固了与葡萄牙的长期联系——结果之一就是,英国人餐桌上的勃艮第葡萄酒被波尔图葡萄酒所取代。在同盟国战胜法国人的那一刻而生效的《联合法案》,旨在平息革命引起的敌对情绪和苏格兰达里恩湾公司破产所引发的怨恨。从此以后,英格兰在很大程度上摆脱了它姊妹王国长久以来的威胁,而苏格兰则以它的部分自治权换取了英格兰财富和权势的可观份额。萨克森选帝侯早已成为波兰国王,汉诺威家族也获得了英国王位,萨伏依和勃兰登堡上升到类似的地位,这些改变了欧洲大陆君主头衔的状况。

但影响远不止于此。从那以后,普鲁士就不断尝试把它的头衔变成事实,把这种新赢得的头衔扩展到日益增长的领土之上,这进一步扰乱了欧洲的平静。波兰与萨克森及英国与汉诺威的君主联合常常会将德意志以外的国家卷入霍亨索伦家族的野心之中。因此,与西班牙王位继承战争更为深远的影响叠加到一起,这些王朝的变化将在另一场同样意义重大的冲突中结出果实，下个时代欧洲世界的命运将取决于这场冲突。

四

当时，另外一系列事件与西班牙王位继承战争一起分去了欧洲诸民族的利益和精力。这些事件都以所谓的"北方战争"为中心。在英国、荷兰、西班牙、奥地利、法国、萨伏依和德意志诸邦将半个欧洲化为战场的那些年里，东欧的局势同样重要，甚至更引人注目；同时，继承了威廉三世与路易十四之间宿怨的个人斗争也使它们愈演愈烈。这就是瑞典的卡尔十二世与他的敌人之间的斗争，他这些敌人中最主要的就是俄罗斯的彼得大帝。虽然东欧的冲突在王朝意义上有所欠缺，但它的波澜壮阔远远超过了波旁王朝和奥兰治王朝的微妙对抗，而且它的传奇冒险和野蛮背景增加了它的悲剧性。

它早期的进程紧跟西欧战争的进程。在《里斯维克和约》签订的那一年，卡尔登上了瑞典王位，彼得也最终控制住了他那些躁动不安的贵族。在起草瓜分条约时，俄罗斯、丹麦和萨克森-波兰签订了一项类似的协议，要从瑞典手中夺取一些省份，这些省份是瓦萨王朝在上个世纪企图把波罗的海变成瑞典内湖时所吞并的。在法国的阴谋导致了卡洛斯二世立下遗嘱和西欧诸国最终结盟的那个夏天，另外一个联盟进攻了瑞典，由此开启了北方战争。这场战争与西班牙王位继承战争同时进行，它决定了东欧的命运，正如路易十四与其对手间的冲突决定了西欧的命运一样。

联盟原以为在一个只有十五岁的少年统治下的瑞典会不堪一击,进而轻松夺取胜利。然而,没有比这更令人失望的期待了。当萨克森人向利沃尼亚挺进、丹麦人侵入石勒苏益格时,卡尔十二世出人意料地在西兰岛登陆,直接威胁到丹麦首都,从震惊的丹麦人那里获得了《特拉温塔尔和约》以及他们的撤军。

然后,瑞典国王率军迅速越过波罗的海,在被俄罗斯人包围的纳尔瓦向俄军发起进攻,并一举将其击溃。此后,他将矛头指向萨克森人,迫使他们解除对里加的围攻;又侵入立陶宛,占领华沙,在连续两次交战中击败波兰人和萨克森人,并使他的波兰追随者斯坦尼斯瓦夫·莱什琴斯基取代萨克森的奥古斯特二世成为波兰国王。他乘胜追击,驱逐了他面前的萨克森人,在马尔伯勒拉米伊的胜利把奥属尼德兰交给同盟国的同时,卡尔十二世迫使奥古斯特二世放弃与俄罗斯的联盟,把波兰王位让给斯坦尼斯瓦夫,并为瑞典军队提供下一次行动的给养。

这一连串目不暇接的辉煌胜利使瑞典少年国王的传奇形象在欧洲广为传播。在西班牙王位继承战争第一个阶段的六年里,卡尔十二世征服和分化了他的敌人,使瑞典的军力达到了自古斯塔夫时代以来从未达到的高度,并恢复了瑞典的霸主地位。在这一成就的基础上,他试图通过征服俄罗斯来使他的成就更为圆满,整个东欧都被这两个强大对手的激烈对抗所吸引。

很少有哪两个国家的领导者像彼得大帝和卡尔十二世之间的差异这样明显了:一个不受道德约束、性情暴躁,却以无限的耐心和深思熟虑的决议来处理公共事务;另一个毫无激情、遵守谨严的个人道德,以令人难以置信的固执追求不可能实现的政治愿景。

第二十九章 西班牙王位继承战争与欧洲的重组

尽管卡尔十二世以非凡的军事艺术，用令人眼花缭乱的快速而巧妙的进攻击败了他的敌人，但他却任由自己对萨克森-波兰国王的憎恶将自己引离了主要目标——粉碎俄罗斯。当瑞典人在波兰和萨克森忙得不可开交时，彼得大帝在涅瓦沼泽中建立了一个新首都圣彼得堡，包围并占领了纳尔瓦，并在他的西欧工程师和军官的帮助下训练了一支军队。

当卡尔十二世从萨克森转向俄罗斯时，他发现向莫斯科进军是不可能的，因为这个国家已经被破坏殆尽。在宣布放弃向俄罗斯效忠的哥萨克首领马泽帕的引诱下，卡尔十二世向南进入了他的新盟友乌克兰境内，他在那里浪费了大量时间和精力围攻俄罗斯波尔塔瓦要塞。在那里，彼得大帝指挥一支势不可当的军队，冲向精疲力尽、饥肠辘辘的瑞典人，打败并击溃了后者，一举摧毁了瑞典的霸权。就这样，通过完全不同的方式，这两个强大的对手来到了他们事业的决定性时刻，其结果反映了他们各自性格的影响。

随后发生的事件使这种对立更为鲜明。当欧根和马尔伯勒在马尔普拉凯击败路易十四最后一支军队并向法国进军时，卡尔十二世逃到了土耳其人那里避难。当马尔伯勒下台和皇帝约瑟夫一世去世使形势朝着有利于法国的方向发展时，卡尔十二世的新盟友挺进俄罗斯并包围了普鲁特河畔的彼得大军，在那里，沙皇只是通过贿赂土耳其统帅才得以幸免于难。《普鲁特和约》使土耳其人夺回了亚速夫，并保证卡尔十二世能够安全返回他的王国。

但是，这位偏执的国王却拒绝离开，在三年多的时间里不断消磨着土耳其宫廷的耐心，而他的对手们则利用他的缺席吞并他的土地。奥古斯特二世将瑞典人逐出波兰；丹麦人虽然没能征服瑞典南部省份，但他们从荷尔斯泰因-戈托普手中夺取了石勒苏益格，以及不来梅和费尔登，并把它们送给了汉诺威以换取它的援助。彼得大帝占领了波罗的海东岸从利沃尼亚到芬兰的瑞典省份；普鲁士人占领了斯德丁；波兰人和丹麦人入侵了波美拉尼亚。

这就是卡尔十二世固执逗留在土耳其所造成的后果。在《乌得勒支和约》签订那年，他回国了，由所有北欧国家组成的针对他的联盟，使他的回归更为引人注目。四年里，在与俄罗斯谈判和远征挪威的过程中——这增加了叛乱的机会，卡尔一直在与敌人抗争，直到一个刺客的枪击结束了他在位期间暴风雨般的灾难性冒险。王位——失去了原来的许多特权——由卡尔十二世的妹妹和她的丈夫黑森-卡塞尔公爵继承。

《斯德哥尔摩条约》和《弗雷德里克堡条约》结束了北方的长期争斗。不久，《尼斯塔德和约》又为它画上了一个圆满的句号。根据条约，瑞典把不来梅和费尔登割给了汉诺威，把斯德丁、西波美拉尼亚和两座岛屿割给了普鲁士，把利沃尼亚、爱沙尼亚、英约尔曼兰和卡累利阿部分地区以及一些岛屿割给了俄罗斯。

尽管瑞典收复了芬兰，与丹麦交换了占领地，并得到了金钱补偿，然而，即便是用它失去的领土来衡量，瑞典的损失仍是无可估量的。波罗的海诸省只有两个仍然为它所有，其余都被夺走，虚弱不堪，名誉扫地，它从辉煌的顶点跌落下来。在《乌得勒支和约》最终恢复西欧和平的那一年，瑞典被逐出了欧洲一流国家之列，它的位置被另一个德意志家族占据，这一时期，欧洲一半的国王都来自德意志诸家族。

五

这还不是困扰了欧洲大陆之战乱恐慌的结束。瑞典国王的冒险活动不仅刺激了哥萨克反抗他们的主人，还激发了土耳其人新的征服梦想。他们在与俄罗斯人的对抗中重新振作起来，再次进攻日趋衰落的威尼斯。他们从威尼斯手中夺取了摩里亚，这是威尼斯在大陆上的最后一块领地；只是在神圣罗马帝国的干预下，它才保住了剩下的岛屿港口。

然而，西欧的和解让奥地利名将欧根亲王有机会对阵土耳其人。在他卓越的军事才能面前，土耳其人溃败了。他在彼特罗瓦拉丁的胜利以及随后对贝尔格莱德的包围和占领，不仅把土耳其人彻底赶出了多瑙河流域，还保护了匈牙利免受进一步攻击的威胁。在随后的《帕萨罗维茨和约》中，威尼斯被迫割让了摩里亚，但它保留了自己在达尔马提亚的领地，而奥地利获得了特梅什瓦尔的巴纳特、贝尔格莱德和塞尔维亚的部分地区，以及西瓦拉几亚或小瓦拉几亚。从那时起，多瑙河流域的这片地区不再是一块有争议的土地，而是对抗日益衰落的奥斯曼帝国的军事前沿。

这些就是18世纪头几十年震撼欧洲大陆的几次大战所带来的主要政治调整。在很大程度上，这些冲突不仅制约了欧洲政治的发展，也制约了欧洲文明的发展。然而，它们并没有完全决定这一进程。

事实上，北方战争在俄罗斯的发展过程中发挥了作用，俄罗斯现在开始积极参与欧洲事务。但是，俄罗斯统治者和他的臣民们的活力并没有被战争的紧急需要所刺激而发生跃升。西班牙帝国从哈布斯堡家族转移到波旁家族手中，虽然注定会产生重大后果，但也没有对它在南美洲的数百万臣民产生足够的直接影响。英国王位的继承权从斯图亚特家族向汉诺威家族的转移几乎没有影响既定的辉格党政策在英国本土或殖民地的延续。一个萨克森统治者登上波兰王位，一个黑森人登上瑞典王位，甚至西班牙将其在意大利的领地让给了奥地利君主。这些事件与欧洲大陆进步的关系远远不如与民众活动的关系更紧密。

在这些方面，有一个明显的例外。在当时重塑了世界的拥有广泛影响力的全部事物中，没有哪个比那些在一个世纪前根本不会被纳入欧洲圈子的国度和社会之发展更重要的事情了。关于君主对历史的影响，没有比俄罗斯彼得大帝更好的例子了。可以毫不夸张地说，随着他对西欧的访问，他的国家进入了欧洲政坛。他采纳了西方文明的价值观，回国后领导臣民进行西方文明的实践探索，努力扩大王权，重组军队。

彼得大帝首先按照西方的方式进行训练、组织和装备陆军，又建立海军作为补充。以皇家委员会取代波雅尔会议或贵族会议，组建了行政部门，划分地方政府，修订税率，改革教会，这些与对商业的鼓励和监督一道，见证了这位沙皇的巨大改革活力。在波罗的海岸边建立新首都圣彼得堡，为进入黑海所做的努力，以及随之而来的与土耳其和瑞典的冲突，正如俄罗斯与西方列强关系的发展一样，都表明了它的统治者彻底变革和扩张俄罗斯帝国的决心。

随着俄罗斯的扩张，欧洲的政府和社会体系开始向一个远远超出其早期范围的新方向扩展。长期以来，鞑靼部落一直在欧洲东部边境上施加压力，然而现在他们面对的是一个新的势力，它虽然仍然受到亚洲的影响，却将要成为欧洲文明打击其古老敌人的前哨和积极进取的推动者。

这种影响很快就扩散到欧洲大陆的疆界之外。俄罗斯探险者和冒险者的活动也产生了同样的影响，远远超出了冲突的边界。在他们的推进中，沙皇的鼓励和科学的推动发挥了同等的作用。17世纪，俄罗斯冒险者出现在堪察加半岛并发现了亚欧大陆最东端。现在，在18世纪第一个十年的末尾，出现了新的进展之迹象。尽管两次探险都未能确定新西伯利亚群岛的位置，但千岛群岛的发现、关于日本的新信息以及鄂霍次克海的勘测，都加强了俄罗斯对堪察加半岛的影响。

在去世之前，彼得大帝又向前迈进了一步，这就是探索那片遥远地区的计划——在那里东西半球几乎连在了一起。就这样，欧洲人通过亚洲向美洲挺进的道路终于打通了。虽然这位沙皇没有活着看到这一幕，但俄罗斯的下一步发展使他的人民越过那分隔东西方世界的狭窄海峡，最终在遥远的北太平洋地区与那些当时正在重塑北美命运的力量建立了联系。

与此同时，西班牙王位继承战争的冲击也以一种特殊的力量降临在那片大陆上，没有什么比这场冲突扩张到海外更能说明欧洲的新统一了。在殖民世界里，西班牙、法国和英国三国的力量是最强大的，三国殖民者之间的对立也是最突出的，因此，这里的冲突也最激烈。《里斯维克和约》结束了这场战争之欧洲战场的第一阶段，而该和约所产生的影响并不比1688年革命前的中立条约更大，殖民地甚至还没等到西班牙国王去世，便看到了欧洲战火的重燃。

六

撒开欧洲不谈，就美洲事务的状况而言，迟早要爆发冲突。《里斯维克和约》刚一签订，英国人和法国人就极力在占领密西西比河河口和殖民路易斯安那的问题上抢占先机。与此同时，在英格兰银行发起人帕特森的指导下，一家苏格兰公司做了一次耗费巨大却徒劳无功的尝试，它试图在达里恩湾建立一个殖民地。这引起了西班牙人的抵制，并导致了一次使英格兰、苏格兰关系急剧紧张的失败尝试，直到这两个国家通过《联合法案》实现合并。

在南美洲，西班牙和葡萄牙又重新爆发了冲突，除了这些新的敌对原因外，肯纳贝克以东的渔场和土地所有权的传统冲突，也为英、法在北美洲的冲突火上浇油。

结果，敌对行动迅速恢复。欧根亲王刚刚侵入意大利，卡罗来纳的殖民者就对圣奥古斯丁进行了一次徒劳的攻击；威廉三世还未入土，新总督达德利就来到了波士顿，他重新挑起了总督和行政机构之间的旧争端，还让新英格兰为战争做好了准备。这些事件奠定了随后十年的历史基调。

法国人牢牢控制了路易斯安那，并向英国边境发动袭击。在新英格兰，伯威克、黑弗里尔和迪尔菲尔德相继被摧毁；在南方，西班牙人和法国人侵入卡罗来纳并威胁查尔斯顿。当塔斯卡洛拉人利用动乱袭击卡罗来纳前哨之时，有一段时间，法西同盟似乎就要在美洲赢得他们在欧洲所失去的东西了。

然而优势最终不在英国对手的一方。虽然来自新英格兰的一支殖民地军队一时没能占领皇家港口，但三年后在英国舰队的帮助下，他们攻克了这个要塞，并将其重新命名为安那波利斯。尽管一年之后对加拿大的远征没有成功，但英国殖民者发现他们在那个地区不再受到敌人的威胁。与此同时，南方殖民地则更具攻击性。西班牙人和法国人被驱逐出卡罗来纳，损失惨重。塔斯卡洛拉人不仅被打败了，还被赶出了自己的家园，逃脱英国人报复的部落剩余成员前往易洛魁人那里避难。

随着《乌得勒支和约》的签订，和平再次降临新世界。阿卡迪亚仍然在英国人手中，"五族"也臣服于英国人的统治之下。殖民者的地位因此得到加强，他们开始完成其他工作。在接下来的七年时间里，他们专注于调节彼此之间以及与印第安人的关系；专注于打击海盗和解决边界争端。在这里，他们依然很成功。在卡罗来纳，印第安人最终被驱入西班牙领地；在那里以及新普罗维登斯，最后残余的海盗和掠夺活动被清除了。事实上，卡罗来纳自始至终都处于风暴中心，西班牙人粉碎这个英国据点的最后努力伴随着一场推翻殖民地政府运动的爆发，北美英国殖民地的历史开启了新的篇章。

七

西班牙王位继承战争的影响，在远离这场冲突的北美甚至加勒比海地区都能感受得到。与此同时，在遥远的南美洲，争夺拉普拉塔河北岸一个据点的斗争再度爆发。西班牙总督从布宜诺斯艾利斯率领一支军队进攻葡萄牙的科洛尼亚据点。摆脱了印第安人袭击之恐惧的耶稣会士离开了他们在索里亚诺岛的据点，前往大陆。有一段时间，乌拉圭——或者当时的人们对它的称呼，东方省——似乎就要落入西班牙手中了。这一希望被《乌得勒支和约》粉碎了，葡萄牙短暂恢复了对科洛尼亚的占领，并计划占领蒙得维的亚。

与此同时，圣菲的克里奥尔人终于战胜了阻碍他们前进达一个半世纪之久的查鲁亚人，找到了进入和穿越乌拉圭的道路。在此基础上，再加上保护边界的河畔城镇的建立，乌拉圭的历史开始了。在英国殖民者巩固了他们在北美地位的同时，西班牙人和葡萄牙人瓜分了拉普拉塔河以东富饶而又长期存在争议的土地。就这样，欧洲人美洲殖民帝国的两端决定了未来发展的路线。

在其他地区的南美敌对势力也得到了同样的回报。尽管巴西的葡萄牙人完全占据乌拉圭土地的努力最终被阿根廷的西班牙人阻止了，但他们在其他地方得到了丰厚的补偿。

在17世纪的最后十年，保利斯塔的勘探者们终于到达了圣弗朗西斯科河源头附近，那里长期以来被怀疑有金矿。当欧洲战争爆发的时候，一股自萨卡特卡斯和波托西之后世界上从未有过的采矿热潮，使得成千上万的殖民者和葡萄牙人拥入这片土地。米纳斯吉拉斯在里约热内卢和伯南布哥之间奇迹般地崛起了。从那里流入欧洲的黄金数量是自一个半世纪以前西班牙征服以来从未有过的，欧洲世界又增添了一个新的省份，它出产的金子从那时起一直充实着欧洲人的金库。

在乌拉圭和米纳斯吉拉斯这两个大不相同的地区向欧洲强国开放的同时，另外一系列情形也扩大了它们在新世界的影响力和殖民范围。的确，在南美西部和西北部的西班牙省份，除了《乌得勒支和约》将奴隶贸易专营权从葡萄牙人手中转移到英国人手中，以及因为战争导致的走私增加对英法贸易所产生的影响外，几乎没有什么变化。

移民主要来自西班牙北部，他们缓慢而稳定地向南美迁徙，给智利带来了强壮和吃苦耐劳的农民，而当时的秘鲁却几乎没有改变自己的状况或行动。但在秘鲁的属地，即上秘鲁或玻利维亚，来自巴西的冒险者发现了金矿，引发了与米纳斯吉拉斯淘金热类似的马德拉和贝尼淘金热。在的的喀喀湖以东，迅速崛起的小镇索拉塔很快就赶上了波托西，虽然它的砂金矿很快就枯竭了，但多年的大战使西班牙人推进到了拉巴斯以北，穿过亚马孙河的源头，开拓了其他财富来源。

随着领土的扩张和人口的逐渐增长，行政管理发生了变化，包括波哥大和基多在内的新格拉纳达总督区的建立，表明了庞大的安第斯西北省份与利马的进一步分离。

然而，这不是一个在各方面都能取得无限成功的时代。委内瑞拉的砂金矿已经枯竭，贸易也因战争遭到破坏，它暂时在竞争中掉队了，尽管内地草原居民及其畜群的缓慢增长为它未来更大的繁荣奠定了基础。受战争期间英国实施海上封锁的影响，中美洲也经历了类似的状况；那些岛屿的状况也好不到哪里去。

在那里，就像在太平洋上一样，丹皮尔和伍兹的壮举——像瓜伊-特罗宁对里约热内卢出人意料的攻击一样，葡萄牙人花费了一大笔赎金才保住了自己的重要港口——揭示了此后许多重要时刻中的另一种因素。摆脱了海盗攻击的西班牙据点现在又感受到了英国海军将领们的压力，在接下来的一个世纪里，他们将对西班牙旧有的垄断地位造成严重破坏。

八

这些遍及全世界的战争事件,使人回想起尼古拉斯·杜兰德和德雷克时代;而北美洲同时发生的事件,则反映了弗吉尼亚和新法兰西之间的宿怨。然而,真正的进步并不在这些方面,也不在西班牙人在南美洲取得大发展的层面,除了乌拉圭和米纳斯吉拉斯;在西班牙殖民帝国的另一端,另一场运动成为这一时期的主要特征。

那便是墨西哥的扩张。当缓慢而艰苦的社会进步不受欧洲战争影响而在整个美洲出现的时候,当传教士们从阿劳卡尼亚到下加利福尼亚推进他们的传教事业并为西班牙的占领做准备时,更大规模的活动在北方发生了。在那里,从新西班牙的边远地区——成立于一个半世纪以前的"内部省份",即新比斯开、新埃斯特雷马杜拉和新桑坦德——出发,一小股一小股的传教士和拓荒者队伍开始向北、向东穿过新菲律宾或得克萨斯的肥沃平原。

当欧洲经历了几次大战渐趋安定之时,在这片辽阔的土地上,从格兰德河的圣安东尼奥到色宾河的圣米格尔,穿越宽广草原流入墨西哥湾的所有河流中几乎没有一条河上没有西班牙人的据点。随着这一时期的占领行动,西班牙在北美落基山脉以东最远的边界达到了最宽阔的状态。如果它希望牢牢掌握那一地区,那西班牙的殖民者们是时候振作起来了。

拉萨勒的事业已经找到了继任者,法国殖民地通过威胁西班牙人对墨西哥北部的控制来展示他们的力量。就在西班牙人不断扩张的时候,他们发现了一个强大的对手,他们的拓荒者在每个地方都遇到了敌对势力的代理人。从圣米格尔出发两天后,拉萨勒的同胞——与西班牙殖民者同时——在红河上的纳契托什建立了一个前哨要塞，这正是一种非同寻常的、不断扩张力量的大爆发的象征和高潮。

现在的法国之于密西西比河流域和五大湖，正如16世纪的西班牙之于中美洲和南美洲，17世纪的英国之于北美大西洋沿岸；在那里，它已经在圣劳伦斯河口的沿海诸省挑战过英国，现在它又在密苏里地区挑战西班牙。

上一代人探索的方向为北美的西方和北方，拉萨勒继任者们努力的方向也同样如此。在这场欧洲大战的前些年，加拿大的官员们已经派出代理人沿着努瓦永指出的路线，以及达尼埃尔·格雷索龙的路线，向大西北的分水岭进发。随着德·拉·诺在所谓卡米尼斯蒂基亚河上建立了一座前哨要塞，一次穿越富水区向温尼伯湖进发的新行动开始了。就这样，他们进入了那片盛产毛皮地区的中心地带。然而，他们并不满足，而巴布和夏洛瓦的报告在这一成就的基础上，指出了通往那个梦寐以求的目标——西海——的道路。

然而，尽管法国的加拿大领地有了如此大规模的扩张，它的主要发展还是在拉萨勒首先指明的那片土地上。法国人取得这样的成就有两大优势：一是高度集中的殖民体系。他们只有不到1.5万名殖民者，被他们的敌人易洛魁人切断了直接通往西部的道路，同时遭到了易洛魁人和英国人的攻击。但他们扛住了这次联合进攻，并报之以强有力的反击，实现了整个时期最大程度的领土扩张。

这在很大程度上是由于他们的第二个优势，在欧洲的战争开始之前，法国人已经在伊利诺伊的卡斯卡斯基亚建立了一座要塞，在比洛克西建立了另一座要塞，在那里，警觉的伊贝维尔先于英国人占领了密西西比河的入海口。这些要塞刚刚建立,加拿大人就急忙用其他要塞来巩固他们的防线。在17世纪最后几年,卡斯卡斯基亚通过邻近的卡霍基亚定居点得到了加强。18世纪的第一年,底特律的防御工事建立起来。十二个月后,比洛克西的殖民者迁移到了便利的莫比尔港,在后来的几年里,北部防线因保卫沃巴什河的文森斯的建立而得到了进一步的巩固。

就这样,从魁北克和蒙特利尔到尼亚加拉、弗隆特纳克、底特律、卡斯卡斯基亚和文森斯,法国掌握了穿越圣劳伦斯河和密西西比河之间大荒野的唯一可行的水陆联运路线。《乌得勒支和约》刚刚签订,位于密西西比河与密苏里河交汇处的沙特尔堡便建立起来,为法国用来控制新帝国的漫长链条增加了新的一环。

在这条防线之外,麦基诺岛的据点,传教团、流动的商人和神父,既加强了它对湖区的控制,也使它与西方部落在反对共同敌人易洛魁人的事业中更加紧密地联系在了一起。后者极力在俄亥俄河以北的广大地区行使他们的领主权。这就是法国当时在北美组建的辽阔而松散的帝国。

对于法国而言,尤其幸运的是,在这一时刻,拉萨勒和乔利埃特的衣钵终于传到了一个称职的家族身上。法国人在密西西比河下游和墨西哥湾地区取得的成功,要归功于勒·莫恩兄弟,他们兄弟五人,其中最有名的两人以他们的名字"伊贝维尔"和"比安维尔"而闻名。不知疲倦的伊贝维尔——由于他的努力,英国人在墨西哥湾获得立足点的企图失败了——三次巡视这一地区,以通过发现和占领来确认法国的权利;比安维尔任命了分散定居点的管理者,将它们扩展到了红河流域。在他们的指导下,密西西比河的航道和三角洲被绘制成地图,并安排了殖民者来占据这些哨所。

和在墨西哥湾的其他地方一样,英国水兵在这里竭力削弱竞争对手。为了对付英国水兵,他们将法国军队和西班牙军队联合起来保卫这块新生的殖民地。面对英国商人和充满敌意的契卡索人,他们与乔克托人建立友谊,使自己保留了陆地这一侧的定居点;他们希望和加拿大联合起来,到时可以先发制人,把英国人限制在阿勒格尼山脉与海岸之间,这似乎也是有道理的。

路易斯安那发展得极为缓慢。在建立殖民地十年之后,那里只有不到400人。这也不足为奇。英国海军切断了它与欧洲的自由交流;而且,由于远离加拿大,它只能在西班牙的殖民地为它的主要产品蔬菜寻找市场。

但在路易斯安那殖民地建立的第十二年,即《乌得勒支和约》签订的前一年,情况发生了变化。沃巴什、卡罗来纳和新墨西哥现在组成了一块从属于新法兰西的殖民地,路易十四将这一地区十五年的贸易垄断权授予了一位法国商业资本家安托万·克罗扎特。新的扩张活动随之而来。作为"密西西比河及其支流的司令官",比安维尔在纳奇兹建立了一个据点,确保红河地区免受日益逼近的西班牙人的侵扰,克罗扎特为他的新冒险提供了人力、金钱和物资。

然而事实证明,当地贸易规模小而成本高昂,从底特律调来的新总督卡迪拉克的猜忌激发了其与比安维尔的公开争吵;泄气的克罗扎特不久就放弃了他的特许权。然而,这并没有结束。特许权被授予了另一个受让人,也就是所谓"西方公司",由此开启了法国及其殖民地历史的新篇章。这一章的事件是如此的传奇,与当时欧洲自身发展的联系是如此的错综复杂,以至于它成了整个时期最重要和最具启发性的事件之一。

九

在欧洲历史上，没有什么比路易斯安那贸易特权转移所产生的结果更令人震惊的了，实际上，这一事件成了那个时代的象征。欧洲大战的结束使整个大陆处于自《威斯特伐利亚和约》签订以来前所未有的骚乱和动荡之中。到处都涌现出了各种各样的冒险者，他们都渴望从不稳定的局势中为国家或自己谋得一些利益。

在西班牙，阿尔贝罗尼的野心威胁到了地中海世界的和平；在北方，格尔茨和于伦博里的密谋不仅牵涉波罗的海诸国，还牵涉不列颠群岛，不列颠群岛当时正因为王位觊觎者詹姆斯三世试图从乔治一世手中夺取权力而动荡不安。在法国，杜布瓦试图恢复路易十四失去的一些声望。在西班牙，信奉外交权谋和天主教的荷兰人里珀达接替阿尔贝罗尼担任首相，结束了他为摩洛哥皇帝担任维齐尔的政治生涯。

这些人是这一时期的代表人物。在这一时期，一场辉格党的宫廷政变将一个汉诺威人推上了英国王位，结盟取代了英法之间的对立；耶稣会士与詹森主义者之间的敌对暴露出来；路易十四统治时期王权和教会占据绝对优势的情况也被新暴露出来的宫廷与最高法院之间的矛盾取代了。他们是卡尔十二世的正统继承人，他们并不孤单。

在财政和殖民地方面，上一代人已经取得了重大的进步。在英格兰银行和国债建立的同时，法国人占领了路易斯安那，并在那里建立了一个殖民帝国。**厌恶战争、渴望暴富是这一时期的典型特征，再加上信贷领域的发展，便造就了一个投机的时代，它像瘟疫一样席卷了整个西欧。**

它的第一个表现是命运多舛的苏格兰达里恩湾公司。第二个表现是在英国首相哈利策划下成立的南海公司。为了偿清流动债务以恢复政府信用，南海公司承诺为政府担下这一责任。作为对它承担责任的回报，政府承诺给予它6%的年利率。这笔款项来自海关收入，并通过南海贸易垄断权加以巩固。

南海公司不断扩大自己的业务，直到不久后它提出以类似的条件来承担全部国债。不顾英格兰银行和主要金融家的反对，也不顾只有一艘船被派往南海的事实，议会支持了这项提议。于是，投机热潮开始了。这家公司的股票涨到了其价值的十倍，一夜之间就创造了巨大的财富。在新首相罗伯特·沃波尔爵士和他的同僚们设法在一个坚实基础上重整财政之前，大量的欺诈行为一直在上演，直到泡沫破灭，成千上万的人破产，公众信心也几乎被完全摧毁。

与此同时，法国也经历了同样的命运。在《乌得勒支和约》签订之后的那几年里，从海峡对岸来了一个叫约翰·劳的苏格兰人，他在荷兰银行工作了几年以后，模仿英格兰银行的做法，在巴黎开了一家私人银行。摄政王奥尔良公爵被它的成功搞得目眩神迷，采纳了约翰·劳关于建立一个国家银行的建议，很快又特许他成立了西方公司。随着劳业务的扩展，他获得了加拿大海狸毛皮贸易的垄断权，又兼并了法国东印度公司。他还被封为阿肯色公爵。他的大公司股票很快就销售一空，通货膨胀的时代开始了。

两年内，西方公司的特权扩大到垄断与中国、西印度群岛和南海地区的贸易，此时对这家印度公司——它已经更名了——股票的渴望已经赶上英国的投机狂热了。它甚至与国家银行进行了合并，并被授予了铸币权和征税权。但纸币的过度发行造成了虚假繁荣，银行停止兑付给法国带来了一场金融危机，这场危机与英国的信用崩溃同时发生，情况也很类似。公司和银行一起倒闭了。约翰·劳逃离法国，这个被他欺骗的国家——也许是无意的——被迫通过缓慢而无利可图的债务清算来重新调整财政。

这就是欧洲在高级金融方面实验的开端，它们最初的影响是灾难性的。国家信用的建立以及来自殖民地巨额利润的诱惑导致了一股投机狂热，当狂热过去，冷静思考最后占据上风时，它最终的结果是改变了欧洲金融理论和实践的整个基础。国家银行和国债、股票的发行和运作、母国和殖民地之间的相互依存，成为这个日益扩大的社会结构的一部分，政治化的经济是它们最被认可的功能之一。

+

在这种情况下，西班牙王位继承战争爆发后的二十年，在政治领域及现在紧密结合在一起的金融和殖民地领域，表现是非常突出的。随着北美洲北部和西部的探索与开发，俄亥俄河与密西西比河的开放，跨密西西比河地区和太平洋海岸的开放，欧洲在西半球的巨大势力圈也基本形成。

俄罗斯介入欧洲和更远的亚洲事务，及其跨越海峡进入美洲的行动，标志着俄罗斯自身历史和世界历史的一个新时代。而勃兰登堡-普鲁士从德意志进入欧洲政坛，同样预示着这两个领域的政策和权力的调整。而且，虽然在当时不那么重要，萨伏依公国崛起为撒丁王国也预示着遥远未来将要发生的同样重要的革命。

辉格党在英国的最终胜利，以及汉诺威家族获得英国王位，苏格兰与英格兰的合并；随着权力从哈布斯堡家族转移到波旁家族手中，西班牙君主政治引入了——无论是以什么样的改良形式——新的思想；更重要的是，由此建立起来的法国和西班牙之间的联系；这些对大西洋两岸的"欧洲"有着同样重要的意义。与此同时，法国和瑞典的相对衰落为新势力和新政权的崛起留下了空间，也给政治家们带来了新的问题。最后，殖民地和商业领域的发展为这种局面提供了新的形式和方向。

很明显，经历了两次大战的这一时期，不仅给欧洲体系带来了两个世纪以来最大的转变，而且开创了一个不同于前的时代，它与上个时代的差异不亚于上个时代与三十年战争时代的差异。因为路易十四时代同时标志着一种发展模式的巅峰和结束，这种模式已经让位于政治领域出现的迥然相异的理论与实践。

第三十章
欧洲殖民帝国

1720—1742

一

18世纪前二十年和随后二十年之间的明显差异,形成了一个鲜明的对比,这种对比一直维持着我们对世界发展史的兴趣。17世纪伊始,战端四起,波及欧洲大陆的每一个角落,欧洲的大部分海外领地也被卷入其中。当时,威廉三世、路易十四、卡尔十二世和彼得大帝、欧根亲王和马尔伯勒等人物占据了舞台的中央。

他们刚一离开,欧洲政治的整体面貌和政治首脑的整体特性就发生了变化。继承了和平事业的军人-政治家有英国的沃波尔、法国的弗勒里、神圣罗马帝国皇帝查理六世和普鲁士的腓特烈·威廉一世。尽管在个人性格和公共政策上各不相同,但这些人在寻求避免另一场全面的欧洲战争方面是一致的。

因此,没有像刚刚过去的大战那样的大灾难来破坏长期的相对和平时代。虽然各国之间不时会发生冲突，但在《乌得勒支和约》签订之后的二十年间只发生了一场重大战争。

二

如果说军事家活动减少的时代是一个和平统治者占据主导地位的时代，那么，它同时也是一个政治活动进行得如火如荼的时代。不过，这种活动的主要表现并不是在公开的战争和政治领域，而是在阴谋诡计和外交手腕、密谋和反叛的黑暗领域。在这个曲折复杂的时期，欧洲各国的利益交织在盘根错节的野心冲突之中，国际事务很少像1721年至1742年间那样受到费尽心机的外交官和不安分的冒险者的影响。

这并不奇怪。西班牙的哈布斯堡王朝被波旁王朝所取代，意大利的波旁王朝被哈布斯堡王朝所取代；瑞典和俄罗斯在东北欧的地位调了个；王朝更迭使得一个汉诺威人登上了英国王位，一个萨克森人登上了波兰王位；哈布斯堡王朝的男性世系断绝了；以及半个欧洲王冠的觊觎者或竞争者的存在，为野心家们的各种手段和欲望提供了一片沃土。

结果，一方站着的是和平与和平机制的倡导者，另一方站着的是乐于看到濒临平息的风浪再次激荡起来的人。

这就是当时欧洲两个最强大国家（英国和法国）的处境。现在由辉格党统治的英国，正专注于保护自己免受詹姆斯二世党人的阴谋和南海公司泡沫经济的影响；同时在沃波尔的引导下，极力保存和扩大自己努力的成果。法国因为战争的流血和密西西比计划的刺激而躁动不安,既担忧奥尔良公爵和腓力五世的野心,又被国内的争斗和继承了路易十四宫廷礼仪恶习的奢侈生活所搅扰,几乎没有精力关心外部利益。因此,两国都反对进一步的动乱,在长期敌对之后,它们结成了联盟,对抗那些威胁和平的势力。

法国和英国所缺乏的那些动荡不安的因素,在西班牙不断出现。在那里,它的历任首相阿尔贝罗尼、里珀达和帕蒂诺,以及幕后操纵者王后埃丽莎贝塔·法尔内塞——腓力五世的意大利籍妻子——都竭尽全力去复兴西班牙霸权的荣耀,哪怕不能恢复它的力量。

先是与奥地利,接着是与法国和英国,经过无数次的谈判,西班牙的图谋得以实现,王后埃丽莎贝塔的儿子得到了帕尔玛、皮亚琴察的统治权,而托斯卡纳再次被纳入西班牙的版图,这是王后精明的外交手段最终获得的成果。

与西班牙进行的谈判,不是当年欧洲各国大臣们之间的唯一的谈判,甚至不是最重要的谈判。一个西班牙王朝出现在意大利,是欧洲大和解后的十年里最引人注目的政治事件,这在很大程度上得益于皇帝查理六世为了让欧洲各国支持一份非同寻常的文件而做出的努力。这就是所谓的《国事诏书》,它旨在确保皇帝的女儿玛丽亚·特蕾莎能够继承皇位,主要障碍就是所谓的《萨利克法典》[①],该法典长期以来一直左右着西欧诸国的王朝继承问题。同样渴望和平的英国和法国的局势也促成了这一结果。

为此,查理六世把意大利的领地给了西班牙。除了皇帝为了实现自己计划的因素,欧根亲王的才华和土耳其人的精疲力竭,以及彼得

---

① 其中有女性后裔不得继承土地的条款。——编者注

大帝死后俄罗斯的混乱局势，都促成了腓特烈·威廉一世和平且节俭的政策，这逐渐使普鲁士做好了在国际事务中发挥更大作用的准备。然而，虽然有以查理六世的计划和"西班牙悍妇"埃丽莎贝塔的野心为中心的庞大密谋和外交活动网络，虽然有英、法竭尽全力在国内外维持平衡的努力，这一时期的根本意义却不在政治领域，很大程度上也不在欧洲范围内，更完全不在受到主要关注的王朝问题上。

这一时期的根本意义在于：和平艺术获得了新的动力，贸易和财富增加了，城市人口——物质繁荣的可靠指标——增长得比以往任何时候都要快；新的思想流派找到机会来壮大自己。随着财富增长找到了表现自己的机会，舒适和奢华发展出了新的形式。农业革命已经开始，工业革命正在准备；最重要的是，随着欧洲的海外殖民扩张，为其发展提供了丰富的资源和广阔的市场机会。

三

有两个事件尤其引起欧洲的关注。第一个是印度，在两次大战的间隙，那里发生了一件大事，对整个殖民地世界来说至关重要，那就是最后一位莫卧儿大帝奥朗则布的离世。毫无疑问，这个名字对于那些在俄罗斯和瑞典生死相搏之际主导欧洲命运的人来说意义不大；在当时的荷兰和意大利，法国将军们正在奋力抵抗欧根亲王和马尔伯勒。对于参与欧洲霸权争夺的人来说，一个亚洲统治者的更替似乎无足轻重。

马拉地和莫卧儿，纳瓦卜、佩什瓦和尼扎姆，这些名词对于大部分欧洲人而言，仅仅只是一些元音和辅音的奇怪组合；奥朗则布就像成吉思汗一样神秘。除了果阿、卡利卡特、马德拉斯、孟买、加尔各答和孟加拉等六个港口和土邦，还有本地治里、德里和阿格拉，以及财富的同义词戈尔康达，其他印度地区对于大部分欧洲人来说，和中部非洲一样陌生。

然而，奥朗则布的离世不仅彻底改变了印度事务，它还与那些使西班牙征服美洲成为可能的事件具有了相同的性质。它充满了对欧洲世界同样重要的东西。这些名字似乎和两个世纪前的蒙特祖马和阿塔瓦尔帕的名字一样陌生，但很快就成为欧洲知识的一部分。

尽管印度是第一个进入欧洲利益圈的亚洲国家，但它广袤的内陆地区在两个多世纪的时间里几乎不为欧洲人所知，这并不奇怪。它的遥远以及它大土邦的面积和实力，都阻滞着欧洲人的征服进程。沿着海岸建立代理点并为贸易而争斗的事业特性与政治扩张格格不入。那些在很大程度上因默许而存在的冒险公司，即使能接触到莫卧儿帝国中央政府，也不过是它的进贡者和乞怜者。

和欧洲一样，印度不是一个国家，更不是一个民族，而是一个被互相对立的民族、文化和信仰所占据的地区，人们很少意识到这一点。它就像意大利一样，从史前雅利安人占据北部平原，到亚历山大的征服，再到晚近的阿富汗人和突厥人的入侵，**它一直处于分裂状态并受制于外来征服者。**

它的内部历史就更不为人所知了——尽管它关系着欧洲世界将要面对的形势。当葡萄牙人第一次在卡利卡特登陆时，主宰印度的两大力量，北方伊斯兰教的德里苏丹国和南方印度教的毗奢耶那伽罗帝国，在经历了三个世纪的统治之后，都处于分裂成一群半独立国家的边缘。因此，欧洲人最初遇到的那些小邦国对任何中央政权都不承担义务。

但葡萄牙人刚建立起他们的贸易帝国，印度就出现了一个新的征服者。一个世纪前，"跛子"帖木儿的军队将他的权力从恒河扩展到了赫勒斯滂，从伏尔加河扩展到了波斯湾，如今在他的后裔的领导下，一个半是鞑靼人半是突厥人的新部落，也就是所谓的莫卧儿人，从锡尔河经过撒马尔罕和阿富汗，进入了旁遮普。

在路德挑战教皇权威和科尔特斯征服墨西哥的同时，莫卧儿人的领袖巴布尔在帕尼帕特击败了德里苏丹国的军队。被孟加拉的阿富汗统治者击退后，莫卧儿人在巴布尔之孙的率领下退了回来，并在三十年前德里苏丹被推翻的那块土地上征服了阿富汗人。在接下来的半个世纪里，德干高原以北的整个印度都处于英国女王伊丽莎白和西班牙国王腓力二世的同侪阿克巴大帝的统治之下。

因此，当荷兰人和英国人到达印度时，他们发现这个半岛分裂成了莫卧儿帝国、德干的印度教小邦和海岸地区更小的邦国。第一位英国代理人菲奇拜访了阿克巴位于阿格拉的宫廷。菲奇的继任者罗伊发现阿克巴的儿子贾汗吉尔登上了王位，他们从这些统治者手中获得了贸易权，而葡萄牙人的贸易特权则来自海岸地区的小王公。

与此同时，莫卧儿王朝的权势不断扩大，在克伦威尔去世的那一年，即贾汗吉尔的继承人沙贾汗被他的儿子奥朗则布废黜时，莫卧儿王朝的权势达到了顶峰。通过17世纪末期那位既有才干又固执己见的统治者的征服，除了迈索尔和一些边境小邦，整个印度半岛都承认了德里的最高统治权。在这种力量面前，欧洲无能为力。这位"莫卧儿大帝"和他的"千头大象和三万匹马"以及"庞大军队和坚固堡垒"，没有给那些不关心土地、更不关心政治霸权的贸易公司提供征服的机会。

但是，奥朗则布去世了，这对印度的影响与九百年前查理曼去世对欧洲的影响别无二致。奥朗则布一直在对付他广袤疆域内那些渴望独立之族群的反叛野心；对付印度教徒对伊斯兰教徒的憎恨，这种憎恨就像伦巴第人、阿里乌斯派或萨克森异教徒对法兰克人和亚他那修派统治的憎恨一样强烈；对付像马拉地人领袖希瓦吉——"他的死亡比一场重大的胜利更有价值"——这样的统治者。随着他的离去，莫卧儿帝国开始瓦解。

像亚历山大的部将们一样，莫卧儿帝国的总督们渴望分割统治权，地方统治者和冒险者也纷纷抬头。尼扎姆和纳瓦卜从总督变成了独立的诸侯。这些被称为王公、苏丹和佩什瓦的部属，恢复了他们在印度政治中的地位。土库曼人阿萨夫贾希在海得拉巴，一个波斯冒险者在奥德，一个本土家族在迈索尔，都成了独霸一方的统治者，只有孟加拉的纳瓦卜仍忠于傀儡皇帝。

在这些势力中，有一股力量占据了主导地位。沿着西高止山脉，穿过丘陵地带，从北向南绵延500英里的印度中部，曾经是马哈拉施特拉，或一个印度教种族所谓的"马拉地人"的"伟大王国"所在地，17世纪晚期希瓦吉的叛乱开始了印度教的复兴，预示了莫卧儿帝国的衰落。

希瓦吉死后，继任者软弱无能，婆罗门大臣们成了以佩什瓦为头衔的王宫总管，并宣称所有的马拉地部落都应效忠于他们的最高统治者。与此同时，这些人从他们的山地要塞向外扩散，到18世纪中叶，他们的野蛮骑兵吹嘘已经"在从卡维里河到印度河之间的每条河里饮过马"，这同时显示了他们的力量和印度中部的混乱。

他们的一个首领在那格浦尔、奥里萨和比哈尔建立的一个王国,并入侵了孟加拉。另一个首领成了西部巴罗达的盖克沃尔[①]或称王公。还有一个首领占领了马尔瓦,并把他的权力集中在了信德。希瓦吉家族的王公们则占领了辛地亚和坦焦尔,并自立为帝。就这样,马拉地的统治取代了莫卧儿帝国在印度中部的统治。

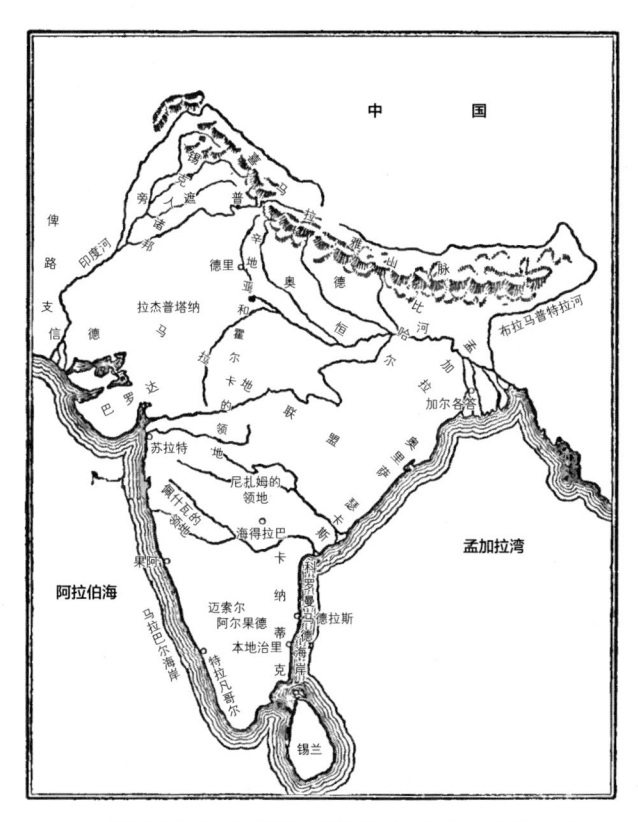

奥朗则布帝国瓦解时的印度半岛,1710—1740

[①] 盖克沃尔,旧时印度巴罗达土邦统治者的称号。——编者注

迄今为止，在争夺印度霸权的斗争中，所有的有利条件都在英国人一方，在商业领域，他们的精神、组织和资源已经超过了法国人。在形势发生变化的情况下，法国人的外交和战争天赋，以及他们与非欧洲人打交道的天赋，并不能完全弥补他们在贸易上的缺陷；显然，他们必须采用新的方法来应对印度事务中的危机。到目前为止，法国人未能在贸易和移民这两个坚实的基础上建立他们的殖民力量，但是，他们在其他领域清楚地展现出来的那些性格，例如，那些冒险者们的胆识，他们与蛮族酋长打交道的技巧，以及个人体现出来的那种人格力量——如果有什么地方适合这些性格的话，那一定是18世纪的印度。

四

这就是欧洲大战结束时印度事务的状况。自阿兹特克人和印加人被西班牙军队征服以来，世界上很少有这样的干预和征服的机会。然而，就目前而言，没有任何欧洲大国有所行动。这一点也不奇怪，因为即使人们对印度政治的错综复杂有了更多的理解，在这个大半岛因其雄心勃勃的领导人之间的激烈竞争而动荡不安的那些年里，欧洲人也在忙于根据最近的战争形势以及战后同样动荡的政治经济形势调整自己的政策。

荷兰现在是英国的卫星国。而葡萄牙自《梅休因条约》通过强大的商业纽带将其老盟友联系得更为紧密以来，它的情况也跟荷兰差不多。

眼下，英国和法国都无意发动新的战争。对于它们来说，在普遍的混乱中保住它们已经赢得的东西似乎就足够了。在马德拉斯，正如在加尔各答和孟买一样，像老托马斯·皮特——显赫的查塔姆伯爵的祖父——那样的人在维持英国的势力。在本地治里和金德讷格尔，像年轻的杜普莱克斯那样的人正汲取印度政治的教训，等待机会扩大法国的影响力。在英法势力活动的区域，更为谨慎的商业利益集团都不愿意干涉政治事务，因为这很可能会使它们失去已经赢得的一切。

无论欧洲人对印度的政治多么无知，印度贸易的价值却是众所周知的。除了已有的英国和荷兰的东印度公司，人们正在采取新的行动来利用这一财富源泉。从垂死挣扎的东印度公司和西印度公司，以及那些中国公司和塞内加尔公司中，约翰·劳创立了一个更有活力的法国新印度公司。

在皇帝查理六世支持的企业中，有一家奥斯坦德公司，由他的尼德兰新臣民佛兰德斯人出资成立，由英国和荷兰企业的老雇员管理着。当那些海上强国以压制这家公司作为它们同意《国事诏书》价码的一部分时，它的职员进入了一家新的从事印度贸易的瑞典公司工作。与此同时，所谓的无执照营业者或独立贸易商加剧了对这种日益增长的具有丰厚利润商业的争夺；直到这一事实变得越来越明显，即如果欧洲人想要保持他们对港口的控制，使贸易得以进行的话，商业现在必须让位于战争和政治。

五

如果说对印度日益增长的兴趣揭示了欧洲对新的财富和力量来

源认识的一个方面,那么,当时西半球的发展对欧洲人的活动也具有同样重要的意义。在那里,战争的结束也带来了巨大的问题。因为随着俄罗斯商人和冒险者从冰天雪地的北方向南进发,出现了一股对北美怀有野心的新力量,这使得英国、法国和西班牙之间旧有的竞争更加复杂了。

南北两个美洲不仅仅是开展广泛探索以及贸易与人口大幅增长的地方,而且很快成为最重要的政治焦点。在那里,不断扩张的民族因领土和商业争端而爆发冲突,把欧洲也卷了进来。不久,一系列殖民地间的战争开始了,这些战争不可避免地扩大为国际性冲突。

在这些相互竞争的殖民者中,四面受敌的英国人采取了最多层次的行动。大战刚一结束,他们就转向了最迫切的问题。首先是确保边境的安全,第二个同样紧迫的问题是主张他们的权利。这是很自然的,在新的边远殖民地,每个国家都会进行早期的主权宣示。其中,卡罗来纳最引人注目,冲突就从那里开始。

这个皇家领地是半个世纪前在一家公司的主导下建立的,该公司的所有者仍然主张他们古老的专营权利,因此,这个皇家领地充斥着一种特有的独立元素,人们对统治者的苛捐杂税和权利主张越来越不满。战争的结束使反对意见达到了顶点。他们建立了一个新的政治架构,拒绝服从总督,选举了一个新的行政长官,并无视特许权的效力。

面对这种情绪和来自西班牙的威胁——西班牙的武装远征队已经被新普罗维登斯当局和一场风暴摧毁了,英国议会不愿冒着引发叛乱的风险去支持享有特许权的人。结果,旧的特许状被撤销了,建立了临时王室政府,国王任命了一位总督。这一举措得到了议会的批准，特许权拥有者放弃了他们的政治权利，大部分卖掉了他们的股份。临时性措施因此而变成了永久性措施。

这个皇家属地被划分为北卡罗来纳和南卡罗来纳，这两个王室殖民地在新政府的领导下在北美殖民地中占据了一席之地。另一个殖民活动的时代就这样开始了。

随着这些事件的发展，以及弗吉尼亚和北卡罗来纳之间、康涅狄格和纽约之间边界的确定，出现了一股新的冒险力量。新殖民地刚刚形成，英国的势力就扩展到了它们的边界之外。在西部和南部，他们的边界受到了西班牙人和法国人的侵蚀和攻击。他们那人烟稀少或无人居住的森林和平原很难以传统定居点的方式进行管理；因此，在这里，一股新的力量找到了施展的空间。

詹姆斯·奥格尔索普曾担任议会议员，他从监狱——人们因债务而被监禁——的调查中，真切地感受到了他们的恐惧和普遍的贫困。为此，他在殖民计划中寻求补救办法。在议会拨款和私人捐赠的帮助下，他和他的20名助理受托人获得了萨凡纳河和阿尔塔马哈河之间的土地——这片土地最终还给了王室。

在卡罗来纳建立四年之后，奥格尔索普带着一批殖民者来到萨凡纳，在那里建立了他的第一个据点。这个以英国第一位汉诺威国王乔治一世的名字命名的殖民地是一个独特的试验：无论是出于军事原因还是出于人道主义原因，奴役黑人都不被允许；除了罗马天主教徒，所有人都享有信仰和崇拜的自由；不允许饮酒；印第安人应被视为朋友。

此时正忙于建立英国新教派循道宗的卫斯理家族，也作为宗教顾问跟随而来。查理·卫斯理担任了奥格尔索普的秘书，传道者怀特菲尔德后来继任了这一职位。苏格兰长老会教徒和德意志摩拉维亚教徒增加了这个小殖民地的人口，他们的活力和强大的军事特性使萨凡纳立刻成为对抗圣奥古斯丁的西班牙人最有效的屏障。很快，他们就与西班牙人打了起来。

当英国人在北美的十三个殖民地中的最后一个建立六年后，与西班牙人的战争开始了。在奥格尔索普和他的少数追随者的抵抗下，来自圣奥古斯丁的进攻被击退了。在这一点上，正如这个新殖民地的博爱理念一样，它证明了自己的正当性。随着卡罗来纳的人口沿着缓缓流动的河流，穿过广阔而肥沃的海岸平原向远处的高地扩散，它最终形成了一道抵御南方所有危险的坚固屏障。

卡罗来纳的历史体现了那个时期的特点。在英国殖民地漫长而散乱的边界上，危险迫在眉睫。法国人鼓动印第安人抵抗即将到来的英国人，作为报复，纽约总督在安大略湖的奥斯威戈建立了一个据点，禁止当地人与法国人进行贸易。英国人对被新英格兰拓荒者的推进和法国耶稣会士的抵抗所激怒的阿本拿基人发动了战争，将他们赶入了更远的荒野之中。

为了对付佛罗里达的雅玛西人，卡罗来纳的英国人不顾西班牙人的反对，派出了一支军队。至于易洛魁人——由于接受了为躲避南方敌人而逃亡的塔斯卡洛拉人，易洛魁人的五个部族现在增加到了六个——在马萨诸塞同东部印第安人达成最终的和解的同时，纽约总督同他们建立了友好关系。

因此，在外围要塞和新建立殖民地进一步保障了旧定居点安全的同时，随着和平的重建，以及英国对所有易洛魁人的保护，印第安人的问题似乎告一段落。这些殖民地利用这种形势，转而向母国要求维护自己的权利和开发自己的资源。

近半个世纪以来，英国当局一直寻求在殖民地广泛行使其权力，默许殖民地进行扩张而不加约束——这并不符合英国建立殖民地的初衷。酝酿已久的矛盾现在已经到了即将爆发的时刻。

矛盾的起因很简单。被调到马萨诸塞任职的纽约总督伯内特没能平息前任总督和殖民者之间爆发的一场争执，而这场争论揭示了殖民世界的一个根本问题，这是围绕着最富争议性的话题——总督的固定薪酬——产生的。这一矛盾已经牵涉到王室权威，即使是解释性特许状也未能平息争论。解释性特许状赋予行政当局压制辩论和限制一般法院休庭的权力——殖民者试图通过后者绕过总督。

这个问题悬而未决之际，一名纽约印刷商因诽谤总督遭到逮捕和审判的消息更是火上浇油。在二十年的快速发展中，殖民地的人口翻了一番，财富增加了一倍多，疆域大大扩展，敌人都被击退或被征服了，但在此期间，一个无法解决的基本矛盾仍然存在。是通过建立一个不受殖民地约束的王室行政机构来确认和加强王室权威呢，还是由殖民地自己决定它们的义务以及与宗主国政府的关系呢？这个问题以各种形式出现在英国殖民政府的问题中。尽管它具有地方性，但很快就会成为世界政治中的一个重要问题。

六

诸如此类的问题很少或根本没有困扰英国的主要竞争对手。当英国人将其精力分散在新殖民地的建立、开拓农业、向荒野缓慢进军、对敌对邻居进行抵抗以及殖民地主张它们的权利时，法国在完全不同的动力的推动下，取得了惊人的进步。

《乌得勒支和约》墨迹未干，法国的统治者就准备加强他们对北美殖民地的控制。因为民族和时代的特质，他们首先想到的是战争。在加瓦鲁斯湾和布雷顿角岛东南角附近一个更小的港口伸出的海角上，法国人开始修建路易斯堡要塞，它被称为"美洲的敦刻尔克"，正如魁北克被称为"美洲的直布罗陀"一样。因为它的建设和防御是由法国工兵和军队负责的，新斯科舍省的法国居民被吸引到了这个新城镇居住。

大量的资金被投到这里，渐渐地，英国人沮丧地看到这座堪称殖民地世界最强要塞之一的高墙威胁着他们在北大西洋海岸的地位。在它面前，安那波利斯的脆弱据点简直不堪一击，直到下一代人建立了哈利法克斯之后，英国人的殖民据点才足以与对手相抗衡。

路易斯堡的建成标志着英、法两国争夺圣劳伦斯河口、新英格兰北部和西部世界的新斗争的开始，这场斗争即将成为下一个时代的焦点。 从这个法国势力的前哨开始，长长的防御工事一直延伸到魁北克和蒙特利尔。这些要塞守卫着圣劳伦斯河中游，并成为官员和耶稣会士进行宣传活动的大本营，这些宣传活动使新英格兰的边境居民一直担心遭到原住民的袭击，反过来也鼓舞了自己的盟友。

在蒙特利尔之外，弗隆特纳克堡已经在安大略湖的圣劳伦斯河源头矗立四十年了，尼亚加拉堡则控制着从伊利湖到安大略湖的通道。在适当的时候，鲁伊尔堡，即现在的多伦多，将把这条防线与另一组堡垒连接起来，这组堡垒将向南延伸至俄亥俄河，向西延伸至沃巴什河和伊利诺伊河。除此之外，还有其他要塞控制着五大湖和密西西比河地区。

这样，从圣劳伦斯河口到密西西比河三角洲形成了一个军事基地网络，守卫着这片广阔荒原的交通要道、河流和湖泊，控制着水路之间的运输，而且出于贸易或战争的目的，法国通过对这些战略要地的控制，控制了整片地区。

这是新法兰西统治者的第一个计划。他们的下一个计划更大胆：从这条战线出发，他们勇敢地向前挺进，以占领更偏远的内陆地区。就像弗隆特纳克和拉萨勒主导了对广阔的中西部的占领，拉迪森指明了通往哈德逊湾的道路，现在，一群新的冒险者把法国的影响力引入了密西西比河地区。

占领这条大河的河口，旨在寻找金矿以及与印第安人或新墨西哥的西班牙人进行贸易，这一占领既为经营提供了基础，也激发了进一步的探索行动。对于这些人，尤其是当时那些愿意在北方荒野冒险的人来说，又有了一个可以经陆路到达太平洋的希望，这是继长期以来通过水路到达太平洋的幻想之后出现的新计划。

勒·叙厄尔已经找到一条通往统治西南平原一个新的印第安部落的道路，苏人和达科他人的名字在法语词汇中占据了与易洛魁人和伊利诺伊人并列的位置。法国人已经与威斯康星的安塔戈米部落以及他们的邻居温尼伯人和索克人结束交战并和解。

过往的驿站已经建立起来，海狸皮和野牛皮贸易也开始了。零散的个人和群体已经开始从密西西比河向西，沿着密苏里河向北，到达了更远处的广阔平原。走得太远的商人则被西班牙人抓住并被带到了墨西哥。简而言之，通往遥远西部的大门被打开了。

现在，向西部的探索被其他人接手了。拉·哈普和他的部下从纳契托什出发，沿着红河逆流而上，到达了阿肯色河。杜·蒂内穿过密苏里地区,到达了更远处的奥萨格人和波尼人所在地区;布格蒙被派往堪萨斯建造一座要塞,以抵御西班牙人——他们曾和科曼奇盟友一起攻击过法国人。布格蒙继马莱之后,经由堪萨斯河,几乎到达了落基山脉,由此将中部平原纳入了贸易事业。

最后,夏洛瓦的使命——他受法国代理人派遣,搜寻有关通往太平洋道路的消息——导致了丕平湖畔一个据点的建立;从那里,法国人开始了又一次大规模探险。一个叫皮埃尔·德·瓦雷纳的人,后被人称为拉·佛伦德利——出生于加拿大,曾是法国军队的中尉,在马尔普拉凯差点被杀——从欧洲大陆冒险回来后,心里就满是切断哈德逊湾英国人利润丰厚的毛皮贸易并使其归属于蒙特利尔的计划。

他的第一次探险——穿过苏必利尔湖到达温尼伯湖和卡米尼斯蒂基亚的"伟大运输"——以失败告终。他一次又一次地尝试,直到探索了广阔西北部的大部分地区,把相当一部分英国贸易转到法国人手中,并在雷尼湖和温尼伯湖之间建立了据点。最后,他以一次更成功的探险为自己的努力画上了圆满的句号。

他从阿西尼博因出发,来到了密苏里河上游和黄石,在那里,在当时欧洲人还很陌生的几个部落——曼丹人、克罗人、霍瑟人、福克斯人和波沃人——的指引下,他来到了他们的宿敌斯内克人或肖松尼人的边界,他看到了北落基山脉——比格霍恩山。

这样一来,密西西比河以西的美洲就暴露在了欧洲人面前,路易斯安那的边界一直延伸到了密苏里河的源头。尽管佛伦德利家族受到了他们主人的压迫和掠夺,在贫困和冷落中灭亡,但他们完成了自己的使命。

七

佛伦德利家族的悲剧始于埃丽莎贝塔·法尔内塞处心积虑使其儿子成为帕尔玛公爵的那几年。当她的儿子获得了那不勒斯王位,并在那里登上西班牙王座时,她的势力发展到了巅峰。在同时代的欧洲人眼中,王室大位的变迁似乎是更重要的一件大事;然而从长远来看,它能否与在西半球开辟了欧洲发展的道路并在法兰西王冠上增加了一个帝国的那些冒险者的功绩相提并论,还是值得怀疑的。

即使在美洲最偏远的要塞也能感受到欧洲王室的影响。无论法国冒险者渗透到密西西比河以西的什么地方,他们都会遇到那个被法国给了一个国王的民族(西班牙人)。如果说西班牙的意大利籍王后的外交手段在她的母国是一个强有力的因素的话,她的丈夫腓力五世的外交手段在美洲也同样重要。

法国人所到之处,都有西班牙人活动的痕迹。北方部落告诉他们的故事,讲述的是在奇怪的房子里拜神的、长着胡须的男人以及纸张能像谷壳一样沙沙作响的书;大河边的石头建筑的故事,以及更为严峻的白人袭击和捕获走失商人的证据,揭示了在世界的遥远角落,新近结盟的大国是如何发现他们的新猎物与期待差之千里的。在北方,西班牙人的前哨正沿着两个世纪前他们的冒险者所划定的路线慢慢推进。

从新加利西亚开始,西班牙商人和神父占据了旧首府圣菲以北和以西很远的土地。他们已经开始占领加利福尼亚海岸,这将使他们完全掌控这片地区。在这里,就像在西属美洲的其他地区一样，可以感受到法国君主为了加强殖民事业而给他的王国带来的某些令人振奋的影响。

西班牙人和法国人很快就在争夺更远的西部中找到了对手。当时，向南进发的俄罗斯人出现在了他们的面前。这是他们经过长期准备的行动。这一探索的新高潮是在彼得大帝统治时期开始的，他刚一去世，他批准的计划就开始付诸行动。在政府、圣彼得堡学会和私人企业的推动下，俄罗斯人对西伯利亚荒原进行了勘测并绘制了地图，对大陆东北尽头的海岸线也进行了探索和测绘。其中大部分工作都是在俄罗斯探险者维图斯·白令的主持下进行的，他的名字因亚洲和美洲之间的海峡而得以流传。

这项工作不仅仅局限于大陆。一次航行把俄罗斯人带到了日本列岛最北端的北海道，欧洲人见到了被称为"多毛的阿伊努人"的奇怪部落，这让当时和此后的人种学家都一直困惑不解。最后，随着千岛群岛和美洲境内的圣埃利亚斯山的发现，俄罗斯人了解了阿拉斯加并将其纳入了自己的势力范围。

于是，猎人和商人沿着探险者的足迹继续前进。当法国人穿越密西西比河和落基山脉之间的平原时，俄罗斯确认了它对北美大陆西北海岸的控制，并开始沿着海岸向南推进。

但是，殖民事业重新恢复的活力并不局限于那些从四面八方推进到北美腹地的冒险者。在遥远的北方，哈德逊湾公司的代理人把他们的贸易业务扩展到了大西北的心脏地带。与此同时，在遥远的南方，他们的伙伴和竞争对手、走私者，侵入了中美洲和南美洲戒备已久的保护区。事实上，没有什么事情比这一时期西属美洲的主要活动更能说明殖民世界的地位变化及其问题了。

八

三种情况同时促成了这一点。首先是战争造成的西班牙行政机构的混乱。其次是腓力五世的波旁王朝在新西班牙更有效的政策。最后是其他大国对这一广阔地域的日益关注，典型的例子是英国人获得了奴隶贸易的专营权，以及法国船只获得了与西班牙殖民地进行贸易的临时许可。新的促进因素对这些殖民地的影响很快就显现了出来。

在17世纪，矿产收入逐渐下降，但随着勘探的恢复和新矿藏的发现，情况有所改善。旧有的加的斯垄断之放松不仅使关税收入暂时从一个微小数目增加到一个可观的数字，而且在战争导致的混乱平复之后，它还带来了更大规模的商业活动，无论是合法的还是非法的。波旁政府更加开明的政策缓解了殖民政府中一些最严重的弊端，来自殖民地的收入逐渐增加。

正如北美的英国殖民地一样，条件的改善和新机会的涌现给南方带来了一波新的移民潮，他们希望新世界能让他们从旧世界的束缚中解脱出来，并为他们的能力和精力提供一个更广阔的施展空间。

在智利南部肥沃的山谷里，在得克萨斯广袤的平原上，在秘鲁的矿区里，在奥里诺科河和拉普拉塔河流域的平原和种植园里，新鲜的殖民血液被注入进来。它的影响是立竿见影的，也是持久的。渐渐地，好战的阿劳坎人被击退了，西班牙的占领区穿过智利向南蔓延，并沿途建立了哨所和城市。葡萄牙人夺取拉普拉塔河北岸半岛的行动被挫败了，西班牙人建立了蒙得维的亚并加筑了防御工事，以作为乌拉圭的战略要地，以及巴拉那河与乌拉圭河沿岸不断增长的西班牙居民的贸易出口。

再往北，巴拉圭——主要通过布宜诺斯艾利斯与外部世界建立联系——的耶稣会神权政体，被转移到政府的保护之下，以免受亚松森霸权的影响。与此同时，长期以来将欧洲人阻挡在乌拉圭河与巴拉那河之间——所谓恩特雷里奥斯地区——的查鲁亚人，最终被克里奥尔人击溃，一块富饶的土地向西班牙人开放了。

随之而来的是行政上的改革。在波旁家族登上西班牙王位的诸多后果中，殖民政策的改变是相当重要的。很明显，利马已经不能妥善管理西属南美了。同样明显的是，为了应付战争所造成的局势，必须制定新的规章制度。因此，腓力五世一登上王位，就临时设置了包括北部沿海诸省的新格拉纳达总督区，这标志着重组政策的开始。二十年后，这一举措被确立为永久性政策。

随着波哥大从检审区提升为囊括西北山区的总督管区，这一政策成为贯穿18世纪深远变革的第一步。同样的，随着人口和资源的增加，对行政管理和收入的控制也更加严密。自治市的数量越来越多，同时在地方事务中保持了它们的相对独立性。贸易和共同利益的增长使殖民地在西班牙设立了代理人。正如英国殖民地一样，西属美洲以同样的路线走出了大战，走上了新的发展道路。

除了种族、地理、经济和历史这些几乎无法克服的困难，西属美洲也没有得到很好的、明智的管理；但是与以前相比，它的状况有了极大的改善。

葡属美洲的情况就不同了。欧洲大战期间，随着若昂五世即位为葡萄牙国王，他一心想与西班牙王室联姻，在里斯本建立了一个宗主教区，并获得了"最虔诚的"国王称号。这是教皇对他的贡献的奖励，因为他掏空了自己的国家，派遣了一支舰队参与对土耳其人的最后讨伐，而他的巴西臣民本可以用这支舰队保护自己。

与此同时，西班牙和葡萄牙也受到了西欧竞争对手的强大压力。西、葡两国的殖民者对蒙得维的亚和乌拉圭地区的争夺之于南美大陆，正如英、法两国对新英格兰北部的争夺之于北美大陆。在那里，在战争结束后的内部动乱中，巴西人努力抵制西班牙人的扩张，但越来越不成功，直到最后爆发的公开冲突结束了长期的突袭和反突袭，并最终决定了这一地区的力量平衡。

九

新的战争几乎同时在欧洲和美洲开始，将整个欧洲世界都卷入了不顾一切的、影响深远的争夺霸权的冲突之中。战争的起因是两种对抗——一种是欧洲的对抗，一种是殖民地的对抗——都发展到了顶点。

首先是哈布斯堡王朝与波旁王朝的长期对立，这引爆了围绕波兰王位的一触即发的紧张局面。《乌得勒支和约》签订之后仅仅二十年，萨克森和波兰的奥古斯特二世的离世（1733）为这个不稳固的王位引入了两位候选人。受法国影响的大多数波兰贵族支持路易十五的岳父斯坦尼斯瓦夫·莱什琴斯基，由俄罗斯和奥地利控制的少数波兰贵族支持奥古斯特三世。因此，欧洲大陆再次陷入战争。

在意大利，同盟国——法国、西班牙和撒丁王国——将奥地利的势力从米兰以外的所有地方驱逐了出去；在莱茵河沿岸，它们从神圣罗马帝国手中夺取了洛林。在波兰，俄奥联盟的力量依然是最强大的。五年的战争和外交斗法，最终体现为《维也纳和约》（1738），该和约确认奥古斯特三世获得波兰王冠。作为补偿，斯坦尼斯瓦夫得到了洛林和巴尔，待他死后，这两个地方将转归法国所有。

洛林公爵——现在成了哈布斯堡女继承人玛丽亚·特蕾莎的丈夫——则得到了托斯卡纳，因为该地的统治者美第奇家族恰好绝嗣。西班牙从奥地利那里得到了那不勒斯、西西里岛和厄尔巴岛，而奥地利则重新获得了帕尔马和皮亚琴察，巩固了它在北方的权力，并得到了列强对《国事诏书》新的保证。

这些就是波兰王位继承战争最明显的政治结果。很明显，在这一结果背后是欧洲列强均势的重新调整。在波旁王朝统治下的法国和西班牙，显然倾向于结成一个利益和政策共同体，而俄、奥的友好关系，则表现为波兰战争刚一结束，它们就对土耳其发起了联合进攻，而这在欧洲事务中具有更重要的意义。

俄罗斯军队有史以来第一次出现在西德意志。而另一个事实就是，它对土耳其的进攻使它得到了梦寐以求的亚速夫，从而在黑海拥有一个立足点。两个事件表明，从此以后，又一个国家在欧洲政治中上升到了不容忽视的地位。

除了一个邻国，俄罗斯所有的邻国都衰落了，这进一步凸显了这种现实。随着瓦萨王朝最后一位强力君主卡尔十二世的离世，瑞典从它的霸主宝座上跌落下来。正如这场战争清楚表明的那样，波兰现在成了瑞典对手们的马前卒，而且正在成为它们的牺牲品。在北方诸国中，只有普鲁士显示出日益增长的活力。在南方，土耳其失去了原有的黑海垄断地位；并且，尽管在对奥地利的战争中取得了胜利，但仍表现出了明显的衰落迹象。

由于对土耳其的战事不利，哈布斯堡王朝被迫将贝尔格莱德以及瓦拉几亚和塞尔维亚的部分领土割让给它的宿敌。与此同时，奥地利人发现，虽然查理六世获得了欧洲对《国事诏书》的保证，但由于欧根亲王的离世，该诏书失去了最好的保障以及它在全欧洲的地位。尽管奥地利哈布斯堡王朝与西班牙波旁王朝瓜分了除撒丁王国以外的意大利，势力似乎更加稳固，但一个比老皇帝更勇敢的人可能会有充分的理由焦虑地期待他的小女儿继承这片如此辽阔而分裂的领土。

这一意外事件的出现并没有拖延太久。与土耳其人签订和约还不到一年，普鲁士国王、俄罗斯沙皇和神圣罗马帝国皇帝本人就先后从尘世的活动中消失了。两年后，在经历了英国历史上最长的首相任期后，沃波尔被赶下台。法国红衣主教弗勒里也紧随其后。欧洲这出大戏的下一幕落到了完全不同的人手里，他们不同于那些在二十年的时间里为争取和平而或多或少取得成功的人。

在普鲁士，年轻的腓特烈二世继承了他父亲积累的财富和军队，以及霍亨索伦家族所怀有的雄心和梦想。俄罗斯一度受到伊凡六世的软弱统治，之后，通过一场军事政变，王位落入彼得大帝的女儿伊丽莎白手中，她是18世纪俄罗斯帝国第三位显赫的女性统治者。在奥地利，女孩玛丽亚·特蕾莎成功地克服了哈布斯堡王朝特有的危险和混乱。在法国，弱不禁风的情妇（蓬帕杜侯爵夫人）和无能的大臣继承了弗勒里对软弱的路易十五的影响。在英国，年轻的辉格党人开始在与西班牙的战争问题上攻击沃波尔，以卡特里特和皮特的更具雄心的计划取代了沃波尔"不要改变安定状况"的政策。

十

事实上,即将到来的时代的特征,已经开始以某种形式在遥远的地方赋予自己以定义。在《维也纳和约》签订之前,沿着北美和南美大西洋海岸的敌对行动一直延续着欧洲大陆的斗争。这主要是由殖民者自身的活动造成的。因为殖民冒险者已经穿过广阔的荒原,而这些荒原长期以来将他们的据点分隔开来,作为和平的最佳屏障,现在屏障被打破了。很明显,当他们在遥远的帝国边境相遇时,每一方的好斗分子都很难抑制冲突的欲望。

走私者同样促进了敌对行动。西班牙王位继承战争期间由于贸易管制的极大放松,不仅使得海上强国——尤其是英国和荷兰——的贸易大幅增长,而且还带来了一种感觉,即这种贸易是一种权利。这种感觉随着奴隶专营权转移到英国人手中而得到证实。战争结束后很长一段时间,许多自由贸易者或走私者都采取了行动。此外,像上一代著名的基德船长和黑胡子船长(爱德华·蒂奇)那样的海盗传统,一直被海盗们传承着,尽管他们毫无例外地骚扰着一切商业活动,但对西班牙船只却有一种特殊的偏好。

腓力五世即位后,将西班牙行政机构从混乱中拯救了出来,并以更大的精力对其进行了重组和加强管理,当这一切发生时,西班牙的海岸护卫队和自由贸易者之间的冲突就不可避免了。由于法国和西班牙发展出了一个更大的利益共同体,路易斯堡和蒙得维的亚的同时设防，魁北克和圣奥古斯丁的联合行动，阻止了英国人的前进，而西班牙针对巴西的扩张活动，立即加强了英国和葡萄牙的传统联系，它们联合起来对抗共同的敌人。这尤其激起了英国人的战争情绪。

《维也纳和约》签订一年后，当一位名叫詹金斯的英国船长在沃波尔的敌人的怂恿下，出现在下议院展示西班牙海岸护卫队对他的残害时，英国人被激怒了，"詹金斯之耳战争"也把长期的殖民地对抗带到了欧洲舞台上。因此，当西班牙的军队和外交官使其统治者重新控制意大利时，他们却发现自己在美洲陷入了战争。

西班牙人包围了巴西的科洛尼亚，葡萄牙人攻击了蒙得维的亚——南美洲的路易斯堡；卡罗来纳的英国人与圣奥古斯丁的西班牙人交上了火；加勒比总督计划攻击南部殖民地；在佐治亚的奥格尔索普的新殖民地、巴西的南里奥格兰德要塞，与西班牙人的冲突已经持续很长时间了。

英国参战后，局势又发生了变化。弗农曾在议会夸口，他可以用6艘船占领波托韦洛港；在得到一支小舰队后，他很好地完成了自己的任务。但他最初的胜利并没有持续下去。被派往太平洋的安森去了马尼拉，拿下了阿卡普尔科大帆船，船上载有价值50万英镑的货物。但除了这一艘船，他失去了所有其他的船只。由于疾病和首领之间的分歧，他对卡塔赫纳的一次更大规模的进攻失败了。

西班牙人的军事行动甚至更失败，双方在陆地上的军事行动比他们在海上的行动更为徒劳。奥格尔索普围攻了圣奥古斯丁，西班牙的佛罗里达总督对佐治亚发动了进攻，双方的行动都没有取得成效。英国和殖民地对古巴的联合进攻失败了；正如开始时一样，这场战争以小规模的报复和边境上的小冲突结束了。

长期的和平削弱了双方的进攻力量。距离很遥远，回报又很小，除了两种情况（一种仅仅是常人无法理解的利害关系），这场战争的重要性还不如同时发生的巴西和阿根廷为争夺有争议的土地而进行的斗争。

因为安森的行为对大帆船航行制度造成的威胁，西班牙人在战争期间放弃了这一制度，并最终以个人船只许可取而代之。弗农发现给水手们提供纯朗姆酒这一由来已久的习俗损害了纪律和效率，于是就用一种稀释了的酒取而代之，从而给英国航海用语增加了"格罗格"[①]一词；正如它所证明的那样，这是对海军进行深远改革的第一步。

尽管情况各不相同，但弗农的行为显示了一种调节和改善人际关系的趋势。这一点在英国尤为明显。17世纪的最后几年，那里建立了基督教知识促进协会，随后是福音传播会的成立，它们的工作在北美变得越来越重要。在那里也能感受到某些人的影响，例如英裔美洲行政官员威廉·约翰逊，他开创了英国与非欧洲属地建立所谓友好关系的传统，这后来成为大英帝国扩张的一个主要特征。

十一

无论它看起来多么不协调，无论它与当时的其他运动多么不相

[①] 格罗格，一种用朗姆酒加橙汁、红糖，以及热水调制而成的主要供海员饮用的酒。——编者注

关，然而值得注意的是，在这一时期，英国最流行的运动项目拳击或"有奖格斗"的规则第一次被制定出来。正如其他现象一样，这些规则的采用同样显示出改善粗鲁习俗的趋势；甚至在那个表面看来与理性和法律相距甚远的领域里，也引入了理性和法律。

这样看似微不足道的事情，却有助于阐明一个时代标准的变化。因为就像奥格尔索普在他的殖民地推行的限制一样，它代表了一种正在改变的社会秩序和社会效率概念。大帆船航行制度的废弃也表现了类似的精神，因为这一革命性政策标志着一种旧商业制度在其最后一个据点的衰落。

从更广泛的意义上说，这场战争是当时世界政治发生明显变化的典型表现。长期以来，在欧洲列强的拖拽下，殖民地被卷入外部冲突之中，尽管它们有着自己的意愿和利益。现在它们已经开始发挥明显的作用，不只是成为冲突的原因，而且开始主动挑起这种冲突。殖民地战争的时代现在已经开始，其规模之大使其成为国际事务中一个强有力的因素。从此以后，要把殖民地政治与欧洲政治完全分开变得越来越困难了。

一个世纪前，欧洲的关系和法律几乎都不适用于这里，但现在，这条"界线"已经消失了。现在只有一个"欧洲"，不分本土还是海外了。从此以后，要触及这张巨大利益网络的一点而不引起整张网络的反应，几乎是不可能的。尤其是处于中心的国家对其帝国最边远地区的动荡变得异常敏感。

这种现象并不局限于政治和贸易。无论它们以多么不均等的方式延伸到欧洲以外的世界，欧洲思想和实践的巨大潮流都不是没有影响的，尤其是对那些流淌着欧洲血液的共同体来说。那些更遥远社会的观念,反过来也经常对旧世界产生影响,它们同样重要,但并不总是能被人们意识到。

大体上说,这一时期殖民地对旧世界的影响与早期殖民地的影响有着根本的不同。欧洲大陆不那么自由的国家通过掠夺殖民地的力量和资源,从而加强了旧世界社会中专制主义、军事主义和保守主义群体的力量。现在,进步群体获得了这些力量和资源。**在18世纪重塑欧洲的诸多因素中,来自北美殖民地的因素尤为突出。**

第三十一章
宗教、智识和工业

1700—1750

一

如果说在智识领域欧洲民族有什么显著特征的话,那就是他们的真实历史与文字记载的历史之间惊人的差异。如果他们的发展仅仅局限于他们编年史中所记载的那些事情——统治者的野心和活动、战争及外交——而不涉及其他任何话题,那么,在路易十四和卡尔十二世的事业达到顶峰的三百年间的故事,与关于鞑靼人和祖鲁人部落兴衰、成吉思汗和跛子帖木儿的功绩,以及恰卡和丁干①的丰功伟绩之叙述也没多大区别。

关于西班牙卡洛斯二世的遗产处置问题,有几十部详尽却基本上没多大意义的阴谋论著作,却几乎没有一部是关于同一时期出现

---

① 恰卡和丁干都是南非祖鲁人著名的首领。——编者注

的现代世界最强大的动力——蒸汽机——的演变的。关于18世纪初开始的战争有上百种说法，但关于当时出现的改变了整个文明社会基础的经济革命，却很难找到令人满意的描述。

然而，对于欧洲和整个人类社会来说，幸运的是，欧洲国家体系在17世纪末期开始出现的一系列杀戮和阴谋只是这一时期各个民族表现自己能量的一种方式。商业和工业的发展，伴随着财富带来的闲暇和机会、文学和纯学问的发展、科学和发明的进步，信仰和权威的时代逐渐转变为怀疑和调查的时代，这一切现在已经改变了欧洲人生活和思想的整个面貌和趋势，并创造出了一个真正的现代世界的开端。

二

如果有一位行动迟缓的旅行者，从"航海家"亨利王子和波焦·布拉乔利尼开始将欧洲的知识和权力扩张到未知领域的时候就出发，在《乌得勒支和约》和《尼斯塔德和约》签订的时期穿越欧洲大陆，他会发现，从各个方面来看，他所熟悉的三个世纪前的世界已经发生了翻天覆地的变化。

事实上，他的旅行速度不会比他自己的时代快多少，因为尽管道路好了一些，但马腿或人腿没什么变化；至于运河，虽然它增加了便利性，但对交通速率的提高毫无贡献。不过，他遇到的运货马车、驿车以及各种各样的其他车辆，与他那个时代熟悉的驮马、小贩、朝圣者和士兵形成了鲜明的对比。

这些，以及他路过的城堡和乡间别墅，衰败和正在衰败的宅邸和修道院，环绕着远远超过中世纪规模的城墙，有巨大的货栈、造船厂和码头的城市，不仅表明了人口和财富的增长，还表明了封建时代所没有的和平，以及过去不可能实现的贸易规模。

他会看到农民在田间劳作，他们的耕作方法和作物与他那个时代相比，几乎没有什么变化。不过，一旦进入客栈或私人住宅，他就会被上百种他那一代人所不知道的餐具所吸引。对于一个习惯于15世纪早期半野蛮风格的陈设和烹饪的人来说，盘子、餐巾、家具、刀、叉、汤匙、瓷器和玻璃器皿，甚至桌子和椅子都是令人惊奇的东西。

他可能会对生活中某些方面的变化感到某种失落。在他看来，男人们的宽边外套、过膝短裤、长袜和带扣的鞋子，他们的漂亮马甲、衬衫和领饰、假发和三角帽，都不过是紧身上衣和短马裤的可怜替代品。对于一个记得以前那种更简单、更优雅的长袍的人来说，妇女们的有裙撑的裙子和高挑的发髻如果没有激发出仰慕之心，便会让人惊掉下巴。

无论是作为艺术家还是建筑师，看到呈现在他眼前的画布和壁画上那些奇特的色彩和形式，他都会和看到带圆顶和柱廊的新古典主义建筑一样感到惊讶，后者取代了他那个时代的带哥特式拱门的优雅建筑。作为士兵，他会惊讶于盔甲的消失，还会惊讶于步枪、手枪、野战炮和攻城炮取代了中世纪的堡垒，也会惊讶于国家军队的规模和纪律。作为企业家，就像在一个他所不熟悉的世界中一样，他会被公私企业的体量和模式与他那个时代的鲜明对比所吸引，被通货、银行和信贷、国家金融的巨大增长所吸引。他会听说四面八方他闻所未闻的遥远土地，这些地方现在已成为广义欧洲世界的一部分。

最重要的是，如果他是一名学者或科学家，会被一个充斥着新的思想和言论的世界弄得不知所措。他不会遇到像他那个时代的拉丁语一样的、在欧洲大陆不同民族之间作为一种共同表达媒介而存在的通用语言。他会发现没有普世的教会了，而且，作为他那个时代被人们所接受的狭隘真理的替代品。他将面对大量知识和各种各样的观点，它们在广度和深度上都具有压倒性的优势。新的信仰、新的思维方式、新的怀疑、新的获得真理的方法会从各个方面困扰他。

在他那个时代，人们非常害怕自己会越过世界的边缘而进入未知空间，他们更担心过于大胆的精神会给他们带来永恒的恐惧。现在，无论是世俗的危险，还是对教会的恐惧，都无法阻止人们去冒险，这些冒险对于中世纪的人来说几乎是不可想象的。他看到的是一个我们现在很熟悉的世界。他看到的天空不再是不可知的神灵居所，而是充满了可见的宇宙现象，在这个宇宙中，地球和人类扮演着与三个世纪前截然不同的角色。

在人们的思想中，自然在很大程度上取代了超自然，现世取代了来世。教条和启示在很大程度上让位于理性、调查和规律；迷信已经被修正为信仰，甚至是对知识无法解决的问题的怀疑。在这样一个世界中，中世纪的人会感到不知所措；一个15世纪的人很可能会想到上帝的启示已经实现，他看到了一个新的天堂和一个新的世间。

如果他是一位政治家，考虑的是统治者和国家之间的相互作用，而不是这些人类日常生活中的深层问题，他就会更好地理解他周围的世界。事实上，欧洲的政府和国际关系观念已经发生了变化，欧洲人对商业行为的看法更是如此。现在的公共事务的规模更大，涉及的力量也与他所知道的不同；但它们背后的动机仍然是一样的，政治手段和其他时代的政治手段之间的差别，并没有大到使他完全一头雾水。

实际上，封建制度已不再是政治中的一个积极因素，因为在政治事务中，民族或国家已经取代了它。尽管冲突的范围和环境不同，但一个目睹过早期英、法冲突的人，还是可以想象到英、法第二阶段的百年战争，这场战争最终以《乌得勒支和约》的缔结而结束。

如果他看到了霍亨索伦家族的腓特烈一世（1371—1440）成为第一位勃兰登堡选帝侯，就很容易理解后来的腓特烈一世（1657—1713）进一步成为普鲁士的第一位国王。如果他曾生活在11世纪东西方教会大分裂和约翰·胡斯离世的年代，就能够理解西欧教会分裂成天主教和新教的一些情况。如果一个人目睹了哈布斯堡家族登上神圣罗马帝国的皇位，他就不会对18世纪初这个王朝的形势感到困惑。有了地理大发现的知识，他甚至可以理解海外的殖民地之争——这已经成为欧洲历史的一部分。

三

除了这些，物质上，尤其是知识上的进步简直可以说是个奇迹。君主和民族的野心是最古老的政治动机之一，但那些使得18世纪的欧洲有了一种不同于15世纪欧洲之特征的元素，大部分都不在民主和民族的历史活动范围之内。

这其中，科学、文学、哲学和神学的发展并不是孤立的。在上一代，即使是路易十四的光辉也没有完全掩盖牛顿和莱布尼茨的成就，战争艺术的进步也没有超过和平人士的成就。因此，在随后的欧洲战争和外交时代，发明家的技艺和社会的进步可以与外交官的活动以及思想家和文学家的成就相媲美。

事实上，科学的发展是不可轻视的，即使在路易十四和摄政王统治下的法国在宫廷气派和文学领域冠绝欧陆之时，也有迹象表明一种即将到来的变化。那种标志着这位显赫的君主早年事业的活力已经耗尽了，他的力量不足以培育出能与之前的成就相称的才干。

宫廷宠儿克雷比荣的戏剧天才远远比不上莫里哀和拉辛，他在道德和启发方面都稍显逊色。勒萨日的小说代表作《吉尔·布拉斯》，将所谓的流浪汉式浪漫主义引入欧洲文学，实际上超越了拉法耶特夫人早期的作品。不过，让·巴普蒂斯特·卢梭的诗歌和圣西蒙的回忆录，尽管引起了人们极大的兴趣，却仍难以达到前辈大师们的高度。

华多画作的精致之美，体现在其优雅的绘画材料扇子和家具上，体现在其描摹牧羊人和牧羊女回归自然的魅力上，但也失去了一些本可以在更自由和不那么复杂的氛围中展现出来的力量。尽管如此，他的绘画——其中混合了虚饰的生活和俭朴的生活——还是揭示了一种注定要彻底改变欧洲社会生活和思想的精神。而且，正是因为它未能创造出一种完美的简单假象，从而显示了欧洲人品位迅速发展的方向。

这几乎立即在其他领域得到了体现。路易十四刚一入土，一部新的戏剧《亨利亚德》就问世了，欧洲文学世界又多了一位新人物，年轻的伏尔泰，他是这样称呼自己的。被囚禁在巴士底狱期间,他思考了波旁王朝第一位国王——纳瓦拉的亨利——这一戏剧主题,由此给法国文学带来了一个新的转折。《乌得勒支和约》签订后不久,另一位作家——当时还不为人知的孟德斯鸠——所写的《波斯人信札》,不仅开创了一个新的文学流派,而且开始对前一个统治时期所形成的制度性权威进行抨击。

奥尔良公爵刚刚担任摄政王,耶稣会士和詹森派之间的长期争吵就达到了最激烈的程度,后者主张最高权力应从教皇转移到教廷全体会议。这样的事件具有特殊的意义。

路易十四时代晚期反动势力的壮大,体现在詹森派势力的中心——皇家港口——的毁灭上。在《乌得勒支和约》签订的同时,教皇在耶稣会士的鼓动下,发布了被称为《唯一诏书》的训谕,谴责詹森派的信条。但是,教皇和耶稣会士的所有力量,再加上年迈国王的影响和最高法院冷淡的默许,都不能扼杀讨论或阻止法国教会的分裂。1/3的法国主教拒绝支持教皇和耶稣会的主张。

现在,摆脱了路易十四晚年压迫的自由派天主教徒、文人,尤其是正在崛起的哲学家群体——伏尔泰和孟德斯鸠是其中的显要人物——团结在一起,与其说是为了支持詹森派,不如说是为了抨击耶稣会士和当局的专制。这样一来,法国就陷入了一场长期的争论之中,这场争论不仅会影响到宗教事务,也会影响到法国的政治思想和政治实践的整个未来。

在那个时代的所有人物中,发表谴责耶稣会士训令的教皇或许是当时重塑欧洲力量的最好代表——因为他承受着最大的压力。克莱门特十一世的一生实际上是旧秩序的悲剧。作为一个能干而有成就的人,他发现自己在支配时代的各种力量面前无能为力。

他希望在西班牙王位继承战争中保持中立——他先是被迫承认腓力五世为西班牙国王,然后又被迫承认查理大公为西班牙国王!在《乌得勒支和约》中,教皇几乎是西欧列强中唯一一个受到忽视的代表,他对意大利领土的各种主张甚至都没有得到礼节性的考虑。他针对萨伏依发布的教皇禁令遭到了蔑视,他对实际事务中教宗无谬论的重申所取得的成功,或许还比不上他对詹森派异端学说的谴责或他关于给予罪犯更人道待遇的倡议。

他是一个已经逝去时代的象征,在他那个时代,他所担任的职务的权威跌到了宗教改革以来的最低点。

四

克莱门特十一世发现自己的处境是欧洲在民族国家大战结束时的典型状况,欧洲正是从这些战争中开始崛起的。这是一个奇怪的新旧结合体。自文艺复兴以来,新古典主义逐渐取代了经院哲学在欧洲人心目中的地位,并达到了它的顶峰。继艺术和文学中的人文主义复兴之后,自然活力的灿烂爆发与人类的一切行为方式一样,固化成了一种流派。欧洲的教育领袖们已经用一种主要局限于古典学、数学和神学的体制取代了中世纪的三科四学。

在文学中,布瓦洛——"帕纳苏斯山[①]的立法者"——的影响

[①] 帕纳苏斯山,古希腊神话传说中太阳神阿波罗和九位文艺女神缪斯的居住之地。著名画家拉斐尔曾创作《帕那苏斯山》来描绘阿波罗和九位缪斯在一起的场景。——编者注

明确了一种倾向,即趋向形式化体系而反对灵活性,趋向遵从规则而反对自发性。他的《诗艺》和英国人蒲柏的《批评论》,都谴责了前两个世纪的有翼飞马在广阔的诗歌领域里踏着为它铺就的道路前进。散文也遵循同样的路线,路易十四的最后几年,就像安妮女王时代一样,揭示了欧洲文学的两个主要中心建立形式体系的强烈冲动。

> 歌声从天堂里飘下来,
> 褪去她那带着阳光、露珠和火焰的长袍。
> 穿上一件时髦的衣服来吸引伦敦。
> ……
> 她目不转睛地看着——如果她看到了,
> 世界荣耀的景象。

建筑方面也表现出了同样的趋势。帕拉第奥的影响逐渐在西欧和东欧国家蔓延开来,在那里,法式风格越来越被认为是品位的极致,直到每一座建筑都明显地体现出它的风格。在法国,除了奢华的凡尔赛宫,还可以见到佩罗完成的杰作——卢浮宫、荣军院和万神殿;在英国,圣保罗大教堂——其穹顶和柱廊与圣彼得大教堂的气派遥相呼应——反映了同样的帕拉第奥式风格。

作为对自己南征北战的奖励,马尔伯勒得到了一座宫殿,这座宫殿在范布勒手中成了富丽堂皇的典范。这位建筑师的墓志铭"大地啊,你要重重地压在他身上,因为他把许多重物压在了你的身上!"或许可以被视为整个新古典主义流派的座右铭。柏林大选帝侯的建筑也展示了同样宏伟的特征。甚至在俄罗斯的新首都（圣彼得堡），法国建筑师也践行了意大利维特鲁威学派的原则，该学派的胜利既摧毁了它现在所取代的美丽的尖顶哥特式风格，也掩盖了它自称所代表的真正的古典范本的辉煌。

民居的风格受到了同样的影响，在法国尖顶城堡旁边矗立着城市和乡村住宅的方形石料；在英国，詹姆斯式风格取代了新哥特式的都铎风格，现在它又被乔治式风格所取代。

社会事务大致遵循了相同的路线。从路易十四的宫廷中涌现出一系列礼仪——它们受到了欧洲大陆统治者们的效仿——这些礼仪大体上被欧洲社会接受了，它们倾向于去除人们交往中的所有自发性特征，使人们的交往变成一系列失去了意义的形式化仪式。适于社交生活的服装，不适于任何实际用途。

纺织工业的进步，尤其是丝绸的大量使用，为男人们提供了精致漂亮的丝制外套和马甲，为女性提供了更令人惊叹的服装。柯尔贝尔的远见卓识使法国引入了丝绸制造业，既带来了羽毛般轻薄的服饰，又增加了国家的财富。男人们涂了粉的假发，与社交名媛巨大而高耸的头饰相比，确实显得微不足道，但它们一起使这个时代成为发型师的黄金时代。

习俗和娱乐呈现出相同的基调。自由活泼的舞蹈凝固在庄严的小步舞中。牌桌不仅是赌博的地方，也成了一种社交场所。鼻烟的使用变得普遍起来，鼻烟壶也显示了金匠和微雕家的才华。决斗依然甚至更为流行，荣誉准则变得越来越严格。

舞台上也出现了同样的趋势。莎士比亚的作品因为"粗俗无礼"而受到了批评家的质疑。当他的戏剧上演时——再多的形式主义也不能把它们从舞台上赶走——常常因为穿着18世纪全套服装的哈姆雷特和麦克白夫人的出现而更有生气！

这种趋势造就了一个沉闷的时代，这在法国是可以忍受的，因为一些尚存的优雅风格装点了这样的时代；但在许多地方，尤其是在德意志小诸侯的宫廷里，甚至达到了他们的身体都难以忍受的程度，尽管"波尔多葡萄酒时代"拥有更高度数的葡萄酒的日益流行振奋了他们的身体。

即使是广阔的知识领域也受到了同样的影响，当一个人从欣赏17世纪更自然的文学作品转而到欣赏随后更庄严的作品时，他可以真切感受到，人们对一个更平静时代的表面上的——即使不是实质上的——兴趣的下降。正如古物研究的发展所证明的那样，它在某些方面确实是卓有成效的。在其他领域，尤其是在教育领域，它的墨守成规几乎到了空虚无聊的程度。

总的来说，无论是在庄严堂皇的宅邸和规整的花园中，还是在蒲柏和布瓦洛所写的诗篇中，都表现出了对形式的追求和对仪式的热爱，而这标志着这一运动已经失去了活力。

五

然而，根据人类的奇妙法则和物理演化的规律，每一个行为都有其不可避免的、对等的反应，在这个新的形式权威统治鼎盛时期，一种变化已经在襁褓之中。在路易十四统治时期，绝对王权和民族国家王权的发展达到了顶峰。与此相伴，英国发生了将斯图亚特王室赶下王位的革命，法国主宰欧洲的努力被试图保持多样性统一的势力所挫败。多样性统一体现在大联盟和均势制衡理念上。

现在，在智识领域，也可以观察到同样的现象，在神学领域尤其如此。在那里，前两个世纪对科学的攻击已驱使人们做出选择：完全拒绝一切以任何方式与启示宗教教义相冲突的发现，或者拒绝被新知识削弱的教条。由此产生了一种新的对立，这种对立与天主教和新教的旧分歧关系不大。一方是这样一些人，尽管他们在神学和教会至上的问题上存在分歧，但他们都是正统信仰的拥护者。在另一方，聚集着越来越多的认可调查和推理结论的人，包括自然神论者、哲学家、不可知论者、异教徒、无神论者、自由思想家、科学家，等等。这些人，要么完全拒绝教会的教条，要么暂缓判断，要么努力调和理性和教条。他们期望用一些理智上站得住脚的学说来代替非理性的信仰。

旧说法"我相信，所以我知道"，受到了新说法"我知道，所以我相信"的挑战。这个原则跨越了所有种族和信仰的界限，向前推进着。

理性主义已经在思想中确立了自己的地位，并开始在反对盲目信仰方面取得进展。用英国诗人蒲柏——他的形式主义诗体恰如其分地代表了他那个时代的精神——的话来说，人们逐渐认识到"秩序是天堂的第一法则"。

随着对法则秘密和宇宙秩序探索的发展，不可避免地出现了与神学的彻底决裂。

到了18世纪，"教会"，无论是新教还是天主教，与其说是一种精神力量，不如说是一种"阶层"，一种社会制度，就像贵族制一样，是一种静态的元素，只希望不被打扰。另一方面，自由主

义与其说是一个派系，不如说是一群受过教育的人。结果，18世纪出现了一场科学复兴运动，就像15世纪的古典运动一样，它产生的不是异教信仰，而是冷漠或对抗。

六

在英国，在那里，上个世纪赫伯特勋爵的学说得到了洛克的传承，并得到了一个包括政治领导人沙夫茨伯里和博林布鲁克在内的团体的继续发展。这些学说由此传播到了欧洲大陆，在这里，这一时代的文坛领袖成了这些学说最有力的支持者。

这位文坛领袖就是法国人弗朗索瓦-马利·阿鲁埃，更广为人知的是他的笔名"伏尔泰"，他的才华使他进入了欧洲人的视野。他作为剧作家已经获得了声望，一次对英国的访问使他接触到了一个新的知识和政治世界，他和孟德斯鸠一道把这个世界介绍到了欧洲大陆。

他天赋异禀，具有不可思议的创造力和令人愉悦的风格；他多才多艺，富有独创性，文笔隽永，不落俗套；他被一种讽刺的智慧所激励，这种讽刺的智慧使他成为最高效和最令人敬畏的斗士。在社会中，在国家中，尤其是在教会中，他发现自己不断地与现有的权威发生冲突，因为他本质上是一个排斥信仰的人。

他是一位诗人和剧作家，仅次于法国所产生的最伟大的戏剧家莫里哀；他是一位讲故事者，也是道德家；他是散文家，也是哲学家；他的讽刺短诗是反对现在那些空洞虚伪的权威们的最尖锐武器。作为一名历史学家，他将这一文学分支引入了新的航道；作为实验科学的涉猎者,他总是倾向于怀疑。最重要的是,作为一名讽刺作家,他成了所有自由思想家中最受人追捧和敬畏的人。

任何崇高的尊严,任何神圣的迷信,都逃不过他的讽刺智慧;没有什么事业会因为太无望而得不到他的支持,没有什么人会因为太卑微而得不到他的保护,没有什么权威的计谋因为太过巧妙而避开他的讽刺。在这个卑微和伟大的混合体中,伏尔泰的智慧成了欧洲思想的主导力量。

他不过是如今在政治事务中占有一席之地的文人群体之一员,尽管是该群体中最杰出的一个。"所有国家的思想领袖都秘密地站到了多数人的立场上,强烈反对约束",为了领导地位和民众的忠诚,向教会乃至政治权威发起了挑战。

事实上,对于科学家,甚至是发明家来说,仅靠施展自己的才华来生活是不可能的。文学也不是一个完全独立的职业。私人资助或某些另外的收入来源是必要的,因为到那时,仅有公众支持还很难使一个人靠写作维持生活。但在此前的几百年里,印刷业经历了快速的发展,尤其是在西欧。印刷商变成了出版商,报纸和期刊现在成了成千上万人日常生活的一部分,文学很快学会了独立行走。

这个结果在英国表现得最明显。正如路易十四时代产生了一位布瓦洛——他的《诗艺》塑造了法国诗歌更严格的线条;安妮女王时代在蒲柏的押韵警句中找到了其特有的表达;继罗什富科、拉封丹和费奈隆在法国散文方面的成就之后,英国散文家斯蒂尔、艾迪生和斯威夫特创立了一个新的英国文学流派。就像伏尔泰加冕成为法国讽刺作家之王一样,才华仅次于伏尔泰的斯威夫特,在英国文学中占有同样的地位。

与此同时,笛福从撰写政治小册子的工作转向了写作《鲁滨逊漂流记》——在这项贝恩夫人和拉法耶特夫人开创的事业中,他的才华使他几乎可以与斯威夫特并驾齐驱,而《鲁滨逊漂流记》最终成为他的不朽之作。随后,他笔下的其他故事以及他的模仿者和继任者的故事也相继问世。

那一年(1740),随着奥地利、普鲁士和俄罗斯统治者的相继去世,塞缪尔·理查逊更具雄心的小说《帕梅拉》问世了。随着这部小说以及它的姊妹篇《约瑟夫·安德鲁斯》——出自另一个新闻和小册子作者亨利·菲尔丁之手——的问世,现代小说诞生了。因此,当古典风格达到高潮时,从新闻报刊这一边涌现出了一种新的写作形式,它注定会在未来的文学发展中发挥重要作用。

与此同时,英国《绅士杂志》——效仿已经在荷兰和法国出现的榜样——的创刊,为日益壮大的报刊力量增添了另一种元素。随着这些力量加入到现在地位已经稳定的报纸之中,一个新的文学时代开始了。

七

如果说不同于单纯浪漫小说的生活小说和人物小说为文学世界的新发展指明了道路,发生在音乐领域的一个事件也导致了几乎同样深远的结果。这就是清唱剧的发展。清唱剧是一种宗教音乐的戏剧形式,起源于意大利,在巴赫和他的同胞亨德尔手中得到了最高的表达。巴赫在德国,从他在新形式的组曲、前奏曲和赋格曲上的成功，通过赞美诗，发展出了使他名扬四海的著名受难曲；亨德尔在英国，从他在教会音乐歌剧方面的成功转向同样的形式，以一系列杰出的清唱剧——从《以斯帖》开始，在《弥赛亚》中达到顶峰，把这种合唱和独奏作品带到了只有他的同代人可以相媲美的完美境界，此后从未被超越。在清唱剧中，音乐就像文学和艺术一样，真正大众化了。

自从乐器在上个世纪获得了显著的进步以来，这时的进步更加明显了。在斯特拉迪瓦里手中，小提琴在形式和音色上达到了一种完美，即使在今天看来，这种完美仍然是无与伦比的。17世纪已经出现了羽管键琴，在欧洲经过几次大战之后的几年里，意大利发明家克里斯托弗里发明了欧洲的第一架钢琴。这些，加上管乐器和弦乐器的许多改进，使得建立一个新的音乐世界成为可能。

这些仅仅是当时显著现象中的少数几个，这个时期的特点是人类的努力几乎在每个层面都有重大创新。这是一个学者的时代，他们只是不如那些在前三个世纪大放异彩的学者显赫。这一时期值得纪念的发现和文艺复兴时期的那些发现同样显著醒目，但每一种发现都有18世纪独有的特点。

在北方战争结束的同时，人们发现了赫库兰尼姆古城遗址，该城于公元1世纪被维苏威火山的灰烬所掩埋，大规模的发掘工作随即展开。从那时起到现在，这些发掘工作增加了我们的知识，并以古代的物质珍宝丰富了我们的艺术生活。另一代人则见证了庞贝古城的重见天日，古典考古学作为历史和艺术的附属学科也得到了真正确立。

碑铭的研究，也就是所谓的铭文学，得到了新的推动；在刚刚过去一代人的时间里，杜·孔日用他著名的中世纪拉丁语词典架起了古代语言和现代语言之间的桥梁，在他成就的基础上，其他学者扩展了人们对过去的了解。

艺术也受到了同样的推动。在这个古物研究的时代，没有比雕刻师皮拉内西更典型的人物了，他的刻刀让无数的古代建筑遗迹保存下来。

在蒙福孔和其他人关于希腊手稿或古文字学的作品中，增加了一本关于他所属的本笃会出版的罗马手稿，这对知识的贡献巨大。这些对人们了解过去知识的贡献，不亚于意大利的穆拉托里在他的编年史中提供的材料；他的同胞马费重建了维罗纳的历史，并修正了马比荣开创的所谓古文书学——这是马比荣对现代文献学的贡献。

这个领域的研究并不局限于拉丁国家。英国出版了中世纪著名的历史学家比德作品的拉丁文本和英文译本，并通过出版英国早期编年史，延续了始于17世纪中叶的盎格鲁-撒克逊历史和语言研究。更重要的是，它把学术和实际政治事务联系起来，第一次把议会中的辩论集和对旧制度的描述汇集并印刷出来，这对英国的政论家和学者都很重要。

八

知识和材料结合在了一起，确实是那个时代最重要、最突出的特点。如果说文艺复兴时期是一个发现和校订手稿的时代，18世纪的复兴就是古文物研究的时代。如果说早期的重要进步是沿着纯科学，尤其是数学路线前进的话，这一时期则显示出将这些原理转化为实践并将科学与工业联系起来的趋势。

从煤中提取气体，纽科门的蒸汽机原理在船舶动力上的应用，哈德利的六分仪，华伦海特和列奥谬尔的温度计，见证了随着发明时代的到来，科学知识越来越多地应用于生活事务。同样地，畜牧业、肥料、作物轮作、土壤和耕作方法等方面的试验，使英国走上了农业革命的道路，它们既使这一最古老文明活动的资源得到了增加，又为支撑已经在整个欧洲显现出来的人口快速增长提供了更坚实的基础。有鉴于此，人们开始认识到"它使得从前长一棵苗的地方，现在长出了两棵苗"，科学知识的应用，从此成了世界事务中一个值得重视的因素。

在所有这些活动中，尤其是科学方面的活动，可以看到两条普遍的原则。一条是古典传统的衰落以及中世纪的无知和迷信的减少。从某种意义上来说，它们都阻碍了进步。将古希腊和古罗马世界的学问引入欧洲的思想和知识之中，有力地帮助理性主义战胜了中世纪盲目的教条主义。这种学问在摧毁神学蒙昧主义方面起到了非常重要的作用，并极大地刺激了知识的发展，因此自然而然的，它的价值被夸大了。教会教父的长期统治地位已被古典哲学家所取代。奥古斯丁、亚他那修、奥利金和德尔图良让位于托勒密、普林尼、盖伦和希波克拉底，此后，这些人对人们思想的支配，几乎不亚于他们的前任。

生活的各个方面都受到了这种变化的影响。神学和教育、科学和学术、哲学和文学都在新征服者面前沦陷了。在某种程度上，这对欧洲的进步至关重要，由此产生了一种推动欧洲穿过文艺复兴和宗教改革走向现代世界的动力。人们刚刚开始意识到，无论古人的作品和方法多么有价值，他们的学问既没有穷尽知识领域，也不是没有错误。

因此，从16世纪第二个二十五年开始，发生了一场双重冲突。一方面，现代知识的倡导者们反对人类的愚昧和中世纪神学引起的迷信。另一方面，他们不得不与那些盲目坚持古典作家格言的人进行斗争，这些人对古典作家格言的盲目坚持就像他们的前任对教会教条的坚持一样顽固。

一般来说，这种长期争论的重担都是由那些被称为**科学家**的人所承担，他们**成了权威的主要反对者，不管是古典权威，还是神学权威。他们得到了一群可以笼统归到哲学家的群体的帮助，由此竖立了17世纪的一个显著标志——大对立。**他们一点一点地前进。在理性和调查面前，普林尼和托勒密、盖伦和希波克拉底的权威衰落了，亚里士多德主义失去了对欧洲知识界的统治地位，古典学问被注入了现代的发现。

古典传统在其他领域逗留的时间更长。教育仍然完全受其支配，建筑显露出其独特的形式和特点，文学和学术深受其影响。但是，到了18世纪中叶，古典传统已不再是欧洲大部分进步所依赖的主流论调了。但古典传统继承了对"自然"的热爱，这将会在未来发挥重要的作用。

这一方面是由于实际的进步，另一方面，毫无疑问，是由于品位的改变。"时尚因其自身的风行而消亡，而这种风行又因其自身的风行而消亡。"人类的思想厌恶单调，正如它厌恶过于剧烈的变化；知识的发展往往会摧毁孕育它的力量。

九

这种变化的另一个主要因素是，科学的进步不像品位的变化，甚至不像政治的变化，后者是一种不稳定的力量。科学是一个累积的过程。随着印刷术的发明和文化的逐渐传播，知识的发展得到了保障，因为每一代的研究者都能够在前人的基础上工作，并将他们的发现传递给继承者。

此外，他们的工作还有另一个优势。随着18世纪的到来，科学对实际生活的贡献越来越大，提高了人们在许多领域取得成果的能力，同时增加了社会的舒适度、安全性和满意度。**如果说17世纪是纯粹的科学发现时代，那18世纪就是应用科学知识开始的时代。**在几乎每一个物质领域，如制造业、农业、商业，甚至军事和政府管理，应用科学的成果都是显而易见的。

这样的例子不胜枚举，即使18世纪早期没有给世界带来像伽利略或牛顿的成就那样光耀千秋的发现，科学也像学术一样，进入了一个同样重要的时代。

在这个时代里，也许没有比瑞典植物学家林奈更杰出的人物了。他是一个伟大的收藏家和教师，但他远不止这两个身份。他的《自然系统》发表于1735年，在随后一代人的时间里发行了十几个版本。这是18世纪特有的动植物分类法的开端。而他用来表示"属"和"种"的所谓"双名制命名法"，变成了我们今天的科学标准。

这种科学活动并不仅仅是对自然现象的知识——这些知识建立了所谓科学的系统分支——进行编目和分类。它与这一时期作为学术主要特征的古物研究和注释也没有关系。事实上，人类的知识在过去两个世纪里增长得如此之快，以至于这一过程就像当时在每个能想象到的领域准备字典和百科全书的工作一样必要，后者伴随着对知识的全面评估，为另一次进步做好了准备。

不过，除了表面上看来有些机械的工作，它在知识方面也有一种真正的进步。材料的收集和整理本身就会使人联想到新的关系和新的研究思路；随着问题的解决，这些联想又会成倍增加，这些问题的答案又指向了这个领域的其他问题，而这个领域的极限则是宇宙本身。

与此同时，另一种标志着这个智力进步时代特征的现象也出现了，即人们建立了大量的组织和机构来延续和发展所获得的知识和技能，以纾解困难，并激发对这种工作的兴趣。在这个伟大的领域里，所有的民族、阶级和利益都结合在了一起。

法国、英国、普鲁士、俄罗斯、瑞典、瑞士、意大利，皇室和贵族赞助者、学术团体和个人都加入了这场运动。神圣罗马帝国所主张的，并在很大程度上由中世纪教会所提供的西欧早期统一，已经瓦解了。在政治上，它失败了；从宗教和智识上说，它也好不到哪里去。但是，随着每个国家都在科学、文学、艺术和学术的同步发展中占有一席之地，知识领域提供了一个比迄今为止出现的任何领域都更为充实的交汇点。

个人主义使17世纪充满了伟大的发现，18世纪与此不同，人们建立了正式的组织将知识系统化，并在追求知识的过程中发展了协作能力。整个欧洲联合了各种力量征服未知领域。

这项任务的完成，得益于追求这些目标的富人和强国的支持。

圣彼得堡科学院的成立给了欧拉一个机会，使他得以继续牛顿在数学方面的工作；莫佩尔蒂在同一领域的工作也得到了支持和鼓励，他被任命为柏林科学院院长。布封掌管着法国皇家园林和博物馆，这使他能够着手进行动物分类的伟大工作，这与林奈在斯德哥尔摩科学院主持的工作同步并对后者做了补充，从而奠定了与系统植物学并列的系统动物学的基础。有了这些生物学领域的巨大成就，科学才完全开始了它漫长而重要的旅程。

这种活动并不只是建立科学院和博物馆，也不只是任命专家来管理它们。除了这些活动，科学进步的形式之一是医院方面的非凡复兴，这是自中世纪以来无与伦比的进步。正如当时的教会在这一领域行使了人道主义职能一样，现在的科学也在完全不同的条件下——即使不是出于不同的动机——担负起了同样的任务。

伦敦、巴黎、爱丁堡、都柏林、德累斯顿、柏林、维也纳、里斯本、纽约和费城，以及其他一些较小的地方，建立了新的医院、产科病房、诊所和许多治疗方面的实用教育，还设立了医学讲师职位。造成众多苦难的战争对此也做出了贡献，在普鲁士的野心所带来的破坏性结果中，为军队建立一套完善的医疗和外科手术系统，也许是它们所产生的最实在的好处了。

在这一时期，有两个科学活动领域取得了显著进步。首先是化学。如果18世纪中叶没有因其他任何事情而引人注目，它会因为像瑞典药剂师舍勒这样的研究者的贡献而值得纪念。在他简陋的实验室里，他的重要发现可能超过了之前或之后的任何一个人。有机酸，在现代实践中以酒石酸、草酸、柠檬酸和没食子酸这样的名字而为人所熟悉；锰、氯、氧化钡等元素的发现；长期困扰人类的空氧的比例问题；这些发现都是对他辛勤工作的回报。在他手中，工业化学——迅速来临的工业时代的许多东西都依赖于它——获得了新生。在更纯粹的知识方面，年轻的拉瓦锡的研究更为重要，他最终推翻了长期存在的燃素说谬论。

现代化学可以说是从这些人开始的。虽然把这些人的努力与船长和国王的辉煌成就做老套的道德比较是徒劳无益的，但就它们各自对人类的舒适和能力所做的贡献而言，在欧洲历史上，这些努力至少可以与路易十五的情妇甚至腓特烈大帝的征服相提并论。

显示出复兴活力的第二门科学是地质学。自阿格里科拉在16世纪写下他的矿物学巨著以来，地球的构造几乎第一次进入欧洲人主动思考的领域。这不仅对实际事务和科学进步产生了深远的影响，而且对一个像神学那样看似很遥远的领域产生了深远的影响。很自然的，一开始就有关于岩石起源的各种理论的冲突；没过多久，它就发展出了两种思想流派。一方面，火山学家或火成论者——正如他们的称谓一样——把地质作用归因于火，因此形成了火成岩学派，他们相信地球的中心是炽热的。另一方面，水成论者认为岩石是由水的结晶或沉淀形成的。

此外，还有对化石的研究，从莱昂纳多·达·芬奇时代开始，化石研究就引起了学者们的兴趣。没过多久，这些元素就被结合到对这颗行星的起源和年龄的推测中了。这自然使新科学与《创世纪》第一章的信徒们发生了冲突，这种冲突与上个世纪的启示主义者和哥白尼信徒之间的冲突相比，甚至更激烈。

十

现在，这个成果颇丰的时代已经被宣布为一个"破产的世纪"。仅仅从政治的角度来看，或许很少有哪几个时期比几场大战结束后的数十年更配得上这个称号了。然而在这个时代，法国经由密西西比河谷扩大了欧洲势力的边界，俄罗斯占领了北美的北太平洋海岸，西班牙推进到了与俄、法面对面的地方，英国殖民地的人口和财富翻了一番；即使对于政治史而言，也不能认为这个时代没有价值。更不用说，一个以伏尔泰和孟德斯鸠、菲尔丁和理查逊、亨德尔和巴赫、卫斯理兄弟、史威登堡、林奈和布封以及他们所有同人的名字为荣的时代，对于人类的进步来说，不可能是微不足道的。

尽管人们从一个王室到另一个王室的主权转移中获益甚少，但在这个多事之秋，在君主和外交官力所不能及的地方，这个世界露出了人类新时代的曙光。

大自然有一条法则：任何生物的成功往往会导致它自身的灭亡。湖边的莎草死亡腐烂逐渐形成了土壤，并为取代它的植物生命奠定了基础。松林过于拥挤的话，其中的松树就会变得矮小和发育不良。人口过剩带来的肮脏、瘟疫、贫困和饥饿等弊端，只能通过人工手段加以缓解。边疆居民向荒野中推进，直到边疆居民和边疆都消失了；拓荒者通过人数的增加——不再有拓荒者了——清理了土地，使其可以耕种和居住。许多领域都是如此，甚至智识领域也不例外。在智识领域，智识得到了其他力量的加强，这也是18世纪思想和文学的特点。

古典主义的影响使欧洲在文艺复兴时期进入了一个新的发展阶段，这种影响也遵循了成功—灭亡的自然进程。它通过自身的产物——人文主义——战胜了经院哲学。它已经成了欧洲知识生活的主导因素；它已经发展成为一种狂热的信仰，有着固定的规则和僵化的标准。它已经形式化了，开始迷失在重复和模仿的死胡同里。在某种程度上，同样的趋势已经降临到欧洲社会了。

在上个世纪取得巨大进步的礼仪如今变得如此正式，以至于对于更聪明或更淳朴的社会成员来说，人类的交往几乎是无法忍受的。政府和战争走的是同一条路。一个在例行公事中失去了活力，另一个则把士兵变成了训练有素的机器。阶级差别固化成了等级制度，18世纪特有的组织优点威胁着那些屈服于它的限制的人类创造力。

文学在很大程度上也是如此。随着18世纪的到来，正式的散文和更正式的诗歌取代了17世纪更自然的风格。押韵的五音步和六音步的规律节拍压倒了之前更自由的节拍。矫揉造作的风格似乎要征服自然的风格。如果没有对这一切的反抗，这个世界也许会像中世纪那样，在形式上变得枯燥乏味。但是，在这个时代，个人主义的精神太强大了，没有简单地服从于权威，各个方面都发生了反抗。

不管那些主导生活事务的权威如何压制，创造力总能不断地冲破惯例的束缚。无论在服装、园林、文学、艺术还是礼仪上，形式主义总有吸引人的一面，它的魅力并没有消失；但在它旁边或与之相对的地方，偏离既定道路的倾向不断出现。

在古典主义的统治下，浪漫主义开始衰落。文学和学术上再次显现出中世纪的风格；田园画家被宫廷画家及其华丽的长袍和服饰所取代,接着又是"自然"流派。与矫揉造作的惯例相对,自然主义开始在各个领域崭露头角。在对自然和自然法则的追求过后,又出现了理性的统治。在这里,文学独裁者和政治专制主义者都遇到了他们最危险的敌人。

在这个世纪的前1/3时期,考古学革新了学术,新闻业复兴了文学,国家和教会感受到了孟德斯鸠和伏尔泰影响的瓦解力量,政治经济在重农学派的攻击下发生了变化。尤其在英国,开始了一场运动,这场运动将引发一场反对文学权威的革命。

> 人们感受到了生活的潮汐,它汹涌澎湃,
> 渴望一种鲜活的声音,一种自然的语调。
> ……
> 从露湿的牧场,充满百里香的高地,
> 清新的微风使疲惫的一天精神饱满。
> 它飘荡着科林斯寂寞的晚祷钟声,
> 它向外散发着朴素的灰色气息。

因此,在古典主义、专制主义和形式主义势头正劲的时候,从它们已经做了大量准备的基础之上,涌现出了新的思想和实践形式,它们将挑战并最终推翻旧的秩序。

第三十二章
腓特烈大帝[①]时代

1742—1763

一

在使得一段历史时期被人们铭记的诸多事件中,最引人瞩目的事件莫过于一个国家跻身于强国之林甚至成为霸主。在此之前似乎总有一段漫长的缓慢发展时期;然后,因为某些特殊情况的出现或某个人的野心和能力,促成其质变;大多数情况下,它会在一场巨大的动荡中,以其巨大的精力、财富和鲜血的消耗,实现武力上的支配地位以及其他力量的相对衰落和调整。这种反复出现的历史现象立刻成了政治大戏中进步和毁灭的主要动力。

[①] 腓特烈大帝,英语作"Frederick The Great",关于这个人名的翻译,《辞海》作"腓特烈大王",而且进一步解释说,即"弗里德里希二世"。按理说应该以"弗里德里希二世"为准,但在类似此章的特殊语境下,为保留"大帝(Great)"之称谓,我们暂且认可"腓特烈大帝"的译法。——编者注

自从东西方海上航道的发现和亚洲势力被赶出西欧以来，已经过去二百五十年，许多国家都经历了重大转变。西班牙、葡萄牙、英国、荷兰、瑞典和法国依次走到了政治事务的最前沿；与此同时，哈布斯堡家族在中欧维持着岌岌可危的统治地位。随着17世纪接近尾声，另外两个大国，俄罗斯和勃兰登堡-普鲁士，出现在欧洲大陆的政治地平线上，渴望获得同样显赫的地位，而欧洲则从中世纪的混乱走向了现代国家体系的多元化统一。

一些国家，比如英国，已经拥有充足的力量和资源来维持其一流强国的地位。一些国家，比如瑞典，则沦落为二流国家。一些国家，比如荷兰，在政治上的地位更低了。还有一些国家，比如普鲁士，依靠自身的发展或邻国的弱点，在欧洲体系中从无足轻重的位置上升到非常重要的地位。

与此同时，在过去的几个世纪里，日益复杂的王朝利益已经把它的网络扩展到整个欧洲大陆，使某些家族获得了与其原始领地的重要性甚至其成员能力完全不成比例的地位。就这样，除了哈布斯堡王朝和波旁王朝在欧洲两端获得支配地位以外，德意志的小诸侯也改变了他们的命运。

到18世纪，德意志人已经占据了欧洲一半以上的王位。一个汉诺威人获得了英国王冠，一个萨克森人得到了波兰王冠，两位德意志公主相继登上了俄罗斯王位。在瑞典，一个荷尔斯泰因-戈托普公爵家族取代了瓦萨王朝。这些，以及无数的联姻，使得当时的德意志——就像现在一样——成为欧洲大陆的"王族孕育地"。

与此同时，波旁家族——它的新分支现在执掌着西班牙——与哈布斯堡家族瓜分了意大利的大部分领土；而洛林家族通过其首领与玛丽亚·特蕾莎的联姻，将它的财富与后者的财富结合起来，取代美第奇家族成为托斯卡纳的统治者。

二

洛林家族的崛起并非个例。西班牙王位继承战争期间，奉行"适时背叛"政策的萨伏依家族，最终抓住了机会，通过占有撒丁岛而扩大了边界，并通过这块新领土获得国王的头衔，提高了声望。几乎与此同时，德意志霍亨索伦家族的首领把他的选帝侯头衔换成了普鲁士国王，该称号来自他在帝国之外的公爵领地。

霍亨索伦家族的政策，就像萨伏依的政策一样，不仅仅是他们生活时代的象征，普鲁士远比这个意大利小国更能预示着未来。然而，除了它的头衔和它的政策，它的王朝历史中几乎没有什么东西能预示它即将扮演的角色。

勃兰登堡大约建立于七个世纪以前，像奥地利一样，是对抗德意志东部边境斯拉夫民族的一个前哨，它在霍亨索伦家族手中持续缓慢地扩张。与它的士瓦本邻居哈布斯堡家族不同，迄今为止，霍亨索伦家族在德意志历史上几乎没有什么影响力。他们从未获得过帝国的荣誉，他们的征服既没有那么广泛，也没有那么有利可图，他们的联盟没有给他们带来广阔的领土，也没有给他们带来竞争对手所享有的王朝地位。

从索伦伯爵的头衔开始，他们晋升为纽伦堡城堡伯爵；15世纪，他们获得了勃兰登堡边疆伯爵的头衔，并成为选帝侯。宗教改革把普鲁士公国作为世俗领地交到他们手中。三十年战争给了他们德意志西部的四个主教辖区。与瑞典的长期冲突使他们获得了波美拉尼亚的波罗的海土地。到大选帝侯去世时，霍亨索伦家族控制了横贯德意志北部从莱茵河到维斯瓦河的众多领地。

这些地区连同奥得河下游的勃兰登堡故土，以及对他们邻国领土的一系列要求，一个特殊的国家形成了。正如人们所说的那样，这个国家是由随着机会的出现而获得的边疆土地构成的。这个国家总体上是荒芜和贫穷的。统治者的政策，尤其是大选帝侯的政策，不仅是为了扩张，也是为了改善物质资源。

尤其在17世纪，躲避法国和德意志宗教迫害的新教移民的拥入，增强了这个国家的实力；它的沼泽被排干，荒地有了人烟，得到了开垦，工业力量得到了提升。但是，**普鲁士仍然很穷，它的名望主要来源于一支与它的资源不成比例的军队，这使它变成了一个可怕的敌人；也来源于统治者精明而又不过分谨慎的政策**。

就是这个由长期积累的财富、尚武的人民和强大的军队装备起来的国家，即将进入新王腓特烈二世统治时代。

在那个年轻人（腓特烈二世）的早期事业中，没有任何东西能表露他真正的性格或目标。一个追求音乐和文学的年轻人，与他严厉的父亲发生了激烈的争吵——这是他的家族惯例——之后他的生活发生了变化。拙劣的诗歌创作，以及他的文章《反马基雅维利》中体现的理论，似乎预示着一个普鲁士的文艺复兴时代。

三

更不用说年轻、迷人、缺乏经验的哈布斯堡公主玛丽亚·特蕾莎的即位所预示的战争；在女沙皇伊丽莎白即位前被派系和阴谋斗争所困扰的俄罗斯，在进攻和防御方面似乎与受制于国王情妇的反复无常的法国一样虚弱无力。此外，老皇帝查理六世在去世前已经获得了欧洲诸国对《国事诏书》的支持，这在理论上保证了他的女儿能和平继承王位，也似乎确保了这个在男性世系方面绝嗣的显赫家族的新生。

政治事务的表象从来没有像18世纪第五个十年开始时那样具有欺骗性，也没有人比皇帝查理六世更自欺欺人了。他刚一入土，其家族的弱点就给了别人可乘之机，出现了三个对奥地利领土提出主张的人：萨克森国王、西班牙国王和巴伐利亚选帝侯。每个人的主张都有血统做基础，但每个人都是想利用女大公无力保护自己的机会为自己谋取利益。这似乎还不够，轻佻的法国宫廷急于分享胜利和战利品，加入了攻击宿敌的阵营。欧洲王朝的最后一次大冲突，奥地利王位继承战争，开始了它漫长而血腥的进程。

但是，在法国与奥地利的其他敌人达成协议、结成反奥同盟的国家将军队投入战场之前，一个来自不同的地区突然而意外的打击，使哈布斯堡王朝失去了一大块土地，同时改变了战争的形势。那位爱好艺术的普鲁士国王，向毗邻勃兰登堡领地的西里西亚提出了土地要求，揭开了掩饰他真实性格的面具。他把自己的军队开进了奥得河上游的富庶山谷，当盟军进军波西米亚时，普鲁士人已经占领了西里西亚。

正是在这种情况下，这个新的、雄心勃勃的国家将自己推入了欧洲政坛。这就是"西里西亚计划，实现了他所有的政治意图——一种获得声誉的手段，一种增强他国家权力的手段，一种结束围绕克利夫斯-于利希继承权问题的持久争端的手段"。这就是这位年轻国王本人提出的参战理由。奥地利宫廷的软弱、它的怯懦、它的女大公缺乏经验、它的四面楚歌、它领土的邻近和易得，以及俄罗斯一时的无能为力，都是普鲁士的机会。

即使是处于权力巅峰的路易十四，也没有为他的侵略行为提供如此见利忘义的借口，因为即使是这位显赫君主，也让他的重盟议会屈从于当时公众舆论对国际法和国际道德的看法。然而，尽管普鲁士国王胆大妄为、不择手段，他的行动看起来却很成功，这也证明了腓特烈在他的《反马基雅维利》中抨击过的那种思想信条是正确的，这种信条以物质成功为一切的标准，只相信力量而不相信道德。

年轻女大公的处境似乎很绝望。当普鲁士人一举夺得西里西亚时，法国人和巴伐利亚人侵入了波西米亚，并向奥地利本土推进。萨克森人占领了布拉格；普鲁士、巴伐利亚和萨克森签订了一项分割哈布斯堡家族属地的条约；巴伐利亚选帝侯不仅被宣布为奥地利大公，而且在他盟友的帮助下，被推选为神圣罗马帝国皇帝。与此同时，瑞典向俄罗斯宣战，西班牙军队按照其统治者对意大利的规划，在托斯卡纳登陆，而托斯卡纳在当时实际上是奥地利领土的一部分。

玛丽亚·特蕾莎眼睁睁地看着她的领土遭受入侵，而她的盟友对此无能为力。如果说入侵西里西亚暴露了普鲁士国王的真实性格，那么哈布斯堡家族的危急处境则使奥地利女大公的英雄品质更加突出。当她的军队竭力阻击来自四面八方的进攻之时，这位年轻的女大公亲自向匈牙利贵族求助，而他们虚构的答复："让我们为女王玛丽亚·特蕾莎战死沙场吧！"这很快便成了帝国战斗的集结号。

英国响应了她的求助，一支英国军队迫使西班牙放弃了在伦巴第建立西班牙王国的梦想。俄罗斯的一场宫廷阴谋，将亲普鲁士的首相明尼希赶下了台；随后的政变使伊丽莎白登上了王位，她处处反对腓特烈二世的计划。就奥地利女大公而言，她召集的不仅仅是她自己领地的力量，还有那些出于荣誉或恐惧而坚持效忠的德意志诸邦的力量。

就在巴伐利亚选帝侯被选为皇帝的那一天，奥地利的林茨城——六个月前他在这里宣布成为奥地利大公——沦陷了。至此，形势开始逆转。不到一个月，组成奥地利先头部队的克罗地亚骑兵团就抵达了慕尼黑。普鲁士人失去了摩拉维亚和奥尔米茨；尽管他们在查图西茨取得了胜利，但很明显，他们的大冒险已经到达极限。

腓特烈二世改变了立场，就像他做出和打破先前的承诺一样迅速且毫不费力。通过《布雷斯劳和约》与《柏林和约》，他抛弃了自己的盟友；西里西亚仍然留在他的手中，作为他退出战争的补偿；普鲁士和奥地利之间的第一次西里西亚战争结束了。萨克森和波兰的奥古斯特三世效仿了腓特烈二世的做法，与奥地利讲和，不到十天，撒丁国王也这样做了。

然而，这并没有结束欧洲的大冲突；因为摆脱了北方的压力之后，玛丽亚·特蕾莎正好能够全力以赴地对付其他敌人。正如外交官的谈判带来了欧洲大国的重新调整一样，在这里，她得到了其他力量的帮助。瑞典以芬兰南部为代价与俄罗斯讲和了；在意大利，为了争取撒丁王国的支持，奥地利向撒丁王国做出了让步；同时，弗勒里去世后，法国与西班牙结盟，并向撒丁王国宣战。

这样一来，英国的政策就变得清晰了。此时英国正与西班牙交战，而它的国王乔治二世，也是汉诺威的选帝侯，面对法西联盟以及法国向德意志的挺进，英国与普鲁士签订了一项条约来保卫选帝侯领地，向欧洲大陆派遣了一支军队，并向奥地利提供了资助。与此同时，联盟国家的军队已经被赶出了奥地利的领土。法国人在德廷根被打败，这场战役也是英国君主亲自参加的最后一场战役。巴伐利亚被征服了，它的选帝侯-皇帝发现自己成了流亡者。

就这样，在玛丽亚·特蕾莎被迫将西里西亚拱手让给腓特烈二世十五个月后，哈布斯堡王朝从一场有可能压垮它的灾难中振作起来，转而有可能成为德意志事实和名义上的主人。

四

难怪腓特烈二世会惊慌失措。由于害怕一个意外事件威胁到他新近赢得的西里西亚省以及他作为一个独立国王的地位，他竭尽全力避免迫在眉睫的危险。他试图联合帝国的诸侯们来反对哈布斯堡王朝，但没有成功；然而，他成功地促成了法兰克福联盟的建立，逃亡的皇帝、普法尔茨选帝侯以及黑森-卡塞尔联合普鲁士，要求奥地利把巴伐利亚还给查理七世，恢复帝国宪法，恢复欧洲和平。奥地利宫廷自然拒绝。腓特烈二世预料到了这种结果，于是再次出动军队，发动了第二次西里西亚战争。

他背弃了与奥地利的约定，重新卷入了在他缺席时发生在哈布

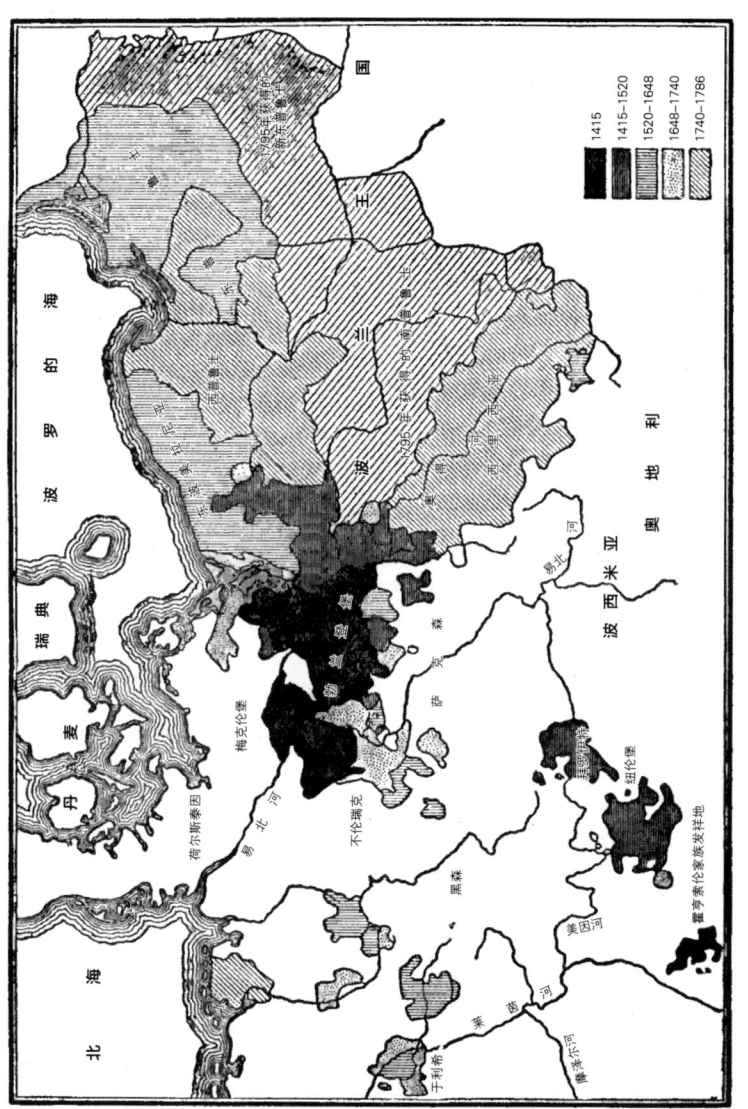

第三十二章 腓特烈大帝时代 795

普鲁士的扩张，1415—1795

斯堡、波旁和汉诺威-英格兰之间的冲突,这带来了联盟的进一步调整。俄罗斯和奥地利再次靠近,普鲁士和法国联手对抗英国和奥地利。在腓特烈二世率领军队突袭萨克森和波西米亚取得短暂的胜利之后,另一个变化改变了欧洲联盟的面貌。

巴伐利亚选帝侯-皇帝查理七世的突然去世,给奥地利带来了从法国-普鲁士影响中撤离巴伐利亚的机会。已故皇帝的头衔得到承认,他的儿子恢复了选帝侯头衔和领地;同时,他转而与奥地利结盟,承诺投票支持玛丽亚·特蕾莎的丈夫弗朗茨大公成为皇帝,并赞成《国事诏书》。结果,法国、普鲁士、西班牙和黑森-卡塞尔将要面对一个由超过一半的欧洲国家组成的联盟,该联盟包括英国、荷兰、奥地利、巴伐利亚、萨克森、撒丁王国和一些较小的德意志邦国。

然而,这场竞争并不像看上去的那样呈一边倒之势,因为组成联盟的国家中并没有产生像法国人莫里斯·德·萨克斯、西班牙人盖吉斯和普鲁士人腓特烈二世这样的将帅。奥地利和萨克森分割普鲁士的条约在墨迹变干之前就失效了。在德意志,普鲁士国王在六个月内三次战胜奥地利人;在丰特努瓦,萨克斯击败了英国人,这是这场大战中的第一个事件。与此同时,在意大利,法西联军征服了伦巴第,撒丁王国的卡洛·埃马努埃莱三世试图与法国讲和。

在这场危机中,奥地利宫廷故技重施,它通过《德累斯顿条约》确认了西里西亚属于腓特烈二世,又一次摆脱了他的进攻。第二次西里西亚战争就此结束。

然而,在意大利,西班牙、法国、撒丁王国和奥地利之间的冲突;在尼德兰,法国、奥地利、英国和荷兰之间的冲突;在海外，法国和英国之间的冲突，又持续了三年多。

尽管萨克斯在低地国家取得了胜利，但面对极为强大的敌人，形势逐渐变得对法国不利。奥地利人和撒丁人重新征服了伦巴第，并侵入普罗旺斯；"小王位觊觎者"查理·爱德华在英国掀起的叛乱失败了；当俄罗斯人站在奥地利一边参战时，法国人除了对奥属尼德兰的征服，处境似乎是令人绝望的。

在布雷达开始的谈判，在亚琛结束了，持续八年的战争告终，带来了来之不易的和平。随着腓特烈二世占领西里西亚，普鲁士-瑞典共同防御条约最终得到确认。西班牙继承人得到了意大利的帕尔玛、皮亚琴察和瓜斯塔拉；弗朗茨被公认为神圣罗马帝国皇帝；除此之外，其他被征服的土地都物归原主。

正是在这种情况下，**腓特烈大帝——**这是他后来为人所知的称号——**把普鲁士带入欧洲一流强国之列**。最不济，这也是一场漫长血腥战争的主要结果。由此，奥地利变得比以前更强大了，法国则变弱了。

随着战争的结束，普鲁士，尤其在哈布斯堡家族的领地上，开始了一系列的行政改革。与此同时，奥地利新首相考尼茨也开启了新的计划，立志恢复西里西亚并报复腓特烈大帝的羞辱。这使得几年的和平不过是两次战争之间的休战。

五

普鲁士的腓特烈大帝进入欧洲政坛还产生了其他后果。战争远远超出欧洲的疆域，蔓延到了欧洲影响下的最遥远边界。当欧洲大陆诸国把维斯瓦河和莱茵河之间的土地变成战场时,它们各自势力范围的最远边界也感受到了战争的冲击。普鲁士和奥地利只是在德意志地区交战,而英、法两国却是在世界各地交战。

除了普鲁士王国进入欧洲政坛,大英帝国也很有可能进入世界政坛。尤其是那些在接下来一代人的时间里与欧洲命运紧密相连的土地——也就是印度和北美,它们甚至挑战了西里西亚作为未来欧洲事务重要中心的突出地位。此时,印度半岛的形势为欧洲势力的扩张提供了有利条件,更能说明这一点。

一代人之前,奥朗则布的离世造成了莫卧儿帝国的解体,欧洲势力现在有充分的时间感受这一结果产生的影响。不仅莫卧儿帝国的总督们巩固了自己的权力,建立了一群实际上独立的伊斯兰教国家,而且在这些国家的周围还出现了一群充满敌意的印度教邦国。

除了狭长的海岸地区和喜马拉雅山脉,印度还可以分为四大地理区域——东北部的恒河流域,西北部的印度河流域,南部的德干大三角高原,以及其间的丘陵地带——莫卧儿帝国统治了其中的大部分地区。

在恒河流域上游的支流亚穆纳河畔,坐落着印度的首都德里。沿着恒河上游向东,是奥德纳瓦卜的肥沃土地,在这片土地下游是孟加拉纳瓦卜的肥沃土地和众多人口,他的领土环绕着加尔各答的英国据点。在遥远的南方,德干高原中部,海得拉巴的尼扎姆保持着自己的独立地位。

这些就是印度半岛上主要的伊斯兰教政权。但是,印度教政权在数量和重要性上并不逊色。印度河下游由信德土邦控制,它从莫卧儿帝国的一个总督辖区,逐步成长为日益强大的波斯人纳迪尔沙的一个附属国；旁遮普——五河流域，五条河交汇形成了印度河的上游地区，在一个宗教——锡克教——社团的领导下逐渐独立。在它们的南面，德里和信德之间，是拉杰普特人三个强大而好战的部落。除了他们，在北印度的中部周围是马拉地人，他们以浦那的佩什瓦作为他们松散联盟名义上的首领。

除了他们的土地和海得拉巴的土地，德干高原北部还有较小的奥里萨土邦和比哈尔土邦，这一地区较低的1/3土地构成了迈索尔国，其东部毗邻卡纳蒂克，隶属于阿尔果德纳瓦卜，他的土地环绕着马德拉斯的英国据点和本地治里的法国据点，效忠于迈索尔的统治者。

这些邦国中的大多数最近才摆脱莫卧儿的宗主权，并且由野心勃勃、肆无忌惮的军人统治，因此，争夺霸权或扩张边界的斗争必然会持续而激烈。同样不可避免的是，随着奥地利王位继承战争在欧洲的爆发，法国人和英国人都会集中精力为自己争夺利益。在印度，英国人比法国人拥有更大的利益，他们不愿卷入其中，而是满足于在混乱的半岛局势中尽可能维持他们的领地和贸易。

但接下来发生的两个事件让他们的消极姿态难以维持下去。第一个事件是纳迪尔沙领导波斯人入侵。在英国与西班牙发生冲突的那一年（1739），纳迪尔沙率领的波斯人横扫印度北部，洗劫了德里。第二个事件是约瑟夫·杜普莱克斯被任命为本地治里总督。如果说前一个事件清楚地揭示了莫卧儿帝国的崩溃，并预示着另一个大国即将征服印度，那么，后一个事件则揭示了这个大国很有可能就是法国。

在英国人看来，这位才智过人的对手的出现预示着比波斯人更大的危险。到目前为止，毫无疑问，英国公司凌驾于法国公司之上。英国的东印度公司经受了17世纪风暴的洗礼，在之前的四十年里得到了很大的发展；在某种程度上，它已经成为一个拥有领地和军事力量的强权。它曾借钱给英国政府，而它的竞争对手则缺乏支持和资本，仅能勉强维持。

然而，随着新的法国财政大臣和总督的出现，一切都不一样了。这位总督具有二十年的印度工作经验，是印度事务委员会成员和金德讷格尔的管理者，精通这个半岛的各种事务。当欧洲战云密布时，杜普莱克斯预见到了不可避免的冲突，并决心抓住机会扩大法国和他本人的影响力。

他急忙巩固本地治里，并与当地王公展开谈判。与此同时，他感到有必要使用武力来支持自己的政策，于是他恢复并扩大了使用土著军队的旧计划。一支由欧洲人募集、训练、组织、装备和管理的军队组建起来了，并得到了法国特遣队的加强，这些被称为"印度土兵"的人，此后证明了他们在东方事务中起着举足轻重的作用。

六

并不是只有东方在为这场即将波及整个欧洲世界的大冲突做准备。在欧洲大陆的敌对行动爆发之前，这场以德意志为中心的战争已经在另外两个地区开始了，现在它又要把另一个地区卷入这场血腥的冲突之中。甚至在腓特烈大帝攻陷西里西亚之前，英国和葡萄牙就已经同西班牙开战了。

当普鲁士人沿着奥得河向南推进，法国人和巴伐利亚人入侵波西米亚时，巴西和阿根廷就已经开始争夺乌拉圭了。佐治亚和佛罗里达的英国殖民者与西班牙殖民者也发生了冲突。伴随着第一次西里西亚战争的进行，弗农袭击了波托韦洛和卡塔赫纳，安森在太平洋的探索也接踵而至。

当杜普莱克斯准备在印度打击英国人时，巴西已经建立了南里奥格兰德要塞以抵御来自阿根廷的西班牙人的侵略，在圣劳伦斯河口，路易斯堡的城墙也得到了加固，以应对法国和英国争夺大西洋海岸的那一天的到来。

如此一来，半个世界都为一场巨大冲突的爆发做好了准备。当第二次西里西亚战争接近尾声时，地球两端几乎同时发生的两件事，使始于奥地利王位继承战争第四年的英法战争之世界性特征变得更加突出。第一件事发生在印度。在那里，当欧洲战争的第一阶段正在进行的时候，法兰西岛①和波旁岛②的法国总督拉布尔多内引起了英国政府的注意。一支英国舰队出现在科罗曼德海岸，目的是摧毁法国在印度的殖民地；而在卡纳蒂克统治者阿尔果德纳瓦卜的支持下，本地治里和杜普莱克斯逃脱了灭顶之灾。

四年后，路易斯堡要塞成了英国殖民地进攻的目标。多年来，法国的工程技术和2000万法郎的花费使这个要塞得以加固，威胁到了英国在大西洋海岸的霸权。为了摧毁这座要塞，英国出动了一支舰队，殖民地贡献了4000人，在腓特烈大帝的胜利再次确保他赢得

---

① 现在的毛里求斯岛。——编者注
② 现在的留尼汪岛。——编者注

西里西亚的那个夏天，经过六周的激烈围攻，路易斯堡终于落入英国及其殖民地手中。

这就是这场大规模战争的开端。这场战争与奥地利王位继承战争的最后三年相并行，从某种意义上说，构成了欧洲冲突的一部分。受攻陷路易斯堡行动的鼓舞，英国殖民者计划吞并整个加拿大。为了对抗英国在东方的海军优势，波旁岛总督拉布尔多内率领一支法国舰队前往科罗曼德海岸；同时，为了给路易斯堡的陷落复仇，法国政府派出了一支由丹维尔指挥的舰队。最后，风暴和鼠疫拯救了英国殖民地，但殖民地的领导者也死于灾难，英国殖民者放弃了征服加拿大的计划！

然而，他们在印度的同胞就没有那么幸运了。在那里，纳瓦卜没有从马德拉斯当局手中得到杜普莱克斯曾给予他的礼物，拒绝为英国人提供他曾给予本地治里的保护。马德拉斯最终落入法国人手中。那里的英国居民，除了少数勇敢者逃到了20英里外的圣大卫堡，其余的人都被俘虏了，而圣大卫堡成了印度南部唯一的英国据点。然而，即使这个立足点也是岌岌可危。法国人拒绝将马德拉斯交给纳瓦卜，击退了他的部队，并向前推进包围了圣大卫堡。只是因为法国将领之间的争吵，以及一支英国舰队和劳伦斯少校率领4000人的部队的到来，才使这个要塞避免了与马德拉斯一样的命运。

在帝国的两端，这场战争的命运是截然不同的，《亚琛和约》暂时中止了这场冲突。马德拉斯和路易斯堡做了交换，印度的命运就像加拿大的命运一样，留给了未来。这一阶段的战争没有分出胜负，以后的冲突似不可避免。

在印度，英国人意识到了一个事实，那就是这个半岛出现新征服者的时机已经成熟。法国的行动不仅显示了一个欧洲强国的力量，它以舰队和印度土兵为后盾，并在当地王公中间施展外交手段，而且表明如果英国想保持其在东方的地位，就必须遵循同样的策略。

如果说一支英国军队在印度的登陆标志着它东方事务的新纪元，那么英国殖民者在新世界的活动则预示着世界政治的新时代。在欧洲人看来，殖民地军队和英国军队的合作无论多么微不足道，其后果都不亚于俄罗斯军队在莱茵河的出现。南北美洲势力范围的划分，是一个可与同时发生的普鲁士在欧洲崛起相提并论的事件。

七

当欧洲世界边缘发生的事件不知不觉地重新塑造了相关大国的命运时，欧洲自身也正在孕育着联盟的重新调整，这将彻底改变整个欧洲大陆的政治局势。在国际事务史上，很少有像这一系列条约所揭示的现象那样突出，这些条约建立了两个大联盟，准备使世界再次陷入冲突之中。

事情的起因很简单。在签订《亚琛和约》之前，玛丽亚·特蕾莎与俄罗斯女沙皇伊丽莎白签了一项条约，将女沙皇的军队带入了战争。英国也加入其中。作为回应，腓特烈大帝与瑞典国王达成了协议。和约签订后，这一进程继续进行着。

考尼茨的外交手腕，加上腓特烈大帝对妇女当政的公然蔑视，使得法国国王的情妇蓬帕杜侯爵夫人对奥地利产生了好感。在奥地利人看来，这是求之不得的，因为他们一直希望消除哈布斯堡王朝和波旁王朝之间的长期仇恨，使奥地利能够向普鲁士国王报仇雪恨。这场外交革命同样让人注目，因为它是三个女人联合起来反对一个轻视她们的男人。

然而，欧洲外交官们精心设计的计划还没准备就绪，就被他们视野之外的行动弄得一文不值了。当英、法两国在印度再次开战并争夺北美霸权时，奥地利与俄罗斯的条约似乎还没有签订。事实的逻辑是无可辩驳的。不管乔治二世对他的汉诺威领地有多忧虑，英国人担忧的是他们在北美和印度的地位。欧洲再也不可能像一个世纪以前那样，无视殖民地的对抗，它们已经成为欧洲体系的一部分，最偏远地区的动乱现在对事务中心产生了明确无疑的影响。

乔治二世急忙与普鲁士国王缔结中立条约；考尼茨利用凡尔赛的愤怒与法国国王签订了防御条约；最终，联盟的结果是，英国、普鲁士以及四个较小的德意志邦国，与奥地利、俄罗斯、法国和帝国的其余邦国对抗。这就是最终决定西里西亚归属和普鲁士在欧洲地位的大冲突。

八

事实上，这场大冲突还会决定更多的事情，因为它实际上是一场双重对决。在欧洲，它不仅决定了哈布斯堡家族和霍亨索伦家族对西里西亚的所有权，还决定了它们各自在德意志的地位。在印度和美洲，它决定了法国和英国的霸权争夺。

人们可能不会把"黑人在科罗曼德海岸互相厮杀,红种人在北美五大湖附近互剥头皮",腓特烈大帝"可能抢劫一个他曾许诺保卫的邻居",英国将尝试"在德意志征服美洲"说得很确切。然而,即使英国和法国不关心普鲁士和奥地利的关系,西里西亚问题仍然会使德意志陷入战争。就算腓特烈大帝和玛丽亚·特蕾莎仍然是朋友,卡纳蒂克和俄亥俄流域的法国人和英国人还是会把他们的政府拖入冲突之中。

关于殖民地事务地位的变化,值得注意的是,在这个当口,一个鲜为人知的本地治里总督杜普莱克斯,英国东印度公司一个不起眼的职员罗伯特·克莱武,以及一个闻所未闻的弗吉尼亚人乔治·华盛顿,对欧洲命运的重要性不亚于那些自认为是欧洲命运唯一主宰者的君王们。

最终决定英、法两国在即将到来的冲突中的地位的这些事件,几乎是独立的,在距离和性质上都大不相同。首先出现的,是印度事务的局势。在《亚琛和约》签订那一年(1748),德干总督尼扎姆·乌尔·穆克的离世引发了第一个有争议的继承问题,这成了欧洲干预印度政治的楔子。

杜普莱克斯很快抓住了这个机会。同一时间在卡纳蒂克出现的类似情况,给了他更大的机会。他支持了两个权力觊觎者的冒险,给他们提供了军队和一个能干的指挥官。在这种援助下,卡纳蒂克的纳瓦卜被击败并被杀死,他的都城也被敌人占领了。尽管有英国人的支持,正统继承人仍然在特里奇诺波利艰难自保,而法国支持的竞争者则夺取了王位。

第二年,围绕着德干总督的离世,同样的政策被再次实施,法国支持的竞争者上位了。作为回报，杜普莱克斯获得了科罗曼德海岸一块比法国面积略小的领地的统治权、卡纳蒂克的唯一铸币权，以及尼扎姆政策的实际决定权。他立刻集中全部力量对付特里奇诺波利，该地的陷落会使他俘虏卡纳蒂克的正统继承人，而他则可以利用由此获得的一切力量来对付英国人。

一个重要人物的出现使英国东印度公司避免了即将到来的灭顶之灾。英法战争爆发的那一年，一个十九岁的英国男孩作为文员或抄写员来到了马德拉斯，他叫罗伯特·克莱武。一年后，当这个地方被法国人占领时，他和他的同伴逃到了圣大卫堡。在那里，因为厌恶了文职工作，他成了一名步兵少尉，并获得了一些小荣誉。和约缔结后，他重新加入了行政部门。在访问孟加拉回来后，他发现战争又爆发了，当时的法国人正在围攻特里奇诺波利。他率领500人一头扎进了阿尔果德，在那里，他与10000名印度士兵和法军相持了五十天，直到一位受雇前来援助卡纳蒂克继承人的马拉地首领解围。

在劳伦斯的帮助下，克莱武追击围攻他的人，解救了特里奇诺波利。于是，法国人承认了英国支持的竞争者以及英国在卡纳蒂克的主张。一度使法国人在印度占据优势的杜普莱克斯最终失败了，他后来返回法国，在贫穷和屈辱中去世。

九

这就是争夺印度霸权战争的第一阶段。如果在外交革命发生的那些年里，仅仅只有这些情况，那么英法关系无论多么紧张，可能都不会破裂。但是，正如卡纳蒂克之于印度，俄亥俄河流域之于美洲，这种争夺不可避免。虽然《亚琛和约》将阿卡迪亚还给了法国，但它遗留下法国和英国属地边界的争议，这一争议在五年内又使殖民者们大打出手。

法国人凭借自己的发现而宣称俄亥俄地区是他们的，英国人则凭借最初的授权而认为这片土地属于自己，双方都准备以特有的方式维护自己的主张。随着印度冲突的结束，法国向加拿大派遣了一位新总督杜肯·德·曼纳维尔侯爵，指示其确保圣劳伦斯殖民地和密西西比河下游殖民地之间经由俄亥俄河的交通畅通。与此同时，从魁北克和蒙特利尔到五大湖的圣劳伦斯河畔的要塞链也得到了加强。

曼纳维尔侯爵抵达后，急忙为对付英国人做准备，从尼亚加拉到阿勒格尼河和莫农加希拉河交汇处，他修建了一系列设防要塞。

在英国方面，他们继续实行与法国截然不同的旧政策。《亚琛和约》刚刚签订，路易斯堡刚刚回归法国的时候，2000多名移民，包括退役士兵、水手、工人及其家属，就来到新斯科舍建立了一个新的定居点；在切布托——现在更名为哈利法克斯——开始兴建一座城镇和要塞，以挑战路易斯堡的霸权。

与此同时，弗吉尼亚的殖民者迅速组建了一个公司，以开发新世界主要潜在的财富资源——从阿勒格尼山脉向西延伸的大片森林。这家所谓的俄亥俄公司——它的建立对法国人的冒犯不亚于十多年前佐治亚的建立对西班牙人的冒犯——现在开始把它的业务扩展到有争议的土地上去。

英法竞争引起的冲突并没有拖延太久。弗吉尼亚总督派遣了一位有战场经验的年轻种植园主乔治·华盛顿,去抗议法国人的推进;看到他的任务没有成功,就派他率领200名拓荒者占领了法国人的目标,俄亥俄河的分叉口。法军前锋与华盛顿的部队随即发生了激烈的冲突,后者取得了胜利,但法军主力的推进使他们难以保住阵地。正当法国使者抵达科罗曼德,完成其政府与英国当局在印度的谈判时,法国人通过建造杜肯堡,获得了梦寐以求的战略据点。

随着这场在俄亥俄荒原上发生的不起眼的小冲突,英国人行动起来了。这场冲突开启了迄今为止欧洲历史上意义最深远的战争,并把一位二十年后将成为美洲世界领袖的人物引入了欧洲人的视野。

殖民地代表在奥尔巴尼召开会议,与易洛魁六部落进行商谈,并协同安排抵御法国威胁的措施。在一位后来颇有名望的宾夕法尼亚议员——本杰明·富兰克林——的建议下,奥尔巴尼会议起草了一份试验性的——尽管后来流产了——联盟计划,这进一步凸显了这场会议的重要性。

与此同时,英国政府派遣布拉多克将军率领两个正规军团前往弗吉尼亚与殖民者配合作战。法国对这一举动做出了回应,派出了新总督沃德勒伊和一支由迪斯考将军率领的部队,由此,双方都开始了积极的敌对行动。

在美洲,英国人策划了一次多路进攻的行动。攻克杜肯堡的任务交给了布拉多克;夺取尚普兰湖的克朗波因特的任务交给了纽约的印第安行政官约翰逊;攻占尼亚加拉堡的任务交给了马萨诸塞总督谢利;同时,一支海陆联军将进攻阿卡迪亚和路易斯堡。

然而,不习惯边境战争的布拉多克在进攻杜肯堡时,中了埋伏，兵败身亡，他的部队靠着华盛顿及拓荒者的能力和热情才没有全军覆没。另一方面，约翰逊赶走了迪斯考，英国人很快占领了阿卡迪亚并驱逐了那里的居民。新的法军指挥官蒙卡尔姆占领了乔治堡和奥斯威戈堡，击退了英军的进攻，巩固了阵线，暂时保住了尼亚加拉和克朗波因特。

双方立即加强防御。法国人巩固了克朗波因特，并在乔治湖的提康德罗加建立了新的堡垒。为了对抗他们，英国人沿着那条交通要道建立了威廉堡和亨利堡，以保护新英格兰和纽约，这条要道已成为世界上的战略要地之一。双方并不满足，他们各自向西延伸战线，佐治亚和卡罗来纳的英国人延伸到了田纳西，法国人延伸到了伊利诺伊，整个北美东部地区都成了冲突的战场。

十

1756年1月，英国与普鲁士缔结了一项中立条约，打破了与俄罗斯的约定。5月，法国与奥地利建立了防御同盟，这一同盟是从英国政策的反转中发展起来的。6月，英国与法国在欧洲交战；8月，腓特烈大帝得知了对手的计划，便侵入萨克森，占领了德累斯顿，在想要击垮他的联盟集结军队之前，他率军越过波西米亚边境向奥地利发起了进攻。

就在这几个月的时间里，劳登伯爵被派往驻美洲英军司令部；蒙卡尔姆则率领法国人在加拿大作战。在普鲁士国王入侵萨克森，蒙卡尔姆攻占守卫安大略湖的英国要塞奥斯威戈的同时，在印度，马德拉斯的英军得到消息：孟加拉纳瓦卜苏拉吉·乌德·达乌拉占领了加尔各答,把他在那里找到的140名英国人赶到了一个地牢——加尔各答的"黑洞",等到第二天早上,只有不到20人还活着。达乌拉派遣军队驻守这座城市,并颁布法令,此后禁止任何英国人进入他的领地。**七年战争就这样开始了,这是欧洲卷入的最大也是最后一次王朝-殖民地冲突。**

与此同时,战争扩展到了海上和印度。法国对梅诺卡岛的占领被英国对多米尼加岛的胜利抵消了。英国政府急忙派出克莱武,他作为陆军中校与镇压印度海域海盗活动的海军上将沃森的舰队互相配合,前去夺回加尔各答。他们把法国人从孟加拉的金德讷格尔据点赶了出去,从而巩固了英国在恒河三角洲的势力。

同一时间,法国、俄罗斯、奥地利、瑞典和神圣罗马帝国向普鲁士、英国和它们的德意志盟友发动全力进攻。起初,它们满怀成功的希望;战争的第二年,更是增强了它们的这种信心。腓特烈大帝对波西米亚的入侵,尽管取得了初步的胜利,但在奥地利人的打击下被迫撤退。一方面,俄罗斯人在大亚格恩多夫击溃了腓特烈大帝的军队;另一方面,法国人在哈斯滕贝克击败了他的盟友;只是因为腓特烈大帝获得了对帝国支持者的胜利以及对奥地利人的胜利,才牵制住了他的敌人。

在海外,蒙卡尔姆占领了威廉堡和亨利堡,打开了通往哈德逊河的道路;同时,在英国殖民者与总督之间爆发纷争的形势下,一支法国舰队使英国-殖民地的军事行动陷入了瘫痪。

在印度,只是靠着克莱武的才干,英国的事业才得以维持。为了对付孟加拉纳瓦卜达乌拉的阴谋,英国想方设法使他在普拉西决战中被出卖,从而败下阵来。随后,他被英军俘获并遭到处决。英国支持的米尔·贾法尔取而代之,而这位傀儡总督授予了英国东印度公司大量特权,包括从加尔各答到印度洋的恒河三角洲的收税权。克莱武获得了相应的荣誉和奖励。英国终于确立了在孟加拉的统治权。因此,经过两年的战争,除了英国在印度的胜利,针对英普联盟的战争天平仍然保持着平衡。

十一

但此时,随着英国国务大臣威廉·皮特获得指挥这场战争的全权,欧洲政坛出现了一股新的势力。威廉·皮特是马德拉斯早期一位总督的孙子,在伊顿公学和牛津大学接受教育,曾在欧洲大陆游学,担任过一段时间的骑兵掌旗官,后来进入议会,娶了辉格党大家族格伦维尔家族的一位女继承人,并加入了沃波尔的反对者行列。他在那位首相倒台时进入内阁。

他的雄辩、勇气、打动大众的天赋、非凡的自信、构思大规模征服计划以及挑选有能力的指挥官来组织和实施大规模联合行动的能力,很快就成为这场大战的决定性因素。"我确信,"他说,"我能拯救英国,其他人都不能。""英国已经萎靡很久了,"腓特烈大帝写道,"但它终于产生了一个真正的男人。"

普鲁士国王有理由感到高兴。皮特刚一掌权,英国就给了腓特烈大帝一笔年度津贴,使他的国家能够补充军队巨大的消耗;同时,通过一支英国-汉诺威军队的组建,他从保卫西德意志抵御法国的任务中摆脱出来。与此同时,英国任命克莱武为孟加拉总督,并采取措施抵抗法国在北美的推进。殖民地要求增援2万人,最终得到了来自英国的1.2万名士兵和一支舰队的补充。

效果很快就显现出来。尽管蒙卡尔姆成功地将英军从提康德罗加击退，但弗隆特纳克堡落入英国人手中，他们由此控制了大湖区。福布斯攻占了杜肯堡，将其重新命名为匹兹堡①。最后，经过两个月的抵抗，路易斯堡再次在英国和殖民地军队的联合进攻下陷落，随着它的陷落，加拿大滨海诸省、布雷顿角和爱德华王子岛的控制权全部落入英国人手中。

与此同时，在欧洲大陆，打败了俄罗斯人又被奥地利人击败的普鲁士国王，在萨克森和西里西亚稳住了阵脚。

这就是英普行动的第一个结果，而更多的结果还在后面。继美洲的胜利之后，几乎在同一时间，英国人占领了尼亚加拉堡——大湖区东部的最后一个法国据点，也占领了提康德罗加，它控制着乔治湖到尚普兰湖的道路。法国势力现在蜷缩在蒙特利尔和魁北克。

沃尔夫少将指挥了进攻魁北克的战斗，他趁夜登上了这座城市所在的陡峭悬崖，亚伯拉罕平原上的最后一战粉碎了法国人的最后抵抗。而沃尔夫在胜利的那一刻战死，不过这带来的损失远不及他的强大对手蒙卡尔姆的阵亡给英国人带来的好处。因为随着蒙卡尔姆的去世，法国人的抵抗崩溃了，魁北克也随之投降。

一年内，整个加拿大，包括蒙特利尔，都落入英国人之手。来自魁北克的消息刚刚到达英国，霍克在基伯龙湾取得的胜利就使法国在海上也几乎束手无策了。

在印度，随着法国盟友荷兰的失败，英国人转而进攻他们更大

---

① 为了纪念威廉·皮特。——编者注

的对手。拉利·托勒达尔之于法属印度，正如蒙卡尔姆之于法属北美，在被派往本地治里后，拉利·托勒达尔恢复了杜普莱克斯旧体系的活力，重组了军队，并迅速包围了特里奇诺波利。

为了对付他，克莱武的主要部下库特上校从马德拉斯匆匆赶来，救下了被拉利火速围攻的文迪瓦什。在魁北克陷落四个月之后，英国人从文迪瓦什出击，将拉利的军队从堑壕中赶了出去。这一役决定了法国在印度的命运。随后发生的对阿尔果德的占领，以及本地治里在年内的受困和沦陷，彻底摧毁了法国人的势力。就这样，在加拿大落入英国手中的同时，英国成为印度半岛上占据支配地位的欧洲强国。

十二

与此同时，欧洲大陆上的战争仍在继续，而参战各方的命运则各不相同。在西线，就在美洲的法国防线受到压迫的同时，英德军队在明登击败了法国人。而不到两个星期，腓特烈大帝率领的普鲁士军队在库勒斯道夫被奥俄军队重创。第二年，当英国忙于巩固其在加拿大和印度的权力时，利格尼茨和托尔高的捷报再次使胜利的天平转向腓特烈大帝，尽管俄罗斯人占领了他的首都。

但是，就在这个节骨眼上，英国政治的另一个变化改变了参战者的命运。在俄罗斯人攻占柏林的时候，乔治二世去世了，他的孙子乔治三世继承了英国王位。随之而来的是英国政治事务的一场巨变。

在辉格党人的支持下，乔治二世支持与普鲁士结盟，也支持这场战争。他的儿子——几乎在各个方面都反对自己的父亲——已经去世了，现在登上王位的年轻君主，受到家族不和的影响，在托利党的控制下长大。他的才智虽然有限，却很坚强，他受过王权至上学说的熏陶，再加上他自己的政治思想，以及英国社会正在露头的厌战情绪——尽管英国取得了诸多胜利，但也发现了自身的负担过于沉重，他很自然地倾向于和平。

在这一点上，他得到了现在控制内阁的更有权势的辉格党贵族的支持，皮特的雄辩和坚决未能压制决心结束这场漫长战争的人们的抗议。普鲁士的津贴被中止了，双方逐渐偃旗息鼓。一年的时间里，除了腓特烈大帝的敌人攻占了两个堡垒，再没有什么别的行动了。

普鲁士国王现在的处境几乎是绝望的。他的军队因不断的战斗而减少，国民的士气因首都的陷落而低落，财政因英国补助金的中断而陷入困境，几乎在每个方面都失去了支持，腓特烈大帝只是靠着命运之轮的又一次转动才免于毁灭。战争第六年伊始，女沙皇伊丽莎白去世了，腓特烈大帝的崇拜者彼得三世成为俄罗斯事务的领导者，他立即签订了一份停战协议，这份协议后来变成了《圣彼得堡条约》。

随后是与瑞典的和解。尽管不久后彼得三世的退位使叶卡捷琳娜二世登上了俄罗斯王位，也使得普鲁士失去了彼得三世的援助，但俄罗斯实际上退出了战争，腓特烈大帝因此摆脱了来自俄方的压力，又一次具备了击败奥地利人的能力。

与此同时，英国和法国慢慢地达成了妥协。由于内阁拒绝与西班牙开战而被赶下台的皮特发现，他的政策是正确的。因为波旁家族各分支之间达成了一项秘密协议，正是这项协议将西班牙卷入这场战争，而西班牙人发现自己只是卷入了一场灾难而已。东方和西方摆脱了法国的势力，再加上最近的胜利，以及成功带来的权力和威望，英国的势力正蓬勃发展，这是不容否认的。

英国-殖民地军队占领了马提尼克、格林纳达、圣卢西亚、圣文森特诸岛和一些小岛。从那里，他们转而攻击西班牙的势力，不到六个月，哈瓦那就落入他们手中。四个月后，在世界的另一端，英国舰队占领了马尼拉。在这一成功的消息传到欧洲之前，英、法两国已在枫丹白露达成了初步的和平协议。六个月后，《巴黎和约》结束了英、法、西三国之间的冲突。就在同一周，《胡贝图斯堡条约》结束了欧洲东部诸国之间的长期战争，欧洲再一次恢复了和平。

十三

在此之前，很少有战争对欧洲事务产生过如此深远的影响。在欧洲大陆本身，如果考虑到战争的规模和涉及国家的数量，领土的变化实际上并不显著。梅诺卡岛和贝尔岛做了交换，西里西亚仍被腓特烈大帝牢牢地控制着，七年的战争也没能夺走它。

与其他国家的征服相比，这个被征服的省份可能算不了什么，但它对普鲁士的价值不能从面积或人口的角度来衡量。它不只是为腓特烈大帝的王国增加了奥得河上游的疆域，它还是普鲁士跻身于欧洲大陆一流强国的象征。哈布斯堡家族所能扳回的最大一局，就是腓特烈大帝投票支持玛丽亚·特蕾莎的儿子约瑟夫大公成为罗马国王，这是他登上皇帝之位的垫脚石。为了获得这个虚幻的荣誉，奥地利被迫认可了这个与它争夺德意志领导权的对手。

然而，西里西亚所有权的变化，甚至对普鲁士在欧洲的政治地位的认可，在和约形成的殖民地事务之变化面前都显得微不足道。的确，在皮特的追随者看来，无论是就他们认为的英国所取得的战利品而言，还是就它所控制的领土以及它维持已占有领土的能力而言，英国签订的条约都与半个世纪前的《乌得勒支和约》一样屈辱。

从表面上看，这种感觉确实是有根据的。作为对西班牙割让佛罗里达的补偿，英国将哈瓦那和马尼拉还给了西班牙；在非洲，为了塞内加尔，英国把戈雷岛让给了法国；在印度，英国几乎是无条件地归还了它的战利品；在受英国支配的西印度群岛，它也只是保留了多巴哥、多米尼加、圣文森特和格林纳达诸岛。

尽管皮特和他的政党认为这是令人震惊的软弱，但英国保住了它两个大的战争目标。第一个是它在印度的霸权，第二个是它对北美东部无可争议的统治权。法国确实收回了它在印度的零散据点，但那只是一份毫无价值的礼物。本地治里及其属地的威望和权力都被剥夺了，沦落到了果阿和第乌的水平，从此，法国在印度半岛的权力就像葡萄牙一样微不足道了。无论印度帝国的未来如何，英国都已准备好争夺这个半岛的统治权了。

英国在美洲的地位也没有因为和平而动摇。为了补偿西班牙失去的佛罗里达，法国把路易斯安那让给了西班牙，这块广阔的土地从新奥尔良一直延伸到密苏里河的未知源头及其支流，包括密西西比河和落基山脉之间的广阔平原，是一个面积相当于欧洲1/4的帝国。这样,加上西班牙其他的领地,它获得了北美西部从墨西哥到北极,从密西西比河到太平洋几乎毫无争议的领地。

西班牙现在占据了这片大陆的2/3,剩下的1/3落入了英国人手中,这片土地是当时世界上最有价值的欧洲殖民地。从基韦斯特到哈德逊湾,英国现在控制着海岸线。从大西洋到密西西比河,圣劳伦斯河和俄亥俄河的广阔流域,以及五大湖周围的土地,加上英国自己的殖民地,使它几乎拥有无限的殖民区域。从那里,它可以获得森林、农场和渔场的产品,这些产品对于任何一个像英国这样的岛国来说都具有无可估量的价值,因为它的发展依赖于不断扩大的制造业所需要的原材料,依赖于它的人民所需要的食物,依赖于它的商品所需要的市场。

或许在这场大和解中,更重要的是英属西印度群岛蔗糖种植业的胜利,这场和解被恰当地称为"蔗糖和平"。通过这场和解,其在大英帝国内部的垄断地位无形中得到了保障,他们对北美市场的控制也得到了保证。北美殖民者只能到英属西印度群岛去获取蔗糖,就像他们只能到印度去获取茶叶,只能到英国去获取工业制成品一样。

用征服的西印度群岛的土地去交换加拿大有明显的好处。它消除了长期威胁北方边界的法国人和印第安人的危险;它为英国的事业打开了广阔的领域和市场;它使当地人失去了阻挡英国人向西推进的主要支持。与此同时,它确认了西印度群岛种植园主的垄断地位,如果引入其他岛屿的竞争或将制糖业扩展到更广泛的地区,这种垄断地位将受到严重损害。

但是,北美殖民地因此而受到的限制却埋下了深深的、尖锐的不满的种子，值得怀疑的是，英国保留其在西印度群岛的利益并与种植园利益相制衡是否是明智的。如果说将北美最初十三个英国殖民地爆发的起义根源直接追溯到《巴黎和约》，或许太过分了。然而，毫无疑问，由于种植园主的自私政策而强加在北美殖民者身上的限制，增强了北美殖民地对英国政府的不满，这种不满在后来的茶叶纠纷中表现得更强烈。蔗糖在后来的争论中起得作用很小，但在关于建立一个自足帝国计划的争论中，蔗糖的地位足以与茶叶相媲美，而这个计划已经在英国的政策下成形了。

不过，尽管英国做出了巨大的让步，它的收益却更大，要求战争继续下去的呼声也很高。强有力的征服、贸易的中断，最重要的是日益增长的巨大开销，淹没了喧嚣声。的确，皮特的倒台使英国失去了一位能够力挽狂澜的首相，但是，事实证明，他的任务已经完成了。他的才干并不适合应付重大的调整和重组问题；这位曾中流击水、驾驭风暴的大人物发现，他的声望只会让政府难堪，因为政府找不到一位拥有同样天赋的和平首相来替代他。

第三十三章
伏尔泰和哲学家的时代

一

由腓特烈大帝的野心引发世界大战的那二十年，在历史上是值得纪念的。这种纪念的意义超出了这场从他进攻哈布斯堡家族领地开始的大规模冲突之外。在普鲁士国王的事业和性格中，正如在路易十四的活动中一样，出现了王室和王朝利益的神化，这种神化与民族主义学说结合在一起，在这种更深刻、更持久的力量中，找到了实现其目的所必需的支持。

事实上，未来将会证明，这两大元素之间没有必然的联系。那些被各个统治家族唤起民族愿望，从而加入了他们事业的民族，也并未一直与这些利用民族精神来实现其扩张目标的家族之命运绑定在一起。甚至在普鲁士国王筹划和实施他那打乱欧洲大陆和平和均势的计划时，那些我们称之为"哲学家"的人也在准备一场运动,这场运动注定要成为以腓特烈大帝为代表的思想和实践的最强大对手。

当他、他的盟友和他的敌人忙于争夺欧洲世界霸权的时候,一个社会正在大洋彼岸的土地上发展着,短短一代人的时间,这个社会就颠覆了腓特烈大帝精心准备的整个政治理论和实践体系。

即使腓特烈大帝时代的欧洲诸民族除了武装冲突之外,没有别的考虑,见证了普鲁士跻身于一流强国和英国获得了殖民地世界霸权的那些年,也仍然应该是欧洲历史上的一个重大时代。因为在世界政治平衡进行调整的同时,几乎人类活动的每一个方面都在沿着新的思想和实践路线前进,这宣告了18世纪中叶人类事务新时代的开始。

如果说像克莱武和皮特这样的帝国缔造者为英国在世界上的霸权奠定了基础,如果说像腓特烈大帝这样的君主改变了欧洲政治的平衡,那么,像孟德斯鸠和卢梭这样的思想家和作家就为人类的社会和政府观念奠定了新的基础,狄德罗和他的百科全书派建立了知识和品位的新标准,魁奈和法国重农学派引入了一种新的经济学说,一个个发明家、发现者和科学家冲破了人类此前知识的边界。

如果说这是腓特烈大帝的时代,那它同时也是伏尔泰的时代;除了英国-普鲁士军队的胜利,还有思想上的胜利,即使是政治边界的变化也很难跟得上思想解放的步伐。

二

在各方签订《亚琛和约》的时候,文学界发生了两件大事,这两件事注定比当时吸引了政界人士注意力的这份条约更有影响力。第一件是一本名为《论法的精神》的书籍问世，它的作者是夏尔·路易·德·瑟贡达，拉布列德及孟德斯鸠男爵[1]，他以姓氏"孟德斯鸠"而广为人知。在长期从政经验和广泛阅读的启发和熏陶下，该书睿智的风格使这本关于政府和法律的书获得了广泛的读者和更为广泛的影响。

基于政府和法律应与它们所统治人民的性格和环境相一致的原则，他宣称"个人意志的结合构成了一个国家"。无论如何修改和伪装，这种政治哲学的新表达都是洛克理论的一种发展，它不可避免地加强了反对专制主义思想的人民主权学说。作为一位理性的改革者，他是温和甚至是懦弱的，他的结论基于理性和调查研究而不是权威。最后，他成为现代政治科学的创始人之一，尽管他自己否认，但事实证明了他是新秩序的先知。

与此同时，经济思想领域也感受到了一种新的冲动。重商主义学派认为一个国家的财富取决于它贵重金属的储备和对它有利的贸易结构，以坎蒂隆、魁奈和文森特为首的重农学派则强调农业和自由贸易。"自由放任"在政治经济学这门新兴科学的准则中占据了一席之地。魁奈的格言是：**"每个人都应该自由地培养自己的兴趣、方法和环境，使之最有利可图。"** 这就是经济学上对权威的抗议，像孟德斯鸠一样，回归"自然秩序"，抨击限制和特权。

尽管有种种谬误，重农学派却是反对重商主义限制的有力武器。因为它强调增加原材料储备的"生产性"劳动，倾向于提高农业的地位。虽然重农学派轻视商业和制造业的"贫瘠"活动，但它呼吁

---

[1] 这么长的一串，都是孟德斯鸠的名字。——编者注

实行"自然法则",把工业从长期阻碍其进步的束缚中解放出来。

让·雅克·卢梭的著作之于社会,正如孟德斯鸠的著作之于法律和政府,重农学派的学说之于政治经济学。在《巴黎和约》签订之前的十年里,这位性情古怪、漂泊不定的天才通过一系列非同凡响的著作阐述了他的哲学,这些书籍包括:描写他无序人生的《忏悔录》,名为《论人类不平等的起源》的论文,关于教育的著作《爱弥儿》,以及他的代表作《社会契约论》。他的所有作品都贯穿着"回归自然"的思想,激励着其他领域的人们。

人生而自由,却处处受到束缚,被习俗、惯例,尤其被政府束缚;他反对一切人为的束缚,无论是在家庭生活中还是在艺术品位上,无论是在教育方面还是在政府方面。为了寻找被权威奴役的原因,他试图用自己关于原始社会不平等的理论来重建社会和国家的起源,"随着时间的推移,国家不再是个人之间的契约,而是变成了一种压制自由和平等的暴政"。**他的学说狂野、感性、夸张,触动了一个社会阶级,但更严肃的哲学家们却无动于衷。**

受他动人言辞的影响,孩子们从那些使他们落后于时代的荒谬习俗中解脱出来;宫廷和皇室扮演了牧羊人的角色;画家像园丁一样,将自然作为他们创作的原型;生活也像教育一样,感到了一个天才的激越冲动,**这个天才对政府和社会都一无所知,却努力使两者发生革命性的变化。**

这就是这一时期三股反对制度化权威的重要力量。在新的知识和精神为人类智力的运用开辟新领域的同时,另一股力量正忙于规划和组织这种征服,它就是狄德罗和他的同人们编纂的《百科全书》。这部不朽的作品规划于《亚琛和约》签订和《论法的精神》问世的那一年（1748），此后二十年里，它一卷卷地出版，把那个时代知识进步的主要成果送到人们手中。狄德罗召集了一批法国思想领袖来帮忙，如法国最具才干的管理者杜尔哥、数学家达朗贝尔、重农主义者魁奈以及哲学家卢梭、孟德斯鸠和伏尔泰。

他的工作遭到了神职人员，尤其是耶稣会士的反对。虽然受到当局明面上的镇压，但私下里，当局仍然保护它的倡导者，默许它的出现；结果，《百科全书》成了历史上同类出版物中最重要的一部，在政治界和文学界都同样引人注目。它努力创造、引导舆论和传授知识，它的整个存在都建立在理性和调查研究的基础之上。它的内容反映了当时震撼欧洲世界的思想大冲突；它被翻译成各种欧洲语言，把这一学派的思想传播到了欧洲各地，**正是百科全书派使巴黎成为欧洲大陆的思想之都。**

这并非这场社会和政治思想复兴运动的全部。狄德罗以其广博的学识和对个体的深刻关注，通过他的具有反思性和批判性的文章，以及他和同人们在《百科全书》方面的工作，指引和照亮了欧洲。与此同时，伏尔泰的光芒也达到了最耀眼的时刻。他的命运开始扭转。他被选入法国科学院，在宫廷得到了一个职位，并成为腓特烈大帝的座上客。他最后定居于瑞士，全身心地投入文学创作之中。在那里，他住在费尔内的庄园里，作为一位欧洲公民，一半的欧洲名流都来拜访他，寻求建议、灵感或满足自己的好奇心。

作为尚在人世的奇才，他已成为圣贤。他获得了这样一种地位，这种地位使他"与其说是一个人，不如说是一场文艺复兴或宗教改革那样的运动"，因为他尖锐的讽刺和毁灭性的批评为同时代的杰出人物及后继者的建设性工作铺平了道路。

三

这些就是在欧洲大陆和殖民地战争的重要年代里,重塑欧洲思想的主要力量。随着法国政治权力的衰落,法国在智识领域的成就崛起了,而它不仅仅局限于文学和政治学领域。在《论法的精神》出版和《百科全书》规划的同一年,布封伯爵乔治·勒克莱尔的《自然史》第一卷也出版了。这本书于五十多年后全部出完,它在自然科学领域的地位堪比狄德罗的《百科全书》在文学界和政治学界的地位。

他的作品过于宏大,以至于不能在每个方面都做到精确,急于笼统地下结论,文风上往往华丽到浮夸,但他的作品在两个方面具有深远的意义:它激发了人们对自然的广泛关注,并确立了正确的研究原则,指出"地球的环境是一系列变化的结果"。在这个前提下,他提请人们注意"这些变化是可以被解释的现象"。在这一点上,他不仅奠定了进化论的基础——后来的几代人将进化论确立为科学信条的主要原则——而且开启了地质学的严肃研究。

布封在当时只不过是忙于探索宇宙奥秘的一个重要学派中最引人注目的一位。达朗贝尔的数学和物理学研究揭示了控制固体和液体的新定律,并通过确立一个原理简化了动力学问题的解决方案,这个原理至今仍以他的名字在物理学界流传。他对二分点进动[①]和

[①] 地球自转轴相对于黄道法线的进动,天文学上称"二分点进动"。"二分点"的概念则是:黄道与天赤道相交的两点。每年3月21日前后,太阳沿黄道由南半天球进入北半天球通过赤道的那一点,称为"春分";与之相对应的是每年9月23日前后的"秋分"。——编者注

行星摄动①之谜的解答，不亚于他对科学史及哲学的贡献，这使他的名声传遍了整个欧洲大陆。

尽管从他的天才中受惠极多的一代人不太记得他的名字，然而他所处的时代对这类事务的兴趣是很大的。腓特烈大帝邀请他到柏林定居，俄罗斯的叶卡捷琳娜女皇邀请他担任儿子的家庭教师。

如果说在达朗贝尔身上，欧洲的科学、政治甚至神学的不同分支融合在了一起，那么美洲的富兰克林的事业则又增添了另外一个元素，那就是欧洲以外的世界对社会和知识进步所做的贡献。随着所谓"费城实验"在英国《绅士杂志》上的发表，闪电和电流的特性得到了确认，这不仅使欧洲人注意到它对知识巨大而深远的贡献，而且使欧洲人注意到这位殖民地科学家兼政治评论家非凡而独特的形象。

在美洲，富兰克林作为印刷商人、邮政局长、外交官和公共赞助人，已经声名显赫。不久，他将在与这些实验截然不同的领域中名声大噪，这些实验首先使他获邀进入法国宫廷。他长期致力于联合英国殖民地反对母国，这些政治活动使他以欧洲以外最有影响力的外交官身份，再次进入欧洲人的视野。

除了这些在思想界占有一席之地、比较引人注目的人物，还有许多其他研究者也在努力工作，他们彻底改变了知识和实践的基础。林奈建立了系统植物学；孔狄亚克创立了现代的逻辑和心理学学派——与笛卡尔和斯宾诺莎所谓"天赋观念"相对——还对新兴

---

① 摄动，一个天体绕另一个天体按二体问题的规律运动时，因受别的天体吸引或其他因素的影响，其轨道产生的偏差。——编者注

的经济学做出了贡献；亨特是伦敦的一名外科医生，他将医学教育推上了一个新高度；摄尔修斯、华伦海特、列奥谬尔最先在温度计上确立了温度的"度数"，这些只是照亮了18世纪科学复兴道路的少数几个名字。然而，无论罗列名字和成就的清单有多长，都不足以代表欧洲在这一时期所取得的进步。

伏尔泰和他的追随者们所激发出的理性主义的力量，孟德斯鸠对政治和行政管理的影响，狄德罗对品位和知识的影响，卢梭对社会的影响，重农学派对经济思想和实践的影响，都是无法估量的。只能说这些人革新了欧洲大陆的思想，并为更具革命性的实践奠定了基础。

四

在机构建设方面，我们可以具体地追溯时代的趋势。在伦敦，政府以汉斯·斯隆爵士的藏品为基础建立了大英博物馆；在亨特的推动下，伦敦外科学校紧跟巴黎的一所同类学校成立了。在德累斯顿，奥古斯特一世的壮观画廊得到扩建，并成为艺术学院的基础，它和沿着同样路线发展的慕尼黑一道，使萨克森和巴伐利亚成了德意志的艺术中心。

这些活动并不只局限于欧洲西部。在林奈的推动下，斯德哥尔摩学会成立了。普鲁士国王给达朗贝尔发放养老金，并引诱伏尔泰访问柏林，引发了一场令整个欧洲都感到好笑的争吵。

最重要的是，在俄罗斯，女沙皇伊丽莎白的资助使她的"文学和艺术大臣"在莫斯科建立了俄罗斯的第一所大学，并建立了圣彼得堡美术学院。与此同时，**俄罗斯的凡尔赛宫——冬宫——的建成，标志着俄罗斯帝国的崛起，以及俄罗斯正式进入欧洲知识、艺术和政治圈子的宣言。**在此之外，她还邀请狄德罗来到俄罗斯。有一段时间，狄德罗曾以自己的才华为俄罗斯首都增光添彩。艾尔米塔什美术馆的建立——它保护了欧洲画家的一些光辉成就，进一步巩固了俄罗斯文化与其西方邻国文化之间的联系。

这些知识力量的发展，在很大程度上对教育产生了影响。文艺复兴和宗教改革使人类活动的这一部分既蒙受了损失，也得到了好处。前者掀起了对古典主义的崇拜，产生了经院人文主义；后者虽然促成了许多学术机构的建立，并通过它们的带动作用产生了欧洲最好的教师——耶稣会士，但它们让学校成为神学宣传机构的倾向并没有弱化。这摧毁了许多古老的学术场所，随之而来的战争也助长了这种破坏。直到17世纪末，复兴的科学力量才开始克服这些障碍，而最主要的障碍既不是贫穷也不是教义，而是那种认为这些机构是储存和汲取知识的蓄水池，而不是新知识分支兴起之泉源的观念。

学院的兴起证明了人们对致力于提高人类知识水平的机构之渴望，但是，直到17世纪末18世纪初，牛顿在剑桥大学的工作以及哈雷大学和哥廷根大学的建立，才让这种理念渗透到教育界。此外，这种教育仍然常常为贵族所垄断。他们为像德国的里德学派这样的绅士建立学校，而不是为穷人提供教育设施。不过，这种情况现在开始改变了，尽管距离现代意义上的大众教育取得进展还有一个世纪。而且即使是法国哲学家，也只着眼于少数人的教育，但已经出现了对普通人的关注。人们认为，除了其他方面，普通人也可能拥有一个有能力的和值得培养的头脑。

五

也许没有任何一种情况比一种艺术的进步，更能充分说明人们日益增长的对更美好文明成果的兴趣，这种艺术就是介于艺术和实用之间的瓷器制作。受萨克森的梅森工厂成功利用新发现之高岭土的启发，欧洲大多数的著名陶瓷工厂都是在这二十五年间，在王室赞助或私人企业的支持下兴建的。塞夫勒、奥尔良、切尔西、德比、伍斯特、慕尼黑、维也纳、柏林、圣彼得堡等地开发出了可与中、日产品相媲美的硬质瓷器。因此，在另一个领域，使得欧洲能与非欧洲艺术和工艺的最高成就并驾齐驱。

在这一时期，尽管艺术、文学、哲学以及艺术和实用之间的中间地带的发展极其显著，但同时，对更严格意义上的实用性活动的关注也为它们进一步服务于世界带来了希望。**在手工劳动和使用蒸汽机的时代之间，是一个应用科学知识扩大人类对自然及其资源掌控的时代，它标志着现代世界这一独一无二特征的开端。**

富兰克林的避雷针帮助人类抵御着一个最可怕的敌人。从煤层中提取天然气，尽管它的广泛应用推迟了很长时间，却带来了一系列对理论和应用科学具有重大价值的发现。**纽科门蒸汽机的原理在船舶推进方面的应用，不管最初的成果多么粗陋，都预示着一个伟大的未来。**瓷制餐具的发明表明了理论向实践又一有益的扩展。针织机械的改进则揭示了工业新时代的曙光。

与此同时，交通问题也得到了大力解决。对于著名的英国工程师布林德利及其赞助人布里吉瓦特伯爵的工作来说，运河的修建尽管没有运用什么新的原理，但它极大地推动了日益发展的工业中存在的最紧迫问题——更方便地进入市场和原料产地——的解决。随着这种荷兰和法国早已熟悉的运输方式传播到欧洲其他地区，不断扩大的商业资源中又增加了另一种元素。

但是，欧洲民族的才智绝不仅限于发展新的艺术和工艺。当科学家和发明家忙于把他们新近获得的知识应用于工业时，土地的耕作和家畜的繁育，已经开始经历同样的改进和创新趋势。在法国，重农主义学说的发展使人们越来越关注作为财富终极来源的土地；而且，随着新的政治经济学原理的引入，他们把在文学和艺术中显而易见的"回归自然"的精神转移到了这个领域。

这样的运动在任何时代都是过度精致或形式主义的特征，这是对高度组织化或过于精细有序的社会之复杂性和人为性的一种抗议。

重农学派的影响远远超出了文学和政治经济学领域，它对法国农业的发展产生了实质性的影响。然而，这场运动却在英国呈现出它最重要的特点，并取得了最大的成功。最初，它与块根作物的培育以及它们作为牛羊食物的用途有关。随着一种新的耕作制度，即所谓的"马耕法"的引入，重农学派得以继续发展。马耕法的引入又与著名的农业改革家杰斯洛·图尔有关，他提倡用"马犁"耕作和播种，这已成为现代农业的惯例。

随后，人们开始关注肥料的使用和作物的轮作，这些知识人们很早就了解了，但现在才对其进行研究和改进。除此之外，还进行了牛羊的繁育和护理实验，并形成了一套原始的选种系统，以提高家畜的质量。

与文学和政治领域的活动，甚至科学和艺术领域相比，社会这一基本行业（**农业**）的进步，实在缺乏许多可以引发人们普遍兴趣的特质。然而，**作为最后的凭依，它对人类至关重要**。事实也证明，无论这个最保守产业的发展如何缓慢，对于很多人来说，它都没有失去吸引力。它很快就产生了自己的文献资料，路易十四时代因第一本农业期刊的出版而值得注意，正如腓特烈大帝时代因这场农业革命而值得注意一样。

农业革命引起了大地主阶级的兴趣，其中以绰号为"萝卜"的汤森德勋爵最为著名。农业协会也在这一时期产生，从那时起，农业协会在农村生活中发挥着越来越重要的作用。农业革命导致了同样重要的养牛人协会的成立；并且，水到渠成，极大地提高了食物的产量。农作物的数量和品种都在增加；牛羊的重量在一个世纪内翻了一番，它们的数量也以同样的比例增长。

英国改善了本国人民的生活状况，而且成了一个粮食出口大国。尽管程度有所不及，法国也走上了同样的道路。欧洲开始了一个农业繁荣的新时代。在下一代人中，改良的农业最终确立了自己的地位，它引发了其他更深远的社会变革。在农业革命产生的最终结果中，必须考虑到那些大庄园的建立过程，它将成为现代英国的一个特征。

六

如果说作为欧洲工农业社会的领导者，英国在这一运动的大部分领域占据领先地位，那么，人们会自然而然地想到，作为世界上的主要运输和贸易商，英国人不会不把这种活力注入航海领域。然而，不单在这个方面，英国"其他方面"的进步也表现在了英国人对航海事业的投入上。随着哈德利象限仪——它取代了其他形式的类似仪器——的普遍使用，海洋测量和导航技术取得了很大的进步。在这方面，科尔森的《新航海人日历》和哈里森的航海经线仪也做出了不小的贡献。这三个对航海技术最重要的贡献实际上开创了航海的新时代。政府奖励了航海经线仪的发明者，并为发现西北航道提供巨额的奖赏，以此激发个人的技术潜力。

最后，随着马斯基林《航海历书》的问世，以及航海经线仪的完善，整个航海技术为进一步的变革做好了准备。铜套的发明，以及船上蒸馏水工艺的发展，不亚于开创了另一个航海时代，因为人类从此掌握了更精确地确定航行距离和计算纬度与经度的技术。这些都反映在了船长们的成就上。米德尔顿在北极区的航行，安森的重大探险，以及世界各地不断增长的交通路线，既表明了科学的贡献，也展现了新的航海精神。

与此同时，船舶吨位的增加并不少于其数量的增加。2000吨的大船不再是稀罕物；火炮在尺寸和射程上的增加也不亚于它们数量上的增加；以"装有74门大炮的军舰"为首的各种等级的军舰开始在海军部的计划中占有一席之地。

这对于一个控制了北美和印度大部分贸易的国家来说尤为重要。上个世纪，英国东印度公司开始建造一种新型船只，即所谓"东印度帆船"，由此开始，一直到18世纪，这种船一直是长途贸易船只的样板。它取代了老式的西班牙大帆船和大型三桅帆船，到

19世纪的快速帆船和蒸汽船出现以前,在它的特定用途方面,没有其他船型能与之相比。

七

然而,在更广泛的人类利益面前,即使是这些,也要让位于这一时期法国人所取得的成就。他们的成就主要表现在探险者拉·佛伦德利的四个儿子的功绩上。佛伦德利沿着已经标明的路线到达北美的密苏里河上游,几乎深入到了——即使是不完全的——落基山的主脉。通过他和他后继者的努力,法国人到达了温尼伯湖和萨斯喀彻温,并建立了要塞,从而确保法国拥有富饶的毛皮产区。

为了应对这种威胁性的竞争,哈德逊湾公司加紧了行动。它的代理人亨德利——他曾深入西南地区——从纽约的代理行出发,探索了那片后来被称为加拿大西北省份的区域,并因此进入了"野牛之乡"。与此同时,白令开启了俄罗斯的探险活动,带来了循迹而来的猎人和设陷捕兽者,他们从以这位著名探险者的名字命名的海峡向南推进,到达了后来因其英国发现者而得名的温哥华地区。

为了在世界的这一遥远地区对付他们,西班牙人沿着加利福尼亚海岸,沿着那些肥沃的山谷而来,这些山谷仍然回响着西班牙圣徒的名字,仍然保留着传教士的据点,这股南方力量正是通过这些据点,在土著部落中确立了自己的信仰和文明。在世界各地,从遥远的安第斯山脉——在这里,法国科学家试图通过大地观测来确定地球的形状,而耶稣会士则沿着亚马孙河和奥里诺科河推进——到这片最新的商业战场,**18世纪中叶的这几十年见证了科学、贸易**

与宗教、殖民一起让世界进入欧洲化的进程。

当欧洲的政治命运被改变的时候,这些人类活动既破坏了旧秩序,又为新秩序奠定了基础。很自然,这些活动将主要影响到它们所属的民族,而旧世界将从这些蓬勃发展的活动中收获大部分回报。然而,不可避免的是,随着不断扩大的涟漪从欧洲体系的中心扩散到世界各个角落,已经成为欧洲政治事务一部分的殖民地将被搅动得更加活跃。

在遥远的葡萄牙和西班牙殖民帝国,由于距离,以及它们保守的母国政府和保守的信仰等更难以逾越的障碍,这些活动就像宗教改革一样,反响不大。不过,因为前几个世纪的宗教起义和随后发生的大规模宗教-殖民战争,移民日益增多,他们为欧洲以外的世界注入了新的成分,对这些地区及其人民产生了深远的影响。

随着欧洲人口在海外的增长,他们为把新旧世界更紧密地联系在一起做出了巨大贡献。现在,随着殖民地加入它们各自宗主国之间的大战,一股强大的推动力被赋予了与欧洲进步潮流联系更紧密的联盟。

对于葡萄牙帝国来说,这种影响是微不足道的,但对于西班牙来说就不同了。西班牙殖民者在英西战争中帮助西班牙争夺加勒比海的霸权;西班牙因为失去佛罗里达而得到了路易斯安那的补偿;当西班牙全力巩固自己的北美殖民帝国时,它终于与盎格鲁-撒克逊势力直面相对了。

在密西西比河沿岸、温哥华附近和墨西哥湾周围的土地上,西班牙殖民者现在已经与英国开拓者旗鼓相当了。他们的治理和交易活动,不可避免地吸收了一些影响当时社会的思想。与此同时,与法国的更紧密联盟使他们接触到了弥漫在新思想流派中的精神。一股不断壮大的青年队伍被派往欧洲接受教育，殖民者招募了越来越多的商人和专业人士，形成了自由思想的种子，他们注定会适时地在整个殖民帝国传播新的学说。

与此同时，西班牙在经历了一个多世纪的内部发展与抵御欧洲敌人之间的分裂后，出现了变革的迹象。这不仅仅是因为战争，这些战争导致佛罗里达被割让给了英国，让西班牙暂时占据了路易斯安那，更重要的原因是其内部的经济发展。

矿业省份的贵金属矿脉和地表矿床的逐渐枯竭，减少了政府的收入，这使人们的精力逐渐转向了其他领域。在巴拉圭和巴拉那周围，人们沿着奥里诺科河上游开辟了新的牧场，很快就有了越来越多的牛羊。矿主和种植园主长期以来的支配地位受到了"高乔人①"和"大草原人"的挑战。羊毛、兽皮和动物制品与黄金、白银、可可、糖、咖啡一道，成为主要的出口商品。新的财富来源使新的阶级变得显赫起来。

这些因素，加上战争的影响，使得西班牙殖民政府又一次发生了重大变化。随着殖民地越来越容易受到外国攻击——从安森在太平洋冒险中夺走的战利品可见一斑——很明显，文官总督已经不能胜任其职了。在新西班牙，正如在秘鲁一样，陆军和海军军官轮流担任总督。同样显而易见的是，即使建造像圣胡安·德乌鲁阿——它如今是西属美洲首屈一指的要塞——这样的新要塞，也不足以抵

---

① 西班牙和印第安混血人种，主要分布在廷潘帕斯草原和乌拉圭草原以及巴西南部平原地区。——编者注

挡敌人的进攻。

同时，加勒比和阿根廷诸省日益增长的财富和人口，也使得在利马管理它们变得越来越困难。结果，一个新总督区建立起来，首府位于波哥大，管理原来的基多省和委内瑞拉船长辖区。

这是西班牙帝国重组的第一步。第二步更重要。无论这场战争的其他结果是什么，有一点很明显，就是母国政府的权威日渐衰落。西班牙和葡萄牙殖民者不仅基于自己的利益，发动了一场关于阿根廷和巴西边界的战争——当时这段边界实际上已经确定了下来，而且，在与英国的冲突导致的商业混乱中，他们越来越多地把贸易掌握在自己手中。母国政府无力阻止。最古老的西班牙贸易事业，即大帆船贸易或护航船队，被放弃了。

随着贸易限制的放松，殖民者与走私者密谋建立了一种官方认证之外的贸易，尽管西班牙政府试图打压它，并鼓励公司接受管制，但这种贸易还是蓬勃发展起来了。最后，在英西战争带来的诸多调整中，自《乌得勒支和约》签订以来，英国一直拥有的奴隶专营权的丧失，是当时殖民地世界变化的另一个显著例子。

然而，随着新学说在曾经难以渗透的西班牙殖民地广为传播，以及即将打破旧秩序的自由贸易的开始，18世纪中叶南美洲的发展不如北美那样重要了。北方大陆不仅是一个主要战场，它那广阔的森林和平原也是胜利者的主要战利品之一。西属美洲和葡属美洲充其量只能见证一个虚弱的社会为摆脱过去的枷锁所做的迟来及困难重重的努力。但是北美，尤其是英国殖民地，展现了一个正在形成中的充满活力的新社会，它不仅为了扩张而卷入与法国和西班牙邻居的冲突，而且为一个新国家的诞生奠定了更加坚实的基础。

八

西班牙和葡萄牙殖民帝国在很大程度上仍然是一种奴役土著和非洲人的贵族统治；北美法国人创立的不过是一支守备部队；虽然在英国人的种植园和拓荒者定居点中也有这些特点，但他们为其增添了一种更强大的元素。

自18世纪初，仅在北美，英国人的人口就翻了一番又一番；而且，由于移民的增加——不少于他们自身的繁衍——在战争结束前，欧洲血统的人已经达到了100多万。他们是旧世界之外最大、最紧凑、最同质的欧洲人群体，他们在数量和资源上都超过了他们的南方邻居，人数上是其法国对手的二十倍。他们有能力把2万多人投入战场，而这些人成了刚刚结束的战争的一个决定性因素。

他们的资源与人数颇为匹配。除了他们在西印度群岛的种植园岛屿——这些岛屿足以与法国的领地相媲美，并远远超过了其他列强的领地；除了他们在大陆上的稻田和烟田，他们在内地与法国人竞争的拓荒者、商人和捕兽者，以及从沿海到山区慢慢占据这片土地的庞大农业人口之外，他们还开发了其他力量来源。已经有迹象表明，工业生产业已超越家庭自己生产日常用品、自己织布做衣服、制作铁器和木器、做帽子和鞋子、种植食物的阶段。

受英国商业集团的推动，议会努力抑制更广泛的生产，但未能压制一个多样化工业体系的形成。每年有数千吨的铁从中部殖民地的冶炼厂运往英国的制造商那里；每年有超过100万加仑的朗姆酒从新英格兰的酿酒厂流入商业渠道。这种酒由西印度群岛的糖蜜制成，用来交换木材、鱼和食物，后来又成了非洲奴隶和北美毛皮的主要易货品。

与此同时，殖民地船队从纽芬兰海岸带来了越来越多的鳕鱼。捕尽了沿海丰富资源——这些为他们的工业奠定了基础——的捕鲸者，在更远的海洋中追逐他们的猎物。由此，他们的鲸须和鲸油进一步丰富了新英格兰的贸易。

为了进行各种贸易，加上有无限的木材可供使用，造船商的事业逐渐兴旺发达起来，因为更长、更有利可图的航行需要更多更大的船只。随着贸易规模的扩大，货主—雇主—资本家组成的商业链条逐渐发展起来。

前往非洲的船只将它们携带的来自北欧的产品换成了奴隶，然后奴隶又换来了糖蜜和蔗糖，这使得它们漫长的航行产生了巨大的利润。其他人则去了西印度群岛，再从那里去往英国，将货物和船只都卖掉，或者以热带产品交换英国产品。随着贸易规模的不断扩大，还有一些人往返于北方和南方的港口之间，或者往返于大西洋两岸。

除此之外，来自大陆种植园源源不断的大米和烟草，来自西印度群岛的糖蜜和蔗糖，来自各地森林中的木材、柏油和木灰，扩大了这个贸易帝国的疆界。

因为躲避迫害、摆脱贫困，大批移民拥入这里。18世纪中叶，不列颠群岛的动荡迫使其他群体到新世界寻求庇护，除了英国人、德意志人和胡格诺派教徒，还有一个群体，就是爱尔兰人、苏格兰人和苏格兰裔爱尔兰人，他们来到了这里，分散于各个殖民地中。尤其是苏格兰人和苏格兰裔爱尔兰人，他们从宾夕法尼亚南部来到边境，加强了当地拓荒者的力量，迅速扩大了新殖民地的边界。

《亚琛和约》签订那年,在这种动力的推动下,第一个越过山脉的英国据点在卡诺瓦河畔建立了。同时,跟随商人和猎人脚步的土地规划者,在山那边的广阔地区竖立了土地界标,这些地区因其河流而被称为肯塔基和田纳西。不到一年的时间,一个弗吉尼亚群体就成立了"俄亥俄公司",以开发这些西部土地。

这就是如潮水般涌来的英国殖民者。法国人准备阻止他们,但是,面对这个强大而充满活力的群体,法国人所有的勇敢、所有的堡垒,更不用说他们的主张——他们到处设置刻有标记的铅板以表明自己的主权——都无法与之进行长期的对抗。

虽然北美殖民地更关心农场和工厂、船只和贸易——现在更关心争夺领土的战争——而不是欧洲进步中较次要的物质方面,但在一个以欧洲人为主体并通过语言、政治和贸易与旧世界紧密联系在一起的社会里,像艺术、文学、科学、哲学等方面的知识发展会不可避免地受到欢迎。北美已经产生了一个在欧洲知名的人物,他就是本杰明·富兰克林。

富兰克林是他那个时代的典型产物。在地方事务中,在整体的殖民地事务中,在他与英国政府和法国宫廷的关系中,在他联合各殖民地的提议中,在他冷静的电力实验中,他代表了海外欧洲的最高知识成就。但他也是众人中的一个。战争年代不仅见证了殖民地财富和人口的增长,也见证了导致知识进步最初要素的巨大发展。

除了当时存在的哈佛大学、威廉与玛丽学院以及耶鲁大学这三所教育机构外,战争期间又增加了普林斯顿大学、宾夕法尼亚大学、国王学院、罗得岛学院和达特茅斯学院五所院校,直到每个北美殖民地都拥有一所大学。在富兰克林的推动下,费城学院建立了。

在波士顿，英国军官在殖民者中引入了共济会；在费城，第一所殖民地医院建立了；在萨凡纳，第一家孤儿院建立了；卫理公会雄辩的传道者怀特菲尔德，把他的启示带到了各个殖民地，为一个新教团的发展奠定了基础。

与怀特菲尔德那热情的呼吁——所谓信仰复兴运动——相反，新英格兰产生了一位信奉严格的加尔文宗教义的教士，他就是美洲的神学家乔纳森·爱德华兹。他概括出了一个已经与新思想的每一种动因都不一致的信仰的最可怕特征，并赋予长老会正慢慢失去的那种坚定的思想信念。

与此截然不同的是伯克利主教的影响。伯克利主教在罗得岛定居了几年，在那里，像在英国一样，他形成了与笛卡尔和洛克倾向的唯物主义不同的形而上学体系，将这些哲学问题提升到了更高的层次，为休谟这样的学者铺平了道路。他引入了与纯粹客观现实相对的主观概念，引入了因果关系概念，引入了一种潜藏在知识进程之下的深层灵性概念。这一点，再加上他仁慈和博爱的性格，使这位殖民地的旅居者成了他那个时代的精神领袖之一。

九

尽管美洲殖民者对贸易、殖民和战争感兴趣，对神学问题非常关心，在文学和科学方面也取得了一些细小的成就，不过，他们的主要知识兴趣却在政治领域。政府起源的理论当时正在欧洲大陆传播，这对那些隐隐约约认为自己是一个新国家缔造者的人们有着特殊的吸引力。自然权利学说强烈吸引了这样一些人，他们一直在与母国强加的限制和母国派来执行法律的官员做斗争。

洛克的形而上学理论启发了爱德华兹和伯克利以及殖民地的神学家们，而殖民者们更重视这位哲学家关于政府的论述。对于他们来说，这不仅仅是一种理论，因为在他们不断扩张的历史中，每一个事件都给了他们用自己的经验来检验这些学说的机会。

敌对行动伴随着富兰克林联合各殖民地的提议而爆发。战争危机引发了王室、总督与马萨诸塞和宾夕法尼亚的地方议会之间的争吵，争论的焦点是征税和驻扎军队的权利；而且像早些时候一样，强行征召兵员加入海军的行动在波士顿激起了民愤。欧洲的理论和殖民地的实践都助长了争论精神的觉醒，而英国限制商业和管理殖民地事务的行动使这场争论达到了高潮。

继上一代人通过的《糖蜜法案》之后，施加于制造业——尤其是制帽业和五金制造业——的限制，不顾弗吉尼亚和卡罗来纳的反对而起诉奴隶贸易，以及颁布所谓《协助收缴走私物品令》——使海关官员能够检查普遍存在的逃避关税的行为，加剧了人们对英国殖民地政策的反抗。

当英国战胜其欧洲大陆敌人的那一刻，它的政府发现自己正面临殖民地对其政策的抵制。以波士顿为中心的抵制运动，将"无代表不纳税"的信条传播到了整个英属美洲殖民地。这一信条以最先进的政治理论家之话语表达出来，并得到了殖民地事务中一个强力元素的支持。

就这样，在殖民地内部，多变故的二十年循环就像开始时一样结束了。在很大程度上，战争是由殖民地、也是为了殖民地而发动的。殖民地的经济发展是以宗主国的进步为条件的。欧洲知识和影响的边界从它们的边疆向前推进；现在，通过这些殖民地，新的政治学说将在实践中得到检验。

对于下一代人来说，普鲁士的崛起和法国在欧洲大陆的衰落，都不如这个海外新社会的发展重要。从一种偏远的"边疆省份"地位开始，殖民地终于在欧洲圈子里赢得了一席之地。而且，不管那些目光仍然只盯着欧洲的人多么不认可，北美很快就要占据舞台的中心了。

随着北美进入欧洲事务，以及新的政治学说和工业条件的兴起，欧洲世界处在了变革的前夕，这一变革堪与它在自己曲折历史上曾发生过的最严重动荡相提并论。

正如殖民地早先与宗教有联系，后来又与政治有联系，而且始终与经济发展有联系一样，如今，殖民地也与此时有利于自由的著名知识运动有了联系。从殖民地的处境和殖民地人们的倾向来看，主要是欧洲的政治方面对殖民地产生了吸引。没过多久，殖民地的人们就努力将理论转化为实践；这一努力最终在整个西半球都取得了成功。在这种努力中，这注定要在大西洋两岸开创一个新的历史时代。

第三十四章
欧洲帝国

1763—1768

一

1763年2月,《巴黎和约》和《胡贝图斯堡条约》签订,旷日持久的奥地利王位继承战争终于结束了。显然,欧洲历史又抵达了一个重要转折点。二十多年来,它几乎没有见到过自己境内的和平局面,而世界上最遥远的民族也被卷入它的争端之中。争端的解决既改变了欧洲的面貌,也改变了世界的面貌。

这些变化并没有随着战争的结束而结束。在终结战争的条约签订之后,是一段变革时期。在接下来的十年里,充斥着影响深远,甚至比这场战争本身更为重要的运动和事件,只有部分原因可以归结到这场冲突之中。

在很大程度上,它们源于这个时代的深层原因,是一种调查性怀疑主义的表现,这种怀疑主义拒绝纯粹的权威,主张通过理性和调查研究寻求生活和思想的基本原理。这种力量现在准备将科学方法带出它原来所局限的领域，用它将历史精神和方法结合起来，去研究权威本身的基础。

"走向哲学的第一步，" 狄德罗写道，**"是怀疑。"** 几乎在人类思想的每一个领域，在科学和发明、文学和艺术、宗教和哲学、经济等方面，正如在政治、行政和法律方面一样，怀疑所表达的精神都取得了成功。从战争的长期负担中解脱出来后，人们更加热切地投身于对人类理智开放的新活动。

在伏尔泰的影响下，怀疑主义第一次与迷信进行了平等的竞争。 狄德罗和他的同事们完成的《百科全书》，把新运动的知识和思想传播到了它所触及的任何地方。卢梭的《社会契约论》发表于和约签订那年，它攻击了一个建立在贵族特权基础上的社会大厦。这一大厦的基础早已被孟德斯鸠的《论法的精神》之类的书籍所破坏，这些书籍支持了更早诸如霍布斯和洛克这样的英国政治哲学家的观点和理论，反过来也受到了它们的支持。

受这些著名作品或时代潮流的影响，一群不太知名的作家使成千上万没有受到这些深刻思想家影响的人，对这些新学说有了清楚的认识。

意大利诗人和哲学家的努力——贝卡利亚对犯罪与惩罚的研究，布拉玛奇的政治学说，阿尔菲耶里的戏剧——都因这些无名的革命先驱对民主的公开捍卫而得到了强化。这些书籍在欧洲和殖民地都拥有读者和信徒，为"自然"权利和民主政府理论的广泛流行铺平了道路。

当思想的枷锁被打开时，新的道路正在为它开启。在法国，重农主义者呼吁工业的解放、土地的自由和改良；像杜尔哥这样的自由派管理者开始将他们的学说付诸实践。在英国，亚当·斯密正在系统阐述他的《国富论》学说。这一工作改变了所有的经济思想，放松了阻碍商业发展的束缚，并促进了其他知识领域方法和思想的进一步发展，并扩展到了政府领域。

在英国，一些有见识的人开始对农业和畜牧业的科学研究——它会使人类的资源成倍增加——感兴趣，像发明了纺纱机的阿克赖特和哈格里夫斯，改进了蒸汽机的瓦特这样的发明家，运河工程专家布林德利，以及筑路工人、制陶工人、炼铁工人，他们彻底改变了工业和这个民族的交通方式，而这个民族开始引领即将到来的世界物质革命。

纯科学也取得了同样的进步。在那些年里，对气体、电、热等方面的研究都取得了较大的进展，这给物理学和化学研究带来了新的动力。批评考证的复兴，自然和浪漫主义流派——与过去的古典标准和形式标准相对立——的兴起，与"回归自然"——它同时在类似于艺术和政治哲学这样截然不同的领域得到体现——一样，是这个时代的品位和标准变化的征兆。

"我所看到的一切，"伏尔泰在和约签署的第二年写道，"都在播撒革命的种子，革命将不可避免地到来。光从一个邻居传播到另一个邻居，一有机会它就会发亮并爆发。年轻人该有福了，因为他们的眼睛会看到！"

二

很自然地，战争之后的和平时期会出现一个政治重组的时代。

同样自然的是，面对其他领域的运动，这或多或少会受到时代主流精神的影响。结果，**整个欧洲大陆出现了一种新的统治者——开明君主。这些人受到当前的科学和社会观念影响，秉持这样一种信念，即他们的权力既带来了特权，也带来了责任和义务。**他们不仅着手修复战争造成的破坏，还要修复长期存在的滥用权力的问题，这种滥用权力的问题已经削弱了他们国家的实力。他们同样努力改善臣民的物质生活，就像精明的大庄园主会关心他们的佃户一样。

腓特烈大帝转向了和平艺术，修订法律，改革宫廷，鼓励移民和农业，他在这些事务上投入的精力和能力不亚于他在战争和外交中所表现出来的。这样做的结果肯定对人类更有利，至少对他的臣民来说，这和他的征服一样有价值。他的老对手玛丽亚·特蕾莎，以及她的儿子、未来的皇帝约瑟夫二世，都以同样的热情投身于法律和行政领域的改革。

尽管程度有所不同，欧洲大陆上几乎所有专制大国的统治者都以同样的方式学习这种榜样，**一个拥有更好制度和更明智管理的时代开始了。**

它最显著的表现在东欧。在英明而邪恶的女皇叶卡捷琳娜的领导下，俄罗斯按照最受认可的开明专制方式，修订了法律，改革了政府。在她的宫廷里，西欧的自由主义观念与她大部分领地中尚未完全开化的民众形成了奇特的对比。作为伏尔泰的崇拜者和狄德罗的朋友，叶卡捷琳娜将教会的财产世俗化，同时以讽刺式的宽容，允许耶稣会士在她的领地的一端定居，鞑靼人则在另一端建造清真寺。

她真诚地支持科学,当路易十五和卡洛斯三世的孩子死于天花时,这位俄罗斯女皇成了她帝国中第一个尝试新发现的疫苗疗法的人。像腓特烈大帝一样,她让受到迫害的德意志人到她的空闲土地上居住。伏尔加河流域和乌克兰广阔的大草原,小俄罗斯的哥萨克将军领地,扎波罗热的"塞恰"①,都拥入了来自西方的殖民者。殖民化将欧洲人实际定居的边界向东推进,结果就是,这片土地上出现了200个新城镇。

三

然而,与随之而来的政治权力扩张相比,这种和平而有益的进步在外界眼中已经黯然失色了。至少在这方面,俄罗斯像普鲁士和奥地利一样,表明了18世纪复兴时期最先进的思想与最自私的外交是完全相容的。在它的西部边界坐落着古老的波兰王国,其宪法是无政府主义的,其宗教和战争观念是中世纪的,其君主是选举产生的。政治权力大部分掌握在骄横的贵族手中,他们通过一种愚蠢低能的机制——一票否决制——控制着议会。波兰人口分为领主和农奴、希腊正教徒和罗马天主教徒、波兰人和立陶宛人,缺乏稳定的中产阶级力量,这为内部纷争提供了肥沃的土壤。

在这样的混乱中,自由主义者试图修改宪法,赋予国王更多的权力,并废除使议会陷入瘫痪的自由否决权。如果它成功了,波

---

① 塞恰又译作"塞契",是早期哥萨克人在今天乌克兰扎波罗热地区用石头或圆木构筑的赖以栖身和作为防御工事的简易城堡。——编者注

兰也许还能在欧洲政坛中占有一席之地。但是，俄罗斯利用由此造成的局面，在波兰支持成立了一个党派，该党打着维护旧宪法的幌子，挑起了它声称要平息的纷争。该党派候选人斯坦尼斯瓦夫·波尼亚托夫斯基当选为国王（1764）。宗教和政治的不和谐加剧了。不到三年，罗马天主教徒成立了巴尔联盟，与受到俄罗斯势力支持的东部教会相对抗。

当不可避免的内战爆发时，俄罗斯、奥地利和普鲁士进行了干预。在欧洲政治家中，法国首相舒瓦瑟尔几乎是唯一一个竭力帮助波兰脱离苦海的人，但他的努力是徒劳的。只有土耳其人响应了援助的呼吁，但他们很快就感受到了俄罗斯军队的压力。

这场不均衡的冲突持续了五年，而结局从一开始就已注定。波兰政府被推翻，在《巴黎和约》签订十年之后，波兰议会被迫接受了一项条约，该条约剥夺了波兰的大部分领土，并决定了波兰作为一个国家的命运。奥地利得到了加利西亚和波兰南部；普鲁士则收回了此前它的国王为了获得勃兰登堡选帝侯的头衔而割让给波兰的土地；俄罗斯将它的边界推进到了德维纳，吞并了旧立陶宛。

一年后，俄罗斯在与土耳其人的战争中取得了最后的胜利。《库楚克开纳吉条约》将克里米亚和库班的鞑靼人置于俄罗斯的统治之下。俄罗斯的领土现在从西部的第聂伯河流域延伸到南部的高加索地区，并获得了渴望已久的黑海北岸及其水域的航行权，还拥有多瑙河诸小国、摩尔达维亚和瓦拉几亚[①]等受保护的领地。

[①] 摩尔达维亚即今摩尔多瓦，瓦拉几亚则是存在于1290—1859年间的一个大公国，位于现今罗马尼亚境内。——编者注

四

然而，尽管在《巴黎和约》签订后的十年里，欧洲的边界和政府发生了巨大的变化，但很自然的是，那些拥有海外土地的国家的变化对这些欧洲以外土地的影响更大。

除了一个殖民国家外，对于所有的殖民强国来说，那个时期具有特殊的意义。只有荷兰没有参加战争，在和约中没有发言权。它陷入了商业昏睡之中，对当时发生在它周围的政治变化表现得相当麻木。无论在国内事务还是在殖民地事务中，它都没有改变方针以适应时代的潮流。尽管它仍然是在知识上和政治上受迫害者的避难所，但它很少参与那些吸引同时代人热情的运动。

葡萄牙的情况截然不同。在那里，葡萄牙近代最具才干的首相塞巴斯蒂昂·德卡瓦略梅洛——他更广为人知的名字是庞巴尔侯爵——为了部分地恢复这个国家往昔的辉煌，努力多年，并取得不小的成功。他遏制了宗教裁判所的势力，重组了财政，重建了海军，并建立了警察机构。为了在国外寻找财富和冒险的新源泉，他设立了贸易公司来开发巴西的财富，并将巴西首府从巴伊亚迁到了里约热内卢。

就庞巴尔侯爵的努力来说，间接结果和直接结果一样重要。根据他的计划，他解放了大部分殖民地的奴隶，并通过谈判将巴拉圭"打压"耶稣会士的做法，从西班牙引入葡萄牙。这导致他与那个强大的团体发生了冲突。为了遏制他们的力量，他驱逐了宫廷里的耶稣会士。一位由教皇任命的"巡视员"抑制了耶稣会士的贸易活动，最后，在国王遭到袭击之后——他们被怀疑参与了袭击，这个教团被葡萄牙及其殖民地驱逐了。

《巴黎和约》刚一签订，法国就开始打击耶稣会士。在那里，努力修补动荡的外交后果、恢复法国失去之威望的舒瓦瑟尔，正忙于整顿国内事务和收拢仍在国外的残余势力。面对使法国财政官员感到绝望的债务，面对削弱国家根基的王室挥霍无度和官员渎职腐败等现象，他仍然梦想着东山再起和洗刷前耻。

他的使者们努力维持法国在欧洲宫廷外交上的优势地位，并取得了一些成绩。对突尼斯和比塞达海盗的惩罚性远征，在埃及和黎凡特地区影响力的增强，与土耳其人友好关系的恢复，重燃了法国在地中海地区的梦想；而这些都因购买科西嘉岛得到了进一步放大，该岛正在反抗它的宗主国热那亚。

同时，他还计划着新世界的商业征服。《家族盟约》给予了法国在西班牙殖民地的贸易特许权、保留下来的岛屿以及法属圭亚那的库隆新殖民地。法属圭亚那现在被重新命名为"赤道法国"，他在这里付出了数千条生命和数百万法郎的代价，为一个新殖民帝国的计划奠定了基础。

在这里，他像庞巴尔侯爵一样，攻击耶稣会士。他们的代理人在马提尼克活动的失败、该教团拒绝偿还对他的债务从而导致法国南部商人蒙受损失，共同招致了一次针对耶稣会的攻击，让该教团就此被赶出法国。其他波旁家族统治下的国家也效仿这一做法，西班牙、那不勒斯和帕尔玛都将耶稣会士驱逐出境。

在一段时间内，教廷的支持给了耶稣会以莫大的力量，而等教廷也做出让步后，这种绝不屈服的姿态就再也不能维持下去了。面对改革的呼吁，教团首领傲慢地回应道：**"要么让他们保持现**

状,要么让他们解散。"这成了保守主义的一则经典格言。对这一回应的反驳来得迅速而果断。《巴黎和约》缔结十年后,克莱门特十四世发布诏书,宣布解散这个庞大的组织——尽管它将在不同的人手中,以各种不同的名字继续存在着。此后,在世界事务中,耶稣会失去了在两个世纪中曾拥有过的显赫地位。

没有什么比镇压耶稣会士更能代表欧洲即将进入的这个时代了。二百年来,耶稣会士一直是欧洲世界一股强大的力量。作为抵御新教运动的堡垒,教团的经院哲学家遍布于整个欧洲大陆。作为信仰的拓荒者,他们的传教工作已经抵达地球上最遥远的角落。教团的神父和传教士让竞争对手感到了钦佩和绝望;如果这个教团只满足于精神上的胜利,它很可能会保住自己赢得的地位。

但是,耶稣会士发展出了一套被教会内外都认为对社会有害的决疑论体系。他们进入政界,他们的告解神父得到国王的赏识,他们的特使涉足世俗事务,包括经商、建立国家;他们变得如此无孔不入,如此强大,以至于大多数天主教政府,甚至教会本身,都把他们视为一种威胁。

讽刺的是,随着环境的变化,支持该教团迈出传教第一步的那些势力给他们带来了第一次挫败。更重要的是,它的垮台始于它的商业事业。新的思想流派对它提出了禁欲主义、蒙昧主义、形式主义、专制主义的指控,被证明与帕斯卡时代一样无法破坏它已有的权势。**两个世纪以来,耶稣会士安然无恙地维持了自身的权力和地位,但他们商业上的对手仅用了一代人的时间就摧毁了他们。**

战争和驱逐耶稣会士对西班牙的影响最大。西班牙很幸运,在这个关键的时刻,它拥有一位开明的国王和一位能干的首相。卡洛斯三世很早就开始了自由主义事业，但是，他的计划一直受到历史和教会极大的阻碍。不过，即使在他治下的这片落后的土地上，它们的影响力也在减弱。

当卡洛斯三世把阿兰达伯爵召到内阁去制止战后的动乱时，他发现阿兰达是个能干而机敏的助手，在他手中，整个西班牙帝国都受到了非同寻常之热情的鼓舞。起初，情况似乎很不稳定。通过获得路易斯安那——这是对其失去佛罗里达的补偿——西班牙在领土、财富和建立帝国的可能性方面，显然都得到了增强。但是，它的新法兰西臣民们还远没有适应主人的变化。第一任总督的严苛激起了他们的反抗，不到五年，他们就发动叛乱并建立了自己的共和国，而西班牙最终通过武力重新控制了路易斯安那。

虽然这种情况已经很糟糕了，但由战争造成或加剧的商业形势更为严峻。当英国人占领哈瓦那时，港口挤满了他们的船只。战后的和约使得英国人在洪都拉斯砍伐红木的行为合法化了，这一特权为他们向墨西哥走私——长期以来，他们一直这样做——敞开了大门。在那里，像在其他地方一样，在与外国走私活动的竞争中，西班牙此前勉力维持的少量贸易似乎即将消失了。

这位国王试图解除他的人民长期以来积极执行而他们的敌人长期以来成功规避的那些陈旧限制，但是，由于加的斯面临破产的威胁，他的计划失败了——当时的加的斯仍然享有曾经的垄断地位。然而，英国人制造的新危机让他别无选择，他的明智政策遂得以恢复。从像古巴这样最不受重视的地区开始，限制被缓慢而不情愿地取消了。西班牙的新港口向殖民贸易开放了；从新奥尔良开始，商业特权逐渐扩展到了新世界的其他港口。殖民地间的贸易禁令也被取消了，十年的时间里，尽管为处理这种贸易而成立的公司破产了，但西班牙与其殖民地间的贸易，二百年来第一次能与走私贸易竞争了。

这场重大的复兴并没有就此结束。提取贵金属的新方法以及新矿山的发现，增加了从这一来源获得的财富。西班牙占据了新的领土，如帝国两端的得克萨斯和巴塔哥尼亚；此外，它还实施了占领福克兰群岛①的行动。卡洛斯三世还采取了一些措施，用自己的力量传播西班牙文化。他发布命令，在新西班牙全境强制推行西班牙语，以整合它的不同种族群体，并使他们彼此之间，以及与政府之间，更紧密地联系在一起。

在这些行动中，葡萄牙和西班牙在新世界和旧世界，都开始实行一种更加自由的社会制度。如果不是因为它们自身范围之外的情况，这些改革措施可能不仅使它们实现复兴，而且会无限期地延续它们的权威。

这些就是促成政治事务进行彻底变革的那些主导性力量，这场变革伴随《巴黎和约》而来，并在其后继续进行着。事实上，这一时期的战争和外交的戏剧性局面、法国势力在印度和美洲的消失、耶稣会的衰落以及波兰的分裂，充斥在公众的脑海，然而他们不太注意那些不那么引人注目的发展状况。

---

① 福克兰群岛是英国人对马尔维纳斯群岛的称谓。这个群岛在英国和阿根廷之间存在争议，本书作者用"福克兰"这个名称，反映出作者欧洲人中心的思想倾向。——编者注

五

然而，在战争的阴影下，蕴藏着更强大的力量，**科学、发明和哲学结合在一起，把工业和思想的分量提升到了一种不太稳定的平衡状态，只要轻轻一碰，就足以推翻那看似十分牢固的旧体制**。没有新教团取代那个被驱逐的教团，波兰的废墟上也没有诞生新的国家。但是，随着新思想进入人们的头脑，随着俄罗斯帝国的强力专制统治取代了波兰的无政府主义和土耳其的独裁统治，以及欧洲知识和政治边界的扩大，很明显，正在发挥作用的这些力量要比它们取代的制度的力量强大得多。

确实，人们仍然在使用旧制度的语言，然而他们正准备将其转化为一个正发生迅速变化之社会的语言。在无数难以觉察的、即将到来的变化迹象中，除了那些最让人感兴趣的，没有什么比当前看起来最繁荣、最稳定的大英帝国的情况更明显的了。

如果说这份有利有弊的重大和约，几乎给每一个欧洲大陆国家都带来了严重的问题，那么，这些问题所导致的最沉重负担就落在了获益最大的国家身上。因此，这个国家的事务在世界政治中就变得至关重要了。

战争结束后，英国成为世界上居于统治地位的殖民国家。也许在殖民地范围和纯粹数量上，它并不是最突出的——西班牙的殖民地最为广阔，沿着太平洋从南极地区一直延伸到北极地区，占据了两个大陆的一半土地，在面积和人口上都足以与英国相媲美，并在直接财富方面超过英国。但是，就帝国力量的深层来源来看，对海洋的掌控、可供欧洲人殖民的最广阔的土地、利润最丰厚的贸易、最大的欧洲殖民者群体以及发展的潜力,英国几乎是无与伦比的。

在印度,法国虽然重新获得了之前的代理点,但权力和威望仍然掌握在英国手中,它成了那个巨大半岛理所当然的继承人。在非洲,它为了塞内加尔放弃了戈雷岛;在欧洲,它为了梅诺卡岛放弃了贝尔岛,这些都巩固了它在非洲和欧洲的地位。即使它在西印度群岛——为了和平,它在这里做出了非同寻常的、在许多人看来是不必要的让步——的地位仍然是仅次于西班牙而已。在北美,尽管西班牙在领土上占有优势,但密西西比河以东和五大湖以北的广大地区,为英国人的野心提供了充足的空间。

三年前,当皮特——英国人的胜利在很大程度上要归功于他——向年轻的乔治王子带来由他继承王位的消息时,他很可能会重复科尔特斯的骄傲自诩,即他交给这位新君主的土地,比他父亲留给他的还要多。虽然和约的签订并没有增加帝国的收益,而几乎在和约获得批准时帝国的立场就已经发生了改变,但那一刻确实标志着英国权力的巅峰。

六

这种立场的突然变化,乃是英国的国内政治所致。英国在许多方面都与它的欧洲邻居不同,它与大陆国家的差异从未像此时这样明显。在18世纪上半叶,许多使大陆国家的人们思想逐渐发生革命性变化的运动,在英国都没有得到什么反响。这似乎并不太引人注意。**伏尔泰和卢梭的学说在这里并不怎么受欢迎,因为他们批判的那些规则和教条在英国事务中发挥的作用非常小。**

不论它的政治制度在习惯了更广泛、更统一之权利的现代人看来多么不完美，但英国已经在个人自由和代议制政府的道路上走得非常远了，以至于国外的改革倡导者在它的制度中找到了他们宣传的内容。当时在欧洲大陆自由主义圈子里流传的思想，有不少都源于英国；他们所要求的改革中，有不少早已成为英国实践中的普遍现象。

英国确实有一位国王，但他早已失去了专断的权力。它有一个贵族阶层，但并不像国外那样同社会下层截然区分开来。贵族的等级向有才能的人开放，贵族的非长子们被视作平民，并且，贵族失去了在欧洲大陆仍然被承认的个人特权和封建权利。

英国的政治权力归于议会，公选的下议院控制着财政及这种控制权所包含的一切事务。虽然这样的安排使英国失去了它从自由中获得的一些效率，但人们认为收益大于损失；就像在最近的战争中一样，当制度的各个部分和谐运作，或者由一种主导精神所支配时，英国政府就能避免这种缺陷。

然而，正是因为上述原因，英国离民主的距离几乎就和离暴政的距离一样远了。它的制度和理想是贵族式的。它的那些稠密但并不合理的选区代表们把持着下议院，其僵化、不平等、腐败都反映了早期的精神和实践。土地仍然是社会和政治权利的标准，贸易的财富只有通过与统治势力相联系的窄门才能进入社会和政治领域。

事实上，绝大多数英国人，包括工匠和农场工人以及水手和店主，在公共生活中只能发挥很小的作用，甚至根本没有作用，因为政治权力仍然被上层阶级垄断，它只是披着民主的外衣而已。

一个突出的特点，表明了英国与那些更专制的同侪的深层差异。就像它在战争中的成功一样，它的政府在很大程度上依赖于各势力间有益的均衡和它们发挥力量时的一致性，无论是在帝国内部事务还是在国际事务上，都是如此。这一点从未像现在这样明显。因为它的政治组织和广泛征服，使它面临的问题不仅比它的对手们更大，而且更加复杂。

尽管墨西哥、西印度群岛和菲律宾各不相同，但它们政府的问题和手段却大同小异。在东印度，英国统治着一家贸易公司的领地，它还统治着新获得的、心怀不满的法属加拿大、西印度群岛的种植园、遍布世界各地的要塞和据点、巨大的未开发地区，最重要的是一群欧洲血统的自治殖民者——不同利益群体的巨大遗产，与欧洲大陆国家不同，它没有中央集权的行政机构。

在英国人看来，一个拥有类似于无限王权的殖民地委员会，就像强大的常备军和宗教迫害一样奇怪。在印度，掌握权力的是一个衰败的公司；而在其他地方，权力由国王、首相、议会和令人昏昏欲睡的贸易和种植园委员会共同分享。在它的许多美洲殖民地，该权力时常得到活跃而又充满戒备心的地方议会的协助或捣乱，这些构成了一个历史上前所未有的行政体系。

七

在某种程度上，这种中央集权控制的缺失，是由这个国家内部一个政治组织的统治地位所造成并掩盖的。七十年前，辉格党将詹姆斯二世赶下了王位，从那时起，英国政治的主线就是辉格党人的统治。在登上王位的汉诺威王朝的支持下，他们的权力建基于这样一种议会：它的地位至高无上，甚至凌驾于王权之上；从在下议院拥有多数席位的政党中选出首相的做法，以及君主从大臣会议或从内阁的退出，使之变成了真正的政府机构。

辉格党人的做法和政策使他们能够控制住大多数席位。他们的政治组织分布广泛，管理得力，由联系密切的贵族寡头们领导。那些广受欢迎的领导人不断地为其招揽人才。这些领导人是因为政治才能而从有雄心抱负的人才群体中脱颖而出的，辉格党人认为这是获得高级官职的唯一公开途径。在这些人的下面，是一大群领取俸禄的官吏和侍卫者、军官和职员，他们的任命是王室援手和议会控制的结果。

他们以其陈旧的形式顽强维持着的这种狭隘、不平等、腐败多多的选举制度，为政治操纵提供了肥沃的土壤，政治操纵促成了他们对议会的控制。

除了上述原因，他们主要依靠商业利益和不信奉国教者的身份来获取民众的支持，其吸引力主要来自他们秉持的原则和政策。他们所秉持的原则的确是他们获得重要地位的主要原因。对议会和新教至上的忠诚、不受国王和军队的支配、事实上的宗教宽容以及陪审团制度、言论自由、人身保护令和独立司法中表现的个人权利，这些原则使他们成为当时最开明的政党。

他们狭隘自私的经济政策与欧洲大陆经济政策的不同之处，主要在于它取得了巨大的成功，而这要归因于英国海军的制海权。将英国的海上贸易限制在英国船只上，将制造业限制在英国土地上，将殖民地生产限制在原材料或不适应英国气候的产品上，辉格党人实施了被称为重商主义的最严格的保护政策。

在政治方面，辉格党的帝国政策要自由得多。在本土政府的监督和议会的立法权力之下，英国允许殖民者对他们自己的事务进行立法，并免除了帝国税收，除了某些商品的关税——征收这些关税的目的是规范贸易，而不是获得收入。作为回报，在殖民地战争期间，殖民者要为英国军队提供经济支持和人员补充。

通过这些方式，辉格党人努力使英国不仅成为帝国的立法者和捍卫者，而且成为它的工厂、市场、海员的摇篮；最重要的，也许是成为它的国库——一个财富和权力的蓄水池，可以轻易地征税，而直接向遥远的殖民地和附属国征税，原本是几乎不可能完成的任务。他们的外交手段为这一帝国政策做出了贡献。

在辉格党的治理下，没有战争，没有缔结和约，如果不算领土的话，并没有给英国贸易带来收益。随着七年战争的胜利，该党发展到了其漫长生涯的转折点，除了威尼斯的十人委员会——有时，人们会将其与辉格党进行比较——欧洲人没有见过能够与它相提并论的政党。

八

正因如此，在和约签订之前的三年里，登上王位不久的年轻国王乔治三世，将辉格党的统治视为政治上的主要问题。他与支持辉格党的祖父乔治二世关系疏远；博林布鲁克的"爱国者国王"的学说、著名的法学家布莱克斯通的训诫以及他母亲和周围人的教导结合起来，向他灌输了托利党的理论。秉承适用于英国国情的开明专制精神，他构想了一个国王通过议会进行统治的方案，在议会组建一个政党支持国王选出的阁僚，沿用过去辉格党寡头掌权的方式进行管理。

他受过良好的教育，拥有强大的（即使有些狭隘）智慧，对政治有着不同寻常的天赋，尽职尽责、勤奋、善良，拥有他家族特有的那种顽强和勇气，他决心用王权取代辉格党的支配地位。

在这种情况下，国王和寡头之间的政治斗争就不仅仅是英国的内部事务了，它对欧洲的影响甚至要更大。这不仅仅是两个党派和两种政府理论之间的冲突。事实很快证明，它牵涉到整个欧洲世界的命运。

国王的行为也带来了一些好处。与汉诺威的两位先王不同，乔治三世是出生于英国的。他采纳了辉格党的政策，除了王权的地位问题，他既得到了国内反对辉格党的大量派别的支持，也得到了辉格党内部因长期执政而滋生的派系问题的帮助。此外，他巧妙地选择了自己的位置，避开了原则问题，攻击了寡头政治最薄弱的一面，也就是它的具体做法。

随着欧洲战争接近尾声，英国君主恢复了王室的任免权，用自己的追随者取代了辉格党领取俸禄的官吏，在议会中建立了一个政党，争夺选区的控制权，并在辉格党人之间挑起了纷争。皮特被与其长期不和的寡头派"丝绸男爵"赶下了台。国王通过剥夺他们的领袖纽卡斯尔公爵的政治任免权，迫使他辞职；国王召来自己的老师和宠臣托利党的布特伯爵接替他的位置。

这一切完成后，他谋求辉格党的主要掌控者福克斯的帮助，与他联合起来，使得听从皮特而卷入战争的下议院，在他慷慨激昂的演说面前，以5∶1的投票结果结束了这场冲突。这就是英国王室和辉格党的斗争在欧洲产生的第一个结果。

这并不是乔治三世最初几年活动的唯一影响。在国王以及自身内部分裂势力的压迫之下,长期主宰英国命运的这一巨大政治组织终于分裂了。大的政党让位于小的派别。皮特、格伦维尔、贝德福德、罗金汉姆率领着各自的党徒,彼此仇视,不亚于对共同敌人的憎恨。与此同时,在来自敌对阵营的不同追随者的支持下,国王得以用与寡头们相同的手段分而治之。

九

布特伯爵因不受欢迎而被驱逐,辉格党人乔治·格伦维尔成为首相。和约签订之后,格伦维尔的政府开启了英国政治的新纪元。这不仅仅是首相的更换。在这个国家,权力处于不断变化的群体之间的一种动态平衡之中,它的归属仍然悬而未决,重塑一个在动荡之中躁动不已的帝国之重担也系于此。

格伦维尔在金融方面的平庸和皮特的过人才干之间存在着一条鸿沟,这代表了世界政治格局的变化,因为武装冲突已经让位于它所导致的债务偿还问题以及变换了主人之领土的组织问题了。新首相的处境极为艰难。没有阿兰达或庞巴尔的权威,没有最高超的政治才能或鼓动人心的口才;而当时国内政治的危机情况是,与冒险者威尔克斯的争论未能恰当处理,使其演变成了一场关于民众自由的争吵;对这些问题的处理既不完全符合他自己的政党立场,也不完全符合国王的意愿。在这种情况下,这位大英帝国首席金融家完成了他那吃力不讨好的任务。

他最早承担的职责是关于新征服的土地的。甚至在和约签订之前,一则王室公告就将美洲的新领土组织起来了。在那里,魁北克、东佛罗里达、西佛罗里达和格林纳达四个政府都由王室官员建立起来。新斯科舍省与邻近的岛屿和大陆上的土地进行了合并;西印度群岛的无组织岛屿与格林纳达进行了合并。佐治亚的边境线被南移到了佛罗里达;而且,与旧殖民地的特许权利明显矛盾的是,阿勒格尼山脉西部的土地成了印第安人的保留地,白人暂时被禁止在那里定居。新的官员被任命为殖民地官员,英国开始实施一项旨在加强帝国统一的政策。

这项事务还没有准备就绪,在帝国的两端,防御这一永久性问题就以最尖锐的形式表现出来了。在北美,阿尔冈昆族首领庞蒂亚克希望帮助他的老朋友法国人,并且想要遏制英国对西部地区的占领,于是他组建了一个西部部落联盟,夺取了英国殖民地外围的哨所,袭击了边境,包围了底特律。与此同时,印度也爆发了战争。在那里,孟加拉纳瓦卜米尔·卡西姆未能满足使他登上大位的东印度公司的要求,遂发动了叛乱。

在几个月的时间里,这两种情况都很危险。在北美,军队匆忙赶赴前线。在干练的印第安行政官威廉·约翰逊爵士的影响下,英国保住了六族联盟的效忠。英国重新夺回了那些前哨要塞。在经历了边境历史上最长时间的围困后,底特律终于解围。庞蒂亚克被迫向更西边的部落寻求庇护。边境地区恢复了不稳定的和平。

与此同时,在印度,米尔·卡西姆被废黜,他的军队被东印度公司的军队打败,失去了除巴特那以外的所有要塞。在那里,他处死了英国俘虏,逃到了奥德。奥德纳瓦卜苏贾·达乌拉已经与莫卧儿皇帝沙·阿拉姆二世结盟，共同反抗英国。三个反抗英国的统治者在巴萨尔遭遇了毁灭性的失败。皇帝到英军营地寻求保护，奥德被东印度公司的军队占领。因此，在英国战胜法国的那一刻，保卫广阔边境的问题就被一下子推到了英国的面前。

与之相关的是其他利益，这些利益在很大程度上来自冲突。皮特不计成本地发动战争，其结果是英国的国债在五年内翻了一番，仅利息就相当于几年前政府的全部开支。尽管英国的领土扩张了，潜在力量增加了，也带来了直接的商业繁荣，但英国的可用资源并没有按比例成倍增加。承受着这种新负担的800万人民，已经厌倦了身上的重担。这种情绪在很大程度上促使大多数人，反对继续进行这场荣耀而奢侈的战争。

就英国人负担的数额而言，和法国人一样沉重，而法国现在正摇摇晃晃地走向国家破产。行政和防御方面的新问题也没有减轻这个负担。除了这两个复杂问题，它还迫使困窘的内阁不得不面对第三个问题，那也是更紧迫的问题——税收。

十

可以理解的是，在这样的情况下，他们的目光转向了美洲殖民地。在那里，帝国的三个问题以其最具体的形式显露出来。那里有150万居民和50万奴隶，拥有丰富的自然资源，享受着帝国债券的大部分收益，它们很少或没有负担和义务，缴纳的赋税不足本土英国人的1/50。

殖民地的边境和贸易由英国军队保卫；帝国市场对它们的商品

开放；它们对帝国机构的唯一贡献在于支付当地法官和总督的薪水，而它们的贸易产生的间接利润以及它们自身不亚于母国的商业利益，促使它们借钱支持殖民地战争。与其他欧洲殖民地相比，它们拥有处理自己政治事务的特殊权利，受宗主国的干涉非常少。与此同时，它们的财富，尤其是新英格兰地区的财富，有相当一部分来自几乎是公开违反帝国商业法律的行为。而且，无论在经济上，还是政治上，它们都是欧洲最自由的殖民地。

在英国人看来，情况就是这样。在这种紧急情况下，要求殖民地居民像英国人一样，在它们的边界内为帝国防务贡献力量，并遵守它们母国的法律，难道过分吗？在阁僚们和大多数英国人看来，这个问题似乎是一个行政与财政、相互的义务和责任、法律和特许状问题，正如此类问题之前的处理方式一样，它应该由英国议会来做出安排。一个受到忽视的预言家预见到，这一看似简单的问题触及了事情的核心，并导致了一个立法问题，还有什么更好的办法不做决定！

试图给无法定义的事物的本质下定义，很容易激起两个社会之间长期受到压抑的对抗情绪。从另一个角度来看，这种行政重组趋势向美洲的蔓延——无论它与当时在欧洲大陆流行的开明专制精神多么和谐一致，在美洲居民眼里，看到的更多是专制而不是开明。

美洲殖民地已不再是两代人之前的样子了，而大多数英国人仍然认为它们还是老样子。移民和一个拓荒者社会人口的快速自然增长，使它在人口数量上得到了增强；大自然的眷顾和历届政府部门有益的忽视，使它们得以在几乎各个方面自由发挥自己的能力，脆弱的边境定居点已经发展成为一个强大的共同体，正在形成一个民族。

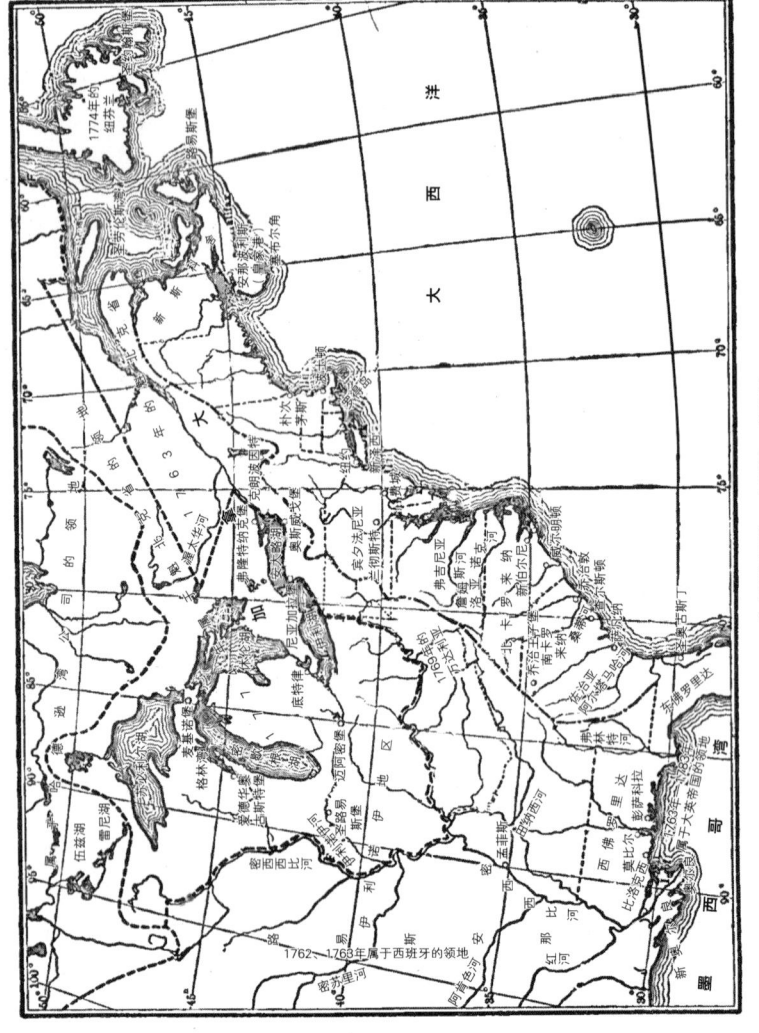

864　欧洲的扩张1415—1789

北美殖民地，1763—1775

事实上，殖民地仍然缺乏欧洲世界的许多特征，例如更复杂的社会和工业、强大的贵族集团和金融利益集团，但这些已经开始在这片土地上形成。它们更缺乏旧世界的文学和艺术、音乐和戏剧、教育机构以及科学和发明，尽管这些并不是完全没有。拓荒者在殖民地的事务中仍然占有很重要的地位，土地仍然是殖民地主要的财富来源。社会中更平等的机会和更多的自由，一个处于快速发展状态的新共同体的那种更简单的手段和规矩，使它们类似但又不同于产生它们的社会。

虽然它们与欧洲列强的热带殖民地的状况差别甚大，但它们的各种元素和发展潜力尚未融合成一个同质的整体，它们是一个广义上的民族，还不是一个真正的民族，更不是一个国家。

然而，在定居时间较长的殖民地，旧世界秩序和新世界秩序之间的许多差异已经迅速消失了。在那里，有一群通过土地和贸易致富的贵族正在兴起，从各个方面看，他们都与英国既有的贵族差异不大。在北方商人和南方种植园主那里，宏伟的房屋、精致的家具和衣服、书籍、绘画、品位等，显示出了与旧世界越来越明显的相似性以及新社会的日益不平等。这些只是经济领域进步的反映。

造船厂和小工厂、矿山和金属加工厂以及各种手工业的出现，宣告了从拓荒者和农业向工业阶段转变的开始。越来越多的报纸和律师事务所、学校和大学涌现出来，以满足一个持续被稳定移民潮所充实的共同体正在不断变化的环境之需求，这一切同时加强了这些殖民地的人口数量和多样性，并通过新世界的主要需求——坚强的内心和勤劳的双手——强化了它的人力资源。

英属北美殖民地已经迅速地意识到了自己的力量。这场战争使它们摆脱了对法国人的恐惧，也使它们摆脱了由此而来的对英国统治的依赖，极大地促进了它们的成长和自信。它们的商业不断发展，它们的军队与英国正规军以同样的条件并肩作战，它们的军官获得了荣誉和经验。殖民者理所当然地认为，哈瓦那和路易斯堡的胜利是他们和英国人共同的胜利。最重要的是，在这场斗争中，美洲精神去除了一些地方主义的东西。几乎是第一次，不同殖民地的人们为了一个共同的事业凝聚在一起，新的超越地方范围的抱负赢得了一种推动力。

在此以前，超过他们地方议会的更大舞台并不是完全不存在。一些殖民者曾加入总督委员会；一些人曾担任王室的官职；一些人甚至晋升为总督；更多的人在国外找到了工作。许多人都了解平民政治的艰难；在北美，领导者通过在英国仍然罕见、在欧洲大陆也不为人知的方式争取地位和权力。对于所有人来说，这场战争为殖民地开辟了更广阔的愿景，这是此前的所有政治家都无法实现的东西。

最后，殖民者们反对共同敌人的联盟，通过现实中的合作和来自不同殖民地的人们之间的个人联系，在随后的发展中，逐渐成长为一股强大的力量。同时，像布拉多克远征那种失败和无能的表现，削弱了殖民者对英国军事效率的尊重之情。

导致这种局面出现的，还有另外一个因素。尽管欧洲人看到的是，一个"自然"社会的简单而平等的环境，但在大多数殖民地，平等更多的是一种表象而不是现实，因为美洲政治中没有为社会人才开放的通道。

的确，除了王室官员的任命，在阶级之间没有不可逾越的障碍，没有口袋选区①制度，没有普遍存在的王权或贵族的既得利益。但是，殖民地仍远未实现纯粹的民主，基于宗教或财产的差异是它们的选区常态，而不是例外。除了几乎每个殖民地都存在的以总督为中心的寡头派，以及在议会中寻找机会的民主派之外，每个地区都有一个缺少选举权的阶级。

民众领袖雄心勃勃地想要控制整个政府机构，他们与那些国王任命的官员的传统权威发生了冲突。**通过援引"自由"这一含糊而有力的口号来争取无特权阶级的支持，并反对使他们的对手立于不败之地的权威，就是不得不选择的一种策略，因为自由在任何时候对于所有人来说都意味着一切。**

每个殖民地都有令人不满的地方，无论社会的、政治的或经济的，英国的北美殖民地只需要一项共同事业来联合它们反对任意形式的既定权威。

十一

这就是这个共同体的状况，英国政府想要获得这个共同体的资源，并计划加强对它的控制。这项政策并不新鲜，一个世纪的实验结果应该早使英国人知道了它存在的危险。但是，谨慎不是格伦维尔的性格。在和约签订之前，他已采取加强控制的措施。为了遏制走私活动，征税力量得到了加强，海军也为他提供了帮助。

糖蜜和蔗糖是新英格兰地区的酿酒厂酿制朗姆酒的原料，它们

---

① 被一人或一个家族所操纵的议会议员选区。——编者注

的关税是主要争论点,为了增加收入和使非法贸易无利可图,这些原料的关税被降低了。为了使王室官员独立于地方议会拨款,一份关于提供永久性王室专款的提案被提上了议程;为了保卫边境,一支常备军也在筹划之中。最后,为了支付这些费用,有人建议对美洲殖民地的法律文件和报纸征收印花税。

殖民地对英国政策的抗议已经广为人知。在波士顿,詹姆斯·奥蒂斯曾徒劳地攻击《协助收缴走私物品令》的有效性,该令状使当局能够要求海军和陆军帮助搜查走私货物。在弗吉尼亚,另一名律师帕特里克·亨利支持民众反对强制推行神职人员领取政府薪资方案的呼声。

这些抗议被平息之后,走私活动受到了新措施的压力,英国议会通过了《驻营法案》以确保军队的供应,但即使有随之而来的贸易让步,以及关于最近请求英国帮助抵抗庞蒂亚克的旧事,都没有缓和殖民地的怨恨。

尽管殖民地代理人经过一年的商议,除了殖民地议会的自愿拨款——这已被证明是不能令人满意的——没有提供其他的选择;尽管这一命运多舛的法案是在"不比收费公路的法案更令人感兴趣"的情况下通过的;尽管像皮特和伯克这样的反对派领导人没有提出抗议,也很少有人认为这是不恰当或不公正的;但是,最迟钝的政客也会很快醒悟过来。因为**《印花税法案》为美洲的不满分子提供了他们所缺乏的东西,一个反对母国政府的共同理由和一个实实在在的"专制"例子。**

从一开始,纽约和波士顿就带头抗议新政策;《印花税法案》刚刚通过成为法律(1765),马萨诸塞和弗吉尼亚的议会就通过了强有力的反对决议。社会上能够发声的群体——律师和新闻界人士，也是新税征税的对象——被激怒了。受到海关打击的利益集团也加入进来；神职人员和债务人与那些无私的爱国者一起发声反对。

阁僚们援引议会的权力、殖民统治的法律和习惯、帝国财政的迫切需要，指出新税收将用于殖民地内部和为殖民地服务，但都徒劳无功。举行抗议的殖民地人们诉诸自然法和上帝的法律、成文法和普通法、殖民地特许状以及英国人未经本人同意不得征税的固有权利，间接地暗示了地方自治。

更不妙的是，他们开始组织起来。在英国的反对派演说家中，几乎只有巴雷上校曾对这一法案提出了抗议，而且他称赞殖民者是"自由之子"。这句话越过大西洋，像野火一样在殖民地蔓延开来。在"自由之子"的号召下，激进分子俱乐部和"核心组织"开始合并成一个全国性的社团，并得到了共济会分会、消防公司、迄今为止尚未正式组织起来的团体，甚至是各处教众组织起来的团体的支持。

人们立即成立了委员会进行相互联系，协调联合行动，简而言之，就是制造阻力。他们一旦组织起有效的抗议活动，就成为影响全国政治的一股力量，为民众领袖提供了更广泛的影响力，吸引了各个殖民地的心怀不满者。然后，他们就开始控制当地政府，最后是殖民地政府，从而形成了革命力量的核心。

在这种情况下，在这样的人手中，言语变成了行动。印花分销商被迫放弃了委托，印花被销毁或被禁止流通。骚乱爆发了，财产遭到破坏；当一个又一个城镇的中央绿地上出现了新的象征——自由之树——的时候,激进雄辩术在反对英国压迫的演说中创造了一种反抗暴政的新语言。

人们采取措施,检查英国商品的使用情况;更重要的是,在这一年(1765)结束之前,一个代表大会——其中大部分是"自由之子"——在纽约召开,旨在策划新的方法来反对该法案。面对这场风暴,政府似乎无能为力,该法案失去效力,暴力不受控制,英国当局一时不知所措。这种无能为力的状态并不完全是美洲的激进分子造成的。

十二

在《印花税法案》引起的骚乱的同时,英国政府在国内外面临着一系列的困难,其中最主要的是紧急的印度局势,它在一定程度上保护了北美激进分子免受其行为带来的更严重后果。

最近获得的收益,使东印度公司既没有智慧也没有能力处理战争引起的问题。腐败和管理不善是胜利的"最初成果",纷争和嫉妒削弱了它的决策能力。三个印度总督的权力分歧,由于国内董事和业主的争吵而进一步加剧。在收入下降的情况下,它对印度代理人的勒索,加上股息的增加,这使得东印度公司的事务进入了政治领域,而这些事务最终被提交议会进行监管。

更迫切的一点是,印度的本地王公被唤醒了,他们开始了新的活动。苏贾·达乌拉集结了新的军队。贝拉尔和浦那的统治者扩大了他们的边界和野心;尽管马拉地人和罗希拉人的突袭被遏制了,但这些人在最有能力的印度冒险者,也就是迈索尔的海德尔·阿里怂恿下进行的攻击活动，从各个方面都威胁到了英国的霸权。

即便如此，董事们也是在很勉强的情况下才同意派遣克莱武担任孟加拉总督，以挽救他所赢得的帝国。他的短暂掌权与《印花税法案》引起的骚乱同时发生，在帝国事务中也同样重要。仅仅是他的名字带来的恐惧，就迫使这位纳瓦卜屈服了，皇帝也来寻求他的保护。

结果，在支付补偿金后，奥德被给予苏贾·达乌拉，至于皇帝沙·阿拉姆二世，作为对其让出权力的回报，他获得了一份津贴和一个小的封国。而控制了皇帝本人——他对数百万印度人来说仍然是神圣的人物——则加强了东印度公司的威望。

与此同时，心怀不满的军官受到了威慑，文职和军事机构进行了改革，提高了薪水，送礼和私人交易都被禁止了。最重要的是，该公司获得了孟加拉、奥里萨和比哈尔的财政大权，以及帝国宗主权下的北瑟卡斯的管辖权。英国人允许本地统治者保留其空洞的头衔和尊荣，通过征税权为他们拥有的实际主权奠定了基础。

随着这一政策的实施，在美洲似乎要脱离英国统治的日子里，印度仍然被掌握在征服者手中。

十三

如果美洲事务，乃至国内事务，能得到克莱武这样的人才，情况或许会大为改观。然而即便是克莱武，一回到英国，就发现自己似乎处于一种失去力量的状态。在王室和辉格党争夺最高权力的斗争中，这个国家既缺乏一个领袖、一个政党，也没有一项能够挽救局面的政策。

所有的目光自然而然地转向了皮特,国王催促他组建一个内阁。但是,这位才智过人的下议院议员的黄金时代已经过去。与他的天赋格格不入的环境、错综复杂的个人政治关系以及他自身的性格缺陷阻碍了他,他的努力和计划都徒劳无功。

他仍然是一位民众偶像,却成了一个名不符实的公众人物。他的骄傲和自负,在疾病面前堕落成了令人无法忍受的自我吹嘘。他的应景言论,虽然流露出一种试图决定帝国命运的崇高精神,却无助于解决帝国的问题,也无助于弥合国内分歧,更谈不上安抚殖民地。这种在暴风雨肆虐的天空中描绘出一道闪闪发光的希望之虹的演说并没有驱散乌云,就像财政家们试图在政治彩虹的尽头寻找最终宝藏的计划一样。他不负责任地抨击了那些本应执行(他在此之前所批准的)政策的人,在立法权和征税权之间、外部税收和内部税收之间做出了艰难的区分,并以各种方式鼓励殖民者进行反抗。

因此,在使它成为殖民世界霸主的和约签订后的五年里,英国发现自己同时面临着国内的政治无能和国外的反抗,这既威胁到了它的行政效率,也威胁到了帝国的完整。

第三十五章
美国革命

1768—1783

一

在18世纪70年代席卷欧洲生活各方面的重大革命运动,其焦点是大英帝国。当时改变世界的各种力量的每一种元素都以其最显著的形式出现在那里。在那里,农业革命已基本完成,并开始了工业革命。在那里,理性主义者确立了自己的地位,新教各派的新改革得到了充分体现。亚当·斯密开始了自己的工作,这些工作将改变一个国家的经济思想进程。

而这个国家通过17世纪的动荡和洛克学派的作品,已经在通往民主政府的道路上走得很远了。最重要的是,在那里,古老的专制主义思想以新的面貌,与人民的进步力量针锋相对,其中一些人已经在海外建立了自治共同体。在英国,由于乔治三世的行动,新旧之间的对立变得尖锐起来。

二

随着对美洲征收印花税企图的失败,以及在国王攻击下的辉格党的混乱,英国出现了政治上的无政府状态。内阁的更替,就像万花筒的变化一样快速。格伦维尔用他那温良但令人不快的说教来折磨他的君主,用不受欢迎的税收和他对威尔克斯的追捕,使国民对他产生了不满情绪。

随后,罗金汉姆上台了。《印花税法案》被废除了,欢欣鼓舞的殖民地人民忽略了随之而来的《宣示法案》——该法案重申了对殖民地征税的权利——庆祝他们对母国的胜利。

格拉夫顿跟随罗金汉姆,继皮特之后担任内阁首相,殖民地的骚动逐渐平息,似乎一切都归于平静。激进派相应地受到压制,内阁受到了鼓舞。但是,皮特成了上议院议员,而他的雄辩在上议院毫无反响。他的健康状况每况愈下。他一开始半退,然后是彻底退出政界。旧的做法又复活了。

缺乏经验的财政大臣查尔斯·汤森德,以其造成了严重后果的口才说服了下议院对葡萄酒、纸张、绘画颜料、玻璃和茶叶征税(1767),而这不过是一笔堪堪满足殖民地机构开支的小钱。《协助收缴走私物品令》又恢复了,税收案件从几乎不可能定罪的殖民地法院移交给了海事法院,而且在美洲任命了海关专员。"一个政策,"拿破仑说,"在没有犯下任何真正罪行的情况下,可能会导致一场灾难。"这就是美洲的情况。

随着《汤森德法案》的颁布,殖民地反对派重新燃起了希望。在激进势力的影响下,纽约拒绝为驻扎在那里的军队提供物资;马萨诸塞发起请愿，反对汤森德的政策，并向其他殖民地发出了援助呼吁。甚至像华盛顿这样曾反对《印花税法案》动乱的人，现在也宣称任何人都应毫不犹豫地"拿起武器，保卫自由"。

现在，殖民地的舆论氛围变了。殖民地的地方议会被中止或解散，这不过是白费力气；而非进口协议更换为更苛刻的条款，并由激进组织更严格地执行。反过来，英国政府采取了更极端的措施来强迫服从和镇压骚乱。议会通过决议，希望把对叛国罪的审判从殖民地法庭转移到英国法庭。

波士顿税务官员没收了约翰·汉考克的"自由号"帆船。汉考克是一位富有的商人，也是激进派领袖塞缪尔·亚当斯的朋友和追随者，长期以来被认为与非法贸易有关。骚乱接踵而至，军官们遭到了抵抗，当军队最终从哈利法克斯前来维持秩序时，波士顿拒绝他们进驻。当地议会拒绝在武力威胁下开会，便转移到了剑桥[①]，危机加剧。

与此同时，格拉夫顿内阁发现自己进退维谷。伦敦的暴民们支持威尔克斯的事业，政府动用武力才将他们镇压下去。野心勃勃的印度冒险者海德尔·阿里威胁着马德拉斯和孟买，从而减少了东印度公司在英国和印度的收入和权势。国内政治中无法摆脱的争吵，使局面难以控制；在绝望中，格拉夫顿辞职。查塔姆[②]试图组建一个内阁，也是徒劳；最后，国王召见了他的朋友和追随者腓特烈·诺斯勋爵，由他担任首相——一个吃力不讨好的职务。

---

① 美国波士顿附近的剑桥市，与波士顿市区隔查斯河相对。——编者注
② 指皮特，查塔姆伯爵为其爵位。——编者注

没有几个人是在比他更不情愿或更不利的条件下上台的。王室的政治领导权、威尔克斯的长期纠葛、美洲和印度问题，都带来了极大的困难。议会局势岌岌可危，公众的不满情绪高涨，财政问题迫切需要解决，国外的形势也是一片模糊。

为了处理这些问题，首相在议会中聚集了一群形形色色的人：托利党人、国王的朋友、领取俸禄的官僚们、军官们、贝德福德辉格党人、老纽卡斯尔的追随者以及乔治·格伦维尔的追随者们，这些人组成了躁动且不和谐的大多数。除了诺斯勋爵本人，他的内阁里几乎没有一个不是曾经的辉格党人，而且，就连诺斯勋爵也曾在辉格党政府中任职。这是那个时代的重要特征。

国王在与寡头们的长期斗争中取得的不仅仅是胜利。辉格党组织已不复存在，只有少数查塔姆派和罗金汉姆派在反对诺斯勋爵的统治。其余的大部分都加入了国王组建的新托利党，国王向他们保证，他们享有和老辉格党一样的权利。

在诺斯勋爵的杂牌内阁中，几乎只有这位新领导人表现出了公正和能力，也许正是因为对君主的个人依附使得他能被接受并留任，这既是他的弱点，也是他的优势。他是当时最能干的英国金融家，擅长辩论和议会管理，通情达理，富有同情心，幽默风趣。他既有效率，又深受大多数英国人的爱戴，在当时，他也许是英国人利益和舆论的最佳代表。

他像他们一样，致力于政府的殖民政策——他曾促进该政策的制定、帝国事务的管理、国内外法律的执行、边境的防御、殖民地行政部门和东印度公司的改革以及议会和王权的至高无上。

对于任何持有这些信条的人来说，尤其不幸的是，在他掌权的时候，殖民地人民发现了自己几乎在每一点上都不利于这样一个计划的强大力量，并受到他们以前的成功的鼓舞，为使他们的抵抗有效而做了前所未有的准备。在过去十年里，这一力量在把它最初的一些含糊原则拟订成一个明确的计划方面所取得的进展，几乎不逊于本国政府；在组织力和领导力的发展方面，它取得了更多的成就。

三

当英国政府因政治纷争而陷入混乱时，这些殖民地的"辉格党人"或"爱国者"——他们这样称呼自己——在人数、团结和影响力上都有所增长，尽管他们可能一直是少数派，但他们的活力和决心使他们成为美洲政治中的主导性力量。他们几乎在每一个殖民地议会中都占了上风，使他们的党派成为殖民代理人，并迫使总督和法官承认他们的权力。

在每一个地区，他们的代理人和通信者、发言人和报纸都通过辩论或武力谋取支持或压制反对意见。他们从法律和宪法的先例中追求一种更高级的法律，以及社会——尤其是他们自己的社会——本身的起源和基础。他们放弃了早期的口号"无代表不纳税"，拒绝了让殖民地代表进入英国议会的方案，转而声称他们自己的议会享有与国王治下的议会同等的权力。他们从议会至上的旧学说出发，经由共主邦联——如17世纪的苏格兰——理论，走向彻底自治的独立地位。

站在他们一边的是人权学说、自由的无限吸引力、时代精神、新社会的性质和情绪、时代环境。在最后一点中，最重要的莫

过于英国政治的特点,以及在之前的十年中领导他们而现在被控制着的那些人。此时,英国所面临的种种不利条件中,最不利的是缺乏具有高超政治才能的人。

人们可能会好奇,在诺斯勋爵上台时的殖民地思想状态中,除了实际独立之外的任何让步是否能够满足大多数激进分子;因为几乎可以肯定的是,几乎在之前的任何时候,母国所做的任何事情,都会被他们最激进的领导者当作资本。但是,在英国,没有多少人,也没有任何当权者敢于提议放弃在美洲的权力。无论议会之前做了什么,无论它是怎样组成的,它的意见都代表了英国人民在这场大争论中的意见,证明了英国保留殖民地权威的决心。

查塔姆和伯克徒劳地大声疾呼着,福克斯在顽固的多数派面前也弱化了他的演说锋芒;反对派在其他任何政治问题上所获得的选票,都比在美洲问题上获得的选票多。威尔克斯不顾宫廷的反对,重新获得了下议院的席位。鉴于自己的政策所遭受的抵制,英国在许多方面都进行了改革。但是,只要还有一丝希望,英国就会保持任何处于这种境况下的国家所要求的——对其殖民地的支配权力。

与此同时,波士顿的煽动者亚当斯从洛克和被遗忘的埃利斯博士的文章中,获得了灵感。中部殖民地的重要小册子作者狄金森攻击政府各部门的"创新",其措辞与清教徒对早期斯图亚特王朝统治的抨击如出一辙。在弗吉尼亚,亨利援引克伦威尔的言论抨击乔治三世,杰斐逊从拉什沃思的著作里寻找语言和先例来表达新的革命精神。

攻击英国的武器不只是从英国的武器库中找来的。孟德斯鸠、贝卡利亚、布拉玛奇和其他一些较为次要的大陆思想家们,在殖民者对母国的攻击中帮助卢梭的信条产生力量。一个自力更生的新开拓者共同体的自然情感，几乎不需要这种兴奋剂来刺激自己的利益和野心。"一种与生俱来的自由精神，"华盛顿写道，"首先告诉我，这些措施违背了自然正义的每一项原则。"

但是，很难想象有哪个国家会默许波士顿通过含糊地诉诸自然法和自由，来破坏长期以来没有争议的合法主权，或者平静地忍受它在自己最有价值的领地上的权力被颠覆。差不多是第一项行动，新内阁宣称英国对偏远而无用的福克兰群岛拥有主权，该群岛是由一个过于热心的布宜诺斯艾利斯总督为西班牙占领的；国家对这一行动的赞许，表现出了一种诚实的——即使是嫉妒的——主权自豪感，这种自豪感是不可能容忍来自它自己属地之挑战的。

诺斯勋爵刚刚掌权，就发生了一起不幸的事件，凸显出了他必须应对的不稳定因素。一群波士顿暴徒威胁英国士兵，结果遭到枪击，三人被打死（1770）。虽然当局谴责了这一行为，并将指挥官交给法庭审判；然而他得到了当地律师的辩护，并被当地法庭释放。"波士顿惨案"——正如它被迅速命名的那样——使本就十分紧张的关系雪上加霜。

激进分子在各殖民地大肆宣扬，其中一人制作了一份具有煽动性的印刷品，除了茶税，它对《汤森德法案》的废除起到了很大的作用；通过废除该法案，这届内阁表明了自己对殖民地的和解态度。很明显，在美洲，现在有一股势力，对于他们来说，除了独立——无论是实际上的还是表面上的——任何让步都是不够的；而他们的要求是大多数英国人绝对不能接受的。从那时起，一丁点儿火花都会引起爆炸。

四

在激进派的煽动下，殖民地人民忽视了英国的让步，继续强调茶叶税，这成为——正如后来所证明的——母国与殖民地之间的下一个关键性问题。在英国人看来，这种税完全是合理的。它最初是作为议会最高治理权的象征而被保留下来的。但不仅仅如此，因为它与一直存在的东印度公司问题联系在了一起，而东印度公司问题突然间又成了英国和帝国政治的一个主要问题。

克莱武回国后的六年里，他的解决方案逐渐瓦解。东印度公司在拖欠政府债务的同时又增加了股份；随着权力和收入的下降，它面临着行政和财务破产。因此，最能干的印度行政官员沃伦·黑斯廷斯被匆匆派去担任孟加拉总督，他开启了英国在印度统治的新时代。

在进行行政机构改革的同时，他将公司的金库转移到了加尔各答。在那里，他建造了亚洲最坚固的欧洲要塞——威廉港，以维护英国的权威。作为对土地和一笔足以挽救公司信誉的款项的回报，黑斯廷斯向奥德纳瓦卜出借了军队，帮助他从罗希拉人那里征收贡金。

与此同时，这个问题被提交到了议会。在诺斯勋爵的领导下，议会已经开始了建设性立法，而该机构长期以来对这一议题都不陌生。它已经通过了《格伦维尔法案》，纠正了选举纠纷中最糟糕的弊端。它正准备处理加拿大的管理问题；现在它通过《修正法案》决定了东印度公司问题的解决方案。

议会通过任命孟加拉总督为印度总督并设立最高法院，来解决三个总督的权力分散问题。议会制止了东印度公司不计后果的扩股政策，免除了它对政府负有的债务，并通过一笔短期贷款使它摆脱了困境。最后，为了缓解眼前的需求，议会允许对运往美洲的茶叶退3/5的关税，因为人们相信，通过处理东印度公司的大量库存，可以减轻负担；由于美洲人可以得到更便宜的茶叶，荷兰人向殖民者供应茶叶的走私贸易将会变得无利可图，从而逐渐失去意义。

帝国政策的两大趋势——商业政策和政治政策——就是这样结合在一起的，因为人们希望它是互利的；因此东印度公司与欧洲思想运动发生了联系，就像在大西洋对岸的殖民地所表现的那样。

这种政治手段看起来如此有益和合理，从来没有人想过它会失败。人们组合或设计了一系列令人恼火的事件来阻止和解，走私中心普罗维登斯的一些居民破坏了缉私船"加斯比号"，使这一冲突达到了高潮。皇家官员试图给他们定罪，但没有成功。茶叶退税被激进派宣传为通过贿赂来获得英国未能通过其他手段实现的征税权的一种阴险企图。

茶叶运过去了，但费城和纽约拒绝运茶船入港。查尔斯顿把这些箱子存放在地窖里，直到里面的货物变质；在波士顿，一群激进的共济会成员登上茶船，将上面的货物抛入大海。

这一反抗行为同时伴随着对总督哈钦森的攻击。殖民地议会要求他离职，他写给内阁的信件也被偷了。这些信件落入马萨诸塞、纽约和宾夕法尼亚的代理人富兰克林手中，然后他将这些信件在美洲印刷传播，主要是为了煽动不满情绪，因为这些信件建议加强英国政府的权威，用鄙视的口气描述了波士顿激进派领袖们在他们最优秀的同胞面前的样子。

这些事件自然会促使内阁和英国人民采取行动，议会以绝大多数的支持迅速通过了一些法案，关闭波士顿港，废除马萨诸塞的特许状，允许政府在殖民地以外审判那些被指控在殖民地犯下死罪的人。驻美部队指挥官盖奇将军从哈利法克斯被派去接替哈钦森，军队紧急开往冲突现场，波士顿戒严了。与此同时，英国议会通过《魁北克法案》，加拿大政府建立了，设立了总督和地方议会，并确认了天主教的古老权利。能干而受欢迎的卡尔顿被任命为加拿大总督，与法国殖民者的和解也达成了。

五

反过来，美洲的激进派又开始了新的活动。他们的地方组织采取了公共安全委员会的形式，它的通信委员会以新的活力恢复了他们的通信链。同样的原则也适用于目前基本上由同一派控制的各殖民地议会。通过这些力量，为保持这种精神和组织活力而做了大量工作的波士顿人，找到了支持。

塞勒姆向波士顿商人开放了仓库；各方纷纷做出表示同情和承诺支持的决议，马萨诸塞的每个县都举行了抗议大会。波士顿所在的萨福克县议会，表达了亚当斯和他的政党的意见，声明一个邪恶政府所制定的奴役美洲的措施是不应该得到服从的，并呼吁召开全体殖民地会议。所有激进组织都响应了这一号召，1774年9月，第一届大陆会议在费城召开。

由此，对英国政策的和平抗议阶段已经到了尾声。从对当局的分散性的地方性抗议，通过《印花税法案》的整合，到对各个殖地政策的协调控制，"自由之子"安全委员会的代表们，实际上组成了一个大陆安全执行委员会，一个激进政党的中央议会。他们把经过十年讨论的学说和政策制订成了计划，并在他们的宣言和决议中谴责英国企图在北美增加税收、建立独立行政机构、把殖民者带到英国受审或解散殖民地地方议会的行为和企图。

因为不可能在英国议会中拥有足够的代表，他们认为自己应该拥有英国议会所拥有的那种为自己立法的权利，另外还应该拥有集会和请愿的权利、和平时期不设常备军的权利、任何时候都不受皇家委员会约束的权利；最重要的是，不交英国议会规定的赋税。他们宣称关于税收的诸项法案、强制措施，甚至《魁北克法案》，都是违宪和不公正的，因为它使天主教合法化了。

他们准备致信英国国王和人民，致信佛罗里达，致信没有派出代表的佐治亚，致信西印度群岛的殖民地甚至加拿大——恳求刚刚被他们谴责过宗教信仰的加拿大人的支持。

最后，为了贯彻他们的信念，他们成立了一个联盟，断绝与英国的商业关系，直到他们的不满得到平息为止。公共安全委员会在联盟的授权下，观察所有人对联盟的行为，检查入境情况，并在其权力范围内采取一切手段执行禁运。

革命组织现在已经成立了。它设立了一个中央机构，并得到地方议会广泛而有力的支持。它通过了一项关于立法的法案，这是无视英国政府权威的经济宣战行为。它号召它的成员执行它的命令；在帝国边界内，它还试图同其他殖民地进行外交谈判，煽动他们进行类似的抵抗。在这些活动之外，几乎立即出现了一个更有意义的活动。被盖奇当作煽动性团体解散的马萨诸塞议会，以殖民地代表大会的形式召开了会议,并采取措施抵制盖奇的权威。

在推动它和大陆会议的同一股势力的影响下,一种类似的精神在其他殖民地显现出来。到年底之前,局势已经变得很明显,除非有什么意外情况发生,否则当时正在进行的筹备工作必然会导致诉诸武力的结果。

阻止或避免即将到来的战争的种种努力都是徒劳的,所有试图将这个问题限制在局部区域或回避这个问题的努力都失败了。事实上,这些殖民者在英国并不缺少盟友。盼望地方自治的爱尔兰人支持他们的事业;商人担心他们的贸易,支持任何能确保贸易延续的政策;查塔姆、伯克和福克斯则领导着议会中已经不抱多少希望的反帝国主义派别。

攻击政府所带来的痛苦堪比它的徒劳后果所带来的苦涩。尽管威尔克斯成功地将抨击他的决议从下议院的记录中删除了,虽然王权的影响力受到了公开和成功的攻击,尽管两次大选提供了推翻内阁的机会,但在任何别的事情上都无法团结一致的英国人民,却在这个问题上始终追随国王和首相的脚步。

像爱德华·吉本、约翰·卫斯理和塞缪尔·约翰逊,这些几乎没有什么共同之处的人,在这一点上,他们彼此之间以及与他们的同胞之间的意见却是出奇的一致。"我们,"诺斯勋爵说,"不再在立法和税收之间争论,而只考虑我们在殖民地是否还有一些权威。"对此,只能有一个答案。

虽然内阁做出了一些和解的努力,但它仍然做好了战争的准备。那些同意为自己的防务和政府贡献力量的殖民地,得到了免除关税或税收的承诺——除了那些受管制的贸易。更多的军队被派往波士顿，这座城市戒备森严。一项限制新英格兰贸易的法案以压倒性多数票获得通过。

六

随着战争情绪在美洲传播，禁令扩展到了其他殖民地。承诺和威胁都是徒劳的。1775年4月，由盖奇派去夺取殖民地军需仓库的部队，遭到了波士顿革命领袖召集的地方民兵的抵抗，武装冲突正式开始。

在莱克星顿和康科德桥的战斗，并不像不留心观察的人眼中那样，仅仅是英国正规军与愤怒的乡下人之间的冲突。在"卷入战争的农民"背后，有一个组织和一项方针，它确实不如英国那样组织完备，但其军队无论在数量、纪律还是装备上，绝不是乌合之众。

因为殖民地不仅仅忙于建立政府和宣布经济和立法上的独立，随着冲突的加深，它已经准备好了一支军队。现有的殖民地民兵已经得到了招募和训练，尽管英国努力阻止，他们还是在国外买到了武器和弹药，并通过长期从事这种贸易的船只，或通过加拿大和佛罗里达，走私进来。在第一次交战的几个月前，他们就已经占领了像朴次茅斯这样的要塞，他们的军火和储备也得到了保障。

起义计划进行得如此顺利和迅速，以至于在莱克星顿的战斗发生三周后，克朗波因特要塞和提康德罗加要塞就落入革命者之手，一支迅速壮大的军队在波士顿附近扎营了，第二届大陆会议也在费城召开了。第一枪打响两个月后，起义军占领了可以俯瞰波士顿的邦克山，并在那里构筑工事。随着英国人进攻并占领这个战略要地,战争正式拉开了帷幕。

这场艰苦的战斗具有一个奇特而又极为重要的特征,曾经在路易斯堡敲响的战鼓,现在引导着邦克山的殖民者;而现在担任革命军领袖的司令官,二十三年前曾指挥这支军队在当时被称为杜肯堡的边境哨所附近的偏僻荒野中打响了七年战争的第一枪。

那时开始的这场冲突,并不像我们现在看到的那样,像爱国历史学家在革命演说家的影响下长期描绘的那样,是一个受压迫的大陆在绝望之下的众志成城的起义,是被肆无忌惮、无法忍受的暴政所激起的起义。更不像辉格党宣称的那样,这可能是一个实行专制的国王蓄意摧毁英国自由并以征服北美殖民地开始其邪恶计划的第一步。

从斯图亚特王朝统治中幸存下来的英国自由,并不像这种观点所暗示的那样微弱;殖民地人民的不满远远没到驱动其他民族走上同样革命道路的那种无法忍受的悲惨境地。**革命是由长期有意无意地推动决裂的思想和利益派别转化而来的,是社会上两股强大力量和两种相互冲突的政府学说之间新旧对立——这也许是不可避免的——的高潮。**

虽然当时没有人意识到这一事实,但这只是世界范围内反对现存社会和政治秩序的斗争的第一次展现。在将近六十年的时间里,它使三个大陆在几乎持续不断的战争中动荡不安,波及整个欧洲世界,最终它不仅改变了两个半球的政治命运,也改变了整个欧洲社会的结构。这不仅仅是一个母国和它的殖民地之间的冲突;在这场战争背后,是各个国家各大阶级和利益集团的对立,它们迟早会兵戎相见。

没有什么比随后的战争更典型的了。英国和殖民地都没有做好充分的准备,更不希望出现长期的冲突,双方都没有预料到这种意外。一方指望迅速镇压组织混乱的抵抗,另一方指望通过武装威胁使其权利主张得到承认。双方注定都要失望。即使在最有利的条件下,征服一个联合起来的殖民地,也是不可能的;在没有外部援助的情况下,像北美这样分裂的社会想实现完全的独立,也是不可能的。

虽然这场斗争看起来不平等,但它的不平等并不像看上去那么严重。在所有欧洲列强中,英国对战争的准备最不充分。如果说它的政治组织在此前十年忽视了建设性立法的话,那这也几乎让它的战斗能力瘫痪。

政策缺乏连续性、浪费性的削减开支、腐败和完全的懈怠,由于社会等级和党派偏见对公共服务部门的有害干扰而愈加凸显。它的许多官员对他们所服务的政府和他们所要执行的政策充满了敌意,使得这些问题无可挽回。

英国在不极大地削减自己在世界各地驻军的情况下,无法通过征募或从自己的体系内为北美战事提供足够的军队。因此,它采取了惯常的做法,从德意志小邦那里雇佣了必需的补充兵员——他们通常被称为"黑森人"。这些,加上它的印第安盟友提供的非正规部队——这使革命者有了新的抱怨理由——使得这场斗争变得不可调和,而且他们削弱了英国的道德威望,在军事上的助益却寥寥无几。

英国的指挥官并不出色。在政治世界的现有状况下,很难出现能干的行政人员。它的海军表现平庸,甚至更糟;沃波尔的那句辛辣讽刺——自然也被用到了诺斯勋爵身上——评价了它的高级军官们的热情和能力。"我不知道,"他说,"我的将军们是否会吓到北美人,但他们肯定会吓到我。"

在这种情况下,任何战争都很难进行下去。在目前的状态下,英国想要打赢这场战争几乎不可能,因为这是一场世界上从未见过的战争。它与战场被3000海里的大洋所阻隔,在1000英里的荒野或人烟稀少的土地上作战,几乎没有道路,对手是熟悉武器和森林游击战术的战斗人员,有经验的军官从一开始就认为整个冒险是"凶险的事情"。没过多久,它就发展成了"丢脸的地方"。

如果英国像有能力的人们所建议的那样,仿效皮特的军事战略,以海上作战为基础,封锁港口,占领更为混乱的地区,然后任由危机自行解决,结果可能会有所不同。但是,入侵,尤其是后来的掠夺性远征,只起到了鼓舞一连串邻近地区起来抵抗外敌入侵以及鼓舞它们逐渐团结舆论和军队反对母国的作用,使英国失去了成千上万人的支持。

还有许多不关心宪法问题的人被卷入其中,拿起武器驱逐那些威胁到自己家园的军队。无组织的保皇派,或"托利党",要么被迫加入侵略者,压制他们自己的舆论;要么遭受邻居们最严酷的迫害。成千上万的人被迫移民。他们的财产被没收,家园被毁,大部分定居在加拿大提供给他们的土地上。还有数千人加入了英国军队。

但是,无论是在那里,还是在邻近的殖民地,他们的存在都无法弥补母国对叛乱殖民地人力资源的破坏,而他们被迫离开的殖民地所遭受的经济和社会损失也是无法估量的。这种损失在政治方面得到了补偿。**如果保皇派留下来的话,北美几乎不可能迅速或轻易地发展成为一个真正的民主国家——至少不可能成为像它所创建**

出来的民主国家那样。而且，如果这被北美人视作他们的收获的话，驱逐保皇派就更是正当的了。

七

以后来的标准衡量，随后战争中的军事行动并没有给人留下深刻印象。利害攸关的问题是帝国边缘的小势力制造出了与其规模不成比例的后果，最重要的是，美国后来的发展，使美国革命在后世人的眼中显得很重要。它的最终成功在很大程度上也不是由于那些煽动者激起了人们对英国统治的反对。没有他们，这可能永远也不会发生，但如果仅仅依靠他们的努力，革命就会像它开始时那样在口水战中结束。

战士们具有更倾向于冒险和更坚韧的性情，而且兼具勇气和技巧，这是革命事业的主要力量所在。殖民地独立力量的增强，尤其要归功于他们的司令官；没有他的话，要获得战争的最终胜利是不可能的；还要归功于欧洲盟友的加入，它们因为仇恨英国而站在美国一边。

在许多被认为是这场战争转折点的事件中，有一件是最突出的。在邦克山战役的前两天，弗吉尼亚的乔治·华盛顿被任命为北美军队总司令。三个星期后，他开始履行职责。他出身于种植园主家庭，受过艰苦的边境战争训练，他性格勇敢，极具耐心，在绝望的事业中表现得坚决果断。他的能力固然强大，但他的品格更让人敬佩。

作为他所处时代和环境的典型产物，他是出类拔萃的。作为自

"殖民地时期"以来的新欧洲血统的最高代表,他不仅是这场战争产生的最有影响力的人物,也是欧洲以外出生的最有影响力的欧洲人。

他为之奋斗的事业需要他。无论民众领袖有多大能力发动这场战争,他们都用这一成就完成了他们的使命。现在已经变成了他们主要权力机构的国会,不得不利用自己的力量来维持自身的存在。它不仅要负责防务,还必须建立一个政府,在国内建立和强化其权威,并获得国外的承认,而它的存在取决于它控制不多或者完全无法控制的状况。

新成立的国会缺乏处理重大事务的经验,也缺乏处理日常事务的经验。它必须与那些在殖民地机构的废墟上建立起来的邦政府打交道,而这些邦政府不太愿意把地方利益置于全国利益之下。没有外国的支持或贷款,没有金钱或征税的权力,它要面对的主要问题是外交、金融和战争,而它只是在第一个方面取得了一些成功。

受到威胁的邦或居民区会团结起来抵抗入侵,而它则可以召集军队来完成诸如围困波士顿这样的壮举;但是,军队装备不良,纪律更差,他们需要培养将一支军队与一群暴民区别开来的几乎所有品质。面对失败、贫困和挫折,要组织、装备和维持一支常备军,建立纪律,并把它凝聚起来参加战斗,超出了国会的能力,而这就是华盛顿的任务。

八

在邦克山战役之后对波士顿九个月的围困中,在各种各样的困难中,华盛顿和他的军官们努力用他们所掌握的资源来塑造一支军队，而国会则负责寻找将这场战争坚持下去的办法。在英军最终被迫撤离波士顿并奔向哈利法克斯之前，这两项任务在某种程度上都实现了。

殖民者对加拿大的远征未能夺取其要塞，也未能诱使法裔加拿大人放弃他们对英国的忠诚。与此同时，英国也做好了准备。当豪斯带着3万人和一支护航舰队离开长岛，横扫华盛顿处于劣势的部队并占领纽约时，这支刚刚轻松打败法国军队的英国军队，似乎会更轻松地粉碎殖民地的抵抗。

然而，面对关系到殖民地独立事业之存亡的军队的毁灭，以及它可能会导致独立事业彻底崩溃的威胁，国会采取了终极性措施。作为在各殖民地打击王权的投票结果，以及免除他们对国王效忠之决议的结果，它起草了一部宪法。1776年7月4日，《独立宣言》由弗吉尼亚的托马斯·杰斐逊宣读，并得到了国会的批准。

这是一份重要的文件。它的构思来自卢梭的精神，卢梭的自然权利学说贯穿其前言；它在一百年前英国人表达对查理一世不满的《大抗议书》的基础上形成；这份文字精练却又充满智慧的宣言，既是一种理念的陈述，用最巧妙的方式激发北美居民的情感和偏见，也是殖民地世界迄今为止所产生的最重要的政府文件。

它用语言文字彰显了正义和自由情感，反对专制暴政。它指控了英国国王通过议会在遏制殖民地发展和破坏其不可剥夺之权利方面所犯下的一切罪行。它号召所有在理念或利益上受到侵犯的人起来抵抗。**它的措辞铿锵有力，情感充沛而富有穿透力，用它的文字摆脱了扭曲历史的诅咒并对当前形势进行了辩护，直到它们被转化为修辞性的事实，从而成为所有此类宣言之典范。**

英国本土也不曾产生过如此强大的反抗宣言。无论它的政治哲学多么含糊，无论它的历史基础多么薄弱，无论它对事实的指控多有偏差，它都鼓舞了使它诞生的这次反抗，而且一直是一阵余韵不绝的自由号角。

但是，如果那位英国指挥官有能力和决心的话，《独立宣言》的号召就会是一场空，因为伴随着被它表达得如此有力的武装起义事业的是军事上的灾难。由于失去了对尚普兰湖的控制，北美大陆军被逐出了哈德逊河的阵地。在豪斯的优势军队面前，华盛顿领导的大陆军主力被迫向南撤退。后来，好在对英军冬季营地的一次大胆突袭的胜利，才鼓舞了殖民者们继续前进。

如果在北美人处于豪斯的压制之下时，他能抓住机会，坚持追击，革命事业就会走向彻底毁灭。但是，英军指挥官行动迟缓，浪费了时间和机会，直到二者都无法挽回。在他等候的时候，甚至连煽动革命的那些人都做不到的事情，却被英国议会徒劳无功的随意入侵完成了，因为一个又一个的殖民地被一支敌对军队的出现激怒了。

九

与此同时，国会代表们在国外也忙得不可开交。有一个国家的援助是大受期待的，而且，北美人很早就对这个国家发出了请求。法国之前受了英国的羞辱，信用和殖民地都破产了，它的威望受损，自尊心受到了伤害，而且确实没有希望再夺回十几年前失去的领地。但是，它的政治家们，尤其是精明能干的舒瓦瑟尔，总是盘算着复仇的可能性。

他的计划在韦尔热讷任内得以延续，法国对目前的危机充满了期待。然而，法国早已预见到的前景仍然是如此可疑和不确定，以至于当北美的危机来临的时候，法国的大臣们起初还对卷入这项毫无希望的事业犹豫不决。他们没有公开地冒险，而是偷偷摸摸地给予美洲援助。

在一家私人公司的伪装下，法国政治家-剧作家博马舍和康涅狄格的支持者-外交官迪恩，打着私人公司的幌子，声称要与百慕大群岛进行贸易往来，不顾英国人的抗议，运送小型武器、大炮和补给品，使殖民地的抵抗活动得以坚持下来。

这一运输活动很快迎来了更为重要的转折。精明能干的富兰克林赢得了法国公众的同情；年轻的拉法耶特侯爵和从众多志愿者中挑选出来的其他贵族，自费乘船前往北美。经验丰富的士兵——法国人德·卡尔布、波兰人普瓦斯基、德意志人斯图本——受召前来组织、训练和指挥北美大陆军，使之能够在同等条件下与英国正规军抗衡。在这样的支持下，殖民者的"新模范军"逐渐变得越来越具有威胁性。

最后，北美发生的事件考验了这些支援的有效性。未能击溃或俘获华盛顿的豪斯，计划发动一场占领纽约和费城的战役；同时，他打算通过一支来自蒙特利尔的远征军，把新英格兰同其他殖民地分隔开来。这支远征军沿着黎塞留河、尚普兰湖和乔治湖前进，将与从纽约以及西部沿莫华克河而来的远征军分进合击。

推行该计划的第一部分时几乎没有遇到什么阻碍。华盛顿的薄弱军力仍然无法与豪斯抗衡，轻易就败下阵来，被迫放弃费城。他们失去了控制特拉华的堡垒，也没能再次突袭英军。当豪斯在美国国会已经撤离的首都过冬时,华盛顿率领着沮丧而饱受磨难的军队,在福吉谷的临时营地度过了艰难的冬天。

北美的独立事业从未像现在这样绝望,但形势已经发生了逆转。伯戈因的英军和黑森雇佣军胜利地通过哈德逊河的防御要塞时,这些要塞要么投降,要么在他们靠近时就被放弃了。当圣烈治带着他那混杂着印第安人和英国人的军队从西部挺进时,美国军队已经从萨拉托加撤退了。

但是,驻纽约的英军指挥官没有为圣烈治的军队提供任何援助,为了补给军事物资而突袭本宁顿的行动,激怒了佛蒙特人,造成了黑森雇佣军的溃败并折损大半。印第安盟军开始撤退,同时从四面八方拥来的援军加入了斯凯勒和盖茨领导的殖民地军队。在这种情况下,被自己所信赖的部下抛弃的伯戈因,不得不在各种不利条件下作战,他两战皆败,最终被迫全体投降。

这是一次致命的打击。这次战败的消息一传到法国,韦尔热讷就迅速签订条约,允许法国军队援助美国人。西班牙曾一度退缩,但不久就加入了反抗英国的事业。当华盛顿的军队从饱受磨难的福吉谷走出时,发现他们面临的整体形势已经大为改观。

十

诺斯勋爵向议会提出了和解的建议。特派员们被派往北美,答应废除《强制法案》、实施大赦以及给予他们除了完全独立之外的所有权利。但是,安抚和特派员们都来得太晚了,二者都没有被接受。英国人行动迟缓,未能分裂敌人和以牺牲统治权为代价保住殖民地，于是，他们不得不怀着沉重的心情，再次面对一个充满敌人的世界。

尽管西班牙拒绝与美国结盟，但它很快就与法国一道向英国宣战了。荷兰也紧随其后，它从一开始就支援美国人，并开放了西印度港口，允许用烟草和其他殖民地产品去交换军火。使英国的不幸雪上加霜的是，北欧各国利用它的窘况伤害它，它们组成了一个中立的武装联盟，以削弱它的海上优势。

这些情况，加上新的形势，使英国转入守势。然而，出于各种原因，它还是选择将这场战争继续下去。新指挥官罗德尼受命指挥舰队，克林顿取代豪斯成为军队总司令，夺取法属西印度群岛的旧计划被一项新的陆地军事计划激活。作为革命军的"卡普亚"①，费城被放弃了；而华盛顿对正在撤退的英军发动的攻击是北方的最后一场战役。

此后，另外三种情况结合起来，改变了战争的性质。第一件事是法国派出了由罗尚博伯爵率领的一支法军。它抵达了纽波特，与从西印度群岛征服归来的德斯坦舰队一道行动，清除了新英格兰的英国军队；与此同时，他们也攻下了费城。第二件事是同时发生的乔治·罗杰斯·克拉克领导下的美国军队夺取了除底特律以外的西部据点。第三件事是《邦联条例》通过。《邦联条例》是国会在《独立宣言》颁布后着手起草的文件，是联邦和立宪政府的基础。

尽管这种联系很松散，尽管据此条例成立的中央权力机构的权力很小，但各个殖民地的分离主义精神是如此强烈，甚至连战争的

---

① 卡普亚是古罗马城市，斯巴达克起义爆发处。——译者注

压力都未能有力使各殖民地的分离主义者同意对地方权力进行一定程度的限制。因此，条例所需要的各独立殖民地的批准程序，一直拖拖拉拉，而它们本身对此也没什么兴趣。

然而，外国势力对独立的承认以及向他们提供援助的前景推动了邦联的成立。尽管这一进程因各殖民地对西部土地权利主张的冲突而被拖延了很长时间，但在战争的最后几年，条例得到了各殖民地的批准，随后成立了一个中央政府。

与此同时，冲突进入最后阶段。此时，英国人对新英格兰和中部殖民地的控制已经被粉碎了，哈德逊河失守，佐治亚也被美国人占领了。英军从纽约开始的掠夺性远征除了破坏财产和激怒殖民地人民，没有取得多少成果；他们自己的海岸地区受到了美国海军指挥官保罗·琼斯英勇行动的威慑。

在南方保皇派的恳求下，英国军队转向了大陆的这一地区，他们占领了查尔斯顿，然后从那里出发。康沃利斯和他的副手塔尔顿不顾偶尔的小挫折，赶走了他们面前的美国军队；他从卡罗来纳向北推进，与弗吉尼亚的其他英国军队联手。这一快速实施的绝妙行动最终不合时宜地结束了。

法国舰队的指挥官在智谋上胜过了英国海军的指挥官，并预先阻击了克林顿从纽约出发的拖延已久的增援部队，这支援军是康沃利斯的希望。切萨皮克湾被封锁了。华盛顿和拉法耶特避开了克林顿的松弛警戒，迅速率领部队与法国舰队联合作战。康沃利斯发现自己陷入重围，在约克敦半岛的防御失败后，被迫向盟军投降。

这是最后一击。当英国人从他们的战壕撤退时，命令士兵演奏流行曲调《颠倒的世界》的这位乐队指挥，是这一重大事件的真正先知。虽然距离承认美利坚合众国独立之条约的签订还有两年时间，但它现在已经得到了世界各国的普遍承认，康沃利斯的投降决定了这一结果。

十一

不仅如此，长期以来摇摇欲坠的诺斯内阁也被赶下台；连续几届联合政府的混乱使这个国家陷入了瘫痪，直到小皮特上台，以及新托利党的崛起，才使这个国家恢复了秩序。在此之前，爱尔兰打着保护自己免受入侵的旗号，利用英国的困境组织了一支志愿军。凭借这种力量，爱尔兰迫使英国政府承认它议会的独立性，并实行了长达二十年的地方自治。

与此同时，英国在西印度群岛的大部分战利品都被法国夺走了。在印度，已经占领卡纳蒂克的海德尔·阿里得到了萨弗伦率领的一支法国舰队的增援。虽然长期受到西班牙围攻的直布罗陀，因为罗德尼对西班牙舰队的胜利和艾略特的出色防御而得以解围，虽然英国重新控制了这个几乎易手的海峡，但它在大西洋的一侧失去了梅诺卡岛，在另一侧失去了佛罗里达和巴哈马群岛。

英国虽然损失惨重，然而形势却因此而发生了逆转。它摆脱了北美战争的压力，能够全身心地去对付它的欧洲敌人，夺回了一些曾经拥有的威望和权力。罗德尼击败了德·格拉斯的舰队，保住了广阔的西印度群岛殖民地。海德尔·阿里之死，为英国消除了它在印度最危险的敌人；签订《巴黎和约》时，它确实失去了北美殖民地，但它保留下来的旧有殖民地，要比它两年前能够保住的更多。

随之而来的是新的边界调整。西班牙保留了佛罗里达和梅诺卡岛；法国收复了东印度的据点和西印度群岛的圣卢西亚与多巴哥，以及非洲的塞内加尔和戈雷岛；美国获得了大西洋沿岸的渔业权，以及一直延伸至密西西比和佛罗里达的西部土地，并享有在海湾航行的特权。

除此之外，大英帝国依然如故。英国在二十年前"七年战争"的胜利中赢得了非常高的声望，尽管它现在在殖民地、信用和声望方面有所跌落，但它仍然是世界第一流的殖民国家。而且，在和平期间，它对危机中表现出来的国内和帝国问题进行了改革。美国革命就这样结束了，正如腓特烈大帝所言，这是当时欧洲最重要的事件！

第三十六章
欧洲革命

1768—1789

一

从英国议会通过命运多舛的《汤森德法案》到北美殖民地整合为独立国家之间的二十多年，标志着世界事务中的思想和行动从中世纪形态向现代形态发展的漫长道路中最后一个重要的转折点。当然，最引人注目的事件是英国与其殖民地之间的冲突。

但是，美国革命绝不是那些重要岁月中唯一的重要事件，美利坚合众国的独立也不是那个时期唯一重要的成果。在如此短暂的时间内，欧洲的信仰和传统的基础很少发生如此深刻的变化，它长期的日常生活实践也甚少受到如此粗暴的干扰。即使没有殖民地的反抗，这仍将是欧洲历史上一个意义非凡的时代。

在北美人最终诉诸武力的那一年（1774），欧洲发生了一系列事件，这些事件暂时决定了许多早在北美反抗之前就已开始的行动，也决定了未来的发展。这一年见证了对耶稣会士的最后打击，以及俄罗斯和奥地利对土耳其领土的占领，这标志着土耳其衰落的开始。这一年还见证了路易十六和他的奥地利妻子登上法国王位，以及由此而来的种种不幸事件。

《印度法案》的颁布和沃伦·黑斯廷斯被任命为印度首任大总督，则标志着大英帝国重组的第一步，正如事实所证明的，也标志着英国势力在东方的扩张。与此同时，詹姆斯·库克从第二次航行中归来，这次航行不仅将英国的注意力引向了太平洋，开启了殖民澳大利亚的活动，而且他发现坏血病——在此之前是水手们面临的重要威胁——能够通过饮食的简单改变来加以预防，可以说，这为人类活动增加了一个新的领域。最后，《魁北克法案》的通过，开启了加拿大的现代史。

二

比这些政治活动更重要的是，艺术和智识领域的发展，体现并促进了欧洲世界正在发生的变革。在英国，以雷诺兹、罗姆尼和盖恩斯伯勒为首的一个出色的肖像画派，在融合自然之庄重与优雅方面取得了新的成就。与此同时，格勒兹、布歇和弗拉戈纳尔在法国延续了华多更复杂的自然主义风格；在那里，宫廷的奢华和放荡损害了道德和品位。

在雷诺兹的追随者雷伯恩、劳伦斯和美国人科普利的继续推动下，英国的"自然"流派得到了一群风景画家的壮大，他们进一步反对人为因素，并为"回归自然"贡献了新的力量来源。艺术和文学越来越倾向于描绘大自然的猛烈情绪,也许没有比这更好的证据来证明人类现在终于准备好至少在平等的条件下与大自然相遇了。

新的表达媒介进一步加强了艺术的复兴。从之前的几个世纪开始,出现了一种与蜡笔绘画不无关系的艺术,即用"粉彩"或干色料画画。在18世纪,它开始兴起。几乎每一位著名的艺术家,从华多到最著名的粉彩画家利奥塔尔,都曾尝试过这一方法,从而确立了它在欧洲大陆绘画品位和技法中的牢固地位。

与粉彩相关的是水彩画,它起源于这一时期。这种艺术是从旧有的钢笔画中的水洗技法发展而来的。通过用纸代替画布,实现油画无法达到的各种效果,它扩展了绘画表现的领域,正如后来证明的那样,这是一个特别受欢迎的方向。就目前而言,它尤其适合于那些即将退场的洛可可风格的末代画师们——"轻浮的画家"——的天赋,他们像弗拉戈纳尔一样,把自己的才华都用在描绘上流社会的俊男美女和情场上了,上流社会的情场在当时引领了欧洲大陆艺术的发展。

尽管受到了王室和贵族赞助的鼓励,建立了大画廊和新的教育机构,还有继考古成就之后出现的古典范式复兴,但图形艺术和造型艺术都没有跟上绘画发展的步伐。"法国绘画革新者"大卫的才华确实受到了最后一种元素的深刻影响;"意大利第三大雕塑家"卡诺瓦的灵感在很大程度上也出于同一来源。

随着这些人进入这一领域,为迎合法国宫廷的资助,以弗拉戈纳尔美丽而颓废的作品为代表的风尚开始衰落。但霍加斯去世后,继任者的才华便无法维持他那样的绘画水准了。尽管版画作品在数量上有所增加,但这是以牺牲质量为代价的。

在另一个方向上，这同样是一个值得注意的时期，这与总体上的艺术进步不无关系。与在其他领域一样，建筑中的古典范式仍然很突出，尽管一个世纪的发展已经极大地改变了古典范式在早期那种更为硬朗的轮廓。在18世纪，古典范式成功地应用于住宅建筑，室内和室外的装饰上都体现出了它的影响。

在盎格鲁-撒克逊民族中被称为乔治王朝风格或殖民风格的理论中，有相当一部分源于18世纪后半叶对古典风格的改造。尤其是英国建筑师亚当的作品，代表了那个时代的潮流。这不仅仅是因为他设计的建筑，还因为在他手中，它与另一种艺术联系在一起，后者的发展使这一时期令人印象深刻。因为不满足于在建筑上的作为，他把自己的才华投入到了家具当中，因此接触到了家具制造，这一行当在美国革命时期进入了黄金时代。

这种艺术或工艺受到了对东方产品，尤其是对中国产品之热情的影响，这种热情是18世纪中叶的品位之特色。正如灰泥的使用为建筑增色，家具制作也得益于装饰材料的引入和改进，这些装饰材料主要来源于漆树树汁，其名称"清漆"和"中国漆"显示了它们的东方起源。

在路易十五和路易十六的统治下，这些风格——因为二人的名字而为人熟知——在法国发展出了绝妙空灵的优雅特色，其魅力很大程度上要归功于家具制造商家族发明和使用的一种神奇的漆，它的名字"马丁漆"就来源于这一家族。

与此同时，在英国，齐彭代尔、谢拉顿和亚当斯的连续努力将家具制造艺术发展到它从未达到过的最高水平。在这些人的作品中，可以发现许多风格和许多影响的混合，包括古典式、哥特式、东方式、洛可可式等，他们的杰作经受了一个多世纪不断变化的口味的考验，仍然是优雅与合理建构的典范。

在这些人手中，形式主义得到了解放和完善，在一种相当重要的，当然也是一种有趣而有用的艺术中取得了显著的进步。

三

在某种程度上，在更大的范围内，人类活动的另一个层面——音乐——也是如此，它现在进入了历史上最辉煌的时期之一。虽然亨德尔去世了，但清唱剧仍然继续发展。尤其在英国，它对大众的影响力在不同的地区通过不同的方式得到了提升。

意大利哥尔多尼的作品不但将轻歌剧提升为一种高级艺术，而且使它成了现代生活的一部分。不止于此，哥尔多尼从莫里哀早些时候在戏剧中利用的相同元素中获得灵感和借鉴人物形象，使歌剧舞台与日常生活联系起来，并使音乐与当时几乎影响了人类生活所有方面的平民运动的联系得到了强化。

然而，在这一时期，音乐领域最辉煌的成就并非出自英国人或意大利人之手。一个世纪以来，德意志在这一领域一直拥有很高的地位。现在，继巴赫之后的海顿和影响更大的莫扎特，以及他们的学生贝多芬，超越了迄今为止音乐创作的所有边界。在他们手中，歌剧获得了新的辉煌；随着新的表现形式——交响乐和奏鸣曲——的发展，音乐的成就和魅力达到了前所未有的高度。

格鲁克为实现德意志音乐与歌剧的共同发展做出了巨大贡献。除了格鲁克的成功，莫扎特也获得了辉煌的成就，他的《克里特王伊多梅纽斯》达到了该领域迄今为止的最高水平；再加上《唐·乔万尼》《魔笛》和未完成的《安魂曲》，以及后来贝多芬的《合唱交响曲》，世界音乐史进入了最辉煌的时代。

四

除了在和声方面的成就，德意志在人类另外两个领域的成就也震惊了世界。一个是文学。在这个时代，至少在一定程度上受到莎士比亚作品译本以及珀西和他同侪们复兴更古老、更"自然"之文学形式的启发，一股惊人的天才力量忽然之间就使德意志跻身于欧洲最重要的文化民族之列。

诗人-哲学家莱辛——他曾与狄德罗一起以最大的努力促进了欧洲艺术和文学中的批判精神，与维兰德和克洛普斯托克等人一道，反对席卷德意志文学界的古典颓废主义。这一场后来被称为"狂飙突进"的运动，把它所有的力量都献给了对传统、旧的形式主义和迷信统治的破坏，以及对解放"自然的"天赋之趋势的鼓励。

从那时起，德意志出现了新的文艺复兴。赫尔德用他的《民歌集》赶上了英国同类流派的成功榜样。紧随其后的是德意志文学界的双星，席勒和歌德。这两个人几乎同时对德意志人民产生了影响，正如彼特拉克和但丁在接连几个世纪里对意大利人民的影响，以及晚近的莎士比亚和弥尔顿对英国人民的影响。

席勒从《强盗》开始他的传奇剧创作，中间是历史剧《华伦斯坦》《玛丽·斯图亚特》《圣女贞德》，最后一部作品，也可能是他最著名的作品是《威廉·退尔》。同时，他为这种文学形式贡献了一部《三十年战争史》。他撰写哲学论文，阐述混合了神秘主义和自然神论的信条；他创作了大量诗歌，使他成为德意志最受欢迎和喜爱的诗人之一。

与席勒齐名的是他的朋友约翰·沃尔夫冈·歌德，其思想之广博不亚于其文学的力量，这使得他的作品不仅达到了德意志文学表达的巅峰，而且在世界文学中也占有一席之地。他在知识方面的努力几乎与他的天才相得益彰。

像席勒一样，他以传奇剧《葛兹·冯·贝利欣根》成名。像席勒一样，他也从历史中汲取戏剧素材，比如《埃格蒙特》《塔索》《穆罕默德》和其他一些次要的戏剧。除此之外，歌德还增加了另外两种表现形式：一种是取材于古典文献的戏剧，比如《在陶里斯的伊菲革涅亚》；另一种是多愁善感的浪漫忧郁风格，这种忧郁风格在《少年维特之烦恼》中得到了表达，整个德语世界到处都有它的模仿者。

而且，他有一种在他的母语中无与伦比的抒情天赋，宽广的胸怀和对人类的同情，加上不可忽视的科学知识，使他成了欧洲知识界的奇迹。他是他那个时代文学的典范和最高代表人物。他翻译了格雷的《墓园挽歌》，他对哥尔德斯密斯的《威克菲尔德的牧师》，对奥西恩，尤其是对莎士比亚的尊崇，证明了重塑欧洲生活和思想的力量之间的密切联系。

此外，歌德不仅对狂飙突进运动贡献了最大的动力，而且在他的《赫尔曼和多罗泰》以及最后的杰作《浮士德》——下一代人才看到了它的完整版——中，他将这种动力赋予了他的小说《威廉·麦斯特》所预示的自然和人性，他一生的经历和无数作品就是它们的一个范例。

德意志在一代人的时间里产生了歌德和席勒，以及贝多芬和莫扎特；如果这还不够的话，同一时期出现的伊曼努尔·康德，使自从笛卡尔以来漫长的哲学历程走向了巅峰。在他身上，批判哲学的时代发展到了顶点，从某种意义上说，也就此终结了。他的《纯粹理性批判》以其对方法和内容的全面把握，既否定了休谟等英国思想家的经验主义，也否定了当时德国思想的散漫情感。

他以道德必然性的一般规律来看待上帝；他把行为的责任放在理性而不是情感上。他否认纯粹理性主义者关于存在绝对真理法则的论点，正如他否认现象的存在与感知它们的头脑无关。因此，他用"实践理性"代替了前人的抽象概念，"最高原因"对他来说是一种道德力量，而不是一种感官力量。

现实主义者和理想主义者之间的冲突就这样交织在了一起，这个时期的每一股思想力量都与这种冲突有关，从那时到现在，这种冲突已经把思想世界和艺术世界分开了。尽管他无意"羞辱理性"，但他还是把它放在了能力的第二位。在他看来，最基本的品质是意志，在这一点上，他既反对唯物主义，也反对精神教条主义。

因此，正如17世纪早期，笛卡尔的思想为当时科学进步所激发的思想进步提供了新的理性基础一样，18世纪的最后几年，康德的思想也为表达当时在运动压力下产生的新概念提供了思想基础和公式，这些运动彻底改变了人类的生活和行为。

德意志黄金时代的这些重要人物代表了他们民族的最高智力成就，但他们的德意志不是腓特烈大帝的德意志。位于莱茵河和易北河之间的是古老而真实的德意志，他们的才华在温和平静的宫廷文

化氛围中蓬勃发展，与普鲁士那片日耳曼化的斯拉夫土地上发展起来的傲慢、好战、无知的军国主义关系不大。德意志人民的文化之都是有"德意志的雅典"之称的魏玛，而不是柏林。

无论当时还是后来，普鲁士都没有从自身创造出一种可以与这些小而真正开明的国家相媲美的文学或文化。与俄罗斯的叶卡捷琳娜大帝一样，腓特烈大帝把法国而不是他自己统治土地上的天才，当作他的知识导师。

这些自由主义力量在未来的岁月里会被普鲁士的力量吞没和败坏，"德意志的雅典"会被"普鲁士的斯巴达"所颠覆，这对于世界和德意志人民来说是一个巨大的损失，不是霍亨索伦王朝的任何扩张所能弥补的。因为随着专制主义对启蒙的胜利，德意志的文学、哲学和文化也随着德意志物质繁荣的增长而受到了相应的损害。

五

思想领域的变革，无论它们对人类有多么重要，大多数人都是既不关心，也无法深入的；但是，另外一系列使这一时期区别于历史上所有其他时期的现象，他们就不会漠不关心了。当思想和行动的边缘地区——就像欧洲领地上的遥远边疆地带一样——被新的力量所激发时，在日常生活的核心，正在发生同等重要的变化，它与普罗大众之间有着更直接的利益关系和重要性。

它们最初和最明显的表现是在文学上。**伏尔泰和哲学家们的时代不知不觉地和美国革命的时代融为一体了，美国革命把长期以来一直在改造欧洲思想的学说变成了行动。**这位著名的怀疑论者活着听到了伯戈因投降的消息；就在他最后一次访问巴黎的时候，法国和殖民地签订了承认美利坚合众国的条约。

这一情况极大地推动了他和他的哲学界同人们长期主张的自由学说的发展。在法国和欧洲，没有哪只手有能力而且有意愿拿起从他手中滑落的笔。歌德虽然才华横溢，但他对政治或伏尔泰所热衷的辩论兴趣不大，而康德的哲学，即便采取了自由主义的形式，也离大众太远，无法影响它的发展。

不过，即使法国文学界失去了它的领袖，它的精神仍然是哲学家的精神；还有许多较为次要的人物继续着伏尔泰、狄德罗、卢梭和孟德斯鸠的工作。自由思想家的沙龙蓬勃发展。民众对宗教和政治上的自由主义的崇拜，都是这些思想家们诲人不倦培养起来的。许多情况都预示着一场革命的来临。

尽管有像普雷沃斯特和圣皮埃尔这样的人的努力，但法国文学界的主流基调仍是说教和政治。事实上，后一位作家通过他的《保罗和弗吉尼亚》开创了一种新的小说风格，在这种风格中，他那个时代的极端感伤主义与欧洲以外的背景相结合，产生了一种新的田园诗风格，它对后世也有影响。但它既没有哲学意义，也没有政治意义，只能说它反映了自发的和简单质朴的总体趋势。

这位多愁善感的倡导者最初是毛里求斯的一名官员，后来成了巴黎植物园的主管。这并非没有意义，这代表了支配他那个时代想象力的各种活动之间的联系。

这种精神更典型的代表是雷纳尔神父的《欧洲人在东西印度群岛殖民和贸易的哲学及政治历史》。许多所谓哲学家都参与了对这本奇特书籍的汇编，但它缺乏真正的历史精神。它充满了错误，就像它充满了关于自由、人权的宣言,以及作者所属学派在那时的陈词滥调一样。然而,它却受到了特别的欢迎,部分原因是它第一次尝试讲述海外欧洲的历史,更主要的原因是它对自由主义理论之历史的表述,这种自由主义理论得到了当时美国革命的现身说法,在法国也变得非常流行。

六

但是,在这一非同寻常的时期,法国文学,尤其是历史学,同欧洲在这一领域的所有努力一样,都不如英国人的成就。此时此刻,不列颠群岛以三位在世的著名历史学家而傲视欧陆,其中的一位没有任何历史作家能与之相提并论。

第一位是苏格兰哲学家大卫·休谟,他去世于美国《独立宣言》发表的那一年(1776),他是使爱丁堡成为当时欧洲主要文化中心的人物中最杰出的一个。他属于理性主义学派。他的《宗教的自然史》是这一派中最早将科学或哲学与神学之间的冲突带入教条主义与启示领域的著作之一。

他对心理学、伦理学和经济学的贡献使他跻身于那个时代最顶尖的智者之列。他的《英国史》,主要凭借其风格——因为他不是现代意义上的历史学家——成为并长期保持着对英国发展史之经典叙述的地位。尽管该书有偏见和谬误,但在它出版后的那些年里,它具有巨大的价值。他的同胞罗伯逊在风格上并不逊色于休谟,在方法上也远远优于休谟,除了对苏格兰历史的研究,罗伯逊还把自己的才华奉献给了同样的主题——这个主题吸引了法国人雷纳尔,并产生了最早的德意志殖民史学家——海外欧洲人的活动。这是一个变化时代的象征，英国、法国和德意志的作家们开始向他们的同胞介绍这些地区的故事，当时这些地区第一次脱离了欧洲的羁绊。

来自一位作家笔下的另一部历史作品的出现进一步强调了这一点，他在英国贸易委员会和下议院任职，对美国革命的发生起了一些作用。在美国《独立宣言》发表的那一年，爱德华·吉本的《罗马帝国衰亡史》第一卷出版了。

吉本受到了那些使18世纪熠熠生辉的学术、文物研究和考古学成就的鼓舞和启发，他的作品具有当时文化运动的特征，也是到目前为止这一运动产生的最重要的历史著作。它将英国乃至欧洲的历史写作提升到了自修昔底德时代以来从未达到的高度。因为他在文体之上又增加了科学的方法、渊博的学识和丰富的想象力，这使《罗马帝国衰亡史》成为当时文学的先兆，其价值可与科学家和哲学家的工作相媲美，其受欢迎程度可与小说家的工作比肩。

可以说，现代历史写作是从吉本的作品开始的。它具有一种特质，这种特质赋予它轰动性的意义，并引起了大量的争议。像他的同时代人一样，吉本深受理性主义的影响，他的书中至少有两章——那些冒险列举原始基督教传播的非精神原因的章节——成了当时正统教派的激烈抨击对象，以及一个历史研究方法的新时代的预示。

1776年是自君士坦丁堡陷落和发现美洲以来历史上最重要的一年，因为欧洲革命的最后阶段就是从这一年开始的。它不仅标志着新世界与旧世界的正式分离，以及数量惊人的新观念进入欧洲人的思想，而且标志着一个时期的高潮，这个时期几乎在人类活动的

每个领域都彻底改变了欧洲的思想和实践。

这尤其适用于与公共事务有关的文学，以及我们通常认为与政治家才能有关的那些问题。在这一领域，同时出版的两本书在某种意义上标志着与过去理论的最后决裂，并在经济和政治方面，奠定了一个新时代思想和实践的基础。

第一本是苏格兰哲学家和经济学家亚当·斯密的《国富论》。可以毫不夸张地说，他的作品甚至可以与杰斐逊执笔的不朽宣言（《独立宣言》）并列为自由史上的里程碑。

无论该书的作者是否被视为那一经济思想学派（该学派一直支配着从他那个时代到我们这个时代[1]的人们，而且仍然对政治事务发挥着强大的影响）的创始人，无论他是否仅仅被视为他所生活时代之趋势的最佳代表，有一点是明确的，他完成了重农主义者开创的事业，敲响了重商主义的丧钟。

他的作品充满了一种历史精神，这种精神在早期的大多数经济学著作中是罕见的，但却是他那个时代的重要特征，而且被证明是政府最强有力的对手之一。它强调重农主义者所阐述的"自由放任"原则，即以个人的主动性来对抗国家的父权专制，以竞争来对抗垄断，以"自然"法则在政治和经济领域的运作来对抗长期盛行的人为干预。

然而，这种精神在强调财富的同时往往忽略了福利问题，随着无限制竞争和工业化时代——"尖牙与利爪时代"——的到来，它发现自身需要修正，它不仅符合决心打破权威、特权和贵族长期

---

[1] 这里指20世纪初。——编者注

统治的那一代人的本能，而且在这种解放中发挥了很大作用。

他的作品不仅仅是经济学的经典著作，对实际事务也产生了深刻而广泛的影响。与其影响相称的赞扬体现在这样一种判断中：如果它出现在一代人之前，就不会有美国革命了；它的影响可以用它和它后继的作品在随后的半个世纪里使英国政策实现的彻底反转来衡量。

如果这些还不足以标志1776年是一个"奇迹之年"的话，与此同时出现的另一本书，它更简短，更不容易理解，也远不如斯密的著作受欢迎，但它对政治思想以及政治实践的影响毫不逊色。《政府片论》将杰里米·边沁的学说带入欧洲人的视野之内，在他手中，这个经过17世纪霍布斯的勾勒和18世纪一些较不知名的思想家深入阐述的理论，形成了被称为"功利主义"的思想派别。

对于这些人来说，有组织的社会所追求的主要目标，用他们的名言来说，就是"最大多数人的最大利益"；对政府的主要考验是功利；人类行为的主要动机是促进自身利益。在这一学说中，他们自觉或不自觉地站在了民主的一边。

功利主义忽视了其动机哲学的某些明显的局限性，尤其在应用于个人时；而且，在某种意义上，它遵循了18世纪的风尚，为了实用而降低了思想和行动的层次。尽管如此，它仍然对未来的思想，尤其对立法产生了深刻而有益的影响。

与美国宪法成型的同时出现的边沁著作《道德与立法原理导论》，对他的学说进行了补充，使他的学说——特别是在立法改革领域——可以与那位苏格兰经济学家在政治经济学领域的学说相媲美。如果说前者彻底改变了支撑政治、制造业和商业的庞大复合体的理论，那么，后者对政治、道德和社会的其他相关复合体也有同样的影响。这些努力，加上大西洋彼岸对自由的真实展示，就产生了一股思想和行动的潮流，这股潮流将改变欧洲世界大部分地区的命运。

七

就其本身而言，这些文学和哲学作品是非同凡响的。当把这些文学和哲学作品的创作与另一条路线的发展联系在一起时，文学和哲学的发展就更加引人注目了，那条路线无疑极大地推动了人们的思想转向这类问题，并与之有着极为密切的相互作用。

18世纪在世界历史上享有很高的地位，其中一个事实是，它是现代农业和工业兴起的时代。尤其在英国，农业革命在美国革命期间达到了顶峰。在过去的半个世纪里，土地生产和牲畜饲养的几乎每一个环节，都得到了之前几代人无法想象的改进。从那些不值得王侯将相们的编年史作家纡尊降贵加以记载的事实可以看出来：在这一时期，通过更科学的耕种，作物的产量翻了一番；通过精心选择育种和用于喂养的根茎作物的推广，牛羊的重量增加了一半。

但是，即使在他们的职责范围内，也可以注意到，在乔治三世和路易十六时代，农业不仅变得有利可图，而且成了一种时尚。作为18世纪回归自然实务方面的一个标志，乔治·华盛顿不仅是美国革命事业的救世主，而且是他那个时代最重要的农业家之一；而乔治三世最喜欢的头衔是"伯克郡的乡绅"。

上述这些就是在正在迅速变化的社会中所发生的意义重大的

小事，而这些小事对同样迅速变化的处理事务的态度也有着重大意义。另一个对社会许多阶层都很重要的现象反映并强化了这一点。土地回报的增加，使土地更有价值了；在英国，这不仅导致了耕作上的革命，而且导致了分配上的革命。

古老的公地制度被摧毁了。公共土地被围起来了；小农场被整合成了大农场，那些拥有资本的人可以更容易、更有利润地去经营它们。这一影响是双重的。一方面，产量增加了；另一方面，很早以前就启动了的摧毁小土地所有者或自耕农阶级的运动，实际上已经完成了。

经历了美国革命的一代人，主要通过一个地主议会——它通过圈地法案来确保其垄断地位——的行动，来影响这一变化过程中第一个阶段内的大部分事务。在欧洲大陆，这种趋势不太明显，这里占有土地的阶级没有这种立法权。尽管在掌握知识、技能和资本的人手中，牧场或荒地可以发展出更高的生产力，从而增加国家的财富，但现在令人怀疑的是，大多数农民的地位降低所造成的社会损失，是否小于农作物产量增加所带来的经济收益。

因此，在这个农业、工业和贸易都在欧洲占据领导地位的国家中，这些下层阶级的处境是令人沮丧的，不仅仅是因为他们的土地被剥夺了，也因为随着他们沦为纯粹的劳工，本来就比他们社会地位高的那些人，变得更加高高在上了。

八

事实上，如果不是另一种现象的出现，很难确定他们的命运将会是什么样的。恰好在此时，这种现象暂时为他们的过剩人口提供了一个市场，这个市场可用于交易他们唯一可以出卖的东西——他们的劳动力。这就是所谓"工业革命"，其后果并不逊于北美殖民地的起义，事实上，也不逊于自发现美洲以来的任何历史事件。

像农业革命一样，工业革命最早发生在不列颠群岛。在那里，制造业的发展与其他任何欧洲国家都不一样，规模要更大一些；在英国，人们会很自然地期待机械方面发生最为显著的改良。毗邻的欧洲大陆，以及通过紧密的商业限制与它联系在一起的广阔殖民地和附属地，都为它提供了市场；而且，英国实际上控制着世界的海上贸易。与法国不同，英国在18世纪的主要利润源于大宗商品，而不是精致的时尚物品。

像它的商业一样，英国的制造业在五十年里翻了一倍，甚至三倍，尤其在冶铁和纺织这两大领域，领先于全世界。这种进步伴随着两种情况，并在很大程度上是由这两种情况引起的。第一个是殖民政策，这一政策既为英国提供了大量的原材料，也使它成为自己殖民帝国的制造业、商业和金融中心。第二是生产和分配方法的改进。

煤矿和铁矿（当时欧洲大陆仍相对匮乏）的开发，来自海外的供应，加上英国工匠的勤勉和技能，卓越的商船队，以及英国金融家的资源和能力；还有另一个，也许是最重要的优势——英国发明家的心灵手巧。这些因素凑在一起，促进了英国的成功。

直到18世纪，像欧洲大陆的其他地方一样，英国几乎完全依赖于家庭生产体系，并且在很大程度上依赖于手工劳动。整个欧洲都在某种程度上使用了由马力驱动的踏车。装点了荷兰风景并为荷兰磨坊提供动力的风车，在其他地方很少见或者根本没有；水力为那些不是由人的手或脚驱动的机器提供了最主要的动力。

冶炼所使用的燃料长期以来都由森林提供，直到奥地利王位继承战争时期，煤炭才开始取代木材和木炭。只有在煤矿开采中才使用蒸汽动力，而且是以相对简陋的纽科门抽水机的形式，被用来清除矿井中的水。将这一原理应用于固定发动机的驱动，或应用于陆上或水上交通工具的其他尝试，还没有取得实际上的成功。

在某种程度上，工业发展是由纺纱业和织造业的进步所推动的，这种进步是18世纪第二个二十五年的特征。由脚驱动的纺车仍在使用，只是对其原始形式进行了一些修改，人们试图用一些机械装置（如滚筒）来抽出和扭转纱线，但在商业上还不成功。织造业就幸运得多了，凯伊的飞梭和他后来发明的梭箱极大地提高了织机的生产效率和操作简易性。

最后，在同一时期，法国人法尔康和布乔对织机编织图案技术的改造，扩展了它的能力，并实现了自织机发明以来在织造技术领域中的最大进步。

在这些改进的基础上，织布工的生产能力暂时超出了纺纱工的生产能力，纺纱工无法生产出满足前者需要的纱线。发明家们立刻努力弥补这一严重不足。在美国革命期间，这种困难被解决了。英国木工詹姆斯·哈格里夫斯发明了一种被称为"珍妮纺纱机"的装置，实现了用机器生产纱线的梦想。

尽管哈格里夫斯的机器一次能纺二三十根线，但线不够结实，无法排列成经纱。不过，理查德·阿克赖特几乎立刻发明了一种改进的珍妮纺纱机，这种纺纱机能够生产出和哈格里夫斯的纺机一样多的纱线，而且具有所需的细度和强度。十年后，在美国问题面临危机之时，塞缪尔·克朗普顿发明了走锭精纺机（骡机），弥补了珍妮纺纱机的缺陷。走锭精纺机可以捻出适合织造细布的线，因此被称为"细布轮"。

有了这些发明，纺纱工的生产效率赶上了织布工，纺织工业发生了革命性的变化。不到十年，纺织品生产就从一直从事这一行业的手工业者的手中被夺走了。这是第一次，除了操作机器，几乎不需要人工就能获得原毛、棉线、丝线和编织织物；而且，更重要的是，同等规模的劳动力生产出的商品数量大大增加了。

九

然而，这些机器的动力仍然是一个问题。阿克赖特首先使用马匹，然后是水车，并取得了一定的成功。然而就在他寻找更好的解决方法时，一位名叫詹姆斯·瓦特的苏格兰工具制造者，在修理一台纽科门发动机时，受到了启发，修正了它的缺陷。

最初的蒸汽机仅仅是一种蒸汽泵的应用。蒸汽泵改变了泵的原理，驱动活塞前进，从而使曲柄工作。它有许多缺点，其中最主要的是巨大的动力浪费。瓦特通过各种装置保存蒸汽，弥补了这种缺陷。

这些装置包括冷凝器；用油润滑活塞，使活塞能更轻快地工作，更有效地保存蒸汽；汽缸上端的覆盖物及其在不导热材料外壳中的附件，以及一种把活塞杆和活塞保持在一个汽密隔间里的装置。通过这种方法，他保存了纽科门-萨维里引擎所浪费的大量热量,从而极大地提高了机器的功率。

除此之外,他还增加了其他装置来调节它的动作——节流阀、控制转速的调节器和记录蒸汽压力的指示器。他找到了将活塞的前后运动转化为驱动机器轮子所必需的旋转运动的方法,以及将活塞保持在一条直线上并使其能够推拉的方法。还有所谓"膨胀工作"工艺,通过这一工艺,蒸汽在进入气缸后会通过自身的膨胀驱动活塞向前运动。

有了这些装置,蒸汽机的形式——除了使用过热蒸汽——一直保持至今(20世纪初)。这种新的动力来源,一旦得到有效利用,就变成了人类发展史上另一个时代的基本动力标准。

毫不夸张地说,瓦特开创了世界的新时代。钢铁制造业出现的进步,现在受到瓦特为人类带来的力量之推动,在数量和规模上都大为提高,并且能够锻造出此前无法想象的金属。生产机器需要更多更好的材料,这反过来也带来了采矿和冶炼工艺的进步。

蒸汽动力首先应用于棉纺厂,然后应用于高炉,使它们的生产能力和对生产条件的适应性得到了提高。煤炭取代水成为主要的动力来源;只要有了它,工业革命的第一批产物——工厂——就会涌现出来。

手工劳动确实持续了很长时间,但在批量生产方面,它与人类新仆人进行竞争的能力在不断下降。因此,在欧洲政治革命取得成果的同时,机械革命开始改变世界的工业和社会状况了。

英国人发明天赋的影响,绝不局限于工业领域。产量这样无限地成倍增长,会带来意想不到的无穷无尽的力量和结果。成千上万的工人被吸引到新的制造业中心——工业城镇。这不仅使人口从一个地区转移到另一个地区，而且使长期受到忽视的地区——它们出产这种新的动力源所必需的煤炭——获得了空前的活力和财富。

十

它们也带来了巨大的社会问题。财富及分配不公以同样的速度增长。除了地主，工厂主也在新的社会秩序中站稳了脚跟。在佃农或劳动者那里，开始出现产业工人。**每一种社会阶层和力量都被迫调整自己，以适应由此造成的新形势。这不仅仅是财富和劳动的问题，还是一个生活的问题，因为人类社会和工业都发生了彻底的变革。**

不仅工业的生产能力成倍增长了，奇怪的是，需求也成比例增加了——甚至增加得更多，供给首次被事实证明要与需求对等。而且，就像在这种情况下经常发生的那样，人们发现他们的欲望，甚至是他们的必需品，也由于他们可以支配的新物质财富而增加了。这个世界出现了更多有更大需求的人，生产的压力非但没有减轻，反而加重了。

结果是人类活动的每个层面都受到了前所未有的刺激。新的生存条件，新的财富和福利问题，国家内部的新有机体，一个全新的人类与物质环境的世界，都以惊人的速度从工业革命所带来的新形势中产生了。在人类的历史中，它是如此的奇特，以至于除了阿拉丁神灯的传奇故事和弗兰肯斯坦的奇幻故事，没有什么可与之相比了。

而这种相似性也并不完全，因为工业天才和社会上的科学怪人远没有被召唤出他们的东西所束缚或摧毁，而是变成了一种改造世界的主导性力量。劳动力需求的刺激很快就体现在了人口的增长上。工业革命带来了许多意想不到的结果，其中最重要的是欧洲人口的大量增加及其复杂而深远的影响。

这些巨大变化——其主要成果属于后人——伴随着另外两种现象，与以瓦特和他的发明家同行们为代表的运动不无关系。后者代表的是与科学进步无关的经验主义，甚至是偶然性的天才闪现，可以说，它创造出来的发明来自其内在的意识。而在另一方面，瓦特的成功不仅在于这一进程，还在于他对蒸汽——这是他成名的基础——这种物质之特性的研究。

这种精神在他那个时代的其他科学成就中也有体现。随着天王星的发现，赫歇尔对望远镜的改进扩大了人类对行星系的认识。自牛顿的《自然哲学的数学原理》以及拉格朗日、欧拉和他们的同时代人的工作以来，拉普拉斯对宇宙力学的数学解答为天文学做出了最大的贡献，他的《天体力学》旨在完成18世纪推导和概括天文学成就的任务。

这些工作直到19世纪初，才最终完成并得到接受。不过，到20世纪初，它们所奠基的大部分工作都已经完成了。拉普拉斯的职责是将18世纪天文学的一系列成就融合成一个系统的整体，以及将他自己的天才注入该知识体系。

巧合的是，从某种意义上说，这些天文学成就所造成的必然结果，就是同时出现的地球研究成果。在这些年里，维尔纳建立了地质构造学说，多洛米厄奠定了矿物学基础。布封出版了他的《自然的时代》，这是第一次尝试按年代来分析地球的历史。最后，赫顿和他的弟子普莱费尔开创了地质层分类的先河，这一分类后来因为拉马克和居维叶对化石的研究而得到扩展，开创了现代地质学。

与此同时，探险者们并没有闲着。除了库克的成就，还有马更些的成就，他第一个到达了以他的名字命名的河流，并沿着它到达了北极。极地地区和中部非洲都有了冒险者的存在。法国制图师丹维尔依据这些新增加的知识来描绘世界。除了这方面的工作，丹维尔还为古代甚至中世纪的历史地理学事业做出了贡献，这使他成了人类知识系统的这一分支的实际奠基人。

毫不奇怪，随着这些知识的进步，哲学家和神学家都被迫修改他们的信仰。在这些代表了这个时代的现象中，相当重要的是康德讲授物理和自然地理的事实。

物理和化学的进步同样引人注目。在那些年里，在诸多重要发现中，伏特和伽尔瓦尼的实验产生了电堆和能制造连续电流的电池，而电的未来很大程度上依赖于这些实验成果。化学家们同样活跃。普里斯特利和拉瓦锡的工作对长期以来阻碍科学进步的燃素理论造成了最后一击，水元素的分解和组合指出了新的研究方向。而舍勒和普里斯特利最终分离出了氧气。卡文迪许和贝托雷奠定了气体力学的基础；舍勒继续为世界提供新的材料，其中氯和甘油是最引人注目的物质。

此外，随着研究人员的不断增加，人们对自然及其规律的认识在逐年甚至是逐月地增长；人们也提高了改造它们以适应自身目标的能力。

与此同时，随着林奈和巴顿的同时代学者及他们继任者的工作，生物学家也为这个时代做出了贡献。植物和动物的分类和系统化是这个世纪的标志，它们不可避免地导致人们去思考为什么会出现这么多种类的动物。这就产生了物种理论，它将导致现代进化学说的产生。

在这一领域的先驱中，拉马克的名字极为突出。而斯帕兰札尼在代际问题上的研究为生命及其奥秘的研究引入了另一个最重要的元素。

更实用的是对血液的研究，詹纳的研究将导致疫苗接种疗法的产生，以及随之而来的人们健康的改善。

这一值得注意的时代，对人的知识和能力的发展做出了卓越的贡献，从对其最粗略的回顾中可以明显看出，这个世界在事务和思想上都到达了另一个重要的转折点。**理性主义者攻击神学家时几乎无法做到的事情，现在由科学家们着手去做了。**在地质学家和天文学家的发现面前，关于地球起源和年龄的摩西理论开始瓦解。

这种变化影响的远不止信仰的基础。**18世纪既是怀疑的，也是多愁善感的；既是高度理论化的，也是格外实用的；既是理性的，也是博爱的。**由于这些奇怪的品格，在18世纪的其他外在表现中，形成了一种减轻人类无知和痛苦的显著趋势，这是由18世纪对生物体的热情所激发和引导的。

十一

最重要的是，18世纪被注入了一种精神——对普通人的关注，这种精神已经引发了一场革命，并在准备另一场革命。**恰恰在贵族统治似乎达到顶峰的时刻，这种精神愈发地凸显出来。**

如果说政治哲学和经济哲学的发展与增加了国家财富的科学和

发明的进步是平行出现的现象,那么,我们称之为人道主义运动的发展,则是世界标准正在发生变化的更显著证据。伯恩斯写道:"人类对人类的不人道让无数人哀恸。"18世纪后期,从欧洲大陆的开明君主到英国的民主改革者,正是在纠正人类施加于同类的苦难和不公的过程中,开启了一个社会复兴的新时代。

这也许是很自然的,正如法国政治理论家带头反对路易十四所代表的王权神化理论一样,英国改革者也带头反对源于英国社会特殊性的种种弊端。继葡萄牙人之后,这个从奴隶贸易中获利最多的国家,开始了一场注定要结束这种悲惨贸易的运动。

曼斯菲尔德伯爵是英国商法的创立者,他的政治活动使他被称为"现代保守主义的创始人",在一系列促成了他名声的重要判决中,有一个著名的判决,它使任何一位踏上英国土地的人都成了自由人,无论他以前的地位如何。

他本人绝不是一位废奴宣传家,但在美国革命期间,涌现出了一群致力于反对奴隶制的废奴宣传家,如拉姆齐、夏普、克拉克森和威尔伯福斯主教。他们在一代人的时间里努力废除奴隶贸易,又在另一代人的时间里努力废除整个大英帝国的奴隶制。

与此同时,也许部分由于18世纪的宗教复兴所产生的所谓"福音运动",其他力量也都聚集起来保护社会。罗伯特·雷克斯创建了"主日学校",从那时起,尤其在非国教教徒手中,主日学校在教会事务中发挥了重要作用。监狱改革家约翰·霍华德是一个日益壮大群体中最重要的人物,他的活动开始实际改善使欧洲长期蒙羞的糟糕的监狱条件。边沁等人的才华进一步推动了这一进程,他们在对待罪犯方面建立了一个新的理论和实践学派,不仅革新了刑罚学,而且开辟了社会思想和服务的新途径。

司法程序的变化进一步深化了这些活动,这一变化影响了整个欧洲世界。从很早的时候开始,使用酷刑从不配合的证人那里获取证据,在大多数欧洲国家都是很常见的现象;并且,在除英国以外的几乎所有国家,这种做法都被认为是刑法的一部分。即使在英国,都铎王朝和斯图亚特王朝也把它作为一种国家工具,尽管不是法律工具。

在改革者们——像边沁这样的英国刑罚学家,像贝卡利亚和布拉玛奇这样的意大利罪犯学家——的努力之下,人们对这种做法的态度迅速发生了变化。在美国革命时代,除了一些德意志小邦——那里一直存在着使用酷刑的主要据点和重要捍卫者——几乎所有的欧洲国家都在实际上废除了酷刑,这是风俗和道德改善运动的一个显著特征。

同样重要的是,在酷刑从欧洲法律实践中消失的同时,信仰审判也到达了它的终点。因此,**讽刺的是,那些在信仰时代迫害马基雅维利、布鲁诺、维庸、萨伏那洛拉、塞尔维特和康帕内拉等人的机构,在怀疑主义时代消失了。**

这种情况值得注意,不仅因为它证明了世界对信仰问题的态度正在发生变化,还因为它预示着人们将更加宽容,举止更加文雅,行动更加理性。它显示了对人性不同层次的更广泛的同情和更深刻的认识。

更重要的是,人道主义运动开始为一个正在经历新的不幸、新的问题和新的罪恶的社会提供保护机制,这些弊病都是由社会自身在物质领域的成功而引发的。努力调整少数富人的利益与多数人的福利，努力改善人类关系中日益明显的苦难和不公，不亚于把社会进步与物质和智识进步联系起来的尝试。

可以说，18世纪揭示了现代世界的一个主要问题。这并不完全是怀疑主义的产物。但是，不管原因是什么，现代欧洲证明了自己比古代世界更好，被理性主义所强化的现代基督教，至少在这方面优于古代的异教信仰或中世纪的迷信。

十二

在实践中得到强烈体现的自由精神，在当时的文学作品中也表现得同样明显。当法国追随哲学家的脚步时，不列颠群岛在情感表达中一如既往的具体，它进入了文学发展的另一个阶段，这一阶段不仅与回归自然和政治解放事业密切相关，而且与对普遍人性的日益增长的狂热密切相关。

英国文学已经超越蒲柏时代，并开始用想象和同情心取代准确性和批判精神。它经历了菲尔丁、理查森、斯摩莱特和斯特恩；现在，它产生的各种表达形式，就像政治和思想的轮廓一样，似乎更为现代人所熟悉。从法国借鉴了书信体例，贵族作家查斯特菲尔德勋爵、玛丽·沃特利·蒙塔古夫人，几乎将这种文体的潜力挖掘殆尽。

从古籍经营者那里获得了复兴过去的冲动，从不幸的查特顿的伪作和奥西恩真诚到极点的作品，以及珀西主教在他的《英诗辑古》中的努力，都能明显看出这一点。从那个时代特有的系统化趋势中，诞生了约翰逊博士的词典和《大英百科全书》第一版，后者的问世恰逢诺斯勋爵执政的第一年。英国的文学活动并不依赖于借鉴。事实上，狄德罗著名的《百科全书》是从翻译一部类似性质的英国作品开始的。

从另一个方向来看，不列颠群岛对文学的发展产生了深远的影响。18世纪所展现出来的奇特的现象——作为其特殊心理的一部分——即寻找幸福，在这里和在欧洲大陆一样明显。伏尔泰在他的《老实人》中进行了寻找。对此，词典编纂者约翰逊博士在《拉塞拉斯》一书中也做了寻找。吉本认为，如果不把那个黄金时代归到罗马历史上的安敦尼时代，他的历史就不会完整。但是，对于这一谜题——什么是生活和文学标准变化的典型特征——的解答，还是留给了最优雅的诗人和散文家奥利弗·哥尔德斯密斯。

哥尔德斯密斯发现了它的所在，不是在遥远的东方宫殿里，也不是在遥远的过去，而是在18世纪的小屋和《威克菲尔德的牧师》的俭朴生活之中。他在自蒲柏以来最著名的诗歌《旅行者》中强调了这个主题。在回顾他的旅程时，他和弥尔顿得出了一样的结论：**幸福不取决于政治条件或任何人为的状态，而取决于"能把地狱变成天堂，把天堂变成地狱"的人类心灵。**

哥尔德斯密斯在莱克星顿战斗爆发的前一年去世，尽管他有一些怪癖，但他是即将到来的一个时代的真正先知。与卢梭一样，他缺乏那些能使他在世俗中声名显赫的品质。与卢梭一样，他既没有渊博的知识，也没有良好的判断力；但是，就像这位伟大的法国人一样，他表达了他那个时代的情感，表达了社会最深刻的真理，而且更有感染力，也更清晰。

他得到了许多回应。柯珀正是在家务劳动中找到了灵感。在一座乡村教堂的墓地里,格雷写下了他那不朽的《墓园挽歌》。这样一些人回应的不仅是回归朴实和自然,回归自由和平等的精神,还有回归同情心和一般人性的多愁善感,后者是18世纪晚期思想的最重要的产物。

伯恩斯以他的诗句"等级不过是金币上的印记,无论何时都要保持尊严"挑战了旧体制,当他的作品使这一运动达到顶峰时,很明显,世界已经走上了一条新的道路。因为这些不仅仅是令人愉悦的文学作品,还是社会新秩序的预兆。

十三

这些智识的、工业的、政治的和感性的运动,都与另一个问题捆绑在一起,从某种意义上说,这个问题与它们的关系还颇为紧密。它就是海外新土地和新机遇的探索。老对手的压力、国内事务的迫切需要以及北美殖民地起义的成功,使得英国被迫承认它最大的海外领地的独立,也承认了爱尔兰的自治,并放弃了它早期的一些征服成果。很明显,世界政治中的一个巨大变化正在临近,但是,目前还不清楚这一变化意味着什么。

在许多人看来,英国的统治地位正在衰落。他们认为它的帝国受到了致命打击;它的殖民统治已经垮台;伊丽莎白、克伦威尔和皮特的英国已经走到了尽头;它在海外的领地,就像亨利五世之后它在法国的领地一样,很快就会归还给当地人。

很少或根本没有人预见到,英国的力量注定要获得新生,甚至超越过去。即使最乐观的先知也没有预料到刚刚结束的冲突只是一个革命时代的开端,这个时代将在新世界建立一个自由国家的大家庭,在旧世界引入新的阶层来处理国家事务。

没有人能想象,在一个世纪之内,这个脱离旧欧洲体系的新生国家,不仅会成为其发祥地之外最先进的社会,而且在权力、财富和规模上,甚至可以与欧洲更大的国家相媲美。尤其没有任何预言说,在地球的另一端还会出现建立在类似学说之上的其他国家,它们在那些陌生地区延续着欧洲生活的理念和实践。

然而,甚至在和约签订之前,所有这些巨大变化在某种程度上就已经开始了。它的第一个结果是在过去的二十年里,库克的航行将那些遥远的土地带入了欧洲人的视野,尤其是英国人的视野。这片土地曾被称为新荷兰,并由他重新命名为澳大利亚。美国革命中止了英国政府对运送囚犯制度的改革,英国政府开始考虑解决罪犯问题的办法。

美洲已经无法挽回了。即使考虑到了这种形势,法国和西班牙也做好了而且有能力反对新的侵略的准备;第一次采取将罪犯送到几内亚的过渡措施是如此的致命,以至于唤醒了政府的良知——政府曾经压制过人们对这种做法造成的缓慢死亡的批评意见。

尽管库克所发现的新土地非常遥远,但它颇为适宜居住;在那里,不管它的邻居有什么猜忌,他们都不太愿意也不太能够反对英国人的占领。因此,在和约签订五年后,英国派遣了一艘运送罪犯的船前往那片遥远的土地。在库克指出的一个适合定居的地方,即被命名为"植物湾"的地方,英国设立了澳大利亚殖民地——悉尼和诺福克岛,这是第一个刑事罪犯定居点。

在一代人的时间里,每年约有2000名犯人被送到这里。在这种毫无希望的支持下，以及各种不利环境的包围下，这个欧洲强国开始了新的扩张。在接下来的一个世纪里，它注定会克服早期的不利条件和苦难，并在大为改善的条件下，在南太平洋建立一个强大的欧洲国家。

如果欧洲政治在如此多的领域都表现出了强大的活力，却丝毫没有感到进步的普遍动力，那将是令人惊讶的。实际情况是，它确实感受到了。欧洲在18世纪早期确实很少受到创造性立法的干扰；和法律一样，改革在军事和外交的冲突中一直保持着沉默。但是，这些年来的缺失在18世纪的最后二十五年得到了充分的弥补。

继诺斯勋爵的政府开启的建设性工作，以及政府迫于反对力量日益增长的削弱王权之决心而进行的改革之后，小皮特内阁在联合政府权力真空时期上台，并承诺新托利党将致力于新的改革计划。

尽管欧洲大陆的君主政体与英国的君主政体差别很大，使用的统治手段也不相同，但君主们的努力都指向了相同的目标。尽管叶卡捷琳娜大帝与腓特烈大帝密谋瓜分波兰，并与瑞典争夺波罗的海诸省，但与声名显赫的普鲁士国王一样，她仍努力给她的人民提供一个健全的政府。

在改革旧的弊端和使政府跟上其他领域的进步方面，比这两位更努力的是神圣罗马帝国皇帝约瑟夫二世，他同时也是哈布斯堡家族所有领地的统治者。尽管在《巴黎和约》签订后的十年里，他是扰乱欧洲的一场重大冲突——奥土战争——的发起者，但他的目标只有一个，那就是巩固他那复杂多样的领地。而他的失败很可能吓退一个不那么热心的人。

在他努力确保宗教宽容的过程中，他与要求他的一半臣民效忠的教会关系破裂。他的平衡税收政策激怒了上层阶级。虽然他希望通过将德语强加给他的人民来提高他们的凝聚力,但却疏远了从比利时到匈牙利的所有非德意志臣民。

只有他的早逝和他的兄弟利奥波德——后者作为托斯卡纳大公,以明智的判断和成功扮演了仁慈君主的角色——的即位,才保护了帝国免受在奥属尼德兰爆发的叛乱的影响,这场叛乱是对当时最杰出的改革者所进行的笨拙且不合时宜的改革的反击。

十四

但是,太平洋地区殖民的开始,以及欧洲国家沿着现代模式建立适宜的行政管理的初始步骤,在重要性方面,都不如《巴黎和约》签订后六年里美国的发展进程。事实上,这些发展在欧洲几乎没有引起注意。在那里,与小皮特、叶卡捷琳娜大帝、约瑟夫二世等人开明政策的努力——在他们的活动中,重要的科学和管理艺术的进步似乎都有了最光明的希望——相比,美国殖民者的所作所为似乎没有什么意义。

这并不奇怪。**以旧世界的标准来衡量,通过最松散的纽带联系在一起的十三块独立殖民地,几乎不算是一个国家,更别说是一个组织良好的国家了。**的确,它的领土面积超过了除一个国家之外的所有欧洲国家;但是,它处在英国保留省份和西班牙领地的包围之下,名义上属于它的大部分土地仍然有凶猛的印第安部落虎视眈眈,同时英国军队仍然占据着西部的要塞,以确保条约义务的履行。

在旧世界以外有欧洲人居住的土地中,它的土地可能最适合白种人定居。[1]它不像南美洲，这里没有巨大的自然障碍把一个地区和另一个地区分开，没有极端的高温或寒冷、极端的干旱或暴雨；在其广阔的边界之内，从埃及到斯堪的纳维亚的每一个地方的作物都可以生长，而且拥有不可估量的矿产资源。此外，它的河流、港口和内海增加了无与伦比的自然因素；而它所遭受的不过是任何这样的新社会都会遇到的暂时困难。

美国的经济仍然很简单。本质上仍然是一个因狩猎、贸易、捕鱼和小额国际贸易而得到疏解的农业共同体，它现在与同属一个种族的英国市场隔绝了。虽然一些港口有了城市的地位，但临时首都费城的人口不足3万；纵然如此，这里物质繁荣的平均水平很高，财富分配很均衡，盛行的粗布衣服代表了穿着它的社会。

虽然英国已经进入了工厂工业化阶段，但是像其他地方一样，美国对蒸汽机的使用几乎一无所知；到目前为止，它还没有准备好解决英国的遗留问题。在大多数领域，如习俗、礼仪、法律和语言，都是英国的倒影而已。美国人只是在三个方面更胜一筹：

第一是新英格兰人永不满足的好奇心和创造力；第二是某种政治能力，它产生于殖民地自治，并得到了革命的滋养；第三是充满自信和勇气的开拓精神，这种精神使这个新社会在面对未来时就像面对荒野一样，懵懂而没有丝毫畏惧。

美国的主要劣势在于它的社会状况和最近发生之冲突的影响。

---

[1] 虽然成书于20世纪初，但作者白人优先、欧美优先的观念似乎并不亚于今天西方日益泛起的民族主义、民粹主义思潮。其实，这些土地对任何人种，尤其是本来已在那里居住的印第安人（甚至包括澳大利亚的毛利人）来说，也是适合的。——编者注

迄今为止，它的那些独立且基本上自给自足的十三个邦很少因为共同利益和共同活动的传统而联系在一起，也很少因为经济上的相互依赖或地理与政治上的迫切需要而联系在一起。在交流上，就像在情感上一样，它们与欧洲的距离并不比彼此的距离更远；因为北方的商人、农民和渔夫，南方的种植园主和西部的拓荒者之间几乎没有什么集体感。各邦之间以及各邦内部，都存在着利益冲突的永久性对立，甚至战争危机都未能消灭这种对立。

一个更激进的群体取代了有文化但保守的富裕保皇派，这对民主有很大帮助，但对团结却没什么帮助；因为现在被选为政府官员的新领导者，对在分离主义原则下确立的民众权利和地方权利充满了疑虑，他们准备像反对他们所摧毁的英国议会权威那样，去反对他们创建的国会。正如他们一位最有能力的同胞所言，他们"**长期谈论自由，以至于忘记了政府的必要性**"。

社会的改良、扩张和团结是这个新社会所面临的三个问题，其中最后一个问题是最紧迫的。将各殖民地组织成邦联的工作已经完成；在和约签订之前很久，大多数邦就已经在处理自己的事务了。但是，国家政府机构只是名义上的存在，其结果便是人们经历了最糟糕的分散性管理。

一个邦立法反对另一个邦，拒绝或忽略缴纳各自的税收配额，而国会既没有力量也没有权力去征税。先是国家信用，然后是地方信用，都消失了。债务增加了。人们对一个破产且无力的中央政府的兴趣不断下降，直到国会经常几个月都达不到法定人数。

邦政府回避了唯一真正的补救措施——严格的行政管理和健全的财政，转而采用纸币、土地银行、商业立法和立法禁止奢侈等轻率的权宜之计——结果，罗得岛很快就面临商业混乱，马萨诸塞则面临武装叛乱。

在和约签订后的四年里，那些赢得了独立的人们，似乎可能因为那些曾经最积极鼓动自由的人们的软弱和愚蠢，而陷入无政府状态或沦为外国干预的受害者。

十五

在这场危机中，这个共同体的更高智慧与它的更大利益联合起来，提供了一种补救措施；而且，就像以前一样，团结起来拯救这个国家的人，就是那些领导这个国家取得成功的人。

在这方面，他们得到了各种因素的帮助。脱离欧洲的影响加强了团结意识。对阿勒格尼山脉以外的巨大遗产——它是作为接受《邦联条例》的代价而落入中央政府手里的——的认识，以及开发其财富的渴望——这导致了一场大规模的西进运动——与财政形势造成的烦恼结合起来。

一个以乔治·华盛顿为首的会议，开始考虑改善各邦沟通问题，修订《邦联条例》的倡议得到了新力量的支持；因此，在各地商业利益团体的支持下，国会授权召开制宪会议。1787年5月，会议正式在费城召开，在乔治·华盛顿的主持下，围绕一个新组织的重大问题进行了四个月的秘密讨论。

在他们的讨论中，他们提出的不是对《邦联条例》进行修订，而是制定一份新的政府法律文件——**联邦宪法。它标志着欧洲人政治进化的一个新纪元。它是新世界对政治学的第一个也是最显**

著的贡献，它建立了一种在当时还不为人知的政府形式，在此之前，人们认为不可能建立一个有效的联邦，它既能维护中央和地方政府的权威，又不削弱一方或摧毁另一方。

面对各邦无法消灭的排他主义情绪、大邦小邦的对立、北方邦和南方邦之间的对抗、自由邦和蓄奴邦之间的对抗，最重要的是，面对认为强有力的政府是他们努力目标的那些人与争取民主政府的那些人之间长达一个世纪的争吵，宪法制定者通过不懈的努力成功地走上了一条中间路线。

在这次的任务中，他们参考了国家事务运行和有缺陷的《邦联条例》的经验成果；还参考了旧世界的经验，从希腊罗马时代到英国和法国哲学家的理论；尤其是，他们采用了孟德斯鸠提出的三权分立原则，同时，也从英国的先例和实践中学到了很多经验。因此，他们把旧和新、实践和理论结合起来，构建了一种新颖的政体，证明了他们足以自傲的主张，即"建立一个更完善的联邦，维护正义，促进普遍福利，确保他们自己和后代获得自由的护佑"。

通过巧妙妥协和蕴含创新的宪法机制，避免了理论的腔调，他们利用制衡机制产生了一个实际的悖论，无论这种悖论是否有能力进行逻辑辩护，它都会被事实证明那是一个精巧高效的奇迹。

通过首创一项高明的政策，将合法权利的来源从各邦转移到人民手中，他们消除了最强大的相互对立情绪。他们根据要履行的职能，在中央政府和各邦之间清晰地划分主权，调整各自的权力，以便在相互依存中维护各自的权力。他们正式将政府的行政、立法和司法部门分开，各自权力是如此的明确，以至于即使不是不可能，也很难出现任意一方永久统治的情况。

人民以各种身份被赋予选择他们统治者的义务和权利。各州（前面的邦）通过普选选出选举人，再由他们选出联邦总统。根据各州的人口比例，人民从各选区选出国家立法机构的民众机构——众议院——的成员。同样的选举人，从不同的选区选出州立法机构的成员，他们不仅负责为某一个州制定法律，而且也负责选出国家的上议院或参议院成员。这样就保持了大州和小州之间的平衡，否则，它们的对立可能会破坏整个方案。

州政府在其边界内的权力不受干扰，而那些最好由集体履行的职能被移交给了中央政府。他们建立了一个联邦司法机构，即最高法院，它与国会和行政首脑或总统相互制约。陆军和海军、海关、货物税、外交事务、国库、铸币和邮政服务的控制权保留在联邦政府手中，禁止各州插手，正如各州事务也禁止中央政府干涉一样。

这就是优良的分权制衡制度——以它所建立的这个国家的座右铭"合众为一"为代表，它现在在世界宪法经典中占据了一席之地，并成了后世共和国实验的典范。它体现出来的妥协精神，既考验了立宪者的智慧，也考验了它试图联合起来的互相对立的利益集团的力量。面对它试图调和的诸多冲突，最热情的提倡者都不敢期望它会被原样采用，或者持续不变。

它最激烈的反对者希望在得到九个州批准之前——它必须获得九个州的批准才能生效——修改或摧毁它。尽管这部宪法是必要的和公平的，但主张更广泛的州权和更大的民众自由的人们并不准备不斗争就放弃他们的信念，一切混乱因素都有助于他们的事业。正如在这种不确定的情况下经常发生的那样，双方的希望和恐惧注定都不会完全实现。

在随后批准宪法的冲突之中,《宪法》主体未作改动;但是,许多修正案被提了出来,最后做出的十项修订最终成为各州都接受它的代价。他们制定了一份权利法案,以申明宪法正文没有提到的权利保障。由此,又确立了言论自由和宗教自由、集会和请愿的权利、携带武器的权利、和平时期免受军队驻扎的权利、不受无正当理由搜查的权利、迅速和公开的陪审团审判、防止额外保释金的措施、禁止未经司法听证的长期监禁、禁止残酷或不必要的刑罚。

简而言之,从《大宪章》到《权利法案》的英国文件中所包含的保护个人免受行政机关侵害的传统权利规定,就这样得到了保障。

有了这些补充,通过这部宪法所必需的各州之同意也就有了保证,新宪法也在世界政治体系中占据了一席之地。那位领导殖民地军队赢得胜利的开国领袖并非独裁者,而是一个自治共同体的民选总统。在任何革命都有的三个阶段——诉诸武力之前的鼓动,武装冲突,组成新组织来取代旧组织——中,第三个阶段已经顺利完成了。随着宪法的通过,美国革命也完成了(1789)。

美国的建立是一个长期发展过程的结果,是已经进行了几个世纪的两大运动的高潮。这两大运动一个是自治的演变运动,另一个是欧洲人在海外的领土扩张运动。这不仅仅是因为它是欧洲第一个独立的子邦。通过美国的革命,它成了欧洲社会中第一个实行任何民族都可以实行的最重要的大规模实验,即自我统治。

十六

在美国革命中体现出来的精神也不局限于新世界或政治领域。

在比精明的普鲁士君主的梦想更真实的意义上,它既是当时在人类活动每一个领域进行的欧洲运动的一部分,也是实现进一步变革的动力。在美国革命期间,至少有四个主要的欧洲活动领域——政治和经济思想,殖民地事务和工业——都发生了革命性的变化。

现在,当赋予这个新国家最终形式的宪法获得通过的那一刻,促成了这个国家诞生的那种奋斗精神就转移到了最古老的欧洲大陆君主制国家身上,并在那里开创了旧世界政治发展的新时代。

人们注意到,在使美国革命时代更突出的开明君主们的各种活动中,约瑟夫二世统一其领土的努力,已经把他奥属尼德兰的臣民推到了起义的边缘。比利时人的不满只是一场即将拉开帷幕的更大规模戏剧之前奏。

就在英国与它的美洲殖民地陷入战争的时候,和蔼可亲的善良青年路易登上了法国王位(1774),他就是路易十六。很少有统治者继承如此靠不住的遗产。**路易十四的战争和外交政策给这个国家带来的巨额债务,在过去的一个世纪里,由于实力较弱的继任者的野心、管理不善和奢侈浪费而不断增加,变成了政治世界的"第八大奇迹"。**

神职人员和贵族免于交税,而他们却从税收中提取专为自己保留的养老金和津贴,吸取无特权者的生命之血。国王一心要改革,却发现自己的一番努力遭到了贵族侍臣和官员们的共同阻挠,也遭到了他的妻子奥地利公主玛丽·安托瓦内特的固执反对和不配合。

利穆赞省的优秀管理者杜尔哥曾使这个毫无希望的省份兴旺发达起来,他受召在国家事务中创造同样的奇迹,却一无所成。日内瓦银行家内克尔要求重建金融体系,同样徒劳无功。**在宫廷和官僚根深蒂固的特权面前,两人都失败了,而接替他们的那些无能之辈则将法国拖入了破产的最后阶段。**

在这场危机中,就像一个半世纪前英国的查理一世在面临类似问题时所做的那样,路易十六传唤大贵族和神职人员,召开了显贵会议。这个机构充满了阶级特权精神,对各方面的不良迹象都毫不在意,显贵会议没有找到任何补救办法。政府被迫召开三级会议,而上一次召开三级会议则是在一百七十五年前的路易十三时期,自那以后,它就没有参与过法国的公共事务。

在美国制定联邦宪法的同一年,显贵们聚集在了一起。在各州批准宪法的那些日子里,三级会议在凡尔赛宫召开了,它将要决定法国的命运,也在很大程度上决定了欧洲的命运。它在这个国家的召开很值得注意,在这里,旧秩序已经达到了其权势的巅峰,并充分表现出了它的无能;与此同时,新的思想和理论也已经在那里深深扎下了根。

在这里,孟德斯鸠和卢梭的令人无法抗拒的学说,与旧制度的不可动摇的主张以及相沿成习的权威直面相对了。在前者的一边,是新世界的政治事务和思想的力量,包括西方世界中为自由而战的贵族们,在巴黎和各省首府的辩论俱乐部中讨论其信念的律师,以及那些长期以来蔑视过去之先例和权威并追求真理的科学家们。即使最初站在王权一边的那些有发言权的外国人,也最终站起来反对旧政权的拥护者。

对于那个政权来说,这是终结的开始;它最后的防线已经遭到了受同样学说——它已经削弱了那些防御力量——所激发的力量的攻击。面对迎面走来的那些受到新思维方式影响的数百万人，面对这种思想本身的进步，所有确立了很长时间的权威之分量、对古老王室和贵族特权的敬畏、根深蒂固的权利不平等，都不足以保护其日益减少的支持者。

作为这个时代和这个事件的象征，美国革命的英雄拉法耶特、巴士底狱的受害者米拉波，都加入了三级会议的第三等级。我们还可以从中看到满脑子自由思想的西哀耶斯神父、化学家拉瓦锡、皇家天文学家巴伊、生物学家拉马克和美国持有不可知论观点的小册子作家托马斯·潘恩。

简而言之，最后一次三级会议不仅仅是一种政治现象。它不仅标志着一个陈旧的政府体系的结束，也标志着在许多不同领域尚未尝试和尚未完全实现的新事物的开端；它同样标志着思想世界的一个危机；它的与会者中包含了许多不同领域进步的代表；尽管它以政治的形式出现，却象征着一个复杂的、智识越来越高的社会之基础的迅速变化。

十七

法国大革命甚至比美国革命，更能代表欧洲社会在过去三个世纪中发生的深刻变化——这种变化只能通过列举一些孤立的事件或运动来进行不太完美的描述。

中世纪受王权、教会和贵族三种势力的统治。在这一时期，我们通常称之为"商业"的因素——它极大地影响着今天的生活——只起到了很小的作用。在这一时期，对知识的关注、对扩展人类能力的装置之开发,更不用说构成我们所说之文化的那些无限复杂的东西,在相当程度上都是被忽视的,同时也是原始和陌生的。

如果王室、神职人员和贵族的统治继续下去,这种情况就不太可能有多大的改观。在上述这些人中,作家、发明家、科学家、哲学家和探索者的数量并不多,质量就更不显著了。无论这些上层阶级对政府和社会稳定做出了什么贡献,无论他们的赞助怎样帮助了学术的进步和艺术的发展,他们对智识和能力的发展都没有直接贡献。

而那些显然就是我们所熟知的中产阶级的任务。这个阶级开创了生活和思想的新基础。他们著书立说,在科学上进行探索,进行发明创造,作曲,创造新的建筑风格,绘画,建立新的哲学,研究历史,探索和开发海外土地,建立新的教派,并把商业和工业置于人类的主要关切之列。他们的努力导致了一种新的社会秩序的产生。

到18世纪末,中产阶级只在一个方向上——在征服生活事务方面——取得了很小的进展。除了盎格鲁-撒克逊国家,即英国和美国,他们在那些冠以政治之名的问题上几乎没有发言权。在人类创造新世界的漫长历史中,如果有一个概括比其他任何概括都更引人注目的话,那它就是"革命",新世界和旧世界都已经开始了革命。从这个角度上看,革命只是这个阶级的活动向政治领域的一种延伸。

他们主要按照自己的想象创造了一个新社会;他们现在正准备进入这个新社会的政府。王室、神职人员和贵族势力在许多领域都已经耗尽了他们的特权,他们即将失去最后一个据点,即管理公共事务的权力。

在接下来一个世纪的政治史中，所谓民主运动的故事占了很大一部分篇幅，它讲述了中产阶级为控制他们所创造的社会而做出的努力。在这场冲突中，美国革命已经发挥了作用。随着法国三级会议的召开，这场斗争将以更加明确的形式转移到欧洲。尽管这个问题长期悬而未决，尽管这个国家还没有完全摆脱其旧主的控制；但是很明显，使世界变成今天这个样子的阶级，现在成了政治事务中的主导因素。

从多事的1789年5月5日开始后的四年里，法兰西共和国的新兵们面临着一多半欧洲国王的正规军队，这些统治者因为法国国王被处决而感到愤怒；而且，在面对一场由雅各宾派的自由、平等、博爱的信徒们"代表人民向政府发起的"新攻势时，他们担心自己的臣民也会造反。

雅各宾派将一个国王的头颅扔进了竞技场，作为他们战斗的标志，并通过恐怖统治吓住了国内的敌人。在这些人手中，在这样血腥的支持下，革命进入了欧洲事务之中。在法兰西的感召下，在过去几个世纪中一直发展的全世界的力量都获得了新生。从此，欧洲历史开始了一个新的时代。

参考文献

显然，除非过度使用篇幅，要为这样一部作品提供一份详尽无遗的参考书目是一件很困难的事情。因此，下列参考书目仅涉及对更广泛的论述以及特定主题或时期有用的书籍。

INTRODUCTION AND CHAPTER I

MONOD, *Bibliographie de l'histoire de France* (1888). DAHLMANNWAITZ, *Quellenkunde der deutschen Geschichte* (8 ed., 1912). NIJHOFF, *Biblioteca Historico-Nederlandica* (1898-99). HIDALGO, *Diccionario general de Bibliografia Española*, (1862-81). DE BRITO ARANHA, *Diccionario bibliographico Portuguez* (1858, etc.). For England there is no such compilation, but the bibliographies at the end of the several volumes of HUNT and POOLE'S *Political History of England*, 12 vols., (1912), and OMAN'S *History of England*, 6 vols., London (1912), are good. There is a good specialized bibliography in TRAILL, *Social England* (1895, etc.). For the United States, the bibliographies in the *American Nation* series are especially useful. The principal bibliography proper is the collection of CHANNING, HART, and TURNER, *Guide to the Study of American*

History (1912); supplemented by the annual *writings on American History*. See also LARNED, *Literature of American History* (1902). See also H. PIRENNE, *Bibliographie de l'Histoire de Belgique* (2 ed., 1902); and R. ALTAMIRA Y CREVEA, *Historia de España y de la civilización española*, vol. iv., (1911). To these may be added the *Jahresberichte der Geschichtswissenschaft* (1878, etc.) and the general reviews in the historical periodicals, especially in the *Revue Historique*.

It should perhaps be added that the printed catalogue of the British Museum is the most comprehensive accessible book-list; that of the London Library (last ed., 1914) the most generally useful; while the printed cards issued to subscribers or purchasers by the Library of Congress are the most convenient sources of general bibliography.

For encyclopaedic accounts of the period here treated, LAVISSE ET RAMBAUD, *Histoire Générale* (1895) and the *Cambridge Modern History* (1902, etc.) offer the most comprehensive and satisfactory accounts. Each is accompanied by book-lists, of which the latter is by far the fullest yet compiled for European history in general. There is no corresponding work in German, since the older ONCKEN'S *Allgemeine Geschichte in Einzeldarstellungen*, besides being now somewhat antiquated, is arranged on the plan of treating each country separately. For those who wish brief and popular accounts of various countries in English, the *Stories of the Nations* series offers a fairly complete, though very unequal, collection of sketches.

The general histories of the world, which are usually, like the works noted above, of the syndicate or co-operative type, are none of them beyond criticism. The *Historians' History of the World*, 25 vols., (1908) is a compilation from the writings of a great number and variety of historical writers, connected by running accounts from editorial pens. It contains a considerable bibliography, often of value. HELMOLT'S *History of the World*, available in an English translation from the German original, with an introductory essay by Lord Bryce (1901) is a curious and interesting attempt to write history from an anthropo-geographical standpoint, and deserves consideration as such. The *History of all Nations*, ed. J. H. WRIGHT (1902-05), is a useful adaptation and condensation of the Oncken series.

There are, besides these, a number of encyclopaedias and biographical dictionaries, many of which are extremely valuable both in content and bibliography. The most recent, and in many respects the best, is the eleventh edition of the *Encyclopedia Britannica*, in which the bibliographies are a notable feature. The French *Grande Encyclopédie*; the German BROCKHAUS *Konversations Lexikon*, though older, are still valuable. Besides these still, the new *Everyman's Encyclopedia*, the *New International Cyclopaedia*, and the *Century Dictionary of Names and Places* each has its own merit for quick and ready reference.

The greatest of biographical publications is the English *Dictionary of National Biography*, which includes a vast amount of bibliographical material in addition to its articles, which are of singularly high and uniform merit. In German the *Allgemeine Deutsche Biographie*, and in French the *Nouvelle Biographie Générale* of HOEFER (1857-66); and the *Biographie Universelle* of MICHAUD (1854-65) are useful. The Austrian *Biographisches Lexikon des Kaiserthums Oesterreich* of WURZBACH (1856-91), and for the Netherlands, VAN DER AA'S *Biographisch Woordenboek der Nederlanden* and MOLHUYSEN and BLOK, *Nieuw Nederlandsch Biografisch Woordcnboek* (1911-14) are of value, as is also the *Biographie Nationale de Belgique*—which extends, however, only to "Ryt." (1866-1910).

There are a number of manuals of dates and events which may be found of use in quick reference. Of these the chief is PLOETZ, *Epitome of History*, translated into English by TILLINGHAST, and enriched with American sections by CHANNING. PUTNAM'S *Tabular Views of Universal History* is the most recent and one of the best of these works, and may be supplemented by HASSALL'S *European History 476-1871*. The great French publication, *L'Art de Vérifier les Dates des Faits Historiques*, is invaluable but extends only to the first quarter of the nineteenth century. See also STOKVIS, *Manuel d'histoire de génélogie et de chronologie des tous les états du globe*, 3 vols., (1888-93).

In such a view of history as is here presented, historical geography is an essential; and the past generation has seen the appearance of many valuable contributions to this subject. The older works of DROYSEN and of SPRUNER may be supplemented by those of POOLE and of SCHRADER, and by the more recent geographical volume prepared to accompany the *Cambridge Modern History*. This last, like POOLE and SCHRADER, includes an interesting running account of the changes noted on the maps. Among the lesser and more easily accessible atlases, designed for school use but of much wider utility, may be noted those of PUTZGER, DOW, MUIR and SHEPHERD. Of these the last is the most comprehensive and in many ways the most useful. Dow and SHEPHERD are particularly well indexed, which makes them especially valuable. No single historical atlas contains every possible desirable map; for some purposes the older publications of GARDINER and even COLBECK may be found to contain material not accessible in later publications. Finally, no such list would be complete without mention of the great work of NORDENSKIÖLD, the *Facsimile Atlas*

(1889), and the *Periplus* (1897), which contain not only magnificent reproductions of fifteenth and sixteenth century maps but a history of early cartography. With these may be mentioned KRETSCHMER'S *Entdeckung Amerika's* (1892) and the contributions made by Professor E. L. STEVENSON to early cartography. And, though it is confined to the Americas, no account of the principal works in this field could omit WINSOR'S *Narrative and Critical History of America* (1886-89), which is replete with geographical and bibliographical, as well as historical, data for the entire period here considered.

There remain to be noted some of the more useful works covering various topics over the whole period between the fifteenth and the nineteenth centuries. In the field of art there are a number of good accounts, of which that of MUTHER, now available in English, is the most readable popular book on the subject of painting. Of architecture the same cannot be said. Perhaps the work of JAMES FERGUSON (1873), though it is now forty years old, is as good as any handbook; though the works of VIOLLET-LE-DUC are at once entertaining and instructive from a historical standpoint; while STURGIS' *History of Architecture* is of considerable value. See especially A. MICHEL, *Histoire de l'art*, 5 vols., (1905-12), and the convenient sketch of S. REINACH.

Literature is far more fortunate, and every European nation boasts a history of its literature, though it would be impossible to enumerate them here, for almost every nation has more than one. Perhaps the most easily accessible work in English on the general subject is the series on the *Periods of European Literature* under the editorship of Professor SAINTSBURY. The *Cambridge History of English Literature*, the series entitled *Les grands écrivains de la France*, and BROCKHAUS,

Bibliothek der deutschen National-Litteratur in 18-19 Jahrhundert, are useful.

Education is blessed with as great a literature as literature itself so far as the individual countries are concerned, and perhaps even more liberally so far as the general history and aspects of the subject are concerned. A full account of the works on the subject may be found in W. S. MONROE'S *Bibliography of Education* (1897); a briefer, more analytical summary is CUBBERLEY'S *Syllabus of Lectures on the History of Education*; and fairly complete accounts of most educational activities in J. M. BALDWIN, *Dictionary of Philosophy and Psychology*, 3 vols., (1901-05). A convenient general account is P. MONROE'S text-book on the *History of Education* (1905); see, also, his *Cyclopaedia of Education*, which contains much bibliographical material. See also B. RAND, *Bibliography of Philosophy, Psychology*, etc., 3 vols., 1905; in BALDWIN as above; and F. ÜBERWEG, *Grundriss der Geschichte der Philosophie* (1868-98).

The history of scholarship falls far short of that of education in the number though not in the quality of the works on the subject. J. E. SANDY'S *History of Classical Scholarship*, ii., Renaissance, iii., 1908, covers the modern period ably and thoroughly. History is treated with equal fullness in FUETER, *Geschichte der neueren Historiographie* (1911), revised for the French translation, while there is a large variety of monographs upon special subjects, primarily scholarly, but reckoned as educational, noted in the bibliographies in the latter field.

The number of books on the social and economic development of Europe is legion, and it is difficult to choose among them. The great German work of SCHMOLLER, *Grundriss der allgemeinen Volkswirthschaftslehre* (1901-04); PALGRAVE'S *Dictionary of Political Economy*

(1894-99); CUNNINGHAM'S *Essay on Western Civilization in its economic aspects* (1898-1900); DAY'S *History of Commerce*; and BUCHER'S *Entstehung der Volkswirthschaft* (1901) translated as *Industrial Evolution*, may be taken as illustrations of the various types of books which would be of use in following out particular phases of the subject, or as works of reference. Similarly in the field of colonization there is a multitude of books on almost every conceivable phase of expansion. In English the work of MORRIS is perhaps the most popular though not a highly scientific work. In German the most considerable book is ZIMMERMANN'S *Die Europäischen Kolonien* (1896). In French, LEROY-BEAULIEU'S *De la Colonisation chez les Peuples modernes* (1908) is of great value. Probably the most satisfactory account, however, is LANNOY and VAN DER LINDEN'S *L'Expansion Coloniale des Peuples Européens*, of which, however, but two volumes have appeared. See also P. HINNEBERG, *Die Kultur der Gegenwart*, a great series covering nearly all departments of human activity, and contributions in many fields (1905, etc.). See in it W. LEXIS, *Allgemeine Volkswirthschaftslehre*, etc., (1910). To this should be added L. ELSTER, *Wörterbuch der Volkswirthschaft* (1898); KONRAD, ELSTER, LEXIS, etc., *Handwörterbuch der Staatswissenschaften* (7 vols., 1898-1901).

The history of science remains to be written in such fullness and with such detail as that of the political or even the cultural activities of modern Europe. There is as yet no adequate history of invention. The old book of BEEKMAN on the subject is a misnamed collection of curious facts. URE'S *Dictionary of Arts, Manufactures, and Mines* (1843) contains much information, but is not a history. The most recent and by far the most valuable compilation is DARMSTAEDTER'S

Handbuch zur Geschichte der Naturwissenschaft und der Technik (1908), but it is a chronological table and not in any sense a history. Probably the most valuable single addition to the study of the history of science and invention in recent years is comprised in the bibliographies compiled under the auspices of the John Crerar Library by A. G. S. JOSEPHSON (1911-15). The general history of science is the subject of two very recent books: the one by WILLIAM LIBBY (1917), the other by W. T. SEDGWICK and H. W. TYLER (1917). There should perhaps be added here besides the various works of BUCKLE, DRAPER, LAMPRECHT, etc., on the development of European civilization; A. D. WHITE, *History of the Warfare of Science and Theology* (1910). But in spite of the excellences of these volumes the subject must be pursued in detail in the accounts of the various separate sciences. In medicine the best books for this period are those of GARRISON, *History of Medicine* (1914), and J. H. BAAS, *Geschichte der Medizin* (1876), Eng. tr., though the more recent volume of BUCK has some interesting material for the Renaissance in its final chapters. See also T. PUSCHMANN (ed.), *Handbuch der Geschichte der Medizin* (1902-05). Probably the most accessible account of the progress of biology is to be found in LOCY'S *Biology and its Makers* (1908), which may profitably be compared with GARRISON. In chemistry the work of VON MEYER, translated by MCGOWAN (1906), is the most authoritative and exhaustive. The most easily available popular history is that of VENABLE (1894). The standard history of physics is GERLAND'S *Geschichte der Physik* (1913). There is no adequate account in English. Mathematics has a large historical literature. Among its numerous titles in English may be noted CAJORI'S *history of Elementary Mathematics*

(1896) and BEMAN and SMITH's translation of FINK'S *Geschichte der Elementar-Mathematik* (1905), under the title *Brief History of Mathematics*, while among more extensive treatises the chief is that of CANTOR. Three recent popular books on astronomy are Sir OLIVER LODGE'S *Pioneers of Science* (1893); W. W. BRYANT'S *History of Astronomy* (1907); and G. FORBES' *History of Astronomy* (1909), the last in PUTMAN'S *History of the Sciences*. See also F. DANNEMANN, *Grundriss einer Geschichte der Naturwissenschaften*, 2 vols., (2 ed., 1902).

The use of explosives and the art of war have not been very scientifically or exhaustively treated in comparison with many subjects here enumerated. KOHLER'S *Die modernen Kriegswaffen*, 2 vols., (1897-1900); HIME'S *Gunpowder and Ammunition* (1904); WEISS' *Waffenkunde*, 3 vols., (1908-99) may be noted as more specifically technical works. See, also, W. W. GREENER, *The Gun and its Development*, and T. F. FREMANTLE, *The Book of the Rifle*. VIOLLET-LE-DUC's *Annals of a Fortress* is an entertaining volume. Admiral MAHAN'S *Influence of Sea-Power in History* is the classic work on the importance of naval strength. The contributions of successive commanders to the art of war may best be studied in the biographies of individuals, which are fairly numerous and usually of value.

The literature of church history is too vast to receive adequate notice here. Perhaps the best brief book-list is to be found in the printed *Catalogue of the London Library* (last ed., 1915); the fullest bibliography in the *Catholic Encyclopaedia* (1907-12), which is the most valuable accessible source for the subject in general. There are also excellent articles and bibliographies in the *Realencyclopaedie für Protestantische Theologie und Kirche* (1896-1913). For the history of the Papacy, see especially those by M. CREIGHTON (1899-1901); L. RANKE (1885); and L. PASTOR (1912). All of these are available in English editions of the dates mentioned, and though each covers a somewhat different field, together they form a comprehensive account for most of the period here treated. For the Church proper, see W. MOELLER, *History of the Christian Church*, tr. J. H. FREESE (1893-1900); P. SCHAFF, *History of the Christian Church*, and G. P. FISHER, *History of the Christian Church* (1887). These are written from the Protestant standpoint. The principal Catholic works on the subject are those of J. ALZOG, *Manual of Universal Church History*, (tr. 1903); *Cardinal Hergenröther*, revised by J. P. KIRSCH (German only) and F. X. VON FUNK (1911). For the period of the Reformation there is a useful compilation by B. J. KIDD, *Documents Illustrative of the Continental Reformation* (1911). See, also, the *Dictionnaire de Théologie Catholique* (1904).

GENERAL NOTE. —It is to be observed in the following brief book-lists that no reference is ordinarily made to the works included in the general list above, which may be consulted for many of the subjects comprised in the following chapters.

CHAPTER II

THE RENAISSANCE

Probably the best brief general account in English of the Renaissance remains the article, under that head, by J. A. SYMONDS in the *Encyclopaedia Britannica*. His larger work, *The Renaissance in Italy*, 7 vols., and the abridgment of it under the title *A Short History of the Renaissance in Italy*, are standard accounts of that part of the movement. They may be supplemented by BURCKHARDT'S *Die Kultur der*

Renaissance in Italien, which is available in an English translation. The most recent summary of the entire movement is HULME'S *Renaissance and Reformation* (1915). The various volumes of MUNTZ on the Renaissance in Italy and France, and Art during the Renaissance, are the standard works in French. There are no easily accessible accounts of the influence of the Renaissance movement on England, Germany, and the Netherlands comparable to these. SEEBOHM'S *Era of the Protestant Revolution*, and his *Oxford Reformers*, contain a good deal of information in a popular form relating to the English Renaisaance leaders; while the histories of the English universities, like MULLINGER'S *History of the University of Cambridge*, in particular, RASHDALL'S *Universities of Europe during the Middle Ages*, and the biographies of Erasmus, Melanchthon, and their fellows, throw much light on this period. One should perhaps note also SANDYS' *History of Classical Scholarship* and the biographies of the humanists, from Petrarch through Bracciolini to the members of the Florentine Academy, as well as the Renaissance studies of WALTER PATER. EMERTON'S *Erasmus* (1899); STRAUSS' *Ulrich von Hutten* (translated, 1874); STOKE'S edition of *The Letters of Obscure Men* (1909); the various biographies of Savonarola; VASARI'S *Lives of the Painters* (Bohn Library); and, in fiction, GEORGE ELIOT'S *Romola*, are useful in getting at the spirit of the period. See also the works of P. VILLARI, especially his studies of Machiavelli and his times, Savonarola, etc., — available in English translations.

For the invention of printing, see DE VINNE'S work on that subject and his *Notable Printers of Italy during the Fifteenth Century* (1910). The best recent summary of the controversy over the invention of printing is to be found under the heading Typography in the last edition of the *Britannica*; and a good brief bibliography under the heading Gutenberg. For the invention of gunpowder, see HIME, above. For the compass, see BEAZLEY, *Dawn of Modern Geography* (1897), and the brief account in JACOBS' *Story of Geographical Discovery* (1906), with the article and illustrations in NORDENSKIOLD quoted above. In general, these same sources may be consulted for the story of early cartography, with those mentioned among the general bibliography. One of the most scholarly and readable of books in this field is Colonel YULE'S edition of *Marco Polo's Travels* (1871, etc.) and his *Cathay and the Way Thither* (1866). JACOBS' *Story of Geographical Discovery* is the best work of its size on the general subject. See also the various works of J. KOHL on his travels in many lands during the nineteenth century—especially useful in regard to Russia for earlier periods. The latter are available in English. RUGE'S *Geschichte des zeitalters der Entdeckungen* (Oncken series, 1881) is good, and the great literature arising from the controversy over Columbus, *q. v.*, contains much material on the subject of exploration and cartography prior to his time. JOHNSTON'S *History of the Colonization of Africa by Alien Races* (1899) contains some slight account of the earlier period, as does R. BROWN'S *Story of Africa*, 4 vols., (1894-95). In particular a number of the publications of the Hakluyt Society, such as BEAZLEY's editions of Carpini, Rubruquis, etc., are of the utmost value and interest to the early history of geography and exploration. For the bibliography of the Renaissance as well as the Middle Ages, see also L. J. PAETOW, *Guide to the Study of Medieval History* (Univ. of California, 1917).

CHAPTER III

THE BEGINNING OF EXPANSION

For the Age of Prince Henry the Navigator and for his achievements, probably the best brief account is the biography by C. R. BEAZLEY (1890), though the earlier work of R. H. MAJOR is not without merit. DANVERS' *The Portuguese in India* (1894) is a very useful book, as is H. MORSE STEPHENS' *Story of Portugal* (1891). In this connection may be noted the various publications of the Hakluyt Society and of the Geographical Society relating to early Portuguese activities along the African coast. For Behaim, see RAVENSTEIN'S *Martin de Bohemia* (1900) and various articles in the *Geographical Journal*. For Vasco da Gama the best account is RAVENSTEIN'S *Vasco da Gama's First Voyage* (Hakluyt Society, 1898), and CORREA'S *Three Voyages of da Gama* (same, 1868). Beside the work of K. G. JAYNE on *Vasco da Gama and his Successors* (1910), see J. P. OLIVEIRO MARTINS' *The Golden Age of Prince Henry the Navigator*, trans. with notes, etc., (1914).

The Columbus literature is endless. Probably the best of the more recent popular accounts which takes cognizance of the results of the long controversy is F. YOUNG'S *Christopher Columbus and the New World of his Discovery*, 3 ed., (1912). In general the various publications of HENRI HARRISSE, especially *Christophe Colomb* (1892), *John Cabot* (1896), and *The Discovery of North America* (1892), and those of HENRI VIGNAUD, in particular his *Histoire Critique de la Grande Entreprise de Christophe Colombe*, 2 vols., (1911), are most notable contributions to the argument. E. G. BOURNE'S *Spain in America* (1904) and his contributions to the general subject of Columbus and the discoveries are also of the greatest value.

CHAPTER IV

THE DEVELOPMENT OF NATIONAL STATES

The best scholarly account of the French monarchy and the relations between France and England during the fifteenth century is to be found in LAVISSE, *Histoire de France*, a co-operative history which is of the first rank not only for this but for succeeding periods. See also H. HAUSER, *Les sources de l'Histoire de France, 1494-1610* (1906-12). There is no equally good account in English, the work of KITCHIN being antiquated, dull, and almost entirely political. English history during the fifteenth century is exhaustively treated in VICKERS' *England in the Later Middle Ages*; in GAIRDNER, *The Houses of Lancaster and York* (1874, etc.), and in the painstaking though not very readable work of RAMSAY, *Lancaster and York* (1892). The early Tudor period has been most ably handled by H. A. L. FISHER in the Hunt and Poole series, 1906. In this period, as throughout, H. D. TRAILL'S *Social England*, a co-operative history, is extremely useful, and, especially in its illustrated form, unusually interesting. CUNNINGHAM'S *English Industry and Commerce* will also be found helpful.

For Spanish history in the fifteenth century the older work of PRESCOTT, *Ferdinand and Isabella*, is still as readable as ever, but it has in some measure been superseded on the scholarly side by other works. Of these perhaps the most accessible, though not of much value, is that of U. R. BURKE, *A History of Spain to the Death of Ferdinand*, edited by M. A. S. HUME (1900). G. DIERCK'S *Geschichte Spaniens* (1895-96) is much better. R. B. MERRIMAN'S history of the *Rise of the Spanish Empire in the Old World and the New*, of which the first two volumes now in press carry the story to 1516, will be still better for this period. For Portugal, the best available work is H. M. STEPHENS' *Story of Portugal in the Stories of the Nations* series. The great collection of documents relating to Spanish history, that of NAVARRETE and his collaborators (1842-92) is especially valuable for a somewhat later period. There is no similar collection available for Portugal.

For Germany and the Empire perhaps the best recent history available in English is the popular work of JANSSEN, though it leaves much to be desired. E. F. HENDERSON'S *History of Germany* (1906) is a good popular account. A more detailed study of German history in the fifteenth century is A. BACHMANN'S *Deutsche Reichsgeschichte im Zeitalter Friedrichs III u. Maximilians I* (1884-94); and, still more detailed, that of K. KASER, *Deutsche Geschichte zur Zeit Maximilians I* (1912). Beside these the work of F. KRONES, *Handbuch der Geschichte Oesterreichs* (1876-79), and RANKE'S *History of the Latin and Teutonic Nations* (1494-1519), translated, in Bohn Library (1915), are to be noted.

For Russia there are available the translation of A. RAMBAUD'S *History of Russia* (1879), and W. R. A. MORFILL'S *Russia*, in the *Stories of the Nations* series, with a history of Poland by the same author, in the same series. More recent and in some respects more satisfactory is *Slavonic Europe* by R. N. BAIN (1908) and KLIUCHEVSKY'S *History of Russia* (translation, 1911-13). There is no very satisfactory history of Turkey in English; J. VON HAMMER BURGSTALL (usually cited as HAMMER), *Geschichte des Osmanischen Reichs*, 10 vols., 2 ed., (1840) is the basis of most of them. Perhaps the volume of S. LANE POOLE, in the *Stories of the Nations* series (1888), is the most easily accessible account. The most recent work in German is that of N. JORGA, *Geschichte des Osmanischen Reichs*, 5 vols., (1908-13). For Hungary there is accessible C. M. KNATCHBULL-HUGESSEN'S *Political Evolution of the Hungarian Nation*, 2 vols., (1908); for the Medici, G. F. YOUNG'S *The Medici*, 2 vols., (1909), and ARMSTRONG'S *Lorenzo de Medici* (1897); for Venice, H. F. BROWN'S translation of MOLMENTI'S *Venice*, 6 vols., (1906-08); for the Papacy, L. PASTOR, *Geschichte der Päpste*, 6 vols., (1886-1913), Eng. tr. by ANTROBUS and KERR (1891-1912); for Russia, K. WALISZEWSKI'S *Ivan le Terrible* (1904).

CHAPTER V

EUROPEAN POLITICS. 1492-1521

For the period of the Italian wars, in addition to the works enumerated in the preceding sections, reference may be made to H. F. DELABORDE'S *Expédition de Charles VIII en Italie* (1888) and L. G. PELISSIER'S Louis XII et Ludovic Sforza (1896). For Francis I, see the bibliographies in LAVISSE, and BOURILLY in *Revue d'Histoire Moderne et Contemporaine*, vol. iv., (1902-03). For Charles V, the most accessible work is that of E. ARMSTRONG, *Charles the Fifth* (1902), and the most elaborate that of H. BAUMGARTEN, *Karl der Fünfte*, 3 vols., to 1539 (1885-92). For the rivalry between these two monarchs see the detailed study of MIGNET, *La Rivalité de Francois I et Charles Quint*, 2 vols., 2 ed., (1875). The older work of ROBERTSON, *Charles V*, is still worth reading. There is a good brief and general account, clear and well organized, of the politics of this whole period, in A. H. JOHNSON, *Europe in the Sixteenth Century*, 2 ed., (1898). See also, especially for the fifteenth century, E. EMERTON, *The Beginnings of Modern Europe* (1917).

For England under Henry VIII, see BREWER'S *The Reign of Henry VIII*, 2 vols., (1884); A. F. POLLARD'S *Henry VIII* (1902); RANKE'S *English History*, mainly in the sixteenth and seventeenth centuries, a translation (1875); H. A. L. FISHER'S *History of England, 1485-1547*, as above; and for the more picturesque side of the reign, the various studies of J. A. FROUDE—especially his *History of England from the Fall of Wolsey* (1870-72). For a more general account, see W. BUSCH, *England unter die Tudors* (1892), Eng. tr. by A. M. TODD, introd. by J. GAIRDNER (1895).

For Spain, the Netherlands, and the Empire, see the lives of Charles V, as above; BLOK'S *History of the People of the Netherlands*, a translation (1900, etc.); M. A. S. HUME'S *Spain, its Greatness and Decay, 1479-1788* (1898)—better for the later part; H. PIRENNE, *Histoire de Belgique*—also in German in Heeren-Ukert series—(1899-1907); the works of PRESCOTT, now somewhat out of date but still readable and informing; RANKE'S *Deutsche Geschichte im Zeitalter der Reformation* (1882), and C. EGELHAAF'S work under the same title (1893). K. HÄBLER'S *Geschichte Spaniens unter den Habsburgen* (1907) includes much new material of interest, though it must be accepted with caution.

For Italy in this period, see R. MAULDE LA CLAVIÈRE'S *La Diplomatie au temps de Machiavel*, 3 vols., (1892-93); RANKE'S *History of the Popes*, translated in Bohn Library (1913); M. CREIGHTON'S *History of the Papacy during the Reformation*, 6 vols., (1882); W. ROSCOE'S *Life and Pontificate of Leo X*, 4 vols., 5 ed., (1846); and SYMONDS' and PASTOR'S works, as noted above.

CHAPTER VI

SPAIN AND PORTUGAL. 1498-1521

For the early history of Spanish America, its organization and exploitation, there are a number of important works covering special fields. The older book of Sir A. HELPS, *The Spanish Conquest of America*, though it has appeared in a new edition (1900-04) and contains much excellent material, is at once discursive and biassed. PRESCOTT'S *Conquest of Mexico and Conquest of Peru* retain their picturesque value; but his conclusions, like those of HELPS, must be greatly modified by more recent investigation. Probably the best account of Spanish activities in America is that of E. G. BOURNE, *Spain in America* (1904). W. ROSCHER'S *The Spanish Colonial System*, an extract from his larger work translated by E. G. BOURNE (1904), is excellent. W. R. SHEPHERD'S *Latin America* (1914) is a good slight sketch, and the volumes of B. MOSES on Spanish administration are worthy of attention. For the conquests, F. A. MACNUTT's *Life of Cortes* (1909), his edition of *Cortes' Letters* (1908), and the *Historia de la Conquista de Mejico* of BERNARDO DIAZ DEL CASTILLO (1632), available in translation, afford the best picture of Cortes' adventure. To these may be added the works of the Spanish historians: OVIEDO, *Historia General y Natural de las Indias*, 4 vols., (1851-55), and HERRARA, *Historia General de las Indias* (1828-30), and NAVARRETE. For the entire subject reference should be made to the monumental work of H. H. BANCROFT, *The Native Races of the Pacific States*, 5 vols., (1874-76), and to his *History of the Pacific States*, 21 vols., (1882-90), including *Central America*, 3 vols., (1885-87).

For Magellan and Spanish activities in the East the chief sources are the narrative of PIGAFETTA printed in RAMUSIO'S collection of travels, 1563-74, many of which, together with that of an unknown Portuguese and many others relating to this subject, are available in the Hakluyt Society publications. A great amount of original material on this and kindred subjects is contained in the admirable work of BLAIR and ROBERTSON, *The Philippine Islands, 1493-1898*, 53 vols., (1903-07). The best life of Magellan is that of GUILLEMARD (1891).

For the Portuguese in Africa and the East the best general account is that of F. C. DANVERS, *The Portuguese in India*, 2 vols., (1894). K. G. JAYNE'S *Vasco da Gama and his Successors, 1460-1580* (1910) is good; and H. M. STEPHENS' *Albuquerque and the Portuguese Settlements in India* (1892) is the best brief account of that period. ALBUQUERQUE'S *Commentaries* are perhaps the chief source for this subject. For the Portuguese in South Africa, see G. M. THEAL'S work under that title (1907). A. MARVAUD'S *Le Portugal et ses Colonies* (1912) is among the most recent volumes on this subject.

CHAPTER VII

THE RENAISSANCE AND THE REFORMATION. 1492-1521

For the general subject of the later Renaissance, reference may be made to the works included in the preliminary list of comprehensive titles and the bibliography of Chapter I, with some titles in Chapter II. There are, however, a number of special studies which may be mentioned here. Among them are L. EINSTEIN'S *Italian Renaissance in England* (1902) and W. H. WOODWARD, *Vittorino da Feltre and other Humanist Educators* (1897), together with the older book of G. VOIGT, *Die Wiederbelebung des Classischen Alterthums, oder das erste Jahrhundert des Humanismus* (3 ed., 1893), and the admirable recent work of TAYLOR, *The Medieval Mind*. See also C. BURSIAN'S *Geschichte der Classischen Philologie in Deutschland* (1883) and GEIGER'S *Renaissance u. Humanismus in Italien u. Deutschland* (1882). A fairly good book-list will be found in the *Cambridge Modern History*, vol. i, bibliographical section.

Among the volumes interesting or important for the eve of the Reformation may be noted ERASMUS' *Letters*, translated by NICHOLS (1901); B. A. GASQUET, *The Eve of the Reformation* (1900); F. W. FARRAR, *History of Interpretation* (1886); and B. J. KIDD, *Documents Illustrative of the Continental Reformation* (1911). See, also, W. WALKER, *The Reformation*. For the history of the Inquisition, the standard works are those of H. C. LEA. The most recent suggestive work on the early Reformation is that of P. IMBART DE LA TOUR, *Les Origines de la Réforme*, 2 vols., (1905-09). Among earlier works it is necessary to note *The Reformation*, by J. J. I. DÖLLINGER (1853-54); LAMPRECHT'S *Deutsche Geschichte*, vol. v., (1896)— interesting if not always sound in its generalizations; A. E. BERGER'S *Die Kulturaufgaben der Reformation*, 2 ed., (1908); J. S. SCHAPIRO'S *Social Reform and the Reformation* (1909). For the Indulgence controversy, see H. C. LEA'S *History of Auricular Confession and Indu-lgences*, 3 vols., (1896); E. BRATKE'S *Luther's 95 Theses u. ihren Dogmenhistorischen Voraussetzungen* (1884); and W. KÖHLER'S *Dokumente zum Ablassstreit von 1517* (1902). See, also, A. SCHULTE, *Die Fugger in Rom*. There are innumerable biographies of Luther, among whose authors may be named KOLDE, KÖSTLIN, LINDSAY, BEAED, MCGIFFERT, SMITH, DENIFLE, and GRISAR—the last two being Catholic historians.

On the development of the technique of painting probably the best work in English is that of P. G. HAMERTON (1882). H. N. HUMPHREYS' *History of the Art of Printing* (1867) and BIGMORE and WYMAN'S *Bibliography of Printing* serve as an introduction to the great literature on this subject. For more recent publications there is a good book-list in the article Typography in the Britannica, 11th ed.

CHAPTER VIII

REFORM AND POLITICS. 1521-1542

Many of the books most important for the study of this period have been noted in the bibliographies of the preceding chapters. It remains to enumerate those on the subjects not treated there. Among them is the history of the Ottoman Turks under Suleiman the Magnificent. Here the study of RANKE, *Die Osmanen u. die Spanische Monarchie im 16ten u. 17ten Jahrhundert*, and the great work of J. VON HAMMER (1834-35) are noteworthy. The recent study of A. H. LYBYER, *The Government of the Ottoman Empire in the Time of Suleiman the Magnificent* (1913), is valuable on the administrative side, and contains a good bibliography. To this may be added the monographs of E. CAT, *De Caroli V in Africa rebus gestis* (1891), and of J. ZELLER, *La Diplomatie Francaise au milieu du xvi Siècle* (1881), together with H. F. BROWN'S *Venice* (1893).

Among other works of interest in connection with the Reformation movement may be noted Cardinal F. A. GASQUET, *Edward VI and the Book of Common Prayer* (1890) and his *Henry VIII and the English Monasteries* (1888-89). In this connection there is an excellent essay in J. A. FROUDE'S *Short Studies on Great Subjects*, "The Annals of an Abbey."

The subject of the rebellion of the knights and the peasants in Germany has received great attention. E. B. BAX, *The Peasants' War in Germany* (1899), gives a general popular account of the latter, concerning which there is a long list of German monographs, many of which are listed in the *Camb. Mod. Hist.*, vol. ii, p. 753. There is a good biography of Ulrich von Hutten by STRAUSS, translated by STURGE (1874), and one of von Sickingen by H. ULMANN (1872). The bibliography of the German Reformation is too long to find any adequate representation here but is easily accessible in the general works noted in the bibliographical introduction, where may also be found an account of Reformation literature in general, which can only be touched on here. W. W. Rockwell has prepared a recent bibliography of the whole for the centenary of 1917.

For the Swiss reformation the best English biography of Zwingli is that of S. M. JACKSON (1901), who has also edited Zwingli's writings. The best accessible English biography of Calvin is W. WALKER'S (1906). H. M. BAIRD'S *Beza* (1899) and his *Rise of the Huguenots in France* (1879) are useful. P. H. BROWN'S *Life of John Knox* (1895) and A. LANG'S *Knox and the Reformation* (1905) cover the Scotch period and give side-lights on Geneva. The Autobiography of Loyola is available in the English translation of J. F. X. O'CONOR (1900), and his *Life*, by F. THOMPSON (1910), is the latest presentment of that subject and of the early years of the Jesuits. Their activities in the various countries form the subject of a series of national histories now appearing under their auspices. The works of Calvin have been repeatedly republished in every north-European language and in innumerable forms. And it may be interesting in this connection to call attention to A. HARNACK'S *History of Dogma*, available in English, for a general comparative view of the results of this period.

CHAPTER IX

EUROPE BEYOND THE SEA. 1521-1542

For the work of Cortez see the bibliography of Chapter VI. There is no biography of any importance of Pizarro. Sir C. MARKHAM'S *History of Peru* (1892) and his *Incas of Peru* (1910) touch on Pizarro's conquest and may be supplemented by the general works cited previously, and by GARCILLASSAO DE LA VEGA'S *Royal Commentaries of the Incas*, translated in Hakluyt Society publications. The treatment of the Indians is the subject of much discussion, the sanest summary of modern opinion being probably that of BOURNE, as above. LAS CASAS' great indictment of his countrymen, the *Brevissima Relacion de la Destruycion des las Indias Occidentales* and his *Historia de las Indias* are not available in English but that lack is partially supplied by the biographies of Las Casas by Sir A. HELPS (1868) and F. A. MACNUTT (1909). To these may be added W. LOWERY'S *Spanish Settlements*, 2 vols., (1901-05).

The explorations are the subject of an unusually large literature, for which the bibliographies in BOURNE'S *Spain in America*, in WINSOR'S *Narrative and Critical History*, and in the publication known as *Writings on American History* (1902ff.), may act as guides. There are several available narratives of the explorers, that of Coronado, edited by WINSHIP (1904); that of Cabeca de Vaca, by SMITH (1866); that of De Soto, by BOURNE (1904). NAVARRETE'S *Coleccion de los Viages y Descubrimientos*, 5 vols., (1825-37), is useful for this period as for the earlier.

The so-called *New Laws of Charles V* are available in several Spanish but no English editions. The import of specie from the American colonies has been made the subject of a number of studies, the latest and perhaps the most satisfactory being that of C. H. HARING, in the *Quarterly Journal of Economics for May*, 1915. See also his *Trade and Navigation between Spain and the Indies under the Hapsburgs* (1918).

There is no adequate history of Brazil in English. The Brazilian-Portuguese history of C. DE ABREU, *Discobrimento do Brazil e seu desenvolvimento no seculo xix* (1883), the various accounts of its colonial development in the general histories of colonies, and the brief and not very satisfactory sketch in DAWSON'S *South America* in the *Stories of the Nations* series, may suffice for an introduction to its history.

The explorations of the French are treated in many volumes relating to North America and colonial history. Among these, PARKMAN'S *Pioneers of France* (1865) remains the most readable account. CARTIER'S *Narrative* has been published by J. P. Baxter (1906) and by the University of Torouto; H. P. BIGGAR, *The Precursors of Jacques Cartier*, etc., (documents, Canadian gov't publications). See, also, J. F. JAMESON (ed.), *Original Narratives of Early American History*.

CHAPTER X

SOCIAL AND INTELLECTUAL EUROPE. 1521-1542

The developments of science in the sixteenth century have been treated in a multitude of monographs widely scattered in time and place.

Some of them may be found listed in the CRERAR *Bibliographies*, noted above; and many more in the scientific journals. But a general bibliography of such material is still desired. Apart from the histories of mathematics, the work of Copernicus has been elaborately treated in L. PEOWE'S *Nicolaus Copernicus*, 2 vols., (1883-84), and that of his predecessors in G. V. SCHIAPARELLI'S *I Precursori del Copernico nell' Antichità* (1873). F. H. GARRISON'S *History of Medicine* (1914), apart from its other virtues, contains a great amount of medical bibliography of value and interest to the general reader as well as to the specialist. The life of Vesalius (which finds no place in the *Britannica*) has been the subject of two biographies, one in German by M. ROTH (1892), the other in English by J. M. BALL (1910). The other biographical material may be found in Garrison.

The history of art has been more fortunate and there is a wealth of material upon painters and their work. Reference may be made briefly to some recent works. WÖLFFLIN, *The Art of the Italian Renaissance* (1903); CROWE and CAVALCASELLE, *History of Painting in Italy; Early Flemish Painting* (1879); DIMIER, *French Painting in the 16th Century*; L. F. FREEMAN, *Italian Sculptors of the Renaissance* (1902); H. JANITSCHEK, *Geschichte der Deutschen Malerei* (1890). The source for much of the material relating to Italian art of this period is VASARI'S *Lives of the Painters* (1550-68), which is available in many translations. There are several biographies of the younger Holbein which throw light upon his period. Among them may be mentioned those of H. KNACKFUSS (1899) and of G. S. DAVIES (1903).

The social and economic changes of the sixteenth century may be studied in EHRENBERG, *Das Zeitalter der Fugger* (1896); W. NAUDÉ, *Die Getreidehandelspolitik der Europäischen Staaten vom*

13ten bis zum 18ten Jahrhundert (1896); WIEBE, *Zur Geschichte der Preisrevolution des xvi u. xvii Jahrhunderts* (1895); W. J. ASHLEY, *Introduction to English Economic History and Theory*, 4 ed., (1913); G. UNWIN, *Industrial Organization in the 16th and 17th Centuries* (1904) and his *Gilds and Companies of London* (1908); W. CUNNINGHAM, *Growth of English Industry and Commerce in the Middle Ages*, 4 ed., (1904), *in Modern Times*, 5 ed., (1912); M. KOVALESKY, *Die Oekonomische Entwicklung Europas bis zum Beginn der Kapitalischen Wirthschaftsform*, 7 vols., German from Russian (1901-14).

CHAPTER XI

THE AGE OF THE COUNCIL OF TRENT. 1542-1563

The best known work in English on the Council of Trent ia that of FROUDE (1896); in German, probably that of MAURENBRECHER (1886-90); in French, the much older work of PRAT (1854). H. MÜLLER'S *Les Origines de la Compagnie de Jésus, Ignace et Lainez* (1898), and C. SOMMERVOGEL'S *Bibliothèque de la Compagnie de Jésus* (1890, etc.) afford an introduction to that vast and intricate subject. REUSCH'S *Der Index der Verbotenen Bücher* (1885) and the current issues of the *Index* illuminate that subject. The great work of SARPI on the Council of Trent and its answer by PALLAVICINI afford the basis for much of the history of its activities. They have been critically examined by RANKE in his *History of the Popes*, which affords a check on each, and on FROUDE. For the history of dogma, see HARNACK, as above. The history of political theory has been clearly set forth by W. A. DUNNING in his *History of Political Theories from Luther to Montesquieu* (1905). H. HÖFFDING'S *History of Modern Philosophy*

(1900), P. JANET'S *Histoire de la Science Politique dans ses Rapports avec la Morale* (1887), and BAX'S *The Social Side of the Reformation in Germany* may be read with profit.

The history of the different European countries during this period may be found in the general works listed under the preceding chapters. To them may be added H. M. BAIRD, *History of the Rise of the Huguenots in France* (1879-80); J. M. STONE, *History of Mary I* (1901); J. L. MOTLEY, *Rise of the Dutch Republic* (1855, etc.); HAAG, *France Protestante*, 2 ed., (1877-95); LINGARD'S *History of England* (Catholic—many editions); STEPHENS and HUNT, *History of the Church of England*—a co-operative work (1902ff.); S. R. MAITLAND'S *Essays on the Reformation* (repr. -Introd. by A. W. HUTTON 1899); A. W. WARD'S *Brief Sketch of the Counter-Refomation* (1889). For the part of the enigmatical Maurice of Saxony in German affairs, see E. BRANDENBURG, *Moritz von Sachsen* (1898); for the Schmalkaldic War, see G. VOIGT, *Geschichtsschreibung über den Schmalkaldischen Krieg* (1874), and G. WOLF, *Der Augsburger Religionsfriede* (1890).

CHAPTER XII

THE AGE OF PHILIP II AND THE RELIGIOUS WARS

For the reign and character of Philip II perhaps the most easily accessible works in English are those of PRESCOTT, MOTLEY, and M. A. S. HUME, all of which are written from a more or less hostile standpoint. A more favorable view by a Danish scholar is BRATLI, *Philippe II roi d'Espagne* (1912). M. PHILIPPSON'S *Zeitalter von Philip II u. Elisabeth* is perhaps less biassed, as is the work of RANKE. In Spaniah there is the work of L. CABRERA DE CORDOBA, *La Historia de Felipe II* (1876), and in French that of H. FORNERON, *Histoire de Philippe II*, 4 vols., (1881-82).

For the history of France during this period, see ARMSTRONG, *French Wars of Religion* (1892), and RANKE, *Civil Wars and Monarchy in France*. The best and most recent study on this subject, however, is that of J. W. THOMPSON, *Wars of Religion in France* (1909). The little biography of Coligni by WALTER BESANT is a very readable though not a very scholarly account; while E. ARMSTRONG'S *The Huguenots and Henry of Navarre* (1887) is longer and better. For the civil wars and Catherine de Medici, see COMTE H. DE LA FERRIÉRE, who has written extensively on the subject, chiefly in monographs.

For the Netherlands, besides MOTLEY and BLOK, the more recent biography of William the Silent by Miss R. PUTNAM, 2 vols., (1895), gives the more modern view of his career and character; while the essay by F. HARRISON (1897) offers some interesting views. The extensive work of KERVYN DE LETTENHOVE on *Les Huguenots et les Gueux*, 6 vols., (1883-85) is the best authority on that relationship, but the many contributions of "the Dutch Ranke," FRUIN, including his *Tien jaren nit den tachtigjarigen oorlog* (1861), form by far the most valuable contribution to the history of the period.

Elizabethan England is the subject of a vast literature. BEESLEY'S *Queen Elizabeth* (1892) is a brief readable biography, as is M. CREIGHTON'S work under the same title (1896). M. A. S. HUME'S *The Great Lord Burghley* (1898) and the *Courtships of Queen Elizabeth* (1896) are of interest and importance. The histories of England in the Hunt and Poole and the Oman series are good; while for Ireland the work of BAGWELL, though not interesting reading, has virtually superseded all others in its minute accuracy. FROUDE'S *English Seamen in the 16th Century* (1895), chiefly derived from Hakluyt, is a fascinating book with little scholarly value. To these should be added W. STIRLING MAXWELL'S *Don John of Austria*, 2 vols., (1883); and A. O. MEYER, *England u. d. Katholische Kirche* (1911); as well as the most recent and scholarly history of England in this period by E. P. CHEYNEY, of which the first volume has appeared.

For the acquisition of Portugal by Philip II, see J. ESTÉBANEZ CALDERON, *La conquista y perdida de Portugal* (1885). For the expulsion of the Moors. see H. C. LEA, The Moriscos of Spain (1901), and S. LANE POOLE, *The Moors in Spain* (1897).

The literature on Mary, Queen of Scots, is as endless as the controversy which still rages concerning her character and career. It is only possible to observe here that there is a good book-list of it in the *Cambridge Modern History*, vol. iii, p. 810.

With regard to the early English chartered companies the best book on the whole is that of P. BONNASIEUX, *Les Grandes Compagnies de Commerce* (1892). The volume of CAWSTON and KEANE on *The Early Chartered Companies* (1896) is too brief and general. The publications of the University of Pennsylvania contain some interesting and important studies on this subject; the material for which, however, save for the East India Company, is relatively scanty and unsatisfactory.

The expansion of Russia and the Europeanization of its people is a subject not very easily accessible in west-European languages beyond the general histories. The volumes of A. KRAUSSE, *Russia in Asia* (1899), and of H. LANSDELL, *Russia in Central Asia*, 2 vols., (1885), with works like that of G. TOLSTOY, *The First Forty Years of Intercourse between England and Russia* (1875), and of A. BRÜCKNER,

Die Europäisierung Russlands (1888), with the accounts of the various travelers and ambassadors as contained in Hakluyt and Purchas, and in published diplomatic correspondence, comprise the available material on a subject which deserves more treatment in English. See, also, the article by Mme. LUBIMENKO in the American Historical Review, XIX, 525.

CHAPTER XIII

THE CONDITIONS OF CONFLICT. 1578-1588

For the condition of Spain and Portugal, see the works enumerated in the general and chapter bibliographies as above. For the Spanish navy, see C. DURO FERNANDEZ, *La Armada Española*, etc., (1896-97). For the English navy, see J. CORBETT, *Drake and the Tudor Navy*, 2 vols., (1898). These should be compared with BOUREL DE LA RONCIERE'S *Histoire de la Marine Francaise*; R. H. COLOMB, *Naval Warfare*, 2 ed. (1895); Sir W. L. CLOWES, *The Royal Navy*, 7 vols., (18971903); and OPPENHEIM, *History of the Administration of the Royal Navy* (1896).

For Mercator there are works by RAEMDONCK, BREUSING, WAUWER MANS, and VAN ORTROY, and for Belgian cartography, H. E. WAUWERMANS, *Histoire de l'École Cartographique Belge et Anversoise du xvi Siècle*, 2 vols., (1895), is good.

See, also, L. BATIFFOL, *The Century of the Renaissance in France*, tr. E. F. BUCKLEY (1916).

CHAPTER XIV

THE ARMADA. 1575-1588

For the exploits of Drake, see COBBETT'S *Drake and the Tudor Navy*, as above, and his brief biography of Drake (1890). The pages of Hakluyt are full of the accounts of the exploits of Drake and his companions; and there is much material in the publications of the Hakluyt Society relating to the same subjects. See, also, E. JONES, *Life of Frobisher* (1878). For Polar exploration, see A. W. GREELY'S *Handhook of Polar Discovery*, 4 ed., (1910), which contains much interesting information, and for the literature of the subject, see J. CHAVANNE. The articles and bibliographies under the individual names in the *Dictionary of National Biography* are, in general, especially good.

For Ireland, see BAGWELL, as above, and lists in J. KING'S *Irish Bibliography*. One of the best books on Ireland is BONN'S *Englische Kolonisation in Irland*. Most of the volumes on Ireland, however, are, like FROUDE'S *English in Ireland*, so highly controversial as to be good reading but poor history.

For the Armada, see C. DURO FERNANDEZ, *La Armada Invencible*, 2 vols., (1884-85), and the account of the Armada in Hakluyt and in the various works quoted above under English, Spanish, and naval history. The most brilliant account in English is unquestionably that of FROUDE, which partakes of all the qualities which made him what he was.

CHAPTER XV

THE AGE OF ELIZABETH AND THE ANGLO-DUTCH INVASION OF THE EAST. 1583-1601

For the general naval operations, see the works quoted above on English and Spanish history. To these may be added J. A. FROUDE, *The Spanish Story of the Armada* (1892); M. A. S. HUME, *The Year after the Armada*, etc., (1896); W. F. TILTON, *Die Katastrophe der Spanischen Armada* (1894). *Purchas His Pilgrimes*—the corollary of Hakluyt—is the source of a great amount of material relating to the adventures of the English in the East; and the publications of the Hakluyt Society contain many of the narratives of the adventurers, notably that of LANCASTER (1877), ROE'S *Embassy to the Great Mogul* (1889), DE VEER'S *Voyages of Barentz* (1876), and the like. BURNELL and TIELE'S *Voyage of J. H. van Linschoten to the East Indies* (1885) and the old collections of Kerr and Renneville have still others. The best *Life of Raleigh* is that of E. EDWARDS, 2 vols., (1868), but there are several shorter and more recent biographies containing new material, by GOSSE, STEBBING, HUME, and DE SELINCOURT. See, also, S. R. GARDINER'S *History of England* (1883-84).

Of secondary works, W. W. HUNTER'S *History of British India* (1899-1900) and many of his other voluminous works contain a great amount of information relating to the subject; while the chief source for the early years of the English India Company is the collection of its papers edited by BIRDWOOD. C. DAY, *The Dutch in Java*, is the authority for its subject. J. DE LA GRAVIÈRE, *Les Anglais et les Hollandais dans les Mers Polaires et dans les Mer des Indes* (1890), covers precisely this field. The Dutch material is catalogued to 1875 in J. A. VAN DER CHIJS, *Nederlandsche Indische Bibliographie*, in his publication of that date; while the older work of TIELE, *Mémoire bibliographique sur les journaux des navigateurs Néerlandais* (1867), still has value. Most important of all is the *Encyclopedic van Nederlandsch-Indie* (1896).

For the Dutch East India Company, see J. K. J. DE JONGE, *De Opkomst van het Nederlandsch gezag in oost-Indien*, 13 vols., (1862-88); J. J. MEINSMA, *Geschiedenis van de Nederlandsche oost-Indische Bezittingen*, 3 vols., (1872-75). The great original of most of these works is the old book of F. VALENTYN, *Beschryving van oud en nieuw oost-Indien*, 8 vols., (1724).

CHAPTER XVI

EUROPE AT THE CLOSE OF THE SIXTEENTH CENTURY

For the economic phases of the late sixteenth century see the works quoted in the bibliography to Chapter X. To these may be added H. D. TRAILL'S *Social England* (1893-98), which contains a vast amount of information and, in the illustrated edition, an unusually informing series of pictures. For the development of armor and weapons one of the best sources is ELTON'S *Compleat Body of the Art Military* (1668). HEWIT'S *Arms and Armor* and the works of VIOLLET-LE-DUC also contain much valuable and interesting information and many illustrations both of armor and costume. For the latter there is a considerable literature. The *Cyclopedia of Costume*, 2 vols., (1856-57), and RACINET, *Le Costume Historique*, 6 vols., illus., (1888) are useful. For architecture, see R. STURGIS, *History of Architecture* (1906 ff.), and the volumes by FERGUSSON, HAMLIN, and FLETCHER on the same subject. For Palladio, see the lives by ZANELLA (1880) and by BARICHELLA (1880).

It need hardly be said that the literature of the drama and the Elizabethan stage is almost unlimited. The latest, and in many respects the most important, work on that subject is the co-operative work, *The England of Shakespeare* (1916, etc.). Probably the best biography of Shakespeare is that of S. LEE, several editions, the last in 1915. The best accessible bibliography of Shakespeare is in the last edition of the *Britannica*, under his name. For a general account of Elizabethan drama and dramatists, see A. W. WARD, *History of English Dramatic Literature to the Death of Anne* (1899), and the *Cambridge History of English Literature*, edited by WARD and WALLER (1907-16).

For the rise and development of the opera, see the Oxford History of Music (1901-05) and G. GROVE'S *Dictionary of Music and Musicians*, edited by MAITLAND (1904-08).

CHAPTER XVII

THE RISE OF HOLLAND AND THE DEVELOPMENT OF THE BOURBON MONARCHY. 1603-1623

For the character and career of Henry IV of France, see WILLERT'S *Henry of Navarre* in the *Heroes of the Nations* series, and especially E. LAVISSE, *Vie de Sully* (1880), and his *Histoire de France*. The *Mémoires of Sully* are among the most interesting and valuable of the sources, and are available in an English translation. For Henry's Grand Design, see C. A. CORNELLUS, *Der Crosse Plan Heinrichs IV* (1896). The literature of the reign of the most popular of French sovereigns is very great; and an exhaustive bibliography of it is to be found by

H. HAUSER in his *Sources de l'histoire de France* (1909). See, also, bibliography to Chapter XII.

For Russia and the beginning of the Romanoffs, see STRAHL and HERMANN'S *Geschichte des Russischen Staates*, vol. iii, (1846); PRINCE E. GALITZIN'S *La Russie du xviie siècle dans ses Rapports avec l'Europe Occidentale* (1855); R. N. BAIN, *The First Romanovs* (1905); and Hakluyt Society, *Russia at the Close of the 16th Century*, ed. BOND (1856).

For the early years of the seventeenth century in Germany, see GINDELY'S *History of the Thirty Years' War to 1632*, tr. by TEN BROOK (1884), and his various writings in German on the reign of Rudolf II; A. W. WARD, *The House of Austria in the Thirty Years' War* (1869), STIEVE'S *Der Kampf um Donauwörth* (1875); FREYTAG'S *Pictures of German Life in the 17th and 18th Centuries*; WAKEMAN'S *The Ascendancy of France 1598-1715*. The little book of S. R. GARDINER, *The Thirty Years' War*, is a good introduction. For more detailed lists, see the *Cambridge Modern History*, vol. iii; and especially DAHLMANN-WAITZ as quoted in the general bibliographical introduction above.

For the history of England and the policy of James I, see S. R. GARDINER, *History of England from the Accession of James I* (1899-1900), and the volumes in the Hunt and Poole and Oman series.

For the history of the Netherlands, see bibliography for Chapters XII and XV. To the works there quoted may be added J. L. MOTLEY'S *History of the United Netherlands* (1860-67) and his *Life and Death of John of Barneveldt* (1874). In Dutch, the work of J. A. VAN DER CHIJS, *De vesteegiging van her Nederlandsche gezag over de Banda Eilanden 1599-1621* (1886), is good. In German, REES, *Geschiedenis der Koloniale Politiek* (1868), and REUS' *Geschichtlicher Ueberblick der administrativen, rechtlichen u. finanziellen Entwicklung der Niederlandisch-Ostindischen Compagnie* (1894), are among the principal works. For the Dutch in Brazil and Guiana, see articles by L. DRIESEN and G. EDMUNDSON in the *English Historical Review*, vols. xi to xix, passim, and P. M. NETSCHER'S *Les Hollandais au Brésil* (1853) and *Geschiedenis van de Kolonieen Essequibo, Demerary, en Berbice* (1888). One of the best monographs on Dutch colonial expansion is that of J. F. JAMESON, *W. Usselincx* (1887). See also in this subject the elaborate reports prepared by the representatives of the British and American governments in the controversy over the boundary between Venezuela and British Guiana, and published as official documents in 1896-97.

CHAPTER XVIII

ENGLAND, FRANCE, AND HOLLAND IN AMERICA. 1603-1623

The chief bibliographical and cartographical source for this period is the *Narrative and Critical History* of WINSOR, quoted above. The principal popular works on the subject in English are those of JOHN FISKE; and, for the French, those of FRANCIS PARKMAN. There is a vast literature on the subject of the English and Dutch colonies in particular, which may be found for the most part enumerated in CHANNING, HART, and TURNER'S *Guide*, as above. The two volumes of the *American Nation* series, *France in America*, by R. G. THWAITES, and *England in America*, by L. G. TYLER, are brief popular accounts. The best general authorities are E. CHANNING, *History of the United States*, vol. i (1905), BROWN, *Genesis of the*

United States, 2 vols., (1891), OSGOOD, *The American Colonies in the 17th Century*, DOYLE, *English Colonies in America*, 5 vols., (1882-1907), and the publications in connection with the Champlain celebration. E. EGGLESTON'S *Beginners of a Nation* (1897) is a good readable account of the Pilgrim Fathers. G. L. BEER'S *Origins of the British Colonial System* (1908), while chiefly devoted to a later period, is of importance. SMITH'S *Narrative* is available in several recent editions, and Champlain's *Voyages* has been translated by Mr. and Mrs. E. G. BOURNE, and more recently edited by W. L. GRANT (1907).

CHAPTER XIX

THE THIRTY YEARS' WAR. 1618-1632

The literature of the Thirty Years' War is too vast to receive any adequate notice here. There is a good brief guide to it in the *Cambridge Modern History* at the end of the volume under that title, and a fairly complete bibliography in DAHLMANN-WAITZ. For the war itself perhaps the best account in English is the translation of GINDELY by TEN BROOK and KLOPP. The best sketch is GARDINER'S *Thirty Years' War* (1874). The work of SCHILLER is a classic not a history; that of HÄUSSER on the Reformation is long since displaced by better work but is still readable. For the history of England, see Chapter XVII. NEAL'S *History of the Puritans*, though an old work, still has value. It is available in many editions. In the matter of biographies the period is prolific. Among them may be noted G. FAGNIEZ, *Le Père Joseph et Richelieu*, 2 vols., (1894); A. GINDELY, *Friedrich V von der Pfalz*, etc., (1884); K. HAUCK, *Elisabeth, Königin von Böhmen*, etc., (1905); F. STIEVE, *Ernst von Mansfeld* (1890), and *Kurfürst Maximilian I von Baiern* (1900); and the biographies of Richelieu by R. LODGE (1896) and by J. B. PERKINS (1900). Perhaps the best biographical material relating to the period is to be found in the *Allgemeine Deutsche Biographie* and the *Dictionary of National Biography*.

CHAPTER XX

COMMERCE AND COLONIES. 1621-1642

The biographies of Richelieu and especially those of Champlain contain some account of the beginnings of Canadian settlement and French colonial policy. For the history of Virginia, see FISKE'S *Old Virginia and her Neighbors*, 2 vols., (1900), and BRUCE'S three works on the *Economic* (1896), the *Institutional* (1910), and the *Social Life in Virginia* (1907) during the seventeenth century. For the New England settlements, see FISKE'S *Beginnings of New England* (1889); for New Amsterdam, see J. H. INNES, *New Amsterdam and Its People* (1902) and Mrs. S. VAN RENSSELAER'S excellent *History of the City of New York in the 17th Century* (1909). For the administration of Frederick Henry, see G. EDMUNDSON'S article on Frederick Henry in *English Historical Review*, (1890), and the bibliography under his name in *Cambridge Modern History*, vol. iv, p. 931ff. For Coen, see W. A. TERWOGT'S *Het land van Jan Pieterz. Coen* (1891). For Dutch exploits in Brazil, see F. A. VARNHAGEN'S *Historia das Lutas com os Hollandezes no Brazil desde 1624 a 1654* (1871), and especially P. NETSCHER, *Les Hollandais au Brésil* (1853), with articles as above Chapter XVII. G. M. ASHER'S *Bibliographical and Historical Essay on Dutch books, etc., relating to the New Netherland and the Dutch West India Company* (1854-57) is still useful as a guide to the literature of this not very well worked-up subject, while the same may be said of the old book of BRYAN EDWARDS, *The History of the British Colonies in the West Indies*, 4 ed., (1807), and of EXQUEMELING'S *Buccaneers*, available in several editions and various translations. The best sketch of the buccaneers is that by C. H. HARING (1910). For works relating to Spanish and Portuguese America in this period, chiefly contemporary or nearly so, see WINSOR'S *Narrative and Critical History*. For the revolt of Portugal and the regaining of its independence, J. DUNLOP, *Spain during the Reign of Philip IV* (1834); M. A. S. HUME, *History of the Spanish People* (1901) *and Spain: Its Greatness and Decay* (1898). In Spanish, M. LAFUENTE, *Historia de España* (1888); A. CANOVAS DEL CASTILLO, *Estudios del Reinado de Felipe IV* (1889) and F. SILVELA (ed.), *Cartas de Sor Maria de Agrela y del rey Felipe IV* (1885-86) introd.; and in German RANKE, *Fürsten u. Völker von Süd-Europa im 16 u. 17 Jahrhundert* (1874, etc.).

CHAPTER XXI

INTELLECTUAL AND SOCIAL PROGRESS. 1610-1642

For costume and armor see the bibliography to Chapter XVI. For lace-making there are a number of pattern-books of the late sixteenth and early seventeenth centuries; and a *History of the Manufacture of Venetian Laces* by G. M. URBANI DE GHELTOF, tr. by Lady LAYARD. Probably the best work on the subject is that of E. LEFEBVRE, *Embroidery and Lace, their Manufacture and History*, etc., (1888), and another on *Point d'Alencon* by Mme. G. DESPIERRES (1886). For tobacco, see W. BRAGGE'S *Bibliographia Nicotiana* (1880) for the best, yet very incomplete book-list; and

FAIRHOLT'S *Tobacco, its History and Associations*, 2 ed., (1876) and TIEDMANN'S *Geschichte des Tabaks* (1856). For tea, see J. G. HOUSSAYE, *Monographie de Thé*; and the bibliography in D. CROLE, *Tea, its Cultivation and Manufacture* (1897). For coffee, see WALSH'S *Coffee, its History* (1902). For chocolate and cocoa, see W. BAKER & Co., *Cocoa and Chocolate, A Short History of their Production and Use* (1899). The historical muse does not seem to have inspired the devotees of strong drink as she has those of the milder beverages. There is a history of the art of distillation and of distilling apparatus by O. SCHREINER (1901), but it is devoted chiefly to volatile oils, and we are compelled to fall back on the articles in the general and technical encyclopaedias for information.

For the advance in science, beside the works noted in the general bibliography, see S. A. ARRHENIUS' *Theories of Chemistry* (1907); E. O. VON LIPPMANN'S *Abhandlungen u. Vorträge zur Geschichte der Naturwissenschaften* (1906); E. VON MEYER'S *A History of Chemistry ... being also an Introduction to the Study of Science* (trans.), (1906); W. RAMSAY, *Essays, Biographical and Chemical* (1908); R. O. MOON'S *The Relation of Medicine to Philosophy* (1909); and, among the many histories of medicine enumerated in the Crerar Library catalogues, and the catalogue of the Surgeon-General's office in Washington which is the most comprehensive of all book-lists relating to the subject. There may also be noted the popular essays of J. J. WALSH, *Makers of Modern Medicine* (1907) and *The Popes and Science* (1908). For Harvey, see R. WILLIS' biography (1878) and the Life by W. MUNK (1879). For Galileo see the edition of his works begun in Florence in 1890; J. J. FAHIE, *Galileo* (1903); and F. R. WEGG-PROSSER'S *Galileo and his Judges* (1889). For Kepler, C.

G. REUSCHLE'S *Kepler u. die Astronomie* (1871) and A. MÜLLER'S *Johann Kepler, der Gesetzgaber der Neueren Astronomie* (1903). For Tycho Brahe, see J. L. E. DREYER'S *Tycho Brahe* (1890). See, also, M. FOSTER'S *History of Physiology during the 16th, 17th and 18th Centuries* (1901), and H. ZEUTHEN'S *Geschichte der Mathematik im 16 u. 17 Jahrhundert* (1903).

For Bacon, see J. SPEDDING'S *Life and Letters of Lord Bacon*, the standard biography; S. LEE'S *Great Englishmen of the 16th Century* (1904); J. M. ROBERTSON'S *Short History of Freethought*; and CH. ADAM'S *Philosophie de Francis Bacon* (1890), besides the histories of philosophy quoted above.

These histories are valuable for Descartes and his philosophy. For more detailed studies, see also E. S. HALDANE, *Descartes, his Life and Times*, including a bibliography (1905), and the article in *Cambridge Modern History*, vol. iv, with bibliography, and N. SMITH, *Studies in the Cartesian Philosophy* (1902). A complete collection of his works was begun in 1907. See, also, R. ADAMSON, *The Development of Modern Philosophy* (1903); K. FISCHER, *History of Modern Philosophy; Descartes and his School*, tr., (1887); and L. LEVY-BRUHL, *History of Modern Philosophy in France*, tr., (1899).

For Grotius, see L. NEUMANN, *Hugo Grotius* (1884). A life and bibliography of Grotius was published by LEHMANN in 1727; an English life by C. BUTLER in 1826; and an English translation of *De Jure Belli* (trans. and abridged) by WHEWELL, in 1853. See also A. PILLET, *Fondateurs du droit international, Grotius* (1904); and the edition of Grotius, ed. J. B. SCOTT, in *Classics of International Law*, Carnegie Inst. (1913—).

For Bruno, see J. LEWIS M'INTYRE'S *Life, Commentary and*

Bibliography (1903) and A. RIEHL'S *Biography*, tr., (1905), among several. For Campanella, see L. AMABILE, *Fra T. Campanella*, 3 vols., (1882). There is a bibliography of Campanella in the *Dictionnaire de Théologie Catholique* (1904).

CHAPTER XXII

THE PEACE OF WESTPHALIA AND THE ENGLISH REVOLUTION.
1642-1648

The principal sources and bibliographies for the Thirty Years' War have been indicated under Chapters XVII and XIX. There are a num- ber of biographies of Wallenstein of importance for the period, though unfortunately no adequate work in English. In German the principal books are those of RANKE, *Geschichte Wallensteins* (1872, 1910); and GINDELY, *Waldstein*, 2 vols., (1886). There are two English biographies of Gustavus Adolphus available, C. R. L. FLETCHER (1890) and T. A. DODGE (1896). In German, one of the principal biographies is that of G. DROYSEN, 2 vols., (1869-70). See, also, R. N. BAIN, *Scandinavia 1513-1900* (1905) for a brief account of Norway, Sweden, and Denmark, and F. F. CARLSSON, *Geschichte Schwedens*, tr. from the Swedish, (1855). In French, see E. CHARVÉRIAT, *Histoire de la Guerre de Trente Ans*, 2 vols., (1878), and for Austria, see F. KRONES' *Handbuch der Geschichte Oesterreichs* (1877, etc.); E. DENIS' *Fin de l'Indépendance Bohéme* (1890) and La *Bohéme depuis la Montagne-Blanche* (1903) are useful, as is H. PIRENNE, *Histoire de Belgique* (1911). See, also, the works of J. B. PERKINS, *Richelieu* (1900) and *France under Mazarin* (1886); and also G. AVENEL, *Richelieu et la Monarchie Absolue*, 4 vols., (1884-90). There is an older book of popular interest by E. CUST, *Lives of the Warriors of the Thirty Years' War*, 2 vols., (1865); and more recent lives of Bernard of Saxe-Weimar by A. THOMA (1904), of Bethlen Gabor by GINDELY (1890) and IGNÁE-ACSÁDY, *Gabriel Bethlen and his Court* (1890).

For the history of England in this period the standard work is that of S. R. GARDINER. For histories of Scotland, see J. H. BURTON (1873), P. H. BROWN (1905), and ANDREW LANG (1906). For the Grand Remonstrance, see the monographs by J. FORSTER (1860) and H. L. SCHOOLCRAFT (1902). G. M. TREVELYAN'S *England under the Stuarts* (1905) is an eminently readable but not a very scientific review of the period, excellent on the social and literary side. J. B. MOZLEY'S *Essays, Historical and Theological*, 2 vols., (1878), is good for the high church point of view, and J. G. PALFREY'S *History of New England* (1884) is still valuable for that part of the Puritan movement. C. H. SIMPKINSON, *Thomas Harrison, Regicide and Major-General* (1905) gives a good picture of the more advanced party, and the Stuart series of biographies published by Goupil Frères are beautifully illustrated works of much value historically as well as artistically. J. MORLEY'S *Life of Cromwell* (1900) is excellent on the philosophical side, and T. C. PEASE, *The Leveller Movement* (1916) is the best statement of the case for that group of radicals, as Miss LOUISE BROWN'S *Fifth Monarchists* is excellent for that faction.

The articles of the Peace of Westphalia, as of the treaties of the following period, are available in DUMONT ancl ROUSSEL DE MISSY'S *Corps Universel Diplomatique du Droit des Gens contenant un Recueil des Traitez* (1727); see also J. G. VON MEIERN'S *Acta Pacis West-phalicae Publica* (1734-36). For treaties relating to the territories now occupied by the United States, see F. G. DAVENPORT,

Treaties bearing on the History of the United States and its Dependencies to 1648 (Washington, 1917).

CHAPTER XXIII

THE AGE OF CROMWELL. 1642-1660

The best three biographies of Cromwell are those of MORLEY (see bibliography to preceding chapter), S. R. GARDINER (1899), and C. H. FIRTH. See, also, GARDINER'S *Cromwell's Place in History* (1897); and for an adverse view R. F. D. PALGRAVE'S *Oliver Cromwell, the Protector* (1890 and 1903). The best edition of his letters is Mrs. S. C. LOMAS' ed. of CARLYLE'S *Letters and Speeches of Oliver Cromwell*, 3 vols., (1904). The most comprehensive work on Cromwell as a soldier is that of F. HÖNIG (1887) which should be compared with T. S. BALDOCK (1899); and the best account of his army is that of C. H. FIRTH, *Cromwell's Army* (1902). For the navy, see M. OPPENHEIM, *Administration of the Royal Navy* (1896). For Cromwell's foreign relations, see G. JONES, *Relations between Cromwell and Charles X of Sweden* (1897); BISCHOFSHAUSEN, *Die Politik des Protectors Oliver Cromwell*, etc., (1899); J. N. BOWMAN, *Protestant Interest in Cromwell's Foreign Relations (1900); CARLBOM, Sverige och England* (1900); and G. L. BEER, *Cromwell's Policy in its Economic Aspects* (1902). See, also, *The Last Years of the Protectorate* by C. H. FIRTH (1909); and *Cromwell's Scotch Campaigns* by W. S. DOUGLAS (1898). The principal source for many of these subjects is J. THURLOE, *Collection of State Papers*, etc., 7 vols., (1702-03).

For the English Church during this period, see W. A. SHAW, *History of the English Church during the Civil Wars and under the*

Commonwealth, 2 vols. (1900). The articles in the *Dictionary of National Biography* are especially good for biographical data.

For the insurrection of Masaniello, see A. G. MEISSNER'S and E. BOURG'S *Masaniello*. For Khmelnitzki, see R. N. BAIN, *The First Romanovs*, as quoted above. For the effect of Cromwell's policy oversea, see the volumes quoted in Chapter XVIII, and N. D. DAVIS, *The Cavaliers and Roundheads of Barbados* (1887). For the Anglo-Dutch war, see EDMUNDSON as above. For Ireland, see R. BAGWELL, *Ireland under the Stuarts and Commonwealth*; M. J. BONN, *Die Englische Kolonisation in Irland*, 2 vols., (1906); and A. BELLESHEIM, *Geschichte der Katholischen Kirche in Irland*, 3 vols., (1890-1901). The best brief account is the introduction to R. DUNLOP'S *Ireland under the Commonwealth* (1913)—a collection of documents.

There are two good books on the Netherlands in this period: J. GEDDES, *The Administration of John de Witt*, 1 vol., (all published), (1879), and A. LEFÉVRE PONTALIS, *Vingt Années de Republique Parlementaire au Dix-septième Siècle: Jean de Witt*, 2 vols., (1884), tr. STEPHENSON (1885). For naval affairs, see J. S. CORBETT, *England in the Mediterranean*, 2 vols., (1904), and his *Successors of Drake* (1900).

For general political progress, see G. P. GOOCH, *History of English Democratic Ideas in the 17th Century* (1889); C. BORGEAUD, *Rise of Modern Democracy in Old and New England*, tr., (1894); and L. H. BERENS, *The Digger Movement* (1906).

CHAPTER XXIV

EUROPE AT THE MIDDLE OF THE SEVENTEENTH CENTURY

For the development of the English colonies in North America, see the books referred to in the bibliography to Chapter XVIII. To these may be added MERENESS' *Maryland as a Proprietary Province* (1901); LATANE'S *Early Relations of Maryland and Virginia* (1895); and STEINER'S *The Beginnings of Maryland* (1903). See, also, G. PENN'S *Memorials of the Professional Life and Times of Sir W. Penn*, 2 vols., (1833), with the articles of C. H. FIRTH in the *English Historical Review* (1905ff.) on Blake.

For New France, see PARKMAN'S works as quoted above and for New Netherlands, the bibliography to Chapter XVIII. For the exploration of the Northwest, see A. C. LAUT, *Conquest of the Great Northwest* (1909); G. BRYCE, *Remarkable History of the Hudson's Bay Company* (1900); E. HEAWOOD, *History of Geographical Discovery in the 17th and 18th Centuries* (1912); and the bibliographies in the annual *Review of Historical Publications relating to Canada* issued by the University of Toronto.

For the history of Brazil, see bibliography to Chapter XVIII. To these may be added A. J. DE M. MORÃES' *Brazil historico*, etc., (1866-67); F. A. VARNHAGEN, *Historia das Lutas com os Hollandezes no Brazil desde 1624-54* (1872) and his *Historia general do Brazil*, 2 vols., (1877). G. EDMUNDSON, *The Dutch in Western Guiana*, and *The Dutch on the Amazon and the Negro in the 17th Century* (English Historical Review, 1901-03). See, also, L. DOMINGUEZ, *Historia Argentina*, 4 ed., (1870), and RODWAY, *The West Indies and the Spanish Main* (1896). For the Dutch in the East, add to the bibliography of Chapter XVII, J. E. TENNANT, *Ceylon* (1860); H. ST. JOHN'S *The Indian Archipelago*, 2 vols., (1853); and G. M. THEALL, *History of South Africa*, 5 vols., (1888); with C. P. LUCAS, *Historical Geography of the British Colonies*, 2 ed., (1905 ff.).

For the history of art in the seventeenth century, see in addition to the general accounts, M. BELL, *Rembrandt van Rijn and his Work* (1899); A. ROSENBERG'S *Rembrandt* (1906) fully illustrated; BODE'S *Rembrandt u. seine Zeitgenossen*; PILKINGTON'S *Dictionary of Painters*; with the two series (German and English) of *Great Painters*, now in progress.

For morals, see LECKY, *History of Rationalism in Europe* (1865), now somewhat antiquated and never very interesting. For literature in general and Molière in particular, see E. DESPOIS and P. MESNARD'S introduction to Molière's works and the edition of his works in *Les Grandes Ecrivains de la France*. See, also, P. LACROIX, *Collection Molièresque* and H. C. CHATFIELD-TAYLOR, *Molière; A bibliography* (1907) for Molière literature. See, also, the works of SAINTE-BEUVE, SCHERER, and BRUNETIÈRE. For Pascal, see SAINTE-BEUVE'S *Port Royal* and E. BOUTROUX'S *Life* (1903). See, also, in general for this and following chapters, L. PETIT DE JULLEVILLE (ed.), *Histoire de la langue et de la littérature francaise* (1896-1900).

For English literature in this period, see the *Cambridge History of English Literature*; D. MASSON, *Life of Milton*, 6 vols., (1859-80); H. J. C. GRIERSON, *First Half of the 17th Century*. For Calderon and Spanish literature, see H. BREYMANN'S *Calderon Studien* (1905); E. MARTINENCHE'S *La Comédie Espagnole en France de Hardy à Racine* (1900) and F. PICATOSTE Y RODRIGUEZ'S *Biografia de Don Pedro Calderon*, etc., (1881).

For Hobbes, see especially the L. STEPHEN (1904) and C. G. ROBERTSON (1886) biographies. See, also, W. GRAHAM, *English Political Philosophy from Hobbes to Maine* (1899).

For the early history of newspapers, see FOX BOURNE, *History of*

Newspapers, and especially J. B. WILLIAMS, *Early History of English Journalism* (1908).

For the history of science in the seventeenth century, besides the general works on the subject, see the *Record of the Royal Society* (1901); ELLIS, SPEDDING, and HEATH (eds.), *Collected Works of Bacon* (1870); S. P. RIGAUD, *Correspondence of Scientific Men of the 17th Century* (1841); C. ADAM and P. TANNERY (eds.), *Descartes, Euvres* (1897,etc.); PERTZ, GROTEFEND, and GERHARDT (eds.), *Leibniz, Gesammelte Werke* (1843, etc.); S. HORSLEY (ed.), *Newton, Opcra* (1779-85); J. NAPIER, *Collected Works* (1839); Galileo's treatises, tr. H. CREW (1915).

For the biographies of the principal scientific men of the century, see SPEDDING'S *Bacon* (1861-74); HALDANE'S *Descartes* (1906); FAHIE'S *Galileo* (1903); BREITSCHWERT'S *Kepler* (1831); GUHRAUER'S *Leibniz* (1842-46); and SLOMAN'S *Leibniz*, Eng. tr., (1860); NAPIER's *Napier* (1834); BREWSTER'S *Newton* (1855). There is a good brief bibliography of the subject in *Cambridge Modern History*, vol. v, p. 903 ff.

CHAPTER XXV

THE AGE OF LOUIS XIV. 1660-1678

For the reign of Louis XIV, its history, administration, foreign policy, and general relations, see O. AIRY'S little book *The English Restoration and Louis XIV* (1888); P. A. CHÉRUEL'S *La Politique Extérieure de Louis au début de son Gouvernement Personnel* (1890); S. DE GROVESTINS' *Guillaume III et Louis XIV*, 8 vols., (1868); O. KLOPP'S *Der Fall des Hauses Stuart*, etc., 14 vols.,

(1875-88), F. F. CARLSSON'S *Geschichte Schwedens* (1873-87); B. ERDMANNSDÖRFFER'S *Deutsche Geschichte... 1648-1740*; and especially LAVISSE, *Histoire de France*, as above (1901, etc), with the great series *Receuil des Instructions données aux Ambassadeurs et Ministres de France depuis les traités de Westphalie*, etc., (1884ff.); and E. BOURGEOIS, *Manuel historique de politique étrangère* (1901-06), and his *Sources de l'histoire de France, 1610-1715*, continuing H. HAUSER, see above, Chapter IV.

For his administration proper, see especially P. A. CHÉRUEL, *Histoire de l'Administration Monarchique en France*, etc., 2 vols., (1855); Comte de LUCAY, *Les Secretaires d'Etat ... jusqu' à la Mort de Louis XV* (1881); the various contributions of A. BABEAU; and the bibliography of Colbert in LAVISSE. See, also, J. H. BRIDGES' *France under Richelieu and Colbert* (1866); A. J. SARGENT'S *The Economic Policy of Colbert* (1899); RAMBAUD'S *Histoire de la Civilisation Francaise*, 2 vols., (1885); A. J. GRANT, *The French Monarchy, 1483-1789* (1900); and M. PHILIPPSON'S *Das Zeitalter Ludwigs XIV* (1879); also M. IMMICH'S *Ceschichte des Europäischen Staatensystems, 1660-1789* (1903, etc.).

For the Restoration period in England, besides the general histories mentioned above, see O. AIRY, *Charles II* (1901); G. B. HERZ, *English Public Opinion after the Restoration* (1902); D. MASSON, *Life of Milton*, 6 vols., (1859-94). For the rise of English political parties, see TRENT, *Early History of the Tory Party*; G. W. COOKE, *History of Party*, 3 vols., (1836-37).

For English colonial policy, see J. R. SEELEY, *The Expansion of England* (1891), and his *Growth of English Policy* (1890); S. J. FUCHS, *Die Handelspolitik Englands u. seiner Kolonien* (1893); O. M.

DICKERSON, *American Colonial Government, 1696-1765*; A. TODD, *Parliamentary Government in the British Colonies*; And especially OSGOOD. *The American Colonies in the 17th Century*, 3 vols., (1904-07).

CHAPTER XXVI

EUROPE BEYOND THE SEA. 1660-1678.

For the activities of France in North America during this period, see the works of PARKMAN, and WINSOR, quoted above. For Colbert's policy, see P. CLÉMENT, *Histoire de Colbert et de son administration* (1874);E. RAMEAU, *Une colonie féodale en Amerique, L'Acadie* (1877); L. PAULLIAT, *Louis XIV et la Compagnie des Indes Orientales de 1664* (1886); S. MIMS, *Colbert and his West Indian Policy* (1914). See, also, KINGSFORD, *History of Canada*, 10 vols., (1887-98); and MILES, *History of Canada under the French Régime* (1872); with GAYARRE, *Louisiana under French Dominion*, 4 vols., new ed., (1904), and A. FORTIER, *History of Louisiana*, 6 vols., (1904).

For French explorers, see PARKMAN'S *La Salle* (1869); WINSOR, *From Cartier to Frontenac* (1894); R. G. THWAITES (ed.), *Jesuit Relations* (1896 ff.); PARKMAN, *Frontenac and New France under Louis XIV* (1877).

For Africa and the East, see G. M. THEAL, *History of South Africa under the Dutch East India Company*, 2 vols., (1897); W. W. HUNTER, *History of British India*, 2 vols., (1899-90);A. LYALL, *The British Dominion in India* (1906); G. B. MALLESON, *The French in India* (1893); see, also, G. BIRDWOOD, *Report on the Old Records of the India Office* (1891); and C. R. WILSON, *Early Annals of the English in Bengal*, 2 vols., (1895-1900).

CHAPTER XXVII

THE AGE OF WILLIAM III. 1678-1702

The chief source for the history of the house of Orange is GROEN VAN PRINSTERER, *Archives ou Correspondance inédite de la Maison d'OrangeNassau*, 2e série, 5 vols., (1857-60);J. W. VAN SYPESTEIN, *Geschiedkundige Bijdragen en onuitgeven Stukken*, 3 vols., (1864-65); the Dumont collection as above; F. A. M. MIGNET, *Négociations relatives à la Succession d'Espagne*, 4 vols., 5 ed., (1885). See especially A. LEGRELLE, *La Diplomatie Francaise et la Succession d'Espagne*, 4 vols., (1888-92), and his *Notes et Documents sur la Paix de Ryswick* (1894).

For the English side, the best work is MACAULAY'S *History of England*, many editions. This may be checked by RANKE, *History of England chiefly in the 17th Century*; KLOPP, *Fall des Hauses Stuart*. as above, and BROSCH, *Geschichte von England* (1903). There are several sketches of the life of William III, the best being that in the *Dictionary of National Biography*, and the *Life* by H. D. TRAILL.

For the economic side, see A. ANDRÉADES, *Histoire de la Banque d'Angleterre* (1904); W. A. S. HEWINS, *English Trade and Finance in the 17th Century* (1892); J. E. T. ROGERS, *First nine years of the Bank of England* (1903); G. SCHMOLLER, *The Mercantile System*, etc., (tr. 1906); W. A. SHAW, *History of Currency* (1896); S. DOWELL, *History of Taxation* (1888).

For the military and naval side, see A. T. MAHAN, *Influence of Sea Power upon History, 1660-1783* (1880); C. E. CALLWELL, *Military Operations and Maritime Preponderance* (1005); J. W. FORTESCUE, *History of the British Army* (1899); W. F. LORD, *England and France in the Mediterranean* (1901); E. MACARTNEY-FILGATE, *The War of William III in Ireland* (1905); BAGWELL, *History of Ireland*; LEGRELLE, *Louis XIV et Strassbourg*; ROY, *Turenne*; GRIFFET, *Recueil de Lettres pour servir à l'Histoire Militaire de Louis XIV*; and SIRTEMA DE GROVESTINS, *Histoire des Luttes et Rivalités Politiques entre les Puissances Maritimes et la France durant la Seconde Moitié du xvii Siècle* (1855); MALLESON, *Eugene of Savoy*.

For the Peace of Ryswick and the Spanish negotiations, see also, A. GAEDEKE, *Die Politik Oesterreichs in der Spanischen Erbfolgefrage*, 2 vols., (1877). For the social side, see C. HUGON, *Social France in the 17th Century* (1911), and E. LEVASSEUR, *Histoire des classes ouvrières et de l'Industrie en France avant 1789* (1901).

For the revocation of the Edict of Nantes, see BAIRD, *Revocation of the Edict of Nantes* (1895); POOLE, *The Huguenots of the Dispersion*; SMILES, *Huguenots iu France after the Dispersion*.

For the Revolution of 1688, see, beside MACAULAY, MACKINTOSH, *History of the Revolution in England in 1688* (1834); HALLAM, *Constitutional History of England* (1879); AGNEW, *Life of Henri de Ruvigny* (1864), and his *Exiles from France*, 2 vols., (1871).

For Austria and her relation to the other powers, see M. IMMICH, *Europäisches Staatensystem*; and KLOPP, *Der Fall des Hauses Stuart*, as above; H. VON SYBEL, *Prinz Eugen von Savoyen* (1889); F. VONKRONES, *Zur Geschichte Ungarns* (1894); W. COXE, *History of the House of Austria* (1798). For Poland, see P. DUPONT, *Mémoires pour servir à l'Histoire de Sobieski* (1885), and the general histories of Poland. H. E. MALDEN'S *Vienna 1683* (1883) is an account of the defeat of the Turks by Sobieski. A. F. PRIBRAM'S *Franz Paul, Freiherr von Lisola* (1894) contains a good sketch of the politics of this period. G. FINLAY'S *History of Greece 146 B. C. to 1864 A. D.* (1877), includes one volume on Greece under Turkish domination with a good popular account of Turkish activities at this time. There is an older work in the *Geschichte der Europäischen Staaten* by J. W. ZINKEISEN, namely, *Die Ceschichte des Osmanischen Reiches in Europa*, 7 vols. (1840-63).

For the buccaneers, see EXQUEMELING and HARING, as above; J. BURNEY, *Buccaneers* (1816); and for the South American states, see R. G. WATSON, *Spanish and Portuguese South America during the Colonial Period* (1884); J. PFOTENHAUER, *Die Missionen der Jesuiten in Paraguay* (1891-93); and the various essays in WINSOR, *Narrative and Critical History.*

For the English colonial policy, see H. E. EGERTON, *History of Colonial Policy* (1898); A. SMITH, *Wealth of Nations*, ed., ROGERS (1865), and the works quoted under Chapter XVIII; see, also, the writings of G. L. BEER, quoted in bibliographies to Chapter XXIII above and Chapter XXXV below.

For the history of New England, see PALFREY, *History of New England* (1859-90). For the East India Company, see the bibliography of Chapter XII; MAINWARING, *Crown and Company* (1911); and PAPILLON, *Memoir of Thomas Papillon* (1887).

For Paterson see J. S. BARBOUR, *A History of William Paterson and the Darien Company* (1907); and S. BANNISTER, *Life of W. Paterson*, 3 vols., (1859); and for the Bank of England, see the bibliography of Chapter XXVII. For insurance, see MARTIN, *History of Lloyd's* (1876).

CHAPTER XXVIII

EUROPE AT THE END OF THE SEVENTEENTH CENTURY

For the development of French literature, see the bibliography of Chapter XXIV; H. TAINE, *La Fontaine et ses Fables*, 14 ed., (1898); E. FAGUET, *Etudes Littéraires: Dix-septième Siècle*, 10 ed., (1892); E. PICOT, *Bibliographie Cornélienne* (1876); and the works of F. BRUNETIERE and C. A. SAINTE-BEUVE, who have treated most of the subjects here touched upon in separate essays and monographs, chiefly critical. For England, see A. BELJAME, *Le public et les Hommes de Lettres en Angleterre, 1660-1714*; E. GOSSE, *Seventeenth Century Studies*, 3 ed., (1898); A. W. WARD, *History of Dramatic Literature to the Death of Queen Anne*, 3 vols., (1899). For Milton, see MASSON'S *Life* as quoted above.

For medicine, see in addition to the general histories, J. F. PAYNE'S *Life of Sydenham* (1900) and the *Life* by PICARD (1889). For chemistry, T. E. THORPE'S *Essays in Historical Chemistry* (1902). For military science, see T. A. DODGE'S *Gustavus Adolphus*, 2 vols., (1896); Viscount WOLSELEY'S *Marlborough* (1894); J. ROY'S *Turenne* (1884); C. F. M. ROUSSET'S *Louvois* (1862-68); and G. MICHEL'S *Vauban* (1878); CAMPORI'S *Montecuccoli* (1876); and for Prince Eugene, the biographies by V. ARNETH, 3 vols., 2 ed., (1864), and V. SYBEL (1868); with the biographies of Cromwell quoted in Chapter XXIII. For mathematics and astronomy, see NEWTON and LEIBNITZ as below. For Boyle, see the old work of BIRCH (1744), the essays by RAMSAY and by THORPE as above, Chapter XXI. The works of HUYGHENS are now in the process of publication. Halley lacks a biographer.

For Spinoza, see F. POLLOCK, *Spinoza, His Life and Philosophy* (1880); MARTINEAU, *Study of Spinoza* (1882); and J. CAIRD, *Spinoza* (1888); with the studies of *Spinoza's Ethics* by JOACHIM (1901) and DUFF (1903). For Newton, see S. P. RIGAUD, as above. G. J. GRAY, *Bibliography of Newton's Writings* (1880); A. DE MORGAN, *Life of Newton* (1885); and the older book of D. BREWSTER on *Newton's Life, Writings and Discoveries* (1855). For Leibnitz, see the biographies by BRAIG (1907), the exhaustive work of GUHRAUER (1842), and its English adaptation by MACKIE (1845). For his philosophy, see FISCHER, *Leibniz* (1889); E. CASSIRER, *Leibniz System*, etc., (1902); KABITZ (1909), and RUSSELL (1900) on his system.

For Pufendorf, see the contributions of TREITSCHKE, BLUNTSCHLI, and ROSCHER, and the article in the *Allegemeine Deutsche Biographie*. For Locke, see FOWLER (1880); FRAZER (1890); and especially H. R. FOXBOURNE'S *Life* (1876).

For clubs and club life, see J. TIMB'S volumes on that subject (1866) and (1872). For economic writing and thought, see PALGRAVE'S *Dictionary of Political Economy* as quoted above, S. BUXTON'S *Finance and Politics* (1888); C. DUGUID'S *History of the Stock Exchange* (1901).

CHAPTER XXIX

THE WAR OF THE SPANISH SUCCESSION AND THE REORGANIZATION OF EUROPE. 1700-1720

For the English side of the War of the Spanish Succession, see STANHOPE'S *History of England in the Reign of Queen Anne* (1870) and his *History of the War of the Succession in Spain* (1832). For the

French side, see especially LAVISSE, *Histoire de France*, as above. For Austria, see A. GAEDEKE, *Die Politik Oesterreichs in der Spanischen Erbfolgefrage* (1877). For Holland, see BLOK, *History of the People of the Netherlands*. For the war in Spain, see the biographies of Peterborough by F. RUSSELL (1887), and W. STEBBING; and the bibliography of the preceding chapter. See, also, MALLESON, *Prince Eugene of Savoy* (1888) and WILSON, *The Duke of Berwick*. For the Peace of Utrecht see the works on that subject by C. GIRAUD (1847), GERARD, and WEBER.

For the Northern War, see R. N. BAIN, *Charles XII and the Collapse of the Swedish Empire* (1895); OSCAR II, King of Sweden, *Charles XII*, Eng. tr. by APGEORGE (1879); VOLTAIRE, *Charles XII*; HOLLAND, *The Treaty Relations of Russia and Turkey*. For the Prussian side of the war, see TUTTLE, *History of Prussia*; for the Russian, E. SCHUYLER, *Peter the Great* (1884); R. N. BAIN, *The first Romanovs* (1905) and *The Pupils of Peter the Great* (1897); K. WALISZEWSKI, *Pierre le Grand* (1897)—also in English.

For colonial affairs, see, in addition to the works quoted in the bibliographies of Chapters XVIII, XXIV, and XXVI, P. EDGAR, *The Struggle for a Continent* (1902).

CHAPTER XXX

IMPERIAL EUROPE. 1720-1742

For Spain in this period, see E. ARMSTRONG, *Elizabeth Farnese* (1892);P. BLIARD. *Dubois* (1901); for England, A. W. WARD, *The Electress Sophia and the Hanoverian Succession*, 2 ed., (1909); STANHOPE (Lord Mahon), *The History of England... 1713-83*, in many editions; W. MICHAEL, *Geschichte Englands*; E. S. ROSCOE, *Harley* (1902); the biographies of Walpole by J. MORLEY (1889) and A. C. EWALD (1878);W. COXE, *Memoirs of the Kings of Spain of the House of Bourbon 1813-15*; H. CARRÉ, *La France sous Louis XV* (1891); J. B. PERKINS, *France under the Regency* (1892); and E. BOURGEOIS, *Alberoni, Madame des Ursins et la Reine Elisabeth Farnese* (1891), are useful and generally interesting books on this period. See, also, bibliography of Chapter XXVIII.

For India, see E. S. HOLDEN, *The Mogul Emperors of Hindustan* (1895); J. G. DUFF, *A History of the Mahrattas*, 3 vols., (1826); H. G. KEENE, *The Moghul Empire* (1866) and *The Fall of the Moghul Empire* (1876); S. J. OWEN, *India on the Eve of the British Conquest* (1872); and S. L. POOLE, *Aurangzib* (1896).

For the North American colonies, see especially E. CHANNING, *History of the United States* (1910, etc.,) the best scholarly account of this period, superseding BANCROFT. See, also, W. E. H. LECKY, *History of England in the 18th Century* (1878-90) and the bibliographies in the *American Nation* series. J. FISKE, *New France and New England* (1902); *Colonization of the New World and Independence of the New World*; PARKMAN, *A Half Century of Conflict* (1892); and F. X. GARNEAU, *Histoire de Canada*, 5 ed., (1913). For the Darien Company, see Paterson, as above. For the history of Uruguay, see the volume published under that title, Liverpool, 1897. For Mexico, see H. H. BANCROFT, as above; A. VON HUMBOLDT, *Essay on New Spain*; N. LEON, *Compendio de la historia general de Mexico* (1902). See, also, the brief and popular sketches by Nutt, which are, however, very scanty on this period.

For Louisiana, see FORTIER and GAYARRE as above, and the

popular book of G. KING on *New Orleans* (1895). For John Law and his ventures, see A. THIERS' *Law et son Système de Finances* (tr., 1859); and A. M. DAVIS, *Law's System* (1887); also A. W. WINSTON-GLYNN, *John Law of Lauriston* (1908). See, also, BONNASIEUX, *Les Grandes Compagnies*, as above.

For the explorers, see HEAWOOD, *Geographical Discovery in the 17th and 18th Centuries*. For the reorganization of the Spanish colonial empire and the effect of the accession of the Bourbons, see R. ALTAMIRA Y CREVEA, *Historia de España* (1909); M. A. COURCY, *L'Espagne après la Paix d'Utrecht* (1891); and G. SCELLE, *La Traité Negrière aux Indes de Castille* (1906, etc.).

For the War of the Polish Succession, see R. N. BAIN, *The Pupils of Peter the Great* (1897); and the histories of England, France, and Russia; and for the Anglo-Spanish War, see the history of Spain and those of England and the colonies, as quoted above. For the biography of Anson, see J. BARROW'S *Life* (1839).

CHAPTER XXXI

RELIGION, INTELLECT, AND INDUSTRY. 1700-1750

For the development of French art in the eighteenth century, see the biographies of Watteau by P. MANTZ (1892), G. DARGENTY (1891), and PHILLIPS (1895-1905), and in particular, the study by C. MAUCLAIR (1905) and P. G. HAMERTON'S volumes on painting. For the Jansenists, see SAINTE-BEUVE, *Port Royal*, 7 vols., 5 ed., (1888-91) and C. BEARD, *Port Royal* (1861). See, also, REBELLIAU, *Bossuet* (1900); Mrs. S. LEAR, *Bossuet* (1874), and a Bossuet bibliography by C. URBAIN (1900). For Boileau and the literature of his time, see the writings of SAINTE-BEUVE and BRUNETIÈRE; for Pope, see J. W. CROKER (introduction, notes, and life by ELWIN and COURTHOPE), *Works with Life*, etc., 10 vols., (1871-98). For the Moravians see HUTTON, *History of the Moravian Church* (1909). For the Methodists, see TOWNSEND, WORKMAN, and EAYRS, *New History of Methodism* (1909). For the Wesleys, see G. J. STEVENSON, *Memorials of the Wesley Family* (1876), and JOHN WESLEY'S *Journal*, ed., CURNOCK (1909-13). See, also, R. A. VAUGHAN, *Hours with the Mystics*, 2 vols., 7 ed., (1895); and S. RITSCHL, *Geschichte des Pietismus* (1880-1906); J. H. OVERTON, *William Law* (1881); and R. M. JONES, *The Spiritual Reformers*.

For Voltaire, see the bibliography by G. BENGESCO, 4 vols., (1882-90); the essay by T. CARLYLE in his works; the essay by J. MORLEY (1872); and the *Life* by J. PARTON (1881). For Swift, Addison, and Steele, see their biographies, especially in the *English Men of Letters* series. For the progress of scholarship, see SANDYS as above; A. MAU, *Pompeii*, tr. by F. W. KELSEY, 2 ed., (1902); and FUETER, *Geschichte der neueren Historiographie* (1911); also in French translation revised.

CHAPTER XXXII
THE AGE OF FREDERICK THE GREAT. 1742-1763

For the development of Brandenburg-Prussia, see L. VON RANKE, *Zwölf Bücher Preussischer Geschichte* (1878-79) and E. LAVISSE, *Études sur l'Histoire de Prusse* (1879) and *La Jeunesse du Grand Frédéric*. The most exhaustive *Life of Frederick the Great* in English is that by T. CARLYLE, many editions. See, also, H. TUTTLE,

History of Prussia 1740-56 (1888); LECKY, *History of England in the 18th Century* (1878); MAHON, *History of England 1713-1783* (1858); A. ARNETH, *Maria Theresa* (1868-75); A. W. WARD, *England and Hanover* (1899); R. KOSER, *Friedrich der Grosse* (1905). See, also, A. BACHMAN, *Die Pragmatische Sanction*, etc. (1894). For the French side see Comte de PAJOL, *Les Guerres sous Louis XV* (1881-87). There is a good brief sketch of this subject by MARRIOTT and ROBERTSON, *The Rise of Prussia* (1916).

These works cover in the main the general history of the Wars of the Austrian Succession as well.

For the colonies and India, see the bibliographies of the preceding chapters. For the Seven Years' War, R. WADDINGTON, *La Guerre de Sept Ans* (1899-1907). See, also, his *Louis XV et le Renversement des Alliances* (1896), for the Diplomatic Revolution. See, also, for the English side, J. CORBETT, *England in the Seven Years' War* (1908), and L. RANKIN, *The Marquis d'Argenson* (1901).

For Pitt, see the biographies by GREEN (1902); RUVILLE, Eng. tr., (1905); and B. WILLIAMS (1913).

CHAPTER XXXIII

THE AGE OF VOLTAIRE AND THE PHILOSOPHERS

For the general subject of the rise of liberal thought, see F. ROCQUAIN, *L'Esprit Révolutionnaire avant la Révolution*, Eng. tr., (1878). For Voltaire and Rousseau, see J. MORLEY'S *Essays*. For a bibliography of Montesquieu, see L. DANGEAU (1874); for his *Life*, see L. VIAN (1879) and A. SOREL. For Voltaire, see bibliography of Chapter XXXI. For Rousseau, see the latest attempt to rehabilitate him by Mrs. F.

MACDONALD (1906); and for Diderot, see MORLEY'S *Essay*, and the accounts of him by SCHERER, FAGUET, and BRUNETTÈRE. For Buffon, see HUMBERT BAZILE, *Buffon, sa Famille*, etc., (1863). For the Physiocrats, see H. HIGGS, *The Physiocrats* (1897).

For china manufacture see BURTON, *Porcelain* (1906); and the bibliography in the Crerar Library *List of Books on the History of Industry*, etc., (1915). For the Agricultural Revolution, see TRAILL'S *Social England* as above and the bibliography there. See, also, R. E. PROTHERO'S *Pioneers and Progress of English Farming* (1888), and J. E. T. ROGERS' *History of Agriculture and Prices in England* (1866-1892). For exploration, see WINSOR and HEAWOOD as above. For the American colonies, see books noted in bibliography of Chapter XXX, and earlier. J. S. BASSETT, *Short History of the United States* (1913) has a good brief account of this period with book-list. See, also, A. L. CROSS, *History of England*, etc., (1914). See especially C. L. BECKER, *The American Colonies* (1915) for a general survey of colonial conditions before the Revolution. G. O. TREVELYAN, *American Revolution* (1899-1912) contains much interesting material for the colonies as well as for England.

For Berkeley, see L. STEPHEN, *English Thought in the 18th Century*, 3 ed., (1902); and A. C. FRASER'S edition of *Berkeley's Works, including a Biography*, 4 vols., (1901). For Edwards, see A. V. G. ALLEN, *Jonathan Edwards* (1889).

CHAPTER XXXIV

THE EUROPEAN EMPIRE

For the enlightened despots, see A. SOREL, *L'Europe et la*

Révolution francaise, vol. i, (1885); and the antiquated, unscholarly, but still interesting work of F. C. SCHLOSSER, *History of Europe in the 18th Century*, Eng. tr., (1843-52); and especially A. H. JOHNSON, *The Age of the Enlightened Despots* (1910).

For the partition of Poland, see A. SOREL, *La Question d'Orient au XVIIIième Siècle*, 3 ed., (1902). For Poland in the eighteenth century, see introduction to R. H. LORD, *The Second Partition of Poland*.

For the suppression of the Jesuits, see J. A. M. CRETINEAU-JOLY, *Clement XIV et les Jésuites* (1847), and his *Histoire ... de la Compagnie de Jésus*, 6 vols., (1844). See, also, SAINT-PRIEST, *Histoire de la chute des Jésuites* (1844). For Pombal, see J. SMITH'S *Memoirs of the Marquess of Pombal*, 2 vols., (1843); J. P. OLIVEIRA MARTINS' *Historia de Portugal*, 2 vols., (1901). For Paoli, see J. BOSWELL'S contemporary account (1768), and BARTOLI'S *Biography* (1891). For Choiseul, see F. CALMETTE, *Mémoires de Duc de Choiseul* (1904). For Spain and Portugal and their colonies, see F. ROUSSEAU, *Règne de Charles III d'Espagne*, 2 vols., (1907); Lafuente, as above; P. R. M. GALANTI, *Historia do Brazil*, 4 vols. (1905); R. SOUTHEY, *History of Brazil* (1810).

For the situation of Great Britain and the colonies, see the various references in bibliography of the preceding chapters.

CHAPTER XXXV

THE AMERICAN REVOLUTION. 1768-1783

For the American Revolution in general, see the bibliographies of the preceding chapters. See, also, for England's colonial policy, G. L. BEER, *Commercial Policy of England towards the American Col-*

onies (1893), his *Old Colonial System*, 2 vols., (1912), and especially his *British Colonial Policy, 1754-1765* (1907). The writings of the American leaders have all been edited and published in critical editions, and their lives have often been written. Of the latter the most accessible volumes are those in the *American Statesmen* series. See, also, the histories of England by MAHON and LECKY; the biographies of Pitt as quoted above; the *Life of North* by R. LUCAS (1913); and the biographies of Fox and Burke.

For the Revolution itself the best scholarly account is that of E. CHANNING in vol. iii of his *History of the United States*, the most entertaining is that of G. O. TREVELYAN, as above; the best account from another point of view, that of the loyalists, is that of S. G. FISHER, *The Struggle for American Independence*, 2 vols., (1908). See, also, M. C. TYLER, *Literary History of the American Revolution*, 2 vols., (1897); and HUNT, *The Provincial Committees of Safety of the American Revolution* (1904).

CHAPTER XXXVI

THE EUROPEAN REVOLUTION. 1768-1789

For the development of pastel and water-color painting in the eighteenth century, see "K. ROBERT," *Le Pastel* (1890) and W. L. WYLIE, *J. M. W. Turner* (1905). For furniture, see P. MACQUOID, *English Furniture* (1905), and Lady DILKE'S *French Furniture of the 18th Century*.

For German literature in this period, see the Brockhaus series, *Bibliothek der Deutschen National-literatur des 18 u. 19 Jahrhunderts*, 44 vols., (1868-91); J. SCHMIDT, *Geschichte der deutschen Literatur von Leibniz bis auf unsere Zeit*, 4 vols., 2 ed., (1886-90). For Schiller, see T. CARLYLE, *Life of Schiller*, many editions; for Goethe, see A. BIELSCHOWSKY'S *Biography* (tr., 1905, etc.), and H. G. ATKINS' volume (1904). The chief collection is the "Weimar Edition" now nearly completed. For Kant, see the bibliographies by ADICKES (1892, etc.), and REICKE (1895). See, also, C. VORLANDER'S *Kant, Schiller, Goethe* (1907); and A. WEIR, *Student's Introduction to Critical Philosophy* (1906).

For French literature, see SAINTE-BEUVE and BRUNETIERE as above. For English literature, see the *Cambridge History of English Literature* and its bibliographies. For Gibbon, see his autobiography, many editions; S. WALPOLE, *Works*, and W. BAGEHOT, *Works*, for essays; and the edition of the *History* by J. B. BURY (1896-1900). For Adam Smith, see J. RAE, *Life of Adam Smith* (1895) and the various editions of the *Wealth of Nations*. For Bentham, see L. STEPHENS, *The English Utilitarians* (1900) and C. M. ATKINSON, *Jeremy Bentham* (1905). For the Industrial Revolution, see A. TOYNBEE, *The Industrial Revolution* (in several editions); HAMMOND, *The Town Laborer* (1917); the histories of the cotton manufacture in England, by BAINES (1835) and URE; S. SMILES, *Lives of the Engineers* (1861-62). W. CUNNINGHAM, *Growth of English Industry and Commerce* (1903). For Watt, and the steam engine, see J. P. MUIRHEAD, *Origin and Progress of the Mechanical Inventions of James Watt*, 3 vols., (1854), and his *Life of Watt* (1858).

For the early history of Australia see E JENKS' *Australasia* and A. KITSON'S *Captain James Cook* (1907).

For Joseph II, see the works of A. ARNETH; and T. F. BRIGHT, *Joseph II* (1897). For Catherine II, see K. WALISZEWSKI, *Le Roman d'une Impératrice* (1893); for Frederick II, see R. KOSER, *König Friedrich der Grosse*, 3 ed., (1905).

For the United States, see the various histories of SCHOULER, CHANNING, BASSETT, etc. For the formation of the Constitution, see ELLIOT, *Debates* (1836), revised and enlarged by M. FARRAND (1911); C. BEARD, *Economic Basis of the Constitution* (1914). See, also, the *Writings of Madison*, ed., HUNT; BRYCE, *American Commonwealth* (1911); JAMESON, *Studies in the History of the Federal Convention*, in *American Historical Association Reports* (1902); the biographies of the American statesmen; J. FISKE, *Critical Period* (1888).

For the beginning of the French Revolution, see ROCQUAIN as above; LOWELL, *Eve of the French Revolution*; the brief survey of the early years, by S. MATHEWS (1912); the excellent volumes of H. MORSE STEPHENS, *The French Revolution* (1886-91); A. AULARD, *History of the French Revolution*, Eng. tr., B. MIALL (1910)—especially good for the revolutionary spirit and the rise of the idea of liberty; and the older, brilliant, but now somewhat discredited, volumes of H. A. TAINE, *The Ancient Régime* and *The French Revolution*, Eng. tr., several editions. The most recent popular history of the Revolution is that of L. MADELIN. The bibliographies in the *Cambridge Modern History*, and those in LAVISSE, will serve as a general introduction. There is also a printed catalogue of the works on that subject in the Cornell University Library; and a brief survey of the source literature, by G. F. BARWICK, in the *Historians' History of the World*, vol. xii. See, also, Lord ACTON'S *Lectures on the French Revolution* for interesting side-lights on the subject; and P. CARON, *Manuel de la Révolution francaise* (1912) for an introduction to the sources.